실력 수학의 정석®

수학 II

홍성대 지음

동영상 강의 ▶
www.sungji.com

성지출판(주)

머 리 말

중학교와 고등학교에서 수학을 가르치고 배우는 목적은 크게 두 가지로 나누어 말할 수 있다.

첫째, 수학은 논리적 사고력을 길러 준다. "사람은 생각하는 동물" 이라고 할 때 그 '생각한다'는 것은 논리적 사고를 이르는 말일 것이다. 우리는 학문의 연구나 문화적 행위에서, 그리고 개인적 또는 사회적인 여러 문제를 해결하는 데 있어서 논리적 사고 없이는 어느 하나도 이루어 낼 수가 없는데, 그 논리적 사고력을 기르는 데는 수학이 으뜸가는 학문인 것이다. 초등학교와 중 · 고등학교 12년간 수학을 배웠지만 실생활에 쓸모가 없다고 믿는 사람들은, 비록 공식이나 해법은 잊어버렸을 망정 수학 학습에서 얻어진 논리적 사고력은 그대로 남아서, 부지불식 중에 추리와 판난의 발판이 되어 일생을 좌우하고 있다는 사실을 미처 깨닫지 못하는 사람들이다.

둘째, 수학은 모든 학문의 기초가 된다는 것이다. 수학이 물리학 · 화학 · 공학 · 천문학 등 이공계 과학의 기초가 된다는 것은 상식에 속하지만, 현대에 와서는 경제학 · 사회학 · 정치학 · 심리학 등은 물론, 심지어는 예술의 각 분야에까지 깊숙이 파고들어 지대한 영향을 끼치고 있고, 최근에는 행정 · 관리 · 기획 · 경영 등에 종사하는 사람들에게도 상당한 수준의 수학이 필요하게 됨으로써 수학의 바탕 없이는 어느 학문이나 사무도 이루어지지 않는다는 사실을 실감케 하고 있다.

나는 이 책을 지음에 있어 이러한 점들에 바탕을 두고서 제도가 무시험이든 유시험이든, 출제 형태가 주관식이든 객관식이든, 문제 수준이 높든 낮든 크게 구애됨이 없이 적어도 고등학교에서 연마해 두어야 할 필요충분한 내용을 담는 데 내가 할 수 있는 최대한의 정성을 모두 기울였다.

따라서, 이 책으로 공부하는 제군들은 장차 변모할지도 모르는 어떤 입시에도 소기의 목적을 달성할 수 있음은 물론이거니와 앞으로 대학에 진학해서도 대학 교육을 받을 수 있는 충분한 기본 바탕을 이루리라는 것이 나에게는 절대적인 신념으로 되어 있다.

이제 나는 담담한 마음으로 이 책이 제군들의 장래를 위한 좋은 벗이 되기를 빌 뿐이다.

끝으로 이 책을 내는 데 있어서 아낌없는 조언을 해주신 서울대학교 윤옥경 교수님을 비롯한 수학계의 여러분들께 감사드린다.

1966. 8. 31.

지은이 홍 성 대

개정판을 내면서

지금까지 수학 Ⅰ, 수학 Ⅱ, 확률과 통계, 미적분 Ⅰ, 미적분 Ⅱ, 기하와 벡터로 세분되었던 고등학교 수학 과정은 2018학년도 고등학교 입학생부터 개정 교육과정이 적용됨에 따라

수학, 수학 Ⅰ, 수학 Ⅱ, 미적분, 확률과 통계,
기하, 실용 수학, 경제 수학, 수학과제 탐구

로 나뉘게 된다. 이 책은 그러한 새 교육과정에 맞추어 꾸며진 것이다.

특히, 이번 개정판이 마련되기까지는 우선 남진영 선생님과 박재희 선생님의 도움이 무척 컸음을 여기에 밝혀 둔다. 믿음직스럽고 훌륭한 두 분 선생님이 개편 작업에 적극 참여하여 꼼꼼하게 도와준 덕분에 더욱 좋은 책이 되었다고 믿어져 무엇보다도 뿌듯하다.

또한, 개정판을 낼 때마다 항상 세심한 조언을 아끼지 않으신 서울대학교 김성기 명예교수님께는 이 자리를 빌려 특별히 깊은 사의를 표하며, 아울러 편집부 김소희, 송연정, 박지영, 오명희 님께도 감사한 마음을 전한다.

「수학의 정석」은 1966년에 처음으로 세상에 나왔으니 올해로 발행 51주년을 맞이하는 셈이다. 거기다가 이 책은 이제 세대를 뛰어넘은 책이 되었다. 할아버지와 할머니가 고교 시절에 펼쳐 보던 이 책이 아버지와 어머니에게 이어졌다가 지금은 손자와 손녀의 책상 위에 놓여 있다.

이처럼 지난 반세기를 거치는 동안 이 책은 한결같이 학생들의 뜨거운 사랑과 성원을 받아 왔고, 이러한 관심과 격려는 이 책을 더욱 좋은 책으로 다듬는 데 큰 힘이 되었다.

이 책이 학생들에게 두고두고 사랑 받는 좋은 벗이요 길잡이가 되기를 간절히 바라마지 않는다.

2017. 3. 1.

지은이 홍 성 대

차 례

13. 속도 · 거리와 적분

1. 함수의 극한

§ 1. 함수의 극한

기본정석

1 함수의 수렴

(1) 함수의 극한 : 함수 $f(x)$에서 x가 a와 다른 값을 가지면서 a에 한없이 가까워질 때 $f(x)$의 값이 일정한 값 l에 한없이 가까워지면
$x \longrightarrow a$일 때 $f(x)$는 l에 수렴한다고 하고, 다음과 같이 나타낸다.

$$\boldsymbol{x \longrightarrow a}\text{일 때}\quad \boldsymbol{f(x) \longrightarrow l}\quad \text{또는}\quad \lim_{x\to a} \boldsymbol{f(x)=l}$$

이때, l을 $x=a$에서의 $f(x)$의 극한 또는 극한값이라고 한다.

(2) 좌극한, 우극한 : 함수 $f(x)$에서 x가 a보다 작은 값을 가지면서 a에 한없이 가까워질 때 $f(x)$의 값이 일정한 값 l에 한없이 가까워지면

$$\boldsymbol{x \longrightarrow a-}\text{일 때}\quad \boldsymbol{f(x) \longrightarrow l}\quad \text{또는}\quad \lim_{x\to a-} \boldsymbol{f(x)=l}$$

로 나타내며, l을 $x=a$에서의 $f(x)$의 좌극한 또는 좌극한값이라고 한다.

마찬가지로 x가 a보다 큰 값을 가지면서 a에 한없이 가까워질 때 $f(x)$의 값이 일정한 값 l에 한없이 가까워지면

$$\boldsymbol{x \longrightarrow a+}\text{일 때}\quad \boldsymbol{f(x) \longrightarrow l}\quad \text{또는}\quad \lim_{x\to a+} \boldsymbol{f(x)=l}$$

로 나타내며, l을 $x=a$에서의 $f(x)$의 우극한 또는 우극한값이라고 한다.

함수의 극한값이 존재하면 좌극한과 우극한이 모두 존재하고 두 값은 같다. 역으로 좌극한과 우극한이 모두 존재하고 두 값이 같으면 극한값이 존재한다.

정석 $\lim_{x\to a} f(x)=l \iff \lim_{x\to a-} f(x)=\lim_{x\to a+} f(x)=l$

*Note lim는 극한을 뜻하는 limit의 약자이며, 리미트라고 읽는다.

2 함수의 발산

(1) 함수 $f(x)$에서 $x \longrightarrow a$일 때 $f(x)$의 값이 한없이 커지면 $x \longrightarrow a$일 때 $f(x)$는 양의 무한대로 발산한다고 하고, 다음과 같이 나타낸다.

$$\boldsymbol{x \longrightarrow a}\text{일 때}\quad \boldsymbol{f(x) \longrightarrow \infty}\quad \text{또는}\quad \lim_{x\to a} \boldsymbol{f(x)=\infty}$$

(2) 함수 $f(x)$에서 $x \longrightarrow a$일 때 $f(x)$의 값이 음수이면서 그 절댓값이 한없이 커지면 $x \longrightarrow a$일 때 $f(x)$는 음의 무한대로 발산한다고 하고, 다음과 같이 나타낸다.

$$x \longrightarrow a\text{일 때 } f(x) \longrightarrow -\infty \quad \text{또는} \quad \lim_{x \to a} f(x) = -\infty$$

(3) $f(x)$가 양의 무한대 또는 음의 무한대로 발산하는 경우를 포함하여 $f(x)$가 수렴하지 않는 경우, $f(x)$는 발산한다고 한다.

**Note* 1° ∞는 한없이 커지는 상태를 나타내는 기호이며, 무한대라고 읽는다.
2° ∞는 수가 아니므로 (1), (2)에서 극한값이 존재한다고 생각해서는 안 된다.

Advice 1° 함수의 수렴

이를테면 함수 $f(x)=x+1$에서 다음과 같은 변화를 생각할 수 있다.

x	1.9, 1.99, 1.999, 1.9999, $\cdots \longrightarrow$ **2**
$f(x)$	2.9, 2.99, 2.999, 2.9999, $\cdots \longrightarrow$ **3**

……①

x	2.1, 2.01, 2.001, 2.0001, $\cdots \longrightarrow$ **2**
$f(x)$	3.1, 3.01, 3.001, 3.0001, $\cdots \longrightarrow$ **3**

……②

먼저 x의 값의 변화를 생각해 보자. ①, ②의 경우와 같이 x가 2와 다른 값을 가지면서 2에 한없이 가까워지는 것을 $x \longrightarrow 2$로 나타낸다.

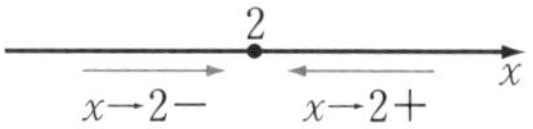

이때, ①에서와 같이 x가 2보다 작은 값을 가지면서 2에 한없이 가까워질 때에는 $x \longrightarrow 2-$로 나타내고, ②에서와 같이 x가 2보다 큰 값을 가지면서 2에 한없이 가까워질 때에는 $x \longrightarrow 2+$로 나타낸다.

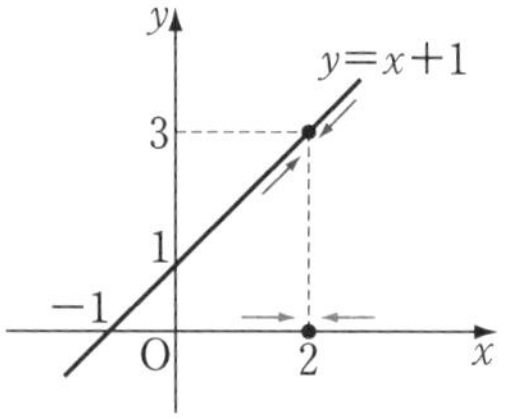

$x \longrightarrow 2$일 때 $f(x)$의 값은 3에 한없이 가까워진다. 이것을 $x \longrightarrow 2$일 때 $f(x)$는 3에 수렴한다고 하고, 기호로 다음과 같이 나타낸다.

$$x \longrightarrow 2\text{일 때 } f(x) \longrightarrow 3 \quad \text{또는} \quad \lim_{x \to 2} f(x) = 3$$

이때, 3을 $x=2$에서의 $f(x)$의 극한 또는 극한값이라고 한다.

특히 상수함수 $f(x)=c$(단, c는 상수)는 모든 실수 x에 대하여 함숫값이 c로 일정하므로 a의 값에 관계없이 다음이 성립한다.

$$\lim_{x \to a} f(x) = \lim_{x \to a} c = c$$

또, x의 값이 한없이 커지는 것은 $x \longrightarrow \infty$로, x의 값이 음수이면서 그 절댓값이 한없이 커지는 것은 $x \longrightarrow -\infty$로 나타내며, 이때에도 함수의 극한을 생각할 수 있다.

이를테면 $f(x)=\dfrac{1}{|x|}$의 그래프는 오른쪽과 같으므로 x의 값이 한없이 커지면 $f(x)$는 0에 수렴하고, x의 값이 음수이면서 그 절댓값이 한없이 커질 때에도 $f(x)$는 0에 수렴한다는 것을 알 수 있다. 곧,

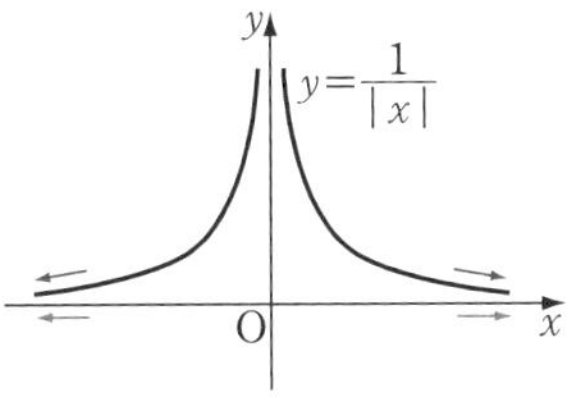

$$\lim_{x\to\infty}\frac{1}{|x|}=0, \qquad \lim_{x\to-\infty}\frac{1}{|x|}=0$$

보기 1 다음 극한값을 구하여라.

(1) $\displaystyle\lim_{x\to1}(4-x^2)$ (2) $\displaystyle\lim_{x\to-2}3$ (3) $\displaystyle\lim_{x\to\infty}\frac{1}{1-x}$ (4) $\displaystyle\lim_{x\to-\infty}\frac{1}{1-x}$

연구 각 함수의 그래프를 그려 본다.

(1)

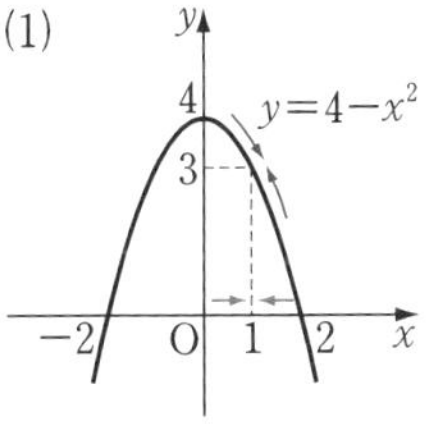

(2)

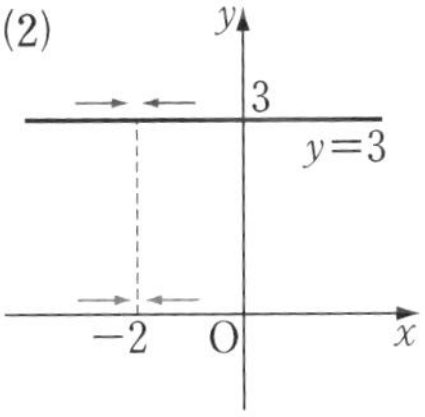

(3), (4)

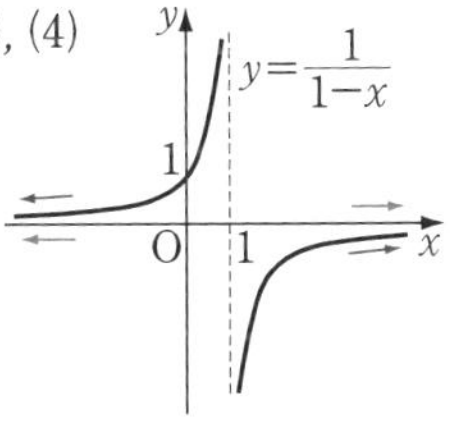

$\displaystyle\lim_{x\to1}(4-x^2)=\mathbf{3}$ $\displaystyle\lim_{x\to-2}3=\mathbf{3}$ $\displaystyle\lim_{x\to\infty}\frac{1}{1-x}=\mathbf{0}$, $\displaystyle\lim_{x\to-\infty}\frac{1}{1-x}=\mathbf{0}$

Advice 2° 좌극한과 우극한

이를테면 함수 $f(x)=x+1$에서 $x \longrightarrow 2$일 때 $f(x)$의 극한값이 3이므로 $x \longrightarrow 2-$일 때에도 $f(x)$의 극한값은 3이고, $x \longrightarrow 2+$일 때에도 $f(x)$의 극한값은 3이다. 이 극한값을 각각 좌극한, 우극한이라 하고,

$$\lim_{x\to2-}f(x)=3, \qquad \lim_{x\to2+}f(x)=3$$

으로 나타낸다.

이와 같이 일반적으로 $x=a$에서 함수 $f(x)$의 극한값이 존재하면 $x=a$에서의 $f(x)$의 좌극한과 우극한이 모두 존재하고 두 값은 같다. 역으로 $x=a$에서 함수 $f(x)$의 좌극한과 우극한이 모두 존재하고 두 값이 같으면 $x=a$에서의 $f(x)$의 극한값이 존재한다.

정석 $\displaystyle\lim_{x\to a}f(x)=l \iff \lim_{x\to a-}f(x)=\lim_{x\to a+}f(x)=l$

한편 $x=a$에서 함수 $f(x)$의 좌극한 또는 우극한이 존재하지 않거나, 좌극한과 우극한이 모두 존재하지만 두 값이 같지 않으면 $x=a$에서 $f(x)$의 극한값은 존재하지 않는다고 한다.

이를테면 $f(x)=[x]$에서

$$\lim_{x\to2-}f(x)=1,\qquad \lim_{x\to2+}f(x)=2$$

곧, $\lim_{x\to2-}f(x)\neq\lim_{x\to2+}f(x)$이므로 $x=2$에서 $f(x)$의 극한값은 존재하지 않는다.

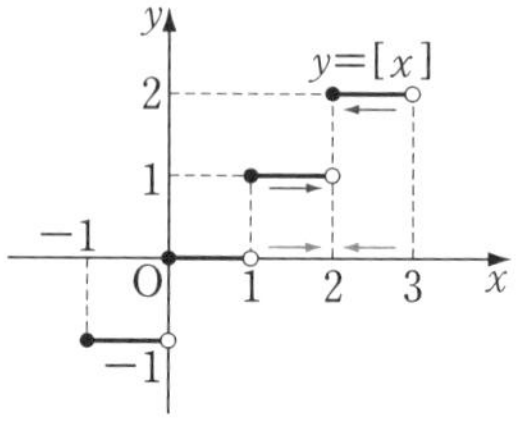

보기 2 다음 극한을 조사하여라.

(1) $\lim_{x\to1}x|x-1|$ (2) $\lim_{x\to0}\dfrac{|x|}{x}$

연구 (1) $\lim_{x\to1+}x|x-1|=\lim_{x\to1+}x(x-1)=0$, $\lim_{x\to1-}x|x-1|=\lim_{x\to1-}x(1-x)=0$이므로

$$\lim_{x\to1}x|x-1|=\mathbf{0}$$

(2) $\lim_{x\to0+}\dfrac{|x|}{x}=\lim_{x\to0+}\dfrac{x}{x}=1$, $\lim_{x\to0-}\dfrac{|x|}{x}=\lim_{x\to0-}\dfrac{-x}{x}=-1$이므로

극한값은 존재하지 않는다.

Advice 3° 함수의 발산

이를테면 $f(x)=\dfrac{1}{|x-2|}$의 그래프는 오른쪽과 같으므로 $x\longrightarrow2$일 때 $f(x)$의 값은 한없이 커짐을 알 수 있다.

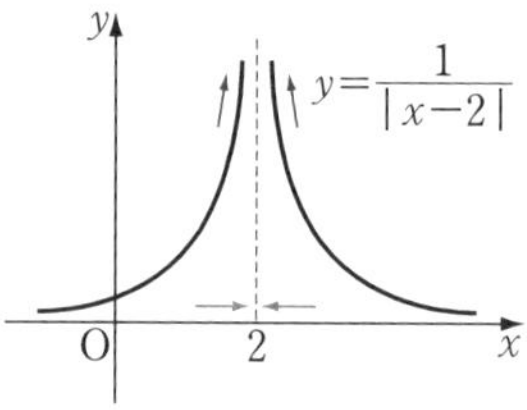

이런 경우 $x\longrightarrow2$일 때 $f(x)$는 양의 무한대로 발산한다고 하고, $\lim_{x\to2}\boldsymbol{f(x)=\infty}$로 나타낸다.

이와 마찬가지로 $f(x)=-\dfrac{1}{|x-2|}$에서와 같이 $x\longrightarrow2$일 때 $f(x)$의 값이 음수이면서 그 절댓값이 한없이 커지면, $x\longrightarrow2$일 때 $f(x)$는 음의 무한대로 발산한다고 하고, $\lim_{x\to2}\boldsymbol{f(x)=-\infty}$로 나타낸다.

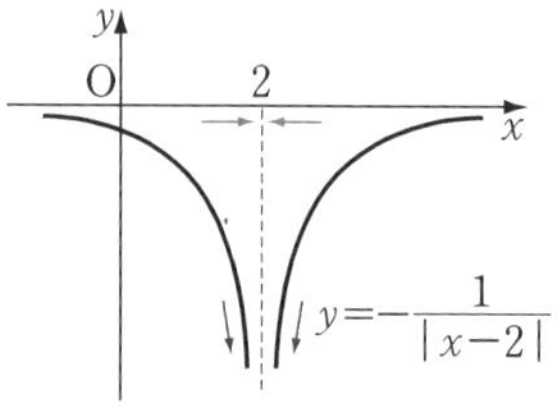

이때, ∞는 수가 아니므로 극한값이 존재한다고 생각해서는 안 된다.

보기 3 다음 극한을 조사하여라.

(1) $\lim_{x\to0}\dfrac{1}{x^2}$ (2) $\lim_{x\to3}\left\{-\dfrac{2}{(x-3)^2}+5\right\}$

연구 (1) $\boldsymbol{\infty}$ (2) $\boldsymbol{-\infty}$

필수 예제 1-1 정의역이 $\{x\,|\,-2\le x\le 2\}$인 함수 $y=f(x)$의 그래프가 $0\le x\le 2$에서 오른쪽 그림과 같다. 정의역에 속하는 모든 실수 x에 대하여 $f(-x)=-f(x)$일 때, 다음 극한을 조사하여라.

(1) $\lim\limits_{x\to 2-}f(x)$ (2) $\lim\limits_{x\to -1+}f(x)$ (3) $\lim\limits_{x\to 0}f(x)$

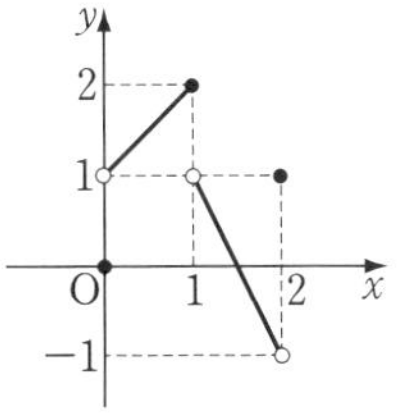

정석연구 정의역에 속하는 모든 실수 x에 대하여 $f(x)=-f(-x)$이므로 함수 $y=f(x)$의 그래프는 원점에 대하여 대칭이다.

정석 $f(x)=-f(-x) \iff$ 그래프가 원점에 대하여 대칭!

이를 이용하여 함수 $y=f(x)$의 그래프를 완성하고 극한을 조사한다.

정석 $\lim\limits_{x\to a}f(x)=l \iff \lim\limits_{x\to a-}f(x)=\lim\limits_{x\to a+}f(x)=l$

모범답안 정의역 $\{x\,|\,-2\le x\le 2\}$에서 함수 $y=f(x)$의 그래프는 오른쪽과 같다.

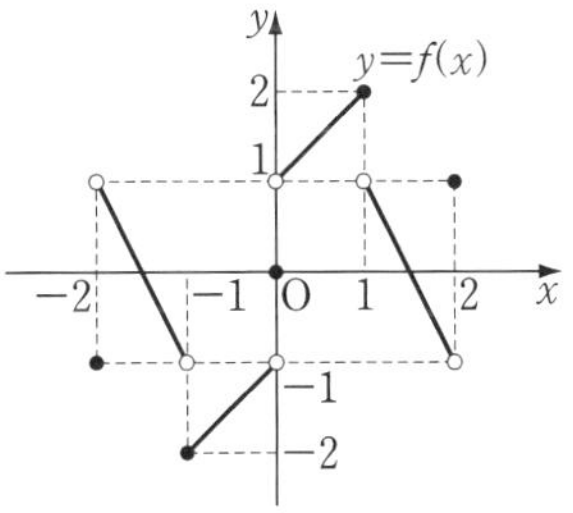

(1) $\lim\limits_{x\to 2-}f(x)=-1$ ← 답

(2) $\lim\limits_{x\to -1+}f(x)=-2$ ← 답

(3) $\lim\limits_{x\to 0-}f(x)=-1$, $\lim\limits_{x\to 0+}f(x)=1$이므로 $\lim\limits_{x\to 0}f(x)$의 값은 존재하지 않는다.

답 극한값은 존재하지 않는다.

유제 **1**-1. 정의역이 $\{x\,|\,-2\le x\le 2\}$인 함수 $y=f(x)$의 그래프가 $0\le x\le 2$에서 오른쪽 그림과 같다. 정의역에 속하는 모든 실수 x에 대하여 $f(-x)=f(x)$일 때, 다음 극한값을 구하여라.

(1) $\lim\limits_{x\to -1+}f(x)$ (2) $\lim\limits_{x\to 1}|f(x)|$

답 (1) **1** (2) **1**

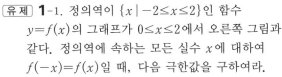

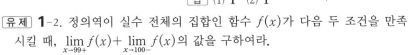

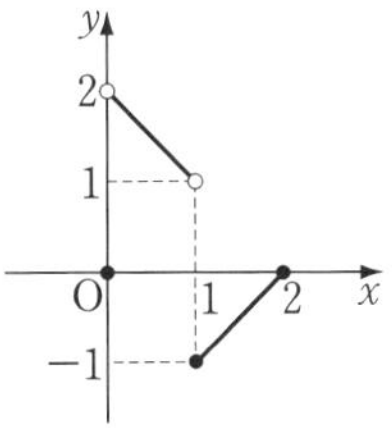

유제 **1**-2. 정의역이 실수 전체의 집합인 함수 $f(x)$가 다음 두 조건을 만족시킬 때, $\lim\limits_{x\to 99+}f(x)+\lim\limits_{x\to 100-}f(x)$의 값을 구하여라.

(가) $f(x)=\begin{cases} x & (0\le x<1) \\ 1-x & (1\le x<2) \end{cases}$

(나) 모든 실수 x에 대하여 $f(x+2)=f(x)$

답 **−1**

§2. 함수의 극한의 성질

기본정석

1 함수의 극한에 관한 기본 성질

$\lim_{x\to a} f(x)=\alpha$, $\lim_{x\to a} g(x)=\beta$ (단, α, β는 실수)이면

(1) $\lim_{x\to a} kf(x)=k\alpha$ (k는 상수) (2) $\lim_{x\to a}\{f(x)\pm g(x)\}=\alpha\pm\beta$ (복부호동순)

(3) $\lim_{x\to a} f(x)g(x)=\alpha\beta$ (4) $\lim_{x\to a}\dfrac{f(x)}{g(x)}=\dfrac{\alpha}{\beta}$ (단, $\beta\neq 0$)

2 함수의 극한의 계산

(1) $\dfrac{0}{0}$ 꼴의 극한

유리함수는 ⟹ 먼저 분모, 분자를 인수분해한 다음 약분한다.

⇦ 필수 예제 1-2

무리함수는 ⟹ 먼저 분모, 분자 중 $\sqrt{\ }$ 가 있는 쪽을 유리화한다.

⇦ 필수 예제 1-3

(2) $\dfrac{\infty}{\infty}$ 꼴의 극한

유리함수는 ⟹ 먼저 분모의 최고차항으로 분모, 분자를 나눈다.

⇦ 필수 예제 1-4

무리함수는 ⟹ $\sqrt{\ }$ 안의 x의 차수는 반으로 생각하고 분모의 최고차항으로 분모, 분자를 나눈다. ⇦ 필수 예제 1-5

(3) $\infty-\infty$, $0\times\infty$ 꼴의 극한

적당히 변형하면

$$\infty\times c,\quad \frac{\infty}{c},\quad \frac{c}{\infty},\quad \frac{c}{0},\quad \frac{0}{0},\quad \frac{\infty}{\infty}$$

등의 꼴로 나타낼 수 있다. 이때, ⇦ 필수 예제 1-4, 1-6

$\infty\times c$, $\dfrac{\infty}{c}$ 꼴은 ⟹ $c>0$이면 ∞, $c<0$이면 $-\infty$

$\dfrac{c}{\infty}$ 꼴은 ⟹ 0

$\dfrac{c}{0}$ 꼴은 ⟹ $c>0$일 때 분모 $\longrightarrow 0+$이면 ∞, 분모 $\longrightarrow 0-$이면 $-\infty$

$c<0$일 때 분모 $\longrightarrow 0+$이면 $-\infty$, 분모 $\longrightarrow 0-$이면 ∞

$\dfrac{0}{0}$, $\dfrac{\infty}{\infty}$ 꼴은 ⟹ 위의 (1), (2)의 방법을 따른다.

[3] 함수의 극한의 대소 관계

$\boldsymbol{a}$에 가까운 모든 실수 $\boldsymbol{x}$에 대하여

(1) $f(x)\le g(x)$이고 $\displaystyle\lim_{x\to a} f(x)$, $\displaystyle\lim_{x\to a} g(x)$의 값이 존재하면

$$\Longrightarrow \lim_{x\to a} f(x)\le\lim_{x\to a} g(x)$$

(2) $f(x)\le h(x)\le g(x)$이고 $\displaystyle\lim_{x\to a} f(x)=\lim_{x\to a} g(x)=l$ (l은 실수)이면

$$\Longrightarrow \lim_{x\to a} h(x)=l$$

**Note* [1]의 기본 성질과 [3]의 대소 관계는 $x \longrightarrow a+$, $x \longrightarrow a-$, $x \longrightarrow \infty$, $x \longrightarrow -\infty$일 때에도 성립한다.

Advice 1° 함수의 극한에 관한 기본 성질

극한의 엄밀한 정의와 그 성질의 증명은 고등학교 교육과정의 수준을 넘으므로 여기에서는 증명 없이 인정하고 이용하기로 한다.

이를테면 임의의 실수 a에 대하여 $\displaystyle\lim_{x\to a} c=c$ (c는 상수), $\displaystyle\lim_{x\to a} x=a$이므로

① $\displaystyle\lim_{x\to 3} 4x=4\lim_{x\to 3} x=4\times3=12$

② $\displaystyle\lim_{x\to 3}(4x+1)=\lim_{x\to 3} 4x+\lim_{x\to 3} 1=12+1=13$

③ $\displaystyle\lim_{x\to 3} x^2=\lim_{x\to 3} x\times\lim_{x\to 3} x=3\times3=9$

④ $\displaystyle\lim_{x\to 3}\frac{x^2}{4x+1}=\frac{\lim_{x\to 3} x^2}{\lim_{x\to 3}(4x+1)}=\frac{9}{13}$

일반적으로 유리함수의 극한에서 분모가 0이 아닌 경우

정석 $f(x)$, $g(x)$가 다항함수이고 $g(a)\neq 0$이면

$$\lim_{x\to a} f(x)=f(a),\qquad \lim_{x\to a}\frac{f(x)}{g(x)}=\frac{f(a)}{g(a)}$$

임을 이용하여 계산한다. 위의 ①, ②, ③, ④에 적용하면

① $\displaystyle\lim_{x\to 3} 4x=4\times3=12$ ② $\displaystyle\lim_{x\to 3}(4x+1)=4\times3+1=13$

③ $\displaystyle\lim_{x\to 3} x^2=3^2=9$ ④ $\displaystyle\lim_{x\to 3}\frac{x^2}{4x+1}=\frac{3^2}{4\times3+1}=\frac{9}{13}$

보기 1 다음 극한값을 구하여라.

(1) $\displaystyle\lim_{h\to 0}(2+3h+4h^2)$ (2) $\displaystyle\lim_{x\to 1} x^2(x-4)$ (3) $\displaystyle\lim_{x\to 0}\frac{x^2-1}{x^2+1}$

[연구] (1) $\displaystyle\lim_{h\to 0}(2+3h+4h^2)=2+3\times0+4\times0^2=\mathbf{2}$

(2) $\displaystyle\lim_{x\to 1} x^2(x-4)=1^2\times(1-4)=\mathbf{-3}$ (3) $\displaystyle\lim_{x\to 0}\frac{x^2-1}{x^2+1}=\frac{0^2-1}{0^2+1}=\mathbf{-1}$

Advice 2° 무리함수의 극한에 대하여 다음이 성립한다.

정석 $\lim_{x \to a} f(x) = \alpha$이고 $\alpha > 0$이면 $\Longrightarrow \lim_{x \to a} \sqrt{f(x)} = \sqrt{\alpha}$

보기 2 다음 극한값을 구하여라.

(1) $\lim_{x \to 3} \sqrt{x+6}$　　(2) $\lim_{x \to -2} \sqrt{x^2+4}$

연구 (1) $\lim_{x \to 3} \sqrt{x+6} = \sqrt{3+6} = \mathbf{3}$　　(2) $\lim_{x \to -2} \sqrt{x^2+4} = \sqrt{(-2)^2+4} = \mathbf{2\sqrt{2}}$

Advice 3° 함수의 극한의 대소 관계

함수의 극한의 대소 관계는 함수의 대소에서 등호가 없는 경우에도 성립한다. 곧, 앞면의 **기본정석** ③을 다음과 같이 써도 된다.

(1) $f(x) < g(x)$이고 $\lim_{x \to a} f(x)$, $\lim_{x \to a} g(x)$의 값이 존재하면

$\Longrightarrow \lim_{x \to a} f(x) \le \lim_{x \to a} g(x)$

(2) $f(x) < h(x) < g(x)$이고 $\lim_{x \to a} f(x) = \lim_{x \to a} g(x) = l$ (l은 실수)이면

$\Longrightarrow \lim_{x \to a} h(x) = l$

보기 3 다음 물음에 답하여라.

(1) 함수 $f(x)$가 모든 실수 x에 대하여 $-x^2+6x-5 \le f(x) \le x^2-2x+3$을 만족시킬 때, $\lim_{x \to 2} f(x)$의 값을 구하여라.

(2) 함수 $f(x)$가 모든 양의 실수 x에 대하여 $4x^2+3x < f(x) < 4x^2+5x$를 만족시킬 때, $\lim_{x \to \infty} \dfrac{f(x)}{3x^2+2x}$의 값을 구하여라.

연구 (1) 모든 실수 x에 대하여 주어진 부등식이 성립하고

$\lim_{x \to 2}(-x^2+6x-5) = \lim_{x \to 2}(x^2-2x+3) = 3$

이므로 함수의 극한의 대소 관계에 의하여

$\lim_{x \to 2} f(x) = \mathbf{3}$

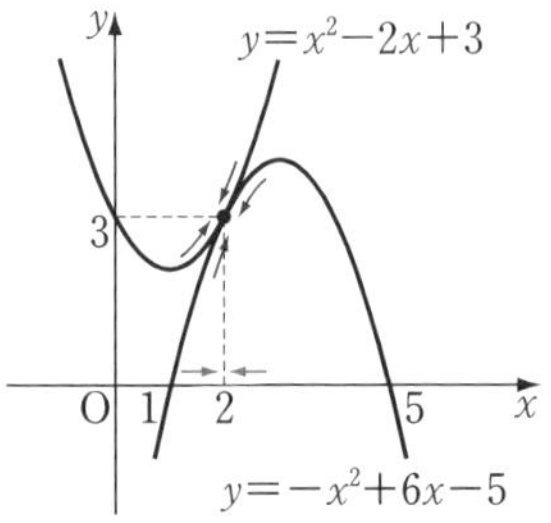

Note 함수 $f(x)$가 주어진 부등식을 만족시키면 오른쪽 그림에서 $\lim_{x \to 2} f(x) = 3$임을 알 수 있다.

(2) 모든 양의 실수 x에 대하여 $3x^2+2x > 0$이므로 주어진 부등식에서

$$\frac{4x^2+3x}{3x^2+2x} < \frac{f(x)}{3x^2+2x} < \frac{4x^2+5x}{3x^2+2x}$$

이때, $\lim_{x \to \infty} \dfrac{4x^2+3x}{3x^2+2x} = \lim_{x \to \infty} \dfrac{4x^2+5x}{3x^2+2x} = \dfrac{4}{3}$이므로 $\lim_{x \to \infty} \dfrac{f(x)}{3x^2+2x} = \mathbf{\dfrac{4}{3}}$

필수 예제 1-2 다음 극한값을 구하여라.

(1) $\displaystyle\lim_{x\to1}\frac{x^2-1}{x-1}$ (2) $\displaystyle\lim_{x\to a}\frac{x^3-ax^2+a^2x-a^3}{x-a}$

정석연구 (1) $x \longrightarrow 1$일 때 (분모) $\longrightarrow 0$, (분자) $\longrightarrow 0$이다.

그런데 $x\neq1$일 때

$$\frac{x^2-1}{x-1}=\frac{(x+1)(x-1)}{x-1}=x+1 \qquad \cdots\cdots ①$$

과 같이 변형할 수 있으므로

$$\lim_{x\to1}\frac{x^2-1}{x-1}=\lim_{x\to1}(x+1)=\mathbf{2}$$

이다. 일반적으로 유리함수에서 $x \longrightarrow a$일 때

(분모) $\longrightarrow 0$, (분자) $\longrightarrow 0$

이면 분모와 분자는 모두 $x-a$를 인수로 가진다. 따라서

정석 $\dfrac{0}{0}$ 꼴의 유리함수의 극한은

$\Longrightarrow$ 분모, 분자를 인수분해한 다음 약분하여라.

모범답안 (1) **정석연구** 참조 답 **2**

(2) $\displaystyle\lim_{x\to a}\frac{x^3-ax^2+a^2x-a^3}{x-a}=\lim_{x\to a}\frac{(x-a)(x^2+a^2)}{x-a}=\lim_{x\to a}(x^2+a^2)$

$=a^2+a^2=\mathbf{2a^2}$ ← 답

Advice | $\displaystyle\lim_{x\to1}\frac{x^2-1}{x-1}$에서 $x \longrightarrow 1$은 x가 1과 다른 값을 가지면서 1에 한없이 가까워진다는 뜻이므로 $x\neq1$인 경우만 생각하면 된다. 따라서 ①과 같은 변형이 가능하다.

또, 오른쪽 그래프에서 알 수 있듯이 $f(1)$의 값이 어떻게 정의되어 있는가와 상관없이 $\displaystyle\lim_{x\to1}f(x)$의 값을 구할 수 있다.

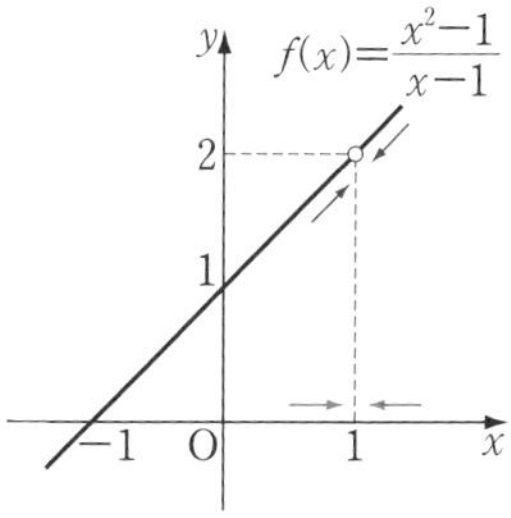

유제 **1**-3. 다음 극한값을 구하여라.

(1) $\displaystyle\lim_{x\to2}\frac{x^2-4}{x-2}$ (2) $\displaystyle\lim_{x\to0}\frac{5x^3-4x}{6x^2-4x}$ (3) $\displaystyle\lim_{x\to-2}\frac{x^3+8}{x+2}$

(4) $\displaystyle\lim_{x\to1}\frac{x^3-3x+2}{(x-1)^2}$ (5) $\displaystyle\lim_{x\to-2}\frac{x^2+3x+2}{x^3-3x+2}$ (6) $\displaystyle\lim_{x\to2}\frac{|x^3-4x+3|-3}{x-2}$

답 (1) **4** (2) **1** (3) **12** (4) **3** (5) $-\dfrac{\mathbf{1}}{\mathbf{9}}$ (6) **8**

필수 예제 1-3 다음 극한값을 구하여라.

(1) $\displaystyle\lim_{x\to0}\frac{x}{\sqrt{x+1}-1}$ (2) $\displaystyle\lim_{x\to2}\frac{x-\sqrt{3x-2}}{\sqrt{x+2}-2}$ (3) $\displaystyle\lim_{x\to8}\frac{\sqrt[3]{x}-2}{x-8}$

[정석연구] $x \longrightarrow a$일 때 (분모) $\longrightarrow 0$, (분자) $\longrightarrow 0$이므로 $\dfrac{0}{0}$ 꼴이다.

정석 $\dfrac{0}{0}$ 꼴의 무리함수의 극한은

⟹ 분모, 분자 중 $\sqrt{}$ 가 있는 쪽을 유리화하여라.

[모범답안] (1) (준 식)$\displaystyle=\lim_{x\to0}\frac{x(\sqrt{x+1}+1)}{(\sqrt{x+1}-1)(\sqrt{x+1}+1)}$

$\displaystyle=\lim_{x\to0}\frac{x(\sqrt{x+1}+1)}{(x+1)-1}=\lim_{x\to0}(\sqrt{x+1}+1)=\mathbf{2}$ ← [답]

(2) 준 식의 분모, 분자에 $\sqrt{x+2}+2$를 곱하면

(준 식)$\displaystyle=\lim_{x\to2}\frac{(x-\sqrt{3x-2})(\sqrt{x+2}+2)}{x-2}$

다시 분모, 분자에 $x+\sqrt{3x-2}$를 곱하면

(준 식)$\displaystyle=\lim_{x\to2}\frac{(x^2-3x+2)(\sqrt{x+2}+2)}{(x-2)(x+\sqrt{3x-2})}=\lim_{x\to2}\frac{(x-1)(\sqrt{x+2}+2)}{x+\sqrt{3x-2}}$

$\displaystyle=\frac{(2-1)(\sqrt{2+2}+2)}{2+\sqrt{3\times2-2}}=\mathbf{1}$ ← [답]

(3) (준 식)$\displaystyle=\lim_{x\to8}\frac{(\sqrt[3]{x}-2)\left\{(\sqrt[3]{x})^2+2\sqrt[3]{x}+2^2\right\}}{(x-8)\left\{(\sqrt[3]{x})^2+2\sqrt[3]{x}+2^2\right\}}$

$\displaystyle=\lim_{x\to8}\frac{1}{(\sqrt[3]{x})^2+2\sqrt[3]{x}+2^2}=\frac{1}{(\sqrt[3]{8})^2+2\sqrt[3]{8}+4}=\mathbf{\frac{1}{12}}$ ← [답]

**Note* 이 책에서는 좀 더 폭넓은 학습을 위하여 $\sqrt[3]{x}$와 같이 교육과정상 수학 I 에서 다루는 내용을 이용한 경우가 있다. 아직 수학 I을 공부하지 않은 학생은 필요한 경우 수학 I의 해당 부분을 찾아보길 바란다.

[유제] **1**-4. 다음 극한값을 구하여라.

(1) $\displaystyle\lim_{x\to9}\frac{x-9}{\sqrt{x}-3}$ (2) $\displaystyle\lim_{x\to0}\frac{\sqrt{4+x}-2}{x}$ (3) $\displaystyle\lim_{x\to0}\frac{\sqrt{1+x}-\sqrt{1+2x^2}}{\sqrt{1+x^2}-\sqrt{1-2x}}$

(4) $\displaystyle\lim_{x\to1}\frac{\sqrt{x}-1}{\sqrt{x^3}-1}$ (5) $\displaystyle\lim_{x\to0}\frac{\sqrt[3]{1+x}-\sqrt[3]{1-x}}{x}$

[답] (1) **6** (2) $\mathbf{\frac{1}{4}}$ (3) $\mathbf{\frac{1}{2}}$ (4) $\mathbf{\frac{1}{3}}$ (5) $\mathbf{\frac{2}{3}}$

필수 예제 **1**-4 다음 극한값을 구하여라.

(1) $\displaystyle\lim_{x\to\infty}\frac{4x-1}{2x^2-3x+1}$ (2) $\displaystyle\lim_{x\to\infty}\frac{4x^2-3x+1}{3x^2+2x-5}$

(3) $\displaystyle\lim_{x\to\infty}\left(\sqrt[3]{x^3+3x^2}-\sqrt[3]{x^3-3x^2}\right)$

정석연구 (1), (2) $x \longrightarrow \infty$일 때 (분모) $\longrightarrow \infty$, (분자) $\longrightarrow \infty$이므로 $\dfrac{\infty}{\infty}$ 꼴이다. 이때, ∞는 수가 아니므로 $\dfrac{\infty}{\infty}=1$이라고 할 수 없다는 것에 주의한다.

정석 $\dfrac{\infty}{\infty}$ 꼴의 유리함수의 극한은
$\Longrightarrow$ 분모의 최고차항으로 분모, 분자를 나누어라.

(3) $x \longrightarrow \infty$일 때 $\infty-\infty$ 꼴이다. 역시 $\infty-\infty=0$이라고 해서는 안 된다.

정석 $\infty-\infty$ 꼴의 극한은 $\Longrightarrow$ $\infty\times c$, $\dfrac{c}{\infty}$, $\dfrac{\infty}{\infty}$, $\dfrac{0}{0}$ 꼴로 변형하여라.

모범답안 (1) $\displaystyle\lim_{x\to\infty}\frac{4x-1}{2x^2-3x+1}=\lim_{x\to\infty}\frac{\frac{4}{x}-\frac{1}{x^2}}{2-\frac{3}{x}+\frac{1}{x^2}}=\mathbf{0}$ ← 답 ⇦ 분모, 분자를 x^2으로 나눈다.

(2) $\displaystyle\lim_{x\to\infty}\frac{4x^2-3x+1}{3x^2+2x-5}=\lim_{x\to\infty}\frac{4-\frac{3}{x}+\frac{1}{x^2}}{3+\frac{2}{x}-\frac{5}{x^2}}=\mathbf{\frac{4}{3}}$ ← 답 ⇦ 분모, 분자를 x^2으로 나눈다.

(3) (준 식)$\displaystyle=\lim_{x\to\infty}\frac{(x^3+3x^2)-(x^3-3x^2)}{\sqrt[3]{(x^3+3x^2)^2}+\sqrt[3]{(x^3+3x^2)(x^3-3x^2)}+\sqrt[3]{(x^3-3x^2)^2}}$

$\displaystyle=\lim_{x\to\infty}\frac{6x^2}{\sqrt[3]{(x^3+3x^2)^2}+\sqrt[3]{x^6-9x^4}+\sqrt[3]{(x^3-3x^2)^2}}$

$\displaystyle=\lim_{x\to\infty}\frac{6}{\sqrt[3]{\left(1+\frac{3}{x}\right)^2}+\sqrt[3]{1-\frac{9}{x^2}}+\sqrt[3]{\left(1-\frac{3}{x}\right)^2}}=\frac{6}{3}=\mathbf{2}$ ← 답

Advice | (2)와 같이 $\dfrac{\infty}{\infty}$ 꼴의 유리함수의 극한에서 분모, 분자의 차수가 같을 때에는 분모, 분자의 최고차항의 계수만 생각하면 된다.

유제 **1**-5. 다음 극한을 조사하여라.

(1) $\displaystyle\lim_{x\to\infty}\frac{2x^2}{x^3+x^2+2}$ (2) $\displaystyle\lim_{x\to\infty}\frac{6x^2-3x}{3x^2+2}$

(3) $\displaystyle\lim_{x\to\infty}\frac{x-3x^2}{2x+1}$ (4) $\displaystyle\lim_{x\to\infty}\left(\sqrt{x^2+4x-1}-x\right)$

답 (1) **0** (2) **2** (3) $-\infty$ (4) **2**

필수 예제 1-5 다음 극한값을 구하여라.

(1) $\displaystyle\lim_{x\to\infty}\frac{4x}{\sqrt{2+x^2}-3}$ (2) $\displaystyle\lim_{x\to-\infty}\frac{4x}{\sqrt{2+x^2}-3}$

정석연구 $x \longrightarrow \infty$일 때 (분모) $\longrightarrow \infty$, (분자) $\longrightarrow \infty$가 되는 꼴이다.

정석 $\dfrac{\infty}{\infty}$ 꼴의 무리함수의 극한은
$\Longrightarrow$ $\sqrt{\ }$ 안의 x의 차수는 반으로 생각하고
분모의 최고차항으로 분모, 분자를 나누어라.

특히 (2)에서는 $x \longrightarrow -\infty$일 때의 극한을 구하는 문제이므로

$$\frac{\sqrt{2+x^2}}{x}=\frac{\sqrt{2+x^2}}{\sqrt{x^2}}=\sqrt{\frac{2+x^2}{x^2}}=\sqrt{\frac{2}{x^2}+1}$$

과 같이 변형해서는 안 된다. 왜냐하면

정석 $\mathbf{A<0}$일 때 $\mathbf{A=-\sqrt{A^2}}$ ⇦ $\mathbf{A<0}$일 때 $\mathbf{\sqrt{A^2}=-A}$

이기 때문이다. 따라서

$$x<0\text{일 때}\quad \frac{\sqrt{2+x^2}}{x}=\frac{\sqrt{2+x^2}}{-\sqrt{x^2}}=-\sqrt{\frac{2+x^2}{x^2}}$$

과 같이 변형해야 한다. 곧, 부호 '$-$'에 주의해야 한다.

정석 $x \longrightarrow -\infty$일 때 무리함수의 변형에 주의하여라.

모범답안 분모, 분자를 x로 나누면

(1) (준 식)$\displaystyle=\lim_{x\to\infty}\frac{4}{\sqrt{\frac{2+x^2}{x^2}}-\frac{3}{x}}=\lim_{x\to\infty}\frac{4}{\sqrt{\frac{2}{x^2}+1}-\frac{3}{x}}=\mathbf{4}$ ← 답

(2) (준 식)$\displaystyle=\lim_{x\to-\infty}\frac{4}{-\sqrt{\frac{2+x^2}{x^2}}-\frac{3}{x}}=\lim_{x\to-\infty}\frac{4}{-\sqrt{\frac{2}{x^2}+1}-\frac{3}{x}}=\mathbf{-4}$ ← 답

***Note** (2) $-x=t$로 치환하면 $x \longrightarrow -\infty$일 때 $t \longrightarrow \infty$이므로

$$\lim_{x\to-\infty}\frac{4x}{\sqrt{2+x^2}-3}=\lim_{t\to\infty}\frac{-4t}{\sqrt{2+t^2}-3}=\lim_{t\to\infty}\frac{-4}{\sqrt{\frac{2}{t^2}+1}-\frac{3}{t}}=-4$$

유제 **1**-6. 다음 극한값을 구하여라.

(1) $\displaystyle\lim_{x\to\infty}\frac{x}{\sqrt{1+x^2}-1}$ (2) $\displaystyle\lim_{x\to-\infty}\frac{x}{\sqrt{1+x^2}-1}$ (3) $\displaystyle\lim_{x\to-\infty}\frac{2x}{\sqrt{x^2-1}}$

(4) $\displaystyle\lim_{x\to-\infty}\left(\sqrt{x^2-2x}+x\right)$

답 (1) **1** (2) **−1** (3) **−2** (4) **1**

필수 예제 **1**-6 다음 극한값을 구하여라.

(1) $\displaystyle\lim_{x\to0}\frac{1}{x}\left\{\frac{1}{(x+2)^2}-\frac{1}{4}\right\}$ (2) $\displaystyle\lim_{x\to0}\frac{1}{x}\left(\frac{1}{\sqrt{x+a}}-\frac{1}{\sqrt{a}}\right)$ (단, $a>0$)

(3) $\displaystyle\lim_{x\to\infty}x\left(\sqrt{1+\frac{1}{x}}-\sqrt{1-\frac{1}{x}}\right)$

정석연구 (1) $\displaystyle\lim_{x\to0+}\frac{1}{x}=\infty,\quad \lim_{x\to0-}\frac{1}{x}=-\infty,\quad \lim_{x\to0}\left\{\frac{1}{(x+2)^2}-\frac{1}{4}\right\}=0$

이므로 $\infty\times0$, $-\infty\times0$ 꼴의 극한을 구하는 문제이다.

정석 $\infty\times0$ 꼴의 극한은 $\Longrightarrow$ $\infty\times c$, $\dfrac{c}{\infty}$, $\dfrac{\infty}{\infty}$, $\dfrac{0}{0}$ 꼴로 변형하여라.

(2) $\dfrac{1}{\sqrt{x+a}}-\dfrac{1}{\sqrt{a}}$부터 정리한 다음 위의 **정석**을 이용한다.

(3) $\displaystyle\lim_{x\to\infty}\left(\sqrt{1+\frac{1}{x}}-\sqrt{1-\frac{1}{x}}\right)=0$이므로 위의 **정석**을 이용할 수 있다. 이때,

$\dfrac{1}{x}=t$로 치환한 다음 정리하는 것이 편리하다.

모범답안 (1) (준 식)$\displaystyle=\lim_{x\to0}\left\{\frac{1}{x}\times\frac{4-(x+2)^2}{4(x+2)^2}\right\}=\lim_{x\to0}\frac{-x(x+4)}{4x(x+2)^2}$ ⇦ $\dfrac{0}{0}$ 꼴

$\displaystyle=\lim_{x\to0}\frac{-(x+4)}{4(x+2)^2}=\frac{-4}{16}=-\frac{1}{4}$ ← 답

(2) (준 식)$\displaystyle=\lim_{x\to0}\left(\frac{1}{x}\times\frac{\sqrt{a}-\sqrt{x+a}}{\sqrt{x+a}\sqrt{a}}\right)$ ⇦ $\dfrac{0}{0}$ 꼴

$\displaystyle=\lim_{x\to0}\left\{\frac{1}{x}\times\frac{a-(x+a)}{\sqrt{x+a}\sqrt{a}(\sqrt{a}+\sqrt{x+a})}\right\}$

$\displaystyle=\lim_{x\to0}\frac{-1}{\sqrt{x+a}\sqrt{a}(\sqrt{a}+\sqrt{x+a})}=-\frac{1}{2a\sqrt{a}}$ ← 답

(3) $\dfrac{1}{x}=t$로 놓으면 $x\longrightarrow\infty$일 때 $t\longrightarrow0+$이므로

(준 식)$\displaystyle=\lim_{t\to0+}\frac{1}{t}(\sqrt{1+t}-\sqrt{1-t})=\lim_{t\to0+}\frac{(1+t)-(1-t)}{t(\sqrt{1+t}+\sqrt{1-t})}$ ⇦ $\dfrac{0}{0}$ 꼴

$\displaystyle=\lim_{t\to0+}\frac{2}{\sqrt{1+t}+\sqrt{1-t}}=1$ ← 답

유제 **1**-7. 다음 극한값을 구하여라.

(1) $\displaystyle\lim_{x\to0}\frac{1}{x}\left(\frac{1}{x+1}-1\right)$ (2) $\displaystyle\lim_{x\to0}\frac{1}{x}\left(\frac{1}{2+x}-\frac{1}{2}\right)$

(3) $\displaystyle\lim_{x\to0}\frac{1}{x}\left(\frac{1}{\sqrt{x+1}}-1\right)$

답 (1) -1 (2) $-\dfrac{1}{4}$ (3) $-\dfrac{1}{2}$

필수 예제 1-7 다음 극한값을 구하여라.

단, $[x]$는 x보다 크지 않은 최대 정수이다.

(1) $\displaystyle\lim_{x\to0} x\left(\left[\frac{1}{x}\right]-\frac{1}{x}\right)$ (2) $\displaystyle\lim_{x\to\infty}\frac{\left[\sqrt{x^2+x}\,\right]-\sqrt{x}}{x}$

정석연구 가우스 기호 [ ]가 있는 경우 부등식으로 나타낸 다음, 함수의 극한의 대소 관계를 이용해 보자.

정석 $\boldsymbol{a}$에 가까운 모든 실수 $\boldsymbol{x}$에 대하여

(i) $f(x)\le g(x)$이고 $\displaystyle\lim_{x\to a} f(x)$, $\displaystyle\lim_{x\to a} g(x)$의 값이 존재하면

$$\Longrightarrow \lim_{x\to a} f(x)\le\lim_{x\to a} g(x)$$

(ii) $f(x)\le h(x)\le g(x)$이고 $\displaystyle\lim_{x\to a} f(x)=\lim_{x\to a} g(x)=l$ (l은 실수)이면

$$\Longrightarrow \lim_{x\to a} h(x)=l$$

모범답안 (1) $0\le\dfrac{1}{x}-\left[\dfrac{1}{x}\right]<1$이므로 $x>0$일 때 $-x<x\left(\left[\dfrac{1}{x}\right]-\dfrac{1}{x}\right)\le0$

$x<0$일 때 $0\le x\left(\left[\dfrac{1}{x}\right]-\dfrac{1}{x}\right)<-x$

그런데 $\displaystyle\lim_{x\to0}(-x)=0$이므로 $\displaystyle\lim_{x\to0} x\left(\left[\frac{1}{x}\right]-\frac{1}{x}\right)=\mathbf{0}$ ← 답

(2) $\sqrt{x^2+x}-1<\left[\sqrt{x^2+x}\,\right]\le\sqrt{x^2+x}$ 이므로

$$\sqrt{x^2+x}-1-\sqrt{x}<\left[\sqrt{x^2+x}\,\right]-\sqrt{x}\le\sqrt{x^2+x}-\sqrt{x}$$

$x\longrightarrow\infty$에서 $x>0$일 때만 생각해도 되므로

$$\frac{\sqrt{x^2+x}-1-\sqrt{x}}{x}<\frac{\left[\sqrt{x^2+x}\,\right]-\sqrt{x}}{x}\le\frac{\sqrt{x^2+x}-\sqrt{x}}{x}$$

여기에서 $\displaystyle\lim_{x\to\infty}\frac{\sqrt{x^2+x}-1-\sqrt{x}}{x}=1$, $\displaystyle\lim_{x\to\infty}\frac{\sqrt{x^2+x}-\sqrt{x}}{x}=1$이므로

$$\lim_{x\to\infty}\frac{\left[\sqrt{x^2+x}\,\right]-\sqrt{x}}{x}=\mathbf{1} \leftarrow \text{답}$$

***Note** (1)에서는 $\left[\dfrac{1}{x}\right]=\dfrac{1}{x}-h$, (2)에서는 $\left[\sqrt{x^2+x}\,\right]=\sqrt{x^2+x}-h\,(0\le h<1)$로 놓고 풀 수도 있다.

유제 **1**-8. 다음 극한값을 구하여라.

단, $[x]$는 x보다 크지 않은 최대 정수이다.

(1) $\displaystyle\lim_{x\to\infty}\left(\frac{12}{x}\times\left[\frac{x}{3}\right]\right)$ (2) $\displaystyle\lim_{x\to\infty}\left(\sqrt{x^2+[x]}-x\right)$ 답 (1) **4** (2) $\mathbf{\frac{1}{2}}$

필수 예제 1-8 두 함수 $y=f(x)$와 $y=g(x)$의 그래프가 오른쪽과 같을 때, 다음 극한값을 구하여라.

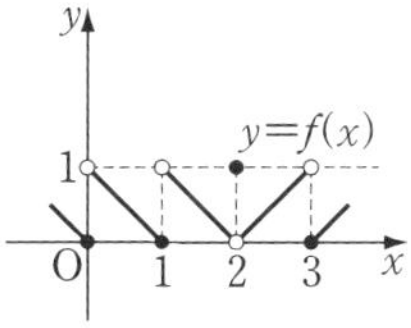

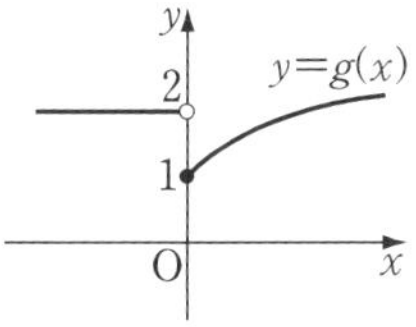

(1) $\lim_{x\to2} g\big(f(x)\big)$ (2) $\lim_{x\to0} f\big(g(x)\big)$

정석연구 함수 $y=h(x)$의 그래프가 각각 아래와 같을 때, 임의의 함수 $y=k(x)$에 대하여 $\lim_{x\to2} k\big(h(x)\big)$의 극한은 다음과 같이 구한다.

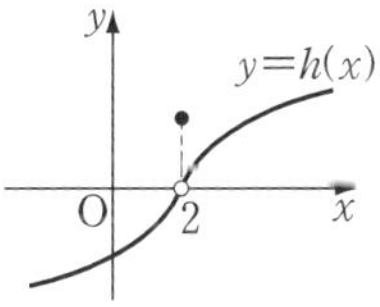

그림 (i)

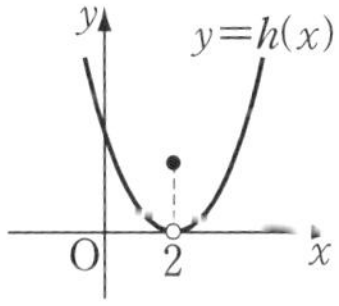

그림 (ii)

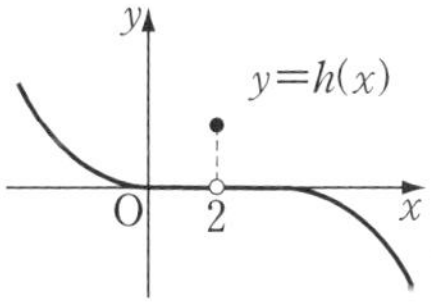

그림 (iii)

그림 (i) $h(x)=t$로 놓으면 $x\longrightarrow2$일 때 $t\longrightarrow0$이므로 $\lim_{t\to0} k(t)$를 구한다.

그림 (ii) $h(x)=t$로 놓으면 $x\longrightarrow2$일 때 $t\longrightarrow0+$이므로 $\lim_{t\to0+} k(t)$를 구한다.

그림 (iii) $y=h(x)$가 2를 제외한 2의 주변에서 $h(x)=0$(상수함수)이므로 $\lim_{x\to2} k\big(h(x)\big)=\lim_{x\to2} k(0)=k(0)$이다.

모범답안 (1) $f(x)=t$로 놓으면 $x\longrightarrow2$일 때 $t\longrightarrow0+$이다.

$$\therefore \lim_{x\to2} g\big(f(x)\big)=\lim_{t\to0+} g(t)=\mathbf{1} \longleftarrow \boxed{\text{답}}$$

(2) $x\longrightarrow0-$일 때 $g(x)=2$(상수함수)이므로 $\lim_{x\to0-} f\big(g(x)\big)=f(2)=1$

$x\longrightarrow0+$일 때 $g(x)=t$로 놓으면 $t\longrightarrow1+$이므로

$$\lim_{x\to0+} f\big(g(x)\big)=\lim_{t\to1+} f(t)=1$$

$$\therefore \lim_{x\to0} f\big(g(x)\big)=\mathbf{1} \longleftarrow \boxed{\text{답}}$$

유제 **1**-9. 함수 $y=f(x)$의 그래프가 오른쪽과 같다.

다음 극한을 조사하여라.

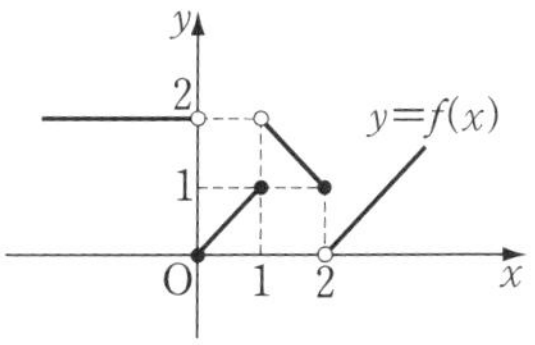

(1) $\lim_{x\to0} f\big(f(x)\big)$ (2) $\lim_{x\to1} f\big(f(x)\big)$

답 (1) 극한값은 존재하지 않는다. (2) **1**

필수 예제 1-9 포물선 $y=x^2$ 위의 점 P를 제1사분면에 잡고 $\overline{\mathrm{OP}}=\overline{\mathrm{OQ}}$인 점 Q를 x축의 양의 방향 위에 잡는다. 직선 PQ가 y축과 만나는 점을 R라고 할 때, 점 P가 포물선을 따라 점 O에 한없이 가까워지면 점 R는 어떤 점에 한없이 가까워지는가? 단, O는 원점이다.

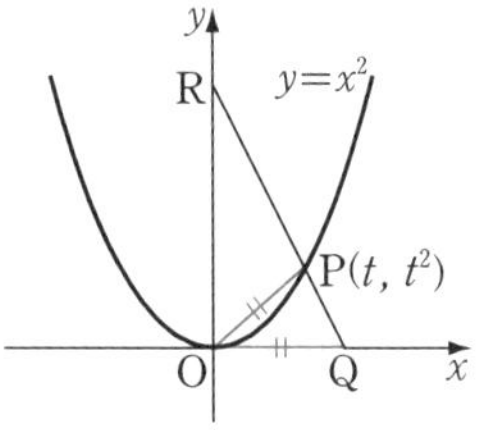

정석연구 점 P는 제1사분면에서 포물선 $y=x^2$ 위에 있으므로 점 P의 x좌표를 t라고 하면 $t>0$이고, 점 P의 y좌표는 t^2이다.

곧, $\mathrm{P}(t,\ t^2)$이라 하고, 문제의 조건을 써서 점 R의 좌표를 t로 나타낸 다음

$$\mathrm{P} \longrightarrow \mathrm{O} \implies t \longrightarrow 0+$$

라는 것에 착안하여 $t \longrightarrow 0+$일 때의 극한을 구한다.

정석 좌표평면에서 점의 극한 $\implies$ 좌표를 이용한다.

모범답안 포물선 $y=x^2$ 위에 있는 점 P의 좌표를 $\mathrm{P}(t,\ t^2)$이라고 하면 $t>0$, $\overline{\mathrm{OP}}=\overline{\mathrm{OQ}}$이므로

$$\overline{\mathrm{OQ}}=\overline{\mathrm{OP}}=\sqrt{t^2+t^4}=t\sqrt{1+t^2} \qquad \therefore \ \mathrm{Q}\left(t\sqrt{1+t^2},\ 0\right)$$

따라서 직선 PQ의 방정식은

$$y-t^2=\frac{0-t^2}{t\sqrt{1+t^2}-t}(x-t) \qquad \therefore \ y=t^2-\frac{t(x-t)}{\sqrt{1+t^2}-1} \qquad \cdots\cdots①$$

점 R의 y좌표는 ①에서 $x=0$일 때이므로 $y=t^2+\dfrac{t^2}{\sqrt{1+t^2}-1}$

$$\therefore \ \lim_{t\to0+} y=\lim_{t\to0+}\left(t^2+\frac{t^2}{\sqrt{1+t^2}-1}\right)=\lim_{t\to0+}\left(t^2+\sqrt{1+t^2}+1\right)=2$$

답 **점 (0, 2)**

유제 **1**-10. 두 점 A(2, 0), B(0, 1)과 x축 위를 움직이는 점 P, y축 위를 움직이는 점 Q에 대하여 두 선분 AB, PQ의 교점을 M이라고 하자.

두 점 P, Q가 다음을 만족시키면서 각각 점 A, B에 한없이 가까워질 때, 점 M은 어떤 점에 한없이 가까워지는가? 단, O는 원점이며, 점 P의 x좌표는 2보다 작고, 점 Q의 y좌표는 1보다 크다.

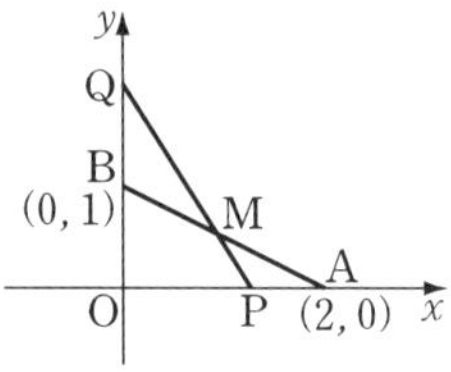

(1) $\overline{\mathrm{PA}}=\overline{\mathrm{QB}}$ (2) $\triangle\mathrm{OPQ}=\triangle\mathrm{OAB}$

답 (1) 점 $\left(\dfrac{4}{3},\ \dfrac{1}{3}\right)$ (2) 점 $\left(1,\ \dfrac{1}{2}\right)$

§ 3. 미정계수의 결정

기본정석

미정계수 결정의 기본

두 함수 $f(x)$, $g(x)$에 대하여 $\displaystyle\lim_{x\to a}\frac{f(x)}{g(x)}=\alpha$ (α는 실수)일 때,

(1) $\displaystyle\lim_{x\to a}g(x)=0$이면 $\Longrightarrow$ $\displaystyle\lim_{x\to a}f(x)=0$

(2) $\displaystyle\lim_{x\to a}f(x)=0$이고 $\alpha\neq0$이면 $\Longrightarrow$ $\displaystyle\lim_{x\to a}g(x)=0$

보기 1 $\displaystyle\lim_{x\to1}\frac{x^2-a}{x-1}=2$를 만족시키는 상수 a의 값을 구하여라.

연구 $x\longrightarrow1$일 때 극한값이 존재하고 (분모) $\longrightarrow0$이므로 (분자) $\longrightarrow0$이어야 한다.

왜냐하면 만일 $\displaystyle\lim_{x\to1}(x^2-a)\neq0$이면 $\displaystyle\lim_{x\to1}\frac{x^2-a}{x-1}$는 ∞ 또는 $-\infty$가 되어 $\displaystyle\lim_{x\to1}\frac{x^2-a}{x-1}=2$에 모순이기 때문이다.

따라서 $\displaystyle\lim_{x\to1}(x^2-a)=0$에서 $1-a=0$ $\therefore$ $\boldsymbol{a=1}$

정석 극한값이 존재하고
(분모) $\longrightarrow0$이면 $\Longrightarrow$ (분자) $\longrightarrow0$

보기 2 $\displaystyle\lim_{x\to3}\frac{x^3-27}{x-a}=b$ (단, $b\neq0$)를 만족시키는 상수 a, b의 값을 구하여라.

연구 $x\longrightarrow3$일 때 0이 아닌 극한값이 존재하고 (분자) $\longrightarrow0$이므로 (분모) $\longrightarrow0$이어야 한다.

왜냐하면 만일 $\displaystyle\lim_{x\to3}(x-a)\neq0$이면 $\displaystyle\lim_{x\to3}\frac{x^3-27}{x-a}=0$이 되어 $b\neq0$이라는 조건에 모순이기 때문이다.

따라서 $\displaystyle\lim_{x\to3}(x-a)=0$에서 $3-a=0$ $\therefore$ $\boldsymbol{a=3}$

이때, $\displaystyle\boldsymbol{b}=\lim_{x\to3}\frac{x^3-27}{x-3}=\lim_{x\to3}\frac{(x-3)(x^2+3x+9)}{x-3}=\lim_{x\to3}(x^2+3x+9)=\boldsymbol{27}$

정석 0이 아닌 극한값이 존재하고
(분자) $\longrightarrow0$이면 $\Longrightarrow$ (분모) $\longrightarrow0$

**Note* $b\neq0$이라는 조건이 없으면 a는 모든 실수가 될 수 있으며, 이때 $a=3$이면 $b=27$, $a\neq3$이면 $b=0$이다.

필수 예제 **1**-10 다음을 만족시키는 상수 a, b의 값을 구하여라.

(1) $\displaystyle\lim_{x\to2}\frac{x^2+ax+2}{2x^2-7x+6}=b$ (2) $\displaystyle\lim_{x\to1}\frac{a\sqrt{x+1}-b}{x-1}=\sqrt{2}$

(3) $\displaystyle\lim_{x\to2}\frac{x^2-4}{x^2+ax+b}=\frac{1}{2}$

정석연구 미정계수 결정의 기본은 0이 아닌 극한값이 존재하고

정석 (분모) ⟶ **0**이면 (분자) ⟶ **0**, (분자) ⟶ **0**이면 (분모) ⟶ **0**

모범답안 (1) $x \longrightarrow 2$일 때 극한값이 존재하고 (분모) ⟶ 0이므로 (분자) ⟶ 0

$\therefore \displaystyle\lim_{x\to2}(x^2+ax+2)=0 \quad \therefore 2a+6=0 \quad \therefore a=-3$

$\therefore b=\displaystyle\lim_{x\to2}\frac{x^2-3x+2}{2x^2-7x+6}=\lim_{x\to2}\frac{(x-1)(x-2)}{(2x-3)(x-2)}=\lim_{x\to2}\frac{x-1}{2x-3}=1$

답 $\boldsymbol{a=-3,\ b=1}$

(2) $x \longrightarrow 1$일 때 극한값이 존재하고 (분모) ⟶ 0이므로 (분자) ⟶ 0

$\therefore \displaystyle\lim_{x\to1}\left(a\sqrt{x+1}-b\right)=0 \quad \therefore b=\sqrt{2}\,a$ ……①

$\therefore$ (좌변)$=\displaystyle\lim_{x\to1}\frac{a\sqrt{x+1}-\sqrt{2}\,a}{x-1}=\lim_{x\to1}\frac{a(x+1-2)}{(x-1)\left(\sqrt{x+1}+\sqrt{2}\right)}$

$\displaystyle=\lim_{x\to1}\frac{a}{\sqrt{x+1}+\sqrt{2}}=\frac{a}{2\sqrt{2}} \quad \therefore \frac{a}{2\sqrt{2}}=\sqrt{2} \quad \therefore a=4$

①에 대입하면 $b=4\sqrt{2}$

답 $\boldsymbol{a=4,\ b=4\sqrt{2}}$

(3) $x \longrightarrow 2$일 때 극한값이 0이 아니고 (분자) ⟶ 0이므로 (분모) ⟶ 0

$\therefore \displaystyle\lim_{x\to2}(x^2+ax+b)=0 \quad \therefore b=-2a-4$ ……①

$\therefore$ (좌변)$=\displaystyle\lim_{x\to2}\frac{x^2-4}{x^2+ax-2a-4}=\lim_{x\to2}\frac{(x+2)(x-2)}{(x-2)(x+a+2)}$

$\displaystyle=\lim_{x\to2}\frac{x+2}{x+a+2}=\frac{4}{a+4} \quad \therefore \frac{4}{a+4}=\frac{1}{2} \quad \therefore a=4$

①에 대입하면 $b=-12$

답 $\boldsymbol{a=4,\ b=-12}$

유제 **1**-11. 다음을 만족시키는 상수 a, b의 값을 구하여라.

(1) $\displaystyle\lim_{x\to0}\frac{\sqrt{a+x}-\sqrt{2}}{x}=b$ (2) $\displaystyle\lim_{x\to2}\frac{ax^2+bx-10}{3x^2-5x-2}=3$

(3) $\displaystyle\lim_{x\to0}\frac{x}{\sqrt{x+a}-b}=6$ (4) $\displaystyle\lim_{x\to2}\frac{x^2-ax+8}{x^2-(2+b)x+2b}=\frac{1}{5}$

답 (1) $\boldsymbol{a=2,\ b=\frac{\sqrt{2}}{4}}$ (2) $\boldsymbol{a=8,\ b=-11}$ (3) $\boldsymbol{a=9,\ b=3}$ (4) $\boldsymbol{a=6,\ b=12}$

필수 예제 **1**-11 다음을 만족시키는 다항식 $f(x)$ 중 차수가 가장 작은 것을 구하여라.

$$\lim_{x\to0}\frac{f(x)}{x}=10,\quad \lim_{x\to1}\frac{f(x)}{x-1}=-4,\quad \lim_{x\to2}\frac{f(x)}{x-2}=26$$

정석연구 $x\longrightarrow0$, $x\longrightarrow1$, $x\longrightarrow2$일 때 각각 극한값이 존재하고 (분모) $\longrightarrow0$이므로 (분자) $\longrightarrow0$이어야 한다. 곧,

$$\boldsymbol{f(0)=0,\quad f(1)=0,\quad f(2)=0}$$

여기에서 다음 인수정리를 이용하면 된다.

정석 $\boldsymbol{f(\alpha)=0}$이면 $\Longrightarrow$ $\boldsymbol{f(x)=(x-\alpha)g(x)}$

모범답안 $x\longrightarrow0$, $x\longrightarrow1$, $x\longrightarrow2$일 때 각각 극한값이 존재하고 (분모) $\longrightarrow0$이므로 $f(0)=0$, $f(1)=0$, $f(2)=0$이다.

따라서 $f(x)=x(x-1)(x-2)g(x)$ $\big(g(x)$는 다항식$\big)$로 놓으면

$$\lim_{x\to0}\frac{f(x)}{x}=\lim_{x\to0}\frac{x(x-1)(x-2)g(x)}{x}=\lim_{x\to0}(x-1)(x-2)g(x)=10$$

$\therefore\ (-1)\times(-2)\times g(0)=10\quad \therefore\ g(0)=5$ ……①

같은 방법으로 하면

$\displaystyle\lim_{x\to1}\frac{f(x)}{x-1}=-4,\ \lim_{x\to2}\frac{f(x)}{x-2}=26$에서

$g(1)=4$ ……② $\quad g(2)=13$ ……③

$g(x)=a$, $g(x)=ax+b$의 꼴일 때에는 ①, ②, ③을 만족시키는 a, b의 값은 존재하지 않는다.

따라서 $g(x)=ax^2+bx+c\,(a\neq0)$로 놓으면 ①, ②, ③으로부터

$$c=5,\quad a+b+c=4,\quad 4a+2b+c=13$$

$$\therefore\ a=5,\ b=-6,\ c=5\qquad \therefore\ g(x)=5x^2-6x+5$$

$$\therefore\ \boldsymbol{f(x)=x(x-1)(x-2)(5x^2-6x+5)}\longleftarrow \text{답}$$

유제 **1**-12. 삼차 다항식 $f(x)$에 대하여 $\displaystyle\lim_{x\to-1}\frac{f(x)}{x+1}=6$, $\displaystyle\lim_{x\to2}\frac{f(x)}{x-2}=-\frac{3}{2}$일 때, $\displaystyle\lim_{x\to3}\frac{f(x)}{x-3}$의 값을 구하여라. 답 **2**

유제 **1**-13. $\displaystyle\lim_{x\to1}\frac{f(x)}{x^2-3x+2}=2$, $\displaystyle\lim_{x\to2}\frac{f(x)}{x^2-3x+2}=3$을 만족시키는 삼차 다항식 $f(x)$를 구하여라. 답 $\boldsymbol{f(x)=x^3-2x^2-x+2}$

연습문제 1

기본 **1-1** 다음 극한값을 구하여라. 단, m, n은 자연수이다.

(1) $\displaystyle\lim_{x\to a}\frac{x^4-a^4}{x-a}$ (2) $\displaystyle\lim_{x\to a}\frac{x^n-a^n}{x-a}$ (3) $\displaystyle\lim_{x\to 1}\frac{x^m-1}{x^n-1}$

1-2 다항함수 $f(x)$에 대하여 $\displaystyle\lim_{x\to 1}\frac{8(x^4-1)}{(x^2-1)f(x)}=1$일 때, $f(1)$의 값을 구하여라.

1-3 다음 극한을 조사하여라.

(1) $\displaystyle\lim_{x\to\infty}\frac{1}{\sqrt{x}\left(\sqrt{x+1}-\sqrt{x}\right)}$ (2) $\displaystyle\lim_{x\to 0}\left(\sqrt{\frac{1}{x^2}+\frac{1}{x}}-\sqrt{\frac{1}{x^2}-\frac{1}{x}}\right)$

1-4 다음 극한값을 구하여라. 단, $[x]$는 x보다 크지 않은 최대 정수이다.

(1) $\displaystyle\lim_{x\to 0}\left[3-|x|\right]$ (2) $\displaystyle\lim_{x\to 2+}\frac{x^2-2[x]}{x-2[x-1]}$ (3) $\displaystyle\lim_{x\to 1}[-x^2+2x+3]$

1-5 다음을 만족시키는 상수 a의 값을 구하여라.

(1) $\displaystyle\lim_{x\to\infty}\frac{ax}{\sqrt{x^2+1}-1}=2$ (2) $\displaystyle\lim_{x\to\infty}\left\{\log(ax^2+1)-\log(x^2-5)\right\}=1$

1-6 다음을 만족시키는 상수 a, b의 값을 구하여라.

$$\lim_{x\to\infty}\left(\sqrt{x^2+4x+1}-ax-b\right)=1$$

1-7 실수 전체의 집합에서 정의된 함수 $y=f(x)$의 그래프가 오른쪽과 같다.

$\displaystyle\lim_{t\to\infty}f\left(\frac{t-1}{t+2}\right)+\lim_{t\to-\infty}f\left(\frac{3t-4}{t-1}\right)$의 값을 구하여라.

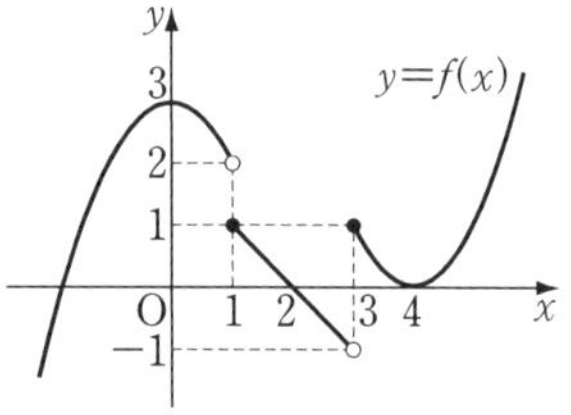

1-8 다음 물음에 답하여라.

(1) $\displaystyle\lim_{x\to -1}\frac{f(x+1)}{x+1}=2$일 때, $\displaystyle\lim_{x\to 0}\frac{x-f(x)}{x+f(x)}$의 값을 구하여라.

(2) $\displaystyle\lim_{x\to\infty}\frac{f(x)}{x}$의 값이 존재할 때, $\displaystyle\lim_{x\to\infty}\frac{x^2-f(x)}{x^2+f(x)}$의 값을 구하여라.

1-9 직선 $y=x+1$ 위에 두 점 A$(-1,\ 0)$과 P$(t,\ t+1)$이 있다. 점 P를 지나고 직선 $y=x+1$에 수직인 직선이 y축과 만나는 점을 Q라고 할 때, $\displaystyle\lim_{t\to\infty}\frac{\overline{\text{AQ}}}{\overline{\text{AP}}}$의 값을 구하여라.

1-10 포물선 $y=x^2+1$ 위의 점 $(t,\ t^2+1)$을 중심으로 하고 점 $(0,\ 1)$을 지나는 원이 있다. 이 원과 x축 사이의 최단 거리를 $d(t)$라고 할 때, $\lim_{t\to\infty} d(t)$의 값을 구하여라.

실력 **1-11** x에 관한 이차방정식 $ax^2+bx+c=0$의 서로 다른 두 실근을 $\alpha,\ \beta$ (단, $\alpha<\beta$)라고 할 때, $\lim_{a\to0+}\alpha,\ \lim_{a\to0+}\beta$를 조사하여라.

단, $a>0,\ b>0,\ c<0$이다.

1-12 $x\neq1$인 모든 실수에서 정의된 함수 $f(x)$와 $g(x)$가

$$\lim_{x\to1} f(x)=\infty, \qquad \lim_{x\to1}\{f(x)-2g(x)\}=1$$

을 만족시킨다. 이때, $\lim_{x\to1}\dfrac{f(x)-4g(x)}{3f(x)-2g(x)}$의 값을 구하여라.

1-13 x가 양수일 때, x보다 작은 자연수 중에서 소수의 개수를 $f(x)$라 하고, 함수 $g(x)$를

$$g(x)=\begin{cases} f(x) & (x>2f(x)) \\ \dfrac{1}{f(x)} & (x\leq 2f(x)) \end{cases}$$

이라고 하자. 이때, $\lim_{x\to8} g(x)$의 값이 존재하면 그 값을 구하여라.

1-14 포물선 $y=x^2$ 위의 두 점을 $\mathrm{P}(a,\ a^2),\ \mathrm{Q}(b,\ b^2)$이라고 하자.

단, $a<b,\ a+b\neq1$이다.

(1) $s=a+b,\ t=ab$라고 할 때, 원점 O, 점 $\mathrm{A}(1,\ 1)$을 지나는 직선과 두 점 P, Q를 지나는 직선의 교점 G의 좌표를 $s,\ t$로 나타내어라.

(2) $\overline{\mathrm{PQ}}=\sqrt{2}$를 만족시키면서 점 P가 점 O에 한없이 가까워질 때, 교점 G는 어떤 점에 한없이 가까워지는가?

1-15 다음을 만족시키는 상수 $a,\ b,\ c$의 값을 구하여라.

(1) $\lim_{x\to1}\dfrac{x^3+ax^2+bx+c}{x^2-2x+1}=4$ (2) $\lim_{x\to1}\dfrac{x^3+ax^2+bx+2}{(x-1)^2}=c$

1-16 다항함수 $f(x)$가 다음 두 조건을 만족시킬 때, $f(x)$를 구하여라.

(가) $\lim_{x\to0+}\dfrac{x^3f\left(\dfrac{1}{x}\right)-1}{x^3+x}=5$ (나) $\lim_{x\to1}\dfrac{f(x)}{x^2+x-2}=\dfrac{1}{3}$

1-17 최고차항의 계수가 1인 두 삼차함수 $f(x),\ g(x)$가 다음 두 조건을 만족시킬 때, $g(4)$의 값을 구하여라.

(가) $g(0)=0$ (나) $\lim_{x\to n}\dfrac{f(x)}{g(x)}=n(n-1)$ (단, $n=0,\ 1,\ 2,\ 3$)

2. 함수의 연속

§ 1. 연속함수

기본정석

1 함수의 연속과 불연속

(1) $\boldsymbol{x=a}$에서 연속과 불연속

함수 $f(x)$가

(i) $\boldsymbol{x=a}$에서 정의되어 있고,

(ii) $\displaystyle\lim_{x\to a}\boldsymbol{f(x)}$가 존재하며,

(iii) $\displaystyle\lim_{x\to a}\boldsymbol{f(x)=f(a)}$

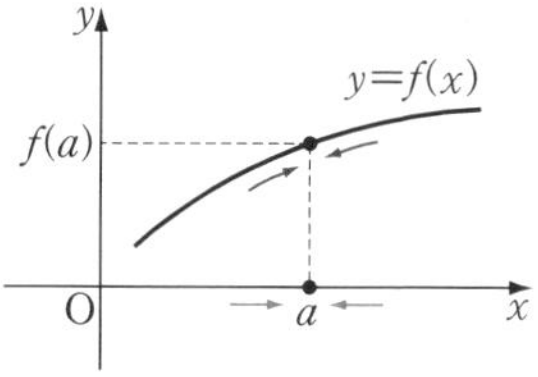

일 때, $f(x)$는 $\boldsymbol{x=a}$에서 연속이라고 한다.

또, 함수 $f(x)$가 $x=a$에서 연속이 아닐 때, $f(x)$는 $\boldsymbol{x=a}$에서 불연속이라고 한다.

함수 $y=f(x)$의 그래프는 연속인 점에서는 이어져 있고, 불연속인 점에서는 끊어져 있다.

(2) 구간에서의 연속

함수 $f(x)$가 어떤 구간에 속하는 모든 실수에서 연속이면 $f(x)$는 이 구간에서 연속 또는 이 구간에서 연속함수라고 한다.

2 연속함수의 성질

두 함수 $f(x)$, $g(x)$가 모두 $x=a$에서 연속이면 다음 함수도 $x=a$에서 연속이다.

① $kf(x)$ (단, k는 상수) ② $f(x)\pm g(x)$

③ $f(x)g(x)$ ④ $\dfrac{f(x)}{g(x)}$ (단, $g(a)\neq 0$)

Advice 1° 열린구간 · 닫힌구간

두 실수 a, b $(a<b)$에 대하여 다음 실수의 집합

$\{\boldsymbol{x\mid a\le x\le b}\}$, $\{\boldsymbol{x\mid a<x<b}\}$, $\{\boldsymbol{x\mid a\le x<b}\}$, $\{\boldsymbol{x\mid a<x\le b}\}$

를 각각 구간이라 하고, 다음과 같이 나타낸다.

$[\boldsymbol{a,\ b}]$, $(\boldsymbol{a,\ b})$, $[\boldsymbol{a,\ b})$, $(\boldsymbol{a,\ b}]$

이때, (a, b)를 열린구간(open interval), $[a, b]$를 닫힌구간(closed interval), $[a, b)$, $(a, b]$를 반열린 구간 또는 반닫힌 구간이라고 한다.

또, 실수 a에 대하여 다음 실수의 집합

$$\{x\,|\,x\le a\},\quad \{x\,|\,x<a\},\quad \{x\,|\,x\ge a\},\quad \{x\,|\,x>a\}$$

도 각각 구간이라 하고, 다음과 같이 나타낸다.

$$(-\infty, a],\quad (-\infty, a),\quad [a, \infty),\quad (a, \infty)$$

실수 전체의 집합도 하나의 구간으로 보고 $(-\infty, \infty)$와 같이 나타낸다.

보기 1 다음 함수의 정의역을 구간의 기호를 써서 나타내어라.

(1) $f(x)=x^3$ (2) $f(x)=\dfrac{1}{x^2-4}$ (3) $f(x)=\sqrt{x-2}$

연구 (1) $(-\infty, \infty)$

(2) $x^2-4\neq0$에서 $x\neq\pm2$ $\therefore (-\infty, -2)\cup(-2, 2)\cup(2, \infty)$

(3) $x-2\ge0$에서 $x\ge2$ $\therefore [2, \infty)$

Advice 2° 함수의 연속과 불연속

이를테면 네 함수

$$f(x)=x+1,\quad g(x)=\frac{x^2-1}{x-1},\quad h(x)=[x],\quad k(x)=\begin{cases} x^2 & (x\neq1) \\ 0 & (x=1) \end{cases}$$

의 그래프는 다음과 같다. 단, $[x]$는 x보다 크지 않은 최대 정수이다.

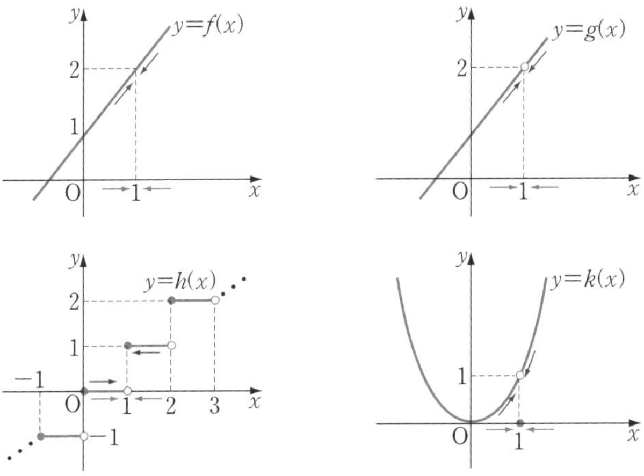

이 중 $y=f(x)$의 그래프는 $x=1$인 점에서 이어져 있지만, 나머지 세 함수의 그래프는 $x=1$인 점에서 끊어져 있다. 이때, 함수 $f(x)$는 $\boldsymbol{x=1}$에서 연속이라 하고, 함수 $g(x)$, $h(x)$, $k(x)$는 $\boldsymbol{x=1}$에서 불연속이라고 한다.

$x=1$에서 불연속인 함수 $g(x)$, $h(x)$, $k(x)$에는 다음과 같은 특징이 있다.

(i) 함수 $g(x)$는 $x=1$에서 정의되지 않는다.

(ii) $\lim_{x\to1-}h(x)=0$, $\lim_{x\to1+}h(x)=1$이므로

함수 $h(x)$는 $x\longrightarrow1$일 때 극한값이 존재하지 않는다.

(iii) $\lim_{x\to1}k(x)=1$, $k(1)=0$이므로 ⇦ $\lim_{x\to1}k(x)\neq k(1)$

함수 $k(x)$는 $x\longrightarrow1$일 때의 극한값과 $k(1)$이 같지 않다.

그러나 $x=1$에서 연속인 함수 $f(x)$에서는 다음이 성립한다.

(i) $x=1$에서 정의되어 있다. 곧, $f(1)=2$

(ii) $x\longrightarrow1$일 때 극한값이 존재한다. 곧, $\lim_{x\to1}f(x)=2$

(iii) (i)과 (ii)의 값이 일치한다. 곧, $\lim_{x\to1}f(x)=f(1)$

이상을 일반화하여 다음과 같이 정의한다.

정의 함수 $\boldsymbol{f(x)}$가

(i) $\boldsymbol{x=a}$에서 정의되어 있고,

(ii) $\boldsymbol{\lim_{x\to a}f(x)}$가 존재하며,

(iii) $\boldsymbol{\lim_{x\to a}f(x)=f(a)}$

일 때, $\boldsymbol{f(x)}$는 $\boldsymbol{x=a}$에서 연속이라고 한다.

또, 함수 $f(x)$가 $x=a$에서 위의 조건 중 어느 한 가지라도 만족시키지 않을 때, $f(x)$는 $\boldsymbol{x=a}$에서 불연속이라고 한다.

*Note 1° 함수 $g(x)$를 $g(x)=\begin{cases}\dfrac{x^2-1}{x-1} & (x\neq1)\\ 2 & (x=1)\end{cases}$로 정의하면 $x=1$에서 연속이다.

2° 책에 따라서는 정의역의 원소에 대해서만 연속, 불연속을 생각한다. 이를테면 함수 $y=\dfrac{1}{x}$은 $x=0$에서 정의되지 않으므로 이 값에서 연속, 불연속을 생각하지 않는다.

하지만 이 책에서는 $y=\dfrac{1}{x}$은 $x=0$에서 불연속이라고 약속한다.

보기 2 함수 $f(x)=x$는 모든 실수에서 연속임을 증명하여라.

연구 임의의 실수 a에 대하여

$$\lim_{x\to a}f(x)=\lim_{x\to a}x=a,\quad f(a)=a\qquad \therefore \lim_{x\to a}f(x)=f(a)$$

곧, $f(x)$는 $x=a$에서 연속이다.

따라서 $f(x)$는 모든 실수에서 연속이다.

*Note 같은 방법에 의하여 상수함수 $f(x)=c$ 역시 모든 실수에서 연속임을 보일 수 있다.

Advice 3° 구간에서의 연속

함수 $f(x)$가 열린구간 $(a,\ b)$에 속하는 모든 x에서 연속이면 $f(x)$는 열린구간 $(\boldsymbol{a},\ \boldsymbol{b})$에서 연속이라고 정의한다.

또, 함수 $f(x)$가

(i) 열린구간 $(\boldsymbol{a},\ \boldsymbol{b})$에서 연속이고

(ii) $\displaystyle\lim_{x\to a+} f(x)=f(a),\quad \lim_{x\to b-} f(x)=f(b)$

이면 닫힌구간 $[\boldsymbol{a},\ \boldsymbol{b}]$에서 연속이라고 정의한다.

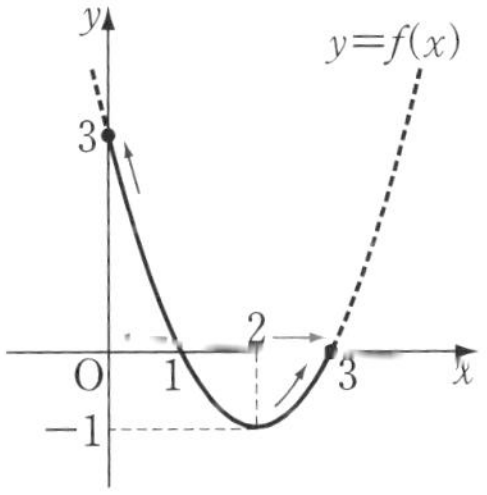

이를테면 닫힌구간 $[0,\ 3]$에서 정의된 함수 $f(x)=x^2-4x+3$은 열린구간 $(0,\ 3)$에서 연속이고

$$\lim_{x\to 0+} f(x)=3=f(0),\quad \lim_{x\to 3-} f(x)=0=f(3)$$

이므로 $f(x)$는 닫힌구간 $[0,\ 3]$에서 연속이다.

Advice 4° 연속함수의 성질

함수의 극한에 관한 기본 성질(p. 12)을 이용하면 **기본정석** 2 (p. 28)에 있는 연속함수의 성질이 성립한다는 것을 설명할 수 있다.

이와 함께 다음 결과도 기억해 두길 바란다.

다항함수 $a_nx^n+a_{n-1}x^{n-1}+\cdots+a_1x+a_0$ …… 구간 $(-\infty,\ \infty)$에서 연속

유리함수 $\dfrac{f(x)}{g(x)}$ (f, g는 다항함수) …… $g(x)\neq 0$인 모든 실수에서 연속

무리함수 $\sqrt{f(x)}$ (f는 다항함수) …… $f(x)\geq 0$인 모든 실수에서 연속

*Note 1° 다항함수는 항등함수 $f(x)=x$와 상수함수 $f(x)=c$의 곱과 합으로 된 함수라고 할 수 있다. 따라서 앞면의 **보기 2**의 결과와 연속함수의 성질에서 다항함수는 구간 $(-\infty,\ \infty)$에서 연속이다.

같은 이유로 유리함수는 분모가 0인 값을 제외한 나머지 구간에서 연속이다.

2° 유리함수나 무리함수는 정의역에서 연속이다. 곧, 유리함수는 분모가 0이 아닐 때 연속이고, 무리함수는 근호 안의 식의 값이 음수가 아닐 때 연속이다.

3° 위의 함수에 관한 성질은 함수의 그래프와 같이 기억하면 된다. 엄밀한 증명은 고등학교 교육과정의 수준을 넘으므로 생략한다.

4° 연속함수에서는 극한값과 함숫값이 같다. 따라서 위의 성질을 기억하고 있으면 함수의 극한값을 구하는 데 도움이 된다.

필수 예제 2-1 다음 함수의 $x=0$에서의 연속성을 조사하여라.
단, $[x]$는 x보다 크지 않은 최대 정수이다.

(1) $f(x)=\dfrac{2x+1}{x+1}$ (2) $f(x)=x-[x]$ (3) $f(x)=\begin{cases} x^2+1 & (x\neq0) \\ 0 & (x=0) \end{cases}$

정석연구 일반적으로 함수 $f(x)$가

(i) $\boldsymbol{x=a}$에서 정의되어 있고,

(ii) $\displaystyle\lim_{x\to a}\boldsymbol{f(x)}$가 존재하며,

(iii) $\displaystyle\lim_{x\to a}\boldsymbol{f(x)=f(a)}$

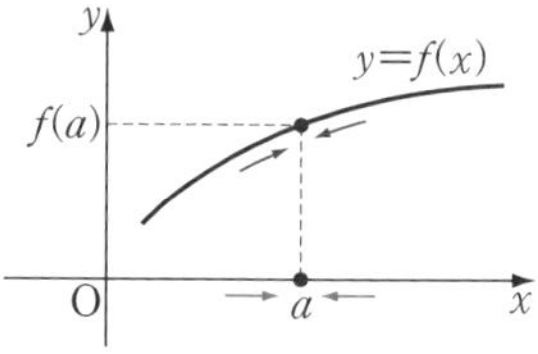

일 때, $f(x)$는 $x=a$에서 연속이라고 한다. 그리고 이 중 어느 한 조건이라도 만족시키지 않으면 $f(x)$는 $x=a$에서 불연속이라고 한다.

모범답안 (1) $f(0)=1$, 곧 $f(0)$은 정의된다.

또, $\displaystyle\lim_{x\to0}f(x)=\lim_{x\to0}\frac{2x+1}{x+1}=1$

$\therefore \displaystyle\lim_{x\to0}f(x)=f(0)$

따라서 $f(x)$는 $x=0$에서 연속 ← 답

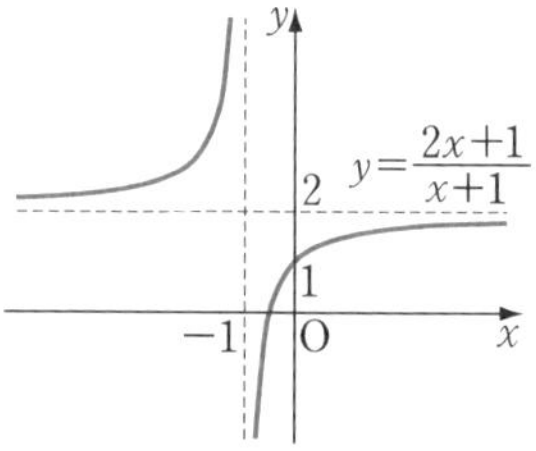

(2) $f(0)=0$, 곧 $f(0)$은 정의된다.

그런데 $\displaystyle\lim_{x\to0+}f(x)=\lim_{x\to0+}\big(x-[x]\big)=0$,

$\displaystyle\lim_{x\to0-}f(x)=\lim_{x\to0-}\big(x-[x]\big)=-(-1)=1$

이므로 $\displaystyle\lim_{x\to0}f(x)$는 존재하지 않는다.

따라서 $f(x)$는 $x=0$에서 불연속 ← 답

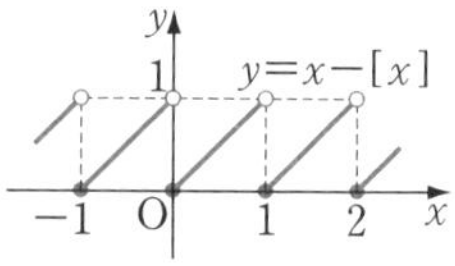

(3) $f(0)=0$, 곧 $f(0)$은 정의된다.

또, $\displaystyle\lim_{x\to0}f(x)=\lim_{x\to0}(x^2+1)=1$

$\therefore \displaystyle\lim_{x\to0}f(x)\neq f(0)$

따라서 $f(x)$는 $x=0$에서 불연속 ← 답

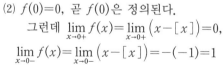

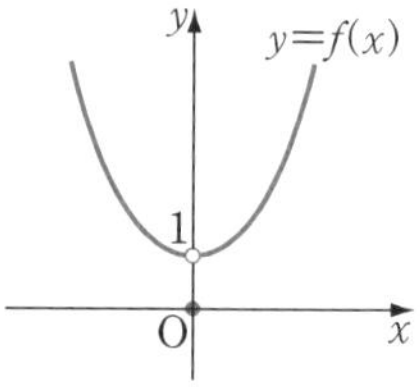

유제 **2**-1. 함수 $f(x)=\begin{cases} \dfrac{x(1+|x|)}{|x|} & (x\neq0) \\ 0 & (x=0) \end{cases}$ 의 $x=0$에서의 연속성을 조사하여라.

답 불연속

유제 **2**-2. 함수 $\mathrm{F}(x)=\begin{cases} (1+x^2)f(x) & (x\neq0) \\ 0 & (x=0) \end{cases}$ 이 $x=0$에서 연속일 때, $f(0)$의 값을 구하여라. 단, $f(x)$는 $x=0$에서 연속이다.

답 $\boldsymbol{f(0)=0}$

필수 예제 2-2 다음 함수 $f(x)$가 $x=0$에서 연속일 때, 상수 a, b의 값을 구하여라.

$$f(x)=\begin{cases} \dfrac{\sqrt{5x+a}-\sqrt{x+4}}{x} & (x\neq 0) \\ b & (x=0) \end{cases}$$

정석연구 함수 $f(x)$가 $x=a$에서 연속이면

$$\lim_{x\to a} f(x)=f(a)$$

임을 이용한다. 또, 두 함수 $f(x)$, $g(x)$에 대하여 다음이 성립한다.

정석 $\displaystyle\lim_{x\to a}\frac{f(x)}{g(x)}=\alpha$ (α는 실수)일 때

$$\lim_{x\to a} g(x)=0\text{이면} \Longrightarrow \lim_{x\to a} f(x)=0$$

모범답안 함수 $f(x)$가 $x=0$에서 연속이면

$$\lim_{x\to 0} f(x)=f(0) \quad \text{곧,}\ \lim_{x\to 0}\frac{\sqrt{5x+a}-\sqrt{x+4}}{x}=b \qquad \cdots\cdots ①$$

이 성립한다.

①에서 $x \longrightarrow 0$일 때 극한값이 존재하고 (분모) $\longrightarrow 0$이므로 (분자) $\longrightarrow 0$이어야 한다.

$$\therefore \lim_{x\to 0}\left(\sqrt{5x+a}-\sqrt{x+4}\right)=0 \quad \therefore \sqrt{a}-2=0 \quad \therefore a=4$$

이 값을 ①에 대입하면

$$b=\lim_{x\to 0}\frac{\sqrt{5x+4}-\sqrt{x+4}}{x}=\lim_{x\to 0}\frac{(5x+4)-(x+4)}{x\left(\sqrt{5x+4}+\sqrt{x+4}\right)}$$

$$=\lim_{x\to 0}\frac{4}{\sqrt{5x+4}+\sqrt{x+4}}=\frac{4}{\sqrt{4}+\sqrt{4}}=1$$

답 $\boldsymbol{a=4,\ b=1}$

유제 **2**-3. 함수 $f(x)=\begin{cases} \dfrac{2x^2+ax-a}{x+1} & (x\neq -1) \\ b & (x=-1) \end{cases}$가 $x=-1$에서 연속일 때, 상수 a, b의 값을 구하여라.

답 $\boldsymbol{a=1,\ b=-3}$

유제 **2**-4. 함수 $f(x)=\begin{cases} \dfrac{a\sqrt{x+1}-b}{x-1} & (x\neq 1) \\ \sqrt{2} & (x=1) \end{cases}$가 $x=1$에서 연속일 때, 상수 a, b의 값을 구하여라.

답 $\boldsymbol{a=4,\ b=4\sqrt{2}}$

필수 예제 2-3 함수 $g(x)=\begin{cases} \dfrac{1}{x^2-1} & (x\neq\pm1) \\ 2 & (x=\pm1) \end{cases}$에 대하여 함수 $f(x)g(x)$가 실수 전체의 집합에서 연속인 다항함수 $f(x)$ 중 $f(0)=1$이고 차수가 가장 작은 것을 구하여라.

정석연구 함수 $f(x)$, $g(x)$가 $x=a$에서 연속이면 함수 $f(x)g(x)$는 $x=a$에서 연속이다. 따라서 $f(x)$가 불연속이거나 $g(x)$가 불연속인 x의 값에서 $f(x)g(x)$가 연속일 조건만 찾으면 된다.

정석 $\boldsymbol{f(x)}$, $\boldsymbol{g(x)}$가 $\boldsymbol{x=a}$에서 연속이면
$\Longrightarrow$ $\boldsymbol{f(x)g(x)}$는 $\boldsymbol{x=a}$에서 연속이다.

모범답안 $f(x)$는 실수 전체의 집합에서 연속이고, $g(x)$는 $x=\pm1$에서만 불연속이므로 $f(x)g(x)$가 $x=\pm1$에서 연속이면 실수 전체의 집합에서 연속이다.

$f(x)g(x)$가 $x=1$에서 연속이면 $\displaystyle\lim_{x\to1}\frac{f(x)}{x^2-1}=f(1)g(1)$ ……①

그런데 $x \longrightarrow 1$일 때 (분모) $\longrightarrow 0$이므로 (분자) $\longrightarrow 0$이다. $\therefore f(1)=0$

따라서 $f(x)=(x-1)h(x)$ $\big(h(x)$는 다항식$\big)$로 놓으면 ①은

$$\lim_{x\to1}\frac{h(x)}{x+1}=f(1)g(1) \qquad \therefore \frac{h(1)}{2}=f(1)g(1) \qquad \therefore h(1)=0$$

곧, $h(x)$가 $x-1$로 나누어 떨어지므로 $f(x)$는 $(x-1)^2$으로 나누어 떨어진다.

같은 이유로 $f(x)g(x)$가 $x=-1$에서 연속이면 $f(x)$는 $(x+1)^2$으로 나누어 떨어진다.

따라서 $f(x)=(x-1)^2(x+1)^2k(x)$ $\big(k(x)$는 다항식$\big)$의 꼴이다.

이때, $f(0)=1$이므로 $f(0)=(-1)^2\times1^2\times k(0)=1$에서 $k(0)=1$

$k(x)=1$일 때 $f(x)$의 차수가 가장 작으므로 구하는 $f(x)$는

$\boldsymbol{f(x)=(x-1)^2(x+1)^2}$ ← 답

유제 **2**-5. 두 함수 $f(x)=x^2-4x+a$, $g(x)=\begin{cases} 2 & (|x-b|>1) \\ 1 & (|x-b|\le1) \end{cases}$에 대하여 함수 $f(x)g(x)$가 실수 전체의 집합에서 연속일 때, 상수 a, b의 값을 구하여라.

답 $\boldsymbol{a=3,\ b=2}$

유제 **2**-6. 함수 $f(x)$는 $x=a$에서 연속이고, 함수 $g(x)$는 $x=a$에서 정의되지만 불연속이다. 이때, 함수 $f(x)g(x)$가 $x=a$에서 연속이면 $f(a)=0$임을 증명하여라.

필수 예제 2-4 구간 $[0, 5]$에서 오른쪽 그림과 같이 정의된 함수 $f(x)$에 대하여

$$g(x)=\begin{cases} (f\circ f)(x) & (0\le x\le 3) \\ \{f(x)\}^2 & (3<x\le 5) \end{cases}$$

이라고 하자. 구간 $[0, 5]$에서 함수 $g(x)$가 불연속인 x의 값을 구하여라.

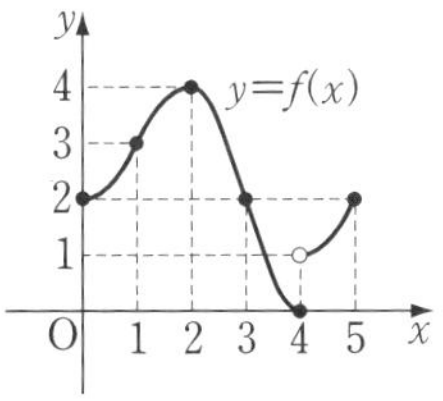

정석연구 함수 $f(x)$가 $x=a$에서 연속이고, 함수 $g(x)$가 $x=f(a)$에서 연속이면

$$\lim_{x\to a} g\big(f(x)\big)=g\big(f(a)\big)$$

이므로 합성함수 $g\big(f(x)\big)$는 $x=a$에서 연속이다.

따라서 $g\big(f(x)\big)$가 $x=a$에서 불연속이면 $f(x)$가 $x=a$에서 불연속이거나 $g(x)$가 $x=f(a)$에서 불연속이다.

정석 $\boldsymbol{f(x)}$**가** $\boldsymbol{x=a}$**에서 연속,** $\boldsymbol{g(x)}$**가** $\boldsymbol{x=f(a)}$**에서 연속이면**
$\Longrightarrow$ $\boldsymbol{g\big(f(x)\big)}$**는** $\boldsymbol{x=a}$**에서 연속이다.**

모범답안 (i) $x\le 3$, $x>3$에서 $g(x)$의 정의가 다르므로 $x=3$에서 생각하면

$$\lim_{x\to 3+} g(x)=\lim_{x\to 3+}\{f(x)\}^2=2^2, \quad \lim_{x\to 3-} g(x)=\lim_{x\to 3-} f\big(f(x)\big)=f(2)=4$$

이때, $g(3)=f\big(f(3)\big)=f(2)=4$이므로 $g(x)$는 $x=3$에서 연속이다.

(ii) $f(x)$는 $x=4$에서 불연속이므로 $x=4$에서 생각하면

$$\lim_{x\to 4+} g(x)=\lim_{x\to 4+}\{f(x)\}^2=1^2, \quad \lim_{x\to 4-} g(x)=\lim_{x\to 4-}\{f(x)\}^2=0^2$$

따라서 $g(x)$는 $x=4$에서 불연속이다.

(iii) $f(x)=4$이면 $x=2$이므로 $x=2$에서 생각하면

$$\lim_{x\to 2} g(x)=\lim_{x\to 2} f\big(f(x)\big)=\lim_{t\to 4-} f(t)=0$$

이때, $g(2)=f\big(f(2)\big)=f(4)=0$이므로 $g(x)$는 $x=2$에서 연속이다.

답 $\boldsymbol{x=4}$

유제 **2**-7. 함수 $f(x)=\begin{cases} -x^2+2 & (x\le 1) \\ -x^2+4x-3 & (x>1) \end{cases}$에 대하여 $g(x)$를

$$g(x)=\begin{cases} f(-x) & (x<0) \\ (f\circ f)(x) & (x\ge 0) \end{cases}$$

로 정의할 때, $g(x)$가 불연속인 x의 값을 구하여라. 답 $\boldsymbol{x=-1,\ 0,\ 1}$

§2. 최대 · 최소 정리와 사잇값의 정리

기본정석

[1] 최대 · 최소 정리

함수 $f(x)$가 닫힌구간 $[a, b]$에서 연속이면 $f(x)$는 이 구간에서 반드시 최댓값과 최솟값을 가진다.

[2] 사잇값의 정리

함수 $f(x)$가 닫힌구간 $[a, b]$에서 연속이고 $f(a) \neq f(b)$이면 $f(a)$와 $f(b)$ 사이의 임의의 실수 k에 대하여

$$f(c)=k$$

인 c가 열린구간 (a, b)에 적어도 하나 존재한다.

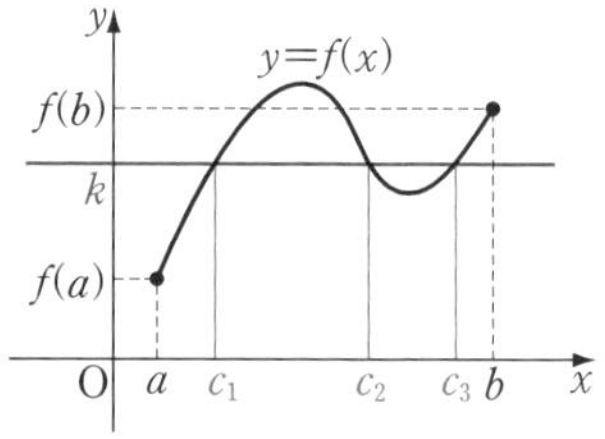

Advice 1° 최대 · 최소 정리

최대 · 최소 정리와 사잇값의 정리를 증명하는 것은 고등학교 교육과정의 수준을 넘는다. 여기에서는 그 내용을 정확하게 이해하고, 필요할 때 이 정리를 이용할 수 있으면 된다.

다음은 특정한 구간에서 정의된 세 함수 $y=f(x)$, $y=g(x)$, $y=h(x)$의 그래프이다. 이때, 각 함수의 최댓값과 최솟값을 찾아보자.

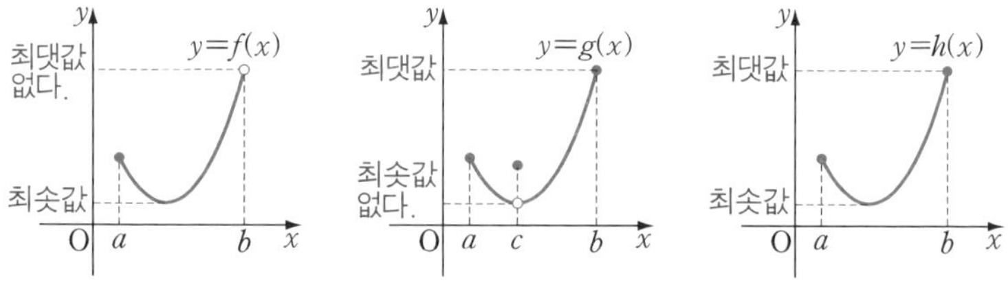

함수 $f(x)$는 $x=b$에서 정의되어 있지 않으므로 최댓값이 없다. 또, 함수 $g(x)$는 $x=c$에서 연속이 아니므로 최솟값이 없다.

그러나 함수 $h(x)$의 최댓값과 최솟값은 존재한다. 이는 $h(x)$가 닫힌구간 $[a, b]$에서 정의된 연속함수이기 때문이다.

이와 같이 닫힌구간에서 정의된 연속함수는 항상 최댓값과 최솟값을 가진다. 이를 최대 · 최소 정리라고 한다.

Advice 2° 사잇값의 정리

이를테면 이차함수 $f(x)=x^2+ax+b$가

$$f(-1)<0, \quad f(2)>0$$

을 만족시키면 이차방정식 $f(x)=0$은 구간 $(-1, 2)$에서 하나의 실근을 가진다.

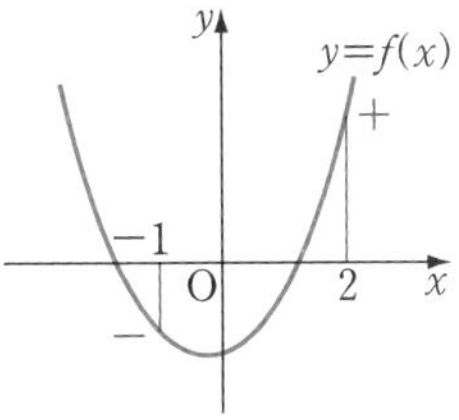

그러나 유리함수 $g(x)=\dfrac{1}{x-1}$은

$$g(-1)=-\frac{1}{2}<0, \quad g(2)=1>0$$

을 만족시키지만, 방정식 $g(x)=0$은 구간 $(-1, 2)$에서 실근을 가지지 않는다.

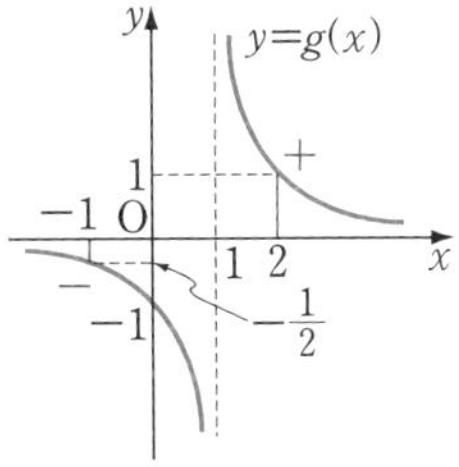

왜냐하면 $g(x)$가 $x=1$에서 연속이 아니므로 오른쪽 그림과 같이 주어진 구간에서 $y=g(x)$의 그래프가 x축과 만나지 않기 때문이다.

이와 같은 연속함수의 성질을 일반화하여 다음과 같이 정리할 수 있다.

함수 $f(x)$가 닫힌구간 $[a, b]$에서 연속이고 $f(a)\neq f(b)$이면 $f(a)$와 $f(b)$ 사이의 임의의 실수 k에 대하여 $f(c)=k$가 되는 c가 열린구간 (a, b)에 적어도 하나 존재한다. 이를 사잇값의 정리라고 한다.

특히 $f(x)$가 구간 $[a, b]$에서 연속이고 $f(a)$와 $f(b)$의 부호가 다르면 0은 $f(a)$와 $f(b)$ 사이의 값이므로 $f(c)=0$을 만족시키는 c가 구간 (a, b)에 적어도 하나 존재한다.

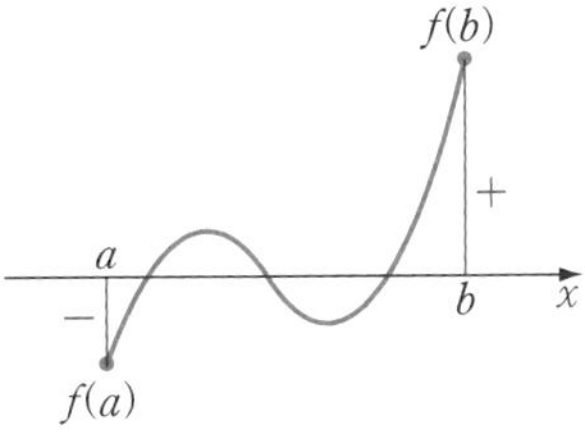

따라서 이를 이용하여 특정한 구간에서 방정식의 실근이 존재한다는 것을 보일 수 있다.

그러나 사잇값의 정리만으로는 방정식의 실근을 구할 수 없을 뿐만 아니라 실근의 개수도 알 수 없다.

보기 1 방정식 $x^3+2x+1=0$이 -1과 0 사이에서 적어도 하나의 실근을 가짐을 증명하여라.

연구 $f(x)=x^3+2x+1$로 놓으면 $f(x)$는 구간 $[-1, 0]$에서 연속이다.

또, $f(-1)=-2$, $f(0)=1$에서 $f(-1)f(0)<0$

따라서 $f(x)=0$은 -1과 0 사이에서 적어도 하나의 실근을 가진다.

필수 예제 2-5 다음을 증명하여라.

(1) 방정식 $3x^3-6x^2+1=0$은 구간 $(-1,\ 0)$, $(0,\ 1)$에서 각각 적어도 하나의 실근을 가진다.

(2) 방정식 $\dfrac{2x+1}{x^2-1}=x$는 구간 $(-1,\ 0)$에서 적어도 하나의 실근을 가진다.

정석연구 사잇값의 정리의 특수한 경우로서 다음 성질을 이용한다.

정석 $\boldsymbol{f(x)}$가 구간 $[\boldsymbol{a},\ \boldsymbol{b}]$에서 연속이고 $\boldsymbol{f(a)f(b)<0}$이면 $\boldsymbol{f(x)=0}$은 구간 $(\boldsymbol{a},\ \boldsymbol{b})$에서 적어도 하나의 실근을 가진다.

모범답안 (1) $f(x)=3x^3-6x^2+1$로 놓으면 $f(x)$는 구간 $[-1,\ 0]$, $[0,\ 1]$에서 각각 연속이고

$$f(-1)=-8<0, \quad f(0)=1>0, \quad f(1)=-2<0$$

이므로 사잇값의 정리에 의하여 $f(x)=0$은 구간 $(-1,\ 0)$, $(0,\ 1)$에서 각각 적어도 하나의 실근을 가진다.

(2) $f(x)=\dfrac{2x+1}{x^2-1}-x$로 놓으면 $f(x)$는 구간 $(-1,\ 0]$에서 연속이고

$$f(0)=-1<0, \qquad \lim_{x\to-1+}\left(\frac{2x+1}{x^2-1}-x\right)=\infty$$

이므로 $f(x)=0$은 구간 $(-1,\ 0)$에서 적어도 하나의 실근을 가진다.

**Note* (1) 방정식 $3x^3-6x^2+1=0$은 구간 $(-1,\ 1)$에서 적어도 두 개의 실근을 가진다.

사잇값의 정리를 이용하여 주어진 방정식이 적어도 두 개의 실근을 가진다는 것을 보일 때에는 이와 같이 구간을 나누어 생각하면 된다.

(2) $f(x)$가 $x=-1$에서 정의되지 않으므로 $\lim\limits_{x\to-1+}f(x)=\infty$임을 이용하였다.

$\lim\limits_{x\to-1+}f(x)=\infty$이므로 구간 $(-1,\ 0)$에서 $f(a)>0$이 되는 a의 값을 하나 찾아 구간 $[a,\ 0]$에서 사잇값의 정리를 적용할 수도 있다.

유제 **2**-8. 방정식 $(x+1)(x^2+3x-1)=1$이 구간 $(-2,\ -1)$, $(-1,\ 1)$에서 각각 적어도 하나의 실근을 가짐을 증명하여라.

유제 **2**-9. 다음 방정식이 구간 $(-2,\ -1)$에서 적어도 하나의 실근을 가짐을 증명하여라.

(1) $\dfrac{2}{x^3+1}=\dfrac{x}{2}$ (2) $x^2-\sqrt{-x}-1=0$

연습문제 2

기본 **2-1** 구간 $(0, 2)$에서 다음 함수가 불연속이 되는 x의 값을 구하여라. 단, $[x]$는 x보다 크지 않은 최대 정수이다.

(1) $f(x)=[x^2-1]$ (2) $f(x)=[x]+[-x]$

2-2 함수 $f(x)=\begin{cases} \dfrac{x^2+ax+b}{x-1} & (x\neq1) \\ a+b & (x=1) \end{cases}$가 $x=1$에서 연속일 때, 상수 a, b의 값을 구하여라.

2-3 실수 전체의 집합에서 연속인 함수 $f(x)$는

$$f(x)=\begin{cases} x+b & (0\leq x<2) \\ x^2+ax+2 & (2\leq x<4) \end{cases}$$

이고, 모든 실수 x에 대하여 $f(x+4)=f(x)$를 만족시킨다. 상수 a, b의 값을 구하여라.

2-4 두 함수

$$f(x)=\begin{cases} x^2+2x & (x\geq a) \\ 4-x & (x<a) \end{cases}, \quad g(x)=3x+6$$

에 대하여 함수 $f(x)g(x)$가 실수 전체의 집합에서 연속이 되도록 하는 모든 실수 a의 값의 합을 구하여라.

2-5 함수 $f(x)=\begin{cases} x^2 & (|x|\leq1) \\ -x^2 & (|x|>1) \end{cases}$에 대하여 다음 중 옳은 것만을 있는 대로 골라라.

> ㄱ. 함수 $f(x)$가 불연속인 x의 값은 2개이다.
> ㄴ. 함수 $f(x-1)$은 $x=0$에서 연속이다.
> ㄷ. 함수 $\{f(x)\}^2$은 실수 전체의 집합에서 연속이다.

2-6 실수 전체의 집합에서 정의된 함수 $y=f(x)$의 그래프가 오른쪽과 같다. 또, 삼차함수 $g(x)$는 최고차항의 계수가 1이고 $g(0)=3$이다.

함수 $(g\circ f)(x)$가 실수 전체의 집합에서 연속일 때, $g(x)$를 구하여라.

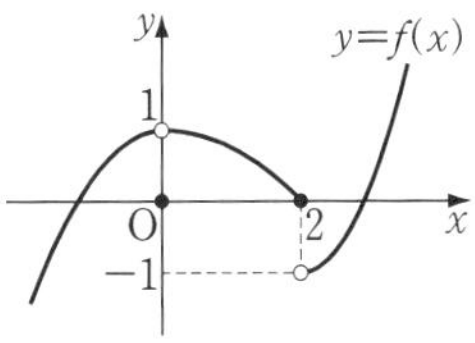

2-7 구간 $[0, 1]$에서 정의된 두 연속함수 f, g가 $f(0)<g(0)$, $f(1)>g(1)$일 때, $f(c)=g(c)$가 되는 c가 구간 $(0, 1)$에 존재함을 보여라.

2-8 연속함수 $f(x)$가 $f(0)=1$, $f(2)=-1$을 만족시킬 때, 다음 방정식 중 구간 $(0,\ 2)$에서 반드시 실근을 가지는 것만을 있는 대로 골라라.

> ㄱ. $f(x)-x=0$ ㄴ. $f(x)+x-1=0$ ㄷ. $xf(x)+1=0$

[실력] **2-9** 실수 a에 대하여 집합

$$\{x \mid ax^2+2(a-3)x-(a-3)=0,\ x\text{는 실수}\}$$

의 원소의 개수를 $f(a)$라고 할 때, 함수 $f(a)$가 불연속인 a의 값을 구하여라.

2-10 실수 전체의 집합에서 연속이고 $x\neq1$, $x\neq3$일 때

$$f(x)=\frac{x^3+ax^2+bx+a}{x^2-4x+3} \quad (\text{단, } a,\ b\text{는 상수})$$

인 함수 $f(x)$에 대하여 $f(1)$과 $f(3)$의 값을 구하여라.

2-11 함수 $y=f(x)$의 그래프와 $y=g_1(x)$, $y=g_2(x)$, $y=g_3(x)$의 그래프가 아래 그림과 같이 주어져 있다. 함수 $g_1(x)$, $g_2(x)$, $g_3(x)$ 중 $f(x)$와 곱하여 얻어지는 함수 $f(x)g_k(x)$ (단, $k=1,\ 2,\ 3$)가 구간 $[-1,\ 3]$에서 연속이 되는 $g_k(x)$만을 있는 대로 골라라.

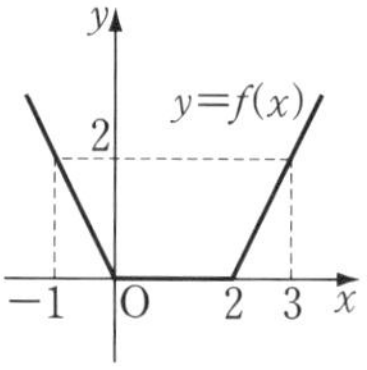

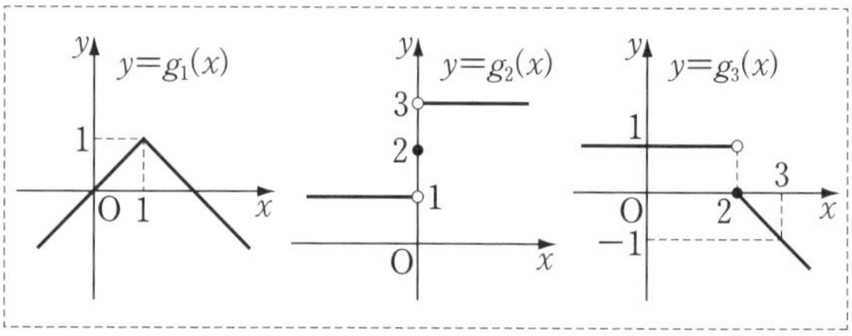

2-12 다음 명제가 참인지 거짓인지 말하여라.

(1) $|f(x)|$가 $x=0$에서 연속이면 $f(x)$는 $x=0$에서 연속이다.

(2) $(f\circ f)(x)$가 $x=0$에서 연속이면 $f(x)$는 $x=0$에서 연속이다.

2-13 $a_1>a_2>a_3>\cdots>a_n$일 때, 다음 방정식의 실근의 개수를 구하여라.

$$\frac{1}{x-a_1}+\frac{1}{x-a_2}+\frac{1}{x-a_3}+\cdots+\frac{1}{x-a_n}=0$$

2-14 $x_1,\ x_2,\ x_3,\ \cdots,\ x_n\subset[0,\ 1]$일 때, $\dfrac{1}{n}\displaystyle\sum_{k=1}^{n}|x-x_k|=\dfrac{1}{2}$을 만족시키는 x가 구간 $[0,\ 1]$에 존재함을 보여라.

3. 함수의 미분

§1. 미분계수

기 본 정 석

1 평균변화율

함수 $y=f(x)$에서

$$\frac{\Delta y}{\Delta x}=\frac{f(a+\Delta x)-f(a)}{\Delta x}$$

를 x의 값이 a부터 $a+\Delta x$까지 변할 때의 y의 평균변화율이라고 한다.

또, 평균변화율은 오른쪽 그림에서 두 점 P, Q를 지나는 직선의 기울기를 나타낸다.

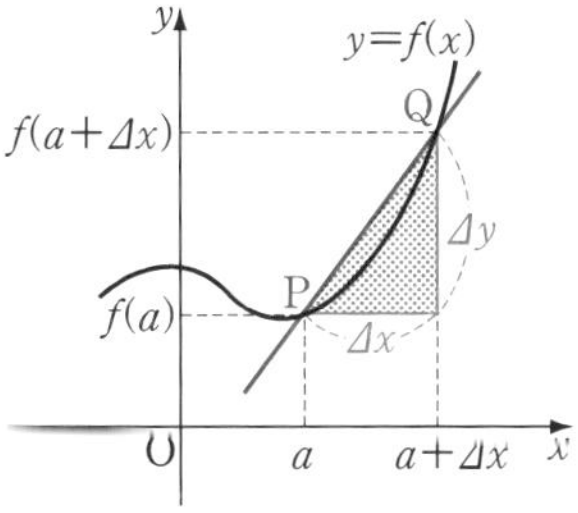

2 미분계수

함수 $y=f(x)$에서 x의 값이 a부터 $a+\Delta x$까지 변할 때의 평균변화율의 $\Delta x \longrightarrow 0$일 때의 극한값, 곧

$$\lim_{\Delta x\to 0}\frac{\Delta y}{\Delta x}=\lim_{\Delta x\to 0}\frac{f(a+\Delta x)-f(a)}{\Delta x}$$

가 존재하면 함수 $f(x)$는 $x=a$에서 미분가능하다고 한다. 이때, 이 극한값을 함수 $f(x)$의 $x=a$에서의 미분계수 또는 순간변화율이라 하고,

$$f'(a), \qquad y'_{x=a}, \qquad \left[\frac{dy}{dx}\right]_{x=a}$$

로 나타낸다.

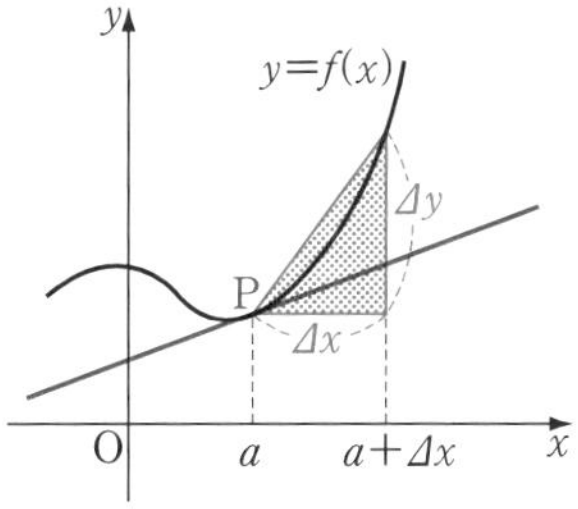

또, 미분계수는 위의 그림에서 점 P에서의 접선의 기울기를 나타낸다.

3 함수의 미분가능성과 연속성

(i) 함수 $f(x)$가 $x=a$에서 미분가능하면 $f(x)$는 $x=a$에서 연속이다.

(ii) 함수 $f(x)$가 어떤 구간에서 미분가능하면 $f(x)$는 이 구간에서 연속이다.

Advice 1° **평균변화율**

이를테면 $y=x^2$에서 (오른쪽 그림 참조) x의 값이 1부터 3까지 2만큼 변하면 이에 따라 y의 값은 1부터 9까지 8만큼 변한다.

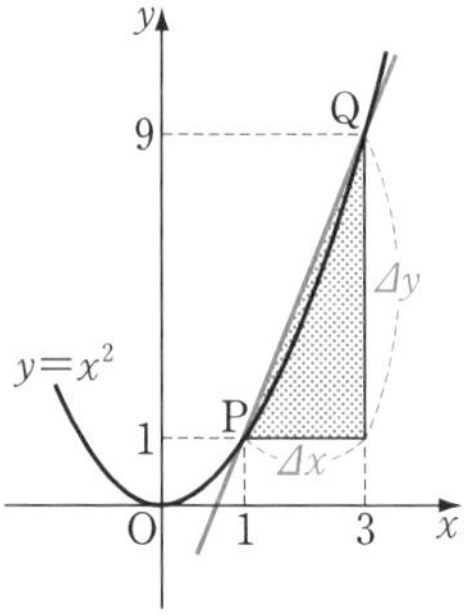

이때, x의 변화량 2를 **x의 증분**이라 하고, **Δx**로 나타낸다.

또, y의 변화량 8을 Δx에 대한 **y의 증분**이라 하고, **Δy**로 나타낸다.

이때, y의 증분 Δy를 x의 증분 Δx로 나눈

$$\frac{\Delta y}{\Delta x}=\frac{9-1}{3-1}=4$$

를 구간 $[1, 3]$에서의 y의 **평균변화율**이라고 한다. 그리고 이 값은 곡선 $y=x^2$ 위의 두 점 $\mathrm{P}(1, 1)$, $\mathrm{Q}(3, 9)$를 지나는 직선의 기울기와 같다.

일반적으로 함수 $y=f(x)$에서 x의 값이 a부터 $a+\Delta x$까지 변할 때의 y의 평균변화율은

$$\frac{\Delta y}{\Delta x}=\frac{f(a+\Delta x)-f(a)}{\Delta x}$$

와 같이 정의한다. 또, $a+\Delta x=b$로 놓으면 $\Delta x=b-a$이므로 이 식을

$$\frac{\Delta y}{\Delta x}=\frac{f(b)-f(a)}{b-a}$$

로 나타낼 수도 있다.

Note 1° Δ는 그리스 문자로 '델타'라고 읽는다. x의 증분이라는 의미를 살리기 위해 Δx를 쓰지만 혼동될 염려가 없으면 Δx 대신 h, t 등의 문자를 써도 된다.

2° 함수 $y=f(x)$에서 y의 증분을 $\Delta f(x)$로 나타내기도 한다.

보기 1 다음 함수의 주어진 구간에서의 평균변화율을 구하여라.

(1) $y=2x^2-3x+4$, $[-1, 3]$ (2) $y=x^3$, $[2, 2+\Delta x]$

연구 (1) $f(x)=2x^2-3x+4$로 놓으면

$$\frac{\Delta y}{\Delta x}=\frac{f(3)-f(-1)}{3-(-1)}=\frac{13-9}{4}=\mathbf{1}$$

(2) $f(x)=x^3$으로 놓으면

$$\frac{\Delta y}{\Delta x}=\frac{f(2+\Delta x)-f(2)}{(2+\Delta x)-2}=\frac{(2+\Delta x)^3-2^3}{\Delta x}$$

$$=\frac{(\Delta x)^3+6(\Delta x)^2+12\Delta x}{\Delta x}=\boldsymbol{(\Delta x)^2+6\Delta x+12}$$

Advice 2° 미분계수

이를테면 함수 $y=x^2$에서 x의 값이 2부터 $2+\varDelta x$까지 변할 때의 평균변화율은

$$\frac{\varDelta y}{\varDelta x}=\frac{(2+\varDelta x)^2-2^2}{(2+\varDelta x)-2}=4+\varDelta x$$

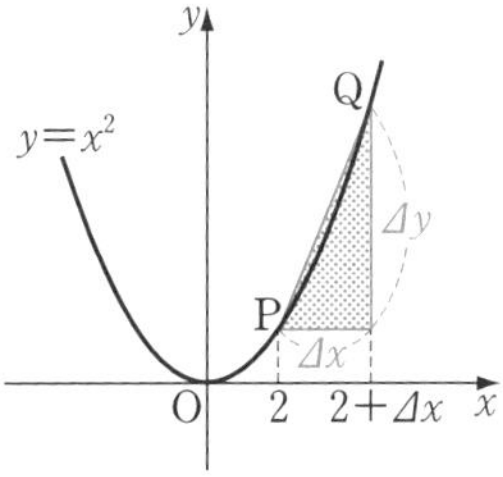

이다. 여기에서 x의 증분의 절댓값 $|\varDelta x|$를 아주 작게 할 때, 이를테면 $\varDelta x=0.00001$일 때 y의 평균변화율은 다음과 같다.

$$\frac{\varDelta y}{\varDelta x}=4+\varDelta x=4+0.00001=4.00001$$

이제 $\varDelta x \longrightarrow 0$일 때 y의 평균변화율의 극한값을 생각하면

$$\lim_{\varDelta x \to 0}\frac{\varDelta y}{\varDelta x}=\lim_{\varDelta x \to 0}(4+\varDelta x)=4$$

이다. 이때, 「함수 $y=x^2$의 $x=2$에서의 미분계수는 4이다 또는 순간변화율은 4이다」라 하고, $y'_{x=2}=4$로 나타낸다. 또, $y=x^2$ 대신 $f(x)=x^2$으로 주어질 때에는 $f'(2)=4$로 나타낸다.

일반적으로 함수 $y=f(x)$의 $x=a$에서의 미분계수는

정의 $\boldsymbol{f'(a)=\lim_{\varDelta x \to 0}\frac{f(a+\varDelta x)-f(a)}{\varDelta x}}$

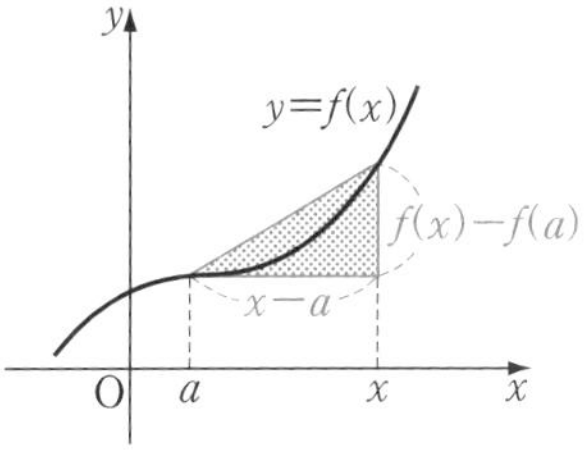

와 같이 정의한다.

한편 $a+\varDelta x=x$라 하여 미분계수 $f'(a)$를

정의 $\boldsymbol{f'(a)=\lim_{x \to a}\frac{f(x)-f(a)}{x-a}}$

와 같이 정의할 수도 있다.

***Note** 함수 $f(x)$가 어떤 열린구간에 속하는 모든 x의 값에서 미분가능하면 $f(x)$는 이 구간에서 미분가능하다고 한다. 특히 함수 $f(x)$가 정의역에 속하는 모든 x의 값에서 미분가능하면 $f(x)$는 미분가능한 함수라고 한다.

보기 2 다음 함수의 $x=2$에서의 미분계수를 구하여라.

(1) $f(x)=3x^2$　　　　(2) $f(x)=x^3-x$

연구 (1) $f'(2)=\lim_{\varDelta x \to 0}\frac{3(2+\varDelta x)^2-3\times 2^2}{\varDelta x}=\lim_{\varDelta x \to 0}(12+3\varDelta x)=\mathbf{12}$

(2) $f'(2)=\lim_{\varDelta x \to 0}\frac{\{(2+\varDelta x)^3-(2+\varDelta x)\}-(2^3-2)}{\varDelta x}=\lim_{\varDelta x \to 0}\{11+6\varDelta x+(\varDelta x)^2\}$

$=\mathbf{11}$

보기 3 다음 함수의 $x=4$에서의 미분계수를 구하여라.

(1) $f(x)=\dfrac{1}{x}$ (2) $f(x)=\sqrt{x}$

연구 다항함수가 아닌 유리함수나 무리함수에서도 미분계수를 구할 수 있다.

정 의 $y=f(x)$에서 $\Longrightarrow$ $f'(4)=\lim\limits_{\Delta x\to 0}\dfrac{f(4+\Delta x)-f(4)}{\Delta x}$

(1) $f'(4)=\lim\limits_{\Delta x\to 0}\dfrac{\dfrac{1}{4+\Delta x}-\dfrac{1}{4}}{\Delta x}=\lim\limits_{\Delta x\to 0}\dfrac{-1}{4(4+\Delta x)}=-\mathbf{\dfrac{1}{16}}$

(2) $f'(4)=\lim\limits_{\Delta x\to 0}\dfrac{\sqrt{4+\Delta x}-\sqrt{4}}{\Delta x}=\lim\limits_{\Delta x\to 0}\dfrac{(4+\Delta x)-4}{\Delta x(\sqrt{4+\Delta x}+\sqrt{4})}$

$=\lim\limits_{\Delta x\to 0}\dfrac{1}{\sqrt{4+\Delta x}+\sqrt{4}}=\mathbf{\dfrac{1}{4}}$

*Note $f'(4)=\lim\limits_{x\to 4}\dfrac{f(x)-f(4)}{x-4}$

를 이용할 수도 있다. 이를테면 (1)은

$$f'(4)=\lim_{x\to 4}\frac{\dfrac{1}{x}-\dfrac{1}{4}}{x-4}=\lim_{x\to 4}\frac{\dfrac{4-x}{4x}}{x-4}=\lim_{x\to 4}\left(-\frac{1}{4x}\right)=-\mathbf{\frac{1}{16}}$$

Advice 3° 미분계수의 기하적 의미

함수 $y=f(x)$에서 x의 값이 a부터 $a+\Delta x$까지 변할 때, 평균변화율은 오른쪽 그림의 두 점 P, Q를 지나는 직선의 기울기와 같다.

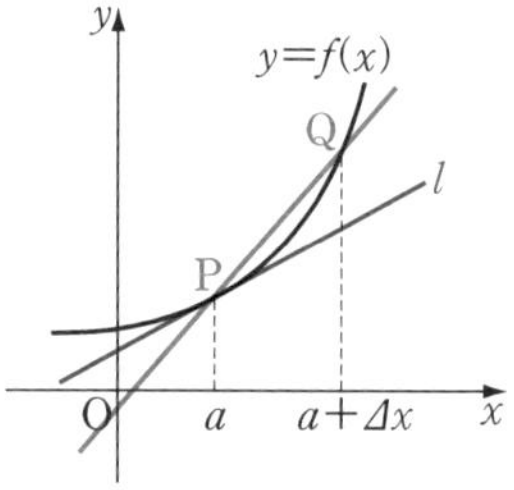

여기서 점 P를 고정하고 점 Q가 곡선을 따라 점 P에 한없이 가까워질 때, 직선 PQ가 점 P를 지나는 일정한 직선 l에 한없이 가까워지면 직선 l을 점 P에서의 곡선 $y=f(x)$의 접선이라 하고, 점 P를 접점이라고 한다.

여기에서 $\Delta x \longrightarrow 0$일 때 평균변화율의 극한값, 곧 $x=a$에서의 미분계수가 접선 l의 기울기임을 알 수 있다.

따라서 **보기 2**의 (1)에서 $f(x)=3x^2$의 $x=2$에서의 미분계수가 12이므로 이 점에서의 접선의 방정식은

$y-12=12(x-2)$ ⇦ 기울기가 12이고, 점 (2, 12)를 지난다.

곧, $\boldsymbol{y=12x-12}$

이다. 이에 관해서는 다음 단원(p. 68)에서 자세히 공부한다.

Advice 4° 미분가능성과 연속성

함수 $f(x)$가 $x=a$에서 미분가능하면

$$\lim_{h\to0}\frac{f(a+h)-f(a)}{h}=f'(a)$$

이므로

$$\lim_{h\to0}\{f(a+h)-f(a)\}=\lim_{h\to0}\left\{\frac{f(a+h)-f(a)}{h}\times h\right\}$$
$$=f'(a)\times0=0$$

$$\therefore \lim_{h\to0}f(a+h)=f(a) \quad 곧, \lim_{x\to a}f(x)=f(a)$$

따라서 $f(x)$는 $x=a$에서 연속이다.

정석 $\boldsymbol{f(x)}$가 $\boldsymbol{x=a}$에서 미분가능하면 $\Longrightarrow$ $\boldsymbol{x=a}$에서 연속

그러나 이 정리의 역은 성립하지 않는다. ⇦ 보기 4

보기 4 함수 $f(x)=|x|$의 $x=0$에서의 연속성과 미분가능성을 조사하여라.

연구 함수 $f(x)$의 연속성과 미분가능성은 다음 **정의**를 이용하여 조사한다.

정의 $\boldsymbol{f(a)=\lim_{x\to a}f(x)}$이면 $\Longrightarrow$ $\boldsymbol{x=a}$에서 연속

$\boldsymbol{\lim_{h\to0}\frac{f(a+h)-f(a)}{h}}$가 존재하면 $\Longrightarrow$ $\boldsymbol{x=a}$에서 미분가능

$f(x)=|x|$에서

(i) $f(0)=0,\ \lim_{x\to0}f(x)=\lim_{x\to0}|x|=0$이므로

$$f(0)=\lim_{x\to0}f(x)$$

따라서 $f(x)$는 $x=0$에서 연속이다.

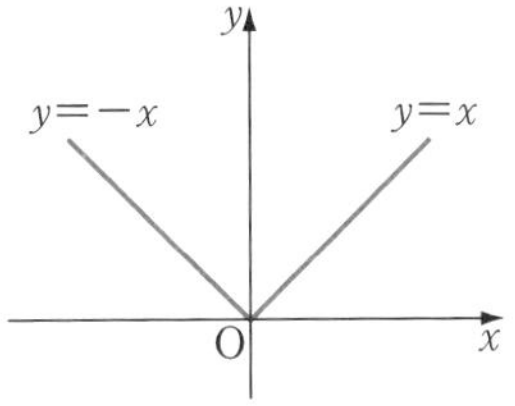

(ii) $\displaystyle\lim_{h\to0}\frac{f(0+h)-f(0)}{h}=\lim_{h\to0}\frac{|0+h|-|0|}{h}$

$$=\lim_{h\to0}\frac{|h|}{h}$$

그런데 $\displaystyle\lim_{h\to0+}\frac{|h|}{h}=\lim_{h\to0+}\frac{h}{h}=1,\quad \lim_{h\to0-}\frac{|h|}{h}=\lim_{h\to0-}\frac{-h}{h}=-1$

이므로 극한값이 존재하지 않는다.

따라서 $f(x)$는 $x=0$에서 미분가능하지 않다.

이와 같이 함수 $f(x)$의 $x=a$에서의 미분계수가 존재하지 않으면 $f(x)$는 $x=a$에서 미분가능하지 않다 또는 미분불가능하다고 한다.

**Note* 함수 $y=f(x)$의 그래프가 $y=|x-a|$의 그래프와 같이 $x=a$인 점에서 꺾인 모양이면 함수 $f(x)$는 $x=a$에서 연속이지만 미분가능하지 않다.

필수 예제 3-1 함수 $f(x)=x^2+px+q$에 대하여 다음 물음에 답하여라.

(1) 구간 $[a,\ b]$에서의 평균변화율을 구하여라.

(2) $x=c$ (단, $a<c<b$)에서의 미분계수를 구하여라.

(3) (1)의 평균변화율과 (2)의 미분계수가 같을 때, c를 $a,\ b$로 나타내어라.

정석연구 평균변화율과 미분계수의 정의를 명확히 이해한다.

정의 함수 $\boldsymbol{y=f(x)}$에서

평균변화율 : $\boldsymbol{\dfrac{\Delta y}{\Delta x}=\dfrac{f(a+\Delta x)-f(a)}{\Delta x}}$, $\boldsymbol{\dfrac{\Delta y}{\Delta x}=\dfrac{f(b)-f(a)}{b-a}}$

미 분 계 수 : $\boldsymbol{f'(c)=\lim_{\Delta x\to 0}\dfrac{f(c+\Delta x)-f(c)}{\Delta x}}$

모범답안 (1) $y=f(x)$에서

$$\frac{\Delta y}{\Delta x}=\frac{f(b)-f(a)}{b-a}=\frac{(b^2+pb+q)-(a^2+pa+q)}{b-a}$$

$$=\frac{(b^2-a^2)+p(b-a)}{b-a}=\boldsymbol{a+b+p} \longleftarrow \text{답}$$

(2) $$f'(c)=\lim_{\Delta x\to 0}\frac{f(c+\Delta x)-f(c)}{\Delta x}$$

$$=\lim_{\Delta x\to 0}\frac{\{(c+\Delta x)^2+p(c+\Delta x)+q\}-(c^2+pc+q)}{\Delta x}$$

$$=\lim_{\Delta x\to 0}(2c+\Delta x+p)=\boldsymbol{2c+p} \longleftarrow \text{답}$$

(3) (1), (2)에서 $a+b+p=2c+p$이므로 $\boldsymbol{c=\dfrac{a+b}{2}} \longleftarrow$ 답

*Note 평균변화율과 미분계수가 같을 때는 오른쪽 그림과 같이 직선 AB와 접선 l이 평행할 때이다.

또, (3)의 결과에 따르면 포물선에서 직선 AB와 평행한 접선의 접점 C의 x좌표는 선분 AB의 중점의 x좌표임을 알 수 있다.

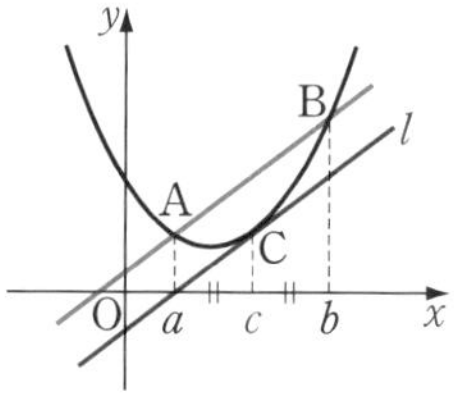

유제 **3**-1. 함수 $f(x)=x^2-4x+3$의 그래프 위의 두 점 $(0,\ 3)$, $(2,\ -1)$을 지나는 직선의 기울기와 x좌표가 a인 점에서의 접선의 기울기가 같을 때, a의 값을 구하여라. 답 $\boldsymbol{a=1}$

유제 **3**-2. 함수 $f(x)=x^3-1$에 대하여 구간 $[1,\ 4]$에서의 평균변화율과 $x=c$ (단, $1<c<4$)에서의 미분계수가 같을 때, c의 값을 구하여라.

답 $\boldsymbol{c=\sqrt{7}}$

필수 예제 3-2 $f'(a)=1$인 함수 $f(x)$에 대하여 다음 극한값을 구하여라. 단, a, m, n은 상수이고, $mn\neq0$이다.

(1) $\displaystyle\lim_{h\to0}\frac{f(a+2h)-f(a)}{h}$ (2) $\displaystyle\lim_{h\to0}\frac{f(a+h^3)-f(a)}{h}$

(3) $\displaystyle\lim_{h\to0}\frac{f(a+mh)-f(a+nh)}{h}$

정석연구 $\displaystyle\lim_{\Delta x\to0}\frac{f(a+\Delta x)-f(a)}{\Delta x}$의 꼴로 만든 다음, 미분계수의 정의

$$\textbf{정의}\quad \lim_{\Delta x\to0}\frac{f(a+\Delta x)-f(a)}{\Delta x}=f'(a)$$

를 이용한다.

(1) $2h$를 Δx로 생각하면 분모가 $2h$가 되어야 한다.

(2) h^3을 Δx로 생각하면 분모가 h^3이 되어야 한다.

(3) 분자에 $f(a)$를 적당히 더하고 빼어 본다.

모범답안 (1) (준 식)$\displaystyle=\lim_{h\to0}\left\{\frac{f(a+2h)-f(a)}{2h}\times2\right\}=f'(a)\times2=1\times2$

$=\mathbf{2}$ ← 답

(2) (준 식)$\displaystyle=\lim_{h\to0}\left\{\frac{f(a+h^3)-f(a)}{h^3}\times h^2\right\}=f'(a)\times0=\mathbf{0}$ ← 답

(3) (준 식)$\displaystyle=\lim_{h\to0}\frac{f(a+mh)-f(a)+f(a)-f(a+nh)}{h}$

$\displaystyle=\lim_{h\to0}\left\{\frac{f(a+mh)-f(a)}{h}-\frac{f(a+nh)-f(a)}{h}\right\}$

$\displaystyle=\lim_{h\to0}\left\{\frac{f(a+mh)-f(a)}{mh}\times m-\frac{f(a+nh)-f(a)}{nh}\times n\right\}$

$=f'(a)\times m-f'(a)\times n=\boldsymbol{m-n}$ ← 답

유제 3-3. 함수 $f(x)$가 $x=a$에서 미분가능할 때, 다음 극한값을 $f(a)$와 $f'(a)$로 나타내어라.

(1) $\displaystyle\lim_{h\to0}\frac{f(a+h^2)-f(a)}{h}$ (2) $\displaystyle\lim_{h\to0}\frac{f(a-h)-f(a)}{h}$

(3) $\displaystyle\lim_{h\to0}\frac{f(a+h)-f(a-h)}{h}$ (4) $\displaystyle\lim_{h\to0}\frac{\{f(a+2h)\}^2-\{f(a-2h)\}^2}{8h}$

답 (1) $\mathbf{0}$ (2) $-\boldsymbol{f'(a)}$ (3) $\boldsymbol{2f'(a)}$ (4) $\boldsymbol{f(a)f'(a)}$

필수 예제 3-3 $f(1)=3$, $f'(1)=2$인 다항함수 $f(x)$에 대하여 다음 극한값을 구하여라.

(1) $\displaystyle\lim_{x\to1}\frac{f(x)-f(1)}{x^2-1}$ (2) $\displaystyle\lim_{x\to1}\frac{x^3-1}{f(x)-f(1)}$

(3) $\displaystyle\lim_{x\to1}\frac{f(x^2)-f(1)}{x-1}$ (4) $\displaystyle\lim_{x\to1}\frac{x^2f(1)-f(x^2)}{x-1}$

정석연구 $\displaystyle\lim_{t\to a}\frac{f(t)-f(a)}{t-a}$의 꼴로 만든 다음, 미분계수의 정의

$$\textbf{정 의}\quad \lim_{t\to a}\frac{f(t)-f(a)}{t-a}=f'(a)$$

를 이용한다.

모범답안 (1) $\displaystyle(\text{준 식})=\lim_{x\to1}\left\{\frac{f(x)-f(1)}{x-1}\times\frac{1}{x+1}\right\}=f'(1)\times\frac{1}{2}=\mathbf{1}$ ← 답

(2) $\displaystyle(\text{준 식})=\lim_{x\to1}\left\{\frac{x-1}{f(x)-f(1)}\times(x^2+x+1)\right\}$

$\displaystyle=\lim_{x\to1}\left\{\frac{1}{\dfrac{f(x)-f(1)}{x-1}}\times(x^2+x+1)\right\}=\frac{1}{f'(1)}\times3=\mathbf{\frac{3}{2}}$ ← 답

(3) $\displaystyle(\text{준 식})=\lim_{x\to1}\left\{\frac{f(x^2)-f(1)}{x^2-1}\times(x+1)\right\}=f'(1)\times2=\mathbf{4}$ ← 답

(4) $\displaystyle(\text{준 식})=\lim_{x\to1}\frac{x^2f(1)-f(1)+f(1)-f(x^2)}{x-1}$

$\displaystyle=\lim_{x\to1}\left\{\frac{(x^2-1)f(1)}{x-1}-\frac{f(x^2)-f(1)}{x-1}\right\}$

$\displaystyle=\lim_{x\to1}\left\{(x+1)f(1)-\frac{f(x^2)-f(1)}{x^2-1}\times(x+1)\right\}$

$=2f(1)-f'(1)\times2=\mathbf{2}$ ← 답

유제 **3**-4. 함수 $f(x)$가 $x=a$에서 미분가능할 때, 다음 극한값을 a, $f(a)$, $f'(a)$로 나타내어라.

(1) $\displaystyle\lim_{x\to a}\frac{af(x)-xf(a)}{x-a}$ (2) $\displaystyle\lim_{x\to a}\frac{x^2f(a)-a^2f(x)}{x-a}$

(3) $\displaystyle\lim_{x\to a}\frac{x^3f(a)-a^3f(x)}{x-a}$ (4) $\displaystyle\lim_{x\to a}\frac{x^2f(x)-a^2f(a)}{x-a}$

답 (1) $\boldsymbol{af'(a)-f(a)}$ (2) $\boldsymbol{2af(a)-a^2f'(a)}$
(3) $\boldsymbol{3a^2f(a)-a^3f'(a)}$ (4) $\boldsymbol{2af(a)+a^2f'(a)}$

필수 예제 3-4 $f(x)$는 실수 전체의 집합에서 정의된 함수이다. 모든 실수 x, y에 대하여 $f(x+y)=f(x)+f(y)+xy$가 성립할 때, 다음 물음에 답하여라.

(1) $f(0)$의 값을 구하여라.

(2) $f'(0)=-2$일 때, $f'(a)$를 구하여라.

정석연구 (1) 조건식 $f(x+y)=f(x)+f(y)+xy$는

모든 실수 $\boldsymbol{x}$, $\boldsymbol{y}$에 대하여 성립하므로

x, y에 어떤 특정한 값을 대입해도 성립해야 한다. 곧,

$$x=1,\ y=1, \qquad x=0,\ y=1, \qquad x=2,\ y=0$$

등을 대입해도 성립해야 한다. 그런데 $f(0)$의 값을 구하고자 하므로

$\boldsymbol{f(0)}$을 포함한 식을 얻을 수 있는 $\boldsymbol{x}$, $\boldsymbol{y}$의 값

을 대입하면 된다.

(2) $f'(a)=\lim\limits_{\Delta x \to 0}\dfrac{f(a+\Delta x)-f(a)}{\Delta x}$이므로 $f(a+\Delta x)$를 풀어 쓰려면 조건식에 x 대신 a를, y 대신 Δx를 각각 대입하여

$$f(a+\Delta x)=f(a)+f(\Delta x)+a\Delta x$$

를 이용하면 된다.

모범답안 (1) $f(x+y)=f(x)+f(y)+xy$는 모든 실수 x, y에 대하여 성립하므로 $x=0$, $y=0$을 대입하면

$$f(0)=f(0)+f(0)+0 \qquad \therefore\ \boldsymbol{f(0)=0} \longleftarrow \boxed{답}$$

(2) $f'(0)=-2$이므로 $\lim\limits_{\Delta x \to 0}\dfrac{f(0+\Delta x)-f(0)}{\Delta x}=\lim\limits_{\Delta x \to 0}\dfrac{f(\Delta x)}{\Delta x}=-2$

그런데 $f'(a)=\lim\limits_{\Delta x \to 0}\dfrac{f(a+\Delta x)-f(a)}{\Delta x}$에서

$f(a+\Delta x)=f(a)+f(\Delta x)+a\Delta x$이므로

$$f'(a)=\lim_{\Delta x \to 0}\frac{f(a)+f(\Delta x)+a\Delta x-f(a)}{\Delta x}$$

$$=\lim_{\Delta x \to 0}\left\{\frac{f(\Delta x)}{\Delta x}+a\right\}=\boldsymbol{-2+a} \longleftarrow \boxed{답}$$

유제 **3**-5. 모든 실수 x, y에 대하여 $f(x+y)=f(x)+f(y)$가 성립할 때,

(1) $f(0)$의 값을 구하여라.

(2) $f'(0)=c$일 때, $f'(a)$를 구하여라.

답 (1) **0** (2) $\boldsymbol{c}$

§2. 도 함 수

기본정석

도함수의 정의

어떤 구간에서 미분가능한 함수 $y=f(x)$ 에 대하여

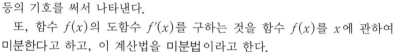

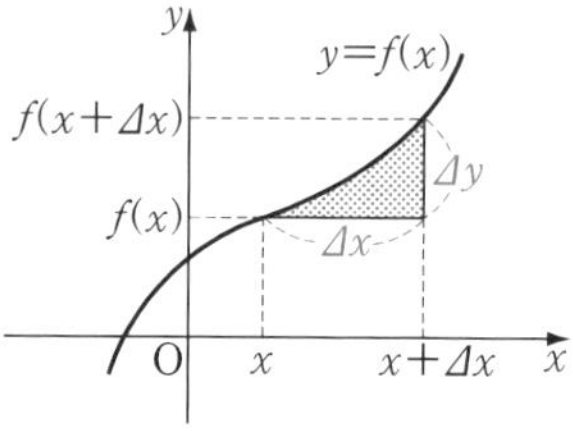

$$\lim_{\Delta x \to 0}\frac{\Delta y}{\Delta x}=\lim_{\Delta x \to 0}\frac{f(x+\Delta x)-f(x)}{\Delta x}$$

를 x에 관한 y의 도함수라 하고,

$$y',\ f'(x),\ \frac{dy}{dx},\ \frac{df(x)}{dx},\ \frac{d}{dx}f(x)$$

등의 기호를 써서 나타낸다.

또, 함수 $f(x)$의 도함수 $f'(x)$를 구하는 것을 함수 $f(x)$를 x에 관하여 미분한다고 하고, 이 계산법을 미분법이라고 한다.

Advice 1° 도함수의 정의

이를테면 함수 $f(x)=x^2$의 $x=a$에서의 미분계수는

$$f'(a)=\lim_{\Delta x \to 0}\frac{(a+\Delta x)^2-a^2}{\Delta x}=\lim_{\Delta x \to 0}(2a+\Delta x)=2a$$

이다. $f'(a)=2a$의 a에 1, 2, 3, $\cdots$을 대입하면

$$\boldsymbol{f'(1)=2,\quad f'(2)=4,\quad f'(3)=6,\quad \cdots}$$

이고, 이것은 a의 값이 하나 정해지면 이에 대응하여 미분계수 $2a$의 값이 정해지는 것을 보여 준다. 따라서 이 대응 관계는

$$f' : a \longrightarrow 2a$$

인 함수이다. 여기에서 a를 변수 x로 바꾸어 놓은

$$f' : x \longrightarrow 2x \qquad \text{곧, } f'(x)=2x$$

를 함수 $f(x)$의 도함수라고 한다.

일반적으로 도함수를 구할 때에는

정의 $\boldsymbol{y=f(x)}$의 도함수 $\Longrightarrow$ $\boldsymbol{f'(x)=\lim_{\Delta x \to 0}\frac{f(x+\Delta x)-f(x)}{\Delta x}}$

를 이용하여 구하면 된다.

이를테면 $f(x)=x^2$의 도함수는 다음과 같이 구한다.

$$f'(x)=\lim_{\Delta x \to 0}\frac{f(x+\Delta x)-f(x)}{\Delta x}=\lim_{\Delta x \to 0}\frac{(x+\Delta x)^2-x^2}{\Delta x}=\boldsymbol{2x}$$

보기 1 다음 함수의 도함수를 구하여라.

(1) $f(x)=x$ (2) $f(x)=x^3$ (3) $f(x)=\dfrac{1}{x}$ (4) $f(x)=\sqrt{x}$

연구 (1) $f'(x)=\lim\limits_{\Delta x\to0}\dfrac{f(x+\Delta x)-f(x)}{\Delta x}=\lim\limits_{\Delta x\to0}\dfrac{(x+\Delta x)-x}{\Delta x}=\mathbf{1}$

(2) $f'(x)=\lim\limits_{\Delta x\to0}\dfrac{f(x+\Delta x)-f(x)}{\Delta x}=\lim\limits_{\Delta x\to0}\dfrac{(x+\Delta x)^3-x^3}{\Delta x}$

$=\lim\limits_{\Delta x\to0}\{3x^2+3x\Delta x+(\Delta x)^2\}=\mathbf{3x^2}$

(3) $f'(x)=\lim\limits_{\Delta x\to0}\dfrac{f(x+\Delta x)-f(x)}{\Delta x}=\lim\limits_{\Delta x\to0}\dfrac{\dfrac{1}{x+\Delta x}-\dfrac{1}{x}}{\Delta x}=\lim\limits_{\Delta x\to0}\dfrac{-1}{x(x+\Delta x)}=-\dfrac{\mathbf{1}}{\mathbf{x^2}}$

(4) $f'(x)=\lim\limits_{\Delta x\to0}\dfrac{f(x+\Delta x)-f(x)}{\Delta x}=\lim\limits_{\Delta x\to0}\dfrac{\sqrt{x+\Delta x}-\sqrt{x}}{\Delta x}$

$=\lim\limits_{\Delta x\to0}\dfrac{(x+\Delta x)-x}{\Delta x\left(\sqrt{x+\Delta x}+\sqrt{x}\right)}=\lim\limits_{\Delta x\to0}\dfrac{1}{\sqrt{x+\Delta x}+\sqrt{x}}=\dfrac{\mathbf{1}}{\mathbf{2\sqrt{x}}}$

Advice 2° 도함수 $f'(x)$와 미분계수 $f'(a)$

이를테면 함수 $f(x)=x^3$에서 미분계수 $f'(1)$, $f'(2)$, $f'(3)$을 구할 때, 미분계수의 정의를 써서 일일이 구하는 것보다는 먼저 도함수 $f'(x)=3x^2$을 구하고 여기에 $x=1, 2, 3$을 대입하여

$$f'(1)=3\times1^2=3,\quad f'(2)=3\times2^2=12,\quad f'(3)=3\times3^2=27$$

과 같이 계산하는 것이 능률적이다.

정석 도함수 $f'(x)$에서 $x=a$를 대입 ⟹ 미분계수 $f'(a)$

Advice 3° 지금까지 공부한 평균변화율, 미분계수, 도함수의 정의와 이들의 기하적 의미를 정리하면 다음과 같다.

함수 $y=f(x)$에서

① 평균변화율 ⟹ $\dfrac{\Delta y}{\Delta x}=\dfrac{f(a+\Delta x)-f(a)}{\Delta x}$

곡선 $y=f(x)$ 위의 $x=a$인 점과 $x=a+\Delta x$인 점을 지나는 직선의 기울기

② 미 분 계 수 ⟹ $f'(a)=\lim\limits_{\Delta x\to0}\dfrac{\Delta y}{\Delta x}=\lim\limits_{\Delta x\to0}\dfrac{f(a+\Delta x)-f(a)}{\Delta x}$

곡선 $y=f(x)$ 위의 $x=a$인 점에서의 접선의 기울기

③ 도 함 수 ⟹ $f'(x)=\lim\limits_{\Delta x\to0}\dfrac{\Delta y}{\Delta x}=\lim\limits_{\Delta x\to0}\dfrac{f(x+\Delta x)-f(x)}{\Delta x}$

곡선 $y=f(x)$ 위의 점 $\big(x,\ f(x)\big)$에서의 접선의 기울기

필수 예제 3-5 $f(x)$가 미분가능한 함수일 때, 도함수의 정의를 이용하여 다음 함수를 미분하여라.

(1) $y=\{f(x)\}^2$ (2) $y=\sqrt{f(x)}$

정석연구 다음 도함수의 정의를 이용해 보아라.

정의 $\boldsymbol{y=f(x)}$의 도함수 $\Longrightarrow$ $\boldsymbol{y'=\lim_{\Delta x\to 0}\frac{f(x+\Delta x)-f(x)}{\Delta x}}$

모범답안 (1) $y=\mathrm{F}(x)=\{f(x)\}^2$으로 놓으면

$$y'=\lim_{\Delta x\to 0}\frac{\mathrm{F}(x+\Delta x)-\mathrm{F}(x)}{\Delta x}=\lim_{\Delta x\to 0}\frac{\{f(x+\Delta x)\}^2-\{f(x)\}^2}{\Delta x}$$

$$=\lim_{\Delta x\to 0}\left[\frac{f(x+\Delta x)-f(x)}{\Delta x}\times\{f(x+\Delta x)+f(x)\}\right]$$

$$=f'(x)\times 2f(x)=\boldsymbol{2f(x)f'(x)} \longleftarrow \text{답}$$

(2) $y=\mathrm{F}(x)=\sqrt{f(x)}$로 놓으면

$$y'=\lim_{\Delta x\to 0}\frac{\mathrm{F}(x+\Delta x)-\mathrm{F}(x)}{\Delta x}=\lim_{\Delta x\to 0}\frac{\sqrt{f(x+\Delta x)}-\sqrt{f(x)}}{\Delta x}$$

$$=\lim_{\Delta x\to 0}\frac{f(x+\Delta x)-f(x)}{\Delta x\left\{\sqrt{f(x+\Delta x)}+\sqrt{f(x)}\right\}}$$

$$=\lim_{\Delta x\to 0}\left\{\frac{f(x+\Delta x)-f(x)}{\Delta x}\times\frac{1}{\sqrt{f(x+\Delta x)}+\sqrt{f(x)}}\right\}$$

$$=f'(x)\times\frac{1}{2\sqrt{f(x)}}=\boldsymbol{\frac{f'(x)}{2\sqrt{f(x)}}} \longleftarrow \text{답}$$

Advice 1° 다음에 공부할 미분법의 기본 공식(p. 53)을 이용하면 여러 가지 함수의 도함수를 쉽게 구할 수 있지만, 위와 같이 도함수의 정의를 이용하여 미분하는 방법도 알고 있어야 한다.

2° 수학 Ⅱ에서는 다항함수의 미분만 다룬다. 그러나 (1), (2)와 같은 꼴의 함수도 도함수의 정의만으로 미분할 수 있어 같이 소개하였다.

유제 **3**-6. 도함수의 정의를 이용하여 다음 함수를 미분하여라.

(1) $y=2x^2-4x+3$ (2) $y=x^3+x^2-3x+1$

(3) $y=(3x+1)^2$ (4) $y=\sqrt{x+2}$

답 (1) $\boldsymbol{y'=4x-4}$ (2) $\boldsymbol{y'=3x^2+2x-3}$ (3) $\boldsymbol{y'=18x+6}$ (4) $\boldsymbol{y'=\frac{1}{2\sqrt{x+2}}}$

§3. 미 분 법

기본정석

1 미분법의 기본 공식

두 함수 $f(x)$, $g(x)$의 도함수가 존재할 때

(1) $\boldsymbol{y=c}$ (상수)이면 $\Longrightarrow$ $\boldsymbol{y'=0}$

(2) $\boldsymbol{y=x^n}$ ($\boldsymbol{n}$은 자연수)이면 $\Longrightarrow$ $\boldsymbol{y'=nx^{n-1}}$

(3) $\boldsymbol{y=cf(x)}$ ($\boldsymbol{c}$는 상수)이면 $\Longrightarrow$ $\boldsymbol{y'=cf'(x)}$

(4) $\boldsymbol{y=f(x)\pm g(x)}$이면 $\Longrightarrow$ $\boldsymbol{y'=f'(x)\pm g'(x)}$ (복부호동순)

(5) $\boldsymbol{y=f(x)g(x)}$이면 $\Longrightarrow$ $\boldsymbol{y'=f'(x)g(x)+f(x)g'(x)}$

2 합성함수의 미분법

(1) $\boldsymbol{y=f(u)}$, $\boldsymbol{u=g(x)}$이고 $\boldsymbol{f(u)}$, $\boldsymbol{g(x)}$의 도함수가 존재하면

$$\Longrightarrow \frac{dy}{dx}=\frac{dy}{du}\times\frac{du}{dx}=\frac{d}{du}f(u)\,\frac{d}{dx}g(x)$$

(2) $\boldsymbol{y=\{f(x)\}^n}$ ($\boldsymbol{n}$은 자연수)이면 $\Longrightarrow$ $\boldsymbol{\dfrac{dy}{dx}=n\{f(x)\}^{n-1}f'(x)}$

Advice 1° 미분법의 기본 공식

이를테면 $y=x$, $y=x^2$, $y=x^3$, $y=x^4$, $\cdots$의 도함수를

정의 $$\boldsymbol{y=f(x) \Longrightarrow y'=\lim_{\Delta x\to 0}\frac{f(x+\Delta x)-f(x)}{\Delta x}}$$

에 의하여 일일이 구해 보면

$$y=x \Longrightarrow y'=1\times x^0,\quad y=x^2 \Longrightarrow y'=2x,$$
$$y=x^3 \Longrightarrow y'=3x^2,\quad y=x^4 \Longrightarrow y'=4x^3,\quad \cdots$$

이다. 이때, 원래 함수와 도함수의 계수와 지수를 각각 비교해 보면

$$\boldsymbol{y=x^n \Longrightarrow y'=nx^{n-1}}$$

인 관계가 있음을 쉽게 발견할 수 있다.

앞으로 이 식을 공식으로 기억해 두고 이용한다면 도함수의 정의를 이용하여 구하는 것보다 훨씬 능률적으로 계산할 수 있을 것이다.

우선 위에 정리해 놓은 미분법의 기본 공식을 유도한 후, 다음 면의 **보기**에서 공식의 활용법을 공부해 보자.

(1) $f(x)=c$로 놓으면 $f(x+\Delta x)-f(x)=c-c=0$

$$\therefore\ y'=\lim_{\Delta x\to 0}\frac{f(x+\Delta x)-f(x)}{\Delta x}=\lim_{\Delta x\to 0}\frac{0}{\Delta x}=0$$

(2) $f(x)=x^n$ 으로 놓으면

$$y'=\lim_{\Delta x\to 0}\frac{f(x+\Delta x)-f(x)}{\Delta x}=\lim_{\Delta x\to 0}\frac{(x+\Delta x)^n-x^n}{\Delta x}$$

$$=\lim_{\Delta x\to 0}\frac{\{(x+\Delta x)-x\}\{(x+\Delta x)^{n-1}+(x+\Delta x)^{n-2}x+\cdots+x^{n-1}\}}{\Delta x}$$

$$=\lim_{\Delta x\to 0}\{(x+\Delta x)^{n-1}+(x+\Delta x)^{n-2}x+\cdots+x^{n-1}\}$$

$$=\underbrace{x^{n-1}+x^{n-1}+\cdots+x^{n-1}}_{n\text{개}}=nx^{n-1}$$

*Note $x^n-a^n=(x-a)(x^{n-1}+x^{n-2}a+\cdots+a^{n-1})$

(3) $$y'=\lim_{\Delta x\to 0}\frac{cf(x+\Delta x)-cf(x)}{\Delta x}=\lim_{\Delta x\to 0}c\left\{\frac{f(x+\Delta x)-f(x)}{\Delta x}\right\}=cf'(x)$$

(4) $$y'=\lim_{\Delta x\to 0}\frac{\{f(x+\Delta x)\pm g(x+\Delta x)\}-\{f(x)\pm g(x)\}}{\Delta x}$$

$$=\lim_{\Delta x\to 0}\frac{\{f(x+\Delta x)-f(x)\}\pm\{g(x+\Delta x)-g(x)\}}{\Delta x}$$

$$=\lim_{\Delta x\to 0}\left\{\frac{f(x+\Delta x)-f(x)}{\Delta x}\pm\frac{g(x+\Delta x)-g(x)}{\Delta x}\right\}=f'(x)\pm g'(x)$$

(5) $$\Delta y=f(x+\Delta x)g(x+\Delta x)-f(x)g(x)$$

$$=f(x+\Delta x)g(x+\Delta x)-f(x)g(x+\Delta x)+f(x)g(x+\Delta x)-f(x)g(x)$$

$$=\{f(x+\Delta x)-f(x)\}g(x+\Delta x)+f(x)\{g(x+\Delta x)-g(x)\}$$

$$\therefore\ y'=\lim_{\Delta x\to 0}\left\{\frac{f(x+\Delta x)-f(x)}{\Delta x}\times g(x+\Delta x)+f(x)\times\frac{g(x+\Delta x)-g(x)}{\Delta x}\right\}$$

$$=f'(x)g(x)+f(x)g'(x)$$

보기 1 다음 함수를 미분하여라.

(1) $y=2020$ (2) $y=x$ (3) $y=x^2$

(4) $y=4x^3$ (5) $y=2x^4-3x^2-6$

연구 (1) $y'=\mathbf{0}$ (2) $y'=1\times x^{1-1}=\mathbf{1}$ (3) $y'=2x^{2-1}=\mathbf{2x}$

(4) $y'=4(x^3)'=4\times 3x^{3-1}=\mathbf{12x^2}$ (5) $y'=(2x^4)'-(3x^2)'-(6)'=\mathbf{8x^3-6x}$

*Note 0이 아닌 실수 a에 대하여 $a^0=1$이다. ⇦ 수학 I

보기 2 함수 $f(x)=(x-1)(x^3+2x^2+8)$의 도함수와 $f'(1)$의 값을 구하여라.

연구 $f'(x)=(x-1)'(x^3+2x^2+8)+(x-1)(x^3+2x^2+8)'$ ⇦ 공식 (5)

$$=x^3+2x^2+8+(x-1)(3x^2+4x)=\mathbf{4x^3+3x^2-4x+8}$$

$$\therefore\ f'(1)=4\times 1^3+3\times 1^2-4\times 1+8=\mathbf{11}$$

*Note 함수 $f(x)$에서 $f'(a)$를 구할 때, 미분계수의 정의를 이용하는 것보다 미분법을 이용하여 먼저 $f'(x)$를 구하고 여기에 $x=a$를 대입하는 것이 간편하다.

정석 $f'(a)$의 계산 $\Longrightarrow$ 먼저 $f'(x)$를 구하고 $x=a$를 대입!

Advice 2° 합성함수의 미분법

이를테면 $y=(2x+1)^3$의 도함수는 우변을 전개하여 다음과 같이 구할 수 있다.

$$y=(2x+1)^3=8x^3+12x^2+6x+1$$

$$\therefore\ y'=24x^2+24x+6=6(2x+1)^2 \qquad \cdots\cdots①$$

그런데 함수 $y=(2x+1)^3$이 두 함수 $y=u^3$, $u=2x+1$의 합성함수라는 것에 착안하면 좀 더 간단히 미분할 수 있다.

일반적으로 $y=f(u)$, $u=g(x)$가 미분가능할 때, 합성함수 $y=f\big(g(x)\big)$의 도함수를 생각해 보자.

x의 증분 Δx에 대하여 $u=g(x)$의 증분을 Δu라 하고, $y=f\big(g(x)\big)$의 증분을 Δy라고 하면

$$\Delta u=g(x+\Delta x)-g(x)\text{에서}\quad g(x+\Delta x)=u+\Delta u$$

$$\Delta y=f\big(g(x+\Delta x)\big)-f\big(g(x)\big)=f(u+\Delta u)-f(u)$$

$$\therefore\ \frac{\Delta y}{\Delta x}=\frac{\Delta y}{\Delta u}\times\frac{\Delta u}{\Delta x}=\frac{f(u+\Delta u)-f(u)}{\Delta u}\times\frac{g(x+\Delta x)-g(x)}{\Delta x}$$

여기에서 $u=g(x)$는 연속함수이므로 $\Delta x \longrightarrow 0$일 때 $\Delta u \longrightarrow 0$이고

$$\lim_{\Delta x\to 0}\frac{f(u+\Delta u)-f(u)}{\Delta u}=\lim_{\Delta u\to 0}\frac{f(u+\Delta u)-f(u)}{\Delta u}=f'(u),$$

$$\lim_{\Delta x\to 0}\frac{g(x+\Delta x)-g(x)}{\Delta x}=g'(x)$$

이므로 $\displaystyle\lim_{\Delta x\to 0}\frac{\Delta y}{\Delta x}=f'(u)g'(x)$이다. 따라서

$$\frac{d}{dx}f(u)=\frac{d}{du}f(u)\frac{du}{dx} \qquad \text{곧,}\ \frac{dy}{dx}=\frac{dy}{du}\times\frac{du}{dx}$$

이 방법에 따라 $y=(2x+1)^3$의 도함수를 구하면 다음과 같다.

$u=2x+1$로 놓으면 $y=u^3$이고 u는 x에 관하여 미분가능한 함수이다.

따라서

$$y=u^3\text{에서}\quad \frac{dy}{du}=3u^2, \qquad u=2x+1\text{에서}\quad \frac{du}{dx}=2$$

$$\therefore\ \frac{dy}{dx}=\frac{dy}{du}\times\frac{du}{dx}=3u^2\times 2=6u^2=6(2x+1)^2$$

이것은 $y=(2x+1)^3$의 우변을 전개하여 미분한 결과인 ①과 같다.

이와 같은 미분법을 합성함수의 미분법이라고 한다. 이 미분법은 미적분에서 다루도록 되어 있으나 미리 알아 두고 활용하면 능률적으로 계산할 수 있기 때문에 여기에 소개하였다.

정석 $y=f\big(g(x)\big) \Longrightarrow y'=f'\big(g(x)\big)g'(x)$

*Note 미적분은 고등학교 교육과정상 수학 Ⅱ에서 공부하는 미분과 적분을 심화하여 다루는 수학 과목 이름이다.

보기 3 다음 함수의 도함수를 구하여라.

(1) $y=(2x^2+1)^5$ (2) $y=(3x^2-x+2)^3$

연구 (1) $y=u^5$, $u=2x^2+1$이라고 하면 $\dfrac{dy}{du}=5u^4$, $\dfrac{du}{dx}=4x$

$\therefore \dfrac{dy}{dx}=\dfrac{dy}{du}\times\dfrac{du}{dx}=5u^4\times4x=5(2x^2+1)^4\times4x=\boldsymbol{20x(2x^2+1)^4}$

(2) $y=u^3$, $u=3x^2-x+2$라고 하면 $\dfrac{dy}{du}=3u^2$, $\dfrac{du}{dx}=6x-1$

$\therefore \dfrac{dy}{dx}=\dfrac{dy}{du}\times\dfrac{du}{dx}=3u^2(6x-1)=\boldsymbol{3(3x^2-x+2)^2(6x-1)}$

Advice 3° $y=\{f(x)\}^n$의 미분

$y=u^n$, $u=f(x)$라고 할 때, $f(x)$가 미분가능하면

$$\frac{dy}{du}=nu^{n-1},\quad \frac{du}{dx}=f'(x)$$

$$\therefore \frac{dy}{dx}=\frac{dy}{du}\times\frac{du}{dx}=nu^{n-1}f'(x)=n\{f(x)\}^{n-1}f'(x)$$

따라서 n이 자연수일 때 다음 관계가 성립한다.

정석 $y=\{f(x)\}^n \Longrightarrow \dfrac{dy}{dx}=n\{f(x)\}^{n-1}f'(x)$

이와 같이 $f(x)$에 관하여 미분한 다음, 여기에 다시 $f'(x)$를 곱해야 한다. 이것을 공식으로 기억해 두면 **보기 3**을 다음과 같이 풀 수 있다.

(1) $y=(2x^2+1)^5$에서

$\dfrac{dy}{dx}=5(2x^2+1)^4(4x)$ (미분)

(2) $y=(3x^2-x+2)^3$에서

$\dfrac{dy}{dx}=3(3x^2-x+2)^2(6x-1)$ (미분)

보기 4 다음 x의 함수의 도함수를 구하여라. 단, n은 자연수이다.

(1) $y=(ax+b)^n$ (2) $y=(ax^2+bx+c)^n$

연구 (1) $\dfrac{dy}{dx}=n(ax+b)^{n-1}(ax+b)'=\boldsymbol{an(ax+b)^{n-1}}$

(2) $\dfrac{dy}{dx}=n(ax^2+bx+c)^{n-1}(ax^2+bx+c)'=\boldsymbol{n(ax^2+bx+c)^{n-1}(2ax+b)}$

필수 예제 3-6 다음 함수의 도함수를 구하여라.

(1) $y=(x^3-x)(x^2-5)$ (2) $y=(x-2)(x+1)(2x+1)$

(3) $y=(x^2+x+1)^4$ (4) $y=(x+1)^3(x^2+2)^4$

정석연구 (1) 전개 후 미분할 수도 있고, 곱의 미분법을 이용할 수도 있다.

정석 $y=uv \Longrightarrow y'=u'v+uv'$

(2) u, v, w가 미분가능한 함수일 때, $y=uvw$의 도함수는 다음과 같다.

$y=uvw=(uv)w$에서

$y'=(uv)'w+(uv)w'=(u'v+uv')w+uvw'$ 곧,

정석 $y=uvw \Longrightarrow y'=u'vw+uv'w+uvw'$

(3), (4) 전개한 다음 미분하는 것보다 앞에서 공부한

정석 $y=\{f(x)\}^n \Longrightarrow y'=n\{f(x)\}^{n-1}f'(x)$

를 이용하는 것이 능률적이다.

모범답안 (1) $y'=(x^3-x)'(x^2-5)+(x^3-x)(x^2-5)'$

$=(3x^2-1)(x^2-5)+(x^3-x)\times 2x=\boldsymbol{5x^4-18x^2+5}$ ← 답

(2) $y'=(x-2)'(x+1)(2x+1)+(x-2)(x+1)'(2x+1)$
$+(x-2)(x+1)(2x+1)'$

$=(x+1)(2x+1)+(x-2)(2x+1)+(x-2)(x+1)\times 2$

$=\boldsymbol{6x^2-2x-5}$ ← 답

(3) $y'=4(x^2+x+1)^3(x^2+x+1)'=\boldsymbol{4(x^2+x+1)^3(2x+1)}$ ← 답

(4) $y'=\{(x+1)^3\}'(x^2+2)^4+(x+1)^3\{(x^2+2)^4\}'$

$=3(x+1)^2(x^2+2)^4+(x+1)^3\times 4(x^2+2)^3\times 2x$

$=(x+1)^2(x^2+2)^3\{3(x^2+2)+8x(x+1)\}$

$=\boldsymbol{(x+1)^2(x^2+2)^3(11x^2+8x+6)}$ ← 답

유제 **3**-7. 다음 함수의 도함수를 구하여라.

(1) $y=x^3-2x^2+3x+1$ (2) $y=(2x-1)(3x+2)$

(3) $y=(x^2+x+1)(x^2-x+1)$ (4) $y=(ax+1)(bx+1)(cx+1)$

(5) $y=(x^3+2x^2+3)^4$ (6) $y=(2x-3)^3(x^2+1)^2$

답 (1) $\boldsymbol{y'=3x^2-4x+3}$ (2) $\boldsymbol{y'=12x+1}$ (3) $\boldsymbol{y'=4x^3+2x}$

(4) $\boldsymbol{y'=3abcx^2+2(ab+bc+ca)x+a+b+c}$

(5) $\boldsymbol{y'=4x(3x+4)(x^3+2x^2+3)^3}$ (6) $\boldsymbol{y'=2(2x-3)^2(x^2+1)(7x^2-6x+3)}$

필수 예제 **3**-7 함수 $f(x)=(x^2+x+1)(ax+b)$가

$$\lim_{x\to1}\frac{f(x)-f(1)}{x-1}=3,\qquad \lim_{x\to2}\frac{x^3-8}{f(x)-f(2)}=1$$

을 만족시킬 때, $f'(3)$의 값을 구하여라.

[정석연구] 미분계수의 정의

정의 $$\lim_{x\to a}\frac{\boldsymbol{f(x)-f(a)}}{\boldsymbol{x-a}}=\boldsymbol{f'(a)}$$

를 이용하면 첫 번째 조건식에서 $f'(1)$의 값을, 두 번째 조건식에서 $f'(2)$의 값을 구할 수 있다.

한편 $f(x)$에서 $f'(1)$, $f'(2)$의 값을 구할 때에는 먼저 도함수 $f'(x)$를 구한 다음 $x=1$, 2를 대입한다.

[모범답안] $\displaystyle\lim_{x\to1}\frac{f(x)-f(1)}{x-1}=3$ ……① $\qquad\displaystyle\lim_{x\to2}\frac{x^3-8}{f(x)-f(2)}=1$ ……②

미분계수의 정의에 의하여 ①에서 $f'(1)=3$ ……③

또, ②에서 좌변을 변형하면

$$\lim_{x\to2}\frac{x^3-8}{f(x)-f(2)}=\lim_{x\to2}\left\{\frac{x-2}{f(x)-f(2)}\times(x^2+2x+4)\right\}$$
$$=\lim_{x\to2}\left\{\frac{1}{\dfrac{f(x)-f(2)}{x-2}}\times(x^2+2x+4)\right\}=\frac{12}{f'(2)}$$

이므로 $f'(2)=12$ ……④

한편 $f(x)=(x^2+x+1)(ax+b)$에서

$$f'(x)=(2x+1)(ax+b)+(x^2+x+1)\times a$$ ……⑤

③, ④에 의하여

$$f'(1)=3(a+b)+3a=3,\quad f'(2)=5(2a+b)+7a=12$$

연립하여 풀면 $a=1,\ b=-1$

⑤에 대입하여 정리하면 $f'(x)=3x^2$ $\quad\therefore$ $\boldsymbol{f'(3)=27}$ ← [답]

[유제] **3**-8. 함수 $f(x)=ax^3+bx^2+cx+d$에 대하여 $f'(0)=2$, $f'(1)=3$, $f'(2)=10$일 때, $f'(3)$의 값을 구하여라. [답] 23

[유제] **3**-9. 함수 $f(x)=x^{10}+ax^2+bx+a$가

$$f(-1)=8,\qquad \lim_{x\to1}\frac{f(x)-f(1)}{x^3-1}=\frac{11}{3}$$

을 만족시킬 때, 상수 a, b의 값을 구하여라. [답] $\boldsymbol{a=2,\ b=-3}$

필수 예제 3-8 다음 물음에 답하여라.

(1) $f(a)=\lim_{x\to a}\dfrac{3x^3-3ax^2-ax+a^2}{x-a}$ 일 때, $\lim_{h\to 0}\dfrac{f(a+h)-f(a-h)}{h}$ 를 구하여라.

(2) $\lim_{x\to 1}\dfrac{x^n+x-2}{x^2+x-2}$ 를 구하여라. 단, n은 자연수이다.

정석연구 (1) 먼저 $f(a)$를 a로 나타낸 다음

정의 $\lim_{h\to 0}\dfrac{f(a+h)-f(a)}{h}=f'(a)$

를 이용하여 구하는 극한을 $f'(a)$로 나타내어 본다.

(2) $f(x)=x^n+x$로 놓으면 $f(1)=2$이므로 다음과 같이 변형할 수 있다.

$$\lim_{x\to 1}\frac{x^n+x-2}{x^2+x-2}=\lim_{x\to 1}\left\{\frac{f(x)-f(1)}{x-1}\times\frac{1}{x+2}\right\}=f'(1)\times\frac{1}{3}$$

정석 $\dfrac{0}{0}$ 꼴의 극한은 ⟹ 미분계수로 나타내어 본다.

모범답안 (1) $f(a)=\lim_{x\to a}\dfrac{(3x^2-a)(x-a)}{x-a}=\lim_{x\to a}(3x^2-a)=3a^2-a$

$$\therefore \lim_{h\to 0}\frac{f(a+h)-f(a-h)}{h}$$
$$=\lim_{h\to 0}\frac{\{f(a+h)-f(a)\}-\{f(a-h)-f(a)\}}{h}$$
$$=\lim_{h\to 0}\left\{\frac{f(a+h)-f(a)}{h}+\frac{f(a-h)-f(a)}{-h}\right\}$$
$$=f'(a)+f'(a)=2f'(a)=\mathbf{2(6a-1)} \leftarrow \boxed{답}$$

(2) $f(x)=x^n+x$로 놓으면 $f(1)=2$, $f'(x)=nx^{n-1}+1$이므로

$$\lim_{x\to 1}\frac{x^n+x-2}{x^2+x-2}=\lim_{x\to 1}\left\{\frac{f(x)-f(1)}{x-1}\times\frac{1}{x+2}\right\}=f'(1)\times\frac{1}{3}$$
$$=\mathbf{\frac{1}{3}(n+1)} \leftarrow \boxed{답}$$

유제 3-10. $f(x)=x^7+x^3+1$일 때, $\lim_{h\to 0}\dfrac{f(1+3h)-f(1+h)}{h}$의 값을 구하여라.

답 **20**

유제 3-11. $\lim_{x\to 1}\dfrac{x^n+x^3+x-3}{x-1}=10$일 때, 자연수 n의 값을 구하여라.

답 $\boldsymbol{n=6}$

필수 예제 3-9 다항함수 $f(x)$, $g(x)$가 모든 실수 x에 대하여

$$f'(x)=g(x), \quad f(x)g(x)=f(x)+g(x)+2x^3+2x^2-1$$

을 만족시킬 때, 다음 물음에 답하여라.

(1) $f(x)$의 차수를 구하여라. (2) $f(x)$를 구하여라.

정석연구 $f(x)$의 차수가 $n(n\geq2)$이면 $f'(x)$의 차수는 $n-1$이다.

정석 $f(x)$의 차수가 n이면 $\Longrightarrow$ $f'(x)$의 차수는 $n-1$

모범답안 (1) $f(x)f'(x)=f(x)+f'(x)+2x^3+2x^2-1$ ……①

$\therefore f(x)f'(x)-f(x)-f'(x)=2x^3+2x^2-1$ ……②

$f(x)$의 차수를 n이라고 하면 $f'(x)$의 차수는 $n-1$이므로 ②의 좌변의 차수는 $n+(n-1)$이다. 한편 ②의 우변의 차수는 3이므로

$n+(n-1)=3 \quad \therefore n=2$ ← 답

(2) $f(x)=ax^2+bx+c\,(a\neq0)$로 놓으면 $f'(x)=2ax+b$이므로 ①은

$$(ax^2+bx+c)(2ax+b)=ax^2+bx+c+2ax+b+2x^3+2x^2-1$$

$$\therefore 2a^2x^3+3abx^2+(b^2+2ac)x+bc$$
$$=2x^3+(a+2)x^2+(2a+b)x+b+c-1$$

x에 관한 항등식이므로 양변의 동류항의 계수를 비교하면

$2a^2=2, \quad 3ab=a+2, \quad b^2+2ac=2a+b, \quad bc=b+c-1$

연립하여 풀면 $a=1,\ b=1,\ c=1$ 답 $\boldsymbol{f(x)=x^2+x+1}$

Advice | ②식의 특징을 살려 다음 방법으로 $f(x)$를 구할 수도 있다.

$$\{f(x)-1\}\{f'(x)-1\}=2x^3+2x^2$$

에서 좌변은 (이차식)×(일차식)이고, 우변은

$$2x^3+2x^2=2\times x\times x\times(x+1)$$

이므로 적합한 것은 $f(x)-1=x^2+x$, $f'(x)-1=2x$이다.

유제 **3**-12. 모든 실수 x에 대하여 $(2x+1)f'(x)-4f(x)+3=0$을 만족시키고 $f(-1)=1$인 이차함수 $f(x)$를 구하여라. 답 $\boldsymbol{f(x)=x^2+x+1}$

유제 **3**-13. 다항함수 $f(x)$가 모든 실수 x에 대하여

$$f'(x)f(x)=2f'(x)+2f(x)+2x^3-8x^2+8x-4$$

를 만족시킬 때, $f(x)$를 구하여라. 답 $\boldsymbol{f(x)=x^2-2x+2}$

유제 **3**-14. 다항함수 $f(x)$, $g(x)$가 모든 실수 x에 대하여

$$f'(x)=g(x), \quad \{f(x)+g(x)\}'=x^3+3x^2+4x+5$$

를 만족시킬 때, $g(1)$의 값을 구하여라. 답 **6**

필수 예제 3-10 함수 $f(x)=\begin{cases} x^3-px^2+qx & (x\le 1) \\ px^2-2qx+4 & (x>1) \end{cases}$가 $x=1$에서 미분가능할 때, 상수 p, q의 값을 구하여라.

정석연구 다항함수 $f_1(x)$, $f_2(x)$에 대하여 $f(x)=\begin{cases} f_1(x) & (x\le a) \\ f_2(x) & (x>a) \end{cases}$와 같이 정의된 함수 $f(x)$가 $x=a$에서 미분가능하다고 하자.

$f(x)$는 $x=a$에서 연속이므로 $f(a)=f_1(a)=f_2(a)$ ⇦ $f_2(a)=\lim_{x\to a+} f(x)$

또, $f_1(x)$와 $f_2(x)$는 $x=a$에서 미분가능하므로

$$\lim_{h\to 0-}\frac{f(a+h)-f(a)}{h}=\lim_{h\to 0-}\frac{f_1(a+h)-f_1(a)}{h}=f_1'(a),$$

$$\lim_{h\to 0+}\frac{f(a+h)-f(a)}{h}=\lim_{h\to 0+}\frac{f_2(a+h)-f_2(a)}{h}=f_2'(a)$$

그런데 $x=a$에서 $f(x)$의 미분계수가 존재해야 하므로 $f_1'(a)=f_2'(a)$ 곧,

정석 다항함수 f_1, f_2에 대하여

$$f(x)=\begin{cases} f_1(x) & (x\le a) \\ f_2(x) & (x>a) \end{cases}$$ 가 $x=a$에서 미분가능하면

(i) $f_1(a)=f_2(a)$ (ii) $f_1'(a)=f_2'(a)$

모범답안 $f_1(x)=x^3-px^2+qx$, $f_2(x)=px^2-2qx+4$로 놓으면

$f_1'(x)=3x^2-2px+q$, $f_2'(x)=2px-2q$

(i) $f(x)$는 $x=1$에서 연속이므로

$f_1(1)=f_2(1)$ $\quad\therefore\ 1-p+q=p-2q+4$

$\therefore\ 2p-3q+3=0$ ……①

(ii) $f(x)$는 $x=1$에서 미분가능하므로

$f_1'(1)=f_2'(1)$ $\quad\therefore\ 3-2p+q=2p-2q$

$\therefore\ 4p-3q-3=0$ ……②

①, ②를 연립하여 풀면 $p=3$, $q=3$ ← 답

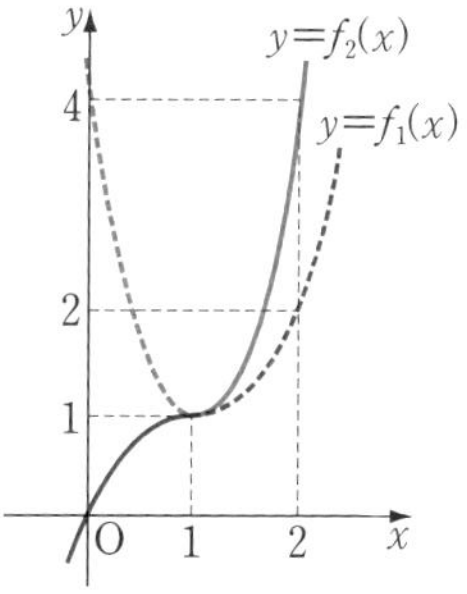

유제 **3**-15. 오른쪽 그림은 함수 $y=1$과 $y=0$의 그래프의 일부이다. 두 점 A, B 사이를 삼차함수 $y=f(x)$의 그래프를 이용하여 연결하였다. 이와 같이 연결한 그래프 전체를 나타내는 함수가 구간 $(-\infty, \infty)$에서 미분가능할 때, $f(x)$를 구하여라. 답 $f(x)=2x^3-3x^2+1$

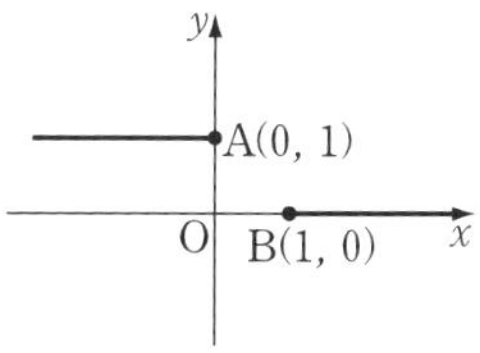

필수 예제 3-11 다음 물음에 답하여라.

(1) 이차 이상의 나항식 $f(x)$를 $(x-a)^2$으로 나눈 나머지를 $f(a)$, $f'(a)$로 나타내어라.

(2) 이차 이상의 다항식 $f(x)$가 $(x-a)^2$으로 나누어 떨어질 조건은 $f(a)=f'(a)=0$임을 증명하여라.

(3) 다항식 x^5+ax^4+b가 $(x+1)^2$으로 나누어 떨어지도록 상수 a, b의 값을 정하여라.

모범답안 (1) 다항식 $f(x)$를 이차식 $(x-a)^2$으로 나누면 나머지는 일차 이하의 식이다. 몫을 $Q(x)$, 나머지를 $mx+n$이라고 하면

$$f(x)=(x-a)^2Q(x)+mx+n \qquad \cdots\cdots①$$

$x=a$를 대입하면 $f(a)=ma+n$ ……②

또, ①의 양변을 x에 관하여 미분하면

$$f'(x)=2(x-a)Q(x)+(x-a)^2Q'(x)+m \qquad \therefore\ f'(a)=m$$

②에 대입하면 $n=f(a)-af'(a)$

따라서 구하는 나머지는 $\boldsymbol{f'(a)x+f(a)-af'(a)}$ ← 답

(2) (1)의 결과에서 $f(x)$가 $(x-a)^2$으로 나누어 떨어지기 위한 조건은 모든 x에 대하여 다음 등식이 성립하는 것이다.

$$f'(a)x+f(a)-af'(a)=0$$

$$\therefore\ f'(a)=0,\ f(a)-af'(a)=0 \qquad \therefore\ f(a)=f'(a)=0$$

(3) $f(x)=x^5+ax^4+b$로 놓고 위의 (2)를 이용하면

$$f(-1)=-1+a+b=0$$

$$f'(-1)=5(-1)^4+4a(-1)^3=0 \qquad \Leftarrow f'(x)=5x^4+4ax^3$$

이 두 식을 연립하여 풀면 $\boldsymbol{a=\frac{5}{4},\ b=-\frac{1}{4}}$ ← 답

Advice | 다항식 $f(x)$가 $(x-a)^2$으로 나누어 떨어진다는 것과 방정식 $f(x)=0$이 $x=a$를 중근으로 가진다는 것은 동치이다. 따라서

정석 다항방정식 $\boldsymbol{f(x)=0}$이 $\boldsymbol{x=a}$를 중근으로 가진다
$\Longleftrightarrow \boldsymbol{f(a)=f'(a)=0}$

유제 **3**-16. 다항식 x^7-2x+4를 $(x-1)^2$으로 나눈 나머지를 구하여라.

답 $\boldsymbol{5x-2}$

유제 **3**-17. 다항식 $x^{100}-ax+b$가 $(x-1)^2$으로 나누어 떨어지도록 상수 a, b의 값을 정하여라.

답 $\boldsymbol{a=100,\ b=99}$

연습문제 3

기본 **3-1** 다항함수 $f(x)$에 대하여 $f(1)=1$, $f'(1)=3$일 때, 다음 극한값을 구하여라.

(1) $\displaystyle\lim_{x\to1}\frac{x^3f(1)-f(x^2)}{x-1}$ (2) $\displaystyle\lim_{x\to1}\frac{xf(x)-1}{x^2-1}$

3-2 다항함수 $f(x)$에 대하여 다음 물음에 답하여라.

(1) $f'(0)=\dfrac{1}{2}$일 때, $\displaystyle\lim_{n\to\infty}n^3\left\{f\left(\frac{2}{n}\right)-f(0)\right\}^3$의 값을 구하여라.

(2) $f'(1)=\sqrt{3}$일 때, $\displaystyle\lim_{n\to\infty}n\left\{f(1)-2f\left(1-\frac{1}{n}\right)+f\left(1+\frac{3}{n}\right)\right\}$의 값을 구하여라.

3-3 다음 함수의 $x=0$에서의 연속성과 미분가능성을 조사하여라.

(1) $f(x)=x|x|$ (2) $f(x)=x^2-4|x|+3$

3-4 미분가능한 함수 $f(x)$에 대하여 다음 물음에 답하여라.

(1) 기함수 $f(x)$의 도함수는 우함수임을 보여라.

(2) $f(x)$가 기함수이고 $f'(2)=3$일 때, $f'(-2)$의 값을 구하여라.

(3) $f(x)$가 우함수일 때, $f'(0)$의 값을 구하여라.

3-5 다항함수 $f(x)$가 임의의 서로 다른 두 실수 a, b에 대하여 부등식 $|f(b)-f(a)|\le3(b-a)^2$을 만족시킬 때, $f'(x)$를 구하여라.

3-6 $f(x)=\displaystyle\sum_{k=1}^{n}\frac{1}{2k-1}x^{2k-1}$일 때, $f'(2)$를 구하여라.

3-7 다항함수 $f(x)$와 $g(x)$가

$$\lim_{x\to3}\frac{f(x)-2}{x-3}=1,\qquad \lim_{x\to3}\frac{g(x)-1}{x-3}=2$$

를 만족시킬 때, 함수 $y=f(x)g(x)$의 $x=3$에서의 미분계수를 구하여라.

3-8 n차 다항함수 $f(x)$가 모든 실수 x에 대하여 $2f(x)=(x-1)f'(x)$를 만족시키고 $f(0)=1$이다.

(1) $f(x)$의 차수 n을 구하여라. (2) $f(x)$를 구하여라.

3-9 삼차함수 $f(x)$가 서로 다른 세 실수 a, b, c에 대하여

$$f(a)=f(b)=0,\qquad f'(a)=f'(c)=0$$

을 만족시킨다. 이때, c를 a와 b로 나타내어라.

실력 **3-10** $x>0$에서 미분가능한 함수 $f(x)$가

$$f(1)=1,\quad f(2)=8,\quad x^2\le f(x)\le2x^2$$

을 만족시킬 때, $f'(1)$, $f'(2)$의 값을 구하여라.

3-11 최고차항의 계수가 1이 아닌 다항함수 $f(x)$가

$$\lim_{x\to\infty}\frac{\{f(x)\}^2-f(x^2)}{x^3f(x)}=4, \qquad \lim_{x\to 0}\frac{f'(x)}{x}=4$$

를 만족시킬 때, $f'(1)$의 값을 구하여라.

3-12 다항함수 $f(x)$가 모든 실수 x에 대하여

$$(x^n-2)f'(x)=f(x)$$

를 만족시키고 $f(4)=3$일 때, 자연수 n의 값과 $f(x)$를 구하여라.

3-13 함수 $f(x)=4x^2-12x+5$에 대하여 다음 물음에 답하여라.

(1) $f\circ g=f$를 만족시키는 다항함수 $g(x)$를 모두 구하여라.

(2) $f\circ h=f$를 만족시키는 연속함수 $h(x)$는 모두 미분가능한가?

3-14 삼차함수 $f(x)=x^3+3x^2-9x$에 대하여 함수 $g(x)$를

$$g(x)=\begin{cases} f(x) & (x<a) \\ m-f(x) & (a\le x<b) \\ n+f(x) & (x\ge b) \end{cases}$$

로 정의한다. 함수 $g(x)$가 모든 실수 x에 대하여 미분가능하도록 상수 a, b와 m, n의 값을 정하여라. 단, $a<b$이다.

3-15 좌표평면 위에 함수 $f(x)=-x^2+3$의 그래프와 두 점 A$(-1,\ 0)$, B$(1,\ 2)$가 있다. 실수 x에 대하여 점 $\big(x,\ f(x)\big)$에서 점 A까지의 거리의 제곱과 점 B까지의 거리의 제곱 중 크지 않은 값을 $g(x)$라고 하자. 함수 $g(x)$가 $x=a$에서 미분가능하지 않은 모든 a의 값의 합을 구하여라.

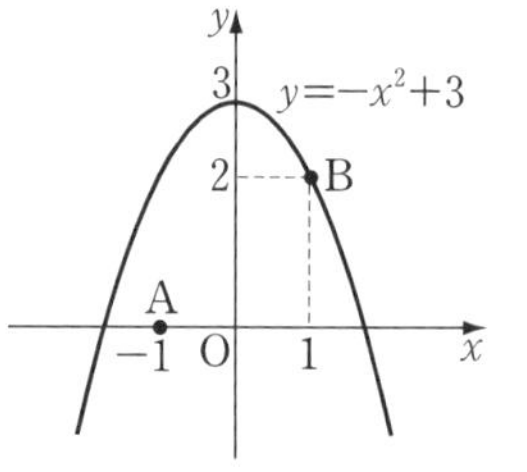

3-16 다음 물음에 답하여라.

(1) 다항식 x^{30}을 $(x-1)^3$으로 나눈 나머지를 구하여라.

(2) 다항식 $x^{100}+ax^{75}+bx^{50}+c$가 $(x+1)(x-1)^2$으로 나누어 떨어지도록 상수 a, b, c의 값을 정하여라.

3-17 $f(x)$는 사차 이상의 다항식이라고 한다. $f(x)$를 x^2-1로 나눈 나머지는 $2x+1$이고, $f'(x)$를 $x-1$, $x+1$로 나눈 나머지는 각각 8, 4일 때, $f(x)$를 $(x^2-1)^2$으로 나눈 나머지를 구하여라.

3-18 n이 자연수일 때, 다음이 성립함을 수학적 귀납법으로 증명하여라.

$$\frac{d}{dx}x^n=nx^{n-1}$$

4. 곡선의 접선과 미분

§ 1. 미분계수의 기하적 의미

기본정석

미분가능한 함수 $\boldsymbol{y=f(x)}$에서

미분계수 : $\displaystyle \boldsymbol{f'(a)=\lim_{\Delta x\to 0}\frac{f(a+\Delta x)-f(a)}{\Delta x}}$

$\Longleftrightarrow$ $\boldsymbol{x=a}$인 점에서의 접선의 기울기

도 함 수 : $\displaystyle \boldsymbol{f'(x)=\lim_{\Delta x\to 0}\frac{f(x+\Delta x)-f(x)}{\Delta x}}$

$\Longleftrightarrow$ 점 $\boldsymbol{\big(x,\ f(x)\big)}$에서의 접선의 기울기

Advice | 오른쪽 그림에서 곡선 $y=x^2$ 위의 점 P(1, 1)에서의 접선의 기울기는 $f(x)=x^2$의 $x=1$에서의 미분계수

$$\boldsymbol{f'(1)=\lim_{\Delta x\to 0}\frac{(1+\Delta x)^2-1^2}{\Delta x}=2}$$

라는 것은 앞에서 공부하였다.

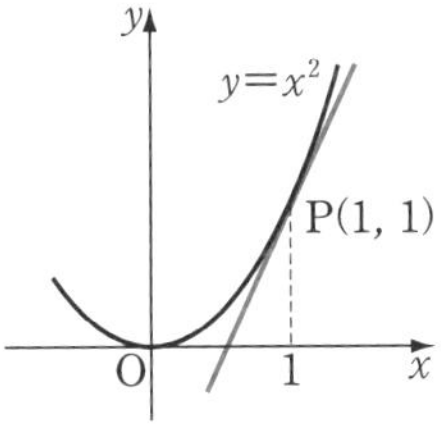

이때, $f'(1)$은 $f(x)$의 도함수 $f'(x)$를 구한 다음 $x=1$을 대입하는 것이 더 간단하다는 것도 공부하였다.

곧, $f(x)=x^2$에서 $f'(x)=2x$ $\quad\therefore$ $\boldsymbol{f'(1)=2}$

정석 $\boldsymbol{f'(a)}$의 계산 $\Longrightarrow$ 먼저 $\boldsymbol{f'(x)}$를 구하고 $\boldsymbol{x=a}$를 대입!

보기 1 곡선 $y=x^2-4x+3$ 위의 x좌표가 $x=0,\ x=1,\ x=2,\ x=3$인 점에서의 접선의 기울기를 각각 구하여라.

연구 $f(x)=x^2-4x+3$으로 놓으면 $f'(x)=2x-4$

$\therefore$ $f'(0)=\boldsymbol{-4},\quad f'(1)=\boldsymbol{-2},\quad f'(2)=\boldsymbol{0},\quad f'(3)=\boldsymbol{2}$

**Note* 접선의 기울기를 m으로 놓은 다음 이차방정식의 판별식을 이용하여 m의 값을 구할 수도 있지만, 대개의 경우 미분을 이용하는 것보다 계산이 복잡하다. 또, 주어진 곡선의 방정식이 이차식이 아닐 때에는 판별식을 이용할 수 없는 경우가 대부분이다. 따라서 앞으로 특별한 경우가 아니면 접선의 기울기는 미분을 이용하여 구하기로 한다.

필수 예제 4-1 다음 물음에 답하여라.

(1) 포물선 $y=ax^2+bx+c$가 점 (1, 1)을 지나고, 점 (2, −1)에서 직선 $y=x-3$에 접할 때, 상수 a, b, c의 값을 구하여라.

(2) 곡선 $y=ax^3+bx^2+cx$ 위의 두 점 (1, 3), (2, 0)에서의 접선이 평행할 때, 상수 a, b, c의 값을 구하여라.

모범답안 (1) $f(x)=ax^2+bx+c$로 놓자.

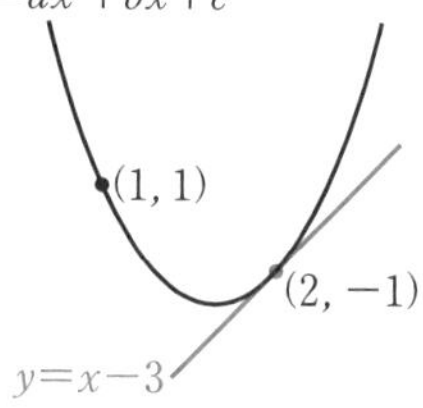

문제의 조건으로부터 포물선이 두 점 (1, 1), (2, −1)을 지나므로

$f(1)=a+b+c=1$ ……①

$f(2)=4a+2b+c=-1$ ……②

또, $f'(x)=2ax+b$이므로 포물선 위의 점 (2, −1)에서의 접선의 기울기는

$f'(2)=4a+b$

이것이 직선 $y=x-3$의 기울기와 같으므로 $4a+b=1$ ……③

①, ②, ③을 연립하여 풀면 $\boldsymbol{a=3,\ b=-11,\ c=9}$ ← 답

(2) $f(x)=ax^3+bx^2+cx$로 놓자.

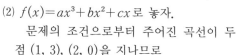

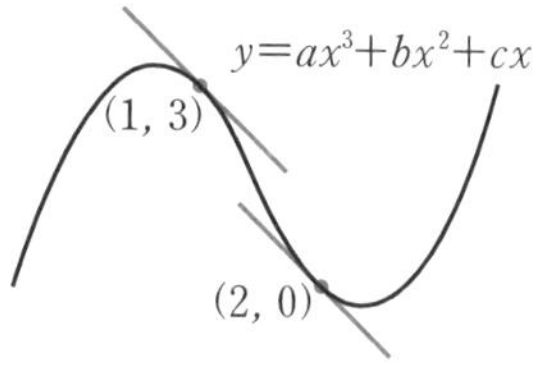

문제의 조건으로부터 주어진 곡선이 두 점 (1, 3), (2, 0)을 지나므로

$f(1)=a+b+c=3$ ……①

$f(2)=8a+4b+2c=0$ ……②

또, $f'(x)=3ax^2+2bx+c$이므로

점 (1, 3)에서의 접선의 기울기는 $f'(1)=3a+2b+c$

점 (2, 0)에서의 접선의 기울기는 $f'(2)=12a+4b+c$

이 두 접선의 기울기가 같으므로

$3a+2b+c=12a+4b+c$ ……③

①, ②, ③을 연립하여 풀면 $\boldsymbol{a=2,\ b=-9,\ c=10}$ ← 답

유제 **4**-1. 곡선 $y=x^3+ax^2+b$가 점 (1, 2)를 지나고, 이 점에서의 접선의 기울기가 −3일 때, 상수 a, b의 값을 구하여라. 답 $\boldsymbol{a=-3,\ b=4}$

유제 **4**-2. 곡선 $y=ax^3+bx^2+cx+d$가 점 (0, 1)에서 직선 $y=x+1$에 접하고, 점 (3, 4)에서 직선 $y=-2x+10$에 접한다. 이때, 상수 a, b, c, d의 값을 구하여라. 답 $\boldsymbol{a=-\frac{1}{3},\ b=1,\ c=1,\ d=1}$

필수 예제 4-2 두 곡선

$$y=2x^3+ax+b, \qquad y=ax^2+bx+1$$

이 $x=-1$인 점에서 같은 직선에 접할 때, 상수 a, b의 값을 구하여라.

[정석연구] 일반적으로 두 곡선

$$y=f(x) \quad \cdots\cdots ① \qquad y=g(x) \quad \cdots\cdots ②$$

가 아래 그림과 같이 $x=t$인 점에서 같은 직선에 접할 때, $x=t$인 점에서 두 곡선이 접한다고 한다.

이때, 다음 성질을 알 수 있다.

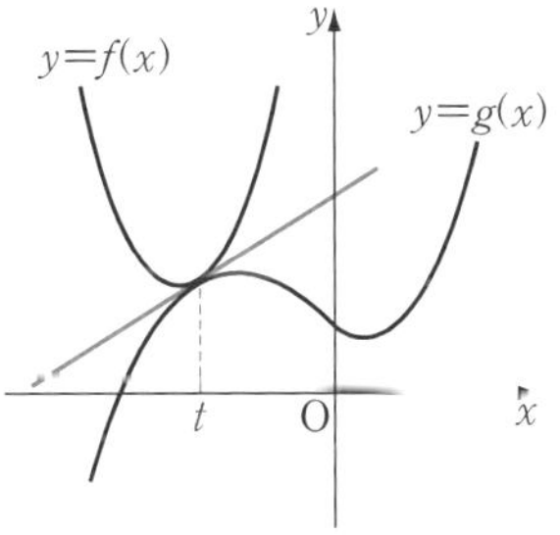

(i) $x=t$에서 ①의 함숫값과 ②의 함숫값이 같다. 곧,

$$f(t)=g(t)$$

(ii) $x=t$인 점에서 ①의 접선의 기울기와 ②의 접선의 기울기가 같다. 곧,

$$f'(t)=g'(t)$$

이상을 정리하면 다음과 같다.

정석 두 곡선 $\boldsymbol{y=f(x)}$, $\boldsymbol{y=g(x)}$가 $\boldsymbol{x=t}$인 점에서 같은 직선에 접하면

$$\Longrightarrow \boldsymbol{f(t)=g(t), \quad f'(t)=g'(t)}$$

[모범답안] $f(x)=2x^3+ax+b$, $g(x)=ax^2+bx+1$로 놓으면

$$f'(x)=6x^2+a, \qquad g'(x)=2ax+b$$

두 곡선이 $x=-1$인 점에서 같은 직선에 접하므로

$f(-1)=g(-1)$에서 $-2-a+b=a-b+1$ $\quad \therefore 2a-2b+3=0$ $\cdots\cdots ③$

$f'(-1)=g'(-1)$에서 $6+a=-2a+b$ $\quad \therefore 3a-b+6=0$ $\cdots\cdots ④$

③, ④를 연립하여 풀면 $\boldsymbol{a=-\dfrac{9}{4}}$, $\boldsymbol{b=-\dfrac{3}{4}}$ ← [답]

*Note 접점의 x좌표가 주어지지 않을 때에는 $x=t$로 놓고 푼다.

[유제] **4**-3. 직선 $y=ax+2$가 곡선 $y=x^3$에 접할 때, 상수 a의 값을 구하여라.

[답] $\boldsymbol{a=3}$

[유제] **4**-4. 두 곡선 $y=x^3+ax+3$, $y=x^2+2$가 접할 때, 상수 a의 값을 구하여라.

[답] $\boldsymbol{a=-1}$

[유제] **4**-5. 두 곡선 $y=x^3+ax$, $y=bx^2+c$가 점 $(-1, 0)$을 지나고, 이 점에서 같은 직선에 접할 때, 상수 a, b, c의 값을 구하여라.

[답] $\boldsymbol{a=-1}$, $\boldsymbol{b=-1}$, $\boldsymbol{c=1}$

§ 2. 접선의 방정식

기본정석

1 곡선 위의 점에서의 접선의 방정식

곡선 $y=f(x)$ 위의 점 $\mathrm{P}(x_1,\ y_1)$에서의 접선의 기울기는

$$\boldsymbol{f'(x_1)}$$

이므로

(1) 접선의 방정식은

$$\boldsymbol{y-y_1=f'(x_1)(x-x_1)}$$

(2) 법선의 방정식은

$$\boldsymbol{y-y_1=-\frac{1}{f'(x_1)}(x-x_1)\ \big(f'(x_1)\neq 0\big)}$$

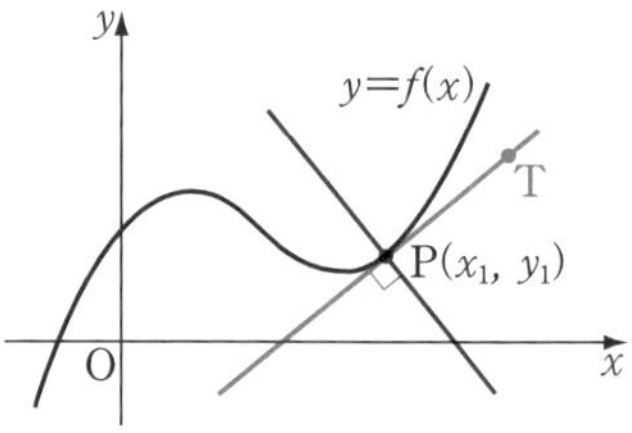

*Note 접선 PT와 점 P에서 직교하는 직선을 점 P에서의 법선이라고 한다.

2 접선의 방정식을 구하는 방법

곡선 $y=f(x)$에 대하여

(1) 접점 $\big(a,\ f(a)\big)$가 주어진 경우 : 접선의 기울기가 $f'(a)$이므로 접선의 방정식은 $y-f(a)=f'(a)(x-a)$

(2) 기울기 m이 주어진 경우 : $f'(x)=m$을 만족시키는 x의 값이 접점의 x좌표이다. 이 값부터 구한다.

(3) 곡선 밖의 점이 주어진 경우 : 접점을 점 $\big(a,\ f(a)\big)$로 놓고 이 점에서의 접선의 방정식을 구한 다음, 이 접선이 주어진 점을 지날 조건을 구한다.

Advice | 접선의 방정식을 구하는 문제는 크게

접점의 좌표,　　접선의 기울기,　　곡선 밖의 점

이 주어지는 경우로 나누어 생각할 수 있다.

다음 **보기**에서 접선의 방정식을 구하는 방법을 익히도록 하여라.

보기 1 곡선 $y=x^3$ 위의 점 $(-1,\ -1)$에서의 접선의 방정식을 구하여라.

연구 $f(x)=x^3$으로 놓으면 $f'(x)=3x^2$ $\quad\therefore\ f'(-1)=3$

따라서 구하는 접선의 방정식은

$$y+1=3(x+1) \quad \therefore\ \boldsymbol{y=3x+2}$$

보기 2 곡선 $y=x^3-x+1$ 위의 점 $(1,\ 1)$을 지나고, 이 점에서의 접선에 수직인 직선의 방정식을 구하여라.

연구 $f(x)=x^3-x+1$로 놓으면 $f'(x)=3x^2-1$ $\therefore$ $f'(1)=2$

따라서 구하는 직선의 방정식은

$$y-1=-\frac{1}{2}(x-1) \quad \therefore\ \boldsymbol{y=-\frac{1}{2}x+\frac{3}{2}}$$

보기 3 곡선 $y=x^3$에 접하고 기울기가 12인 직선의 방정식을 구하여라.

연구 $y=x^3$에서 $y'=3x^2$

접선의 기울기가 12인 접점의 x좌표는

$3x^2=12$로부터 $x=\pm 2$

$x=2$일 때 $y=8$, $x=-2$일 때 $y=-8$

이므로 접점의 좌표는 $(2,\ 8)$, $(-2,\ -8)$

따라서 구하는 접선의 방정식은

접점이 점 $(2,\ 8)$일 때

$$y-8=12(x-2) \quad \therefore\ \boldsymbol{y=12x-16}$$

접점이 점 $(-2,\ -8)$일 때

$$y+8=12(x+2) \quad \therefore\ \boldsymbol{y=12x+16}$$

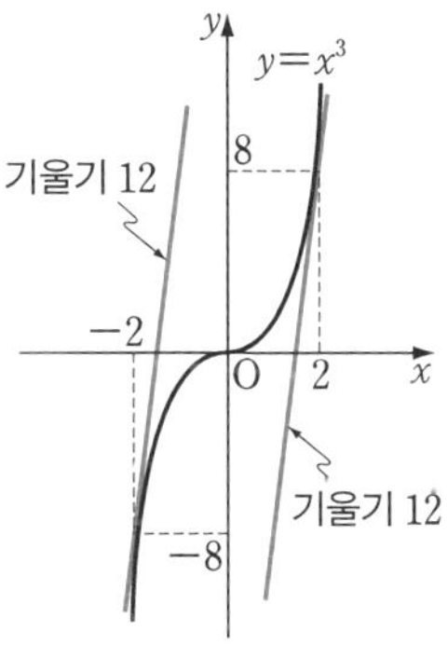

보기 4 곡선 $y=x^3+5$에 접하고 점 $(0,\ 3)$을 지나는 직선의 방정식을 구하여라.

연구 접점의 x좌표를 a라고 하면 접점의 좌표는 $(a,\ a^3+5)$이다.

방법 (i) $f(x)=x^3+5$로 놓으면 $f'(x)=3x^2$이므로

$x=a$인 점에서의 접선의 기울기는 $f'(a)=3a^2$

따라서 점 $(a,\ a^3+5)$에서의 접선의 방정식은

$$y-(a^3+5)=3a^2(x-a)$$

이 직선이 점 $(0,\ 3)$을 지나므로

$$3-(a^3+5)=3a^2(0-a)$$

a는 실수이므로 $a=1$ $\therefore$ $\boldsymbol{y=3x+3}$

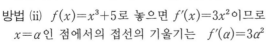

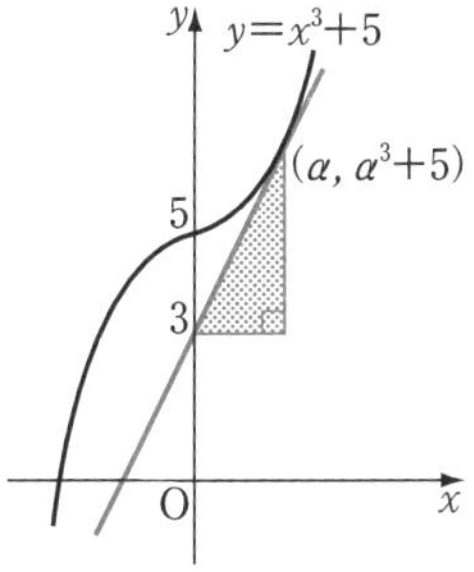

방법 (ii) $f(x)=x^3+5$로 놓으면 $f'(x)=3x^2$이므로

$x=a$인 점에서의 접선의 기울기는 $f'(a)=3a^2$

두 점 $(0,\ 3)$, $(a,\ a^3+5)$를 지나는 직선의 기울기가 $3a^2$이므로

$$\frac{(a^3+5)-3}{a-0}=3a^2 \quad \therefore\ a=1\ (\because\ a\text{는 실수})$$

따라서 점 $(0,\ 3)$을 지나고 기울기가 $3(=3a^2)$인 직선이므로

$$\boldsymbol{y=3x+3}$$

필수 예제 4-3 곡선 $y=x^4-12x^2+16x$ 위의 서로 다른 두 점 P, Q에서 동시에 접하는 직선의 방정식을 구하여라.

[정석연구] 두 점 P, Q의 x좌표를 각각 α, β $(\alpha\neq\beta)$라고 하면

$$P(\alpha,\ \alpha^4-12\alpha^2+16\alpha),$$
$$Q(\beta,\ \beta^4-12\beta^2+16\beta)$$

로 놓을 수 있다.

점 P에서의 접선과 점 Q에서의 접선이 일치할 조건을 찾으면 된다.

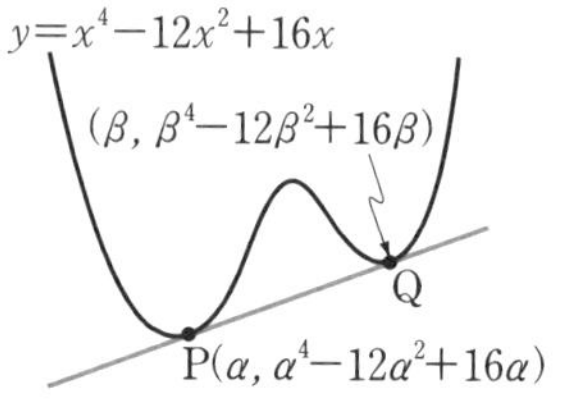

정석 곡선 위의 점에서의 접선의 방정식

⟹ 접점의 $\boldsymbol{x}$좌표를 $\boldsymbol{\alpha}$로 놓아라.

[모범답안] $P(\alpha,\ \alpha^4-12\alpha^2+16\alpha)$, $Q(\beta,\ \beta^4-12\beta^2+16\beta)$ $(\alpha\neq\beta)$라고 하자.

$y=x^4-12x^2+16x$에서 $y'=4x^3-24x+16$이므로

점 P에서의 접선의 방정식은

$$y-(\alpha^4-12\alpha^2+16\alpha)=(4\alpha^3-24\alpha+16)(x-\alpha)$$

곧, $y=(4\alpha^3-24\alpha+16)x-3\alpha^4+12\alpha^2$ ……①

점 Q에서의 접선의 방정식 역시 위와 같이 하면

$y=(4\beta^3-24\beta+16)x-3\beta^4+12\beta^2$ ……②

①, ②가 일치하므로

$$4\alpha^3-24\alpha+16=4\beta^3-24\beta+16, \quad -3\alpha^4+12\alpha^2=-3\beta^4+12\beta^2$$

두 식을 연립하여 풀면 $\alpha\neq\beta$이므로 $\alpha^2=6$

이 값을 ①에 대입하면 $\boldsymbol{y=16x-36}$ ← [답]

Advice | $y=x^4-12x^2+16x$와 ①에서 y를 소거하여 정리하면

$(x-\alpha)^2(x^2+2\alpha x+3\alpha^2-12)=0$ ⇦ $\boldsymbol{x=\alpha}$가 중근

여기서 $x^2+2\alpha x+3\alpha^2-12=0$이 중근 $x=\beta$를 가져야 하므로

$$D/4=\alpha^2-(3\alpha^2-12)=0 \quad \therefore\ \alpha^2=6$$

[유제] **4**-6. 곡선 $y=x^4-2x^2-x$ 위의 점 P에서의 접선이 P가 아닌 점 Q에서 다시 이 곡선에 접한다. 직선 PQ의 방정식을 구하여라.

[답] $\boldsymbol{y=-x-1}$

[유제] **4**-7. 두 곡선 $y=x^3$과 $y=x^3+4$에 동시에 접하는 직선의 방정식을 구하여라.

[답] $\boldsymbol{y=3x+2}$

필수 예제 4-4 다음 물음에 답하여라.

(1) 원점에서 곡선 $y=x^4-2x^2+8$에 그은 두 접선의 접점과 원점을 꼭짓점으로 하는 삼각형의 넓이를 구하여라.

(2) 직선 $y=x-1$ 위의 점 P에서 포물선 $y=x^2$에 그은 두 접선이 이루는 각이 직각일 때, 점 P의 좌표를 구하여라.

모범답안 (1) $y=x^4-2x^2+8$에서 $y'=4x^3-4x$

따라서 곡선 위의 점 $(a,\ a^4-2a^2+8)$에서의 접선의 방정식은

$$y-(a^4-2a^2+8)=(4a^3-4a)(x-a)$$

이 직선이 원점을 지나므로

$$-(a^4-2a^2+8)=(4a^3-4a)(-a)$$

$\therefore\ (a^2-2)(3a^2+4)=0 \quad \therefore\ a=\pm\sqrt{2}$

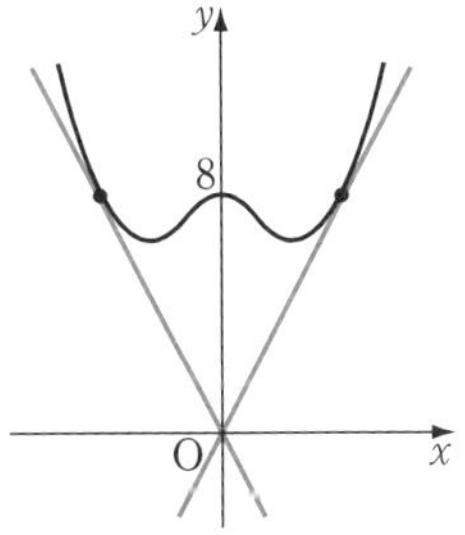

따라서 접점의 좌표는 $(\sqrt{2},\ 8),\ (-\sqrt{2},\ 8)$

이므로 구하는 넓이는 $\dfrac{1}{2}\times2\sqrt{2}\times8=8\sqrt{2}$ ← 답

(2) $y=x^2$에서 $y'=2x$

따라서 포물선 위의 점 $(a,\ a^2)$에서의 접선의 방정식은 $y-a^2=2a(x-a)$

이 직선이 점 $P(t,\ t-1)$을 지나므로

$$(t-1)-a^2=2a(t-a)$$

$$\therefore\ a^2-2at+t-1=0 \qquad \cdots\cdots①$$

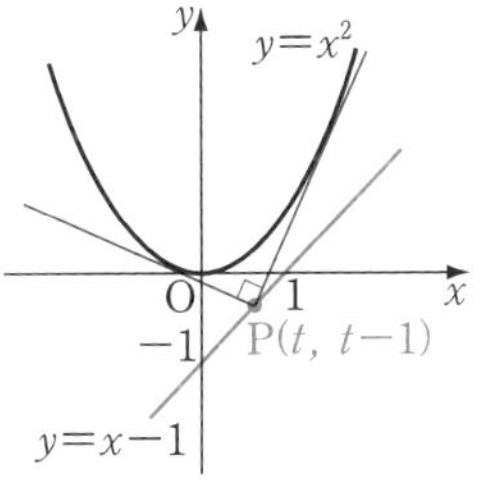

이 방정식의 두 근을 $p,\ q$라고 하면 $p,\ q$는 접점의 x좌표이므로 접선의 기울기는 $2p,\ 2q$이다.

그런데 두 접선이 직교하므로 $2p\times2q=-1$ 곧, $4pq=-1$ $\cdots②$

$p,\ q$는 ①의 두 근이므로 근과 계수의 관계로부터 $pq=t-1$

②에 대입하면 $4(t-1)=-1$ $\therefore\ t=\dfrac{3}{4}$ 답 $\mathbf{P}\left(\dfrac{3}{4},\ -\dfrac{1}{4}\right)$

유제 **4**-8. 다음 주어진 점에서 곡선에 그은 접선의 방정식을 구하여라.

(1) $y=x^3-2x$, 점 $(0,\ 2)$ (2) $y=x^3-4x^2+5x-2$, 점 $(2,\ 8)$

답 (1) $\boldsymbol{y=x+2}$ (2) $\boldsymbol{y=5x-2}$

유제 **4**-9. 포물선 $y=x^2+k$의 직교하는 두 접선의 교점이 항상 x축 위에 있도록 상수 k의 값을 정하여라.

답 $\boldsymbol{k=\dfrac{1}{4}}$

필수 예제 4-5 곡선 $y=x^3$ 위의 점 P에서의 접선이 x축, y축과 만나는 점을 각각 Q, R라 하고, 이 접선이 곡선 $y=x^3$과 만나는 P가 아닌 점을 S라고 할 때, $\overline{PQ}:\overline{QR}:\overline{RS}$를 구하여라.

단, 점 P의 x좌표는 양수이다.

정석연구 오른쪽 아래 그림에서

$$\triangle PQP' \backsim \triangle RQO \backsim \triangle SRS'' \Longrightarrow \overline{PQ}:\overline{QR}:\overline{RS}=\overline{P'Q}:\overline{QO}:\overline{RS''}$$

따라서 점 P에서의 접선의 방정식을 구하여 점 Q와 S의 x좌표를 구하면 된다.

정 석 곡선 $y=f(x)$ 위의 점 $(a,\ f(a))$에서의 접선의 방정식은

$$\Longrightarrow y-f(a)=f'(a)(x-a)$$

모범답안 $y=x^3$ ……①

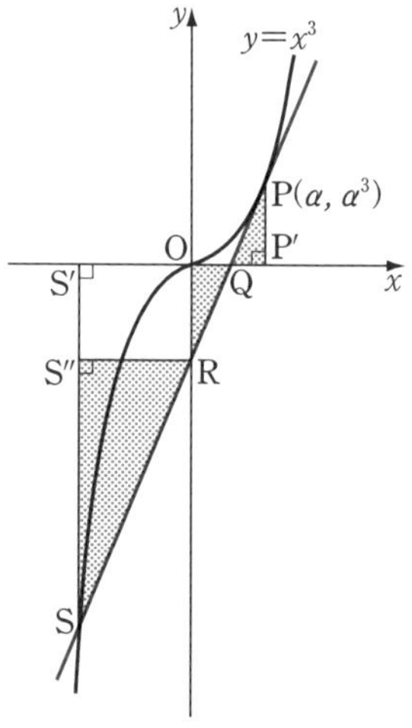

에서 $y'=3x^2$

점 P의 좌표를 $\mathrm{P}(a,\ a^3)(a>0)$이라고 하면 점 P에서의 접선의 방정식은

$$y-a^3=3a^2(x-a) \quad \cdots\cdots ②$$

②에 $y=0$을 대입하면 $x=\dfrac{2}{3}a$

이므로 점 Q의 x좌표는 $\dfrac{2}{3}a$이다.

①, ②에서 y를 소거하면

$$x^3-a^3=3a^2(x-a) \quad \cdots\cdots ③$$

$\therefore\ (x-a)^2(x+2a)=0 \quad \therefore\ x=a,\ -2a$

따라서 점 S의 x좌표는 $-2a$이다.

점 P, S에서 x축에 내린 수선의 발을 각각 P′, S′이라고 하면

$$\overline{PQ}:\overline{QR}:\overline{RS}=\overline{P'Q}:\overline{QO}:\overline{OS'} \qquad \Leftarrow \overline{OS'}=\overline{RS''}$$

$$=\left(a-\frac{2}{3}a\right):\frac{2}{3}a:2a=\mathbf{1:2:6} \longleftarrow \boxed{답}$$

*Note 곡선 ①과 직선 ②는 $x=a$인 점에서 접하므로 방정식 ③은 $x=a$를 중근으로 가진다. 이를 이용하면 쉽게 인수분해할 수 있다.

유제 **4**-10. 포물선 $y=x^2$ 위의 점 P에서 그은 접선이 x축, y축과 만나는 점을 각각 Q, R라고 하면 $\overline{PQ}=\overline{QR}$임을 증명하여라.

단, 점 P는 원점이 아니다.

필수 예제 4-6 x축 위에 점 P_1, P_2, P_3, $\cdots$과 곡선 $y=x^3$ 위에 점 Q_1, Q_2, Q_3, $\cdots$을, 직선 P_nQ_n은 y축에 평행하고 직선 $P_{n+1}Q_n$은 점 Q_n에서 곡선에 접하도록 잡는다. 점 P_n의 x좌표를 x_n이라고 할 때, 다음 물음에 답하여라. 단, n은 자연수이고 $x_1=1$이다.

(1) x_n과 x_{n+1} 사이의 관계식을 구하여라.

(2) 수열 $\{x_n\}$의 일반항을 구하여라.

(3) $\triangle P_nQ_nP_{n+1}$의 넓이를 S_n이라고 할 때, $\dfrac{S_{n+1}}{S_n}$의 값을 구하여라.

모범답안 (1) $y=x^3$에서 $y'=3x^2$이므로

직선 $P_{n+1}Q_n$의 방정식은

$$y-x_n^3=3x_n^2(x-x_n)$$

한편 $y=0$일 때 $x=x_{n+1}$이므로

$$-x_n^3=3x_n^2(x_{n+1}-x_n)$$

이 식에서 $x_n\neq0$이라고 하면

$$x_{n+1}=\frac{2}{3}x_n$$

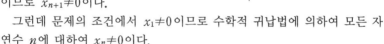

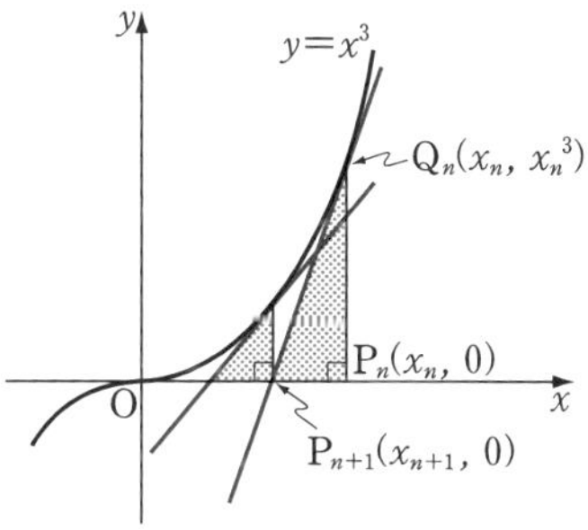

이므로 $x_{n+1}\neq0$이다.

그런데 문제의 조건에서 $x_1\neq0$이므로 수학적 귀납법에 의하여 모든 자연수 n에 대하여 $x_n\neq0$이다.

$$\therefore\ \boldsymbol{x_{n+1}=\frac{2}{3}x_n\ (n=1,\ 2,\ 3,\ \cdots)} \longleftarrow \boxed{\text{답}}$$

(2) 수열 $\{x_n\}$은 첫째항이 $x_1=1$, 공비가 $\dfrac{2}{3}$인 등비수열이므로

$$\boldsymbol{x_n=\left(\frac{2}{3}\right)^{n-1}} \longleftarrow \boxed{\text{답}}$$

*Note 첫째항이 a, 공비가 r인 등비수열의 일반항은 $a_n=ar^{n-1}$ ⇦ 수학 I

(3) $S_n=\triangle P_nQ_nP_{n+1}=\dfrac{1}{2}\overline{P_{n+1}P_n}\times\overline{P_nQ_n}=\dfrac{1}{2}(x_n-x_{n+1})x_n^3$

$$=\frac{1}{2}\left\{\left(\frac{2}{3}\right)^{n-1}-\left(\frac{2}{3}\right)^{n}\right\}\left(\frac{2}{3}\right)^{3(n-1)}=\frac{1}{6}\times\left(\frac{2}{3}\right)^{4(n-1)}$$

$$\therefore\ S_{n+1}=\frac{1}{6}\times\left(\frac{2}{3}\right)^{4n}=\left(\frac{2}{3}\right)^4S_n \qquad \therefore\ \frac{S_{n+1}}{S_n}=\left(\frac{2}{3}\right)^4=\boldsymbol{\frac{16}{81}} \longleftarrow \boxed{\text{답}}$$

유제 **4**-11. 곡선 $y=x^4$ 위의 점 $(1,\ 1)$에서의 접선의 x절편을 a_1이라 하고, 자연수 n에 대하여 점 $(a_n,\ a_n^4)$에서의 접선의 x절편을 a_{n+1}이라고 하자. 이와 같은 수열 $\{a_n\}$에 대하여 a_{20}을 구하여라. 답 $\left(\dfrac{3}{4}\right)^{20}$

§3. 평균값 정리

기본정석

1 롤의 정리

함수 $f(x)$가 닫힌구간 $[a, b]$에서 연속이고 열린구간 (a, b)에서 미분가능할 때, $f(a)=f(b)$이면

$$f'(c)=0 \ (\text{단, } a<c<b)$$

인 c가 적어도 하나 존재한다.

2 평균값 정리

함수 $f(x)$가 닫힌구간 $[a, b]$에서 연속이고 열린구간 (a, b)에서 미분가능하면

$$\frac{f(b)-f(a)}{b-a}=f'(c) \ (\text{단, } a<c<b)$$

인 c가 적어도 하나 존재한다.

Advice 1° 롤의 정리

(증명) 함수 $f(x)$가 닫힌구간 $[a, b]$에서 연속이고 열린구간 (a, b)에서 미분가능하며, $f(a)=f(b)$라고 하자.

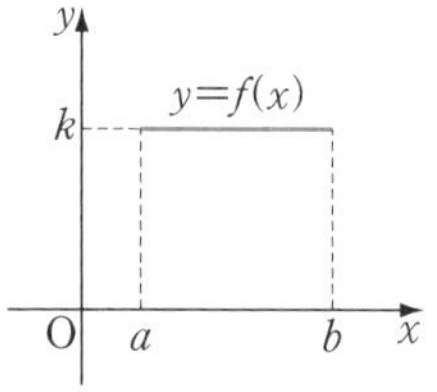

(i) $f(x)$가 상수함수인 경우 : 구간 (a, b)에서 $f'(x)=0$이므로 모든 $c\in(a, b)$에 대하여 $f'(c)=0$이다.

(ii) $f(x)$가 상수함수가 아닌 경우 : 최대·최소 정리에 의하여 구간 $[a, b]$에서 $f(x)$의 최댓값과 최솟값이 존재한다. 그런데 $f(a)=f(b)$이므로 $f(x)$가 최대 또는 최소가 되는 $x=c$가 구간 (a, b)에 존재한다.

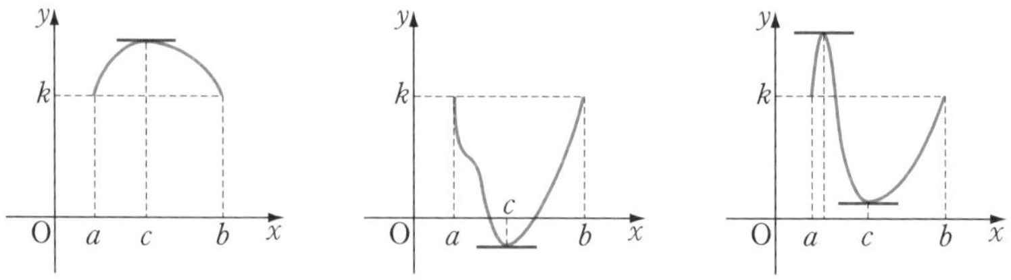

$f(x)$가 $x=c$에서 최대이면 구간 $[a, b]$에 속하는 모든 x에 대하여 $f(x) \le f(c)$이다. 이때,

$x>c$이면 $\dfrac{f(x)-f(c)}{x-c} \le 0$이므로 $\displaystyle\lim_{x\to c+}\frac{f(x)-f(c)}{x-c} \le 0$

$x<c$이면 $\dfrac{f(x)-f(c)}{x-c} \ge 0$이므로 $\displaystyle\lim_{x\to c-}\frac{f(x)-f(c)}{x-c} \ge 0$

그런데 $f(x)$는 $x=c$에서 미분가능하므로 $f'(c)=0$이다.

$f(x)$가 $x=c$에서 최소일 때에도 같은 방법으로 하면 $f'(c)=0$이다.

따라서 $f'(c)=0$인 c가 구간 (a, b)에 적어도 하나 존재한다.

또, 위의 증명에서 다음도 알 수 있다.

정석 구간 (a, b)에서 미분가능한 함수 $f(x)$가
$x=c\,(a<c<b)$에서 최대 또는 최소이면 $\Longrightarrow$ $f'(c)=0$

**Note* 롤의 정리는 $f(x)$가 구간 (a, b)에서 미분가능할 때 성립한다는 것에 특히 주의해야 한다.

이를테면 $f(x)=|x-3|$은 구간 $[1, 5]$에서 연속이고 $f(1)=f(5)=2$이지만, 구간 $(1, 5)$에서 미분가능하지 않은 x의 값$(x=3)$이 있으므로 롤의 정리가 성립하지 않는다.

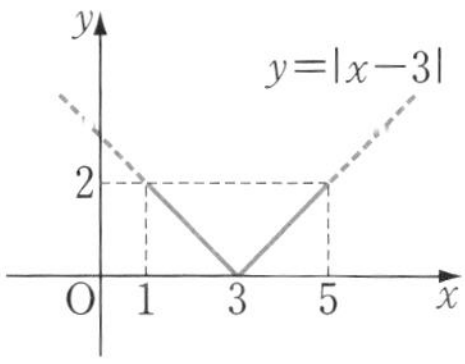

보기 1 $f(x)=(x-2)^2(x-3)$일 때 $f'(c)=0$(단, $2<c<3$)인 c가 존재함을 롤의 정리를 이용하여 보이고, 이때 c의 값을 구하여라.

연구 $f(2)=0$, $f(3)=0$이므로 $f(2)=f(3)$이다.

또, 삼차함수 $f(x)$는 닫힌구간 $[2, 3]$에서 연속이고 열린구간 $(2, 3)$에서 미분가능하므로 롤의 정리에 의하여

$$f'(c)=0 \quad (2<c<3)$$

인 c가 존재한다.

이때, $f'(x)=2(x-2)(x-3)+(x-2)^2=(x-2)(3x-8)$

이므로 $2<c<3$에서 $f'(c)=0$의 해는 $\boldsymbol{c=\dfrac{8}{3}}$

Advice 2° 평균값 정리

오른쪽 그림과 같이 함수 $f(x)$가 닫힌구간 $[a, b]$에서 연속이고 열린구간 (a, b)에서 미분가능하면, 구간 (a, b)에서 직선 AB와 평행한 접선을 그을 수 있다. 곧, 접선의 기울기가 구간 $[a, b]$에서의 평균변화율과 같은 접점을 구간 (a, b)에서 찾을 수 있다.

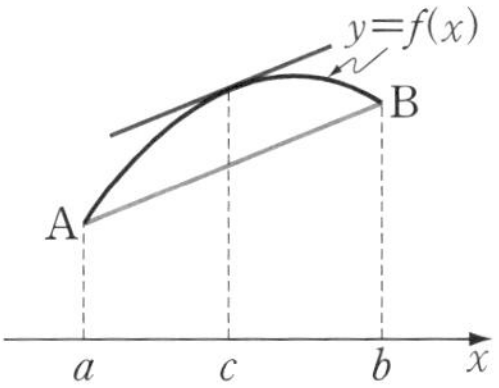

평균값 정리는 롤의 정리를 이용하여 다음과 같이 증명할 수 있다.

(증명) $\dfrac{f(b)-f(a)}{b-a}=k$라고 하면 오른쪽 그림에서 직선 AB의 방정식은

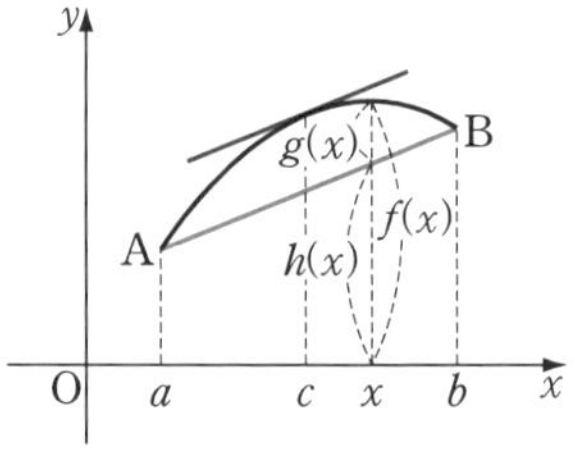

$$y=k(x-a)+f(a)$$

이때,

$$h(x)=k(x-a)+f(a),$$
$$g(x)=f(x)-h(x)$$

라고 하면 함수 $g(x)$는 구간 $[a,\ b]$에서 연속이고 구간 $(a,\ b)$에서 미분가능하며, $g(a)=g(b)=0$이다.

따라서 롤의 정리에 의하여

$$g'(c)=0\ (a<c<b)$$

인 c가 적어도 하나 존재한다.

한편 $g'(x)=f'(x)-h'(x)=f'(x)-k$이므로

$g'(c)=f'(c)-k=0$에서 $f'(c)=k$

$$\text{곧, } f'(c)=\frac{f(b)-f(a)}{b-a}\ (a<c<b)$$

보기 2 다음 함수에 대하여 주어진 구간에서 평균값 정리를 만족시키는 c의 값을 구하여라.

(1) $f(x)=x^2,\ \ [-1,\ 3]$ (2) $f(x)=x^3,\ \ [0,\ 3\sqrt{3}\,]$

연구 구간 $[a,\ b]$에서 평균값 정리가 성립하는 c의 값을 구해야 하므로

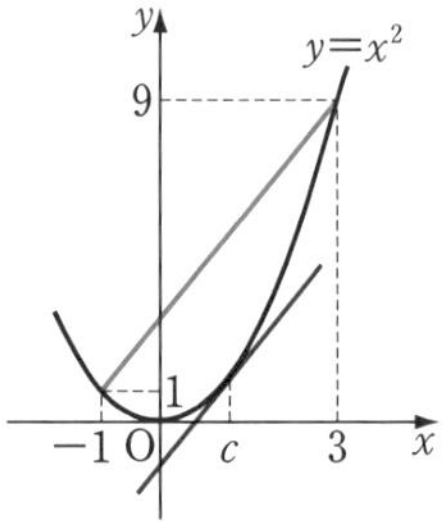

$$\frac{f(b)-f(a)}{b-a}=f'(c)\ (a<c<b)$$

를 만족시키는 c의 값을 찾으면 된다.

이 등식에서 좌변은 구간 $[a,\ b]$에서의 $f(x)$의 평균변화율과 같다.

(1) $f(x)=x^2$에서 $f'(x)=2x$이므로

$$\frac{f(3)-f(-1)}{3-(-1)}=f'(c)\ (-1<c<3) \quad \therefore\ \frac{3^2-(-1)^2}{4}=2c \quad \therefore\ \boldsymbol{c=1}$$

(2) $f(x)=x^3$에서 $f'(x)=3x^2$이므로

$$\frac{f(3\sqrt{3}\,)-f(0)}{3\sqrt{3}-0}=f'(c)\ (0<c<3\sqrt{3}\,) \quad \therefore\ \frac{(3\sqrt{3}\,)^3-0^3}{3\sqrt{3}}=3c^2$$

$0<c<3\sqrt{3}$이므로 $\boldsymbol{c=3}$

필수 예제 4-7 함수 $f(x)$가 구간 $[a, b]$에서 연속이고 구간 (a, b)에서 미분가능하다. 구간 (a, b)에서 $f'(x)=0$일 때, 구간 $[a, b]$에서 $f(x)$는 상수함수임을 증명하여라.

정석연구 구간 (a, b)에서 $f'(x)=0$이면 이 구간에 속하는 모든 점에서의 접선의 기울기는 0이다. 따라서 이 구간에서 $f(x)$는 오른쪽 그림과 같이 상수함수임을 추측할 수 있다.

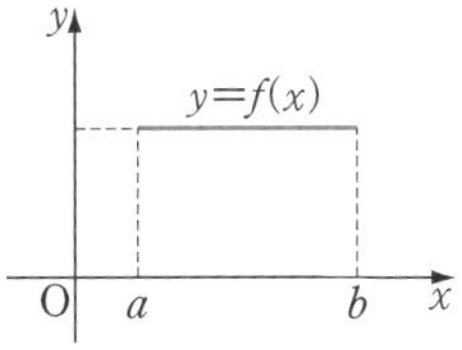

다음 평균값 정리를 이용하면 증명할 수 있다.

정석 평균값 정리

함수 $\boldsymbol{f(x)}$가 구간 $[\boldsymbol{a}, \boldsymbol{b}]$에서 연속, 구간 $(\boldsymbol{a}, \boldsymbol{b})$에서 미분가능하면

$$\frac{f(b)-f(a)}{b-a}=f'(c), \quad a<c<b$$

인 $\boldsymbol{c}$가 적어도 하나 존재한다.

이 문제의 결과는 뒤에서 공부할 적분의 기본이 되므로 증명과 같이 기억해 두어라.

모범답안 함수 $f(x)$가 구간 $[a, b]$에서 연속이고 구간 (a, b)에서 미분가능하므로 x가 구간 (a, b)에 속할 때, 평균값 정리에 의하여

$$\frac{f(x)-f(a)}{x-a}=f'(c), \quad a<c<x$$

를 만족시키는 c가 존재한다.

그런데 $f'(c)=0$이므로 $\dfrac{f(x)-f(a)}{x-a}=0$ $\quad\therefore f(x)=f(a)$

따라서 구간 (a, b)에 속하는 모든 x에 대하여 $f(x)=f(a)$이다.

그리고 $f(x)$는 구간 $[a, b]$에서 연속이므로

$$f(b)=\lim_{x\to b-}f(x)=\lim_{x\to b-}f(a)=f(a)$$

이상에서 구간 $[a, b]$에서 $f(x)=f(a)$이므로 $f(x)$는 상수함수이다.

유제 **4**-12. 두 함수 $f(x)$, $g(x)$가 구간 $[a, b]$에서 연속이고 구간 (a, b)에서 미분가능하다. 구간 (a, b)에서 $f'(x)=g'(x)$일 때, 구간 $[a, b]$에서 $f(x)=g(x)+C$를 만족시키는 상수 C가 존재함을 증명하여라.

유제 **4**-13. 삼차방정식 $f(x)=0$이 서로 다른 세 실근 x_1, x_2, x_3 (단, $x_1<x_2<x_3$)을 가지면 이차방정식 $f'(x)=0$은 서로 다른 두 실근을 가짐을 롤의 정리를 이용하여 증명하여라.

필수 예제 4-8 함수 $f(x)$가 구간 $(-\infty, \infty)$에서 미분가능하고,
$f(-1)=-1$, $f(0)=1$, $f(1)=0$일 때, 다음을 증명하여라.
(1) $f(a)=0.3$인 a가 구간 $(-1, 1)$에 두 개 이상 존재한다.
(2) $f'(b)=-1$인 b가 구간 $(-1, 1)$에 한 개 이상 존재한다.
(3) $f'(c)=0$인 c가 구간 $(-1, 1)$에 한 개 이상 존재한다.

정석연구 $y=f(x)$의 그래프에서 다음과 같이 설명할 수 있다.
(1) 직선 $y=0.3$과 구간 $(-1, 1)$에서 적어도 두 점에서 만난다.
(2) 기울기가 -1이고 접점의 x좌표가 구간 $(-1, 1)$에 속하는 접선이 적어도 하나 있다.
(3) 기울기가 0이고 접점의 x좌표가 구간 $(-1, 1)$에 속하는 접선이 적어도 하나 있다.

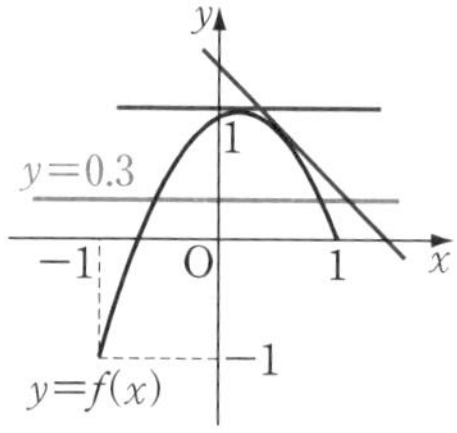

정석 사잇값의 정리, 롤의 정리, 평균값 정리를 이용할 때에는
⟹ 문제 해결에 필요한 구간을 찾는다.

모범답안 (1) $f(x)$는 구간 $(-\infty, \infty)$에서 미분가능하므로 연속이다.
그런데 $f(-1)=-1$, $f(0)=1$이므로 구간 $(-1, 0)$에 $f(a)=0.3$인 a가 적어도 하나 존재한다. 또, $f(0)=1$, $f(1)=0$이므로 구간 $(0, 1)$에 $f(a)=0.3$인 a가 적어도 하나 존재한다. ⇦ 사잇값의 정리
따라서 $f(a)=0.3$인 a가 구간 $(-1, 1)$에 두 개 이상 존재한다.

(2) $f(x)$는 미분가능하므로 $\dfrac{f(1)-f(0)}{1-0}=f'(b)$ $(0<b<1)$ ⇦ 평균값 정리
를 만족시키는 b가 적어도 하나 존재한다. 그런데 $f(1)=0$, $f(0)=1$이므로 $f'(b)=-1$을 만족시키는 b가 구간 $(0, 1)$에 적어도 하나 존재한다.
따라서 $f'(b)=-1$인 b가 구간 $(-1, 1)$에 한 개 이상 존재한다.

(3) $f(x)$는 연속이고, $f(-1)=-1$, $f(0)=1$이므로 구간 $(-1, 0)$에 $f(d)=0$인 d가 적어도 하나 존재한다. ⇦ 사잇값의 정리
또, $f(x)$는 구간 $(d, 1)$에서 미분가능하고, $f(d)=f(1)=0$이므로 $f'(c)=0$ $(d<c<1)$인 c가 구간 $(-1, 1)$에 존재한다. ⇦ 롤의 정리

유제 **4**-14. 다항함수 $f(x)$가 $f(0)=-1$, $f(1)=1$, $f(2)=-1$을 만족시킬 때, 다음을 증명하여라.
(1) 구간 $(0, 2)$에서 방정식 $f(x)=0$은 적어도 두 개의 실근을 가진다.
(2) 구간 $(0, 2)$에서 방정식 $f'(x)=0$은 적어도 하나의 실근을 가진다.
(3) 구간 $(0, 1)$에서 방정식 $f'(x)=2$는 적어도 하나의 실근을 가진다.

연습문제 4

기본 **4-1** 곡선 $y=\frac{1}{3}x^3-x^2+5$에 대하여 다음 물음에 답하여라.

(1) 접선의 기울기가 3이 되는 접점의 x좌표를 구하여라.

(2) 접선의 기울기가 음수이고 x축과 이루는 예각의 크기가 $45°$일 때, 접점의 x좌표를 구하여라.

(3) y축에 수직인 접선의 접점의 x좌표를 구하여라.

(4) 접선 중에서 기울기가 최소인 접선의 방정식을 구하여라.

4-2 다항함수 $f(x)$가 모든 실수 x에 대하여 $f(3+x)=f(3-x)$를 만족시킨다. $f'(1)=5$일 때, $x=5$인 점에서의 접선의 기울기를 구하여라.

4-3 두 포물선 $y=x^2$과 $y=k-x^2$의 교점에서 두 곡선에 각각 그은 두 접선이 직교하도록 상수 k의 값을 정하여라.

4-4 곡선 $y=x^3+ax^2-(2a+1)x+a+2$는 실수 a의 값에 관계없이 일정한 점을 지난다. 이 점에서의 접선의 방정식을 구하여라.

4-5 두 다항함수 $f(x)$, $g(x)$가 다음 두 조건을 만족시킨다.

(가) $2x^2f(x)-g(x)=5x-1$　　　(나) $\lim_{x\to1}\frac{f(x)-g(x)}{x-1}=3$

곡선 $y=g(x)$ 위의 점 $\big(1,\ g(1)\big)$에서의 접선의 방정식이 $y=h(x)$일 때, $h(-1)$의 값을 구하여라.

4-6 곡선 $y=3x^3$에 대하여 점 $(a,\ 0)$에서 이 곡선에 그은 접선과 점 $(0,\ a)$에서 이 곡선에 그은 접선이 서로 평행할 때, 양수 a의 값을 구하여라.

4-7 함수 $f(x)=x^4+ax^3-x$에 대하여 곡선 $y=f(x)$ 위의 점 $\big(t,\ f(t)\big)$에서의 접선이 y축과 만나는 점을 P라고 할 때, 원점과 점 P 사이의 거리를 $g(t)$라고 하자. 함수 $g(t)$가 $t=-4$에서만 미분가능하지 않을 때, 상수 a의 값을 구하여라.

4-8 구간 $(-\infty,\ \infty)$에서 미분가능한 함수 $f(x)$가 $\lim_{x\to\infty}f'(x)=2$를 만족시킬 때, $\lim_{x\to\infty}\big\{f(x+1)-f(x)\big\}=2$임을 증명하여라.

실력 **4-9** 직선 $y=m^2x+m^3$이 0이 아닌 실수 m의 값에 관계없이 곡선 $y=kx^3$에 접하도록 상수 k의 값을 정하여라.

4-10 두 포물선 $y=x^2+a$, $y=-x^2+2bx-b+1$이 점 P에서 접하고 점 P에서의 공통접선이 원점을 지날 때, 상수 a, b의 값을 구하여라.

4-11 포물선 $y=x^2$ 위의 서로 다른 두 점 A, B에서의 접선이 점 $(1,\ -2)$를 지날 때, 두 점 A, B를 지나는 직선의 방정식을 구하여라.

4-12 포물선 $y=-2x^2$ 위의 점 P에서의 접선과 포물선 $y=(x-3)^2$ 위의 점 Q에서의 접선이 서로 평행하다. 이때, 직선 PQ는 항상 일정한 점 $(a,\ b)$를 지난다. $a,\ b$의 값을 구하여라.

4-13 포물선 $y=x^2$ 위의 점 $\mathrm{P}(a,\ a^2)$ (단, $a>0$)에서 그은 접선에 수직이고 점 P를 지나는 직선이 포물선 $y=x^2$과 만나는 P가 아닌 점을 Q라고 하자.

점 P와 점 Q에서 x축에 내린 수선의 발을 각각 R, S라고 할 때, 선분 RS의 길이의 최솟값을 구하여라.

4-14 포물선 $y=x^2$ 위의 점 P와 포물선 $y=-x^2-16x-65$ 위의 점 Q에 대하여 선분 PQ의 길이의 최솟값을 구하여라.

4-15 곡선 $y=x^3-kx$ 위의 점 P에서의 접선이 이 곡선 위의 다른 점 Q와 만나고, Q에서의 접선과 직교한다. 실수 k의 값의 범위를 구하여라.

4-16 포물선 $y=x^2+2x+1$에 접하는 두 직선이 점 P에서 직교할 때, 점 P의 자취를 구하여라.

4-17 곡선 $y=x^3+ax+b$가 두 직선 $y=x+4,\ y=x$에 모두 접하도록 상수 $a,\ b$의 값을 정하여라.

4-18 함수 $f(x)=\dfrac{1}{4}x^4-k^2x^2+1$의 그래프에 접하고 기울기가 $4k^3$인 직선을 l, 기울기가 $-4k^3$인 직선을 m이라고 하자. 곡선 $y=f(x)$에 접하고 y축에 수직인 두 직선과 직선 $l,\ m$으로 만들어지는 사각형의 넓이가 $15\sqrt{2}$일 때, 양수 k의 값을 구하여라.

4-19 점 $(a,\ 2)$에서 곡선 $y=x^3-3x^2+2$에 접선을 그을 때, 다음 물음에 답하여라.

(1) 접선이 오직 하나 존재할 때, 실수 a의 값의 범위를 구하여라.

(2) 접선이 두 개 존재할 때, 실수 a의 값을 구하여라.

4-20 점 $(0,\ a)$에서 곡선 $y=x^3-3x^2+1$에 그은 한 접선은 이 곡선과 접점에서만 만난다. 이때, 상수 a의 값을 구하여라.

4-21 실수 전체의 집합에서 정의된 미분가능한 함수 $f(x)$가 $a<b<c$인 모든 실수 $a,\ b,\ c$에 대하여 $\dfrac{f(b)-f(a)}{b-a}<\dfrac{f(c)-f(b)}{c-b}$일 필요충분조건은 $x_1<x_2$인 모든 실수 $x_1,\ x_2$에 대하여 $f'(x_1)<f'(x_2)$임을 증명하여라.

5. 극대 · 극소와 미분

§ 1. 함수의 증가와 감소

기본정석

1 함수의 증가와 감소

(1) 증가 : 함수 $f(x)$가 어떤 구간에 속하는 임의의 두 수 x_1, x_2에 대하여

$$x_1 < x_2 \Longrightarrow f(x_1) < f(x_2)$$

일 때, $f(x)$는 이 구간에서 증가한다고 한다.

(2) 감소 : 함수 $f(x)$가 어떤 구간에 속하는 임의의 두 수 x_1, x_2에 대하여

$$x_1 < x_2 \Longrightarrow f(x_1) > f(x_2)$$

일 때, $f(x)$는 이 구간에서 감소한다고 한다.

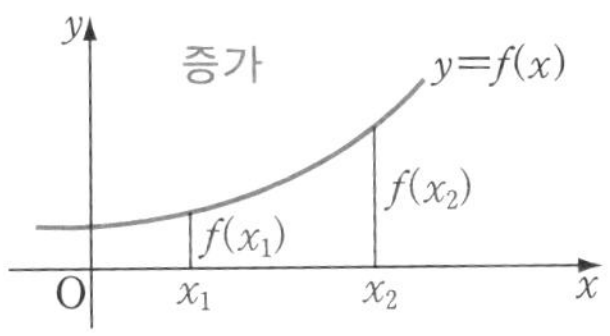

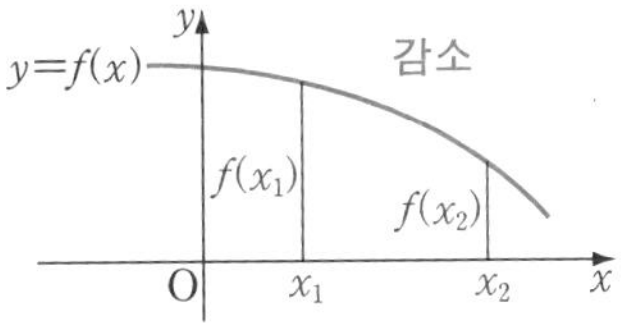

*Note 함수 $f(x)$가 정의역 전체에서 증가하면 함수 $f(x)$를 증가함수라 하고, 정의역 전체에서 감소하면 함수 $f(x)$를 감소함수라고 한다.

2 $f'(x)$의 부호와 $f(x)$의 증감

함수 $f(x)$가 어떤 구간에서 미분가능하고, 이 구간에서

① $f'(x)>0$이면 $f(x)$는 이 구간에서 증가한다.

② $f'(x)<0$이면 $f(x)$는 이 구간에서 감소한다.

③ $f'(x)=0$이면 $f(x)$는 이 구간에서 상수함수이다.

Advice 1° 함수의 증가와 감소

지금까지는 직관적으로 함수의 증가와 감소를 이해하였다. 지금부터는 이들 용어를 수학적으로 보다 엄밀하게 정의하고 사용하도록 하자.

보기 1 함수 $f(x)=x^2$이 구간 $(0, \infty)$에서 증가함을 보여라.

연구 $0<x_1<x_2$라고 하면

$$f(x_2)-f(x_1)=x_2^2-x_1^2=(x_2+x_1)(x_2-x_1)>0 \quad \therefore f(x_1)<f(x_2)$$

따라서 $f(x)$는 구간 $(0, \infty)$에서 증가한다.

Advice 2° 도함수의 부호와 함수의 증감

함수 $f(x)$가 어떤 구간에서 미분가능하며 $f'(x)>0$이라고 하자.

이 구간에서 임의로 두 수 x_1, $x_2(x_1<x_2)$를 잡으면 평균값 정리에 의하여

$$\frac{f(x_2)-f(x_1)}{x_2-x_1}=f'(c), \quad x_1<c<x_2$$

를 만족시키는 c가 존재한다.

그런데 $f'(c)>0$, $x_2-x_1>0$이므로 $f(x_2)-f(x_1)>0$이다. 곧, $x_1<x_2$인 모든 x_1, x_2에 대하여 $f(x_1)<f(x_2)$이므로 $f(x)$는 증가한다.

같은 방법으로 어떤 구간에서 $f'(x)<0$일 때, $f(x)$는 이 구간에서 감소한다는 것도 설명할 수 있다.

정석 어떤 구간에서 $\boldsymbol{f'(x)>0}$이면 $\Longrightarrow$ 이 구간에서 $\boldsymbol{f(x)}$는 증가
어떤 구간에서 $\boldsymbol{f'(x)<0}$이면 $\Longrightarrow$ 이 구간에서 $\boldsymbol{f(x)}$는 감소

그러나 위의 역은 성립하지 않는다. 이를테면

함수 $\boldsymbol{f(x)=x^3}$은

구간 $(-\infty, \infty)$에서 증가하지만

$$f'(0)=0$$

이다. 또,

함수 $\boldsymbol{f(x)=-x^3}$은

구간 $(-\infty, \infty)$에서 감소하지만

$$f'(0)=0$$

이다.

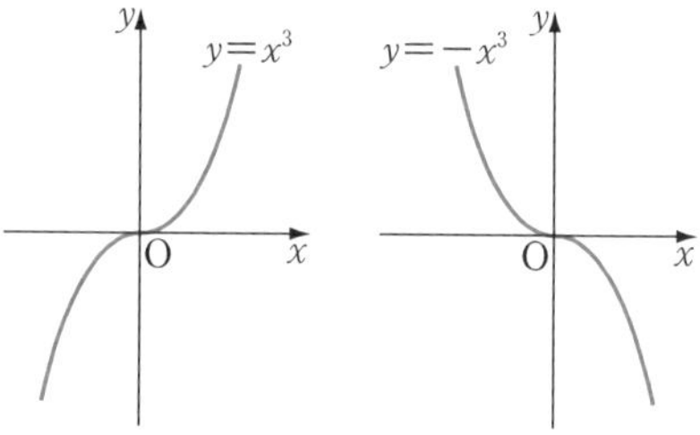

다시 말하면 $f(x)=x^3$은 증가하지만 $f'(x)=3x^2\ge0$이고, $f(x)=-x^3$은 감소하지만 $f'(x)=-3x^2\le0$이다. 곧, $f'(x)=0$일 때도 있다.

일반적으로 상수함수가 아닌 다항함수 $f(x)$에 대하여 다음이 성립한다.

정석 상수함수가 아닌 다항함수 $\boldsymbol{f(x)}$에 대하여
$\boldsymbol{f'(x)\ge0 \iff f(x)}$는 증가, $\boldsymbol{f'(x)\le0 \iff f(x)}$는 감소

보기 2 다음 함수가 구간 $(-\infty, \infty)$에서 증가함을 보여라.

(1) $f(x)=x^3-6x^2+16x+3$ (2) $f(x)=2x^3+6x^2+6x+2$

연구 (1) $f'(x)=3x^2-12x+16=3(x-2)^2+4>0$

따라서 $f(x)$는 구간 $(-\infty, \infty)$에서 증가한다.

(2) $f'(x)=6x^2+12x+6=6(x+1)^2\ge0$

따라서 $f(x)$는 구간 $(-\infty, \infty)$에서 증가한다.

필수 예제 5-1 다음 물음에 답하여라.

(1) 함수 $f(x)=-x^3+ax^2-12x-1$이 구간 $(-\infty, \infty)$에서 감소할 때, 실수 a의 값의 범위를 구하여라.

(2) 함수 $f(x)=x^3-3x^2+ax+1$이 구간 $[0, 1]$에서 감소하고, 구간 $[3, 4]$에서 증가할 때, 실수 a의 값의 범위를 구하여라.

정석연구 함수 $f(x)$의 증감과 $f'(x)$의 부호에 관한 앞면의 설명에서 $f(x)$가 상수함수가 아닌 다항함수인 경우에는 다음과 같이 정리할 수 있다.

정석 $\boldsymbol{f(x)}$가 상수함수가 아닌 다항함수일 때, 어떤 구간에서

$\boldsymbol{f(x)}$가 증가 $\Longleftrightarrow$ $\boldsymbol{f'(x)\ge 0}$

$\boldsymbol{f(x)}$가 감소 $\Longleftrightarrow$ $\boldsymbol{f'(x)\le 0}$

모범답안 (1) 함수 $f(x)$가 구간 $(-\infty, \infty)$에서 감소하므로 모든 실수 x에 대하여 $f'(x)\le 0$이다.

그런데 $f'(x)=-3x^2+2ax-12$이므로

$D/4=a^2-(-3)\times(-12)\le 0$ ∴ $\boldsymbol{-6\le a\le 6}$ ← 답

(2) $f(x)=x^3-3x^2+ax+1$에서

$f'(x)=3x^2-6x+a$

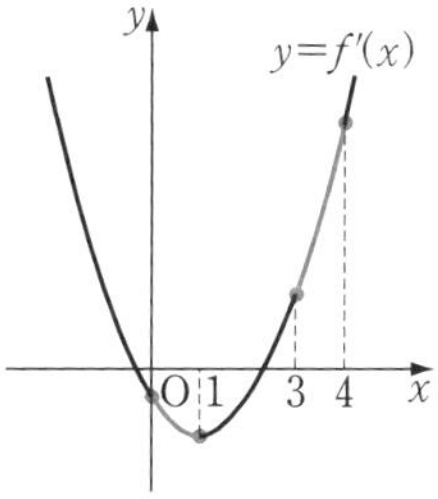

$f(x)$가 구간 $[0, 1]$에서 감소하므로 이 구간에서 $f'(x)\le 0$이고, 구간 $[3, 4]$에서 증가하므로 이 구간에서 $f'(x)\ge 0$이다.

따라서 오른쪽 그림에서

$f'(0)=a\le 0$,

$f'(3)=3\times 3^2-6\times 3+a\ge 0$

동시에 만족시키는 a의 값의 범위는

$\boldsymbol{-9\le a\le 0}$ ← 답

유제 **5**-1. 함수 $f(x)=x^3-ax^2+(a+6)x+5$가 구간 $(-\infty, \infty)$에서 증가할 때, 실수 a의 값의 범위를 구하여라. 답 $\boldsymbol{-3\le a\le 6}$

유제 **5**-2. 삼차함수 $f(x)=ax^3+bx^2+cx+d$가 구간 $(-\infty, \infty)$에서 감소할 때, a, b, c 사이에 성립하는 조건을 구하여라. 답 $\boldsymbol{a<0,\ b^2-3ac\le 0}$

유제 **5**-3. 함수 $f(x)=x^3-6x^2+ax-2$가 구간 $(1, 4)$에서 감소할 때, 실수 a의 값의 범위를 구하여라. 답 $\boldsymbol{a\le 0}$

§ 2. 함수의 극대와 극소

기본정석

1 함수의 극대와 극소

(1) 함수 $f(x)$가 $x=a$를 포함하는 어떤 열린구간에서 $f(x)\le f(a)$이면 $f(x)$는 $x=a$에서 극대라 하고, $f(a)$를 극댓값이라고 한다.

(2) 함수 $f(x)$가 $x=b$를 포함하는 어떤 열린구간에서 $f(x)\ge f(b)$이면 $f(x)$는 $x=b$에서 극소라 하고, $f(b)$를 극솟값이라고 한다.

또, 극댓값과 극솟값을 통틀어 극값이라고 한다.

(3) 극대인 점 $(a, f(a))$를 극대점, 극소인 점 $(b, f(b))$를 극소점이라 하고, 극대점과 극소점을 통틀어 극점이라고 한다.

2 미분계수와 극대 · 극소

미분가능한 함수 $\boldsymbol{f(x)}$가 $\boldsymbol{x=a}$에서 극값을 가지면 $\boldsymbol{f'(a)=0}$이다.

3 도함수의 부호와 극대 · 극소

$\boldsymbol{f'(a)=0}$이고 $\boldsymbol{x=a}$의 좌우에서 $\boldsymbol{f'(x)}$의 부호가
양$(+)$에서 음$(-)$으로 바뀌면 $\boldsymbol{f(x)}$는 $\boldsymbol{x=a}$에서 극대이다.
음$(-)$에서 양$(+)$으로 바뀌면 $\boldsymbol{f(x)}$는 $\boldsymbol{x=a}$에서 극소이다.

Advice 1° 극대와 극소

함수가 연속이 아니거나 미분가능하지 않은 경우도 극대, 극소를 생각한다.

이를테면 함수 $y=f(x)$의 그래프가 오른쪽과 같다고 하자.

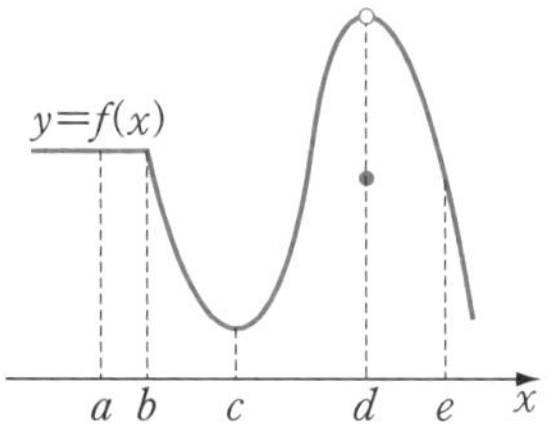

$x=a$의 주변에서 $f(x)\le f(a)$이고 동시에 $f(x)\ge f(a)$이므로 $x=a$에서 극대이면서 동시에 극소이다.

$x=b$의 주변에서 $f(x)\le f(b)$이므로 $x=b$에서 극대이다.

$x=c$의 주변에서 $f(x)\ge f(c)$이므로 $x=c$에서 극소이다.
또, $x=d$의 주변에서 $f(x)\ge f(d)$이므로 $x=d$에서 극소이다.

$x=e$의 주변에서는 $x<e$이면 $f(x)\ge f(e)$이고 $x>e$이면 $f(x)\le f(e)$이므로 $x=e$에서 극대도, 극소도 아니다.

Advice 2° 미분계수와 극대 · 극소

미분가능한 함수 $f(x)$가 $x=a$에서 극대라고 하자.

절댓값이 충분히 작은 모든 h에 대하여 $f(a+h)\le f(a)$이므로

$$\lim_{h\to0+}\frac{f(a+h)-f(a)}{h}\le0,\quad \lim_{h\to0-}\frac{f(a+h)-f(a)}{h}\ge0$$

그런데 $f(x)$는 $x=a$에서 미분가능하므로 위의 우극한과 좌극한이 같다.

$$\therefore \lim_{h\to0}\frac{f(a+h)-f(a)}{h}=0 \quad \therefore f'(a)=0$$

같은 방법으로 미분가능한 함수 $f(x)$가 $x=a$에서 극소이면 $f'(a)=0$임을 증명할 수 있다.

정석 미분가능한 함수 $\boldsymbol{f(x)}$가
$\boldsymbol{x=a}$에서 극값을 가지면 $\Longrightarrow$ $\boldsymbol{f'(a)=0}$

이를테면 함수 $y=x^2-1$의 그래프는 오른쪽과 같다. 따라서 함수 $f(x)=x^2-1$은 $x=0$에서 극소이다.

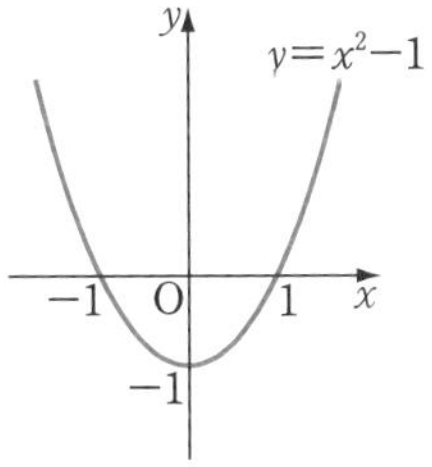

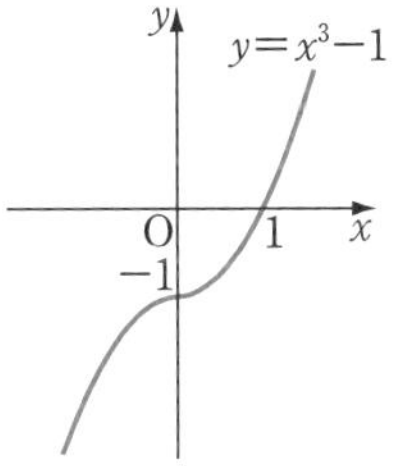

또, $f'(x)=2x$에서 $f'(0)=0$이므로 위의 **정석**이 성립한다는 것을 확인할 수 있다.

그러나 위의 **정석**의 역은 성립하지 않는다.

이를테면 함수 $g(x)=x^3-1$은 미분가능하고 $g'(x)=3x^2$에서 $g'(0)=0$이다. 그러나 $g(x)$는 $x=0$에서 극값을 가지지 않는다.

Advice 3° 도함수의 부호와 극대 · 극소

위의 예에서 함수 $f(x)=x^2-1$의 경우, $f'(0)=0$이고

$x<0$일 때 $f'(x)<0 \Longrightarrow f(x)$는 감소,

$x>0$일 때 $f'(x)>0 \Longrightarrow f(x)$는 증가

이다. 곧, $x=0$의 좌우에서 $f'(x)$의 부호가 음에서 양으로 바뀌고, $f(x)$는 $x=0$에서 극소이다.

그러나 $g(x)=x^3-1$의 경우, $g'(0)=0$이지만

$x<0$일 때 $g'(x)>0 \Longrightarrow g(x)$는 증가,

$x>0$일 때 $g'(x)>0 \Longrightarrow g(x)$는 증가

이다. 곧, $x=0$의 좌우에서 $g'(x)$의 부호가 바뀌지 않고, $g(x)$는 $x=0$에서 극값을 가지지 않는다.

Advice 4° 도함수와 함수의 그래프

어떤 구간에서 미분가능한 함수 $f(x)$가 $x=a$에서 극대 또는 극소이면 $f'(a)=0$이라고 하였다. 따라서 다항함수 $f(x)$의 극값을 찾을 때에는 $f'(x)=0$인 실수 x의 값을 모두 찾은 다음, 이 값의 좌우에서 $f'(x)$의 부호를 조사하여 $f(x)$가 극대인지 극소인지 또는 극대도, 극소도 아닌지를 확인하면 된다.

그리고 어떤 함수의 극값을 모두 찾으면 이를 이용하여 그래프의 개형을 그릴 수 있다. 다음 **보기 1**에서 직접 구해 보아라.

보기 1 함수 $f(x)=x^3-3x+1$의 극값을 구하고, 그래프의 개형을 그려라.

연구 $f'(x)=3x^2-3=3(x+1)(x-1)$

이므로 $f'(x)=0$인 x의 값은 $x=-1,\ x=1$

$x=-1,\ x=1$의 좌우에서 $f'(x)$의 부호와 $f(x)$의 증감을 조사하면

$x<-1$일 때 $f'(x)>0$ 따라서 $f(x)$는 증가

$-1<x<1$일 때 $f'(x)<0$ 따라서 $f(x)$는 감소

$x>1$일 때 $f'(x)>0$ 따라서 $f(x)$는 증가

이것을 표로 만들면 오른쪽과 같다(이것을 증감표라고 한다). 그런데

x	$-\infty$	$\cdots$	-1	$\cdots$	1	$\cdots$	∞
$f'(x)$		$+$	0	$-$	0	$+$	
$f(x)$	$-\infty$	↗	극대	↘	극소	↗	∞

$$f(-1)=(-1)^3-3\times(-1)+1=3,$$
$$f(1)=1^3-3\times1+1=-1$$

이므로

극댓값 $f(-1)=3$,

극솟값 $f(1)=-1$

이다.

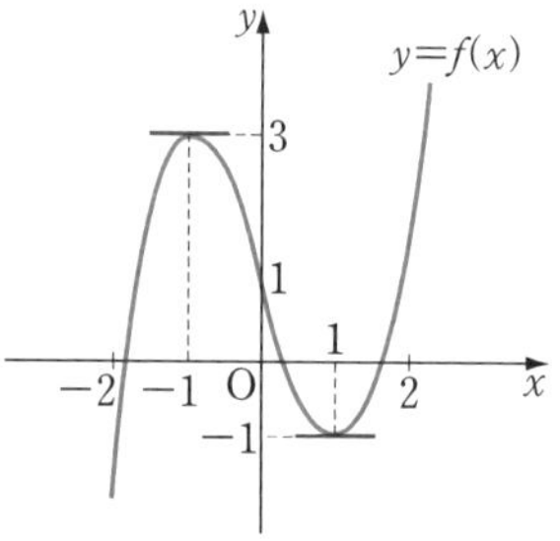

또, 극점 $(-1,\ 3)$, $(1,\ -1)$을 좌표평면에 나타내고 매끄러운 곡선으로 연결하면 오른쪽과 같은 그래프의 개형을 얻는다.

이상을 정리하면 다음과 같다.

다항함수 $y=f(x)$의 그래프의 개형

첫째 — 먼저 $f'(x)=0$인 실수 x의 값을 구한다.

둘째 — 이 값의 좌우에서 $f'(x)$의 부호를 조사한다.

셋째 — 이에 따라 $f(x)$의 증감을 조사하여 극값을 구한다.

넷째 — 구한 극점을 매끄러운 곡선으로 연결한다.

필수 예제 **5**-2 다음 함수의 극값을 조사하고, 그래프의 개형을 그려라.

(1) $f(x)=-2x^3-3x^2+12x+10$ (2) $f(x)=x^3+6x^2+12x+5$

정석연구 미분가능한 함수 $f(x)$의 극값은 다음을 이용하여 조사한다.

정 석 미분가능한 함수 $f(x)$가 $x=a$에서 극값을 가지면

$\Longrightarrow$ $f'(a)=0$이고 $x=a$의 좌우에서 $f'(x)$의 부호가 바뀐다.

모범답안 (1) $f'(x)=-6x^2-6x+12=-6(x+2)(x-1)$

$f'(x)=0$에서 $x=-2,\ 1$

x	$-\infty$	$\cdots$	-2	$\cdots$	1	$\cdots$	∞
$f'(x)$		$-$	0	$+$	0	$-$	
$f(x)$	∞	↘	극소	↗	극대	↘	$-\infty$

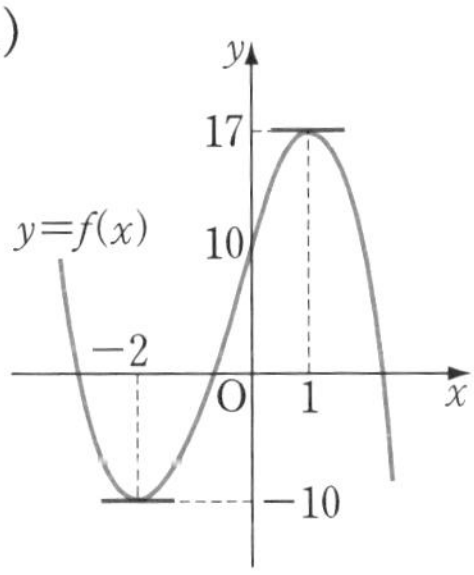

따라서 극솟값 $f(-2)=-10$,

극댓값 $f(1)=17$이고, 그래프는 오른쪽과 같다.

Note* 삼차함수 $y=f(x)$의 그래프는 $f'(x)=0$이 서로 다른 두 실근을 가질 때, 앞면의 **보기 1과 같이 x^3의 계수가 양수이면 오른쪽 그림 ①과 같은 모양이 되고, 이 문제와 같이 x^3의 계수가 음수이면 오른쪽 그림 ②와 같은 모양이 된다.

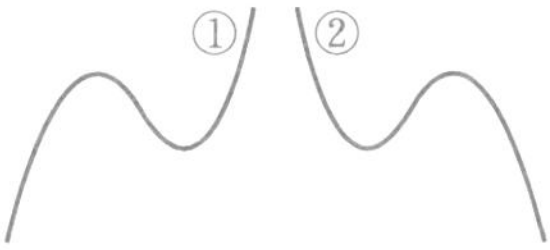

(2) $f'(x)=3x^2+12x+12=3(x+2)^2\ge 0$

이므로 $f(x)$는 구간 $(-\infty,\ \infty)$에서 증가한다.

따라서 극값은 없다.

또, $f(-1)=-2<0$, $f(0)=5>0$이므로 그래프는 구간 $(-1,\ 0)$에서 x축과 만나고, $f'(-2)=0$이므로 $x=-2$인 점에서 x축에 평행한 접선을 가진다. 곧, 그래프는 오른쪽과 같다.

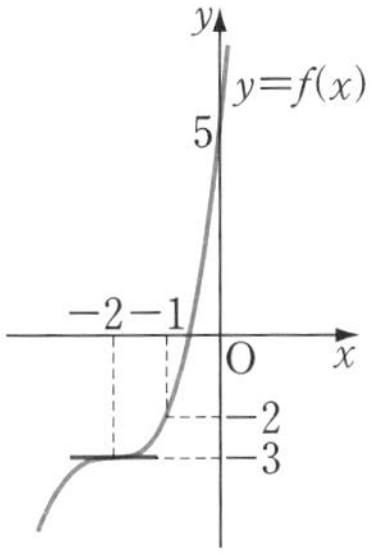

유제 **5**-4. 다음 함수의 극값을 조사하고, 그래프의 개형을 그려라.

(1) $f(x)=x^3-3x^2-9x+4$ (2) $f(x)=-2x^3-3x^2+12x-7$

(3) $f(x)=x^3-3x^2+3x+1$ (4) $f(x)=-x^3+3x^2-4x+3$

답 (1) 극댓값 $\boldsymbol{f(-1)=9}$, 극솟값 $\boldsymbol{f(3)=-23}$ (2) 극댓값 $\boldsymbol{f(1)=0}$, 극솟값 $\boldsymbol{f(-2)=-27}$ (3) 극값은 없다. (4) 극값은 없다.

필수 예제 5-3 다음 함수의 극값을 구하고, 그래프의 개형을 그려라.

(1) $f(x)=3x^4-8x^3-6x^2+24x+9$

(2) $f(x)=3x^5-5x^3+1$

모범답안 (1) $f'(x)=12x^3-24x^2-12x+24=12x^2(x-2)-12(x-2)$
$=12(x+1)(x-1)(x-2)$

$f'(x)=0$에서 $x=-1,\ 1,\ 2$

x	$-\infty$	$\cdots$	-1	$\cdots$	1	$\cdots$	2	$\cdots$	∞
$f'(x)$		$-$	0	$+$	0	$-$	0	$+$	
$f(x)$	∞	↘	극소	↗	극대	↘	극소	↗	∞

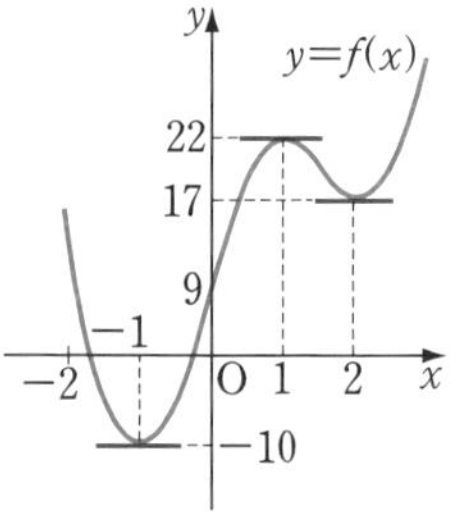

따라서 극댓값 $\boldsymbol{f(1)=22}$,
극솟값 $\boldsymbol{f(-1)=-10}$, $\boldsymbol{f(2)=17}$

이고, 그래프는 오른쪽과 같다.

(2) $f'(x)=15x^4-15x^2=15x^2(x+1)(x-1)$

$f'(x)=0$에서 $x=-1,\ 0,\ 1$

x	$-\infty$	$\cdots$	-1	$\cdots$	0	$\cdots$	1	$\cdots$	∞
$f'(x)$		$+$	0	$-$	0	$-$	0	$+$	
$f(x)$	$-\infty$	↗	극대	↘		↘	극소	↗	∞

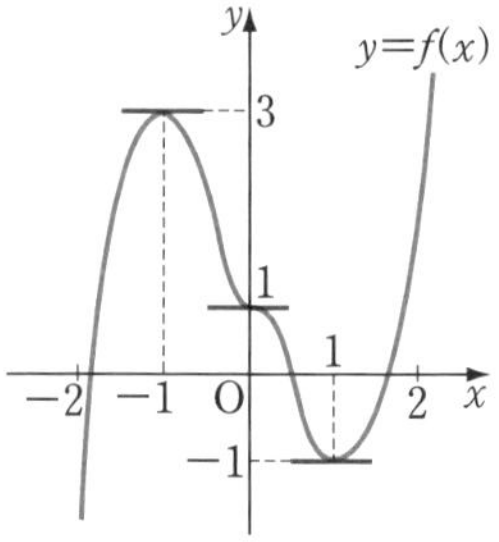

따라서 극댓값 $\boldsymbol{f(-1)=3}$,
극솟값 $\boldsymbol{f(1)=-1}$

이고, 그래프는 오른쪽과 같다.

*Note $f'(0)=0$이지만, $x=0$의 좌우에서 $f'(x)$의 부호가 바뀌지 않으므로 함수 $f(x)$는 $x=0$에서 극값을 가지지 않는다. 또, 점 $(0,\ 1)$에서의 접선의 기울기는 0이므로 이 점에서의 접선이 x축에 평행하도록 곡선을 그려야 한다.

유제 5-5. 다음 함수의 극값을 구하고, 그래프의 개형을 그려라.

(1) $f(x)=3x^4-4x^3-12x^2$ (2) $f(x)=-x^4+2x^2$

(3) $f(x)=x^5-15x^3+3$

답 (1) 극댓값 $\boldsymbol{f(0)=0}$, 극솟값 $\boldsymbol{f(-1)=-5}$, $\boldsymbol{f(2)=-32}$

(2) 극댓값 $\boldsymbol{f(-1)=1}$, $\boldsymbol{f(1)=1}$, 극솟값 $\boldsymbol{f(0)=0}$

(3) 극댓값 $\boldsymbol{f(-3)=165}$, 극솟값 $\boldsymbol{f(3)=-159}$

Advice | 다항함수의 그래프의 개형

1 $f(x)=ax+b\,(a\neq0)$

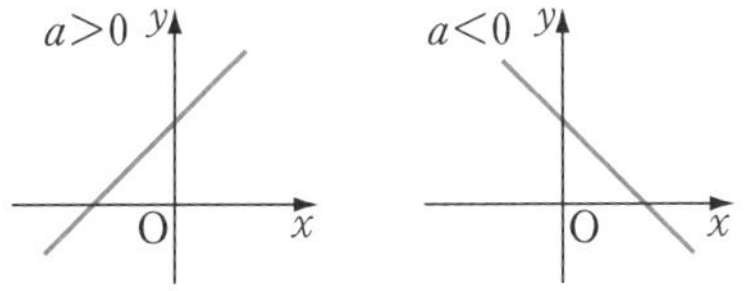

2 $f(x)=ax^2+bx+c\,(a\neq0)$

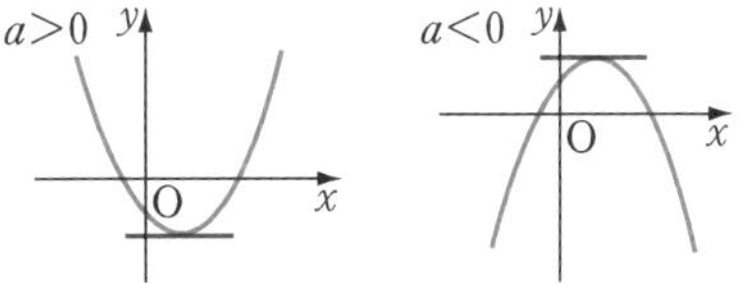

3 $f(x)=ax^3+bx^2+cx+d\,(a\neq0)$

$f'(x)=0$의 근이

(1) 서로 다른 두 실근 α, β (2) 중근 α (3) 허근

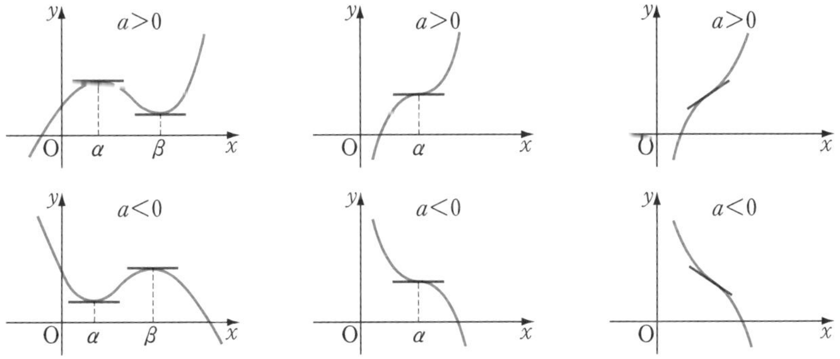

4 $f(x)=ax^4+bx^3+cx^2+dx+e\,(a\neq0)$

$f'(x)=0$의 근이

(1) 서로 다른 세 실근 (2) α가 이중근 (3) α가 삼중근 (4) α만 실근

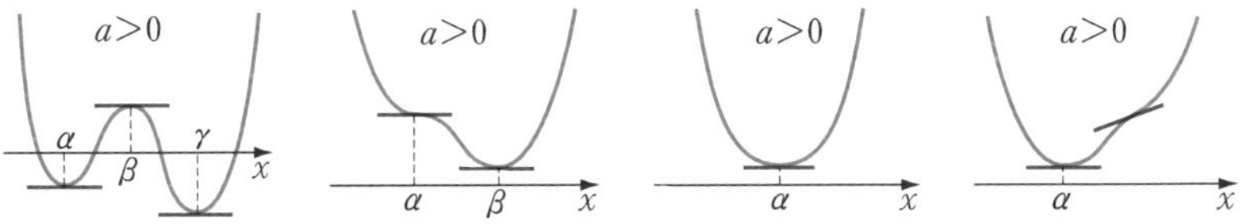

**Note* $a<0$인 경우의 그래프의 개형은 x축에 대하여 대칭이동한 모양이다.

5 $f(x)=ax^5+bx^4+cx^3+dx^2+ex+f\,(a\neq0)$

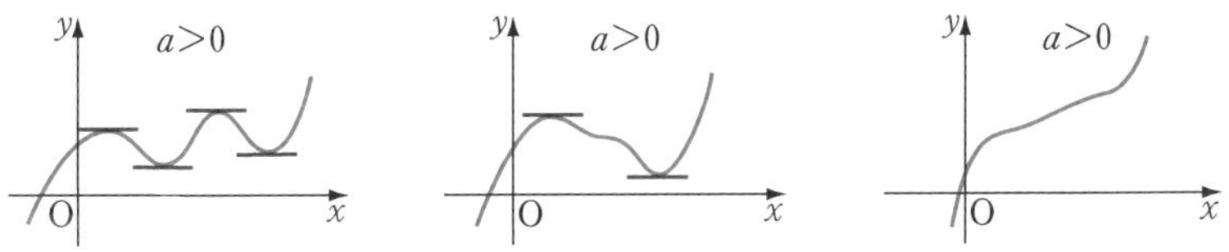

필수 예제 5-4 함수 $f(x)=x^3+ax^2+bx+c$가 $x=2$, 4에서 극값을 가질 때, 다음 물음에 답하여라.

(1) 상수 a, b의 값을 구하여라.

(2) 극댓값이 3일 때, 극솟값을 구하여라.

정석연구 $f(x)$가 삼차함수이고 $x=2$, 4에서 극값을 가지므로

$$f'(2)=0, \quad f'(4)=0$$

이다. 일반적으로

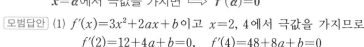

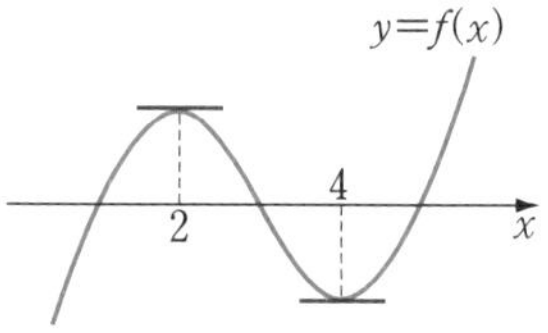

정석 다항함수 $f(x)$가

$\boldsymbol{x=\alpha}$**에서 극값을 가지면** $\Longrightarrow$ $\boldsymbol{f'(\alpha)=0}$

모범답안 (1) $f'(x)=3x^2+2ax+b$이고 $x=2$, 4에서 극값을 가지므로

$$f'(2)=12+4a+b=0, \quad f'(4)=48+8a+b=0$$

연립하여 풀면 $\boldsymbol{a=-9,\ b=24}$ ← 답

*Note $f'(x)=3x^2+2ax+b=0$의 두 근이 2, 4이므로 근과 계수의 관계를 이용하여 a, b의 값을 구할 수도 있다.

(2) $f'(x)=3(x-2)(x-4)$이므로 오른쪽 증감표에서 $f(x)$는 $x=2$에서 극대이고, $x=4$에서 극소이다.

x	$\cdots$	2	$\cdots$	4	$\cdots$
$f'(x)$	+	0	−	0	+
$f(x)$	↗	극대	↘	극소	↗

(1)에서 $a=-9$, $b=24$이므로

$$f(x)=x^3-9x^2+24x+c$$

극댓값이 3이므로 $f(2)=3$ $\quad\therefore$ $8-36+48+c=3$ $\quad\therefore$ $c=-17$

$$\therefore\ f(x)=x^3-9x^2+24x-17$$

따라서 극솟값은 $f(4)=4^3-9\times4^2+24\times4-17=\boldsymbol{-1}$ ← 답

*Note $f(x)$가 극값을 두 개 가지는 삼차함수이고, x^3의 계수가 양수이므로 $y=f(x)$의 그래프의 개형은 위의 그림과 같다. 따라서 증감표를 만들어 확인하지 않아도 $x=2$에서 극대, $x=4$에서 극소임을 알 수 있다.

유제 **5**-6. 함수 $y=x^3+ax+b$가 $x=1$에서 극값 2를 가진다. 이때, 상수 a, b의 값과 극댓값을 구하여라.

답 $\boldsymbol{a=-3,\ b=4}$, 극댓값 **6**

유제 **5**-7. 함수 $f(x)=ax^3+6bx^2+6cx+9$가 $x=-1$에서 극댓값을, $x=3$에서 극솟값을 가지고, 극댓값과 극솟값의 차는 8이다. 이때, 상수 a, b, c의 값을 구하여라.

답 $\boldsymbol{a=\frac{1}{4},\ b=-\frac{1}{8},\ c=-\frac{3}{8}}$

필수 예제 5-5 $x=3$에서 극값 0을 가지는 삼차함수 $f(x)$가 있다. 곡선 $y=f(x)$ 위의 점 $(1,\ 8)$에서의 접선이 점 $(3,\ 0)$을 지날 때, $f(x)$를 구하여라.

정석연구 $f(x)=ax^3+bx^2+cx+d\,(a\neq0)$로 놓고 주어진 조건을 써서 $a,\ b,\ c,\ d$ 사이의 관계식을 구하면 된다.

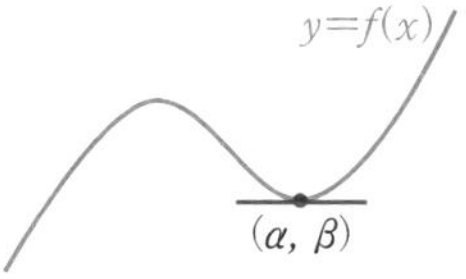

먼저

정석 다항함수 $\boldsymbol{f(x)}$가

$\boldsymbol{x=\alpha}$에서 극값 $\boldsymbol{\beta}$를 가지면 $\Longrightarrow$ $\boldsymbol{f(\alpha)=\beta,\ f'(\alpha)=0}$

을 이용해 보아라.

보범답안 $f(x)$는 $x=3$에서 극값 0을 가지므로

$$f(3)=0,\quad f'(3)=0 \quad \cdots\cdots①$$

곡선 $y=f(x)$는 점 $(1,\ 8)$을 지나므로

$$f(1)=8 \quad \cdots\cdots②$$

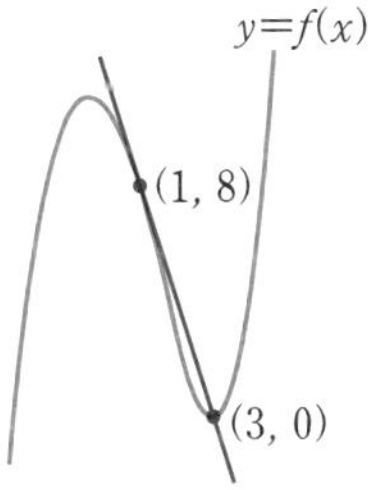

점 $(1,\ 8)$에서의 접선의 방정식은

$$y-8=f'(1)(x-1)$$

이고, 이 직선이 점 $(3,\ 0)$을 지나므로

$$0-8=f'(1)(3-1) \quad \therefore\ f'(1)=-4 \quad \cdots\cdots③$$

따라서 $f(x)=ax^3+bx^2+cx+d\,(a\neq0)$로 놓으면 $f'(x)=3ax^2+2bx+c$이므로 ①, ②, ③에 의하여

$$27a+9b+3c+d=0,\quad 27a+6b+c=0,$$
$$a+b+c+d=8,\qquad 3a+2b+c=-4$$

연립하여 풀면 $a=1,\ b=-5,\ c=3,\ d=9$

$$\therefore\ \boldsymbol{f(x)=x^3-5x^2+3x+9} \longleftarrow \text{답}$$

유제 **5**-8. 함수 $f(x)=ax^3+bx^2+cx+d$가 $x=-1$에서 극댓값 5를, $x=1$에서 극솟값 1을 가질 때, 상수 $a,\ b,\ c,\ d$의 값을 구하여라.

답 $\boldsymbol{a=1,\ b=0,\ c=-3,\ d=3}$

유제 **5**-9. 다음 두 조건을 만족시키는 삼차함수 $f(x)$를 구하여라.

(가) $x=1$에서 극값 3을 가진다.

(나) 곡선 $y=f(x)$는 원점을 지나고 이 점에서의 접선의 기울기는 1이다.

답 $\boldsymbol{f(x)=-5x^3+7x^2+x}$

필수 예제 5-6 다음 물음에 답하여라.

(1) 삼차함수 $f(x)=x^3-3ax^2+4a$의 그래프가 x축에 접할 때, 상수 a의 값을 구하여라. 단, $a>0$이다.

(2) 삼차함수 $f(x)=x^3-3ax+b$의 극댓값이 6, 극솟값이 2일 때, 상수 a, b의 값을 구하여라.

정석연구 (1) $y=f(x)$의 그래프가 x축에 접하므로 오른쪽 그림과 같이 $f(x)$의 극댓값 또는 극솟값이 0이어야 한다. 먼저 $f'(x)=0$을 만족시키는 실수 x의 값을 구한다.

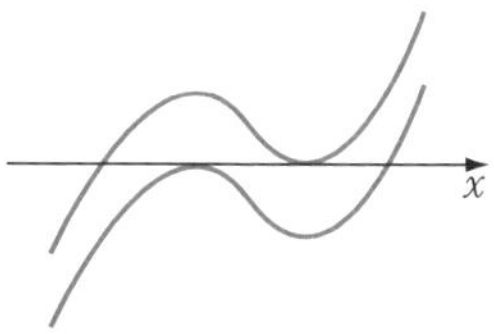

(2) $f'(x)=0$을 만족시키는 실수 x의 값을 구한 다음, 함수의 증감을 조사한다.

정석 극값에 관한 문제 ⟹ $f'(x)=0$의 실근을 구한 다음, 실근의 좌우에서 $f'(x)$의 부호를 조사한다.

모범답안 (1) $f'(x)=3x^2-6ax=3x(x-2a)$

$f'(x)=0$에서 $x=0,\ 2a$

$a>0$이므로 오른쪽 증감표에서

x	$\cdots$	0	$\cdots$	$2a$	$\cdots$
$f'(x)$	+	0	−	0	+
$f(x)$	↗	극대	↘	극소	↗

극댓값 : $f(0)=4a$,

극솟값 : $f(2a)=-4a^3+4a$

$y=f(x)$의 그래프가 x축에 접하고 $f(0)=4a>0$이므로 $f(2a)=0$

$\therefore\ a(a-1)(a+1)=0 \quad \therefore\ a=1\ (\because\ a>0)$ 답 $\boldsymbol{a=1}$

(2) $f(x)$가 극값을 가지므로 $f'(x)=0$은 서로 다른 두 실근을 가진다.

$f'(x)=3x^2-3a=0$에서 $\mathrm{D}=0^2-4\times3\times(-3a)>0 \quad \therefore\ a>0$

이때, $f'(x)=3(x^2-a)=3(x+\sqrt{a})(x-\sqrt{a})$

$f'(x)=0$에서 $x=-\sqrt{a},\ \sqrt{a}$

오른쪽 증감표에서

x	$\cdots$	$-\sqrt{a}$	$\cdots$	$\sqrt{a}$	$\cdots$
$f'(x)$	+	0	−	0	+
$f(x)$	↗	극대	↘	극소	↗

극댓값 : $f(-\sqrt{a})=2a\sqrt{a}+b$,

극솟값 : $f(\sqrt{a})=-2a\sqrt{a}+b$

따라서 $2a\sqrt{a}+b=6$ ……① $-2a\sqrt{a}+b=2$ ……②

①+②하면 $2b=8 \quad \therefore\ b=4 \quad \therefore\ a=1$ 답 $\boldsymbol{a=1,\ b=4}$

유제 **5**-10. 곡선 $y=x^3-3ax-16$이 x축에 접할 때, 실수 a의 값을 구하여라. 답 $\boldsymbol{a=4}$

유제 **5**-11. 함수 $f(x)=ax^3-3ax^2-9ax+b$의 극댓값이 10, 극솟값이 -22일 때, 상수 a, b의 값을 구하여라. 단, $a>0$이다. 답 $\boldsymbol{a=1,\ b=5}$

필수 예제 5-7 $f(x)=x^3-ax^2+(a^2+2a)x+5$에 대하여 다음을 구하여라.

(1) $f(x)$가 극값을 가지지 않을 때, 실수 a의 값의 범위

(2) $f(x)$가 $x>0$에서 극값을 가질 때, 실수 a의 값의 범위

정석연구 삼차함수 $f(x)=ax^3+bx^2+cx+d$의 그래프의 개형은 $a>0$일 때 다음 세 가지 꼴로 나눌 수 있다.

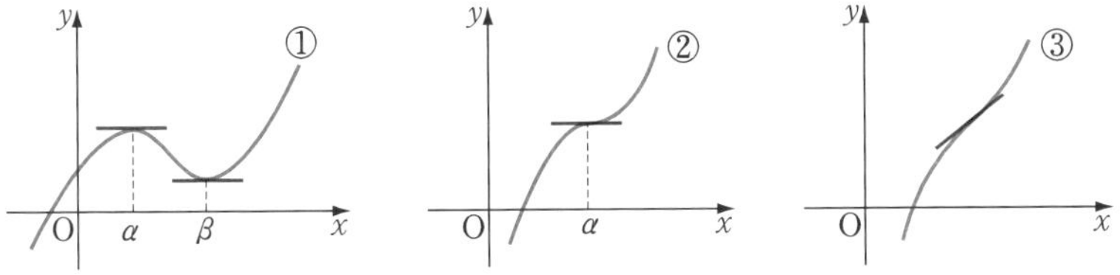

(i) $f'(x)=0$이 서로 다른 두 실근 α, $\beta\,(\alpha<\beta)$를 가지면 그림 ①,

(ii) $f'(x)=0$이 중근 α를 가지면 $f'(x)=3a(x-\alpha)^2\ge0$이므로 그림 ②,

(iii) $f'(x)=0$이 허근을 가지면 $f'(x)>0$이므로 그림 ③의 꼴이 된다.

정석 삼차함수 $f(x)$에 대하여

$f'(x)=0$이 서로 다른 두 실근 $\iff$ $f(x)$가 극값을 가진다

$f'(x)=0$이 중근 또는 허근 $\iff$ $f(x)$가 극값을 가지지 않는다

(2) $f'(x)=0$이 $x>0$에서 적어도 하나의 실근을 가지면 된다. 이때, 실근은 중근이 아니어야 한다.

모범답안 $f'(x)=3x^2-2ax+a^2+2a$에서 $D/4=a^2-3(a^2+2a)=-2a(a+3)$

(1) $f'(x)=0$이 중근 또는 허근을 가지므로

$$D/4\le0 \quad \therefore\ \boldsymbol{a\le-3,\ a\ge0} \longleftarrow \boxed{답}$$

(2) $x>0$에서 $f'(x)=0$이 중근이 아닌 실근을 적어도 하나 가져야 한다.

(i) $f'(0)<0$일 때 $a^2+2a<0$ $\quad\therefore\ -2<a<0$

(ii) $f'(0)\ge0$일 때 $D/4>0$이고 (축)>0이어야 한다.

그런데 $D/4>0$에서 $-3<a<0$이고, (축)>0에서 $a>0$이므로 만족시키는 a의 값은 없다.

(i), (ii)에서 $\boldsymbol{-2<a<0} \longleftarrow \boxed{답}$

유제 **5**-12. 함수 $f(x)=x^3-(a+2)x^2+3ax+a^2$에 대하여 다음을 구하여라.

(1) $f(x)$가 극값을 가지지 않을 때, 실수 a의 값의 범위

(2) $f(x)$가 $x>0$에서 극값을 두 개 가질 때, 실수 a의 값의 범위

답 (1) $\boldsymbol{1\le a\le4}$ (2) $\boldsymbol{0<a<1,\ a>4}$

필수 예제 5-8 삼차함수 $f(x)=ax^3-(a^2+a)x^2+3x+a$가 $-1<x<1$에서 극댓값을, $x>1$에서 극솟값을 가질 때, 실수 a의 값의 범위를 구하여라.

정석연구 $f(x)$가 $x=\alpha$에서 극댓값을, $x=\beta$에서 극솟값을 가진다고 하면 문제의 조건에서 $-1<\alpha<1$, $\beta>1$이다. 따라서 $y=f(x)$의 그래프의 개형은 오른쪽과 같다.

또, $f'(x)$는 이차함수이고, $f'(x)=0$의 해는 $x=\alpha$, β이다. $x=\alpha$, β의 좌우에서 $f'(x)$의 부호를 조사하여 $y=f'(x)$의 그래프를 그리면 오른쪽과 같다.

따라서 $y=f'(x)$의 그래프가 아래로 볼록하고, x축과 $-1<x<1$, $x>1$에서 만날 조건을 찾으면 된다.

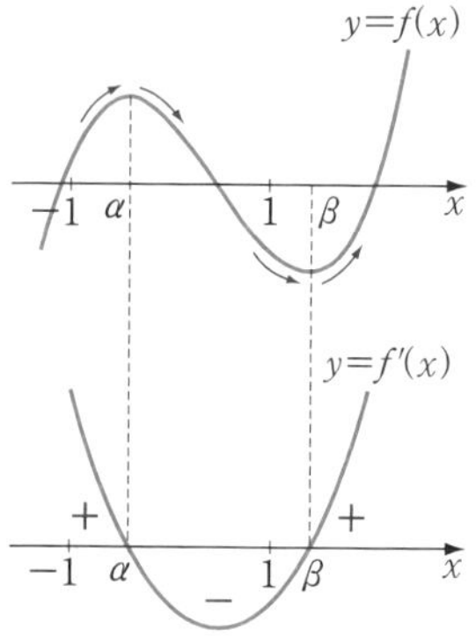

정 석 극값에 관한 문제 $\Longrightarrow$ 도함수의 부호를 조사한다.

모범답안 $f'(x)=3ax^2-2(a^2+a)x+3$

이때, $f'(x)=0$의 해를 α, β $(\alpha<\beta)$라고 하면

$$-1<\alpha<1, \quad \beta>1$$

또, $f(x)$가 $x=\alpha$에서 극대, $x=\beta$에서 극소이므로 $x<\alpha$, $\alpha<x<\beta$, $x>\beta$에서 $f'(x)$의 부호는 각각 $(+)$, $(-)$, $(+)$이다.

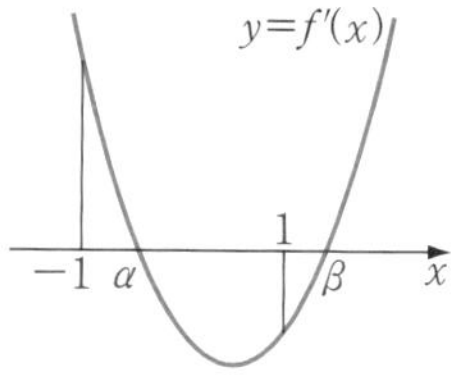

따라서 오른쪽 그림과 같이 $y=f'(x)$의 그래프는 아래로 볼록하고, x축과 $-1<x<1$, $x>1$에서 만나야 한다.

x^2의 계수가 양수이므로 $3a>0$ $\therefore$ $a>0$ …①

$f'(-1)>0$이므로 $3a+2(a^2+a)+3>0$ $\therefore$ $a<-\dfrac{3}{2}$, $a>-1$ …②

$f'(1)<0$이므로 $3a-2(a^2+a)+3<0$ $\therefore$ $a<-1$, $a>\dfrac{3}{2}$ …③

①, ②, ③의 공통 범위를 구하면 $\boldsymbol{a>\dfrac{3}{2}}$ ← 답

유제 **5**-13. 삼차함수 $f(x)=-x^3+ax^2+3ax+1$이 $-1<x<0$에서 극솟값을, $0<x<1$에서 극댓값을 가질 때, 실수 a의 값의 범위를 구하여라.

답 $\boldsymbol{0<a<\dfrac{3}{5}}$

필수 예제 5-9 삼차함수 $y=x^3-3x^2+4$의 그래프의 극대점을 A, 극소점을 B라 하고, 선분 AB의 중점을 C라고 할 때, 이 함수의 그래프는 점 C에 대하여 대칭임을 증명하여라.

정석연구 점 $C(\alpha, \beta)$에 대하여 곡선 $y=f(x)$와 대칭인 곡선의 방정식은 $2\beta-y=f(2\alpha-x)$이다. ⇦ 실력 수학(하) p. 75

따라서 점 $C(\alpha, \beta)$를 구한 다음, $y=f(x)$와 $2\beta-y=f(2\alpha-x)$가 일치함을 보이면 된다.

또는 점 C를 원점으로 평행이동할 때의 그래프가 원점에 대하여 대칭임을 보여도 된다. 이때에는 다음 **정석**을 이용한다.

정석 $f(-x)=-f(x) \iff$ 기함수 $\iff$ 원점에 대하여 대칭

모범답안 $y'=3x^2-6x=3x(x-2)$

$y'=0$에서 $x=0, 2$

x	$\cdots$	0	$\cdots$	2	$\cdots$
y'	+	0	−	0	+
y	↗	극대	↘	극소	↗

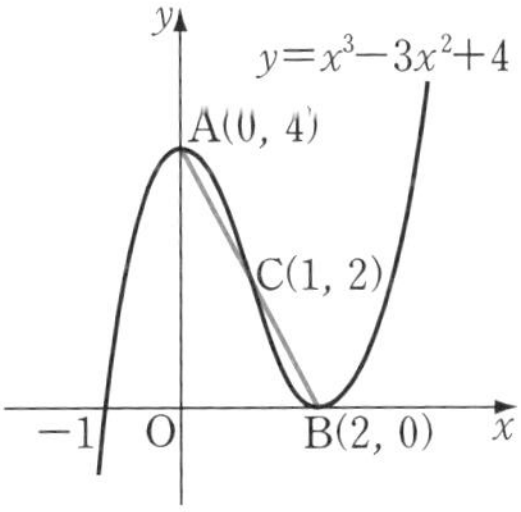

극대점은 A(0, 4), 극소점은 B(2, 0)이므로 선분 AB의 중점은 C(1, 2)이고 C는 이 곡선 위의 점이다.

따라서 함수 $y=x^3-3x^2+4$의 그래프에 대하여 점 C(1, 2)를 원점으로 옮기는 평행이동을 하면

$$y+2=(x+1)^3-3(x+1)^2+4 \quad \therefore\ y=x^3-3x$$

여기에서 $f(x)=x^3-3x$로 놓으면

$$f(-x)=(-x)^3-3(-x)=-x^3+3x=-f(x)$$

이므로 $y=f(x)$의 그래프는 원점에 대하여 대칭이다.

따라서 함수 $y=x^3-3x^2+4$의 그래프는 점 C에 대하여 대칭이다.

Advice | 일반적으로 곡선 $y=ax^3+bx^2+cx+d\ (a\neq0)$의 극대점 A와 극소점 B가 존재할 때, 이 곡선은 선분 AB의 중점 C에 대하여 대칭이다. 이때, 점 C는 이 곡선의 **변곡점**(미적분에서 공부한다)이다.

정석 삼차함수의 그래프 $\Longrightarrow$ 두 극점을 잇는 선분의 중점에 대하여 대칭

유제 **5**-14. 곡선 $y=x^3-9x^2+24x-7$은 점 (3, 11)에 대하여 대칭임을 증명하여라.

필수 예제 5-10 함수 $f(x)=x^4-4x^3+2ax^2$이 극댓값을 가지지 않을 때, 실수 a의 값의 범위를 구하여라.

정석연구 $f(x)$가 사차식이므로 $f'(x)$는 삼차식이다. 이때, 삼차방정식 $f'(x)=0$의 근은

서로 다른 세 실근, 실근 한 개와 중근 한 개,
삼중근, 실근 한 개와 허근 두 개

의 경우로 나눌 수 있다.

사차항의 계수가 양수일 때, 각 경우에 대한 $y=f(x)$의 그래프를 생각하면 $f'(x)=0$의 근이

서로 다른 세 실근

인 경우에만 오른쪽 그림과 같이 $y=f(x)$의 극댓값이 존재한다는 것을 알 수 있다(p. 88, p. 89 [4]).

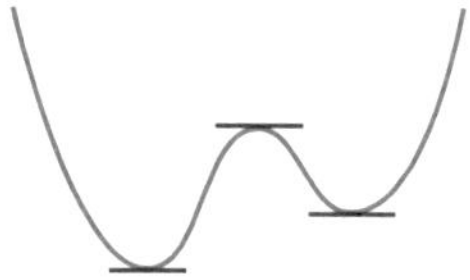

정석 최고차항의 계수가 양수인 사차함수 $\boldsymbol{f(x)}$가 극댓값을 가진다
$\Longleftrightarrow$ $\boldsymbol{f'(x)=0}$이 서로 다른 세 실근을 가진다

모범답안 $f'(x)=4x^3-12x^2+4ax=4x(x^2-3x+a)$

$f(x)$가 극댓값을 가지기 위해서는 $f'(x)=0$이 서로 다른 세 실근을 가져야 한다.

따라서 $g(x)=x^2-3x+a$라고 할 때, 방정식 $g(x)=0$이 0이 아닌 서로 다른 두 실근을 가지면 되므로

$$g(0)\neq0 \text{이고 } \mathrm{D}=9-4a>0 \quad \therefore\ a\neq0 \text{이고 } a<\frac{9}{4}$$

따라서 극댓값을 가지지 않을 조건은 $\boldsymbol{a=0}$ 또는 $\boldsymbol{a\geq\frac{9}{4}}$ ← 답

*Note 이 조건은 사차함수 $f(x)$가 극값을 하나만 가지기 위한 조건과 같다.

Advice | 삼차식 $f'(x)=ax^3+bx^2+cx+d$를 위와 같이

(일차식)×(이차식)

의 꼴로 인수분해할 수 없는 경우가 있다. 이런 경우 $f'(x)=0$이 서로 다른 세 실근을 가질 조건은 p. 111, 113에서와 같이 삼차함수의 그래프를 이용하여 찾는다.

유제 **5**-15. 함수 $f(x)=x^4-4(a-1)x^3+2(a^2-1)x^2$이 극댓값을 가질 때, 실수 a의 값의 범위를 구하여라. 답 $\boldsymbol{a<-1,\ -1<a<1,\ a>\frac{13}{5}}$

연습문제 5

기본 **5-1** 함수 $f(x)=2x^3-3ax^2+6(a-1)x-1$이 감소하는 구간이 $[1, 5]$일 때, 상수 a의 값을 구하여라.

5-2 함수 $f(x)=3x^4-4(a+3)x^3+6(3a+2)x^2-24ax$가 구간 $[2, \infty)$에서 증가할 때, 실수 a의 값의 범위를 구하여라.

5-3 다음 함수의 극값을 구하고, 그래프의 개형을 그려라.

(1) $y=|x^2(x-1)|$ (2) $y=|x|(x^2-3x+2)$ (3) $y=x^3-3|x^2-1|$

5-4 다항함수 $f(x)$가 $x=0$에서 극댓값을 가질 때, 다음 명제가 참인지 거짓인지 말하여라.

(1) 함수 $|f(x)|$는 $x=0$에서 극댓값을 가진다.

(2) 함수 $f(|x|)$는 $x=0$에서 극댓값을 가진다.

(3) 함수 $f(x)-x^2|x|$는 $x=0$에서 극댓값을 가진다.

5-5 삼차함수 $y=f(x)$의 그래프가 오른쪽과 같을 때, 부등식 $f(x)f'(x)>0$의 해를 구하여라.

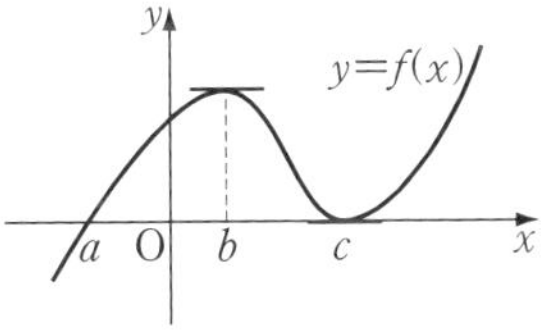

5-6 실수 전체의 집합에서 미분가능한 함수 $y=f(x)$의 그래프가 오른쪽과 같다.

$g(x)=(x+1)f(x)$로 정의되는 함수 $g(x)$에 대하여

$$A=\left\{x \,\middle|\, \frac{d}{dx}g(x)<0\right\},$$
$$B=\{-2, -1, 0, 1, 2\}$$

일 때, $A\cap B$를 구하여라.

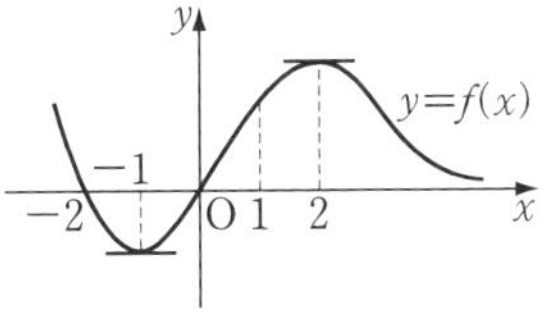

5-7 실수 전체의 집합에서 연속인 함수 $f(x)$에 대하여 도함수 $f'(x)$는 $x=0$에서만 불연속이고 오른쪽 그림과 같이 $y=f'(x)$의 그래프는 x축과 서로 다른 네 점에서 만난다.

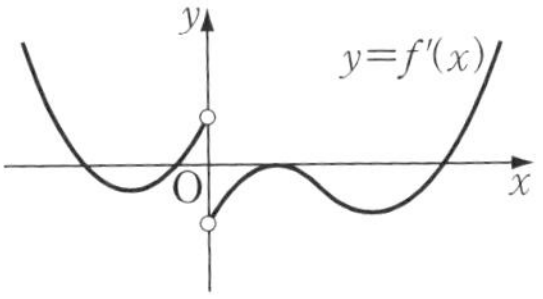

$$\lim_{h\to 0+}\frac{f(x+h)-f(x)}{h}\times\lim_{h\to 0-}\frac{f(x+h)-f(x)}{h}\le 0$$

을 만족시키는 실수 x의 개수를 m, $f(x)$가 극대가 되는 실수 x의 개수를 n이라고 할 때, $m-n$의 값을 구하여라.

5-8 다음 두 조건을 만족시키는 삼차함수 $f(x)$를 구하여라.

(가) $x=1$에서 극값 -4를 가진다. (나) $\lim_{x\to0}\dfrac{f(x)}{x}=-3$

5-9 함수 $f(x)=ax^3+bx^2+(a^2-16)x+c$가 $x=-1$에서 극댓값을, $x=2$에서 극솟값을 가진다. 또, 극솟값의 절댓값은 극댓값의 2배이다.

이때, 상수 a, b, c의 값을 구하여라.

5-10 삼차함수 $f(x)$가 모든 실수 x에 대하여 $f(-x)=-f(x)$를 만족시킨다. $f(x)$의 계수가 모두 정수이고 $f(1)=5$, $1<f'(1)<7$일 때, 함수 $f(x)$의 극댓값을 구하여라.

5-11 최고차항의 계수가 1인 삼차함수 $f(x)$가 모든 실수 x에 대하여 $f(-x)=-f(x)$를 만족시킨다. 방정식 $|f(x)|=2$가 서로 다른 네 실근을 가질 때, $f(3)$의 값을 구하여라.

5-12 함수 $f(x)=\dfrac{1}{4}x^4+\dfrac{1}{3}ax^3+\dfrac{1}{2}bx^2+2x$가 $x=-2$에서 극값을 가진다.

또, $x=-2$ 이외에서도 $f'(c)=0$이 되는 $x=c$가 존재하지만, $x=c$에서 극값을 가지지는 않는다고 한다. 이때, 상수 a, b의 값을 구하여라.

5-13 서로 다른 두 실수 α, β가 계수가 실수인 사차방정식 $f(x)=0$의 근일 때, 다음 명제가 참인지 거짓인지 말하여라.

(1) $f'(\alpha)=0$이면 다항식 $f(x)$는 $(x-\alpha)^2$으로 나누어 떨어진다.

(2) $f'(\alpha)f'(\beta)=0$이면 방정식 $f(x)=0$은 허근을 가지지 않는다.

(3) $f'(\alpha)f'(\beta)>0$이면 방정식 $f(x)=0$은 서로 다른 네 실근을 가진다.

실력 **5-14** 함수 $f(x)=ax^3+bx^2+cx+d$ (단, $a\neq0$)에 대하여 $f(\alpha)=f(\beta)$이면 $\alpha=\beta$가 되기 위한 필요충분조건을 구하여라.

5-15 $f(x)=x^3+2ax^2-6x+1$ (단, a는 실수)일 때, 다음 물음에 답하여라.

(1) 함수 $f(x)$가 극댓값과 극솟값을 가짐을 보여라.

(2) 곡선 $y=f(x)$의 극대점, 극소점을 잇는 선분의 삼등분점을 각각 P, Q라고 할 때, 선분 PQ가 y축과 만나도록 a의 값의 범위를 정하여라.

5-16 함수 $f(x)=x^3+px^2+qx$의 극솟값은 -4이고, 이 함수의 그래프는 원점이 아닌 점에서 x축에 접한다. 이때, 상수 p, q의 값을 구하여라.

5-17 함수 $f(x)=|x|(x^2+ax+b)$가 $x=1$에서 극값 -1을 가질 때, 상수 a, b의 값과 이 함수의 다른 극값을 구하여라.

5-18 삼차함수 $f(x)=x^3+3ax^2+3ax+2a$가 극값을 가질 때, 이 함수의 그래프의 두 극점을 잇는 선분의 중점의 자취의 방정식을 구하여라.

5-19 $t\neq-1$인 실수 t에 대하여 최고차항의 계수가 1이고 다음 두 조건을 만족시키는 삼차함수 $f(x)$의 극댓값을 $g(t)$라고 하자.

(가) $f(3t)=0$

(나) 모든 실수 x에 대하여 $(x+3)f(x)\geq0$이다.

함수 $y=g(x)$의 그래프와 직선 $y=x+4$의 교점의 x좌표를 구하여라.

5-20 다음 세 조건을 만족시키는 삼차함수 $f(x)$를 구하여라.

(가) $f(0)=1$　　　　(나) $f'(0)=f'(1)=-3$

(다) 극값이 존재하고, 극값의 차가 극값을 가지는 x의 값의 차와 같다.

5-21 최고차항의 계수가 1인 사차함수 $y=f(x)$가 모든 실수 x에 대하여 $f(2+x)=f(2-x)$를 만족시키고, 그래프는 원점을 지난다. 이 함수가 $x=1$에서 극솟값을 가질 때, 극댓값을 구하여라.

5-22 $f(x)=x^2(x-2)^2$일 때, $0\leq x\leq2$인 모든 실수 x에 대하여

$$f(x)\leq f'(t)(x-t)+f(t)$$

를 만족시키는 실수 t의 값의 집합을 구하여라.

5-23 최고차항의 계수가 1이고 $f(0)=3$, $f'(3)<0$인 사차함수 $f(x)$가 있다. 실수 t에 대하여 집합 S를

$$S=\{a\,|\,\text{함수}\ |f(x)-t|\text{가}\ x=a\text{에서 미분가능하지 않다.}\}$$

라 하고, 집합 S의 원소의 개수를 $g(t)$라고 하자. 함수 $g(t)$가 $t=3$과 $t=19$에서만 불연속일 때, $f(x)$를 구하여라.

5-24 함수 $f(x)=x^5+ax^3+bx+1$이 $x=-1$과 $x=1$에서만 극값을 가지고, 극댓값이 극솟값보다 4만큼 크다. 이때, 상수 a, b의 값을 구하여라.

5-25 삼차함수 $y=f(x)$와 이차함수 $y=g(x)$의 그래프가 오른쪽과 같고, $f'(q)=f'(t)=0$, $g'(r)=0$이다.

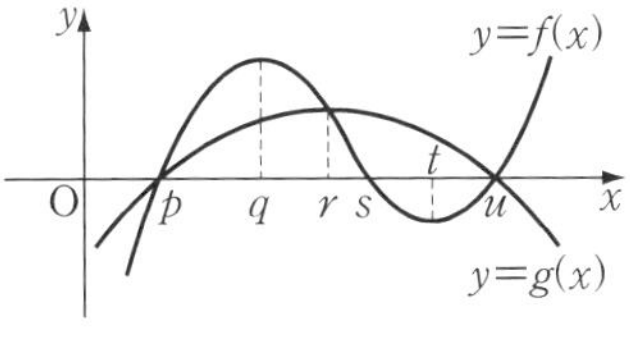

함수 $h(x)=f(x)g(x)$에 대하여 다음 중 옳은 것만을 있는 대로 골라라.

ㄱ. $x=p$에서 극소이다.	ㄴ. $x=r$에서 극대이다.
ㄷ. 구간 $(s,\ t)$에 극소인 점이 존재한다.	

5-26 함수 $f(x)=x^n(x-1)$이 $x=0$에서 극댓값을, $\frac{1}{2}<x<\frac{9}{10}$에서 극솟값을 가지도록 하는 자연수 n의 값을 구하여라.

⑥. 최대 · 최소와 미분

§ 1. 함수의 최대와 최소

기본정석

구간 $[\boldsymbol{a}, \boldsymbol{b}]$에서 다항함수 $\boldsymbol{f(x)}$의 최대와 최소

첫째 — 구간 $[a, b]$에서의 모든 극댓값, 극솟값을 구한다.
둘째 — 구간의 양 끝 값에서의 함숫값 $f(a)$, $f(b)$를 구한다.
셋째 — 위의 첫째, 둘째에서 구한 값들의 크기를 비교한다.

최댓값은 ⟹ $\boldsymbol{f(x)}$의 모든 극댓값, $\boldsymbol{f(a)}$, $\boldsymbol{f(b)}$ 중에서 최대인 것
최솟값은 ⟹ $\boldsymbol{f(x)}$의 모든 극솟값, $\boldsymbol{f(a)}$, $\boldsymbol{f(b)}$ 중에서 최소인 것

Advice | 이차함수 $f(x)=ax^2+bx+c$의 최댓값 또는 최솟값은 준 식을

$$\boldsymbol{f(x)=a(x-m)^2+n} \qquad \Leftarrow \text{완전제곱의 꼴}$$

의 꼴로 변형하여 구했다.

특히 구간이 주어진 경우 최댓값 또는 최솟값은 이 구간에서 $y=f(x)$의 그래프를 그린 다음, 이를 이용하여 구했다. ⇦ 실력 수학(상) p. 146

삼차함수, 사차함수와 같은 다항함수의 최댓값과 최솟값을 구할 때에도 그래프를 이용하면 쉽게 구할 수 있다.

정석 함수의 최대와 최소 ⟹ 함수의 그래프를 그린다.

다음 그림은 어떤 구간에서의 삼차함수의 그래프와 이 구간에서 최대인 경우와 최소인 경우를 나타낸 것이다.

$\boldsymbol{a \le x \le b}$인 경우 $\qquad$ $\boldsymbol{a < x \le b}$인 경우 $\qquad$ $\boldsymbol{a < x < b}$인 경우

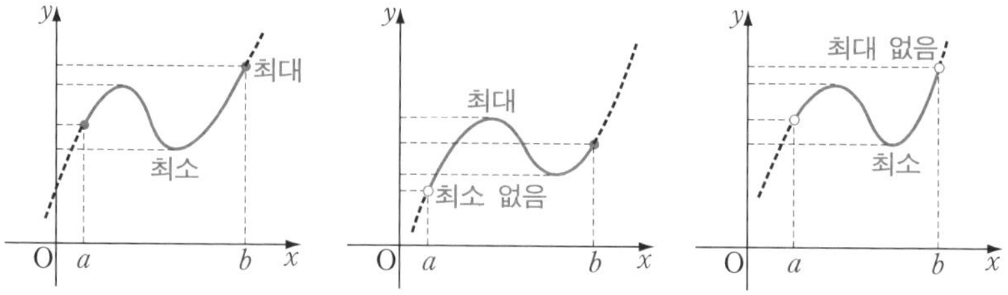

보기 1 구간 $[0, 2]$에서 함수 $f(x)=-2x^3+9x^2-12x+6$의 최댓값과 최솟값을 구하여라.

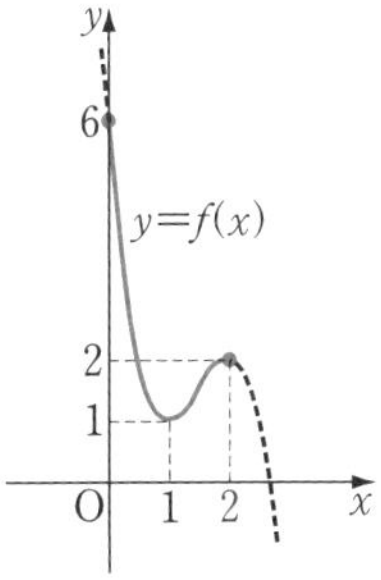

연구 $f'(x)=-6x^2+18x-12=-6(x-1)(x-2)$

$f'(x)=0$에서 $x=1, 2$

x	0	$\cdots$	1	$\cdots$	2
$f'(x)$		$-$	0	$+$	0
$f(x)$	6	↘	1	↗	2

따라서 $x=0$일 때 최댓값 **6**, $x=1$일 때 최솟값 **1**

보기 2 $-4<x<4$에서 함수 $f(x)=x^3-3x^2-9x$의 최댓값 또는 최솟값을 구하여라.

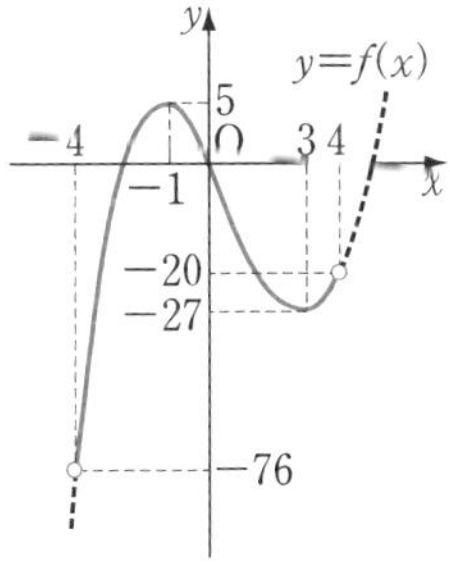

연구 $f'(x)=3x^2-6x-9=3(x+1)(x-3)$

$f'(x)=0$에서 $x=-1, 3$

x	(-4)	$\cdots$	-1	$\cdots$	3	$\cdots$	(4)
$f'(x)$		$+$	0	$-$	0	$+$	
$f(x)$	(-76)	↗	5	↘	-27	↗	(-20)

$\lim_{x\to-4+} f(x)=-76$, $\lim_{x\to4-} f(x)=-20$이므로

$x=-1$일 때 최댓값 **5**, 최솟값 없다.

*Note $x=\pm4$에서 $f(x)$가 정의되어 있지 않기 때문에 극한을 이용하여 나타내었다. 실제로는 $f(x)$가 삼차함수이므로 $f(4)$, $f(-4)$를 바로 계산하면 된다.

보기 3 함수 $f(x)=x^4-2x^2$의 최댓값 또는 최솟값을 구하여라.

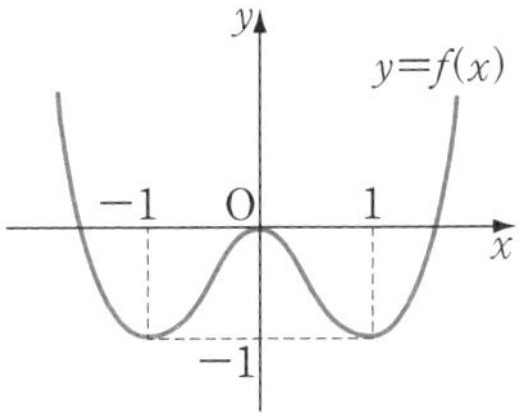

연구 $f'(x)=4x^3-4x=4x(x+1)(x-1)$

$f'(x)=0$에서 $x=0, -1, 1$

x	$\cdots$	-1	$\cdots$	0	$\cdots$	1	$\cdots$
$f'(x)$	$-$	0	$+$	0	$-$	0	$+$
$f(x)$	↘	-1	↗	0	↘	-1	↗

따라서 $x=\pm1$일 때 최솟값 **-1**, 최댓값 없다.

*Note 대개의 경우 그래프를 그리지 않아도 증감표만으로 최댓값, 최솟값을 판정할 수 있다.

필수 예제 **6**-1 다음 함수의 최댓값과 최솟값을 구하여라.

(1) $y=(x^2-2x)^3-3x^2+6x-4$ (단, $0\le x\le 3$)

(2) $y=|x^2(x-3)|$ (단, $-2\le x\le 4$)

정석연구 (1) $(x^2-2x)^3$을 전개하여 풀 수도 있지만, $-3x^2+6x=-3(x^2-2x)$이므로 $x^2-2x=t$로 치환하여 풀 수도 있다. 이때에는 t의 범위에 주의해야 한다.

정 석 치환하면 ⟹ 변수의 범위를 확인하여라.

(2) $f(x)=x^2(x-3)$으로 놓고 먼저 $y=f(x)$의 그래프를 그린 다음 x축 아랫부분을 꺾어 올리면 주어진 함수의 그래프를 그릴 수 있다. 절댓값 기호가 있으므로 증감표만으로 찾지 말고, 그래프를 그려서 찾아보자.

모범답안 (1) $x^2-2x=t$로 놓으면 $y=t^3-3t-4$

$t=(x-1)^2-1$이고 $0\le x\le 3$이므로 $-1\le t\le 3$

$y'=3t^2-3=3(t+1)(t-1)$

$-1\le t\le 3$에서 증감을 조사하면 오른쪽과 같으므로

t	-1	$\cdots$	1	$\cdots$	3
y'	0	$-$	0	$+$	
y	-2	↘	-6	↗	14

$t=3$일 때 최댓값 **14**

$t=1$일 때 최솟값 **−6** ← 답

(2) $f(x)=x^2(x-3)$으로 놓으면

$f'(x)=2x(x-3)+x^2=3x(x-2)$

$-2\le x\le 4$에서 증감을 조사하면

x	-2	$\cdots$	0	$\cdots$	2	$\cdots$	4
$f'(x)$		$+$	0	$-$	0	$+$	
$f(x)$	-20	↗	0	↘	-4	↗	16

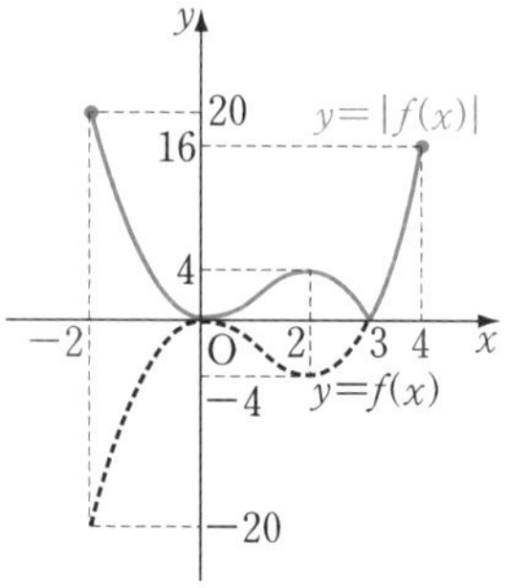

따라서 $-2\le x\le 4$에서의 $y=|f(x)|$의 그래프는 오른쪽과 같으므로

$x=-2$일 때 최댓값 **20**, $x=0, 3$일 때 최솟값 **0** ← 답

유제 **6**-1. 다음 함수의 최댓값과 최솟값을 구하여라.

(1) $y=(x^3+3x^2-1)^2+x^3+3x^2+4$ (단, $-3\le x<0$)

(2) $y=|x^3-3x|-2$ (단, $-2\le x\le 3$)

답 (1) 최댓값 **17**, 최솟값 $\mathbf{\dfrac{19}{4}}$ (2) 최댓값 **16**, 최솟값 **−2**

필수 예제 6-2 $0\le x\le 2$에서 정의된 함수 $f(x)=3x^2-ax^3$의 최솟값이 -4일 때, 다음 물음에 답하여라.

(1) 상수 a의 값을 구하여라. (2) $f(x)$의 최댓값을 구하여라.

정석연구 극값을 가지는 x의 값이 구간 $[0, 2]$ 안에 있을 때와 밖에 있을 때의 최대와 최소가 다르다. 따라서

정석 최대 · 최소 문제는
극점의 $\boldsymbol{x}$좌표가 구간 안에 있는가, 구간 밖에 있는가를 살핀다.

모범답안 (1) $f'(x)=6x-3ax^2=3x(2-ax)$

(i) $a\le 0$일 때, $0\le x\le 2$에서 $f'(x)\ge 0$이므로 $f(x)$는 증가하고, $x=0$에서 최솟값 0을 가지므로 적합하지 않다.

(ii) $0<\dfrac{2}{a}<2$, 곧 $a>1$일 때

오른쪽 증감표에서

$f(2)=12-8a=-4 \quad \therefore\ a=2$

이것은 $a>1$에 적합하다.

x	0	$\cdots$	$\dfrac{2}{a}$	$\cdots$	2
$f'(x)$	0	$+$	0	$-$	
$f(x)$	0	↗	극대	↘	$12-8a$

(iii) $\dfrac{2}{a}\ge 2$, 곧 $0<a\le 1$일 때

오른쪽 증감표에서 최솟값은 $f(0)=0$이고, 이것은 조건에 적합하지 않다.

(i), (ii), (iii)에서 $\boldsymbol{a=2}$ ← 답

x	0	$\cdots$	2
$f'(x)$	0	$+$	
$f(x)$	0	↗	$12-8a$

(2) $a=2$일 때 $f(x)=3x^2-2x^3$이고, 최댓값은

$$f\left(\frac{2}{a}\right)=f(1)=3-2=\mathbf{1} \longleftarrow \text{답}$$

유제 6-2. 구간 $[0, 1]$에서 함수 $f(x)=x^3-3ax^2$의 최댓값을 구하여라. 단, a는 상수이다.

답 $\boldsymbol{a<\dfrac{1}{3}}$일 때 $\boldsymbol{1-3a}$, $\boldsymbol{a\ge\dfrac{1}{3}}$일 때 $\mathbf{0}$

유제 6-3. $-1\le x\le 2$에서 함수 $f(x)=ax^3-6ax^2+b$의 최댓값이 3, 최솟값이 -29일 때, 상수 a, b의 값을 구하여라. 단, $a>0$이다.

답 $\boldsymbol{a=2,\ b=3}$

유제 6-4. 구간 $[1, 4]$에서 함수 $f(x)=ax^4-4ax^3+b$의 최댓값이 3, 최솟값이 -6일 때, 상수 a, b의 값을 구하여라. 단, $a>0$이다.

답 $\boldsymbol{a=\dfrac{1}{3},\ b=3}$

§2. 최대와 최소의 활용

필수 예제 6-3 오른쪽 그림과 같이 포물선 $y=6x-x^2$이 x축과 만나는 점을 각각 O, A라고 하자. 또, □OABC가 사다리꼴이 되도록 포물선 위에 두 점 B, C를 잡자. 이때, □OABC의 넓이의 최댓값을 구하여라.
단, 두 점 B, C의 y좌표는 양수이다.

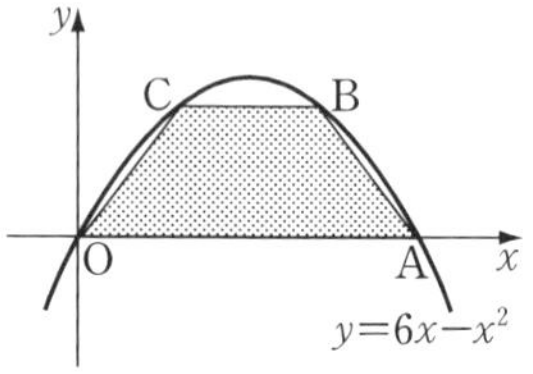

정석연구 점 B의 좌표를 B(x, y)라고 하면 □OABC의 넓이를 x로 나타낼 수 있다.
이때, x의 범위는 $3<x<6$이다.

정 석 최대 · 최소 문제는
⟹ 변수의 범위에 주의하여라.

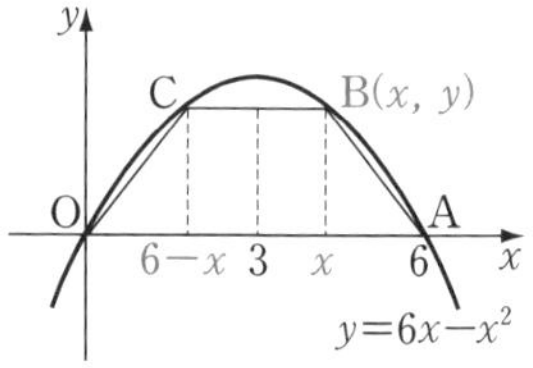

모범답안 $y=6x-x^2=0$에서 $x=0, 6$이므로 점 A의 x좌표는 6이다.
점 B의 좌표를 B(x, y)라고 하면 점 C의 좌표는 C$(6-x, y)$이다.
따라서 □OABC의 넓이를 $S(x)$라고 하면

$$S(x)=\frac{1}{2}(\overline{OA}+\overline{CB})\times y=\frac{1}{2}\{6+x-(6-x)\}(6x-x^2)$$
$$=-x^3+6x^2 \quad (3<x<6)$$

$\therefore\ S'(x)=-3x^2+12x=-3x(x-4)$

$3<x<6$에서 $S(x)$의 증감을 조사하면 오른쪽과 같으므로 $S(x)$의 최댓값은 $S(4)=\mathbf{32}$ ← 답

x	(3)	…	4	…	(6)
$S'(x)$		+	0	−	
$S(x)$	(27)	↗	최대	↘	(0)

유제 **6**-5. 곡선 $y=x(x-3)^2$과 x축이 만나는 점을 각각 O, A라고 하자. 선분 OA 위를 움직이는 점 H를 지나고 x축에 수직인 직선이 곡선 $y=x(x-3)^2$과 만나는 점을 P라고 할 때, △OPH의 넓이의 최댓값을 구하여라. 단, O는 원점이다.

답 $\dfrac{81}{32}$

유제 **6**-6. $0<a<\sqrt{5}$일 때, 점 A$(a, 0)$을 지나고 x축에 수직인 직선과 점 D$(-2a, 0)$을 지나고 x축에 수직인 직선이 포물선 $y=20-x^2$과 만나는 점을 각각 B, C라고 하자. 사각형 ABCD의 넓이가 최대일 때, 상수 a의 값을 구하여라.

답 $a=\dfrac{2\sqrt{6}}{3}$

필수 예제 6-4 포물선 $y=x^2$과 원 $x^2+y^2-6x+8=0$ 위를 각각 움직이는 점 P, Q가 있다. 원의 중심을 C라고 할 때, 물음에 답하여라.

(1) 선분 PQ의 길이가 최소일 때, 세 점 P, Q, C는 이 순서로 한 직선 위에 있음을 보여라.

(2) 선분 PQ의 길이가 최소일 때, 점 P의 좌표와 최솟값을 구하여라.

모범답안 (1) 원과 선분 PC의 교점을 Q′이라고 하면

$$\overline{PQ}+\overline{QC}\ge\overline{PC}=\overline{PQ'}+\overline{Q'C}$$

여기에서 $\overline{QC}=\overline{Q'C}$이므로 $\overline{PQ}\ge\overline{PQ'}$

곧, $\overline{PQ'}$이 $\overline{PQ}$의 최솟값이다.

따라서 선분 PQ의 길이가 최소일 때 점 P, Q, C는 이 순서로 한 직선 위에 있다

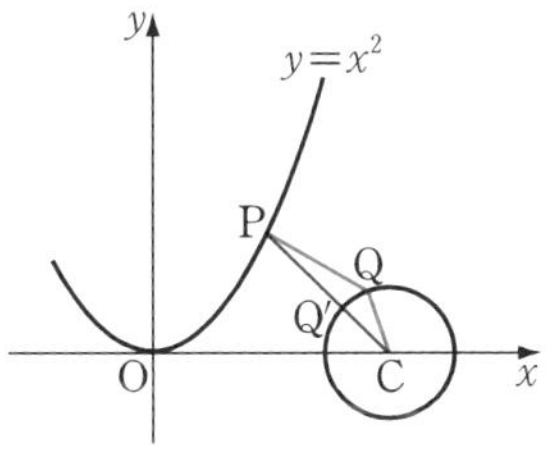

(2) $x^2+y^2-6x+8=0$에서 $(x-3)^2+y^2=1$ ∴ C(3, 0)

$\overline{PQ}$가 최소일 때, 세 점 P, Q, C가 한 직선 위에 있으므로

$$\overline{PC}=\overline{PQ}+\overline{QC}=\overline{PQ}+1$$

따라서 $\overline{PC}$가 최소일 때 $\overline{PQ}$가 최소이다.

점 P의 좌표를 $P(t,\ t^2)$이라고 하면

$$\overline{PC}^2=(t-3)^2+(t^2-0)^2=t^4+t^2-6t+9$$

여기에서 $f(t)=t^4+t^2-6t+9$로 놓으면

$f'(t)=4t^3+2t-6=2(t-1)(2t^2+2t+3)$

그런데 $2t^2+2t+3=2\left(t+\frac{1}{2}\right)^2+\frac{5}{2}>0$

이므로 $f'(t)=0$의 실근은 $t=1$이다.

따라서 증감을 조사하면 $f(t)$는 $t=1$일 때 최소이고, 최솟값은 $f(1)=5$이다.

t	$\cdots$	1	$\cdots$
$f'(t)$	$-$	0	$+$
$f(t)$	↘	최소	↗

이때, $\overline{PQ}=\overline{PC}-1=\sqrt{5}-1$ 답 **P(1, 1), 최솟값 $\sqrt{5}-1$**

Advice | 선분 PC의 길이가 최소가 되는 점 P에서 포물선에 접하는 직선은 직선 PC에 수직이다. 따라서 포물선 위의 점으로 이 점에서의 법선이 점 C를 지나는 점 P의 좌표를 구해도 된다.

유제 **6**-7. 점 (6, 3)과 포물선 $y=x^2$ 위를 움직이는 점 P 사이의 거리를 l이라고 할 때, l의 최솟값과 이때 점 P의 좌표를 구하여라.

답 최솟값 $\sqrt{17}$, **P(2, 4)**

필수 예제 **6**-5 한 변의 길이가 6인 정육각형 모양의 종이에서 오른쪽 그림과 같이 합동인 사각형 6개를 오려 내고, 나머지 부분을 접어서 뚜껑이 없는 정육각기둥 모양의 상자를 만들려고 한다. 상자의 부피를 V라고 할 때,

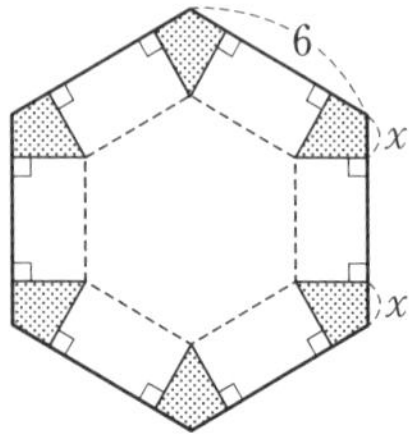

(1) V를 x로 나타내어라.

(2) V를 최대로 하는 x의 값을 구하여라.

정석연구 오른쪽 그림과 같이 한 각의 크기가 30°인 직각삼각형의 세 변의 길이의 비는 $1 : \sqrt{3} : 2$이다.

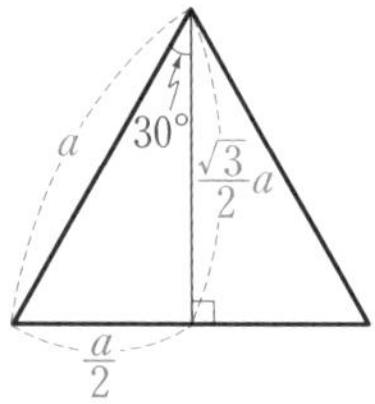

따라서 한 변의 길이가 a인 정삼각형의 넓이 S는

$$S=\frac{1}{2}\times a\times\frac{\sqrt{3}}{2}a=\frac{\sqrt{3}}{4}a^2$$

이다.

정석 한 변의 길이가 $\boldsymbol{a}$인 정삼각형의 넓이는 $\boldsymbol{\frac{\sqrt{3}}{4}a^2}$

모범답안 (1) 정육각기둥의 밑면의 넓이는 한 변의 길이가 $(6-2x)$인 정삼각형의 넓이의 6배이고, 높이는 $\sqrt{3}x$이므로

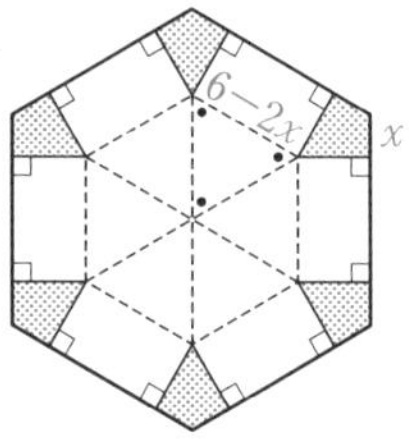

$$V=6\times\frac{\sqrt{3}}{4}(6-2x)^2\times\sqrt{3}x=18x(x-3)^2$$

한편 $6-2x>0$이므로 $0<x<3$

$\therefore$ $\boldsymbol{V=18x(x-3)^2\ (0<x<3)}$ ← 답

(2) $V'=18\{(x-3)^2+x\times2(x-3)\}$
$=54(x-1)(x-3)$

$0<x<3$에서 증감을 조사하면 오른쪽과 같으므로 V는 $x=1$일 때 최대이다. 답 $\boldsymbol{x=1}$

x	(0)	$\cdots$	1	$\cdots$	(3)
V′		+	0	−	
V	(0)	↗	최대	↘	(0)

유제 **6**-8. 한 변의 길이가 a cm인 정삼각형 모양의 종이에서 오른쪽 그림과 같이 합동인 사각형 3개를 오려 내고, 나머지 부분을 접어서 뚜껑이 없는 정삼각기둥 모양의 상자를 만들려고 한다. 이 상자의 부피가 최대일 때, x를 구하여라. 답 $\boldsymbol{x=\frac{a}{6}}$ **cm**

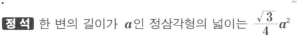

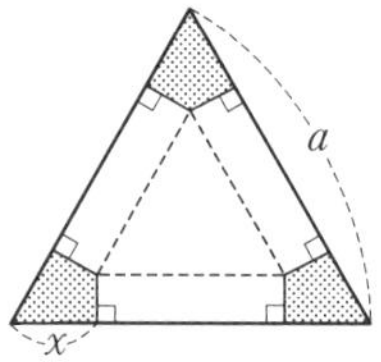

필수 예제 6-6 양철판으로 오른쪽 그림과 같이 밑면의 반지름의 길이가 x, 높이가 y인 원기둥 모양의 통조림통을 만들려고 한다. 겉넓이가 일정할 때, 부피가 최대가 되도록 $x : y$를 정하여라.

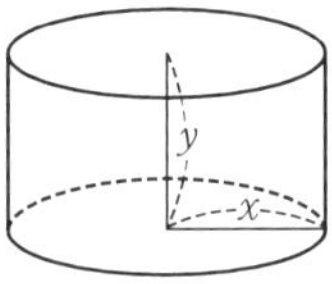

정석연구 통조림통의 부피를 V라고 하면 $V=\pi x^2 y$

겉넓이가 일정하다는 조건을 이용하여 두 변수 x, y 중 하나를 소거해 보자. 겉넓이는 전개도를 그리면 쉽게 구할 수 있다.

정석 최대 · 최소 문제 ⟹ 하나의 변수로 나타내어라.

모범답안 통조림통의 부피를 V라고 하면

$$V=\pi x^2 y \quad \cdots\cdots①$$

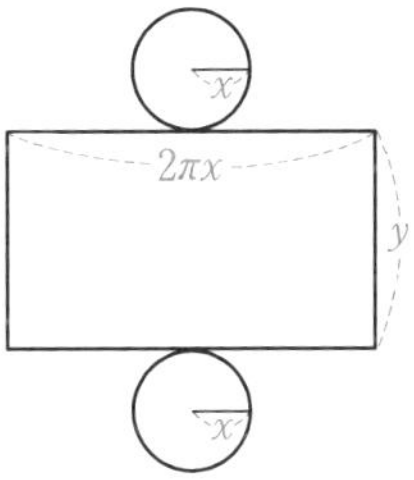

일정한 겉넓이를 $2\pi a^2$(a는 양의 상수)이라고 하면 $2\pi x^2+2\pi xy=2\pi a^2$ ……②

$\therefore\ x^2+xy=a^2 \quad \therefore\ y=\dfrac{1}{x}(a^2-x^2)$ ……③

이때, $x>0$, $y>0$이므로 $0<x<a$

③을 ①에 대입하면

$$V=\pi x(a^2-x^2)\ (0<x<a)$$

$$\therefore\ \frac{dV}{dx}=\pi(a^2-3x^2)=-3\pi\left(x+\frac{a}{\sqrt{3}}\right)\left(x-\frac{a}{\sqrt{3}}\right)$$

x	(0)	$\cdots$	$\dfrac{a}{\sqrt{3}}$	$\cdots$	(a)
V′		+	0	−	
V	(0)	↗	최대	↘	(0)

따라서 V는 $x=\dfrac{a}{\sqrt{3}}$일 때 최대이고,

이때 ③에서 $y=\dfrac{2a}{\sqrt{3}}$ $\quad \therefore\ x : y=\dfrac{a}{\sqrt{3}} : \dfrac{2a}{\sqrt{3}}=\mathbf{1 : 2}$ ← 답

Advice | 일정한 값을 문자로 나타낼 때, 이를테면

길이가 일정 ⟹ a, 넓이가 일정 ⟹ a^2, 부피가 일정 ⟹ a^3

으로 놓으면 계산이 간편해진다. ②는 좌변을 고려하여 $2\pi a^2$으로 놓았다.

유제 **6**-9. 양철판으로 오른쪽 그림과 같은 직육면체 모양의 상자를 만들었다. 겉넓이가 일정할 때, 부피가 최대가 되도록 $x : y$를 정하여라. 답 **1 : 1**

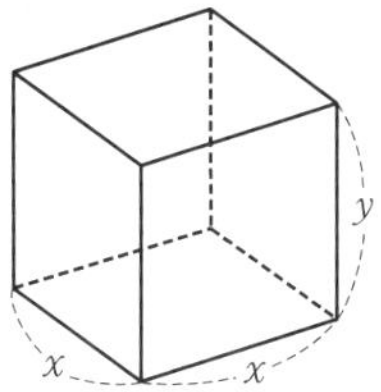

유제 **6**-10. 밑면의 반지름의 길이와 높이의 합이 3 cm인 원기둥 중에서 부피가 최대인 것의 밑면의 반지름의 길이를 구하여라. 답 **2 cm**

필수 예제 6-7 밑면의 반지름의 길이가 r이고 높이가 h인 원뿔 A가 있다. A를 밑변에 평행한 평면으로 잘라서 생긴 단면이 밑변이고 A의 밑면의 중심이 꼭짓점인 원뿔을 B라고 하자.

B의 부피가 최대일 때, A와 B의 부피의 비를 구하여라.

모범답안 원뿔 B의 높이를 x, 밑면의 반지름의 길이를 y라고 하면 오른쪽 그림에서 닮음비에 의하여

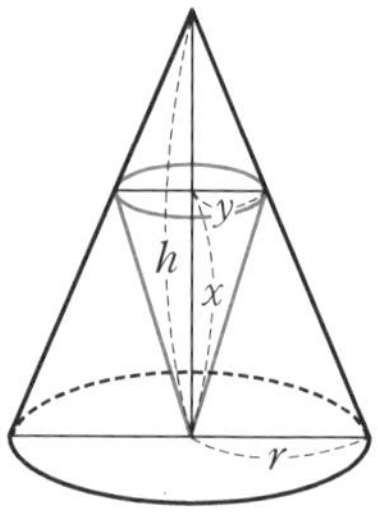

$$\frac{y}{r}=\frac{h-x}{h} \qquad \therefore\ y=\frac{r}{h}(h-x) \qquad \cdots\cdots①$$

원뿔 B의 부피를 V라고 하면

$$V=\frac{1}{3}\pi y^2x$$

①을 대입하면

$$V=\frac{\pi r^2}{3h^2}x(h-x)^2\ (0<x<h) \qquad \cdots\cdots②$$

여기에서 $f(x)=x(h-x)^2$이라고 하면

$$f'(x)=(h-x)^2+2x(h-x)\times(-1)=(x-h)(3x-h)$$

$0<x<h$에서 $f(x)$의 증감을 조사하면 아래 표와 같다.

따라서 $f(x)$는 $x=\frac{h}{3}$일 때 최대이고,

x	(0)	$\cdots$	$\frac{h}{3}$	$\cdots$	(h)
$f'(x)$		+	0	−	
$f(x)$	(0)	↗	최대	↘	(0)

최댓값은

$$f\left(\frac{h}{3}\right)=\frac{h}{3}\left(h-\frac{h}{3}\right)^2=\frac{4}{27}h^3$$

이것을 ②에 대입하면

$$V=\frac{\pi r^2}{3h^2}\times\frac{4}{27}h^3=\frac{4}{81}\pi r^2h$$

한편 원뿔 A의 부피를 W라고 하면 $W=\frac{1}{3}\pi r^2h$

$$\therefore\ W:V=\frac{1}{3}\pi r^2h:\frac{4}{81}\pi r^2h=\mathbf{27:4} \longleftarrow \boxed{답}$$

**Note* 원뿔 A의 밑면의 반지름의 길이와 높이가 주어지지 않은 경우 각각을 r, h로 놓고 풀면 된다.

유제 **6**-11. 밑면의 반지름의 길이가 r인 원뿔에 내접하는 원기둥 중에서 부피가 최대인 것의 밑면의 반지름의 길이를 구하여라. 답 $\frac{2}{3}r$

유제 **6**-12. 반지름의 길이가 r인 구에 내접하는 원뿔 중에서 부피가 최대인 것의 밑면의 반지름의 길이와 높이의 비를 구하여라. 답 $1:\sqrt{2}$

연습문제 6

기본 **6-1** $f(x)=x^3-3x$, $g(x)=x^2-2x$일 때, $0\le x\le 3$에서 $y=f\big(g(x)\big)$의 최댓값과 최솟값을 구하여라.

6-2 함수 $f(x)=x^3-3ax^2-9a^2x+4a$의 극솟값을 m이라고 할 때, m의 최댓값과 최솟값을 구하여라. 단, $0<a\le 2$이다.

6-3 함수 $f(x)=-2x^4+ax+b$의 최댓값이 1이고 $f'(1)=-7$일 때, 상수 a, b의 값을 구하여라.

6-4 구간 $[-a,\ a]$에서 함수 $f(x)=x^4-2ax^3+a^2x^2+b$의 최댓값이 67, 최솟값이 3일 때, 상수 a, b의 값을 구하여라. 단, $a>0$이다.

6-5 자연수 n에 대하여 n^3-18n^2+48n의 값이 최소가 되는 n의 값을 구하여라.

6-6 좌표평면 위에 점 A(0, 2)가 있다. $0<t<2$일 때, 원점 O와 직선 $y=2$ 위의 점 P(t, 2)를 잇는 선분 OP의 수직이등분선이 y축과 만나는 점을 B라고 하자. △ABP의 넓이를 $f(t)$라고 할 때, $f(t)$의 최댓값을 구하여라.

6-7 오른쪽 그림과 같이 좌표평면 위에 포물선 $y=\dfrac{1}{10}x^2$과 세 점 A(10, 0), B(0, 10), C(10, 10)이 있다. 원점 O와 점 C 사이에서 포물선 위를 움직이는 점 P에 대하여 점 P를 지나고 x축, y축에 각각 수직인 직선이 x축, 직선 $x=10$, 직선 $y=10$, y축과 만나는 점을 각각 Q, R, S, T라고 하자. □PQAR와 □PSBT의 넓이의 합이 최대일 때, 점 P의 x좌표를 구하여라.

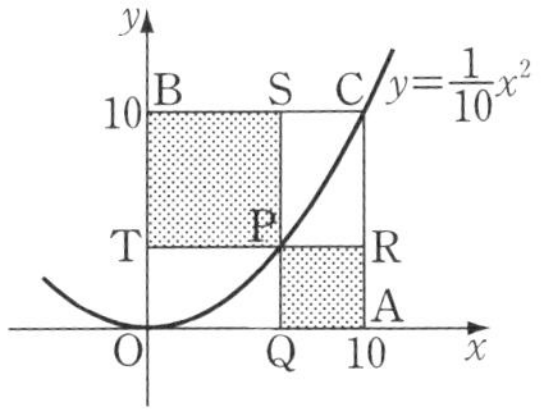

6-8 반지름의 길이가 a인 원 모양의 종이에서 부채꼴을 오려 내어 오른쪽 그림과 같은 원뿔을 만든다.

원뿔의 높이를 x, 부피를 V라고 할 때, 다음 물음에 답하여라.

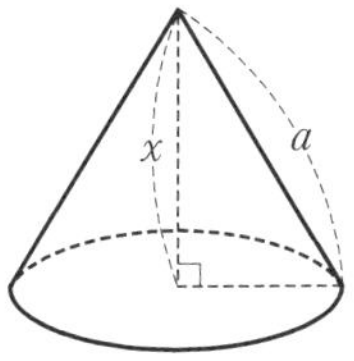

(1) V를 x로 나타내어라.

(2) V가 최대일 때, x의 값을 구하여라.

(3) V가 최대일 때, 오려 낸 부채꼴의 중심각의 크기를 구하여라.

실력 **6-9** 구간 $[t,\ t+1]$에서 함수 $f(x)=x^3-3x$의 최댓값을 $g(t)$라고 할 때, $y=g(t)$의 그래프를 그려라. 단, $t\leq 0$이다.

6-10 함수 $f(x)=-3x^4+4(a-1)x^3+6ax^2\ (a>0)$과 실수 t에 대하여 $x\leq t$에서 $f(x)$의 최댓값을 $g(t)$라고 하자. 함수 $g(t)$가 실수 전체의 집합에서 미분가능하도록 하는 실수 a의 최댓값을 구하여라.

6-11 $x^2+y^2=2$를 만족시키는 음이 아닌 실수 $x,\ y$가 있다.

(1) $x+y$의 값의 범위를 구하여라.

(2) x^3+y^3의 값의 범위를 구하여라.

6-12 곡선 $y=x^3$ 위에 두 점 $\mathrm{A}(1,\ 1)$, $\mathrm{B}(-2,\ -8)$이 있다. 점 $\mathrm{P}(x,\ y)$가 이 곡선 위를 점 A에서 점 B까지 움직일 때, $\triangle\mathrm{PAB}$의 넓이 $\mathrm{S}(x)$의 최댓값을 구하여라.

6-13 좌표평면 위에 네 점 $\mathrm{O}(0,\ 0)$, $\mathrm{A}(8,\ 0)$, $\mathrm{B}(8,\ 8)$, $\mathrm{C}(0,\ 8)$을 꼭짓점으로 하는 □OABC와 포물선 $y=-x^2+5x$가 있다. 꼭짓점 B가 포물선 위에 오도록 □OABC를 평행이동하여 얻은 사각형을 □PQRS라고 하자. 두 정사각형 OABC와 PQRS의 내부의 공통부분의 넓이의 최댓값을 구하여라.

6-14 원 $x^2+y^2=1$과 직선 $y=k$가 서로 다른 두 점 P, Q에서 만난다. 단, O는 원점이고, $k>0$이다.

(1) $\triangle\mathrm{OPQ}$의 넓이의 최댓값과 이때 k의 값을 구하여라.

(2) $\triangle\mathrm{OPQ}$를 y축의 둘레로 회전시켜 생기는 입체의 부피 V의 최댓값과 이때 k의 값을 구하여라.

6-15 곡선 $y=x^2(3-x)$와 직선 $y=mx$가 제1사분면 위의 서로 다른 두 점 P, Q에서 만난다. 세 점 $\mathrm{A}(3,\ 0)$, P, Q를 꼭짓점으로 하는 $\triangle\mathrm{APQ}$의 넓이가 최대일 때, 최댓값과 이때 m의 값을 구하여라.

6-16 길이가 9 cm인 선분 AB를 지름으로 하는 반원 위의 점 P에서 선분 AB에 내린 수선의 발을 Q라고 하자. $\triangle\mathrm{APQ}$를 선분 AB의 둘레로 회전시킬 때 생기는 회전체의 부피의 최댓값을 구하여라.

6-17 세 모서리의 길이가 $x,\ y,\ z$인 직육면체가 있다. $x,\ y,\ z$의 합이 6이고, 직육면체의 겉넓이가 18일 때, 다음 물음에 답하여라.

(1) x의 값의 범위를 구하여라.

(2) 이 직육면체의 부피의 최댓값을 구하여라.

7. 방정식 · 부등식과 미분

§1. 방정식과 미분

기본정석

(1) 방정식 $f(x)=0$의 실근

함수 $y=f(x)$의 그래프와 x축이 만나는 점의 x좌표이다.

(2) 방정식 $f(x)=g(x)$의 실근

함수 $y=f(x)$의 그래프와 $y=g(x)$의 그래프가 만나는 점의 x좌표이다.

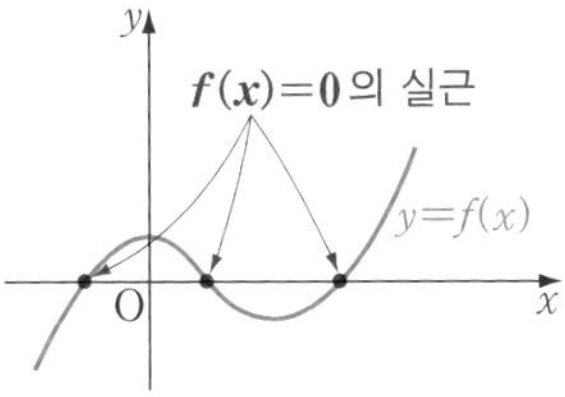

Advice 1° 방정식의 근과 그래프의 관계

계수가 실수인 이차방정식 $ax^2+bx+c=0$의 근을 판별할 때에는

(i) 판별식 $\mathrm{D}=b^2-4ac$의 부호 또는

(ii) $y=ax^2+bx+c$의 그래프와 x축이 만나는 점의 개수

를 조사하였다.

마찬가지로 삼차방정식 $ax^3+bx^2+cx+d=0$의 근을 판별할 때에도 삼차방정식의 판별식을 이용하거나 함수

$$f(x)=ax^3+bx^2+cx+d$$

의 그래프와 x축이 만나는 점의 개수를 조사하면 된다.

다만 삼차방정식의 판별식은 너무 복잡하여 고등학교 교육과정에서는 다루지 않으므로 주로 그래프를 이용하여 실근의 개수를 조사한다.

Advice 2° 삼차함수의 그래프와 방정식

삼차함수 $f(x)=ax^3+bx^2+cx+d\ (a>0)$의 그래프를 이용하여 삼차방정식 $f(x)=0$의 실근의 개수를 구해 보자.

(i) 극값을 가지는 경우

① 극댓값과 극솟값의 부호가 다르다.

이때에는 x축과 서로 다른 세 점에서 만나므로 $f(x)=0$은 서로 다른 세 실근을 가진다.

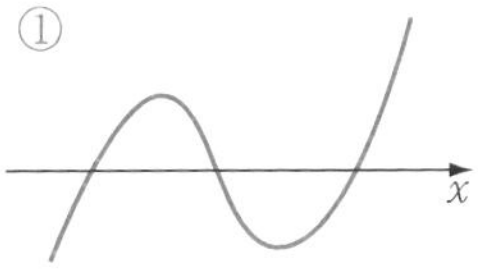

② 극댓값 또는 극솟값이 0이다.

이때에는 x축과 접하고 다른 한 점에서 만나므로 $f(x)=0$은 이중근과 다른 하나의 실근을 가진다.

②

③ 극댓값과 극솟값의 부호가 같다.

이때에는 x축과 한 점에서 만나므로 $f(x)=0$은 하나의 실근과 두 허근을 가진다.

③

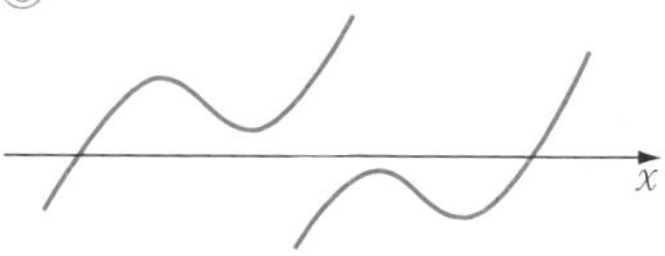

(ii) 극값을 가지지 않는 경우

④ x축과 한 점에서 만나고 그 점에서 x축에 접하지 않는 경우는 하나의 실근과 두 허근을 가진다.

⑤ $x=\alpha$인 점에서 x축에 접하면 삼중근 α를 가진다.

④

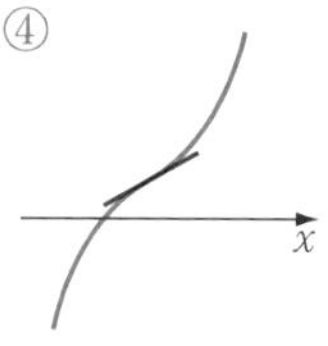

⑤

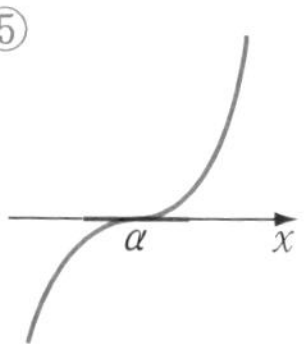

$f(x)$가 사차함수인 경우에도

$y=f(x)$의 그래프를 이용하면 방정식 $f(x)=0$의 실근의 개수를 구할 수 있다.

다음 **보기 1**에서 확인하여라.

보기 1 다음 방정식의 근을 판별하여라.

(1) $2x^3-3x^2-12x+6=0$ (2) $x^4-4x^3+4x^2-2=0$

연구 (1) $f(x)=2x^3-3x^2-12x+6$으로 놓으면

$f'(x)=6x^2-6x-12=6(x+1)(x-2)$

증감을 조사하면

극댓값 $f(-1)=13$,

극솟값 $f(2)=-14$

따라서 오른쪽 그래프에서 $f(x)=0$은 서로 다른 세 실근을 가진다.

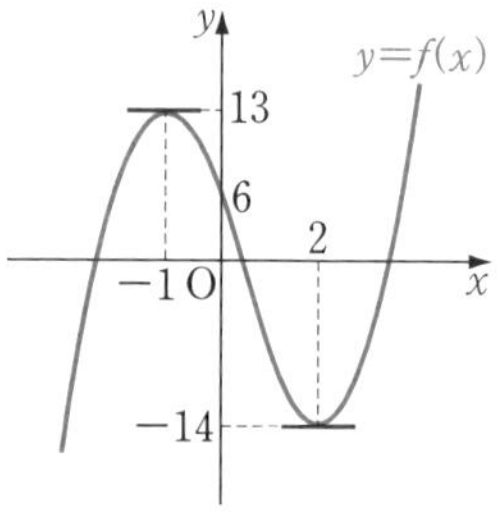

(2) $f(x)=x^4-4x^3+4x^2-2$로 놓으면

$f'(x)=4x^3-12x^2+8x=4x(x-1)(x-2)$

증감을 조사하면

극댓값 $f(1)=-1$,

극솟값 $f(0)=f(2)=-2$

따라서 오른쪽 그래프에서 $f(x)=0$은 서로 다른 두 실근과 두 허근을 가진다.

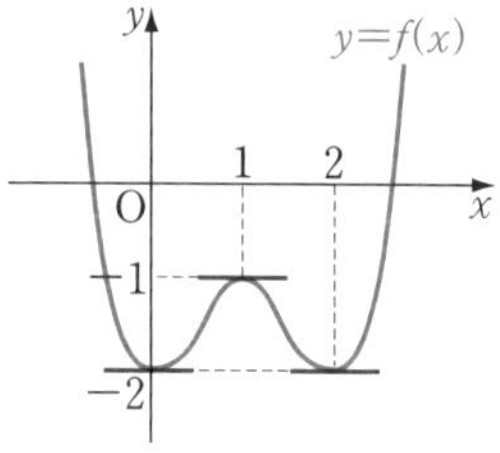

필수 예제 7-1 x에 관한 삼차방정식 $x^3-6x^2+9x+a=0$에 대하여

(1) 서로 다른 세 실근을 가지도록 실수 a의 값의 범위를 정하여라.

(2) 이중근과 다른 하나의 실근을 가지도록 실수 a의 값을 정하여라.

(3) 하나의 실근과 두 허근을 가지도록 실수 a의 값의 범위를 정하여라.

정석연구 극값을 가지므로 다음과 같은 그래프의 개형을 생각해 보아라.

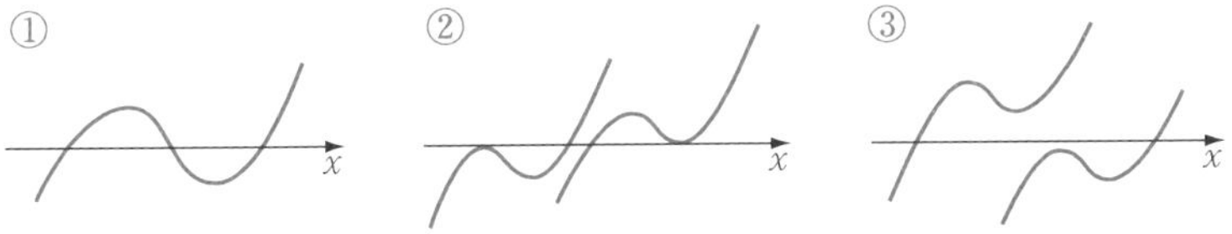

모범답안 $f(x)=x^3-6x^2+9x+a$라 하면

$f'(x)=3(x-1)(x-3)$

따라서 극댓값 $f(1)=a+4$,

극솟값 $f(3)=a$

x	$\cdots$	1	$\cdots$	3	$\cdots$
$f'(x)$	+	0	−	0	+
$f(x)$	↗	극대	↘	극소	↗

(1) 극댓값이 양수, 극솟값이 음수이어야 하므로 ⇦ 그림 ①

$a+4>0,\ a<0$ $\quad\therefore\ \boldsymbol{-4<a<0}$ ← 답

(2) 극댓값 또는 극솟값이 0이어야 하므로 ⇦ 그림 ②

$a+4=0$ 또는 $a=0$ $\quad\therefore\ \boldsymbol{a=-4,\ 0}$ ← 답

(3) 극값이 모두 양수이거나 모두 음수이어야 하므로 ⇦ 그림 ③

$(a+4)a>0$ $\quad\therefore\ \boldsymbol{a<-4,\ a>0}$ ← 답

Advice | $x^3-6x^2+9x+a=0 \iff x^3-6x^2+9x=-a$

이므로

$y=x^3-6x^2+9x$ ⋯① $\qquad y=-a$ ⋯②

로 놓고, 곡선 ①과 직선 ②의 교점의 개수를 조사해도 된다. 곧, 오른쪽 그림에서

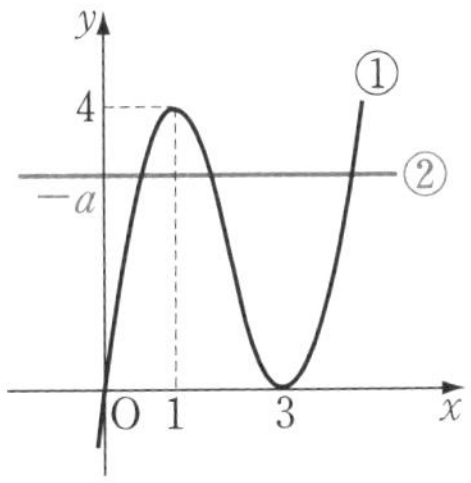

(1) $0<-a<4$ $\quad\therefore\ \boldsymbol{-4<a<0}$

(2) $-a=4$ 또는 $-a=0$ $\quad\therefore\ \boldsymbol{a=-4,\ 0}$

(3) $-a>4$ 또는 $-a<0$ $\quad\therefore\ \boldsymbol{a<-4,\ a>0}$

유제 **7**-1. x에 관한 삼차방정식 $2x^3-3x^2-12x+a=0$에 대하여

(1) 서로 다른 세 실근을 가지기 위한 실수 a의 값의 범위를 구하여라.

(2) 중근을 가지기 위한 실수 a의 값을 구하여라.

답 (1) $\boldsymbol{-7<a<20}$ (2) $\boldsymbol{a=-7,\ 20}$

필수 예제 7-2 x에 관한 사차방정식 $x^4-4x^3-2x^2+12x-a=0$이 서로 다른 네 실근을 가지고, 그중 두 개는 양수, 나머지 두 개는 음수가 되도록 실수 a의 값의 범위를 정하여라.

[정석연구] $f(x)=x^4-4x^3-2x^2+12x-a$로 놓을 때, 곡선 $y=f(x)$가 그림과 같이

$x>0$에서 x축과 두 점에서,

$x<0$에서 x축과 두 점에서

만나도록 a의 값의 범위를 정하면 된다.

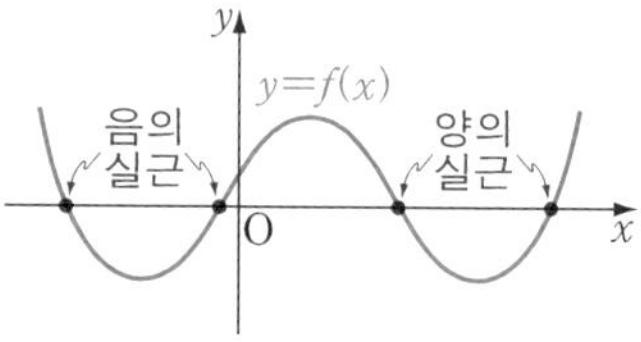

정석 삼차 · 사차방정식의 근의 부호 문제

⟹ 함수의 그래프를 생각하여라.

[모범답안] $f(x)=x^4-4x^3-2x^2+12x-a$로 놓으면

$$f'(x)=4x^3-12x^2-4x+12=4(x+1)(x-1)(x-3)$$

오른쪽 증감표에 의하여

극댓값 $f(1)=7-a$,

극솟값 $f(-1)=-9-a$,

$f(3)=-9-a$

x	$\cdots$	-1	$\cdots$	1	$\cdots$	3	$\cdots$
$f'(x)$	$-$	0	$+$	0	$-$	0	$+$
$f(x)$	↘	극소	↗	극대	↘	극소	↗

문제의 조건으로부터

(극댓값)>0, (극솟값)<0, (y절편)>0

$\therefore$ $7-a>0$, $-9-a<0$, $-a>0$ $\therefore$ $\mathbf{-9<a<0}$ ← [답]

Advice | $x^4-4x^3-2x^2+12x=a$에서

$y=x^4-4x^3-2x^2+12x$ ······①

$y=a$ ······②

로 놓고, 교점의 x좌표를 조사해도 된다.

곧, 곡선 ①과 직선 ②의 교점이 y축의 왼쪽에서 두 개, 오른쪽에서 두 개일 a의 값의 범위는 오른쪽 그림에서 $\mathbf{-9<a<0}$이다.

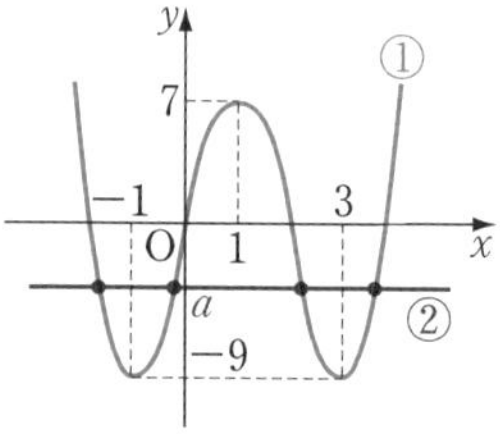

[유제] **7**-2. x에 관한 삼차방정식 $x^3-3x^2-9x+a=0$이 하나의 음의 실근과 서로 다른 두 양의 실근을 가지도록 실수 a의 값의 범위를 정하여라.

[답] $\mathbf{0<a<27}$

[유제] **7**-3. x에 관한 삼차방정식 $2x^3+3x^2-12x+a=0$이 하나의 양의 실근과 두 허근을 가지도록 실수 a의 값의 범위를 정하여라. [답] $\mathbf{a<-20}$

필수 예제 7-3 곡선 $y=4x^3-12(a-1)x+17$과 직선 $y=12x-10$이 서로 다른 세 점에서 만나도록 실수 a의 값의 범위를 정하여라.

정석연구 곡선과 직선의 교점의 x좌표를 구하는 방정식에서 생각한다.

정석 곡선 $\boldsymbol{y=f(x)},\ \boldsymbol{y=g(x)}$의 교점의 개수

$\Longleftrightarrow$ 방정식 $\boldsymbol{f(x)=g(x)}$의 실근의 개수

모범답안 곡선과 직선의 교점의 x좌표는 방정식

$$4x^3-12(a-1)x+17=12x-10 \quad \text{곧,}\ 4x^3-12ax+27=0 \quad \cdots\cdots①$$

의 실근이다.

따라서 곡선과 직선이 서로 다른 세 점에서 만나려면 방정식 ①이 서로 다른 세 실근을 가져야 한다.

$f(x)=4x^3-12ax+27$로 놓으면

$$f'(x)=12x^2-12a=12(x^2-a)$$

여기에서 $a\le0$이면 $f'(x)\ge0$이므로 $f(x)$는 증가함수가 되어 $f(x)=0$은 오직 하나의 실근을 가지게 된다. $\quad\therefore\ a>0$

이때,

$$f'(x)=12(x+\sqrt{a})(x-\sqrt{a})$$

이고, 증감을 조사하면 오른쪽과 같으므로

x	$\cdots$	$-\sqrt{a}$	$\cdots$	$\sqrt{a}$	$\cdots$
$f'(x)$	$+$	0	$-$	0	$+$
$f(x)$	↗	극대	↘	극소	↗

극댓값 $f(-\sqrt{a})=8a\sqrt{a}+27$,

극솟값 $f(\sqrt{a})=-8a\sqrt{a}+27$

따라서 방정식 ①이 서로 다른 세 실근을 가지려면

$$8a\sqrt{a}+27>0, \quad -8a\sqrt{a}+27<0$$

$a>0$이므로

$$a\sqrt{a}>\frac{27}{8} \quad \therefore\ a^3>\left\{\left(\frac{3}{2}\right)^2\right\}^3 \quad \therefore\ \boldsymbol{a>\frac{9}{4}} \longleftarrow \text{답}$$

유제 **7**-4. 곡선 $y=x^3+3x^2-4x-12$와 직선 $y=5x+a$가 다음을 만족시키도록 실수 a의 값 또는 값의 범위를 정하여라.

(1) 곡선과 직선이 서로 다른 세 점에서 만난다.

(2) 곡선과 직선이 오직 한 점에서 만난다.

(3) 곡선과 직선이 한 점에서는 만나고, 다른 한 점에서는 접한다.

답 (1) $\boldsymbol{-17<a<15}$ (2) $\boldsymbol{a<-17,\ a>15}$ (3) $\boldsymbol{a=-17,\ 15}$

필수 예제 7-4 $-1<x<1$에서 x에 관한 삼차방정식 $4x^3+3x^2-6x+a=0$의 서로 다른 실근의 개수를 구하여라.

[정석연구] $4x^3+3x^2-6x+a=0$에서 $4x^3+3x^2-6x=-a$
이므로 $y=4x^3+3x^2-6x$, $y=-a$로 놓고, a의 값이 변함에 따라 두 함수의 그래프의 교점의 개수가 어떻게 변하는지 조사해 본다.

정 석 교점의 개수를 구할 때에는
⟹ 고정된 그래프와 움직이는 그래프로 나누어 본다.

[모범답안] $4x^3+3x^2-6x=-a$ ……①
에서
$y=4x^3+3x^2-6x$ ……② $y=-a$ ……③
으로 놓을 때, ①의 실근의 개수는 ②, ③의 그래프의 교점의 개수와 같다.
②에서 $y'=12x^2+6x-6=6(x+1)(2x-1)$

x	(-1)	$\cdots$	$\frac{1}{2}$	$\cdots$	(1)
y'		$-$	0	$+$	
y	(5)	↘	$-\frac{7}{4}$	↗	(1)

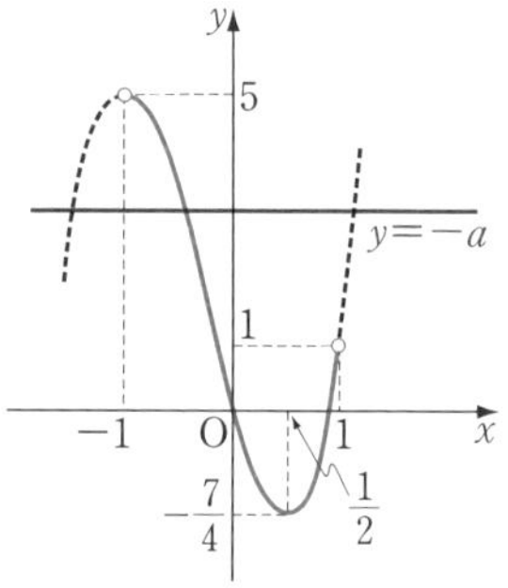

$-1<x<1$에서 ②의 그래프는 오른쪽 곡선과 같고, 이것과 직선 $y=-a$의 교점은

$-a\ge5$일 때 없다.
$1\le-a<5$일 때 1개
$-\frac{7}{4}<-a<1$일 때 2개
$-a=-\frac{7}{4}$일 때 1개
$-a<-\frac{7}{4}$일 때 없다.

[답] $a\le-5$, $a>\frac{7}{4}$일 때 **0**
$-5<a\le-1$, $a=\frac{7}{4}$일 때 **1**
$-1<a<\frac{7}{4}$일 때 **2**

[유제] **7**-5. x에 관한 삼차방정식 $x^3+3x^2+a=0$이 $-1<x<1$에서 적어도 하나의 실근을 가질 때, 실수 a의 값의 범위를 구하여라. [답] $-4<a\le0$

[유제] **7**-6. $-1<x<3$에서 x에 관한 사차방정식 $3x^4-4x^3-12x^2+a=0$의 서로 다른 실근의 개수를 구하여라.

[답] $a\le-27$, $a>32$일 때 **0**, $-27<a<0$, $a=32$일 때 **1**,
$a=0$, $5\le a<32$일 때 **2**, $0<a<5$일 때 **3**

필수 예제 7-5 점 $(2,\ a)$에서 곡선 $y=x^3-3x$에 두 개 이상의 접선을 그을 수 있을 때, 실수 a의 값의 범위를 구하여라.

정석연구 접선을 두 개 이상 그을 수 있다는 것은 곡선 위의 접점이 두 개 이상 있다는 것과 같다. 따라서 접점의 좌표를 $\big(t,\ f(t)\big)$로 놓고 가능한 t의 값이 두 개 이상 있을 조건을 찾는다.

정석 접선에 관한 문제 ⟹ 접점의 좌표를 $\big(t,\ f(t)\big)$로 놓는다.

모범답안 $y=x^3-3x$에서 $y'=3x^2-3$

따라서 곡선 위의 점 $(t,\ t^3-3t)$에서의 접선의 방정식은

$$y-(t^3-3t)=(3t^2-3)(x-t)$$

이 직선이 점 $(2,\ a)$를 지나므로

$$a-(t^3-3t)=(3t^2-3)(2-t) \qquad \therefore\ -2t^3+6t^2-6=a \qquad \cdots\cdots ①$$

이 방정식이 서로 다른 두 개 이상의 실근을 가질 때, 두 개 이상의 접선을 그을 수 있다. 따라서

$$y=-2t^3+6t^2-6 \quad \cdots\cdots ② \qquad y=a \quad \cdots\cdots ③$$

으로 놓을 때, 곡선 ②와 직선 ③이 서로 다른 두 개 이상의 점에서 만나도록 a의 값의 범위를 정하면 된다.

②에서 $y'=-6t^2+12t=-6t(t-2)$

t	$\cdots$	0	$\cdots$	2	$\cdots$
y'	$-$	0	$+$	0	$-$
y	↘	-6	↗	2	↘

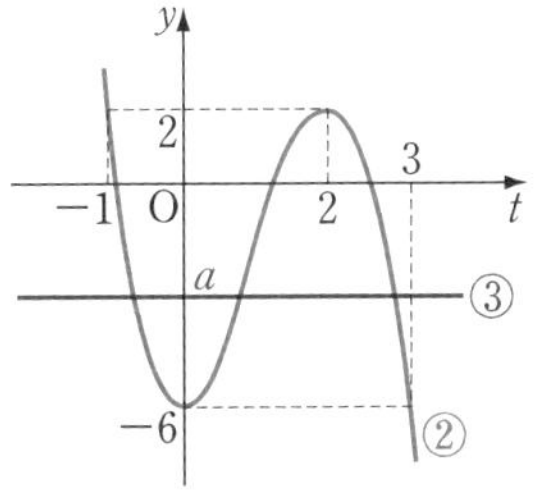

따라서 오른쪽 그림에서

$-6\le a\le 2$ ← 답

Advice ①을 정리하면 $2t^3-6t^2+a+6=0$이므로 이 삼차방정식이 이중근과 다른 하나의 실근을 가지거나 서로 다른 세 실근을 가지도록 a의 값의 범위를 정해도 된다. **필수 예제 7-1**을 참조하여라.

유제 **7**-7. 점 $(-1,\ a)$에서 곡선 $y=x^3-3x$에 오직 하나의 접선을 그을 수 있을 때, 실수 a의 값의 범위를 구하여라. 답 $a<2,\ a>3$

유제 **7**-8. 점 $(0,\ a)$에서 곡선 $y=x^3+3x^2$에 서로 다른 세 개의 접선을 그을 수 있을 때, 실수 a의 값의 범위를 구하여라. 답 $-1<a<0$

§ 2. 부등식과 미분

기본 정석

(1) 구간 $[a, b]$에서 함수 $f(x)$의 최솟값이 양수이면
⟹ 이 구간에서 부등식 $f(x)>0$이 성립한다.

(2) 구간 $[a, b]$에서 함수 $f(x)-g(x)$의 최솟값이 양수이면
⟹ 이 구간에서 부등식 $f(x)>g(x)$가 성립한다.

(3) 구간 (a, ∞)에서 함수 $f(x)$가 증가하고 $f(a)\ge 0$이면
⟹ 이 구간에서 부등식 $f(x)>0$이 성립한다.

Advice | 주어진 구간에서 부등식

$$f(x)>0, \qquad f(x)>g(x)$$

등이 성립한다는 것을 함수의 그래프를 이용하여 보일 수 있다.

보기 1 $x\ge 0$일 때, $3x^5+5>5x^3+2$가 성립함을 보여라.

연구 $f(x)=(3x^5+5)-(5x^3+2)=3x^5-5x^3+3$

으로 놓으면

$$f'(x)=15x^4-15x^2=15x^2(x+1)(x-1)$$

$x\ge 0$에서 증감을 조사하면

x	0	$\cdots$	1	$\cdots$
$f'(x)$	0	$-$	0	$+$
$f(x)$	3	↘	1	↗

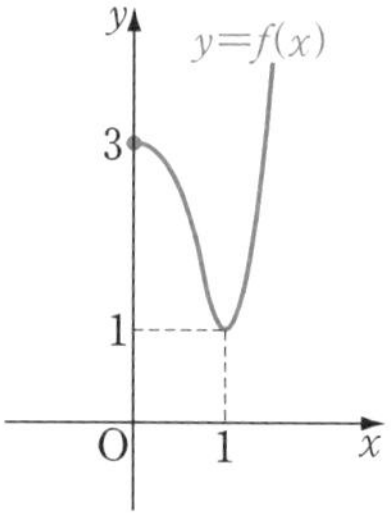

$x\ge 0$에서 $f(x)$의 최솟값은 $f(1)=1$이므로 $f(x)>0$

$\therefore$ $(3x^5+5)-(5x^3+2)>0$ $\therefore$ $3x^5+5>5x^3+2$

보기 2 $x>1$일 때, $x^3+3x>3x^2+1$이 성립함을 보여라.

연구 $f(x)=(x^3+3x)-(3x^2+1)=x^3-3x^2+3x-1$

로 놓으면

$$f'(x)=3x^2-6x+3=3(x-1)^2\ge 0$$

따라서 $f(x)$는 구간 $(-\infty, \infty)$에서 증가한다.

한편 $f(1)=0$이므로 $x>1$일 때 $f(x)>0$이다.

곧, $x^3+3x>3x^2+1$

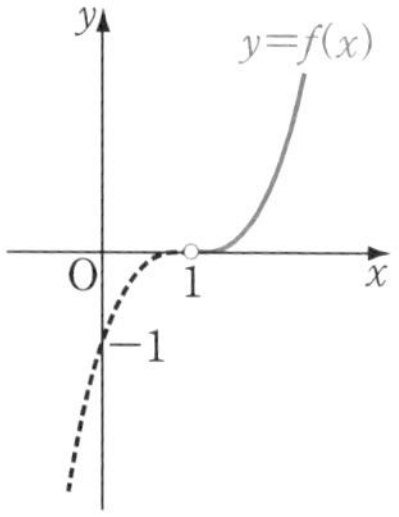

필수 예제 7-6 모든 실수 x에 대하여 부등식

$$x^4-4p^3x+12>0$$

이 성립하기 위한 실수 p의 값의 범위를 구하여라.

정석연구 사차함수 $f(x)=ax^4+bx^3+cx^2+dx+e$의 그래프는 최고차항의 계수의 부호와 극값에 따라 다음과 같이 여러 모양의 곡선이 된다.

그러나 극값에 관계없이 최고차항의 계수의 부호에 따라 다음이 성립한다.

$a>0$이면 최솟값을, $a<0$이면 최댓값을 반드시 가진다.

이는 최고차항의 차수가 짝수인 다항함수에서 항상 성립하는 성질이다.

이 문제의 경우 $f(x)=x^4-4p^3x+12$로 놓으면 x^4의 계수가 양수이므로 위의 첫째, 둘째 그림에서와 같이 $f(x)$는 반드시 최솟값을 가진다.

따라서 $f(x)$의 최솟값이 0보다 크면 모든 실수 x에 대하여 $f(x)>0$이다.

정석 구간 $(-\infty, \infty)$에서 $f(x)$의 최솟값이 0보다 크면
⟹ 모든 실수 x에 대하여 $f(x)>0$이 성립한다.

모범답안 $f(x)=x^4-4p^3x+12$로 놓으면

$f'(x)=4x^3-4p^3=4(x-p)(x^2+px+p^2)$

x	$-\infty$	$\cdots$	p	$\cdots$	∞
$f'(x)$		$-$	0	$+$	
$f(x)$	∞	↘	최소	↗	∞

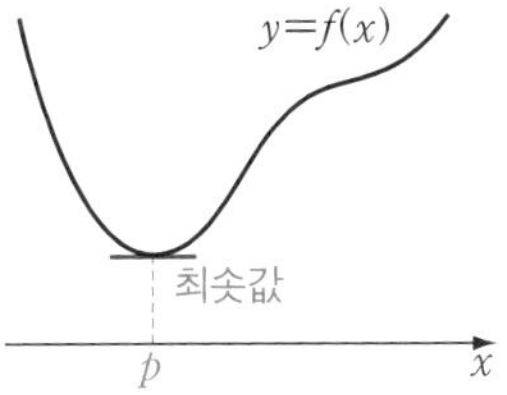

따라서 $f(x)$는 $x=p$일 때 최소이므로 $f(p)>0$이면 된다.

$$\therefore\ f(p)=p^4-4p^4+12=-3p^4+12=-3(p^2+2)(p^2-2)>0$$

$-3(p^2+2)<0$이므로 $p^2-2<0$ $\therefore\ -\sqrt{2}<p<\sqrt{2}$ ← 답

유제 **7**-9. 모든 실수 x에 대하여 부등식

$$x^4+6x^2+a\ge 4x^3+8x$$

가 성립하기 위한 실수 a의 값의 범위를 구하여라. 답 $a\ge 8$

필수 예제 7-7 함수 $f(x)=x^3-5x^2+3x+a$에 대하여 $x>0$에서 부등식 $f(x)>0$이 성립하기 위한 실수 a의 값의 범위를 구하여라.

정석연구 $x>0$에서 $f(x)$의 증감을 조사한 다음, 이 구간에서 $y=f(x)$의 그래프가 x축보다 위쪽에 있기 위한 조건을 구하면 된다.

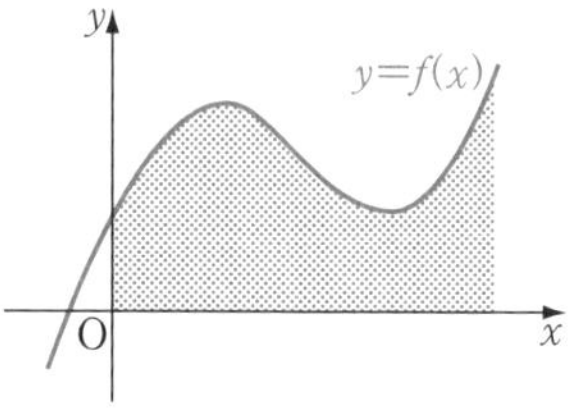

이때, 주어진 함수 $f(x)$는 최고차항의 계수가 양수인 삼차함수이고 $x>0$에서 극솟값을 가지므로

$$f(0)\ge 0, \quad (\text{극솟값})>0$$

을 만족시키는 a의 값의 범위를 구하면 된다.

정 석 어떤 구간에서 항상 $\boldsymbol{f(x)>0}$이면
⟹ 이 구간에서 $\boldsymbol{y=f(x)}$의 그래프가 $\boldsymbol{x}$축의 위쪽에 존재

모범답안 $f(x)=x^3-5x^2+3x+a$에서

$$f'(x)=3x^2-10x+3=(3x-1)(x-3)$$

이므로 $x>0$에서 증감을 조사하면

x	(0)	$\cdots$	$\frac{1}{3}$	$\cdots$	3	$\cdots$
$f'(x)$		$+$	0	$-$	0	$+$
$f(x)$	(a)	↗	극대	↘	극소	↗

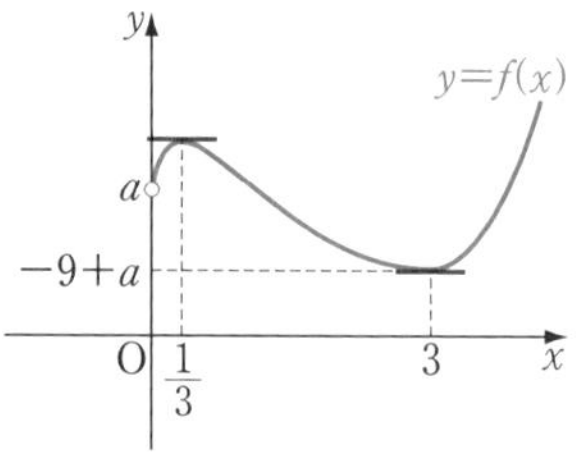

따라서 $x>0$에서 $f(x)>0$이려면

$$f(0)=a\ge 0,\ f(3)=-9+a>0 \qquad \therefore\ \boldsymbol{a>9} \longleftarrow \boxed{\text{답}}$$

유제 **7**-10. 함수 $f(x)=-x^3+3x^2+a$에 대하여 $x\ge 0$에서 부등식 $f(x)<0$이 성립하기 위한 실수 a의 값의 범위를 구하여라. 답 $\boldsymbol{a<-4}$

유제 **7**-11. 구간 $(-1, 2)$에서 부등식 $4x^3-3x^2-6x-a+3>0$이 성립하기 위한 실수 a의 값의 범위를 구하여라. 답 $\boldsymbol{a<-2}$

유제 **7**-12. 두 함수

$$f(x)=x^3-3ax^2+6ax, \quad g(x)=-x^3+3x^2+a-3$$

에 대하여 $x\ge 0$에서 부등식 $f(x)\ge g(x)$가 성립하기 위한 실수 a의 값의 범위를 구하여라. 단, $a>1$이다. 답 $\boldsymbol{1<a\le 3}$

필수 예제 7-8 n이 자연수이고 $x>0$일 때, 다음 두 식의 대소를 비교하여라.

$$x^{2n+1}+(2n+1)x^{n}, \qquad (2n+1)x^{n+1}$$

정석연구 $f(x)=\left\{x^{2n+1}+(2n+1)x^{n}\right\}-(2n+1)x^{n+1}$으로 놓고 $x>0$에서 $f(x)$의 부호를 조사한다.

정석 어떤 구간에서 $\boldsymbol{f(x)}$의 부호를 조사할 때에는
⟹ 이 구간에서 $\boldsymbol{y=f(x)}$의 그래프의 개형을 그려 조사한다.

모범답안 $f(x)=\left\{x^{2n+1}+(2n+1)x^{n}\right\}-(2n+1)x^{n+1}$으로 놓으면

$$f'(x)=(2n+1)x^{2n}+(2n+1)nx^{n-1}-(2n+1)(n+1)x^{n}$$
$$=(2n+1)x^{n-1}\left\{x^{n+1}-(n+1)x+n\right\} \quad \cdots\cdots①$$

여기에서 $g(x)=x^{n+1}-(n+1)x+n$으로 놓으면

$$g'(x)=(n+1)x^{n}-(n+1)=(n+1)(x^{n}-1)$$

$g'(x)=0$에서 $x=1$

$x>0$에서 $g(x)$의 증감을 조사하면

x	(0)	$\cdots$	1	$\cdots$	∞
$g'(x)$		$-$	0	$+$	
$g(x)$	(n)	↘	0	↗	∞

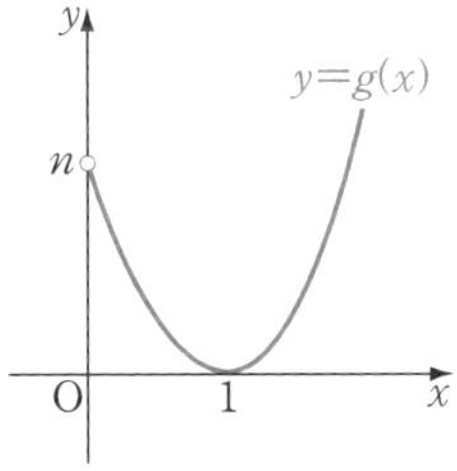

$g(x)$의 최솟값이 0이므로 $g(x)\ge0$

이때, ①에서 $f'(x)=(2n+1)x^{n-1}g(x)\ge0$

이므로 $f(x)$는 $x>0$에서 증가한다.

한편 $f(0)=0$이므로 $x>0$에서 $y=f(x)$의 그래프의 개형은 오른쪽과 같다.

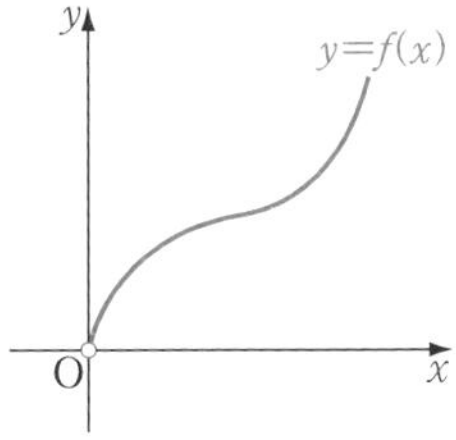

따라서 $x>0$일 때 $f(x)>0$

$\therefore$ $\boldsymbol{x^{2n+1}+(2n+1)x^{n}>(2n+1)x^{n+1}}$ ← 답

유제 **7**-13. n은 2 이상의 자연수이고 $x\ge0$일 때, 부등식 $x^{n}-1\ge n(x-1)$이 성립함을 증명하여라.

유제 **7**-14. m, n은 1이 아닌 자연수이고 $m>n$이다. x가 1이 아닌 양수일 때, $\dfrac{x^{m}-1}{m}>\dfrac{x^{n}-1}{n}$이 성립함을 증명하여라.

연습문제 7

기본 **7-1** 함수 $f(x)=3x^2-x^3$에 대하여 다음 물음에 답하여라.

(1) $f(x)$의 극댓값과 극솟값을 구하여라.

(2) $f(x)=a$가 서로 다른 세 실근을 가질 때, 실수 a의 값의 범위를 구하여라.

(3) $f(x)=a$가 4보다 큰 근을 가질 때, 실수 a의 값의 범위를 구하여라.

7-2 $f(x)$가 삼차함수일 때, 다음에서 조건 p는 조건 q이기 위한 어떤 조건인가?

(1) p : $f'(x)=0$이 허근을 가진다.
q : $f(x)=0$이 허근을 가진다.

(2) p : $f'(x)=0$이 서로 다른 두 실근을 가진다.
q : $f(x)=0$이 서로 다른 세 실근을 가진다.

7-3 함수 $y=2x^3-3x^2-12x-10$의 그래프를 y축의 방향으로 a만큼 평행이동했더니 함수 $y=f(x)$의 그래프가 되었다. 방정식 $f(x)=0$이 이중근과 다른 하나의 실근을 가질 때, 상수 a의 값을 구하여라.

7-4 x에 관한 삼차방정식 $x^3-3kx+2=0$이 오직 하나의 실근을 가질 때, 실수 k의 값의 범위를 구하여라.

7-5 함수 $y=x^4-6x^2+2ax$가 극댓값을 가질 때, 실수 a의 값의 범위를 구하여라.

7-6 두 함수 $y=6x^3-x$, $y=|x-a|$의 그래프가 서로 다른 두 점에서 만날 때, 상수 a의 값을 구하여라.

7-7 두 함수 $y=x^4-4x+a$, $y=-x^2+2x-a$의 그래프가 오직 한 점에서 만날 때, 상수 a의 값을 구하여라.

7-8 n이 자연수일 때, 방정식 $x^n+x^{n+1}=1$이 오직 하나의 양의 실근을 가짐을 보여라.

7-9 두 함수 $f(x)=x^3+x-1$, $g(x)=x^4+x-1$에 대하여

(1) 두 방정식 $f(x)=0$, $g(x)=0$은 모두 구간 $(0, 1)$에서 오직 하나의 실근을 가짐을 보여라.

(2) $f(x)=0$의 구간 $(0, 1)$에서의 실근을 α, $g(x)=0$의 구간 $(0, 1)$에서의 실근을 β라고 할 때, α와 β의 대소를 비교하여라.

7-10 n이 자연수이고 $x\ge0$일 때, 다음 부등식을 증명하여라.

$$(1+x)^n\le2^{n-1}(1+x^n)$$

실력 **7-11** 함수 $f(x)=x^3-px^2+(p^2-2p)x+q$에 대하여

(1) $f(x)$가 극값을 가지도록 정수 p의 값을 정하여라.

(2) 방정식 $f(x)=0$이 하나의 음의 실근과 서로 다른 두 양의 실근을 가지도록 정수 p, q의 값을 정하여라.

7-12 곡선 $y=x^3-3x^2-12x-a$가 두 점 $\mathrm{P}(-2,\ -1)$, $\mathrm{Q}(1,\ -10)$을 잇는 선분과 만날 때, 실수 a의 값의 범위를 구하여라.

7-13 x에 관한 삼차방정식 $\frac{1}{3}x^3-x=k$가 서로 다른 세 실근 α, β, γ를 가진다. k가 실수일 때, $|\alpha|+|\beta|+|\gamma|$의 최솟값을 구하여라.

7-14 최고차항의 계수가 1인 삼차함수 $f(x)$에 대하여 함수 $|f(x)|$는 $x=0$에서만 미분가능하지 않고, 방정식 $f(x)=0$은 구간 $[1,\ 4]$에서 적어도 하나의 실근을 가질 때, $f(1)f'(1)$의 최댓값과 최솟값을 구하여라.

7-15 실수 α, β가 등식 $\alpha^3+2\alpha^2-2=0$, $\beta^3-2\beta^2+2=0$을 만족시킬 때, $\alpha+\beta$의 값을 구하여라.

7-16 $x\le0$일 때, 부등식 $x^3+3x^2+2x\le kx^2+2$를 만족시키는 실수 k의 최솟값을 구하여라.

7-17 $x\ge0$에서 부등식 $x^3-2\ge3k(x^2-2)$가 성립하도록 실수 k의 값의 범위를 정하여라.

7-18 두 함수 $f(x)=x^4-4x^3-2x^2+12x$와 $g(x)=-x^2+4x+a$가 있다.
구간 $[-3,\ 3]$의 임의의 두 원소 x_1, x_2에 대하여 $f(x_1)\ge g(x_2)$가 성립하도록 실수 a의 값의 범위를 정하여라.

7-19 최고차항의 계수가 1인 삼차함수 $f(x)$가 다음 두 조건을 만족시킬 때, $f(2)$의 최솟값을 구하여라.

(가) $f(1)=f'(1)$

(나) $x\ge0$인 모든 실수 x에 대하여 $f(x)\ge f'(x)$이다.

7-20 두 함수

$$f(x)=x^{2n}-nx^{n+1}+nx^{n-1}-1,\quad g(x)=2x^{n+1}-(n+1)x^2+n-1$$

에 대하여 $x>0$일 때, 물음에 답하여라. 단, n은 2 이상의 자연수이다.

(1) $g(x)\ge0$임을 증명하여라.　　(2) $f(x)$의 부호를 판별하여라.

7-21 $a>0$, $b>0$이고 m이 자연수일 때, 다음 부등식을 증명하여라.

$$\frac{a^m+b^m}{2}\ge\left(\frac{a+b}{2}\right)^m$$

8. 속도·가속도와 미분

§1. 속도와 가속도

기본정석

속도와 가속도

점 P가 수직선 위를 움직일 때, 시각 t에 대하여 점 P의 위치 x를 대응시키는 함수 f는 $x=f(t)$로 나타낼 수 있다. 이때, 시각 t에서의 점 P의 속도와 가속도는 다음과 같다.

(1) 속도 : 시각 t에서의 x의 순간변화율

$$\lim_{\Delta t \to 0} \frac{\Delta x}{\Delta t} = \frac{dx}{dt} = f'(t)$$

를 시각 t에서의 점 P의 속도라 하고, 흔히 $\boldsymbol{v}$로 나타낸다.

(2) 가속도 : 시각 t에서의 v의 순간변화율

$$\lim_{\Delta t \to 0} \frac{\Delta v}{\Delta t} = \frac{dv}{dt} = v'$$

을 시각 t에서의 점 P의 가속도라 하고, 흔히 $\boldsymbol{a}$로 나타낸다.

Advice | 속도와 가속도

이를테면 수직선 위를 움직이는 점 P의 시각 t에서의 위치 x가

$$x=5t^2$$

으로 주어졌다고 하자.

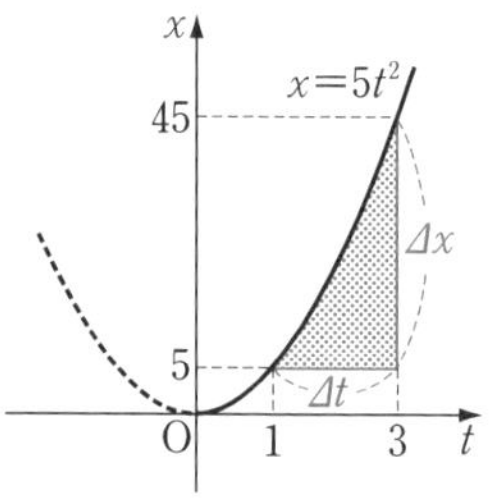

이때, $t=1$부터 $t=3$까지의 점 P의 평균속도는

$$\frac{\Delta x}{\Delta t} = \frac{5\times3^2-5\times1^2}{3-1} = 20$$

이고, 이것은 $x=5t^2$에서 t가 1부터 3까지 변할 때의 x의 평균변화율과 같다.

마찬가지로 $t=1$부터 $t=1+\Delta t$까지의 점 P의 평균속도는

$$\frac{\Delta x}{\Delta t} = \frac{5(1+\Delta t)^2-5\times1^2}{\Delta t} = 10+5\Delta t$$

이다. 여기에서 $\Delta t \longrightarrow 0$일 때를 생각하면 $t=1$인 순간의 속도를 알 수 있다.

곧, $t=1$인 순간의 속도는

$$\lim_{\Delta t\to 0}\frac{\Delta x}{\Delta t}=\lim_{\Delta t\to 0}(10+5\Delta t)=10$$

이고, 이것은 $t=1$에서의 x의 순간변화율과 같다.

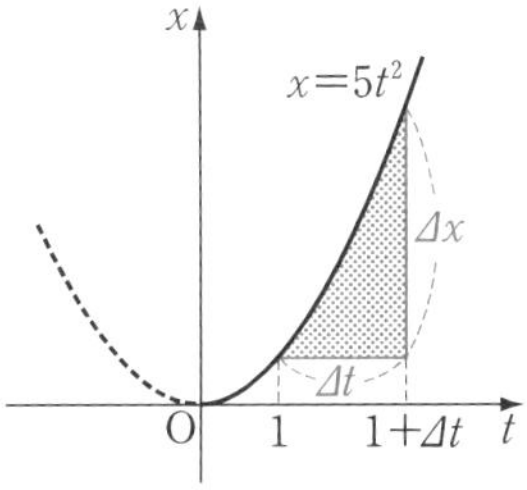

일반적으로 시각 t에서의 점 P의 위치 x가 $x=f(t)$일 때, 시각 t에서의 $x=f(t)$의 순간변화율

$$\lim_{\Delta t\to 0}\frac{\Delta x}{\Delta t}=\lim_{\Delta t\to 0}\frac{f(t+\Delta t)-f(t)}{\Delta t}=f'(t)$$

를 시각 t에서의 점 P의 순간속도 또는 속도라고 한다.

또, 어떤 물체를 똑바로 위로 던졌을 때 속도는 차츰 줄어들어 어느 시각에서는 그 속도가 0이 되고, 다시 땅에 떨어지면서 속도의 절댓값은 커진다. 이와 같이 속도 변화가 있는 운동에서 속도 v도 t의 함수이므로 시각 t에서 v의 순간변화율을 생각할 수 있다. 곧, 시각 t에서의 v의 순간변화율

$$\lim_{\Delta t\to 0}\frac{\Delta v}{\Delta t}=\frac{dv}{dt}=v'$$

을 시각 t에서의 점 P의 가속도라고 한다.

***Note** 1° 속도 v의 절댓값 $|v|$를 속력이라고 한다. 또, 가속도 a의 절댓값 $|a|$를 가속력이라고 한다.

2° 속도가 일정한 운동을 등속 운동, 가속도가 일정한 운동을 등가속도 운동이라고 한다. 등속 운동에서는 속도가 상수이므로 가속도는 0이다.

보기 1 수직선 위를 움직이는 점 P의 시각 t에서의 위치 x가 $x=t^3-4t^2+3t$일 때, 다음 물음에 답하여라.

(1) $t=1$부터 $t=2$까지의 평균속도를 구하여라.

(2) $t=2$일 때의 속도와 가속도를 구하여라.

(3) 원점을 지날 때의 속도를 구하여라.

연구 (1) $\dfrac{\Delta x}{\Delta t}=\dfrac{(2^3-4\times 2^2+3\times 2)-(1^3-4\times 1^2+3\times 1)}{2-1}=\mathbf{-2}$

(2) $x=t^3-4t^2+3t$에서 ……①

$$v=\frac{dx}{dt}=3t^2-8t+3,\quad a=\frac{dv}{dt}=6t-8$$

따라서 $t=2$일 때 $\boldsymbol{v=-1,\ a=4}$

(3) ①에서 $x=0$으로 놓으면 $t(t-1)(t-3)=0$ $\therefore$ $t=0,\ 1,\ 3$

따라서 $\boldsymbol{t=0}$일 때 $\boldsymbol{v=3}$, $\boldsymbol{t=1}$일 때 $\boldsymbol{v=-2}$, $\boldsymbol{t=3}$일 때 $\boldsymbol{v=6}$

필수 예제 **8**-1 지상 30 m의 높이에서 매초 25 m의 속도로 똑바로 위로 던진 돌의 t초 후의 지면으로부터의 높이를 h(m)라고 하면 $h=30+25t-5t^2$이라고 한다. 다음 물음에 답하여라.

(1) 던진 지 2초 후, 3초 후의 속도를 구하여라.

(2) 이 돌이 땅에 떨어질 때의 속도를 구하여라.

(3) 이 돌이 최고 높이에 도달할 때의 높이를 구하여라.

(4) 처음부터 땅에 떨어질 때까지의 평균속력을 구하여라.

정석연구 t초 후의 속도를 v라고 하면

$$\textbf{정석}\quad v=\lim_{\Delta t\to 0}\frac{\Delta h}{\Delta t}=\frac{dh}{dt}$$

임을 이용해 보자.

모범답안 $h=30+25t-5t^2$ ······①

t초 후의 속도를 $v(t)$(m/s)라고 하면 $v(t)=\dfrac{dh}{dt}=25-10t$ ······②

(1) 2초 후의 속도는 $v(2)=25-10\times2=\mathbf{5}$ **(m/s)**

3초 후의 속도는 $v(3)=25-10\times3=\mathbf{-5}$ **(m/s)** ← 답

(2) 땅에 떨어질 때는 $h=0$이므로

①에서 $30+25t-5t^2=0$ $\therefore t=-1,\ 6$

그런데 $t\geq0$이므로 $t=6$

따라서 땅에 떨어질 때의 속도는

$v(6)=25-10\times6=\mathbf{-35}$ **(m/s)** ← 답

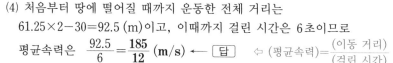

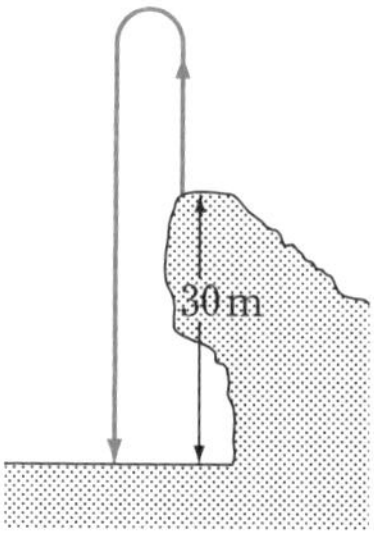

(3) 최고 높이에 도달했을 때는 $v(t)=0$이므로

②에서 $25-10t=0$ $\therefore t=2.5$

따라서 이때 높이는 ①에서

$h=30+25\times2.5-5\times2.5^2=\mathbf{61.25}$ **(m)** ← 답

(4) 처음부터 땅에 떨어질 때까지 운동한 전체 거리는

$61.25\times2-30=92.5$ (m)이고, 이때까지 걸린 시간은 6초이므로

평균속력은 $\dfrac{92.5}{6}=\dfrac{\mathbf{185}}{\mathbf{12}}$ **(m/s)** ← 답 ⇦ (평균속력)$=\dfrac{(\text{이동 거리})}{(\text{걸린 시간})}$

유제 **8**-1. 지면에서 똑바로 위로 던진 물체의 t초 후의 높이를 h(m)라고 할 때, $h=15t-4.9t^2$이라고 한다. 다음 물음에 답하여라.

(1) 물체를 던질 때의 속도를 구하여라.

(2) 몇 초 후에 최고 높이에 도달하는가?

답 (1) **15 m/s** (2) $\dfrac{\mathbf{75}}{\mathbf{49}}$초

필수 예제 8-2 수직선 위를 움직이는 점 P의 시각 t(단, $0\le t\le 3$)에서의 속도 $v(t)$의 그래프가 오른쪽과 같다. $v(t)$는 $t=2$를 제외한 구간 $(0, 3)$에서 미분가능하고, $v(t)$의 그래프는 구간 $(0, 1)$에서 원점과 점 $(1, k)$를 잇는 직선과 한 점에서 만난다. 점 P의 시각 t에서의 가속도를 $a(t)$라고 할 때, 다음 중 옳은 것만을 있는 대로 골라라.

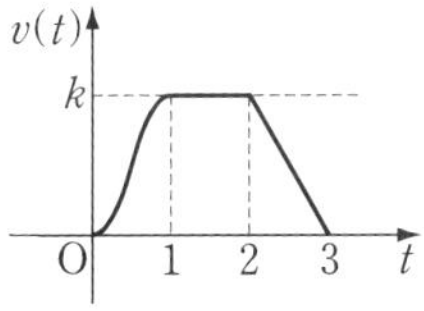

> ㄱ. $a(1)=0$
> ㄴ. 구간 $(0, 3)$에서 $a(t)$는 연속이다.
> ㄷ. 구간 $(0, 1)$에서 $a(t)$의 그래프는 직선 $y=k$와 서로 다른 두 점에서 만난다.

정석연구 $a(t)=v'(t)$이므로 주어진 그래프에서 접선의 기울기를 조사한다.

정석 $\boldsymbol{a(t)=v'(t)}$

모범답안 ㄱ. (참) 구간 $(1, 2)$에서 $v'(t)=0$이고 $v(t)$는 $t=1$에서 미분가능하므로 $v'(1)=0$이다. $\therefore\ a(1)=0$

ㄴ. (거짓) $v(t)$는 $t=2$에서 미분가능하지 않으므로 $a(2)$의 값이 존재하지 않는다. 곧, $a(t)$는 $t=2$에서 불연속이다.

ㄷ. (참) 원점과 점 $(1, k)$를 잇는 직선의 기울기가 k이므로 오른쪽 그림과 같이 기울기가 k인 접선이 두 개 있다. ……*

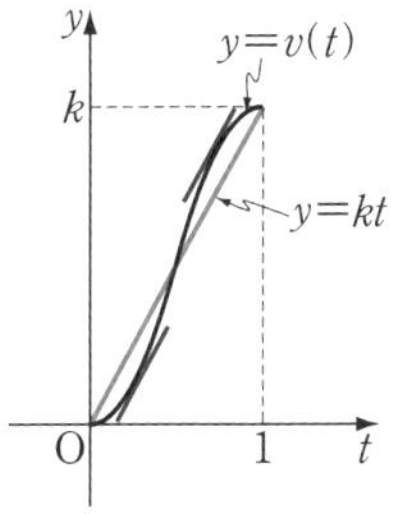

따라서 구간 $(0, 1)$에서 $a(t)$의 그래프는 직선 $y=k$와 서로 다른 두 점에서 만난다.

답 ㄱ, ㄷ

Note *는 평균값 정리를 이용하여 설명할 수 있다. ⇦ p. 74

유제 **8**-2. 수직선 위를 움직이는 점 P의 시각 t(단, $t\ge 0$)에서의 위치를 $f(t)$라고 할 때, 시각 t에서의 점 P의 속도 $v(t)$의 그래프가 오른쪽과 같다고 한다.

구간 $[0, d]$에서 $f(t)$가 최대가 되는 t의 값을 구하여라.

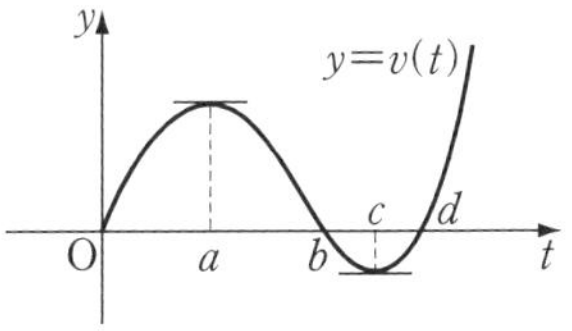

답 $\boldsymbol{t=b}$

§2. 시각에 대한 함수의 순간변화율

기본 정석

1 길이의 순간변화율

시각 t일 때 길이가 l인 물체가 Δt시간 동안 길이가 Δl만큼 변했다고 하면

시각 t에서의 길이 l의 순간변화율은

$$\Longrightarrow \lim_{\Delta t\to 0}\frac{\Delta l}{\Delta t}=\frac{dl}{dt}$$

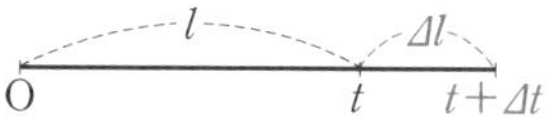

만일 이 물체의 한쪽 끝이 고정되어 있다면 길이의 순간변화율은 다른 쪽 끝이 이동하는 속도이다.

2 넓이의 순간변화율

시각 t일 때 넓이가 S인 도형이 Δt시간 동안 넓이가 ΔS만큼 변했다고 하면

시각 t에서의 넓이 S의 순간변화율은

$$\Longrightarrow \lim_{\Delta t\to 0}\frac{\Delta S}{\Delta t}=\frac{dS}{dt}$$

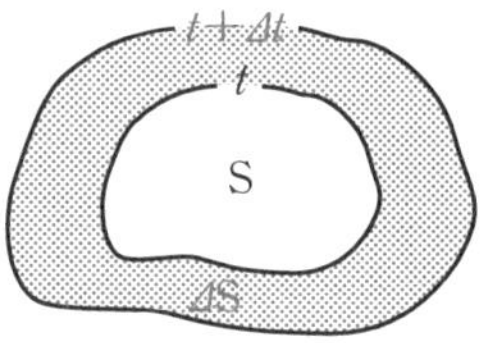

3 부피의 순간변화율

시각 t일 때 부피가 V인 입체가 Δt시간 동안 부피가 ΔV만큼 변했다고 하면

시각 t에서의 부피 V의 순간변화율은 $\Longrightarrow \lim_{\Delta t\to 0}\dfrac{\Delta V}{\Delta t}=\dfrac{dV}{dt}$

Advice | 시각 t일 때 길이가 $l=f(t)$인 물체가 Δt시간 동안 길이가 Δl만큼 변했다고 하면 이 시간 동안의 l의 평균변화율은

$$\frac{\Delta l}{\Delta t}=\frac{f(t+\Delta t)-f(t)}{\Delta t}$$

이다. 여기에서 $\Delta t \longrightarrow 0$일 때를 생각하면

$$\lim_{\Delta t\to 0}\frac{\Delta l}{\Delta t}=\lim_{\Delta t\to 0}\frac{f(t+\Delta t)-f(t)}{\Delta t}=f'(t)$$

이며, 이것은 시각 t에서의 l의 순간변화율을 나타낸다. 곧, 시각 t에서의 길이 l의 순간변화율은 $\lim_{\Delta t\to 0}\dfrac{\Delta l}{\Delta t}=\dfrac{dl}{dt}$이다.

마찬가지로 생각하면 어떤 도형의 넓이 또는 부피가 시각 t의 함수로 주어졌을 때, 넓이의 순간변화율, 부피의 순간변화율에 대해서도 쉽게 이해할 수 있다.

일반적으로 시각에 대한 함수의 순간변화율은 다음과 같이 정리할 수 있다.

정석 시각 t의 함수 $y=f(t)$가 주어질 때,

시각 t에서의 y의 순간변화율은 $\Longrightarrow \displaystyle\lim_{\Delta t\to 0}\frac{\Delta y}{\Delta t}=\frac{dy}{dt}=f'(t)$

여기에서 y가 길이를 나타낼 때는 길이의 순간변화율, 넓이를 나타낼 때는 넓이의 순간변화율, 부피를 나타낼 때는 부피의 순간변화율이 된다.

보기 1 t초일 때, 길이 l cm가 $l=t^2+3t+1$을 만족시키면서 변하는 물체가 있다. 3초일 때, 이 물체의 길이의 순간변화율을 구하여라.

연구 $l=t^2+3t+1$에서

$$\frac{dl}{dt}=2t+3 \quad \therefore \left[\frac{dl}{dt}\right]_{t=3}=2\times 3+3=\mathbf{9}\ (\mathbf{cm/s})$$

보기 2 공의 반지름의 길이가 매초 1 mm의 비율로 증가한다고 한다. 반지름의 길이가 10 cm일 때, 이 공의 겉넓이의 순간변화율과 부피의 순간변화율을 구하여라. 단, 처음 공의 반지름의 길이는 0 cm로 생각한다.

연구 공의 반지름의 길이가 증가한 지 t초 후의 반지름의 길이를 r (cm), 겉넓이를 S (cm²), 부피를 V (cm³)라고 하면 $r=0.1t$이므로

$$\mathrm{S}=4\pi r^2=4\pi\times(0.1t)^2=0.04\pi t^2 \qquad \cdots\cdots①$$

$$\mathrm{V}=\frac{4}{3}\pi r^3=\frac{4}{3}\pi\times(0.1t)^3=\frac{1}{3}\times 0.004\pi t^3 \qquad \cdots\cdots②$$

정석 겉넓이의 순간변화율 $\Longrightarrow \dfrac{d\mathrm{S}}{dt}$, 부피의 순간변화율 $\Longrightarrow \dfrac{d\mathrm{V}}{dt}$

이므로 ①에서 $\dfrac{d\mathrm{S}}{dt}=0.08\pi t$, ②에서 $\dfrac{d\mathrm{V}}{dt}=0.004\pi t^2$

$r=0.1t$에서 $r=10$일 때 $t=100$이므로

$$\left[\frac{d\mathrm{S}}{dt}\right]_{t=100}=\mathbf{8\pi}\ (\mathbf{cm^2/s}),\quad \left[\frac{d\mathrm{V}}{dt}\right]_{t=100}=\mathbf{40\pi}\ (\mathbf{cm^3/s})$$

*Note 합성함수의 미분법(p. 53)을 써서 $\mathrm{S}=4\pi r^2$, $\mathrm{V}=\dfrac{4}{3}\pi r^3$의 양변을 t에 관하여 미분하면

$$\frac{d\mathrm{S}}{dt}=8\pi r\frac{dr}{dt},\quad \frac{d\mathrm{V}}{dt}=4\pi r^2\frac{dr}{dt}$$

이다. 이때, $r=10$, $\dfrac{dr}{dt}=0.1$임을 이용하여 구해도 된다.

필수 예제 8-3 점 P는 좌표평면의 원점 O를 출발하여 매초 5의 속도로 x축 위를 양의 방향으로, 점 Q는 P보다 2초 후에 원점 O를 출발하여 매초 3의 속도로 y축 위를 양의 방향으로 움직인다. 점 P가 출발하여 2초가 지난 후부터

(1) 선분 PQ의 중점 R는 한 반직선 위를 움직임을 보여라.

(2) 선분 AR의 길이의 순간변화율을 구하여라. 단, 점 A는 점 P가 출발한 지 2초 후의 점 R의 위치이다.

정석연구 $t\,(t\ge2)$초 후의 점 P, Q의 좌표를 t로 나타내면 중점 R의 좌표도 t로 나타낼 수 있다. 이때,

정석 점 $\big(f(t),\ g(t)\big)$의 자취를 구하려면
$\Longrightarrow$ $x=f(t),\ y=g(t)$에서 t를 소거하여라.

모범답안 (1) 점 P가 원점 O를 출발한 지 $t\,(t\ge2)$초 후 점 P, Q의 좌표는

$$\mathrm{P}(5t,\ 0),\ \mathrm{Q}\big(0,\ 3(t-2)\big) \qquad \therefore\ \mathrm{R}\Big(\frac{5}{2}t,\ \frac{3(t-2)}{2}\Big) \qquad \cdots\cdots①$$

점 R의 좌표를 $(x,\ y)$라고 하면

$$x=\frac{5}{2}t,\quad y=\frac{3(t-2)}{2}$$

t를 소거하면 $y=\dfrac{3}{5}x-3$

한편 $t\ge2$이므로 $x\ge5$

따라서 점 R는 반직선 $y=\dfrac{3}{5}x-3\,(x\ge5)$ 위를 움직인다.

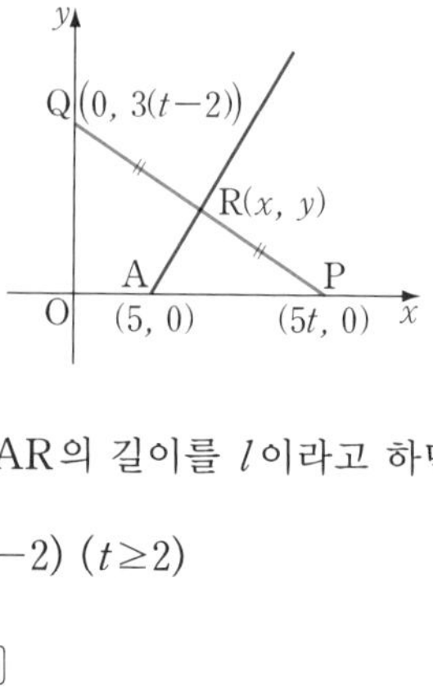

(2) ①에서 점 A의 좌표는 A(5, 0)이므로 선분 AR의 길이를 l이라고 하면

$$l=\sqrt{\Big(\frac{5}{2}t-5\Big)^2+\Big\{\frac{3(t-2)}{2}\Big\}^2}=\frac{\sqrt{34}}{2}(t-2)\ (t\ge2)$$

$$\therefore\ \frac{dl}{dt}=\frac{\sqrt{34}}{2} \longleftarrow \boxed{답}$$

유제 **8**-3. 점 P는 좌표평면의 원점 O를 출발하여 매초 3의 속도로 x축 위를 양의 방향으로, 동시에 점 Q는 원점 O를 출발하여 매초 2의 속도로 y축 위를 양의 방향으로 움직인다. 직선 PQ와 직선 $y=x$의 교점을 R라고 할 때, 선분 OR의 길이의 순간변화율을 구하여라.

답 $\dfrac{6\sqrt{2}}{5}$

필수 예제 8-4 수면 위 30 m 높이의 암벽 위에서 길이 58 m의 줄에 끌려오는 배가 있다.

매초 4 m의 속력으로 끌 때, 2초 후의 배의 속력을 구하여라.

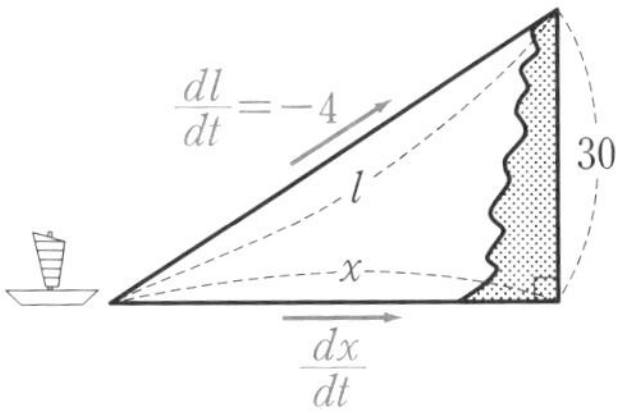

정석연구 조건에 맞게 그림을 그려 보면 오른쪽과 같다. t초 후의 배에서 암벽 위까지의 거리를 l (m), 배에서 암벽 밑까지의 거리를 x (m)라고 하면

l과 x는 t의 함수이고

$$l^2=x^2+30^2$$

이다.

이 문제는 $\frac{dl}{dt}=-4$ (m/s)일 때 $\frac{dx}{dt}$를 구하는 문제로 합성함수의 미분법 (p. 53)을 이용할 수 있다.

정석 l이 t의 함수일 때 $\Longrightarrow$ $\frac{d}{dt}f(l)=\frac{d}{dl}f(l)\frac{dl}{dt}$

모범답안 t초 후의 배에서 암벽 위까지의 거리를 l (m), 배에서 암벽 밑까지의 거리를 x (m)라고 하면 $l^2=x^2+30^2$ ……①

양변을 t에 관하여 미분하면

$$2l\frac{dl}{dt}=2x\frac{dx}{dt} \qquad \therefore \frac{dx}{dt}=\frac{l}{x}\times\frac{dl}{dt} \qquad \cdots\cdots②$$

문제의 조건에서 $\frac{dl}{dt}=-4$ (m/s)

또, 2초 후의 l은 $l=58-4\times2=50$이므로 ①에 대입하면 $x=40$

따라서 ②에서 $\frac{dx}{dt}=\frac{50}{40}\times(-4)=-5$ (m/s) 답 **5 m/s**

*Note $\frac{dx}{dt}<0$이라는 것은 x의 값이 줄어든다는 것을 뜻한다. 여기서는 속력을 구해야 하므로 $\frac{dx}{dt}$의 절댓값이 답이다.

유제 **8**-4. 벽에 세워 놓은 길이 5 m의 사다리의 아래 끝을 매초 12 cm의 속력으로 벽에서 멀어지게 수평으로 당긴다. 아래 끝에서 벽까지의 거리가 3 m일 때, 위 끝이 내려오는 속력을 구하여라. 답 **9 cm/s**

유제 **8**-5. 직선 항로를 따라 100 m/s의 속력으로 지상 4 km의 상공을 날아가는 헬리콥터가 있다.

이 헬리콥터가 지면의 P 지점 바로 위를 지난 지 30초가 되는 순간, P 지점과 헬리콥터 사이의 거리의 순간변화율을 구하여라. 답 **60 m/s**

필수 예제 8-5 반지름의 길이가 각각 6 cm, 40 cm이고 중심이 일치하는 두 구가 있다. 작은 구와 큰 구의 반지름의 길이가 각각 매초 8 cm, 2 cm의 속도로 동시에 증가한 지 t초 후의 두 구의 부피의 차를 V(cm^3)라고 할 때, 다음 물음에 답하여라. 단, 작은 구의 반지름의 길이는 큰 구의 반지름의 길이보다 커질 수 없다.

(1) 작은 구의 반지름의 길이가 14 cm인 순간의 V의 순간변화율을 구하여라.

(2) V가 최대가 되는 t의 값을 구하여라.

정석연구 구의 반지름의 길이를 r cm, 부피를 V cm^{3}라고 하면

$$\textbf{정석}\ \text{구의 부피} \Longrightarrow \mathbf{V}=\frac{4}{3}\pi r^3$$

이다. 이 식을 이용하여 두 구의 부피의 차를 t의 함수로 나타낸 다음

$$\textbf{정석}\ \text{시각 } t\text{에서의 부피 V의 순간변화율은} \Longrightarrow \frac{d\mathbf{V}}{dt}$$

임을 이용한다.

모범답안 (1) t초 후의 큰 구와 작은 구의 반지름의 길이는 각각 $40+2t$ (cm), $6+8t$ (cm)이므로

$$\mathrm{V}=\frac{4}{3}\pi(40+2t)^3-\frac{4}{3}\pi(6+8t)^3$$

$$\therefore\ \frac{d\mathrm{V}}{dt}=\frac{4}{3}\pi\times3(40+2t)^2\times2-\frac{4}{3}\pi\times3(6+8t)^2\times8$$

$$=32\pi\left\{(20+t)^2-(6+8t)^2\right\}=-224\pi(9t+26)(t-2)$$

작은 구의 반지름의 길이가 14 cm일 때, $6+8t=14$에서 $t=1$이므로

$$\left[\frac{d\mathrm{V}}{dt}\right]_{t=1}=-224\pi(9\times1+26)(1-2)=\mathbf{7840\pi\ (cm^3/s)} \longleftarrow \boxed{\text{답}}$$

(2) 문제의 조건에서 $40+2t\ge6+8t,\ t\ge0 \quad \therefore\ 0\le t\le\frac{17}{3}$ ……①

한편 $\frac{d\mathrm{V}}{dt}=0$에서 $t=2$

따라서 ①의 범위에서 V의 증감을 조사하면 $t=2$에서 극대이고, 이때 최대이다.

답 $\boldsymbol{t=2}$

유제 **8**-6. 밑면의 반지름의 길이가 매초 1 cm의 비율로 증가하고, 높이가 매초 1 cm의 비율로 감소하는 원기둥이 있다. 밑면의 반지름의 길이가 3 cm, 높이가 10 cm일 때, 원기둥의 부피의 순간변화율을 구하여라.

답 $\mathbf{51\pi\ cm^3/s}$

필수 예제 8-6 윗면의 반지름의 길이가 6 cm, 깊이가 10 cm인 원뿔 모양의 그릇이 있다. 지금 이 그릇에 물이 $30\,cm^3/s$의 속도로 흘러 들어가고, 꼭짓점으로부터 $10\,cm^3/s$의 속도로 흘러 나가고 있다.

수면의 높이가 5 cm일 때, 다음 물음에 답하여라.

(1) 수면의 상승 속도를 구하여라.

(2) 수면의 반지름의 길이의 순간변화율을 구하여라.

정석연구 수면의 높이를 h cm, 반지름의 길이를 r cm, 물의 부피를 $V\,cm^3$라고 하면

정석 물의 부피 ⟹ $V=\frac{1}{3}\pi r^2 h$

모범답안 t초일 때 수면의 높이를 h (cm), 반지름의 길이를 r (cm), 물의 부피를 $V\,(cm^3)$라 하면

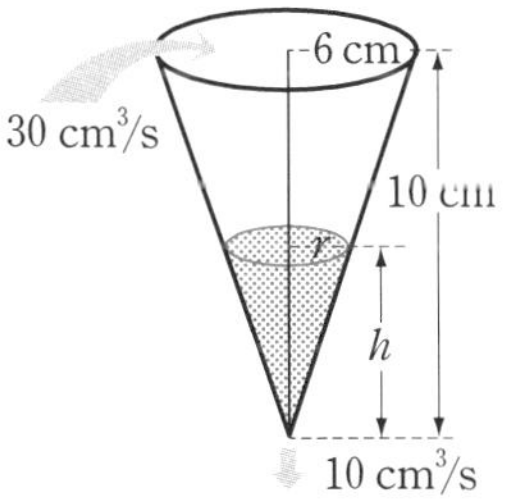

$$V=\frac{1}{3}\pi r^2 h \quad ①$$

그런데 $\frac{r}{h}=\frac{6}{10}$이므로 $r=\frac{3}{5}h$ ……②

(1) ②를 ①에 대입하면 $V=\frac{3}{25}\pi h^3$

여기에서 V, h는 모두 t의 함수이다.

양변을 t에 관하여 미분하면 ⇦ p. 53

$$\frac{dV}{dt}=\frac{9}{25}\pi h^2\frac{dh}{dt} \qquad \therefore \frac{dh}{dt}=\frac{25}{9\pi h^2}\times\frac{dV}{dt} \quad ……③$$

부피의 순간변화율은 $\frac{dV}{dt}=30-10=20\,(cm^3/s)$이므로

$h=5$일 때 ③에서 $\frac{dh}{dt}=\frac{25}{9\pi\times5^2}\times20=\boldsymbol{\frac{20}{9\pi}}$ **(cm/s)**

(2) ②에서의 $h=\frac{5}{3}r$를 ①에 대입하면 $V=\frac{5}{9}\pi r^3$

양변을 t에 관하여 미분하면 $\frac{dV}{dt}=\frac{5}{3}\pi r^2\frac{dr}{dt}$

$h=5$일 때 $\frac{dV}{dt}=20$, $r=3$이므로 $\frac{dr}{dt}=20\times\frac{3}{5\pi\times3^2}=\boldsymbol{\frac{4}{3\pi}}$ **(cm/s)**

유제 **8**-7. 위의 **필수 예제**에서 수면의 넓이의 순간변화율을 구하여라.

답 $\mathbf{8\,cm^2/s}$

유제 **8**-8. 공 모양의 고무풍선의 겉넓이가 매초 $4\pi\,cm^2$의 비율로 증가할 때, 풍선의 반지름의 길이가 10 cm가 되는 순간의 부피의 순간변화율을 구하여라.

답 $\mathbf{20\pi\,cm^3/s}$

연습문제 8

기본 **8-1** 달리던 자동차가 장애물을 발견하고 브레이크를 밟은 후 t초 동안 움직인 거리 S m가 $S=20t-2.5t^2$일 때, 이 자동차가 장애물과 부딪치지 않으려면 적어도 몇 m 앞에서 브레이크를 밟아야 하는가?

8-2 수직선 위를 움직이는 점 P의 시각 t에서의 위치 x가 $x=t^3-15t^2+48t$일 때, 다음 물음에 답하여라.

(1) 점 P가 움직이는 방향이 바뀌는 시각 t를 구하여라.

(2) $2\le t\le 9$에서 최대 속력을 구하여라.

8-3 수직선 위를 움직이는 두 점 P, Q의 시각 t에서의 위치가 각각 $f(t)=2t^2-2t$, $g(t)=t^2-8t$이다. 두 점 P, Q가 서로 반대 방향으로 움직이는 시각 t의 범위를 구하여라.

8-4 수직선 위를 움직이는 두 점 P, Q의 시각 t에서의 위치가 각각 $f(t)=t^2(t^2-8t+18)$, $g(t)=mt$이다. $t>0$에서 두 점 P, Q의 속도가 같을 때가 3회 있기 위한 실수 m의 값의 범위를 구하여라.

8-5 키가 160 cm인 사람이 4 m 높이의 가로등의 바로 밑에서부터 일직선 위를 매분 60 m의 속도로 걸어갈 때, 다음을 구하여라.

(1) 머리 끝의 그림자의 속도 (2) 그림자의 길이의 순간변화율

실력 **8-6** 동시에 출발하여 수직선 위를 움직이는 두 점 P, Q가 있다. 출발한 지 t초 후의 두 점 P, Q의 위치가 각각 $x_1(t)=kt$, $x_2(t)=t^3-3t^2+27$일 때, 두 점 P, Q가 적어도 한 번 만나게 되는 상수 k의 최솟값을 구하여라.

8-7 오른쪽 그림과 같은 그릇에 매분 5 cm^3의 비율로 물을 넣는다. 다음 경우의 수면의 상승 속도를 구하여라.

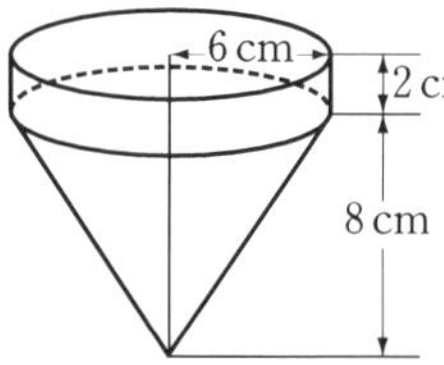

(1) 수면이 원기둥 부분에 있을 때

(2) 수면이 4 cm의 높이에 있을 때

8-8 한 모서리의 길이가 $3r$ cm인 정육면체 모양의 그릇에 물이 반 정도 차 있다. 이 그릇에 높이가 $2r$ cm이고 밑면의 반지름의 길이가 r cm인 원기둥 모양의 입체가 1 cm/s의 속도로 수면에 수직인 방향으로 내려간다고 한다. 이 원기둥의 반이 물에 잠기는 순간의 수면의 상승 속도를 구하여라.

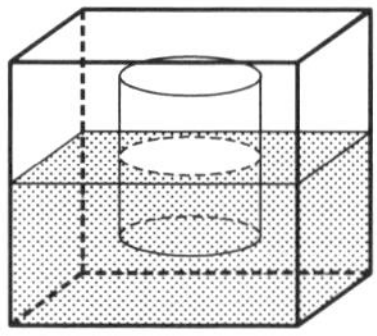

⑨. 부정적분

§ 1. 부정적분의 정의

기 본 정 석

1 부정적분(원시함수)의 정의

함수 $f(x)$가 주어져 있을 때, $F'(x)=f(x)$인 함수 $F(x)$를 $f(x)$의 부정적분 또는 원시함수라고 한다.

$F(x)$가 함수 $f(x)$의 부정적분의 하나일 때, $f(x)$의 모든 부정적분은 $F(x)+C$의 꼴로 나타내어지며, 이것을

$$\int f(x)dx=F(x)+C \text{ (단, C는 상수)}$$

로 나타낸다.

여기에서 C를 적분상수, 함수 $f(x)$를 피적분함수, x를 적분변수라 하고, $f(x)$의 부정적분을 구하는 것을 $f(x)$를 적분한다라고 한다.

2 부정적분과 도함수

$$\frac{d}{dx}\left(\int f(x)dx\right)=f(x), \qquad \int\left(\frac{d}{dx}f(x)\right)dx=f(x)+C$$

Advice 1° 부정적분의 정의

이를테면 x^2의 도함수를 구하면 $2x$이다. 이것을

x^2의 도함수는 (x^2을 미분하면) $2x$이다

라 하고, $(x^2)'=2x$, $\frac{d}{dx}(x^2)=2x$와 같이 나타내었다.

역으로 x^2은 도함수가 $2x$인 함수라는 것을

x^2은 $2x$의 부정적분이다,
x^2은 $2x$의 원시함수이다

라고 한다.

그런데 $2x$의 부정적분은 x^2 하나만 있는 것이 아니다. 왜냐하면

$$x^2-1, \quad x^2+1, \quad x^2+2, \quad x^2+3, \quad \cdots$$

의 도함수도 모두 $2x$이므로 위의 함수들은 모두 $2x$의 부정적분이라고 할 수 있기 때문이다.

곧, C가 상수일 때 $(x^2+\mathrm{C})'=2x$ 이므로

$2\boldsymbol{x}$의 부정적분은 $\boldsymbol{x}^2+\mathrm{C}$이다

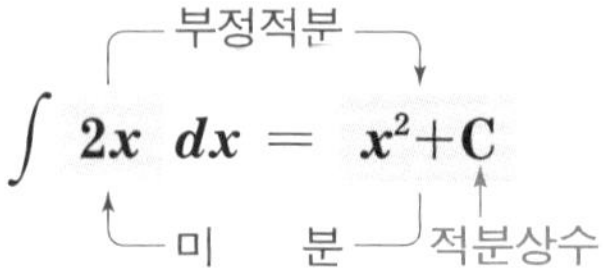

라고 한다. 또, 이것을 기호를 사용하여 다음과 같이 나타내기로 한다.

$$\int 2x\,dx=x^2+\mathrm{C}$$

일반적으로 $\mathrm{F}(x)$가 $f(x)$의 부정적분 중 하나이면 상수 C에 대하여

$$\{\mathrm{F}(x)+\mathrm{C}\}'=\mathrm{F}'(x)=f(x)$$

이므로 $\mathrm{F}(x)+\mathrm{C}$도 $f(x)$의 부정적분이다.

또, $\mathrm{F}(x)$와 $\mathrm{G}(x)$가 모두 $f(x)$의 부정적분이라고 하면

$$\{\mathrm{G}(x)-\mathrm{F}(x)\}'=\mathrm{G}'(x)-\mathrm{F}'(x)=f(x)-f(x)=0$$

그런데 열린구간에서 도함수가 0인 함수는 상수함수이므로 이 상수를 C라고 하면 ⇦ 필수 예제 4-7

$$\mathrm{G}(x)-\mathrm{F}(x)=\mathrm{C} \quad \therefore\ \mathrm{G}(x)=\mathrm{F}(x)+\mathrm{C}$$

따라서 $f(x)$의 부정적분은 특정한 부정적분 $\mathrm{F}(x)$를 써서

$$\int f(x)dx=\mathrm{F}(x)+\mathrm{C}$$

로 나타낼 수 있다. 이상을 정리하면

정석 $\mathrm{F}'(x)=f(x) \iff \int f(x)dx=\mathrm{F}(x)+\mathrm{C}$

**Note* 기호 $\int$은 Sum의 첫 글자 S를 길게 늘어뜨린 것으로 적분 또는 인테그랄(integral)이라고 읽는다. 그리고 dx는 x에 관하여 적분한다는 뜻이다.

보기 1 다음에서 다항함수 $f(x)$, $g(x)$를 구하여라. 단, C는 상수이다.

(1) $\int f(x)dx=x^3+4x^2-5x+\mathrm{C}$

(2) $\int (3-x)g(x)dx=6x-x^2+4x^3-x^4+\mathrm{C}$

연구 (1) $\int \boldsymbol{f(x)}\,dx=x^3+4x^2-5x+\mathrm{C}$에서

└ 이것은 우변의 $x^3+4x^2-5x+\mathrm{C}$를 미분한 것이므로

$$f(x)=(x^3+4x^2-5x+\mathrm{C})'=\boldsymbol{3x^2+8x-5}$$

(2) $\int (3-x)\boldsymbol{g(x)}\,dx=6x-x^2+4x^3-x^4+\mathrm{C}$에서

└ 이것은 우변의 $6x-x^2+4x^3-x^4+\mathrm{C}$를 미분한 것이므로

$$(3-x)g(x)=(6x-x^2+4x^3-x^4+\mathrm{C})'=6-2x+12x^2-4x^3$$
$$=(3-x)(4x^2+2) \quad \therefore\ \boldsymbol{g(x)=4x^2+2}$$

Advice 2° $\dfrac{d}{dx}\left(\int f(x)dx\right)$와 $\int\left(\dfrac{d}{dx}f(x)\right)dx$

보기 2 다음 식을 간단히 하여라.

(1) $\dfrac{d}{dx}\left(\int x^3dx\right)$　　　　(2) $\int\left(\dfrac{d}{dx}x^3\right)dx$

연구 (1) $\int x^3dx=\dfrac{1}{4}x^4+C$이므로 $\dfrac{d}{dx}\left(\int x^3dx\right)=\dfrac{d}{dx}\left(\dfrac{1}{4}x^4+C\right)=\boldsymbol{x^3}$

(2) $\dfrac{d}{dx}x^3=3x^2$이므로 $\int\left(\dfrac{d}{dx}x^3\right)dx=\int 3x^2\,dx=\boldsymbol{x^3+C}$

곧, (1)은 x^3을 적분한 다음 다시 미분하면 x^3이 되고,

(2)는 x^3을 미분한 다음 다시 적분하면 x^3+C가 된다

는 것을 보이고 있다.

일반적으로 다음 관계가 성립한다.

정석 ① $\dfrac{d}{dx}\left(\int f(x)dx\right)=f(x)$　② $\int\left(\dfrac{d}{dx}f(x)\right)dx=f(x)+C$

이는 부정적분의 정의로부터 명백하지만 여기에 일반적인 설명을 덧붙인다면 다음과 같다.

① $f(x)$의 부정적분의 하나를 $F(x)$라고 하면 $\int f(x)dx=F(x)+C$

$$\therefore\ \frac{d}{dx}\left(\int f(x)dx\right)=\frac{d}{dx}\big(F(x)+C\big)=F'(x)$$

$F(x)$가 $f(x)$의 부정적분 중 하나이므로 $F'(x)=f(x)$

$$\therefore\ \frac{d}{dx}\left(\int f(x)dx\right)=f(x)$$ ⇦ 적분상수 C가 없다.

② $\int\left(\dfrac{d}{dx}f(x)\right)dx=G(x)$로 놓으면 $\dfrac{d}{dx}G(x)=\dfrac{d}{dx}f(x)$

$G(x)$와 $f(x)$의 도함수가 같으므로 $G(x)=f(x)+C$ (단, C는 상수)

$$\therefore\ \int\left(\frac{d}{dx}f(x)\right)dx=f(x)+C$$ ⇦ 적분상수 C가 있다.

**Note* $\dfrac{d}{dx}\left(\int f(x)dx\right)$를 간단히 $\dfrac{d}{dx}\int f(x)dx$로 쓰기도 한다.

보기 3 다음 식을 간단히 하여라.

(1) $\dfrac{d}{dx}\int(x^4-2x^3-7x^2)dx$　　　　(2) $\int\dfrac{d}{dx}(x^4-2x^3-7x^2)dx$

연구 (1) $\boldsymbol{x^4-2x^3-7x^2}$　　　　(2) $\boldsymbol{x^4-2x^3-7x^2+C}$

**Note* 특별한 말이 없어도 부정적분에서 C는 적분상수를 의미하는 것으로 한다.

§2. 부정적분의 계산

기본정석

1 부정적분의 기본 공식

(1) $\int k\,dx = kx + C$ (단, k는 상수, C는 적분상수)

(2) $\int x^n dx = \frac{1}{n+1}x^{n+1} + C$ (단, n은 자연수, C는 적분상수)

(3) $\int kf(x)dx = k\int f(x)dx$ (단, k는 0이 아닌 상수)

(4) $\int \{f(x) \pm g(x)\}dx = \int f(x)dx \pm \int g(x)dx$ (복부호동순)

2 부정적분 $\int (ax+b)^n dx$의 공식

$a \neq 0$이고 n이 자연수일 때,

$\int (ax+b)^n dx = \frac{1}{a} \times \frac{1}{n+1}(ax+b)^{n+1} + C$ (단, C는 적분상수)

Advice 1° 부정적분의 기본 공식

적분은 미분의 역연산이므로 미분법의 역을 생각하면 위와 같은 공식을 얻을 수 있다.

곧, 우변을 미분한 것이 좌변의 피적분함수와 같음을 보인다.

정석 $\int f(x)dx = F(x) + C$의 증명 $\Longrightarrow$ $\big(F(x)+C\big)' = f(x)$를 보인다.

(증명) (1) $\frac{d}{dx}(kx+C) = k \quad \therefore \int k\,dx = kx + C$

(2) $\frac{d}{dx}\left(\frac{1}{n+1}x^{n+1} + C\right) = \frac{n+1}{n+1}x^n = x^n \quad \therefore \int x^n dx = \frac{1}{n+1}x^{n+1} + C$

(3) $\frac{d}{dx}\left(k\int f(x)dx\right) = k \times \frac{d}{dx}\left(\int f(x)dx\right) = kf(x)$

$$\therefore \int kf(x)dx = k\int f(x)dx$$

(4) $\frac{d}{dx}\left(\int f(x)dx \pm \int g(x)dx\right) = \frac{d}{dx}\left(\int f(x)dx\right) \pm \frac{d}{dx}\left(\int g(x)dx\right)$

$$= f(x) \pm g(x)$$

$\therefore \int \{f(x) \pm g(x)\}dx = \int f(x)dx \pm \int g(x)dx$ (복부호동순)

*Note 양변을 미분한 것이 같다는 것을 보여도 된다. (3)에서 생각해 보자.

$F(x)=\int kf(x)dx$, $G(x)=k\int f(x)dx$로 놓으면

$$F'(x)=\left(\int kf(x)dx\right)'=kf(x),\quad G'(x)=k\left(\int f(x)dx\right)'=kf(x)$$

$$\therefore F'(x)=G'(x)\quad \therefore \{F(x)-G(x)\}'=F'(x)-G'(x)=0$$

$$\therefore F(x)-G(x)=C \text{ (C는 상수)}$$

적분상수의 차이를 무시하면 $\boldsymbol{\int kf(x)dx=k\int f(x)dx}$

이와 같이 부정적분에 관한 등식은 적분상수를 알맞게 정할 때 성립하는 것으로 보통 양변의 적분상수의 차이는 무시한다.

보기 1 다음 부정적분을 구하여라.

(1) $\int 2\,dx$ (2) $\int(-3)dx$ (3) $\int 1\,dx$

연구 (1) $\int 2\,dx=\boldsymbol{2x+C}$ (2) $\int(-3)dx=\boldsymbol{-3x+C}$ (3) $\int 1\,dx=\boldsymbol{x+C}$

*Note (3) $\int 1\,dx$에서 1을 생략하고 $\int dx$로 쓰기도 한다.

보기 2 다음 부정적분을 구하여라.

(1) $\int x\,dx$ (2) $\int x^2dx$ (3) $\int 5x^4dx$

연구 (1) $\int x\,dx=\dfrac{1}{1+1}x^{1+1}+C=\boldsymbol{\dfrac{1}{2}x^2+C}$

(2) $\int x^2dx=\dfrac{1}{2+1}x^{2+1}+C=\boldsymbol{\dfrac{1}{3}x^3+C}$

(3) $\int 5x^4dx=5\int x^4dx=5\times\dfrac{1}{4+1}x^{4+1}+C=\boldsymbol{x^5+C}$

*Note $\int 5x^4dx=5\int x^4dx=5\left(\dfrac{1}{4+1}x^{4+1}+C_1\right)=x^5+5C_1$로 두어도 되지만 $5C_1$도 임의의 상수이므로 적분상수 C로 대신하는 것이 일반적인 표현이다.

보기 3 다음 부정적분을 구하여라.

(1) $\int(2x+3)dx$ (2) $\int(4x^2-3x-1)dx$

연구 (1) $\int(2x+3)dx=\int 2x\,dx+\int 3\,dx=(x^2+C_1)+(3x+C_2)=\boldsymbol{x^2+3x+C}$

*Note C_1+C_2도 임의의 상수를 나타내므로 각 항의 적분마다 적분상수를 적을 필요 없이 계산의 마지막에 적분상수 C를 적으면 된다.

(2) $\int(4x^2-3x-1)dx=\int 4x^2dx-\int 3x\,dx-\int dx=\boldsymbol{\dfrac{4}{3}x^3-\dfrac{3}{2}x^2-x+C}$

*Note 적분은 미분의 역연산이기 때문에 부정적분이 맞는가를 검산하려면 부정적분을 미분한 것이 피적분함수가 되는가를 조사하면 된다.

Advice 2° 부정적분 $\int(ax+b)^n dx$의 공식

이를테면 부정적분 $\int(2x-1)^3dx$를 계산하려면 $(2x-1)^3$을 전개하여

$$\begin{aligned}\int(2x-1)^3dx&=\int(8x^3-12x^2+6x-1)dx\\&=2x^4-4x^3+3x^2-x+C_1\end{aligned}\quad\cdots\cdots①$$

과 같이 하면 된다.

그러나 이와 같이 피적분함수를 일일이 전개하여 부정적분을 구하는 것은 때로는 번거롭기도 하고 비능률적이다. 그래서 주어진 피적분함수를 그대로 두고 직접 부정적분을 구하는 방법을 생각한 것이 다음 공식이다.

정석 $\displaystyle\int(ax+b)^n dx=\frac{1}{a}\times\frac{1}{n+1}(ax+b)^{n+1}+C$

이 공식을 증명할 때에는 우변을 미분한 것이 좌변의 피적분함수 $(ax+b)^n$이 된다는 것을 보이면 된다. 곧,

$$\begin{aligned}\frac{d}{dx}\left(\frac{1}{a}\times\frac{1}{n+1}(ax+b)^{n+1}+C\right)&=\frac{1}{a}\times\frac{1}{n+1}\times(n+1)(ax+b)^n(ax+b)'\\&=(ax+b)^n\end{aligned}$$

$$\therefore\ \int(ax+b)^n dx=\frac{1}{a}\times\frac{1}{n+1}(ax+b)^{n+1}+C$$

여기에서 $ax+b$의 도함수 a의 역수를 곱해야 한다는 것에 특히 주의한다.

*Note 위의 공식을 이용하면

$$\int(2x-1)^3dx=\frac{1}{2}\times\frac{1}{3+1}(2x-1)^{3+1}+C=\frac{1}{8}(2x-1)^4+C$$

이것은 ①과 비교하면 상수의 차이만 있음을 확인할 수 있다.

보기 4 다음 부정적분을 구하여라.

(1) $\int(2x-1)^2dx$ (2) $\int(1-4x)^3dx$

연구 (1) $(2x-1)'=2$이므로

$$\int(2x-1)^2dx=\frac{1}{2}\times\frac{1}{2+1}(2x-1)^{2+1}+C=\boldsymbol{\frac{1}{6}(2x-1)^3+C}$$

(2) $(1-4x)'=-4$이므로

$$\int(1-4x)^3dx=-\frac{1}{4}\times\frac{1}{3+1}(1-4x)^{3+1}+C=\boldsymbol{-\frac{1}{16}(1-4x)^4+C}$$

*Note 피적분함수 $(ax+b)^n$의 ( ) 안이 일차식일 때에만 위의 공식을 사용할 수 있다. 이를테면 $\int(x^2+2)^3dx$, $\int(x^3-5x)^4dx$ 등은 위의 공식을 쓸 수 없다. 이때에는 피적분함수를 전개하여 적분한다.

필수 예제 **9**-1 다음 부정적분을 구하여라.

(1) $\int(x^2+\sqrt{2}x+1)(x^2-\sqrt{2}x+1)dx$ (2) $\int\frac{x^4+x^2+1}{x^2-x+1}dx$

(3) $\int\frac{y^3}{y+1}dy+\int\frac{1}{y+1}dy$ (4) $\int(x+1)^3dx-\int(x-1)^3dx$

정석연구 (1) 적분에서는 다음에 주의해야 한다.

$$\int f(x)g(x)dx \neq \left(\int f(x)dx\right)\left(\int g(x)dx\right)$$

따라서 피적분함수를 전개한 다음 부정적분을 구한다.

(2) 피적분함수를 약분하여 다항함수로 고칠 수 있는지 확인한다.

(3), (4) 각 함수를 바로 적분하는 것은 복잡하다.

정석 $\int f(x)dx+\int g(x)dx=\int\{f(x)+g(x)\}dx$ (복부호동순)

를 이용하여 먼저 피적분함수를 간단히 해 보자.

모범답안 (1) (준 식)$=\int(x^4+1)dx=\mathbf{\frac{1}{5}x^5+x+C}$ ← 답

(2) (준 식)$=\int\frac{(x^2+x+1)(x^2-x+1)}{x^2-x+1}dx=\int(x^2+x+1)dx$

$=\mathbf{\frac{1}{3}x^3+\frac{1}{2}x^2+x+C}$ ← 답

(3) (준 식)$=\int\frac{y^3+1}{y+1}dy=\int\frac{(y+1)(y^2-y+1)}{y+1}dy=\int(y^2-y+1)dy$

$=\mathbf{\frac{1}{3}y^3-\frac{1}{2}y^2+y+C}$ ← 답

(4) (준 식)$=\int\{(x+1)^3-(x-1)^3\}dx=\int(6x^2+2)dx$

$=\mathbf{2x^3+2x+C}$ ← 답

***Note** (4) $\int(ax+b)^n dx=\frac{1}{a}\times\frac{1}{n+1}(ax+b)^{n+1}+C$를 이용하면

(준 식)$=\frac{1}{4}(x+1)^4-\frac{1}{4}(x-1)^4+C=\mathbf{2x^3+2x+C}$

유제 **9**-1. 다음 부정적분을 구하여라.

(1) $\int x(x+1)(x+2)dx$ (2) $\int\frac{x^3+8}{x+2}dx$

(3) $\int(x^2+1)^3dx+\int(x^2-1)^3dx$ (4) $\int\frac{x^3}{x-1}dx-\int\frac{1}{x-1}dx$

답 (1) $\mathbf{\frac{1}{4}x^4+x^3+x^2+C}$ (2) $\mathbf{\frac{1}{3}x^3-x^2+4x+C}$

(3) $\mathbf{\frac{2}{7}x^7+2x^3+C}$ (4) $\mathbf{\frac{1}{3}x^3+\frac{1}{2}x^2+x+C}$

필수 예제 **9**-2 다음 물음에 답하여라.

(1) $f'(x)=2+4x+3x^2$이고 $f(0)=3$인 함수 $f(x)$를 구하여라.

(2) 함수 $y=3x^2-ax$의 부정적분 중에서 $x=0$일 때 함숫값이 1이고, $x=2$일 때 함숫값이 5인 것을 구하여라. 단, a는 상수이다.

(3) 두 점 $(0,\ -2)$, $(1,\ 0)$을 지나는 곡선 $y=f(x)$ 위의 점 $(x,\ y)$에서의 접선의 기울기가 $3x^2-6x+4$에 정비례할 때, $f(x)$를 구하여라.

정석연구 도함수 $f'(x)$로부터 원시함수 $f(x)$를 구할 때에는 다음을 이용한다.

정석 $\boldsymbol{f(x)=\int f'(x)dx}$ ……①

이때 나타나는 적분상수는 주어진 조건을 써서 알맞게 정한다.

모범답안 (1) $f(x)=\int(2+4x+3x^2)dx=2x+2x^2+x^3+\mathrm{C}$

$f(0)=3$이므로 $\mathrm{C}=3$ $\therefore$ $\boldsymbol{f(x)=x^3+2x^2+2x+3}$ ← 답

(2) $f(x)=\int(3x^2-ax)dx$라고 하면 $f(x)=x^3-\dfrac{1}{2}ax^2+\mathrm{C}$

$f(0)=1$, $f(2)=5$이므로 $\mathrm{C}=1$, $8-2a+\mathrm{C}=5$ $\therefore$ $a=2$

$\therefore$ $f(x)=\boldsymbol{x^3-x^2+1}$ ← 답

(3) 문제의 조건으로부터 $f'(x)=k(3x^2-6x+4)\ (k\neq0)$로 놓으면

$$f(x)=\int k(3x^2-6x+4)dx=k(x^3-3x^2+4x)+\mathrm{C}$$

$f(0)=-2$, $f(1)=0$이므로 $\mathrm{C}=-2$, $2k+\mathrm{C}=0$ $\therefore$ $k=1$

$\therefore$ $\boldsymbol{f(x)=x^3-3x^2+4x-2}$ ← 답

***Note** $f(x)$는 $f'(x)$의 부정적분 중 하나이므로 $\int f'(x)dx=f(x)+\mathrm{C}$로 쓰는 것이 정확한 표현이다. 이 문제에서는 $\int f'(x)dx$를 계산하는 과정에서 적분상수가 나타나므로 ①에서는 적분상수를 따로 쓰지 않는 것이 편리하다.

유제 **9**-2. $f'(x)=(3x+4)(2-x)$이고 $f(-1)=0$인 함수 $f(x)$를 구하여라.

답 $\boldsymbol{f(x)=-x^3+x^2+8x+6}$

유제 **9**-3. 함수 $y=ax+2$의 부정적분 중에서 $x=0$일 때 함숫값이 1이고, $x=1$일 때 함숫값이 5인 것을 구하여라. 단, a는 상수이다.

답 $\boldsymbol{2x^2+2x+1}$

유제 **9**-4. 곡선 $y=f(x)$ 위의 점 $(x,\ y)$에서의 접선의 기울기가 $6x^2+2x-3$이라고 한다. 이러한 곡선 중에서 점 $(0,\ 1)$을 지나는 곡선의 방정식을 구하여라.

답 $\boldsymbol{y=2x^3+x^2-3x+1}$

필수 예제 9-3 사차함수 $f(x)$의 도함수 $y=f'(x)$의 그래프가 오른쪽 그림과 같다.

$f(x)$의 극댓값이 0이고, 극솟값이 -16일 때, 함수 $f(x)$를 구하여라.

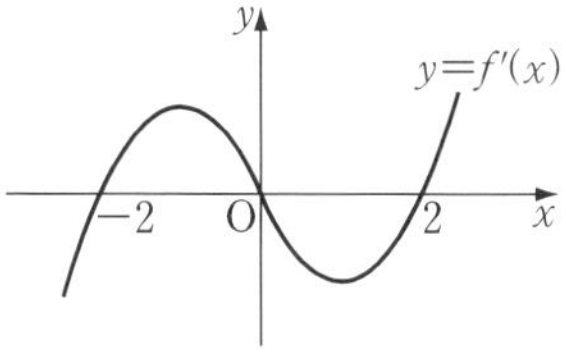

정석연구 주어진 그래프에서 $f'(x)=0$의 해는 $x=-2,\ 0,\ 2$이다.

따라서 오른쪽 증감표에서 $f(x)$는

$\boldsymbol{x=0}$에서 극대,

$\boldsymbol{x=\pm 2}$에서 극소

임을 알 수 있다.

x	$\cdots$	-2	$\cdots$	0	$\cdots$	2	$\cdots$
$f'(x)$	$-$	0	$+$	0	$-$	0	$+$
$f(x)$	↘	극소	↗	극대	↘	극소	↗

주어진 그래프로부터 먼저 $f'(x)$의 꼴을 정하고

정석 $\boldsymbol{f(x)=\int f'(x)dx}$

와 주어진 조건을 이용하여 $f(x)$를 구해 보아라.

모범답안 $f'(x)$는 삼차함수이고 $f'(x)=0$의 해가 $x=-2,\ 0,\ 2$이므로

$f'(x)=ax(x-2)(x+2)=a(x^3-4x)\ (a>0)$로 놓으면

$$f(x)=\int f'(x)dx=\int a(x^3-4x)dx=\frac{1}{4}ax^4-2ax^2+C \qquad \cdots\cdots①$$

$f'(x)$의 부호를 조사하면 함수 $f(x)$는 $x=0$에서 극대이고, $x=\pm 2$에서 극소이다.

극댓값이 0이므로 $f(0)=0 \quad \therefore\ C=0$

극솟값이 -16이므로 $f(-2)=-16$ 또는 $f(2)=-16$

그런데 $f(-2)=f(2)=4a-8a+C$이므로 $-4a+C=-16 \quad \therefore\ a=4$

①에 대입하면 $\boldsymbol{f(x)=x^4-8x^2}$ ← 답

유제 **9**-5. $f(x)=x^2(x-3)$의 부정적분 중 극솟값이 0인 것을 구하여라. 답 $\boldsymbol{\frac{1}{4}x^4-x^3+\frac{27}{4}}$

유제 **9**-6. 오른쪽 그림은 삼차함수 $f(x)$의 도함수 $y=f'(x)$의 그래프이다. 함수 $y=f(x)$의 그래프가 원점을 지날 때, $f(x)$의 극값을 구하여라.

답 극댓값 18, 극솟값 $-\frac{10}{3}$

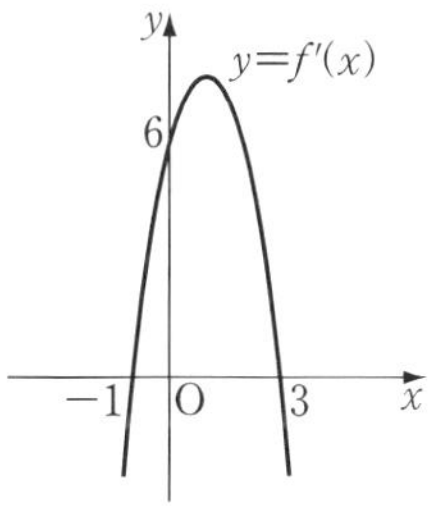

필수 예제 **9**-4 두 다항함수 $f(x)$, $g(x)$가

$$\frac{d}{dx}\{f(x)+g(x)\}=2x+1, \quad \frac{d}{dx}\{f(x)g(x)\}=3x^2-2x+2$$

를 만족시킨다. $f(0)=2$, $g(0)=-1$일 때, $f(x)$, $g(x)$를 구하여라.

정석연구 도함수를 알고 원시함수를 구하는 문제이다.

정 석 $$\frac{d}{dx}F(x)=f(x) \iff F(x)=\int f(x)dx$$

를 이용하여 먼저 $f(x)+g(x)$, $f(x)g(x)$를 구해 보아라.

모범답안 $\frac{d}{dx}\{f(x)+g(x)\}=2x+1$에서

$$f(x)+g(x)=\int(2x+1)dx=x^2+x+C_1$$

여기에서 $x=0$을 대입하면 $f(0)+g(0)=C_1$ $\therefore$ $C_1=2+(-1)=1$

$$\therefore f(x)+g(x)=x^2+x+1 \quad \cdots\cdots①$$

또, $\frac{d}{dx}\{f(x)g(x)\}=3x^2-2x+2$에서

$$f(x)g(x)=\int(3x^2-2x+2)dx=x^3-x^2+2x+C_2$$

여기에서 $x=0$을 대입하면 $f(0)g(0)=C_2$ $\therefore$ $C_2=2\times(-1)=-2$

$$\therefore f(x)g(x)=x^3-x^2+2x-2=(x-1)(x^2+2) \quad \cdots\cdots②$$

①, ②를 만족시키는 다항함수 $f(x)$, $g(x)$는

$$\begin{cases} f(x)=x-1 \\ g(x)=x^2+2 \end{cases} \cdots\cdots③ \qquad \text{또는} \qquad \begin{cases} f(x)=x^2+2 \\ g(x)=x-1 \end{cases} \cdots\cdots④$$

$f(0)=2$, $g(0)=-1$이므로

$$\boldsymbol{f(x)=x^2+2,\ g(x)=x-1} \longleftarrow \text{답}$$

Advice | $f(x)$, $g(x)$는 이차방정식 $t^2-\{f(x)+g(x)\}t+f(x)g(x)=0$의 두 근이므로

$$t^2-(x^2+x+1)t+(x-1)(x^2+2)=0 \qquad \Leftarrow \text{①, ②를 대입}$$

$$\therefore \{t-(x-1)\}\{t-(x^2+2)\}=0 \qquad \therefore t=x-1,\ x^2+2$$

이로부터 위의 ③, ④를 얻을 수 있다.

유제 **9**-7. 다음을 만족시키고 계수가 정수인 다항함수 $f(x)$와 $g(x)$를 구하여라.

$$\{f(x)g(x)\}'=3x^2-4x-3, \quad f(0)=-3, \quad g(0)=-2$$

답 $\boldsymbol{f(x)=x^2-3,\ g(x)=x-2}$

연습문제 9

기본 **9-1** 함수 $f(x)$가 다음 등식을 만족시킬 때, $f(x)$의 극값을 구하여라.

$$\int\{1-f(x)\}dx=\frac{3}{2}x^2-\frac{1}{4}x^4+C \text{ (단, C는 상수)}$$

9-2 자연수 n에 대하여 $f(x)=\int(1+2x+3x^2+\cdots+nx^{n-1})dx$이고 $f(0)=1$일 때, $f(2)$를 구하여라.

9-3 n이 자연수일 때, $\int x(1-x)^n dx$를 구하여라.

9-4 함수 $y=f(x)$에 대하여 x의 증분 Δx와 y의 증분 Δy 사이에

$$\Delta y=x\Delta x+k(\Delta x)^2 \text{ (단, } k\text{는 상수)}$$

인 관계가 성립할 때, 다음 물음에 답하여라.

(1) $f'(x)$를 구하여라. (2) $f(x)$를 구하여라. (3) k의 값을 구하여라.

9-5 「$f(x)$를 적분하여라」라는 문제를 잘못 보아 $f(x)$를 미분하여 $3x^2+x-1$을 얻었다. 옳은 답을 구하여라. 단, $f(0)=1$이다.

9-6 다항함수 $f(x)$가 $f'(x)=3x^2+2x-a$, $\lim_{x\to1}\frac{f(x)}{x-1}=a-5$를 만족시킬 때, 상수 a의 값과 함수 $f(x)$를 구하여라.

9-7 이차함수 $f(x)=x^2-2x-8$을 도함수로 가지는 삼차함수의 극댓값과 극솟값의 차를 구하여라.

9-8 삼차함수 $f(x)$는 $x=1$에서 극값 4를 가진다. $f'(x)=6x^2-18x+a$일 때, 상수 a의 값과 함수 $f(x)$의 다른 극값을 구하여라.

9-9 $f'(x)=x+|x-2|$인 함수 $f(x)$에 대하여 $f(0)=0$일 때, $f(1)f(3)$의 값을 구하여라.

9-10 이차함수 $f(x)$에 대하여 함수 $g(x)$가

$$g(x)=\int\{2x^2+f(x)\}dx, \quad f(x)g(x)=-4x^4+10x^3-12x^2+13x-3$$

을 만족시킬 때, $g(2)$의 값을 구하여라.

9-11 다음을 만족시키는 다항함수 $f(x)$와 $g(x)$를 구하여라.

$$f(x)+g(x)=x^3-x^2, \quad 2f'(x)+g'(x)=4x^3, \quad f(1)=0$$

9-12 다음을 만족시키는 다항함수 $f(x)$와 $g(x)$를 구하여라.

$$f'(x)+g'(x)=3x^2+2, \quad g(x)-f'(0)x=x^2, \quad f(0)+f'(0)=0$$

실력 **9-13** $f(x)=\int(x^2+x+1)dx$일 때, 다음 극한값을 구하여라.

(1) $\displaystyle\lim_{h\to0}\frac{f(a+h)-f(a)}{h}$ (2) $\displaystyle\lim_{h\to0}\frac{f(a+h+h^2)-f(a-h)}{h}$

9-14 다항함수 $f(x)$의 부정적분을 $\mathrm{F}(x)$라고 할 때, $\mathrm{F}(x)=xf(x)-2x^3+x^2$이 성립한다. $f(0)=1$일 때, $f(x)$를 구하여라.

9-15 다음 등식을 만족시키는 다항함수 $f(x)$를 구하여라.

$$f(x)+\int xf(x)dx=\frac{1}{5}x^5-\frac{1}{2}x^4+x^3-\frac{3}{2}x^2$$

9-16 자연수 n에 대하여 함수 $\mathrm{F}_n(x)$를

$$\mathrm{F}_n(x)=\int\frac{x^{3n}-1}{x^2+x+1}dx,\quad \mathrm{F}_n(1)=\sum_{k=1}^{n}\left(\frac{1}{3k-1}-\frac{1}{3k-2}\right)$$

과 같이 정의할 때, $\mathrm{F}_n(0)$의 값을 구하여라.

9-17 함수 $f(x)$는 극댓값과 극솟값을 가지고, 두 값의 차가 36이다. $f'(x)=x^2-(a+1)x+a$일 때, 실수 a의 값을 구하여라.

9-18 함수 $f(x)$가 모든 실수 x에 대하여 연속이고, $|x|\neq1$일 때

$f'(x)=\begin{cases}x^2 & (|x|<1)\\ -1 & (|x|>1)\end{cases}$ 이다. $f(0)=0$일 때, $f(x)$의 극값을 구하여라.

9-19 다항함수 $f(x)$와 $g(x)$가

$$\frac{d}{dx}\{f(x)g(x)\}=3x^2+2x-5,\quad f(x)=(x+3)g(x),\quad g(0)<0$$

을 만족시킨다. $f(x)$와 $g(x)$를 구하여라.

9-20 모든 실수 x, y에 대하여 $f(x+y)=f(x)+f(y)+1$을 만족시키고 $f'(0)=2$인 미분가능한 함수 $f(x)$가 있다.

(1) $f(0)$의 값을 구하여라. (2) $f(x)$를 구하여라.

9-21 다항함수 $f(x)$가 모든 실수 x, y에 대하여 $f(x+y)=f(x)+f(y)+xy$를 만족시킬 때, 다음 물음에 답하여라.

(1) $f(x)$는 x로 나누어 떨어짐을 보여라.

(2) 도함수 $f'(x)$는 일차함수임을 보여라.

(3) $f(1)=1$일 때, $f(x)$를 구하여라.

9-22 미분가능한 두 함수 $f(x)$, $g(x)$가

$$f'\big(g(x)\big)=x,\quad g'(x)=3x,\quad f\big(g(0)\big)=1$$

을 만족시킬 때, $f\big(g(x)\big)$를 구하여라.

10. 정 적 분

§ 1. 정적분의 정의

기본정석

1 정적분의 정의

(1) 닫힌구간 $[a,\ b]$에서 연속인 함수 $f(x)$의 한 부정적분을 $\mathrm{F}(x)$라고 할 때, 곧 $\int f(x)dx=\mathrm{F}(x)+\mathrm{C}$(단, C는 적분상수)일 때, $\mathrm{F}(b)-\mathrm{F}(a)$를 $f(x)$의 a에서 b까지의 정적분이라 하고,

$$\int_a^b f(x)dx=\Big[\mathrm{F}(x)\Big]_a^b=\mathrm{F}(b)-\mathrm{F}(a)$$

와 같이 나타낸다.

이때, a와 b를 각각 정적분의 아래끝, 위끝이라고 한다.

(2) $\int_a^a f(x)dx=0$

(3) $a>b$일 때 $\int_a^b f(x)dx=-\int_b^a f(x)dx$

2 정적분과 넓이 사이의 관계

함수 $f(x)$가 닫힌구간 $[a,\ b]$에서 연속일 때, 곡선 $y=f(x)$와 x축 및 두 직선 $x=a,\ x=b$로 둘러싸인 도형의 넓이를 S라고 하면

(i) 구간 $[a,\ b]$에서 $f(x)\ge0$인 경우

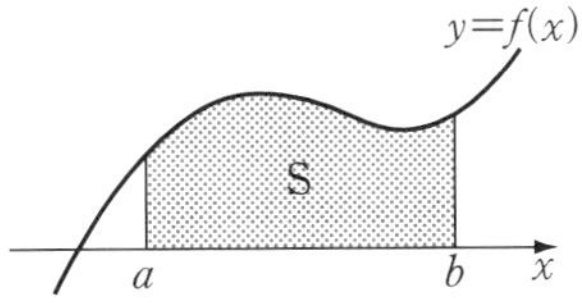

$\mathrm{S}=\int_a^b f(x)dx$

(ii) 구간 $[a,\ b]$에서 $f(x)\le0$인 경우

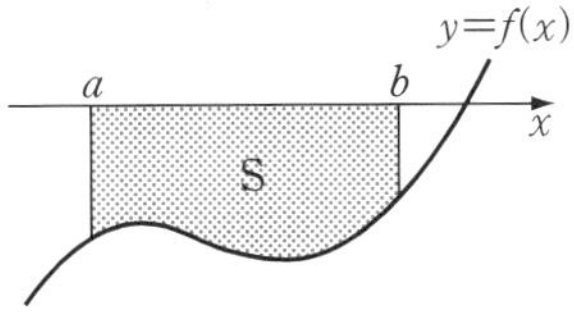

$\mathrm{S}=\int_a^b \{-f(x)\}dx$

Advice 1° 정적분의 정의

닫힌구간 $[a,\ b]$에서 연속인 함수 $f(x)$의 한 부정적분을 $\mathrm{F}(x)$, 다른 한 부정적분을 $\mathrm{G}(x)$라고 하면

$$\mathrm{F}(x)=\mathrm{G}(x)+\mathrm{C}\ (\text{단, C는 상수})$$

이므로 두 실수 a, b에 대하여

$$\mathrm{F}(b)-\mathrm{F}(a)=\{\mathrm{G}(b)+\mathrm{C}\}-\{\mathrm{G}(a)+\mathrm{C}\}=\mathrm{G}(b)-\mathrm{G}(a)$$

이다. 곧, $\mathrm{F}(b)-\mathrm{F}(a)$의 값은 C의 값에 관계없이 하나로 정해진다.

이때, 일정한 값 $\mathrm{F}(b)-\mathrm{F}(a)$를 함수 $f(x)$의 a에서 b까지의 정적분이라 하고, 기호로 $\int_a^b \boldsymbol{f(x)dx}$와 같이 나타낸다.

여기서 $\mathrm{F}(b)-\mathrm{F}(a)$를 기호 $\Big[\mathrm{F}(x)\Big]_a^b$로 나타내면 다음과 같다.

정의 $\boldsymbol{f(x)}$가 구간 $[\boldsymbol{a}, \boldsymbol{b}]$에서 연속이고 $\int \boldsymbol{f(x)dx}=\mathbf{F}(\boldsymbol{x})+\mathbf{C}$이면

$$\int_a^b \boldsymbol{f(x)dx}=\Big[\mathbf{F}(\boldsymbol{x})\Big]_a^b=\mathbf{F}(\boldsymbol{b})-\mathbf{F}(\boldsymbol{a})$$

이때, 정적분 $\int_a^b f(x)dx$의 값을 구하는 것을 $f(x)$를 a에서 b까지 적분한다고 하고, a와 b를 각각 정적분의 아래끝, 위끝이라고 한다.

한편 $a>b$일 때

$$\int_a^b f(x)dx=-\int_b^a f(x)dx$$

로 정의하면 $\int f(x)dx=\mathrm{F}(x)+\mathrm{C}$일 때,

$$\int_a^b f(x)dx=-\int_b^a f(x)dx=-\Big[\mathrm{F}(x)\Big]_b^a=-\{\mathrm{F}(a)-\mathrm{F}(b)\}=\mathrm{F}(b)-\mathrm{F}(a)$$

이다. 따라서 a, b의 대소에 관계없이 다음이 성립한다.

정석 $\boldsymbol{f(x)}$가 $\boldsymbol{a}$, $\boldsymbol{b}$를 포함한 구간에서 연속이고

$$\int \boldsymbol{f(x)dx}=\mathbf{F}(\boldsymbol{x})+\mathbf{C}\text{이면}\quad \int_a^b \boldsymbol{f(x)dx}=\mathbf{F}(\boldsymbol{b})-\mathbf{F}(\boldsymbol{a})$$

보기 1 다음 정적분의 값을 구하여라.

(1) $\int_0^1 3x^2dx$ (2) $\int_{-1}^2 x^2dx$ (3) $\int_2^1 4x^3dx$

연구 (1) 첫째 — 부정적분 $\int 3x^2dx$를 구하면 $\int 3x^2dx=x^3+\mathrm{C}$

둘째 — $x^3+\mathrm{C}$에 $x=1$을 대입한 값에서 $x=0$을 대입한 값을 빼면

$$\int_0^1 3x^2dx=\Big[x^3+\mathrm{C}\Big]_0^1=(1^3+\mathrm{C})-(0^3+\mathrm{C})=\mathbf{1}$$

이와 같이 정적분의 값은 적분상수 C의 값에 관계없이 일정하다. 따라서 다음과 같이 적분상수 C를 생략하고 계산하는 것이 일반적이다.

(2) $\int_{-1}^2 x^2dx=\Big[\frac{1}{3}x^3\Big]_{-1}^2=\frac{8}{3}-\Big(-\frac{1}{3}\Big)=\mathbf{3}$ (3) $\int_2^1 4x^3dx=\Big[x^4\Big]_2^1=1-16=\mathbf{-15}$

Advice 2° 정적분 $\int_a^b f(x)dx$는 함수 $f(x)$와 상수 a, b만으로 정해지는 값이다. 곧, $\int f(x)dx=\mathrm{F}(x)+\mathrm{C}$라고 할 때,

$$\int_a^b f(x)dx=\Big[\mathrm{F}(x)\Big]_a^b=\mathrm{F}(b)-\mathrm{F}(a),\quad \int_a^b f(t)dt=\Big[\mathrm{F}(t)\Big]_a^b=\mathrm{F}(b)-\mathrm{F}(a)$$

이므로 적분변수 x가 다른 변수 t로 바뀌어도 정적분의 값에는 변함이 없음을 알 수 있다.

정석 $\displaystyle\int_a^b \boldsymbol{f(x)dx}=\int_a^b \boldsymbol{f(t)dt}=\int_a^b \boldsymbol{f(u)du}=\cdots$

보기 2 $\mathrm{F}(x)=\int_2^x (x^3-1)dx$일 때, 다음 중 $\mathrm{F}(-x)$와 같은 것은?

① $\int_2^x (-x^3-1)dx$ ② $\int_{-2}^{-x} (x^3-1)dx$ ③ $\int_2^{-x} (-x^3-1)dx$

④ $\int_2^{-x} (x^3-1)dx$ ⑤ $-\int_2^x (x^3-1)dx$

연구 $\mathrm{F}(x)=\int_2^x (x^3-1)dx=\int_2^x (t^3-1)dt$이므로 $\mathrm{F}(-x)$는 위끝 x의 부호만 바뀐다. 곧,

$$\mathrm{F}(-x)=\int_2^{-x} (t^3-1)dt=\int_2^{-x} (x^3-1)dx$$

답 ④

Advice 3° 정적분과 넓이 사이의 관계

함수 $f(t)$가 닫힌구간 $[a, b]$에서 연속이고 $f(t)\ge 0$일 때, 곡선 $y=f(t)$와 t축 및 두 직선 $t=a$, $t=b$로 둘러싸인 도형의 넓이를 S라고 하자.

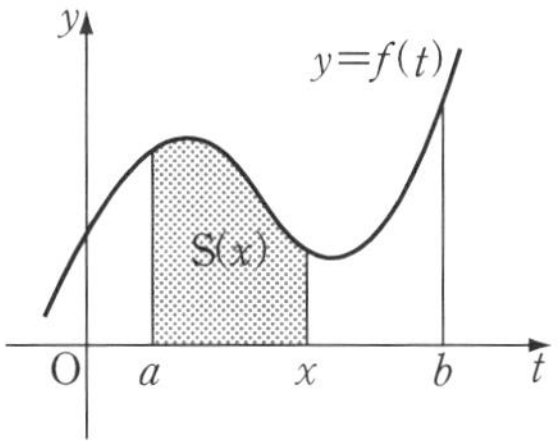

오른쪽 그림과 같이 $a\le x\le b$인 x에 대하여 곡선 $y=f(t)$와 t축 및 두 직선 $t=a$, $t=x$로 둘러싸인 도형의 넓이를 $\mathrm{S}(x)$라고 하면, $\mathrm{S}(x)$는 연속함수이고

$$\mathrm{S}(a)=0,\quad \mathrm{S}(b)=\mathrm{S}$$

이다.

$\Delta x>0$일 때, x의 증분 Δx에 대한 $\mathrm{S}(x)$의 증분을 $\Delta\mathrm{S}$라고 하면

$$\Delta\mathrm{S}=\mathrm{S}(x+\Delta x)-\mathrm{S}(x)$$

이고, 이것은 오른쪽 그림에서 초록 빗금 친 부분의 넓이이다.

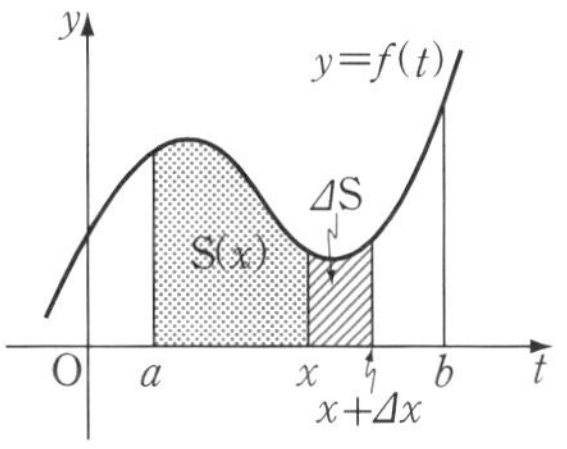

이때, 함수 $f(t)$는 구간 $[x,\ x+\Delta x]$에서 연속이므로 이 구간에서 최댓값과 최솟값을 가진다.

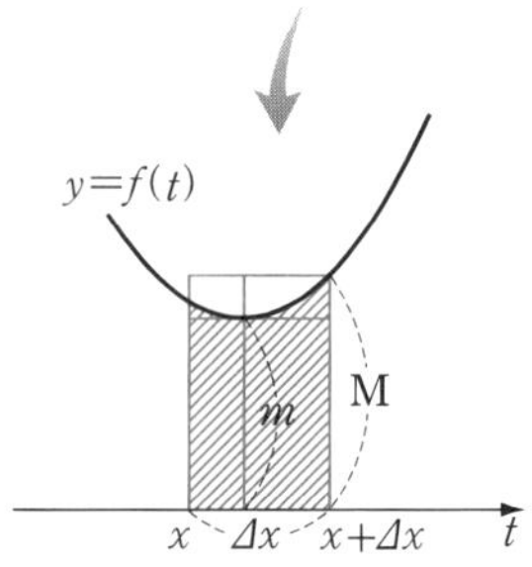

최댓값을 M, 최솟값을 m이라고 하면

$$m\Delta x \le \Delta S \le M\Delta x$$

이므로

$$m \le \frac{\Delta S}{\Delta x} \le M \qquad \cdots\cdots ①$$

또, $\Delta x<0$일 때 Δx에 대한 $S(x)$의 증분을 ΔS라고 하면 오른쪽 그림의 초록 빗금 친 부분의 넓이는 $-\Delta S$이다.

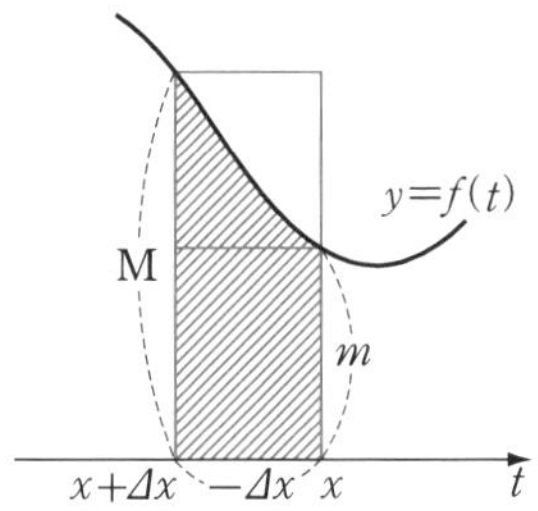

이때, 구간 $[x+\Delta x,\ x]$에서 함수 $f(t)$의 최댓값을 M, 최솟값을 m이라고 하면

$$m(-\Delta x) \le -\Delta S \le M(-\Delta x)$$

이고, $-\Delta x>0$이므로

$$m \le \frac{\Delta S}{\Delta x} \le M \qquad \cdots\cdots ②$$

한편 함수 $f(t)$는 구간 $[a,\ b]$에서 연속이므로

$$\Delta x \longrightarrow 0\text{일 때} \quad m \longrightarrow f(x)\text{이고} \quad M \longrightarrow f(x)$$

따라서 ①, ②에서 $\displaystyle\lim_{\Delta x\to 0}\frac{\Delta S}{\Delta x}=f(x)$

곧, $S'(x)=f(x)$ ⇦ $\displaystyle\lim_{\Delta x\to 0}\frac{S(x+\Delta x)-S(x)}{\Delta x}=S'(x)$

이므로 $S(x)$는 $f(x)$의 부정적분 중 하나이다.

이때, $f(x)$의 다른 한 부정적분을 $F(x)$라고 하면

$$S(x)=F(x)+C \text{ (단, C는 상수)}$$

이고, $S(a)=0$에서 $C=-F(a)$이므로

$$S=S(b)=F(b)+C=F(b)-F(a)=\int_a^b f(t)dt$$

이다.

곧, 함수 $f(x)$가 구간 $[a,\ b]$에서 연속이고 $f(x)\ge 0$일 때, 곡선 $y=f(x)$와 x축 및 두 직선 $x=a$, $x=b$로 둘러싸인 도형의 넓이를 S라고 하면

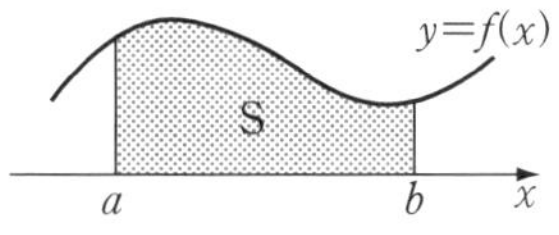

$$S=\int_a^b \boldsymbol{f(x)dx}$$

이다.

한편 구간 $[a, b]$에서 $f(x)\le0$일 때에는 곡선 $y=f(x)$가 곡선 $y=-f(x)$와 x축에 대하여 대칭이고 $-f(x)\ge0$이므로 곡선 $y=f(x)$와 x축 및 두 직선 $x=a$, $x=b$로 둘러싸인 도형의 넓이를 S라고 하면

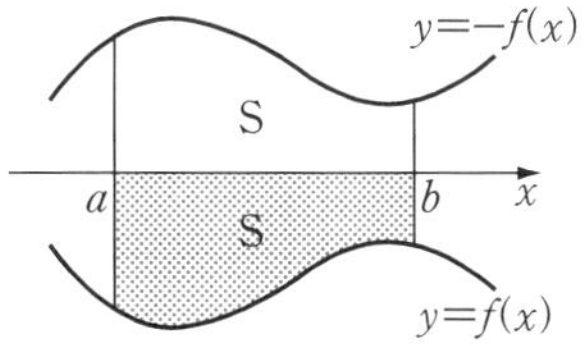

$$\mathrm{S}=\int_a^b\{-f(x)\}dx$$

이다.

*Note 구간 $[a, b]$에서 $f(x)$의 부호가 일정하지 않을 때의 넓이는 $f(x)$의 값이 양수인 구간과 음수인 구간으로 나누어 구해야 한다.

곧, 오른쪽 그림에서 곡선 $y=f(x)$와 x축 및 두 직선 $x=a$, $x=b$로 둘러싸인 도형의 넓이를 S라고 하면

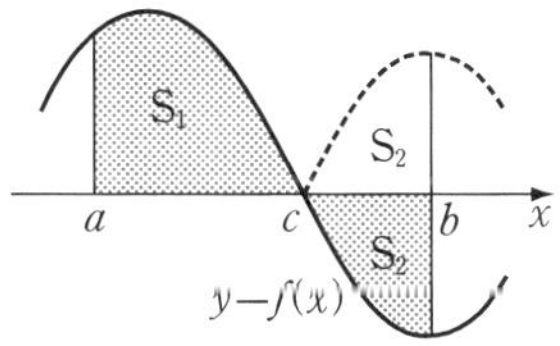

$$\mathrm{S}=\mathrm{S}_1+\mathrm{S}_2=\int_a^c f(x)dx+\int_c^b\{-f(x)\}dx$$

이고, 이것은 절댓값 기호를 써서 $\mathrm{S}=\int_a^b|f(x)|dx$와 같이 나타낼 수도 있다.

이와 같은 정적분과 넓이 사이의 관계에 대해서는 12단원에서 다시 깊이 있게 다룬다.

보기 3 아래 그림의 점 찍은 부분의 넓이 S를 구하여라.

(1)
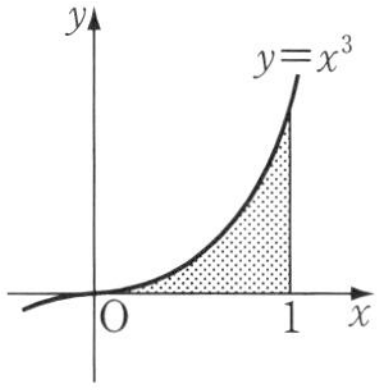

(2)
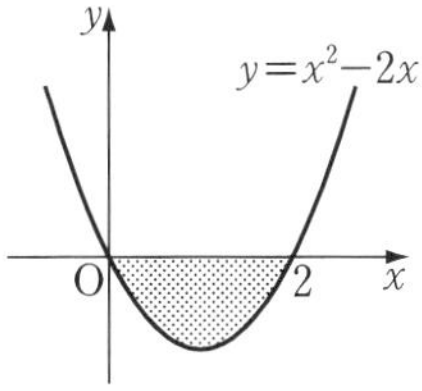

(3)
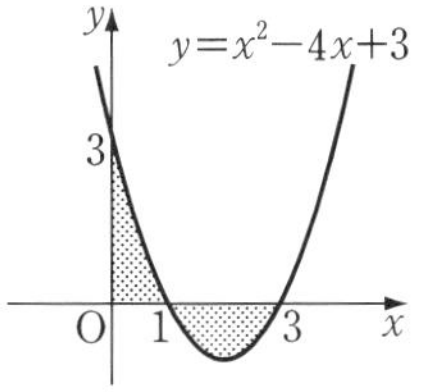

연구 (1) $\mathrm{S}=\int_0^1 x^3dx=\left[\frac{1}{4}x^4\right]_0^1=\mathbf{\frac{1}{4}}$

(2) $\mathrm{S}=\int_0^2\{-(x^2-2x)\}dx=\int_0^2(-x^2+2x)dx=\left[-\frac{1}{3}x^3+x^2\right]_0^2=\mathbf{\frac{4}{3}}$

(3) $\mathrm{S}=\int_0^1(x^2-4x+3)dx+\int_1^3\{-(x^2-4x+3)\}dx$

$=\int_0^1(x^2-4x+3)dx+\int_1^3(-x^2+4x-3)dx$

$=\left[\frac{1}{3}x^3-2x^2+3x\right]_0^1+\left[-\frac{1}{3}x^3+2x^2-3x\right]_1^3=\frac{4}{3}+\frac{4}{3}=\mathbf{\frac{8}{3}}$

필수 예제 10-1 다음 정적분의 값을 구하여라.

(1) $\displaystyle\int_1^2 (x^2-3x+2)dx$ (2) $\displaystyle\int_2^3 (t-2)(t^2+2t+4)dt$

정석연구 (1)은 $\displaystyle\int(x^2-3x+2)dx$, (2)는 $\displaystyle\int(t-2)(t^2+2t+4)dt$를 구하고 다음 정적분의 정의를 이용한다.

정의 $f(x)$가 구간 $[a,\ b]$에서 연속이고 $\displaystyle\int f(x)dx=\mathrm{F}(x)+\mathrm{C}$이면

$$\int_a^b f(x)dx=\Big[\mathrm{F}(x)\Big]_a^b=\mathrm{F}(b)-\mathrm{F}(a)$$

모범답안 (1) $\displaystyle\int(x^2-3x+2)dx=\frac{1}{3}x^3-\frac{3}{2}x^2+2x+\mathrm{C}$이므로

$$(\text{준 식})=\left[\frac{1}{3}x^3-\frac{3}{2}x^2+2x\right]_1^2$$

$$=\left(\frac{1}{3}\times2^3-\frac{3}{2}\times2^2+2\times2\right)-\left(\frac{1}{3}\times1^3-\frac{3}{2}\times1^2+2\times1\right)=-\frac{1}{6} \longleftarrow \text{답}$$

(2) $\displaystyle(\text{준 식})=\int_2^3(t^3-2^3)dt=\left[\frac{1}{4}t^4-8t\right]_2^3$

$$=\left(\frac{1}{4}\times3^4-8\times3\right)-\left(\frac{1}{4}\times2^4-8\times2\right)=\frac{33}{4} \longleftarrow \text{답}$$

Advice | 일반적으로 $\Big[ax^3+bx^2+cx\Big]_\alpha^\beta$는 다음과 같이 계산할 수 있다.

$$\Big[ax^3+bx^2+cx\Big]_\alpha^\beta=(a\beta^3+b\beta^2+c\beta)-(a\alpha^3+b\alpha^2+c\alpha)$$
$$=a(\beta^3-\alpha^3)+b(\beta^2-\alpha^2)+c(\beta-\alpha) \quad \text{곧,}$$

정석 $\Big[ax^3+bx^2+cx\Big]_\alpha^\beta=a(\beta^3-\alpha^3)+b(\beta^2-\alpha^2)+c(\beta-\alpha)$

이것을 위의 (1), (2)에 적용하면 좀 더 능률적으로 계산할 수 있다.

(1) $\displaystyle\frac{1}{3}(2^3-1^3)-\frac{3}{2}(2^2-1^2)+2(2-1)=-\frac{1}{6}$ (2) $\displaystyle\frac{1}{4}(3^4-2^4)-8(3-2)=\frac{33}{4}$

유제 **10**-1. 다음 정적분의 값을 구하여라.

(1) $\displaystyle\int_0^1 x(1-x)dx$ (2) $\displaystyle\int_{-1}^1 x(1-x)^2dx$

(3) $\displaystyle\int_0^1 (x+1)(x^2-x+1)dx$ (4) $\displaystyle\int_{-1}^2 (y+1)(y^2-1)dy$

답 (1) $\frac{1}{6}$ (2) $-\frac{4}{3}$ (3) $\frac{5}{4}$ (4) $\frac{9}{4}$

Advice | 구분구적법을 이용한 정적분의 정의

구분구적법을 이용하여 정적분을 정의하기도 한다. 고등학교 교육과정에 따르면 수학 Ⅱ에서는 구분구적법을 다루지 않지만 이 책에서는 심화 탐구로 소개한다.

1 구분구적법

몇 개의 선분으로 둘러싸인 다각형의 넓이는 삼각형 또는 직사각형으로 분할하여 이들 분할된 도형의 넓이의 합으로 구하면 된다.

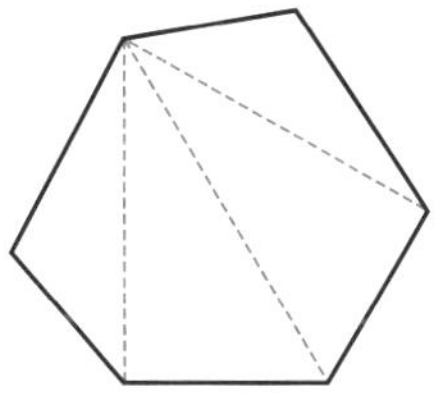

그러나 곡선으로 둘러싸인 도형은 직사각형이나 삼각형만으로 분할할 수 없다. 따라서 이런 도형의 넓이를 구할 때에는 주어진 도형을 다각형으로 근사시키는 방법을 생각해야 한다.

이를테면 오른쪽 그림에서 반지름의 길이가 r인 원에 내접하는 정n각형의 넓이를 S_n이라고 하면

$$S_n = \triangle OAB \times n$$
$$= \left(\frac{1}{2}\overline{AB} \times h_n\right) \times n = \frac{1}{2}h_n \times n\overline{AB}$$

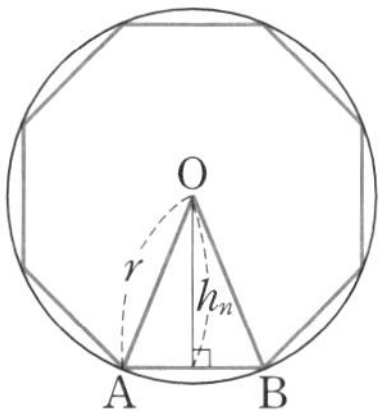

정n각형의 둘레의 길이를 l_n이라고 하면

$n\overline{AB} = l_n$이므로 $S_n = \frac{1}{2}h_n l_n$

이 그림에서는 정팔각형의 경우이지만 $n=16$, $n=100$ 등 변의 개수 n을 더욱 크게 하면 할수록 S_n의 값은 원의 넓이에 더욱 더 가까워진다.

따라서 $n \longrightarrow \infty$일 때 S_n의 극한이 원의 넓이라고 할 수 있다.

그런데 $n \longrightarrow \infty$일 때 $h_n \longrightarrow r$, $l_n \longrightarrow 2\pi r$이므로 반지름의 길이가 r인 원의 넓이 S는 다음과 같다.

$$S = \lim_{n\to\infty} S_n = \lim_{n\to\infty} \frac{1}{2}h_n l_n = \frac{1}{2} \times r \times 2\pi r = \boldsymbol{\pi r^2}$$

구분구적법

다음과 같은 방법으로 평면도형의 넓이나 입체도형의 부피를 구하는 것을 구분구적법이라고 한다.

(i) 주어진 도형을 충분히 작은 n개의 기본 도형으로 나눈다.

(ii) 기본 도형들의 넓이의 합 S_n 또는 부피의 합 V_n을 구한다.

(iii) $\lim_{n\to\infty} S_n$ 또는 $\lim_{n\to\infty} V_n$을 구한다.

보기 1 포물선 $y=x^2$과 x축 및 직선 $x=1$로 둘러싸인 도형의 넓이를 구분구적법으로 구하여라.

연구

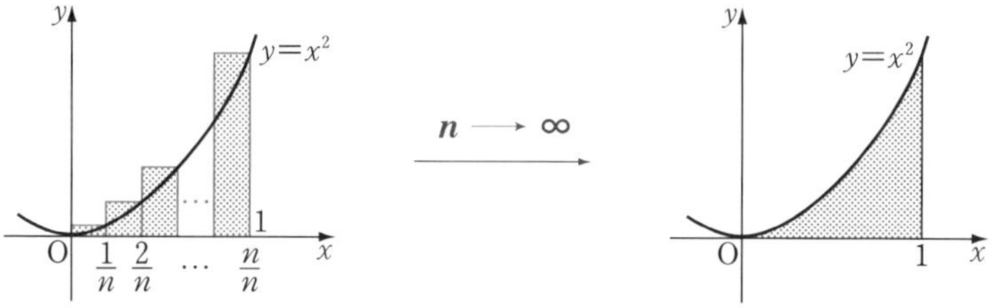

위의 왼쪽 그림과 같이 구간 $[0, 1]$을 n등분하여 n개의 직사각형의 넓이의 합을 구한 다음 $n \longrightarrow \infty$를 생각한다.

구간 $[0, 1]$을 n등분하면 양 끝 점과 각 분점의 x좌표는 왼쪽부터

$$0,\ \frac{1}{n},\ \frac{2}{n},\ \frac{3}{n},\ \cdots,\ \frac{n}{n}$$ ⇦ 분점 사이의 거리는 $\frac{1}{n}$

이다.

또, n등분한 각 구간의 오른쪽 끝 점의 함숫값을 세로의 길이로 하는 직사각형을 각각 만들고, 이들의 넓이의 합을 S_n이라고 하면

$$S_n=\left(\frac{1}{n}\right)^2\frac{1}{n}+\left(\frac{2}{n}\right)^2\frac{1}{n}+\left(\frac{3}{n}\right)^2\frac{1}{n}+\cdots+\left(\frac{n}{n}\right)^2\frac{1}{n}=\frac{n(n+1)(2n+1)}{6n^3}$$

한편 오른쪽 그림과 같이 n등분한 각 구간의 왼쪽 끝 점의 함숫값을 세로의 길이로 하는 직사각형을 각각 만들고, 이들의 넓이의 합을 T_n이라고 하면

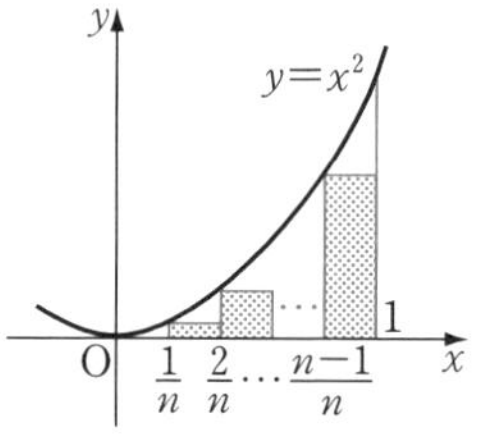

$$T_n=\left(\frac{1}{n}\right)^2\frac{1}{n}+\left(\frac{2}{n}\right)^2\frac{1}{n}+\cdots+\left(\frac{n-1}{n}\right)^2\frac{1}{n}$$
$$=\frac{(n-1)n(2n-1)}{6n^3}$$

따라서 구하는 넓이를 S라고 하면 모든 자연수 n에 대하여

$$T_n<S<S_n$$

이고 $\lim_{n\to\infty}S_n=\frac{1}{3}$, $\lim_{n\to\infty}T_n=\frac{1}{3}$이므로 $S=\mathbf{\frac{1}{3}}$

***Note** $y=x^2$과 같이 연속함수인 경우 다음이 성립한다.

$$S=\lim_{n\to\infty}S_n=\lim_{n\to\infty}T_n$$

따라서 $S=\lim_{n\to\infty}S_n$, $S=\lim_{n\to\infty}T_n$ 중 어느 한 경우만을 생각해도 된다.

2 구분구적법을 이용한 정적분의 정의

함수 $f(x)$가 닫힌구간 $[a, b]$에서 연속이고 $f(x) \geq 0$일 때, 곡선 $y=f(x)$와 x축 및 두 직선 $x=a$, $x=b$로 둘러싸인 도형의 넓이 S를 구분구적법으로 구해 보자.

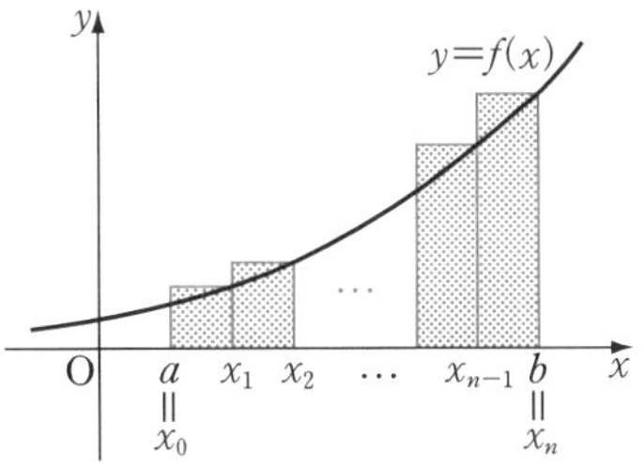

구간 $[a, b]$를 n등분하여 오른쪽 그림과 같이 양 끝 점과 각 분점의 x좌표를

$$x_0(=a),\quad x_1,\quad x_2,\quad \cdots,\quad x_{n-1},\quad x_n(=b)$$

이라고 하자.

이때, 각 소구간의 길이를 Δx라고 하면 Δx는 각각의 직사각형의 가로의 길이이고, 직사각형의 세로의 길이는 각각 다음과 같다.

$$f(x_1),\quad f(x_2),\quad \cdots,\quad f(x_{n-1}),\quad f(x_n)$$

따라서 이들 직사각형의 넓이의 합을 S_n이라고 하면

$$S_n=f(x_1)\Delta x+f(x_2)\Delta x+\cdots+f(x_{n-1})\Delta x+f(x_n)\Delta x=\sum_{k=1}^{n} f(x_k)\Delta x$$

이므로 구하는 넓이 S는 다음과 같다.

$$\mathbf{S}=\lim_{n\to\infty} \mathbf{S}_n=\lim_{n\to\infty}\sum_{k=1}^{n} \boldsymbol{f(x_k)\Delta x}$$

일반적으로 함수 $f(x)$가 닫힌구간 $[a, b]$에서 연속이면

$$\lim_{n\to\infty} \mathbf{S}_n=\lim_{n\to\infty}\sum_{k=1}^{n} \boldsymbol{f(x_k)\Delta x}$$

의 값이 존재한다. 이 극한값을 $f(x)$의 a에서 b까지의 정적분이라 하고, $\int_a^b f(x)dx$로 나타낸다. 곧,

정의 $\displaystyle \int_a^b \boldsymbol{f(x)dx}=\lim_{n\to\infty}\sum_{k=1}^{n} \boldsymbol{f(x_k)\Delta x} \left(\boldsymbol{\Delta x}=\frac{\boldsymbol{b-a}}{\boldsymbol{n}},\ \boldsymbol{x_k=a+k\Delta x}\right)$

여기에서 $f(x) \geq 0$이면 $f(x_k) \geq 0$, $f(x)<0$이면 $f(x_k)<0$이므로

$$\sum_{k=1}^{n} \boldsymbol{f(x_k)\Delta x}$$

는 x축 위쪽에 있는 직사각형의 넓이의 합에서 x축 아래쪽에 있는 직사각형의 넓이의 합을 뺀 것과 같다.

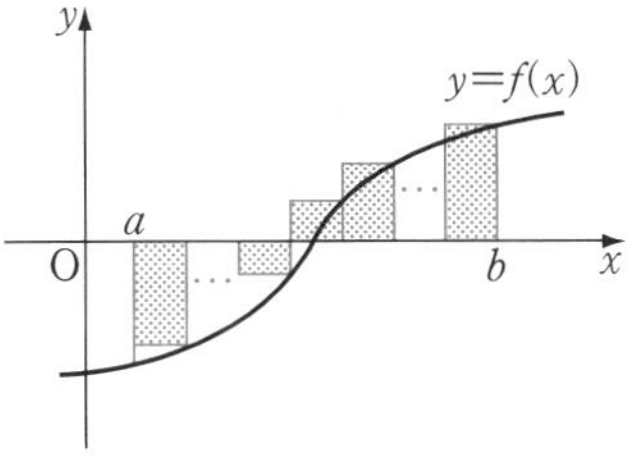

이 값의 극한인 정적분도 같은 뜻을 가진다.

§ 2. 정적분의 계산

기본정석

정적분의 기본 공식

a, b, c의 대소에 관계없이 다음 관계식이 성립한다.

(1) $\displaystyle\int_a^b kf(x)dx=k\int_a^b f(x)dx$ (단, k는 상수)

(2) $\displaystyle\int_a^b \{f(x)\pm g(x)\}dx=\int_a^b f(x)dx\pm\int_a^b g(x)dx$ (복부호동순)

(3) $\displaystyle\int_a^b f(x)dx=\int_a^c f(x)dx+\int_c^b f(x)dx$

Advice 1° 정적분의 기본 공식의 증명

다음 부정적분의 기본 공식을 이용하여 증명한다.

$$\int kf(x)dx=k\int f(x)dx \text{ (단, } k\text{는 0이 아닌 상수)}$$

$$\int \{f(x)\pm g(x)\}dx=\int f(x)dx\pm\int g(x)dx \text{ (복부호동순)}$$

두 함수 $f(x)$, $g(x)$의 한 부정적분을 각각 $\mathrm{F}(x)$, $\mathrm{G}(x)$라고 하면

(1) k가 0이 아닌 상수일 때,

$$\int kf(x)dx=k\int f(x)dx=k\mathrm{F}(x)+\mathrm{C} \text{ (단, C는 적분상수)}$$

이므로

$$\int_a^b kf(x)dx=\Big[k\mathrm{F}(x)\Big]_a^b=k\mathrm{F}(b)-k\mathrm{F}(a)=k\{\mathrm{F}(b)-\mathrm{F}(a)\}=k\int_a^b f(x)dx$$

이고, 이것은 $k=0$일 때에도 성립한다.

(2) $\displaystyle\int\{f(x)\pm g(x)\}dx=\int f(x)dx\pm\int g(x)dx$

$$=\mathrm{F}(x)\pm\mathrm{G}(x)+\mathrm{C} \text{ (단, C는 적분상수)}$$

이므로

$$\int_a^b\{f(x)\pm g(x)\}dx=\Big[\mathrm{F}(x)\pm\mathrm{G}(x)\Big]_a^b=\{\mathrm{F}(b)\pm\mathrm{G}(b)\}-\{\mathrm{F}(a)\pm\mathrm{G}(a)\}$$

$$=\{\mathrm{F}(b)-\mathrm{F}(a)\}\pm\{\mathrm{G}(b)-\mathrm{G}(a)\}$$

$$=\int_a^b f(x)dx\pm\int_a^b g(x)dx \text{ (복부호동순)}$$

(3) $\displaystyle\int_a^c f(x)dx+\int_c^b f(x)dx=\Big[\mathrm{F}(x)\Big]_a^c+\Big[\mathrm{F}(x)\Big]_c^b$

$$=\{\mathrm{F}(c)-\mathrm{F}(a)\}+\{\mathrm{F}(b)-\mathrm{F}(c)\}=\mathrm{F}(b)-\mathrm{F}(a)=\int_a^b f(x)dx$$

Advice 2° (3)은 다음과 같이 이해해도 된다.

오른쪽 그림에서 $a<c<b$이고 $f(x)\geq 0$일 때, 구간 $[a,\ b]$에서의 넓이는 두 구간 $[a,\ c]$, $[c,\ b]$에서의 넓이의 합과 같다.

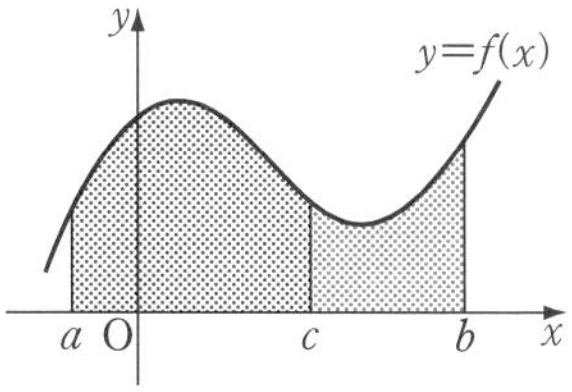

보기 1 다음 정적분의 값을 구하여라.

(1) $\displaystyle\int_2^5 (x^2+4x)dx$

(2) $\displaystyle\int_0^3 (x^2+1)dx+\int_0^3 (x^2-1)dx$ (3) $\displaystyle\int_0^2 (x+1)^3dx-\int_0^2 (x-1)^3dx$

연구 (1) $\displaystyle(\text{준 식})=\int_2^5 x^2dx+4\int_2^5 x\,dx=\left[\frac{1}{3}x^3\right]_2^5+4\left[\frac{1}{2}x^2\right]_2^5$

$\displaystyle=\frac{1}{3}(5^3-2^3)+2(5^2-2^2)=\mathbf{81}$

(2) $\displaystyle(\text{준 식})=\int_0^3 \{(x^2+1)+(x^2-1)\}dx=\int_0^3 2x^2dx=2\int_0^3 x^2dx$

$\displaystyle=2\left[\frac{1}{3}x^3\right]_0^3=\frac{2}{3}\times 3^3=\mathbf{18}$

(3) $\displaystyle(\text{준 식})=\int_0^2 \{(x+1)^3-(x-1)^3\}dx=\int_0^2 (6x^2+2)dx$

$\displaystyle=\left[2x^3+2x\right]_0^2=2\times 2^3+2\times 2=\mathbf{20}$

***Note** (1)은 기본 공식을 적용하는 방법을 연습하기 위한 것이고, 실제로는 $\displaystyle(\text{준 식})=\left[\frac{1}{3}x^3+2x^2\right]_2^5=\frac{1}{3}(5^3-2^3)+2(5^2-2^2)=81$이라고 하면 된다.

보기 2 정적분 $\displaystyle\int_0^2 (4x^3-2x+4)dx+\int_2^3 (4x^3-2x+4)dx$의 값을 구하여라.

연구 $\displaystyle(\text{준 식})=\int_0^3 (4x^3-2x+4)dx=\left[x^4-x^2+4x\right]_0^3=3^4-3^2+4\times 3=\mathbf{84}$

보기 3 $\displaystyle\int_a^b f(x)dx=p$, $\displaystyle\int_b^c f(x)dx=q$, $\displaystyle\int_a^c f(x+4)dx=r$일 때, 다음 정적분의 값을 p, q, r로 나타내어라.

(1) $\displaystyle\int_b^a f(x)dx$ (2) $\displaystyle\int_a^c f(x)dx$ (3) $\displaystyle\int_a^c \{f(x)+f(x+4)\}dx$

연구 (1) $\displaystyle\int_b^a f(x)dx=-\int_a^b f(x)dx=\boldsymbol{-p}$

(2) $\displaystyle\int_a^c f(x)dx=\int_a^b f(x)dx+\int_b^c f(x)dx=\boldsymbol{p+q}$

(3) $\displaystyle\int_a^c \{f(x)+f(x+4)\}dx=\int_a^c f(x)dx+\int_a^c f(x+4)dx=\boldsymbol{p+q+r}$

필수 예제 10-2 다음 물음에 답하여라.

(1) $\displaystyle\int_{\alpha}^{\beta} a(x-\alpha)(x-\beta)dx = -\frac{a}{6}(\beta-\alpha)^3$ (단, a는 상수)을 증명하여라.

(2) $\displaystyle\int_0^1 \frac{x^3}{x+1}dx - \int_1^0 \frac{1}{t+1}dt$ 의 값을 구하여라.

정석연구 (1) 먼저 피적분함수를 전개하고 정리한다.

(2) $\displaystyle\int_1^0 \frac{1}{t+1}dt = -\int_0^1 \frac{1}{t+1}dt$ 이므로 두 정적분의 위끝, 아래끝을 각각 같게 할 수 있다. 따라서 적분변수를 x 또는 t로 통일하고 하나의 정적분으로 나타낸다.

정석 $\displaystyle\int_a^b f(x)dx = -\int_b^a f(x)dx$

$\displaystyle\int_a^b f(x)dx \pm \int_a^b g(x)dx = \int_a^b \{f(x) \pm g(x)\}dx$ (복부호동순)

모범답안 (1) (좌변) $\displaystyle = a\int_{\alpha}^{\beta}\{x^2-(\alpha+\beta)x+\alpha\beta\}dx$

$$= a\left[\frac{1}{3}x^3 - \frac{1}{2}(\alpha+\beta)x^2 + \alpha\beta x\right]_{\alpha}^{\beta}$$

$$= a\left\{\frac{1}{3}(\beta^3-\alpha^3) - \frac{1}{2}(\alpha+\beta)(\beta^2-\alpha^2) + \alpha\beta(\beta-\alpha)\right\}$$

$$= \frac{a}{6}(\beta-\alpha)\{2(\beta^2+\alpha\beta+\alpha^2) - 3(\alpha+\beta)^2 + 6\alpha\beta\}$$

$$= -\frac{a}{6}(\beta-\alpha)(\beta^2-2\alpha\beta+\alpha^2) = -\frac{a}{6}(\beta-\alpha)^3$$

(2) (준 식) $\displaystyle = \int_0^1 \frac{x^3}{x+1}dx - \int_1^0 \frac{1}{x+1}dx = \int_0^1 \frac{x^3}{x+1}dx + \int_0^1 \frac{1}{x+1}dx$

$$= \int_0^1 \frac{x^3+1}{x+1}dx = \int_0^1 \frac{(x+1)(x^2-x+1)}{x+1}dx = \int_0^1 (x^2-x+1)dx$$

$$= \left[\frac{1}{3}x^3 - \frac{1}{2}x^2 + x\right]_0^1 = \frac{5}{6}$$ ← 답

Advice | (1)에서 $a(x-\alpha)(x-\beta)=0$의 두 근 α, β가 각각 정적분의 아래끝과 위끝일 때 다음이 성립한다. **유제 10**-2의 (1)에 적용해 보아라.

정석 $\displaystyle\int_{\alpha}^{\beta} a(x-\alpha)(x-\beta)dx = -\frac{a}{6}(\beta-\alpha)^3$

유제 **10**-2. 다음 정적분의 값을 구하여라.

(1) $\displaystyle\int_{1-\sqrt{3}}^{1+\sqrt{3}} 3(x^2-2x-2)dx$ (2) $\displaystyle\int_1^2 (\sqrt{x}+1)^3dx + \int_2^1 (\sqrt{t}-1)^3dt$

답 (1) $-12\sqrt{3}$ (2) 11

필수 예제 **10**-3 다음 정적분의 값을 구하여라.

(1) $\displaystyle\int_{-2}^{2}(6x^7+5x^5-4x^3+3x^2-7x+2)dx$

(2) $\displaystyle\int_{-1}^{0}(x^5+4x^3+6x^2-1)dx-\int_{1}^{0}(x^5+4x^3+6x^2-1)dx$

정석연구 위끝, 아래끝의 부호가 다르고 절댓값이 같다는 특징을 가진 문제이다.

(i) $f(x)$가 우함수, 곧 $f(-x)=f(x)$일 때에는 아래 왼쪽 그림에서

$$\int_{-a}^{a}f(x)dx=\mathrm{S}+\mathrm{S}=2\mathrm{S}=2\int_{0}^{a}f(x)dx$$

(ii) $f(x)$가 기함수, 곧 $f(-x)=-f(x)$일 때에는 아래 오른쪽 그림에서

$$\int_{-a}^{a}f(x)dx=-\mathrm{S}+\mathrm{S}=0$$

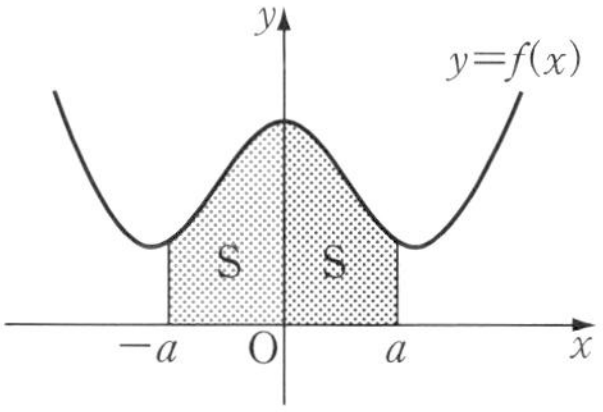

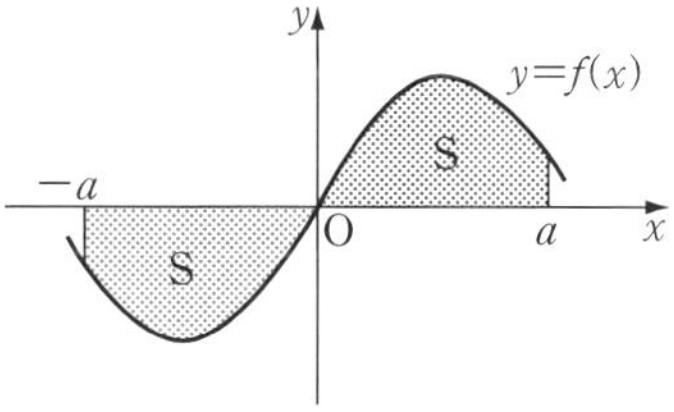

정석 $\boldsymbol{f(-x)=f(x)}$ (우함수) $\Longrightarrow$ $\displaystyle\boldsymbol{\int_{-a}^{a}f(x)dx=2\int_{0}^{a}f(x)dx}$

$\boldsymbol{f(-x)=-f(x)}$ (기함수) $\Longrightarrow$ $\displaystyle\boldsymbol{\int_{-a}^{a}f(x)dx=0}$

모범답안 (1) (준 식)$\displaystyle=\int_{-2}^{2}(6x^7+5x^5-4x^3-7x)dx+\int_{-2}^{2}(3x^2+2)dx$

$\displaystyle=0+2\int_{0}^{2}(3x^2+2)dx=2\Big[x^3+2x\Big]_{0}^{2}=2\times12=\mathbf{24}$ ← 답

(2) (준 식)$\displaystyle=\int_{-1}^{0}(x^5+4x^3+6x^2-1)dx+\int_{0}^{1}(x^5+4x^3+6x^2-1)dx$

$\displaystyle=\int_{-1}^{1}(x^5+4x^3+6x^2-1)dx=\int_{-1}^{1}(x^5+4x^3)dx+\int_{-1}^{1}(6x^2-1)dx$

$\displaystyle=0+2\int_{0}^{1}(6x^2-1)dx=2\Big[2x^3-x\Big]_{0}^{1}=2\times1=\mathbf{2}$ ← 답

유제 **10**-3. 다음 정적분의 값을 구하여라.

(1) $\displaystyle\int_{-1}^{1}x(1-3x)^2dx$ (2) $\displaystyle\int_{-1}^{0}(x^5+3x^2)dx-\int_{1}^{0}(x^5+3x^2)dx$

답 (1) $\mathbf{-4}$ (2) $\mathbf{2}$

필수 예제 10-4 함수 $f(x)=\begin{cases} x^2 & (x\le 1) \\ 2x-x^2 & (x\ge 1)\end{cases}$에 대하여 다음 정적분의 값을 구하여라.

(1) $\displaystyle\int_0^1 f(x)dx$ (2) $\displaystyle\int_0^3 f(x)dx$ (3) $\displaystyle\int_0^3 xf(x)dx$

정석연구 적분구간 안에서 함수가 다를 때에는 적분구간을 나누어서 적분한다. 곧,

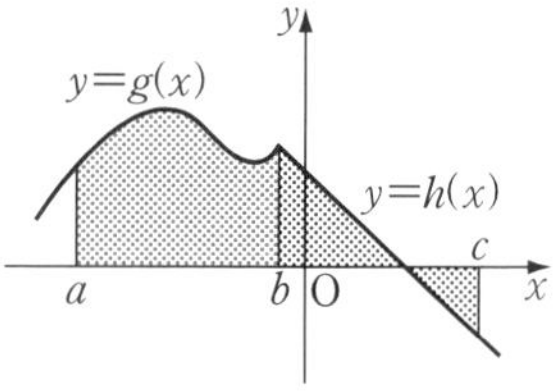

정석 $\boldsymbol{f(x)=\begin{cases} g(x) & (a\le x\le b) \\ h(x) & (b\le x\le c)\end{cases}}$ 일 때,

$$\boldsymbol{\int_a^c f(x)dx=\int_a^b g(x)dx+\int_b^c h(x)dx}$$

이 문제의 경우 오른쪽 그림을 참조하면

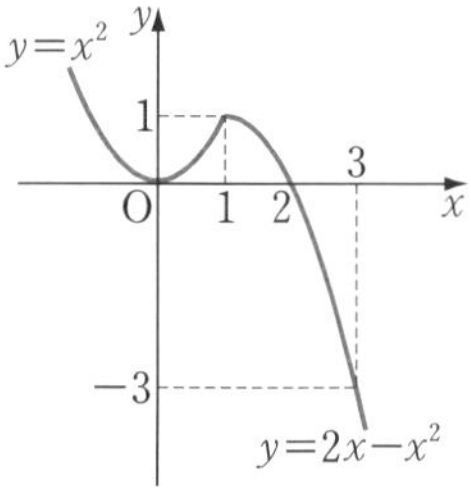

(1) 적분구간이 $[0,\ 1]$이므로

$f(x)=x^2$

(2), (3) 적분구간이 $[0,\ 3]$이므로

구간 $[0,\ 1]$에서 $f(x)=x^2$,

구간 $[1,\ 3]$에서 $f(x)=2x-x^2$

을 대입하여 적분하면 된다.

모범답안 (1) $\displaystyle\int_0^1 f(x)dx=\int_0^1 x^2dx=\left[\frac{1}{3}x^3\right]_0^1=\boldsymbol{\frac{1}{3}}$ ← 답

(2) $\displaystyle\int_0^3 f(x)dx=\int_0^1 f(x)dx+\int_1^3 f(x)dx=\int_0^1 x^2dx+\int_1^3(2x-x^2)dx$

$\displaystyle=\left[\frac{1}{3}x^3\right]_0^1+\left[x^2-\frac{1}{3}x^3\right]_1^3=\frac{1}{3}+\left(-\frac{2}{3}\right)=-\boldsymbol{\frac{1}{3}}$ ← 답

(3) $\displaystyle\int_0^3 xf(x)dx=\int_0^1 xf(x)dx+\int_1^3 xf(x)dx=\int_0^1 x^3dx+\int_1^3 x(2x-x^2)dx$

$\displaystyle=\left[\frac{1}{4}x^4\right]_0^1+\left[\frac{2}{3}x^3-\frac{1}{4}x^4\right]_1^3=\frac{1}{4}+\left(-\frac{8}{3}\right)=-\boldsymbol{\frac{29}{12}}$ ← 답

유제 **10**-4. 함수 $y=f(x)$의 그래프가 오른쪽과 같을 때, 다음 정적분의 값을 구하여라.

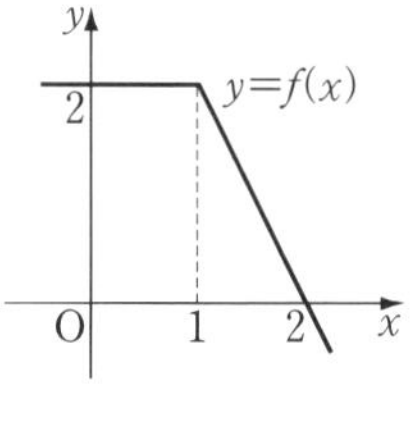

(1) $\displaystyle\int_0^2 f(x)dx$ (2) $\displaystyle\int_0^2 x^2f(x)dx$

답 (1) **3** (2) $\boldsymbol{\frac{5}{2}}$

필수 예제 10-5 다음 정적분의 값을 구하여라.

(1) $\displaystyle\int_0^2 (|x-1|+3x)\,dx$ (2) $\displaystyle\int_{-1}^1 |x(x-2)|\,dx$

정석연구 절댓값 기호를 없애고 적분한다. 이를테면

(i) $\displaystyle\int_0^1 |x+1|\,dx$는 $[0,\ 1]$에서 $x+1>0$

$$\therefore \int_0^1 |x+1|\,dx=\int_0^1 (x+1)\,dx$$

(ii) $\displaystyle\int_{-2}^{-1} |x+1|\,dx$는 $[-2,\ -1]$에서 $x+1\le 0$

$$\therefore \int_{-2}^{-1} |x+1|\,dx=\int_{-2}^{-1} (-x-1)\,dx$$

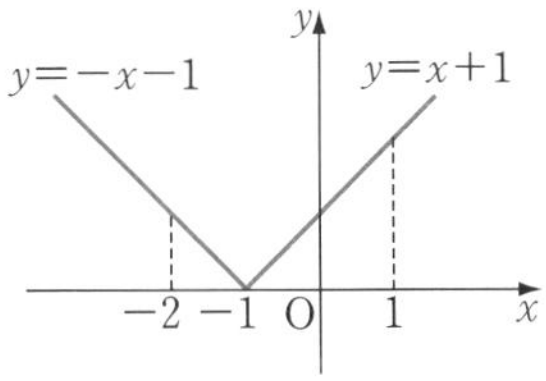

(iii) $\displaystyle\int_{-2}^1 |x+1|\,dx$는 구간 $[-2,\ 1]$에서 $x+1$의 부호가 바뀐다. 곧,

$[-2,\ -1]$에서 $x+1\le 0$, $[-1,\ 1]$에서 $x+1\ge 0$

$$\therefore \int_{-2}^1 |x+1|\,dx=\int_{-2}^{-1} (-x-1)\,dx+\int_{-1}^1 (x+1)\,dx$$

모범답안 (1) (준 식)$\displaystyle=\int_0^1 (|x-1|+3x)\,dx+\int_1^2 (|x-1|+3x)\,dx$

$\displaystyle=\int_0^1 (-x+1+3x)\,dx+\int_1^2 (x-1+3x)\,dx$

$\displaystyle=\int_0^1 (2x+1)\,dx+\int_1^2 (4x-1)\,dx$

$\displaystyle=\Big[x^2+x\Big]_0^1+\Big[2x^2-x\Big]_1^2$

$=2+5=$**7** ← 답

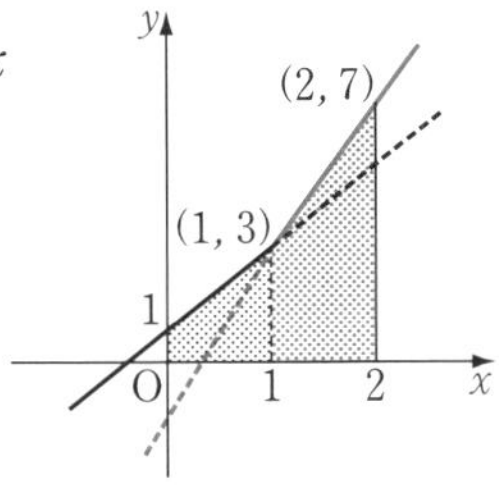

(2) (준 식)$\displaystyle=\int_{-1}^0 |x(x-2)|\,dx+\int_0^1 |x(x-2)|\,dx$

$\displaystyle=\int_{-1}^0 x(x-2)\,dx+\int_0^1 \{-x(x-2)\}\,dx$

$\displaystyle=\Big[\frac{1}{3}x^3-x^2\Big]_{-1}^0+\Big[-\frac{1}{3}x^3+x^2\Big]_0^1$

$\displaystyle=\frac{4}{3}+\frac{2}{3}=$**2** ← 답

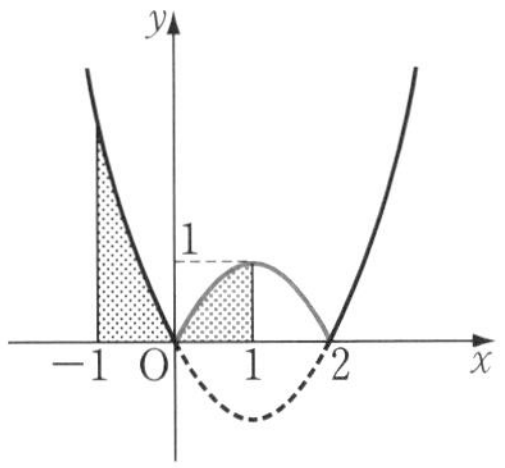

유제 10-5. 다음 정적분의 값을 구하여라.

(1) $\displaystyle\int_0^3 |x-1|\,dx$ (2) $\displaystyle\int_{-1}^2 (x+|x|+1)^2\,dx$ (3) $\displaystyle\int_0^3 |x^2-4|\,dx$

답 (1) $\mathbf{\frac{5}{2}}$ (2) $\mathbf{\frac{65}{3}}$ (3) $\mathbf{\frac{23}{3}}$

필수 예제 10-6 $a\ge0$일 때, 다음 물음에 답하여라.

(1) 정적분 $\int_{-1}^{1}|x^2-a^2|dx$의 값을 구하여라.

(2) (1)의 값이 최소가 되는 실수 a의 값을 구하여라.

모범답안 (1) (i) $a\ge1$일 때

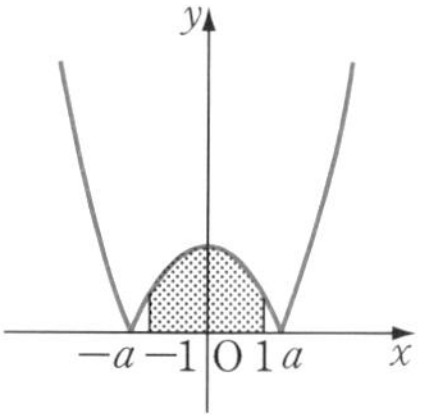

$$\int_{-1}^{1}|x^2-a^2|dx=2\int_{0}^{1}(-x^2+a^2)dx$$
$$=2\Big[-\frac{1}{3}x^3+a^2x\Big]_0^1=2\Big(a^2-\frac{1}{3}\Big)$$

(ii) $0\le a<1$일 때

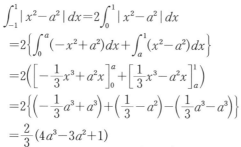

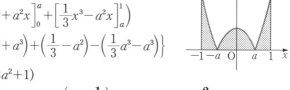

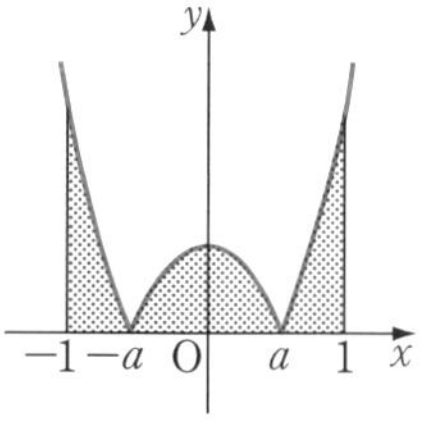

$$\int_{-1}^{1}|x^2-a^2|dx=2\int_{0}^{1}|x^2-a^2|dx$$
$$=2\Big\{\int_0^a(-x^2+a^2)dx+\int_a^1(x^2-a^2)dx\Big\}$$
$$=2\Big(\Big[-\frac{1}{3}x^3+a^2x\Big]_0^a+\Big[\frac{1}{3}x^3-a^2x\Big]_a^1\Big)$$
$$=2\Big\{\Big(-\frac{1}{3}a^3+a^3\Big)+\Big(\frac{1}{3}-a^2\Big)-\Big(\frac{1}{3}a^3-a^3\Big)\Big\}$$
$$=\frac{2}{3}(4a^3-3a^2+1)$$

답 $a\ge1$일 때 $2\Big(a^2-\frac{1}{3}\Big)$, $0\le a<1$일 때 $\frac{2}{3}(4a^3-3a^2+1)$

(2) (i) $a\ge1$일 때, $2\Big(a^2-\frac{1}{3}\Big)$의 최솟값은 $a=1$일 때 $\frac{4}{3}$

(ii) $0\le a<1$일 때,

$f(a)=\frac{2}{3}(4a^3-3a^2+1)$로 놓으면

$f'(a)=4a(2a-1)$

따라서 $f(a)$의 최솟값은 $f\Big(\frac{1}{2}\Big)=\frac{1}{2}$

a	0	$\cdots$	$\frac{1}{2}$	$\cdots$	(1)
$f'(a)$	0	$-$	0	$+$	
$f(a)$	$\frac{2}{3}$	↘	$\frac{1}{2}$	↗	$\Big(\frac{4}{3}\Big)$

(i), (ii)로부터 정적분의 값이 최소가 되는 a의 값은 $a=\frac{1}{2}$ ← 답

유제 **10**-6. 정적분 $\int_0^1|x-a|dx$의 값을 구하여라. 단, $a\ge0$이다.

답 $a\ge1$일 때 $a-\frac{1}{2}$, $0\le a<1$일 때 $a^2-a+\frac{1}{2}$

유제 **10**-7. $0\le a\le1$일 때, 정적분 $\int_0^1\Big|x^2(x-a)\Big|dx$의 값이 최소가 되는 실수 a의 값을 구하여라.

답 $a=\frac{1}{\sqrt[3]{2}}$

필수 예제 10-7 다음 등식을 만족시키는 함수 $f(x)$를 구하여라.

$$f(x)=4x^3+3x^2+2x\int_0^1 f(x)dx+\int_0^2 f(x)dx$$

[정석연구] 이를테면

$$\int_0^1(3x^2-2x+1)dx=\Big[x^3-x^2+x\Big]_0^1=1$$

과 같이 정적분의 위끝, 아래끝이 상수일 때는 그 정적분의 값도 상수이다.

따라서 주어진 식에서

$$\int_0^1 f(x)dx=p,\quad \int_0^2 f(x)dx=q \text{ (단, } p,\ q\text{는 상수)}$$

로 놓고 p, q의 값을 구하면 된다.

정석 a, b가 상수일 때 $\displaystyle\int_a^b f(x)dx \Longrightarrow$ 일정 (상수)

[모범답안] 주어진 식에서

$$\int_0^1 f(x)dx=p \quad\cdots\cdots ① \qquad \int_0^2 f(x)dx=q \quad\cdots\cdots ②$$

로 놓으면 $f(x)=4x^3+3x^2+2px+q$ ······③

③을 ①에 대입하면

$$\int_0^1(4x^3+3x^2+2px+q)dx=p \quad \therefore \Big[x^4+x^3+px^2+qx\Big]_0^1=p$$

$$\therefore 2+p+q=p \quad \therefore q=-2$$

③을 ②에 대입하면

$$\int_0^2(4x^3+3x^2+2px+q)dx=q \quad \therefore \Big[x^4+x^3+px^2+qx\Big]_0^2=q$$

$$\therefore 24+4p+2q=q \quad \therefore p=-\frac{11}{2}$$

$$\therefore \boldsymbol{f(x)=4x^3+3x^2-11x-2} \longleftarrow \text{[답]}$$

Advice | 이를테면 $\displaystyle\int_0^1 xf(t)dt$의 경우는 위끝, 아래끝이 상수이지만 피적분함수에 적분변수 t가 아닌 문자 x가 들어 있다. 이와 같은 경우 정적분을 계산하면 상수가 아니라 x에 관한 식이 된다는 것에 주의해야 한다.

[유제] **10**-8. 다음 등식을 만족시키는 함수 $f(x)$를 구하여라.

(1) $\displaystyle f(x)=x^3-3x+\int_0^2 f(t)dt$ (2) $\displaystyle f(x)=4x+\int_0^3 xf'(x)dx$

[답] (1) $\boldsymbol{f(x)=x^3-3x+2}$ (2) $\boldsymbol{f(x)=4x+18}$

필수 예제 10-8 다음 등식을 만족시키는 함수 $f(x)$를 구하여라.

$$f(x)=x^2+\int_{-1}^{1}(x^2-t)f(t)dt$$

정석연구 함수 $f(x)$에서 x는 변수이다. 그러나 정적분 $\int_{-1}^{1}(x^2-t)f(t)dt$에서는 적분변수가 t이므로 x는 상수이다. 따라서

$$\int_{-1}^{1}(x^2-t)f(t)dt=\int_{-1}^{1}x^2f(t)dt-\int_{-1}^{1}tf(t)dt$$
$$=x^2\int_{-1}^{1}f(t)dt-\int_{-1}^{1}tf(t)dt$$

⇦ 적분변수가 t이므로 x^2은 상수로 생각!

와 같이 x^2을 적분 기호 앞으로 꺼낼 수 있다.

정석 $\displaystyle\int_a^b kf(x)dx=k\int_a^b f(x)dx$ (단, k는 상수)

여기에서 $\int_{-1}^{1}f(t)dt$와 $\int_{-1}^{1}tf(t)dt$는 위끝과 아래끝이 상수인 정적분이므로 두 값을 각각 p, q로 놓고 p, q의 값을 구하면 된다.

정석 a, b가 상수일 때 $\displaystyle\int_a^b f(x)dx \Longrightarrow$ 일정 (상수)

모범답안 $f(x)=x^2+\int_{-1}^{1}x^2f(t)dt-\int_{-1}^{1}tf(t)dt$

$$=x^2+x^2\int_{-1}^{1}f(t)dt-\int_{-1}^{1}tf(t)dt$$

에서

$$\int_{-1}^{1}f(t)dt=p \quad \cdots\cdots①\qquad \int_{-1}^{1}tf(t)dt=q \quad \cdots\cdots②$$

로 놓으면 $f(x)=(p+1)x^2-q$ ……③

③을 ①에 대입하면

$$\int_{-1}^{1}\{(p+1)t^2-q\}dt=p \quad \therefore 2\left[\frac{1}{3}(p+1)t^3-qt\right]_0^1=p$$

$$\therefore p=2-6q \quad \cdots\cdots④$$

③을 ②에 대입하면

$$\int_{-1}^{1}\{(p+1)t^3-qt\}dt=q \quad \therefore q=0$$

⇦ 기함수의 정적분

이것을 ④에 대입하면 $p=2$ ∴ $\boldsymbol{f(x)=3x^2}$ ← 답

유제 **10**-9. 다음 등식을 만족시키는 함수 $f(x)$를 구하여라.

$$f(x)=1+\int_0^1(x-t)f(t)dt$$

답 $\boldsymbol{f(x)=\frac{12}{13}x+\frac{6}{13}}$

필수 예제 **10**-9 모든 실수 x에 대하여 다음을 만족시키는 상수함수가 아닌 다항함수 $f(x)$를 구하여라.

$$f(x)=-f(-x), \quad \{f'(x)\}^2=\int_0^x f(t)dt$$

정석연구 이런 유형의 문제에서는 $f(x)$의 차수부터 구하는 것이 보통이다. 두 번째 조건식을 이용해 보아라.

또, 두 번째 조건식의 양변에 $x=0$을 대입하면 $\{f'(0)\}^2=0$을 얻는다.

정의 $\displaystyle\int_k^k f(x)dx=0$

한편 첫 번째 조건은 $f(x)$가 기함수임을 뜻하므로 $f(x)$는

$$ax, \quad ax^3+bx, \quad ax^5+bx^3+cx, \quad \cdots$$

의 꼴임을 알 수 있다.

모범답안 $f(x)$의 최고차항을 $ax^n\,(a\neq0)$이라고 하자.

$$\{f'(x)\}^2=\int_0^x f(t)dt \qquad \cdots\cdots①$$

의 양변의 차수를 비교하면

$$2(n-1)=n+1 \quad \therefore\ n=3$$

또, $f(x)=-f(-x)$이므로 $f(x)$는 기함수이다.

따라서 $f(x)=ax^3+bx\,(a\neq0)$로 놓을 수 있다.

한편 ①의 양변에 $x=0$을 대입하면

$$\{f'(0)\}^2=0 \quad \therefore\ f'(0)=0 \quad \therefore\ b=0 \qquad \Leftarrow f'(x)=3ax^2+b$$

따라서 $f(x)=ax^3$이고 $f'(x)=3ax^2$이므로 ①에 대입하면

$$(3ax^2)^2=\int_0^x at^3dt \quad \therefore\ 9a^2x^4=\left[\frac{a}{4}t^4\right]_0^x \quad \therefore\ 9a^2x^4=\frac{a}{4}x^4$$

양변의 계수를 비교하면 $9a^2=\dfrac{a}{4}$

$a\neq0$이므로 $a=\dfrac{1}{36}$ $\quad \therefore\ \boldsymbol{f(x)=\dfrac{1}{36}x^3}$ ← 답

유제 **10**-10. 다항함수 $f(x)=a_nx^n+a_{n-1}x^{n-1}+\cdots+a_1x+a_0$ (단, $a_n\neq0$)은

$$f(x)f'(x)=\int_0^x f(t)dt+12$$

를 만족시킨다.

(1) 양변의 차수를 비교하여 n의 값을 구하여라.

(2) 함수 $f(x)$를 구하여라.

답 (1) $\boldsymbol{n=2}$ (2) $\boldsymbol{f(x)=\dfrac{1}{6}x^2+2x+6}$

연습문제 10

기본 **10-1** $\mathrm{F}(t)=\int_0^t (1+x+x^2+\cdots+x^n)dx$일 때, $\int_0^1 \mathrm{F}(t)dt=\frac{11}{12}$을 만족시키는 자연수 n의 값을 구하여라.

10-2 함수 $f(x)=ax^2+bx+c$가 다음을 만족시킬 때, 상수 a, b, c의 값을 구하여라.

$$\int_{-1}^1 f(x)dx=1, \quad \int_{-1}^1 xf(x)dx=0, \quad \int_{-1}^1 x^2f(x)dx=1$$

10-3 함수 $f(x)=x^3-(a+1)x^2+ax$가 $f(x)=\int_0^1 \{f(x)-f(t)\}dt$를 만족시킬 때, 상수 a의 값을 구하여라.

10-4 다음 정적분의 값을 구하여라.

(1) $\int_0^2 \big|\,|x-1|-x\,\big|dx$ (2) $\int_0^2 \sqrt{\{x(x^2-1)\}^2}\,dx$

10-5 $\mathrm{Max}(a, b)$는 a, b 중에서 작지 않은 것을 나타낼 때,

$$f^+(x)=\mathrm{Max}(x, 0), \quad f^-(x)=\mathrm{Max}(-x, 0)$$

으로 정의하자. 이때, $\int_{-1}^2 f^+(x)dx+\int_{-1}^2 f^-(x)dx$의 값을 구하여라.

10-6 함수 $f(x)=x^3$에 대하여 $y=f(x)$의 그래프를 x축의 방향으로 a만큼, y축의 방향으로 b만큼 평행이동했더니 함수 $y=g(x)$의 그래프와 일치하였다. $g(0)=0$이고 $\int_a^{3a} g(x)dx-\int_0^{2a} f(x)dx=32$일 때, 양수 a, b의 값을 구하여라.

10-7 함수 $f(x)$가 모든 실수 x에 대하여 $f(x+2)=f(x)$를 만족시키고, $-1\le x\le 1$에서 $f(x)=\begin{cases} x+1 & (-1\le x\le 0) \\ -x+1 & (0\le x\le 1)\end{cases}$일 때, $\int_{-5}^5 f(x+1)dx$의 값을 구하여라.

10-8 $\int_{-1}^1 (a^3-9ax^2)dx$의 값이 최대가 되는 상수 a의 값과 최소가 되는 상수 a의 값을 구하여라. 단, $-2\le a\le 3$이다.

10-9 연속함수 $f(x)$가 다음 세 조건을 만족시킨다.

(가) 모든 실수 x에 대하여 $f(2+x)=f(2-x)$

(나) $\int_{-2}^2 f(x)dx=2k+4$ (다) $\int_0^6 f(x)dx=k^2$

$\int_0^4 f(x)dx$의 값이 최소가 되는 상수 k의 값을 구하여라.

10-10 $x=1,\ 3$에서 극값을 가지는 삼차함수 $y=f(x)$의 그래프가 오른쪽과 같을 때, $\int_0^3 |f'(x)|dx$의 값을 구하여라.

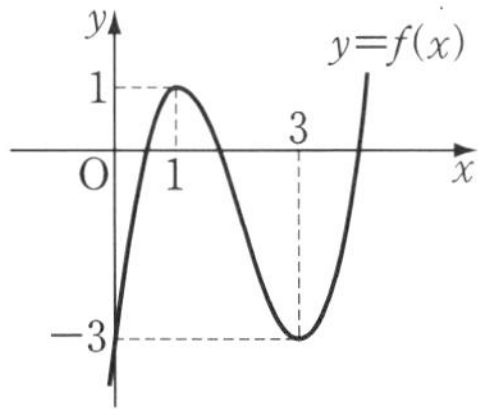

10-11 함수 $f(x)=x^3-6x^2+8$에 대하여 $0\le x\le r$에서 $|f(x)|$의 최댓값을 $\mathrm{M}(r)$라고 할 때, $\int_0^5 \mathrm{M}(r)dr$의 값을 구하여라.

10-12 두 다항함수 $f(x)$, $g(x)$에 대하여

$$f(x)=x+1+\int_0^2 g(t)dt,\quad g(x)=2x-3+\int_0^1 f(t)dt$$

일 때, $f(2)g(2)$의 값을 구하여라.

10-13 모든 실수 x에 대하여 $f\big(f(x)\big)=\int_0^x f(t)dt-x^2+3x+3$을 만족시키는 다항함수 $f(x)$를 구하여라.

실력 **10-14** 반지름의 길이가 r인 구의 부피를 구분구적법을 이용하여 구하여라.

10-15 $f(x)=\begin{cases} 2x-1 & (x\le 1) \\ x^2 & (x\ge 1)\end{cases}$으로 정의된 함수 $f(x)$에 대하여 $\int_1^3 xf(x-1)dx$의 값을 구하여라.

10-16 다음 등식을 만족시키는 실수 a의 값을 구하여라.

(1) $\int_0^1 |x^2-a^2|dx=\dfrac{a}{2}$ (단, $0<a<1$)   (2) $\int_{a-1}^{a+1} |x-1|dx=1$

10-17 양수 a에 대하여 삼차함수 $f(x)=-x(x+a)(x-a)$가 $x=b$에서 극댓값을 가진다. $\int_{-b}^{a} f(x)dx=p$, $\int_b^{a+b} f(x-b)dx=q$일 때, $\int_{-b}^{a} |f(x)|dx$의 값을 p, q로 나타내어라.

10-18 $f(x)=\int_0^1 |t^2-xt|dt$로 정의된 함수 $f(x)$의 최솟값을 구하여라.

10-19 다음 세 조건을 만족시키는 삼차함수 $f(x)$를 구하여라.

(가) $y=f(x)$의 그래프 위의 점 $\big(1,\ f(1)\big)$에서의 접선이 점 $(0,\ -2)$를 지난다.

(나) $\displaystyle\lim_{x\to -1}\frac{f(x)}{x+1}=2$ (다) $\int_{-1}^{1} f(x)dx=8$

10-20 삼차함수 $f(x)$와 이차함수 $g(x)$가

$$f(-1)=g(-1),\quad f(1)=g(1),\quad f(4)=g(4),\quad f(0)=g(0)+4$$

를 만족시킬 때, $\int_2^3 f(x)dx-\int_2^3 g(x)dx$의 값을 구하여라.

10-21 다음과 같이 정의된 다항함수 $f_n(x)$를 구하여라.

$$f_1(x)=2x,\quad f_{n+1}(x)=x^3+\frac{1}{2}\int_0^1 f_n(x)dx \text{ (단, } n=1,\ 2,\ 3,\ \cdots)$$

10-22 모든 실수 x에 대하여 다음을 만족시키는 함수 $f(x)$, $g(x)$를 구하여라.

(1) $f(x)=x+\int_0^1\{f(t)+g(t)\}dt,\quad g(x)=4x^3-2x+\int_0^1\{f(t)-g(t)\}dt$

(2) $f(x)=x-\int_0^x g(t)dt,\quad g(x)=x-\int_0^1\{f(t)+g'(t)\}dt$

10-23 모든 일차함수 $g(x)$에 대하여 $\int_0^1 g(x)f(x)dx=0$을 만족시키고, $f(0)=1$인 이차함수 $f(x)$를 구하여라.

10-24 다항함수 $f(x)$가 $\int_0^1 f(x)dx=2$, $\int_0^1 xf(x)dx=3$을 만족시킬 때, $\int_0^1\{f(x)-ax-b\}^2dx$의 값이 최소가 되는 실수 a, b의 값을 구하여라.

10-25 함수 $y=f(x)$의 그래프의 개형이 오른쪽과 같이 아래로 볼록할 때, 실수 a, b에 대하여 다음 두 식의 대소를 비교하여라.
단, $f(x)>0$이다.

$$\frac{1}{b-a}\int_a^b f(x)dx,\quad \frac{f(a)+f(b)}{2}$$

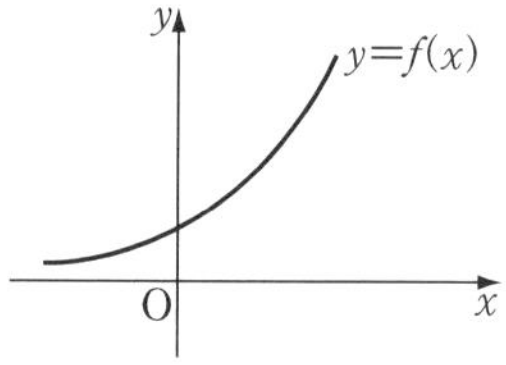

10-26 함수 $f(x)$, $g(x)$는 구간 $[a,\ b]$에서 연속인 함수이다.

모든 실수 t에 대하여 $\int_a^b\{f(x)-tg(x)\}^2dx\ge 0$이 성립함을 이용하여 다음 부등식을 증명하여라.

$$\left\{\int_a^b f(x)g(x)dx\right\}^2\le\int_a^b\{f(x)\}^2dx\times\int_a^b\{g(x)\}^2dx$$

10-27 함수 $f(x)$가 구간 $[a,\ b]$에서 연속일 때,

$$\int_a^b f(x)dx=(b-a)f(c)$$

를 만족시키는 c가 구간 $[a,\ b]$에 적어도 하나 존재함을 증명하여라.

11. 정적분으로 정의된 함수

§1. 정적분으로 정의된 함수

기본정석

1 정적분과 미분의 관계

$f(x)$가 연속함수일 때, 상수 a와 임의의 실수 x에 대하여

$$\frac{d}{dx}\int_a^x f(t)dt=f(x)$$

2 정적분으로 정의된 함수의 미분

$f(x)$가 연속함수일 때

(1) $\dfrac{d}{dx}\displaystyle\int_a^x f(t)dt=f(x)$ (단, a는 상수)

(2) $\dfrac{d}{dx}\displaystyle\int_x^{x+a} f(t)dt=f(x+a)-f(x)$ (단, a는 상수)

Advice 1° 정적분과 미분의 관계

이를테면 위끝이 변수 x이고 아래끝이 상수 1인 정적분

$$\int_1^x (t^2-2t)dt \qquad \cdots\cdots①$$

을 계산하면

$$\int_1^x (t^2-2t)dt=\left[\frac{1}{3}t^3-t^2\right]_1^x=\frac{1}{3}(x^3-1)-(x^2-1)=\frac{1}{3}x^3-x^2+\frac{2}{3}$$

이므로 ①은 위끝 x의 함수임을 알 수 있다.

①을 x에 관하여 미분하면

$$\frac{d}{dx}\int_1^x (t^2-2t)dt=\frac{d}{dx}\left(\frac{1}{3}x^3-x^2+\frac{2}{3}\right)=x^2-2x$$

이고, 이 식은 ①에서 피적분함수의 t에 x를 대입한 것과 같다.

일반적으로 $f(x)$가 연속함수이고 a가 상수일 때, x의 함수 $\int_a^x f(t)dt$에서 $\int f(x)dx=\mathrm{F}(x)+\mathrm{C}$ (단, C는 적분상수)라고 하면

$$\int_a^x f(t)dt=\Big[\mathrm{F}(t)\Big]_a^x=\mathrm{F}(x)-\mathrm{F}(a)$$

이다. 이 식을 x에 관하여 미분하면

$$\frac{d}{dx}\int_a^x f(t)dt=\frac{d}{dx}\{\mathrm{F}(x)-\mathrm{F}(a)\}=\mathrm{F}'(x)=f(x)$$

*Note 앞의 관계는 피적분함수에 변수 x가 포함된 경우에는 성립하지 않는다는 것에 주의해야 한다. 이를테면 $\dfrac{d}{dx}\displaystyle\int_a^x xf(t)dt \neq xf(x)$이다. 이 경우 x는 적분변수 t에 대해서는 상수이므로 먼저 $\displaystyle\int_a^x xf(t)dt=x\int_a^x f(t)dt$로 변형한 다음, x에 관하여 미분해야 한다.

Advice 2° 정적분으로 정의된 함수의 미분

앞면의 **기본정석** 2의 (1)은 1에 의하여 성립한다.

2의 (2)와 같이 위끝과 아래끝에 모두 변수 x가 있는 경우를 생각해 보자.

$f(x)$가 연속함수이고 $\displaystyle\int f(x)dx=\mathrm{F}(x)+\mathrm{C}$ (단, C는 적분상수)라고 하면

$$\int_x^{x+a} f(t)dt=\Big[\mathrm{F}(t)\Big]_x^{x+a}=\mathrm{F}(x+a)-\mathrm{F}(x) \qquad \Leftarrow a\text{는 상수}$$

이므로 $$\frac{d}{dx}\int_x^{x+a} f(t)dt=\frac{d}{dx}\Big\{\mathrm{F}(x+a)-\mathrm{F}(x)\Big\}=\mathrm{F}'(x+a)-\mathrm{F}'(x)$$
$$=f(x+a)-f(x)$$

이다. 마찬가지 방법으로 하면 다음 등식도 성립함을 알 수 있다.

$$\frac{d}{dx}\int_{x+a}^{x+b} f(t)dt=f(x+b)-f(x+a) \qquad \Leftarrow a,\ b\text{는 상수}$$

*Note 위의 성질은 위끝 또는 아래끝이 $x+a$(a는 상수)의 꼴이 아닌 경우에는 성립하지 않는다. 이를테면 정적분으로 정의된 함수 $\displaystyle\int_x^{x^2} 2t\,dt$에서

$$\frac{d}{dx}\int_x^{x^2} 2t\,dt \neq 2x^2-2x$$

이다. 이때에는 다음과 같이 먼저 정적분을 계산한 다음 미분하면 된다.

$$\frac{d}{dx}\int_x^{x^2} 2t\,dt=\frac{d}{dx}\Big[t^2\Big]_x^{x^2}=\frac{d}{dx}(x^4-x^2)=4x^3-2x$$

보기 1 다음 함수를 x에 관하여 미분하여라.

(1) $y=\displaystyle\int_2^x (4t^3+2t^2-5t+1)dt$ (2) $y=\displaystyle\int_x^{x+2} (3t^2+4t)dt$

(3) $y=\displaystyle\int_1^x (x^2+1)(2t+1)dt$

연구 (1) $y'=\mathbf{4x^3+2x^2-5x+1}$

(2) $y'=\Big\{3(x+2)^2+4(x+2)\Big\}-(3x^2+4x)=\mathbf{12x+20}$

(3) $y=(x^2+1)\displaystyle\int_1^x (2t+1)dt$ 이므로

$$y'=(x^2+1)'\int_1^x (2t+1)dt+(x^2+1)\Big\{\int_1^x (2t+1)dt\Big\}'$$
$$=2x\int_1^x (2t+1)dt+(x^2+1)(2x+1)=2x\Big[t^2+t\Big]_1^x+(x^2+1)(2x+1)$$
$$=2x(x^2+x-2)+(x^2+1)(2x+1)=\mathbf{4x^3+3x^2-2x+1}$$

필수 예제 11-1 다음 극한값을 구하여라.

$$\lim_{x\to1}\frac{1}{x-1}\int_1^{x^2}(t^3+2t^2-3t+1)dt$$

정석연구 먼저 정적분

$$\int_1^{x^2}(t^3+2t^2-3t+1)dt$$

를 계산한 다음 극한값을 생각할 수 있다.

또는 $\int(t^3+2t^2-3t+1)dt=\mathrm{F}(t)+\mathrm{C}$라고 하면

$$\int_1^{x^2}(t^3+2t^2-3t+1)dt=\Big[\mathrm{F}(t)\Big]_1^{x^2}=\mathrm{F}(x^2)-\mathrm{F}(1)$$

이므로 다음 미분계수의 정의를 이용하여 좀 더 간편하게 구할 수도 있다.

정의 $\displaystyle\lim_{x\to a}\frac{\mathrm{F}(x)-\mathrm{F}(a)}{x-a}=\mathrm{F}'(a)$

모범답안 $\int(t^3+2t^2-3t+1)dt=\mathrm{F}(t)+\mathrm{C}$ ……①

이라고 하면

$$(\text{준 식})=\lim_{x\to1}\frac{\mathrm{F}(x^2)-\mathrm{F}(1)}{x-1}=\lim_{x\to1}\left\{\frac{\mathrm{F}(x^2)-\mathrm{F}(1)}{x^2-1}\times(x+1)\right\}=2\mathrm{F}'(1)$$

한편 ①에서 $\mathrm{F}'(t)=t^3+2t^2-3t+1$이므로 $\mathrm{F}'(1)=1$

$\therefore$ (준 식)$=2\mathrm{F}'(1)=$**2** ← 답

Advice | 일반적으로 $f(t)$의 한 부정적분을 $\mathrm{F}(t)$라고 하면

$$\int_a^x f(t)dt=\Big[\mathrm{F}(t)\Big]_a^x=\mathrm{F}(x)-\mathrm{F}(a)$$

$$\therefore \lim_{x\to a}\frac{1}{x-a}\int_a^x f(t)dt=\lim_{x\to a}\frac{\mathrm{F}(x)-\mathrm{F}(a)}{x-a}=\mathrm{F}'(a)=f(a)$$

이 결과를 공식처럼 기억하고 이용할 수도 있다.

정석 $\displaystyle\lim_{x\to a}\frac{1}{x-a}\int_a^x f(t)dt=f(a)$

유제 **11**-1. 다음 극한값을 구하여라.

(1) $\displaystyle\lim_{t\to1}\frac{1}{t-1}\int_1^t(x^2+1)dx$ (2) $\displaystyle\lim_{x\to0}\frac{1}{x}\int_0^x|t-a|\,dt$ (단, a는 상수)

(3) $\displaystyle\lim_{x\to1}\frac{1}{x^3-1}\int_1^x(x^5+2x)dx$ (4) $\displaystyle\lim_{x\to2}\frac{1}{x-2}\int_4^{x^2}|t^2-3|\,dt$

답 (1) **2** (2) $|a|$ (3) **1** (4) **52**

필수 예제 11-2 다음 극한값을 구하여라.

(1) $\displaystyle\lim_{h\to0}\frac{1}{h}\int_{2-h}^{2+h}(x^4-x^2+1)dx$ (2) $\displaystyle\lim_{t\to\infty}t\int_0^{\frac{2}{t}}(x^2+3)|x-2|dx$

정석연구 (1) $\displaystyle\int(x^4-x^2+1)dx=\mathrm{F}(x)+\mathrm{C}$라고 하면

$$\int_{2-h}^{2+h}(x^4-x^2+1)dx=\Big[\mathrm{F}(x)\Big]_{2-h}^{2+h}=\mathrm{F}(2+h)-\mathrm{F}(2-h)$$

이므로

$$\textbf{정의}\ \lim_{h\to0}\frac{\mathbf{F}(\boldsymbol{a}+\boldsymbol{h})-\mathbf{F}(\boldsymbol{a})}{\boldsymbol{h}}=\mathbf{F}'(\boldsymbol{a})$$

를 이용할 수 있다.

(2) $\dfrac{1}{t}=h$로 치환하면 (1)과 같은 방법으로 구할 수 있다.

모범답안 (1) $\displaystyle\int(x^4-x^2+1)dx=\mathrm{F}(x)+\mathrm{C}$라고 하면

$$(\text{준 식})=\lim_{h\to0}\frac{\mathrm{F}(2+h)-\mathrm{F}(2-h)}{h}$$

$$=\lim_{h\to0}\left\{\frac{\mathrm{F}(2+h)-\mathrm{F}(2)}{h}+\frac{\mathrm{F}(2-h)-\mathrm{F}(2)}{-h}\right\}=\mathrm{F}'(2)+\mathrm{F}'(2)=2\mathrm{F}'(2)$$

$\mathrm{F}'(x)=x^4-x^2+1$이므로

$(\text{준 식})=2\mathrm{F}'(2)=2(2^4-2^2+1)=\mathbf{26}$ ← 답

(2) $\displaystyle\int(x^2+3)|x-2|dx=\mathrm{F}(x)+\mathrm{C}$라고 하자.

$\dfrac{1}{t}=h$로 치환하면 $t\longrightarrow\infty$일 때 $h\longrightarrow0+$이므로

$$(\text{준 식})=\lim_{h\to0+}\frac{1}{h}\int_0^{2h}(x^2+3)|x-2|dx=\lim_{h\to0+}\frac{\mathrm{F}(2h)-\mathrm{F}(0)}{h}$$

$$=\lim_{h\to0+}\left\{\frac{\mathrm{F}(2h)-\mathrm{F}(0)}{2h}\times2\right\}=2\mathrm{F}'(0)$$

$\mathrm{F}'(x)=(x^2+3)|x-2|$이므로

$(\text{준 식})=2\mathrm{F}'(0)=2(0+3)|0-2|=\mathbf{12}$ ← 답

유제 **11**-2. 다음 극한값을 구하여라.

(1) $\displaystyle\lim_{h\to0}\frac{1}{h}\int_{1-2h}^{1+2h}(x^5+3x^2-1)dx$ (2) $\displaystyle\lim_{h\to0}\frac{1}{h}\int_{-h}^{2h}(x^4+x+1)dx$

(3) $\displaystyle\lim_{t\to\infty}t\int_1^{1-\frac{3}{t}}(x^3+2x)dx$

답 (1) **12** (2) **3** (3) **−9**

필수 예제 11-3 다항함수 $f(x)$가 모든 실수 x에 대하여 다음 등식을 만족시킬 때, 상수 a의 값과 $f(x)$를 구하여라.

(1) $\displaystyle\int_1^x (t^2-2)f(t)dt=\frac{1}{5}x^5-ax+\frac{19}{5}$ (2) $\displaystyle\int_a^{2x-1} f(t)dt=x^2-2x$

정석연구 다음 **정석**을 이용한다.

정석 $\displaystyle\int_k^k f(x)dx=0,\quad \frac{d}{dx}\int_a^x f(t)dt=f(x)$ (**a는 상수**)

모범답안 (1) 준 식에 $x=1$을 대입하면 $0=\dfrac{1}{5}-a+\dfrac{19}{5}$ $\therefore\ a=4$

$$\therefore\ \int_1^x (t^2-2)f(t)dt=\frac{1}{5}x^5-4x+\frac{19}{5}$$

양변을 x에 관하여 미분하면 $(x^2-2)f(x)=(x^2+2)(x^2-2)$

$f(x)$는 다항함수이므로 $f(x)=x^2+2$ 답 **$a=4,\ f(x)=x^2+2$**

(2) $2x-1=z$로 놓으면 $x=\dfrac{1}{2}(z+1)$이므로 준 식은

$$\int_a^z f(t)dt=\frac{1}{4}(z^2-2z-3) \qquad \cdots\cdots①$$

$z=a$를 대입하면 $0=\dfrac{1}{4}(a^2-2a-3)$ $\therefore\ a=-1,\ 3$

또, ①의 양변을 z에 관하여 미분하면

$f(z)=\dfrac{1}{2}z-\dfrac{1}{2}$ 답 **$a=-1,\ 3,\ f(x)=\dfrac{1}{2}x-\dfrac{1}{2}$**

Advice | (2) $\displaystyle\int f(t)dt=\mathrm{F}(t)+\mathrm{C}$라고 하면

$$\int_a^{2x-1} f(t)dt=\Big[\mathrm{F}(t)\Big]_a^{2x-1}=\mathrm{F}(2x-1)-\mathrm{F}(a)$$

따라서 합성함수의 미분법(p. 53)을 이용하여 미분하면

$$\frac{d}{dx}\int_a^{2x-1} f(t)dt=\mathrm{F}'(2x-1)\times(2x-1)'-0=2f(2x-1)$$

유제 **11**-3. 다항함수 $f(x)$가 모든 실수 x에 대하여 다음 등식을 만족시킬 때, 상수 a의 값과 $f(x)$를 구하여라.

(1) $\displaystyle\int_2^x f(t)dt=x^2+ax+2$ (2) $\displaystyle\int_a^x xf(t)dt=x^3-2x^2+x$

(3) $\displaystyle\int_x^a f(t)dt=-2x^2+3x-1$ (4) $\displaystyle\int_a^{3x-2} f(t)dt=x^2-3x$

답 (1) **$a=-3,\ f(x)=2x-3$** (2) **$a=1,\ f(x)=2x-2$**
(3) **$a=\dfrac{1}{2},\ 1,\ f(x)=4x-3$** (4) **$a=-2,\ 7,\ f(x)=\dfrac{2}{9}x-\dfrac{5}{9}$**

필수 예제 11-4 다항함수 $f(x)$가 모든 실수 x에 대하여 다음 등식을 만족시킬 때, $f(x)$를 구하여라.

$$x^2f(x)=2x^6-3x^4+2\int_1^x tf(t)dt$$

정석연구 우변의 $\int_1^x tf(t)dt$는 x의 함수이다. 이때,

정석 $\dfrac{d}{dx}\displaystyle\int_a^x f(t)dt=f(x)$ (a는 상수)

를 이용하여 양변을 미분하면 $f(x)$에 관한 조건을 찾을 수 있다.

모범답안 준 식의 양변을 x에 관하여 미분하면

$2xf(x)+x^2f'(x)=12x^5-12x^3+2xf(x)$ $\therefore$ $x^2f'(x)=12x^5-12x^3$

$f'(x)$는 다항함수이므로 $f'(x)=12x^3-12x$

$\therefore$ $f(x)=\int(12x^3-12x)dx=3x^4-6x^2+C$ ……①

한편 준 식에 $x=1$을 대입하면 $1\times f(1)=2-3+2\times0$ $\therefore$ $f(1)=-1$

따라서 ①로부터 $f(1)=3-6+C=-1$ $\therefore$ $C=2$

이 값을 ①에 대입하면 $\boldsymbol{f(x)=3x^4-6x^2+2}$ ← 답

Advice | 준 식에 $x=1$을 대입하여 $f(1)=-1$을 얻는 과정에서

정의 $\int_a^a f(x)dx=0$

을 이용하였다. 이와 같은 조건은 눈에 쉽게 띄지 않으므로 이런 유형의 문제에서 빠뜨리지 않도록 주의하여라.

유제 **11**-4. 모든 실수 x에 대하여 다음을 만족시키는 다항함수 $f(x)$를 구하여라.

(1) $xf(x)=\dfrac{3}{2}x^4-3x^2+4+\displaystyle\int_2^x f(t)dt$

(2) $\int_1^x f(t)dt=(x+1)f(x)-\dfrac{1}{2}x^2-x+\dfrac{1}{2}$

(3) $\{f(x)\}^2=1+\int_0^x f(t)dt$ 단, $f(0)>0$이다.

(4) $\{f(x)\}^2=\displaystyle\int_0^x\left(4t-\frac{4}{3}\right)f(t)dt+\int_0^1 f(t)dt$ 단, $f(0)>0$이다.

답 (1) $\boldsymbol{f(x)=2x^3-6x+4}$ (2) $\boldsymbol{f(x)=x-\frac{1}{2}}$

(3) $\boldsymbol{f(x)=\frac{1}{2}x+1}$ (4) $\boldsymbol{f(x)=x^2-\frac{2}{3}x+1}$

필수 예제 11-5 다항함수 $f(x)$에 대하여 $\mathrm{F}(x)$를

$$\mathrm{F}(x)=\int_a^x (x-t)f(t)dt \text{ (단, } a\text{는 상수)}$$

로 정의할 때, 다음 물음에 답하여라.

(1) $f(x)=x^2$일 때, $\mathrm{F}(x)$의 극값을 구하여라.

(2) $\mathrm{F}(x)=2x^3-3x^2-12x+20$이 되도록 $f(x)$를 정하여라.

정석연구 정적분으로 정의된 함수를 미분할 때,

정석 $\dfrac{d}{dx}\displaystyle\int_a^x f(t)dt=f(x),\quad \dfrac{d}{dx}\int_a^x tf(t)dt=xf(x)$ ⇦ a는 상수

와 같이 피적분함수가 적분변수 t만으로 나타나 있을 때에는 위와 같이 미분하면 된다. 그러나 이 문제와 같이 x가 포함되어 있을 때에는 $\mathrm{F}(x)$를

$$\mathrm{F}(x)=\int_a^x \{xf(t)-tf(t)\}dt=\int_a^x xf(t)dt-\int_a^x tf(t)dt$$

$$=x\int_a^x f(t)dt-\int_a^x tf(t)dt \quad \Leftarrow \text{ 적분변수가 } t\text{이므로 } x\text{는 상수}$$

와 같이 변형하여 다음과 같이 미분한다.

$$\mathrm{F}'(x)=(x)'\int_a^x f(t)dt+x\left\{\int_a^x f(t)dt\right\}'-\left\{\int_a^x tf(t)dt\right\}'$$

$$=\int_a^x f(t)dt+xf(x)-xf(x)=\int_a^x f(t)dt$$

모범답안 (1) $\mathrm{F}(x)=\displaystyle\int_a^x (x-t)t^2dt=x\int_a^x t^2dt-\int_a^x t^3dt$

$$\therefore\ \mathrm{F}'(x)=\int_a^x t^2dt+x\times x^2-x^3=\int_a^x t^2dt=\left[\frac{1}{3}t^3\right]_a^x=\frac{1}{3}(x^3-a^3)$$

증감을 조사하면 $\mathrm{F}(x)$는 $x=a$에서 극소이고, 극솟값은

$$\mathrm{F}(a)=\int_a^a (a-t)t^2dt=0$$

답 극솟값 **0**, 극댓값 없다.

(2) $\mathrm{F}(x)=\displaystyle\int_a^x (x-t)f(t)dt=x\int_a^x f(t)dt-\int_a^x tf(t)dt$

$$\therefore\ \mathrm{F}'(x)=\int_a^x f(t)dt+xf(x)-xf(x)=\int_a^x f(t)dt$$

한편 문제의 조건에서 $\mathrm{F}'(x)=6x^2-6x-12$이므로

$$\int_a^x f(t)dt=6x^2-6x-12 \quad \therefore\ \boldsymbol{f(x)=12x-6} \longleftarrow \text{답}$$

유제 **11**-5. 모든 실수 x에 대하여 $\displaystyle\int_1^x (x-t)f(t)dt=x^4+ax^2+bx$를 만족시키는 다항함수 $f(x)$를 구하여라. 단, a, b는 상수이다.

답 $\boldsymbol{f(x)=12x^2-6}$

필수 예제 11-6 다음 $\mathrm{F}(x)$를 계산하고, $y=\mathrm{F}(x)$의 그래프를 그려라.

$$\mathrm{F}(x)=\int_{-1}^{x}(1-|t|)\,dt$$

정석연구 $y=f(t)=1-|t|$라고 하면

$t>0$일 때 $f(t)=1-t$,

$t\le 0$일 때 $f(t)=1+t$

이므로 $y=f(t)$의 그래프는 오른쪽과 같다.

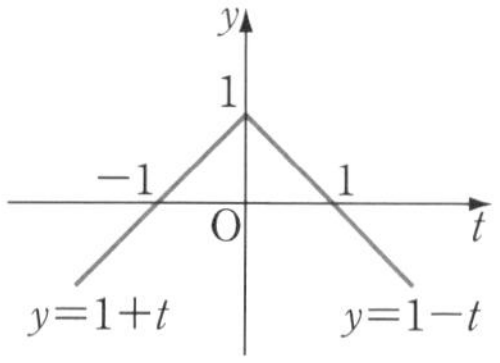

따라서 $x\le 0$일 때와 $x>0$일 때로 나누어 $\mathrm{F}(x)$를 구해야 한다.

모범답안 (i) $\boldsymbol{x\le 0}$**일 때**

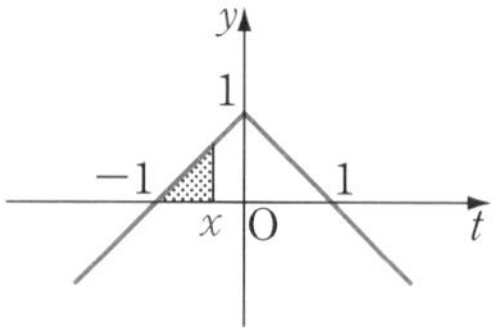

$$\mathrm{F}(x)=\int_{-1}^{x}(1+t)\,dt=\Big[t+\frac{1}{2}t^2\Big]_{-1}^{x}$$

$$=x+\frac{1}{2}x^2+\frac{1}{2}=\boldsymbol{\frac{1}{2}(x+1)^2}$$

(ii) $\boldsymbol{x>0}$**일 때**

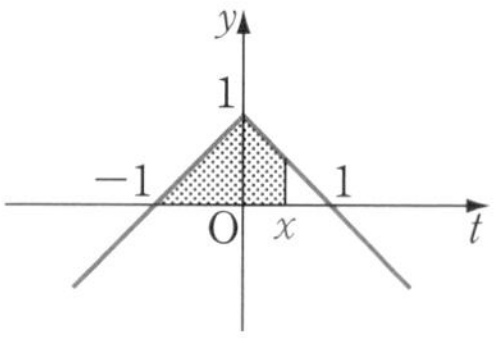

$$\mathrm{F}(x)=\int_{-1}^{0}(1-|t|)\,dt+\int_{0}^{x}(1-|t|)\,dt$$

$$=\int_{-1}^{0}(1+t)\,dt+\int_{0}^{x}(1-t)\,dt$$

$$=\Big[t+\frac{1}{2}t^2\Big]_{-1}^{0}+\Big[t-\frac{1}{2}t^2\Big]_{0}^{x}$$

$$=\frac{1}{2}+\Big(x-\frac{1}{2}x^2\Big)=\boldsymbol{-\frac{1}{2}(x-1)^2+1}$$

따라서 $y=\mathrm{F}(x)$의 그래프는 오른쪽 그림의 초록 곡선과 같다.

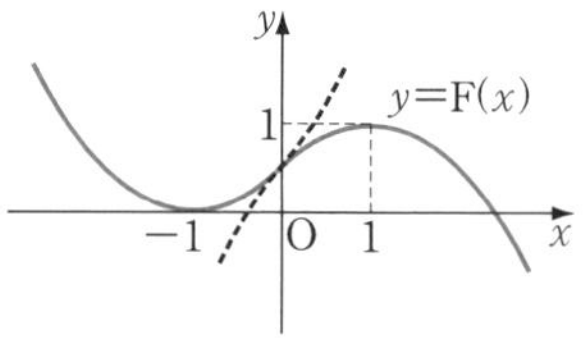

**Note* $x<-1$일 때에도 $f(t)=1+t$이므로

$$\mathrm{F}(x)=\frac{1}{2}(x+1)^2$$

유제 **11**-6. $x\ge 0$에서 $f(x)=\int_{0}^{x}|t^2-1|\,dt$로 정의된 함수 $f(x)$를 구하여라.

답 $\boldsymbol{0\le x\le 1}$**일 때** $\boldsymbol{f(x)=-\frac{1}{3}x^3+x}$, $\boldsymbol{x>1}$**일 때** $\boldsymbol{f(x)=\frac{1}{3}x^3-x+\frac{4}{3}}$

유제 **11**-7. $f(x)=\begin{cases}1 & (0\le x\le 1)\\ 2x-1 & (x>1)\end{cases}$로 정의된 함수 $f(x)$에 대하여 $\mathrm{F}(x)=\int_{0}^{x}f(t)\,dt$라고 하자. $x\ge 0$에서 $y=\mathrm{F}(x)$의 그래프를 그려라.

연습문제 11

기본 **11-1** $f(x)=\int_{-1}^{x}\left|(t+2)(t-1)\right|dt$일 때, 다음을 구하여라.

(1) $\lim_{h\to0}\dfrac{f(3+2h)-f(3)}{h}$　　(2) $\lim_{h\to0}\dfrac{f(x+h)-f(x-h)}{h}$

11-2 함수 $f(x)=\int_{0}^{x}t(t-1)(t-2)dt$의 극값을 구하여라.

11-3 곡선 $y=6x^2+1$과 x축 및 두 직선 $x=1-h$, $x=1+h$(단, $h>0$)로 둘러싸인 부분의 넓이를 $\mathrm{S}(h)$라고 할 때, $\lim_{h\to0+}\dfrac{\mathrm{S}(h)}{h}$의 값을 구하여라.

11-4 구간 $(-\infty, \infty)$에서 연속인 함수 $f(x)$가 모든 실수 x에 대하여

$$\int_{a}^{x}f(t)dt=(x^2-2)|x-a|$$

를 만족시킬 때, 양수 a의 값을 구하여라.

11-5 오른쪽 그림은 $x\ge0$에서 함수 $y=\int_{0}^{x}f(t)dt$의 그래프의 개형이다.

$f(x)$가 연속함수일 때, 다음 중 옳은 것만을 있는 대로 골라라.

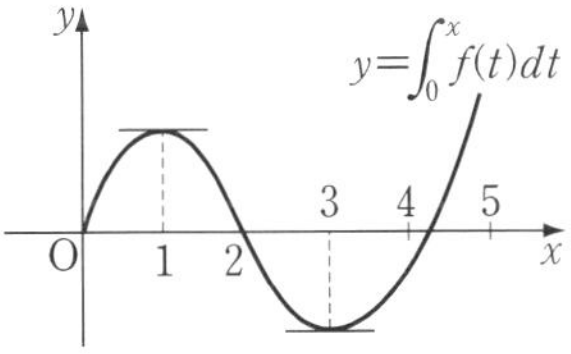

ㄱ. $f(1)>0$　　ㄴ. $f(2)<0$　　ㄷ. $f(3)=0$　　ㄹ. $f(4)<0$

11-6 오른쪽 그림은 이차함수 $y=f(x)$의 그래프이다. 함수 $g(x)$를

$$g(x)=\int_{x}^{x+1}f(t)dt$$

라고 할 때, $g(x)$가 최소가 되는 x의 값을 구하여라.

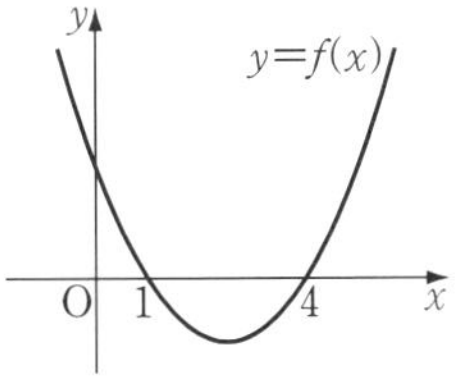

11-7 함수 $f(x)=x^2+ax+b$에 대하여

$$\frac{d}{dx}\int_{0}^{x}f(t)dt=\int_{1}^{x}\frac{d}{dt}f(t)dt,\quad \int_{0}^{y}\frac{d}{dt}f(t)dt=\frac{d}{dy}\int_{-1}^{y}f(t)dt$$

일 때, 상수 a, b의 값을 구하여라.

11-8 함수 $f(x)=x^3-3x+a$에 대하여 함수 $\mathrm{F}(x)=\int_{0}^{x}f(t)dt$가 극댓값을 가지도록 하는 실수 a의 값의 범위를 구하여라.

실력 **11-9** $x \geq \ 1$일 때, 함수 $f(x)=\int_{-1}^{x}|t|(1-t)dt$의 최댓값을 구하여라.

11-10 모든 실수 x에 대하여 $\frac{d}{dx}\left\{\int_{x}^{x+1}f(t)dt\right\}=12x^2+18x+1$을 만족시키는 삼차함수 $f(x)$가 있다.

$f(x)$가 극대가 되는 x의 값과 극소가 되는 x의 값을 구하여라.

11-11 모든 실수 x에 대하여 $f(x)=x^2+\int_{0}^{x}(t-x)g(t)dt$를 만족시키는 다항함수 $f(x)$, $g(x)$가 있다.

$f(x)$가 $(x-2)^2$으로 나누어 떨어질 때, $\int_{0}^{2}tg(t)dt$의 값을 구하여라.

11-12 최고차항의 계수가 양수인 삼차함수 $f(x)$가 다음 두 조건을 만족시킬 때, $f(x)$의 극솟값을 구하여라.

(가) 함수 $f(x)$는 $x=0$에서 극댓값을 가진다.

(나) 1보다 큰 모든 실수 t에 대하여 $\int_{0}^{t}\left|f'(x)\right|dx=f(t)+f(0)$이다.

11-13 모든 실수 x에 대하여 다음을 만족시키는 다항함수 $f(x)$, $g(x)$를 구하여라.

$$f(x)=x^3-x^2+\int_{0}^{x}\left\{2f'(t)-g(t)\right\}dt, \quad f(x)=xg(x), \quad g(0)=1$$

11-14 모든 실수 x에 대하여 다음 등식을 만족시키고 $f(0)=1$인 다항함수 $f(x)$를 구하여라.

$$\int_{1}^{x}(4t+5)f(t)dt=3(x+2)\int_{1}^{x}f(t)dt$$

11-15 모든 실수 x에 대하여 다음 두 조건을 만족시키는 다항함수 $f(x)$, $g(x)$를 구하여라.

(가) $g(x)+\int_{0}^{x}f(t)dt=\frac{1}{3}x^3+\frac{1}{2}x^2-2x+1$

(나) $f(x)g(x)-\int_{0}^{x}f'(t)g(t)dt=\frac{1}{4}x^4-\frac{1}{3}x^3-\frac{1}{2}x^2+x-1$

11-16 연속함수 $f(x)$에 대하여 $\mathrm{F}(x)=\int_{0}^{x}f(t)dt$라고 하면

$$\mathrm{F}(x)=x^2+ax|x-b|+cx \text{ (단, } a, b, c\text{는 상수)}$$

의 꼴로 나타낼 수 있다고 한다. $f(0)=1$, $\mathrm{F}(1)=0$일 때, $f(x)$를 구하여라.

12. 넓이와 적분

§ 1. 곡선과 좌표축 사이의 넓이

기본정석

1 곡선과 **x**축 사이의 넓이

(i) 구간 $[a, b]$에서 $f(x)\ge 0$인 경우

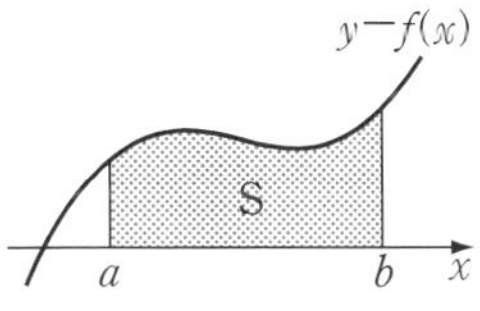

$$S=\int_a^b f(x)dx$$

(ii) 구간 $[a, b]$에서 $f(x)\le 0$인 경우

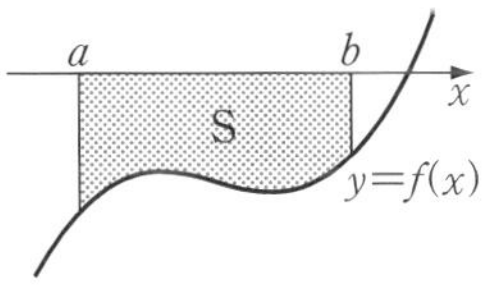

$$S=-\int_a^b f(x)dx$$

(iii) 구간 $[a, b]$에서 일반적인 경우

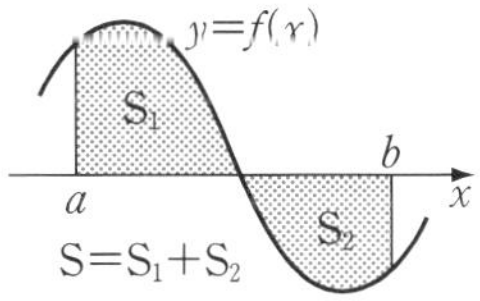

$$S=\int_a^b |f(x)|dx$$

2 곡선과 **y**축 사이의 넓이

(i) 구간 $[\alpha, \beta]$에서 $g(y)\ge 0$인 경우

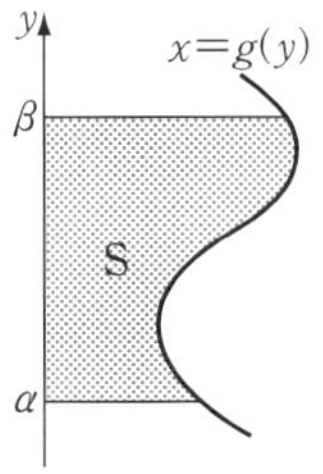

$$S=\int_\alpha^\beta g(y)dy$$

(ii) 구간 $[\alpha, \beta]$에서 $g(y)\le 0$인 경우

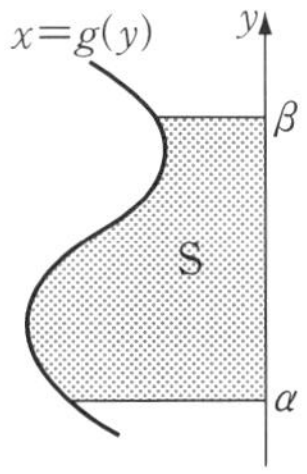

$$S=-\int_\alpha^\beta g(y)dy$$

(iii) 구간 $[\alpha, \beta]$에서 일반적인 경우

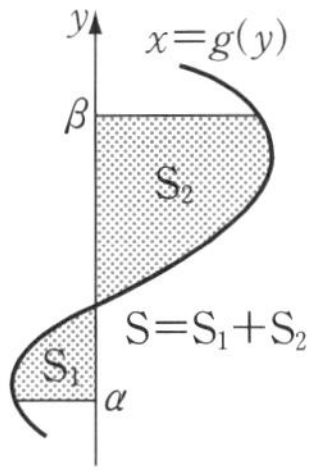

$$S=\int_\alpha^\beta |g(y)|dy$$

Advice 1° 곡선과 **x**축 사이의 넓이

이미 정적분의 정의에서 공부했지만 정적분과 넓이 사이의 관계를 다시 정리해 보자.

함수 $f(t)$가 구간 $[a, b]$에서 연속이고 $f(t)\ge 0$일 때, $a\le x\le b$인 x에 대하여 곡선 $y=f(t)$와 t축 및 두 직선 $t=a$, $t=x$로 둘러싸인 도형의 넓이를 $S(x)$라고 하면

$$S'(x)=f(x)$$ ⇦ p. 150

이므로 $S(x)$는 $f(x)$의 부정적분 중 하나이다.

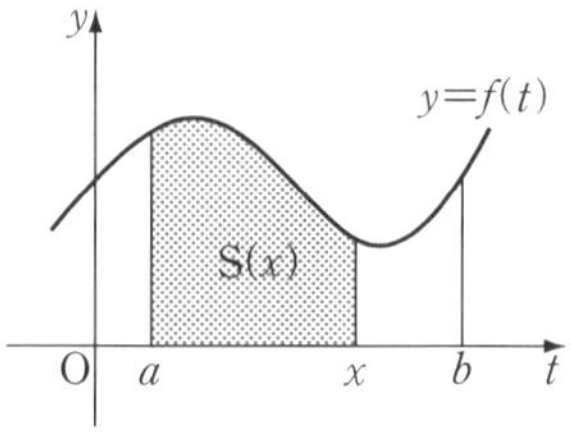

이때, $f(x)$의 다른 한 부정적분을 $F(x)$라고 하면

$$S(x)=F(x)+C \text{ (단, C는 상수)}$$

이고, $S(a)=0$에서 $C=-F(a)$이므로

$$S(b)=F(b)+C=F(b)-F(a)=\int_a^b f(t)dt$$

이다.

곧, 함수 $f(x)$가 구간 $[a, b]$에서 연속이고 $f(x)\ge 0$일 때, 곡선 $y=f(x)$와 x축 및 두 직선 $x=a$, $x=b$로 둘러싸인 도형의 넓이를 S라고 하면

$$S=\int_a^b \boldsymbol{f(x)dx}$$

이다.

한편 구간 $[a, b]$에서 $f(x)\le 0$일 때에는 곡선 $y=f(x)$가 곡선 $y=-f(x)$와 x축에 대하여 대칭이고 $-f(x)\ge 0$이므로 곡선 $y=f(x)$와 x축 및 두 직선 $x=a$, $x=b$로 둘러싸인 도형의 넓이를 S라고 하면

$$S=\int_a^b \{-f(x)\}dx=-\int_a^b \boldsymbol{f(x)dx}$$

이다.

따라서 오른쪽 그림과 같이 구간 $[a, b]$에서 $f(x)$의 부호가 일정하지 않을 때의 넓이는 $f(x)$의 값이 양수인 구간과 음수인 구간으로 나누어서 다음과 같이 구하면 된다.

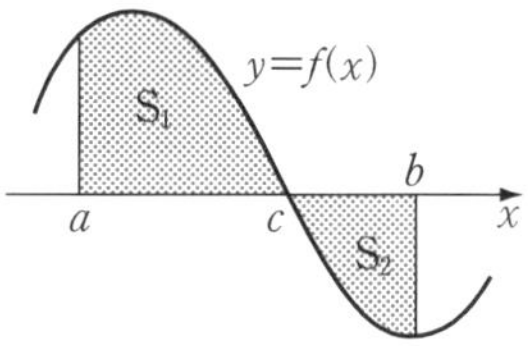

$$S_1+S_2=\int_a^c f(x)dx+\left\{-\int_c^b f(x)dx\right\}$$
$$=\int_a^c \boldsymbol{f(x)dx}-\int_c^b \boldsymbol{f(x)dx}$$

***Note** S_1+S_2를 절댓값 기호를 써서 하나의 식으로 나타내면 다음과 같다.

$$S_1+S_2=\int_a^c f(x)dx+\int_c^b \{-f(x)\}dx$$
$$=\int_a^c |f(x)|dx+\int_c^b |f(x)|dx=\int_a^b |\boldsymbol{f(x)}|\boldsymbol{dx}$$

보기 1 곡선 $y=x(x-1)(x-2)$와 x축으로 둘러싸인 도형의 넓이를 구하여라.

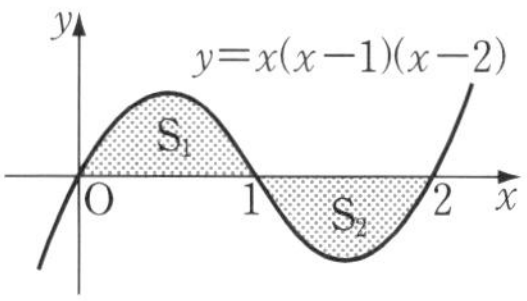

연구 오른쪽 그림에서 넓이 S_1과 넓이 S_2의 합을 구하는 것이다.

$0\le x\le 1$에서 $y\ge 0$이므로

$$S_1=\int_0^1 x(x-1)(x-2)dx$$

$1\le x\le 2$에서 $y\le 0$이므로 $S_2=-\int_1^2 x(x-1)(x-2)dx$

$$\therefore\ S_1+S_2=\int_0^1(x^3-3x^2+2x)dx-\int_1^2(x^3-3x^2+2x)dx=\frac{1}{2}$$

Advice 2° 곡선과 $\boldsymbol{y}$축 사이의 넓이

곡선과 x축 사이의 넓이를 구할 때와 같은 방법으로 생각하면 된다.

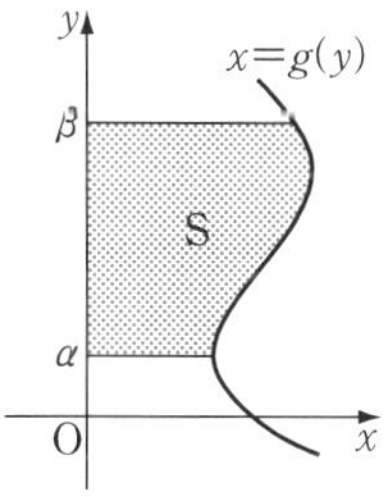

오른쪽 그림과 같이 구간 $[\alpha,\ \beta]$에서 $g(y)\ge 0$일 때, 곧 곡선 $x=g(y)$가 y축의 오른쪽에 있을 때, 곡선 $x=g(y)$와 y축 및 두 직선 $y=\alpha$, $y=\beta$로 둘러싸인 도형의 넓이를 S라고 하면

$$S=\int_\alpha^\beta \boldsymbol{g(y)dy}$$

한편 구간 $[\alpha,\ \beta]$에서 $g(y)\le 0$일 때, 곧 곡선 $x=g(y)$가 y축의 왼쪽에 있을 때에는 앞에서와 같이 '−'를 붙여서 $S=-\int_\alpha^\beta \boldsymbol{g(y)dy}$라고 해야 한다.

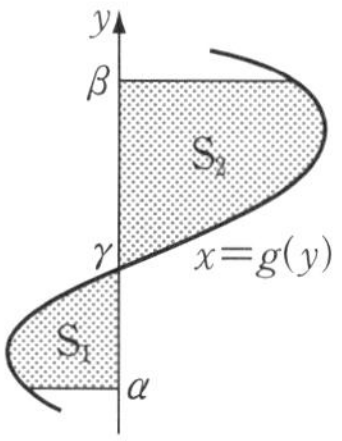

따라서 오른쪽 그림과 같이 구간 $[\alpha,\ \beta]$에서 $g(y)$의 부호가 일정하지 않을 때의 넓이는 $g(y)$의 값이 양수인 구간과 음수인 구간으로 나누어서 다음과 같이 구하면 된다.

$$S_1+S_2=-\int_\alpha^\gamma \boldsymbol{g(y)dy}+\int_\gamma^\beta \boldsymbol{g(y)dy}$$

보기 2 곡선 $y^2=x+9$와 두 직선 $x=0$, $y=5$로 둘러싸인 두 부분의 넓이의 합을 구하여라.

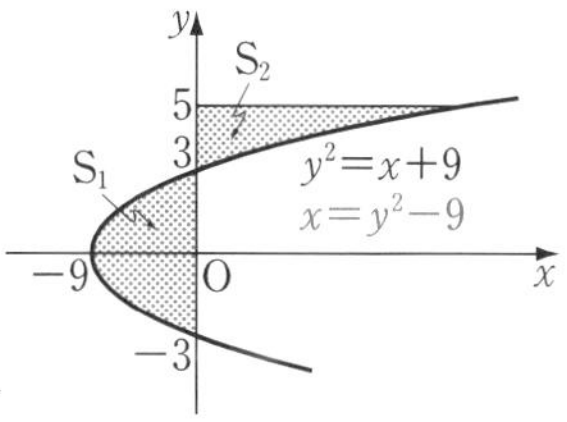

연구 오른쪽 그림에서 넓이 S_1과 넓이 S_2의 합을 구하는 것이다.

$$S_1+S_2=-\int_{-3}^3 x\,dy+\int_3^5 x\,dy$$

그런데 $y^2=x+9$에서 $x=y^2-9$이므로

$$S_1+S_2=-\int_{-3}^3(y^2-9)dy+\int_3^5(y^2-9)dy=\frac{152}{3}$$

Advice 3° $x=ay^2\,(a\neq 0)$ 꼴의 곡신

곡선과 y축 사이의 넓이를 다룰 때, 흔히 왼쪽으로 볼록한 포물선 또는 오른쪽으로 볼록한 포물선을 생각하게 된다.

이와 같은 곡선에 대해서는 이미 수학(하)에서 간단히 공부한 바 있으나 좀 더 구체적인 이론은 기하에서 공부한다. 여기서는 그 개형에 대하여 간단히 설명하기로 한다.

이를테면 곡선 $x=y^2$을 그려 보자.

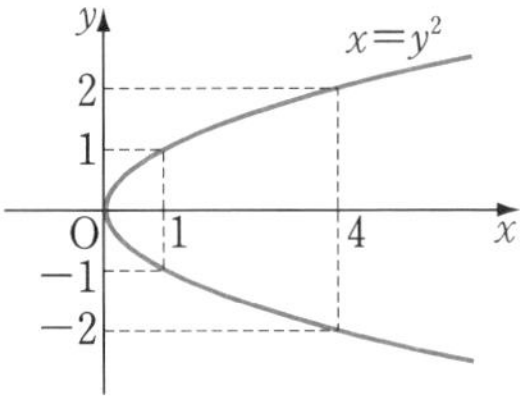

y에 $\cdots$, -2, -1, 0, 1, 2, $\cdots$를 대입하고 이에 대응하는 x의 값을 구하여 이들 각 쌍의 x, y의 값을 좌표로 하는 점 $(x,\ y)$를 좌표평면 위에 나타낸 다음 매끄러운 곡선으로 연결하면 오른쪽 그림과 같이 꼭짓점이 원점, 축이 x축이고 왼쪽으로 볼록한 포물선이 된다.

한편 $x=y^2$은 $y=x^2$에서 x 대신 y를, y 대신 x를 대입한 식이므로 곡선 $x=y^2$은 곡선 $y=x^2$과 직선 $y=x$에 대하여 대칭이며, 위의 곡선으로부터 이를 확인할 수 있다.

정석 곡선 $x=y^2$은
곡선 $y=x^2$과 직선 $y=x$에 대하여 대칭이다.

마찬가지로 생각하면 곡선 $x=-y^2$은 꼭짓점이 원점, 축이 x축이고 오른쪽으로 볼록한 포물선이다.

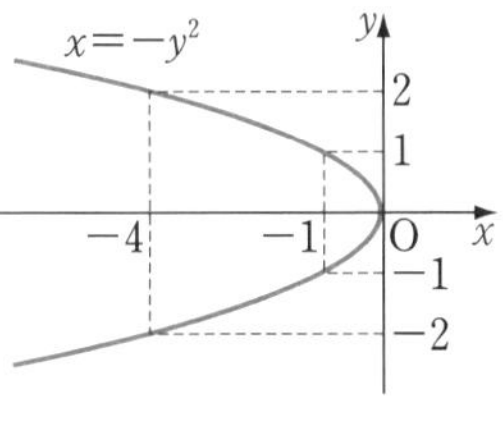

이와 같이 생각하면 $x=ay^2$ 꼴의 곡선에 대한 성질을 알 수 있고, 이를 평행이동한

$$x=a(y-n)^2+m$$

꼴의 곡선도 그릴 수 있다.

$a>0$일 때

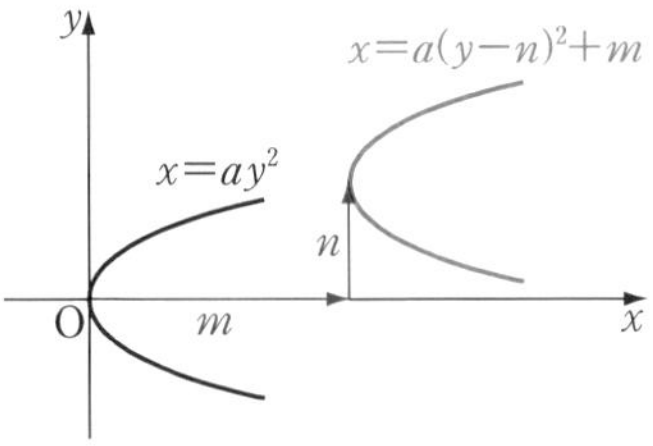

$a<0$일 때

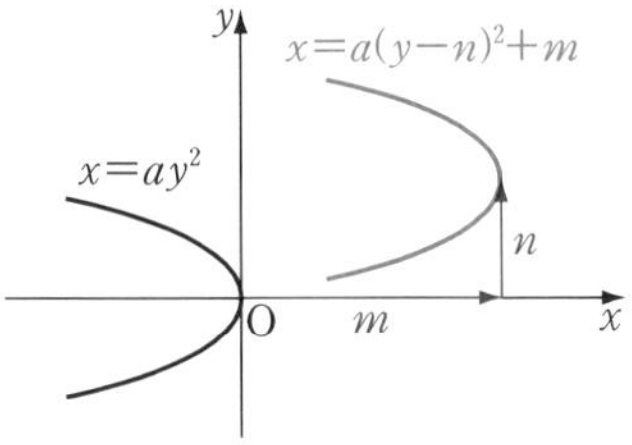

필수 예제 12-1 함수 $f(x)=x^3-x^2-x+a$가 극솟값 0을 가질 때, 다음 물음에 답하여라.

(1) 상수 a의 값을 구하여라.

(2) 곡선 $y=f(x)$와 x축으로 둘러싸인 도형의 넓이를 구하여라.

정석연구 넓이를 구하는 기본 방법은

(i) 넓이를 구하는 도형이 어떤 것인가 그린다.

(ii) dx를 쓸 것인가, dy를 쓸 것인가를 판단한다.

정석 dx를 쓸 때는 $\Longrightarrow \int_a^b |y|dx$, dy를 쓸 때는 $\Longrightarrow \int_\alpha^\beta |x|dy$

모범답안 (1) $f'(x)=3x^2-2x-1$
$=(3x+1)(x-1)$

x	$\cdots$	$-\frac{1}{3}$	$\cdots$	1	$\cdots$
$f'(x)$	$+$	0	$-$	0	$+$
$f(x)$	↗	극대	↘	극소	↗

오른쪽 증감표에서 극솟값은
$f(1)=a-1$
조건에서 극솟값이 0이므로
$a-1=0$ $\quad\therefore$ $\boldsymbol{a=1}$ ← 답

(2) $a=1$이므로
$f(x)=x^3-x^2-x+1=(x-1)^2(x+1)$
구하는 넓이를 S라고 하면

$$S=\int_{-1}^{1} y\,dx=\int_{-1}^{1}(x^3-x^2-x+1)dx$$

$$=2\int_0^1(-x^2+1)dx \quad \Leftarrow \text{우함수만}$$

$$=2\left[-\frac{1}{3}x^3+x\right]_0^1=\boldsymbol{\frac{4}{3}} \leftarrow \text{답}$$

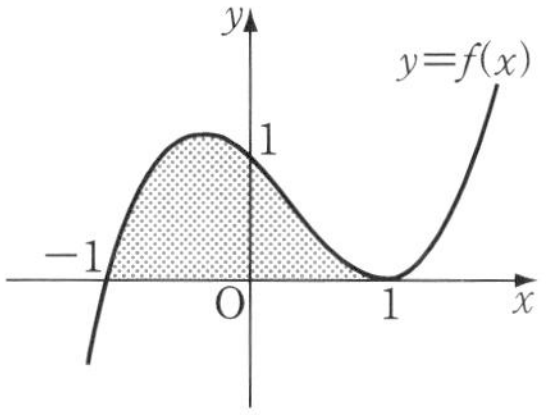

유제 **12**-1. 다음 곡선과 x축으로 둘러싸인 도형의 넓이를 구하여라.

(1) $y=-x^2-2x+3$ (2) $y=x^2-4x+3$

(3) $y=(x+1)(x-2)^2$ (4) $y=x^2(x-3)$

답 (1) $\boldsymbol{\frac{32}{3}}$ (2) $\boldsymbol{\frac{4}{3}}$ (3) $\boldsymbol{\frac{27}{4}}$ (4) $\boldsymbol{\frac{27}{4}}$

유제 **12**-2. 곡선 $y=x(x-a)$와 x축으로 둘러싸인 도형의 넓이가 $\frac{2}{3}$일 때, 양수 a의 값을 구하여라. 답 $\boldsymbol{a=\sqrt[3]{4}}$

유제 **12**-3. 곡선 $y=x(x-a)^2$과 x축으로 둘러싸인 도형의 넓이가 12일 때, 양수 a의 값을 구하여라. 답 $\boldsymbol{a=2\sqrt{3}}$

필수 예제 12-2 다음 곡선과 직선으로 둘러싸인 도형의 넓이를 구하여라.

(1) $y=3-|x^2-1|$, $y=0$

(2) $y=x|1-x|$, $y=0$, $x=-1$, $x=2$

정석연구 먼저 곡선의 개형을 그려서 문제의 도형이 어떤 꼴인가를 알아보는 것이 중요하다.

모범답안 (1) $y=3-|x^2-1|$에서

$|x|<1$이면 $y=3+(x^2-1)=x^2+2$,

$|x|\ge1$이면 $y=3-(x^2-1)=-x^2+4$

이므로 $y=3-|x^2-1|$의 그래프는 오른쪽과 같다.

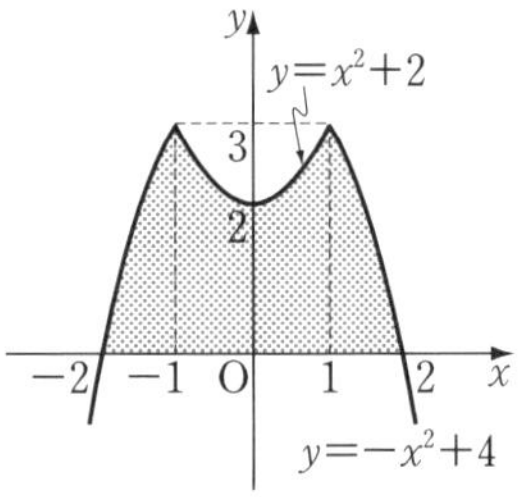

따라서 구하는 넓이를 S라고 하면

$$S=2\left\{\int_0^1(x^2+2)dx+\int_1^2(-x^2+4)dx\right\}$$

$$=2\left(\left[\frac{1}{3}x^3+2x\right]_0^1+\left[-\frac{1}{3}x^3+4x\right]_1^2\right)$$

$=8$ ← 답

(2) $y=x|1-x|$에서

$x\ge1$이면 $y=-x(1-x)=x^2-x$,

$x<1$이면 $y=x(1-x)=-x^2+x$

이므로 $y=x|1-x|$의 그래프는 오른쪽과 같다.

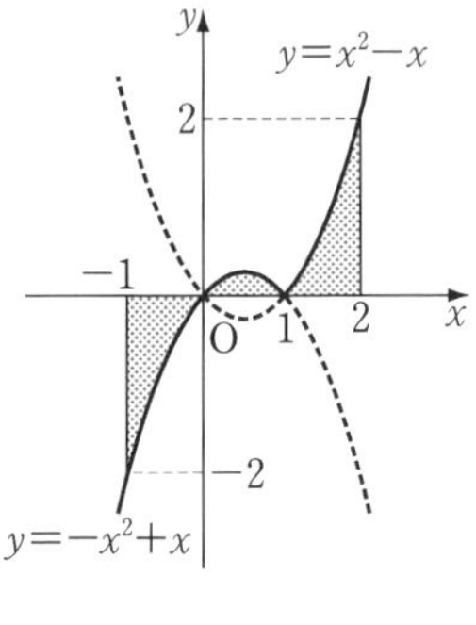

따라서 구하는 넓이를 S라고 하면

$$S=\int_0^1(-x^2+x)dx+2\int_1^2(x^2-x)dx$$

$$=\left[-\frac{1}{3}x^3+\frac{1}{2}x^2\right]_0^1+2\left[\frac{1}{3}x^3-\frac{1}{2}x^2\right]_1^2$$

$=\dfrac{11}{6}$ ← 답

유제 12-4. 다음 곡선과 직선으로 둘러싸인 도형의 넓이를 구하여라.

(1) $y=|x^2-x-2|$, $y=0$, $x=3$

(2) $y=x^2-3|x|+2$, $y=0$

(3) $y=|x|(1-x)$, $y=0$, $x=-1$, $x=2$

답 (1) $\dfrac{19}{3}$ (2) 2 (3) $\dfrac{11}{6}$

필수 예제 12-3 곡선 $y=x^3-(a+2)x^2+2ax$ (단, $0<a<2$)가 있다.

(1) 이 곡선과 x축으로 둘러싸인 두 부분의 넓이가 같을 때, 상수 a의 값을 구하여라.

(2) 이 곡선과 x축으로 둘러싸인 도형의 넓이가 최소일 때, 상수 a의 값을 구하여라.

정석연구 (1) 오른쪽 그림에서 x축 윗부분의 넓이를 S_1, 아랫부분의 넓이를 S_2라 하면

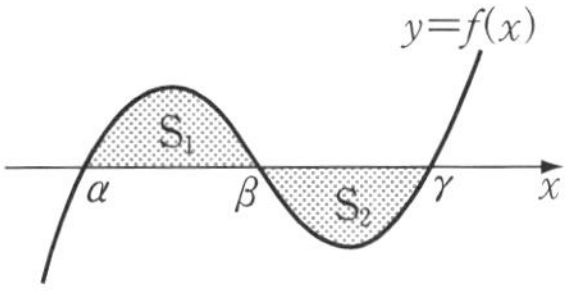

$$S_1=\int_\alpha^\beta f(x)dx,\quad S_2=-\int_\beta^\gamma f(x)dx$$

이다. 이때, $S_1=S_2$이면

$$\int_\alpha^\gamma f(x)dx=\int_\alpha^\beta f(x)dx+\int_\beta^\gamma f(x)dx=S_1-S_2=0$$

따라서 다음이 성립한다.

정석 $S_1=S_2$이면 $\Longrightarrow$ $\displaystyle\int_\alpha^\gamma \boldsymbol{f(x)dx=0}$

모범답안 $y=x(x-a)(x-2)$ $(0<a<2)$

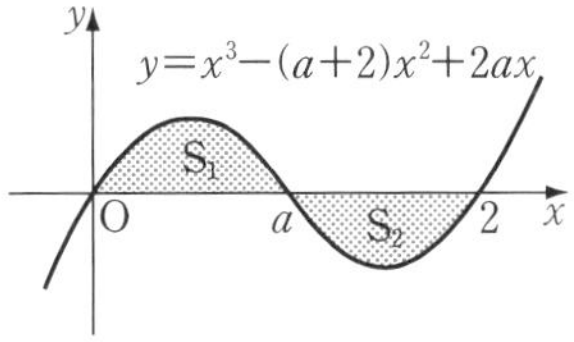

(1) 오른쪽 그림에서 점 찍은 두 부분의 넓이 S_1, S_2가 같으므로

$$\int_0^2\{x^3-(a+2)x^2+2ax\}dx=0$$

$$\therefore \left[\frac{1}{4}x^4-\frac{1}{3}(a+2)x^3+ax^2\right]_0^2=0$$

$$\therefore 4-\frac{8}{3}(a+2)+4a=0 \qquad \therefore \boldsymbol{a=1} \longleftarrow \boxed{답}$$

(2) 곡선과 x축으로 둘러싸인 도형의 넓이를 $S(a)$라고 하면

$$S(a)=\int_0^a\{x^3-(a+2)x^2+2ax\}dx-\int_a^2\{x^3-(a+2)x^2+2ax\}dx$$

$$=\left[\frac{1}{4}x^4-\frac{1}{3}(a+2)x^3+ax^2\right]_0^a-\left[\frac{1}{4}x^4-\frac{1}{3}(a+2)x^3+ax^2\right]_a^2$$

$$=-\frac{1}{6}a^4+\frac{2}{3}a^3-\frac{4}{3}a+\frac{4}{3}$$

$$\therefore S'(a)=-\frac{2}{3}a^3+2a^2-\frac{4}{3}=-\frac{2}{3}(a-1)(a^2-2a-2)$$

$0<a<2$일 때 $a^2-2a-2<0$이므로 $S'(a)=0$에서 $a=1$이다.

증감을 조사하면 $S(a)$는 $a=1$일 때 최소이다. $\boxed{답}$ $\boldsymbol{a=1}$

유제 **12**-5. 곡선 $y=x^2(x-a)(x-b)$ (단, $0<a<b$)와 x축으로 둘러싸인 두 부분의 넓이가 같을 때, $a:b$를 구하여라. $\boxed{답}$ $3:5$

필수 예제 12-4 오른쪽 그림은 $x \ge 1$에서 정의된 연속함수 $y=f(x)$와 그 역함수 $y=g(x)$의 그래프이다. 이때, 정적분

$$\int_1^5 f(x)dx+\int_1^4 g(x)dx$$

의 값을 구하여라.

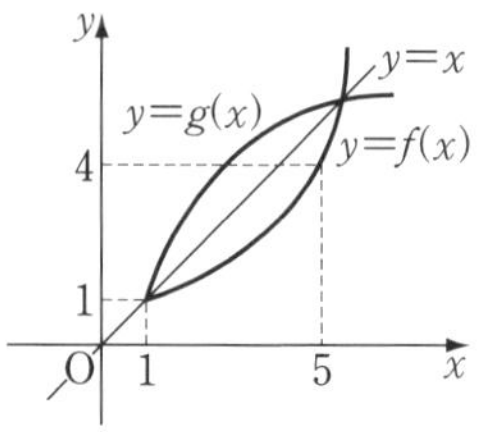

정석연구 이와 같이 함수 $f(x)$와 $g(x)$가 그래프로 주어질 때에는 정적분의 의미를 도형에서 찾아본다. 이때, 다음 성질을 이용한다.

정석 함수 $\boldsymbol{f}$와 $\boldsymbol{g}$가 서로 역함수이면
⟹ $\boldsymbol{y=f(x)}$와 $\boldsymbol{y=g(x)}$의 그래프는 직선 $\boldsymbol{y=x}$에 대하여 대칭!

모범답안 $\int_1^5 f(x)dx$는 아래 첫 번째 그림에서 도형 A의 넓이이다.

또, $\int_1^4 g(x)dx$는 아래 두 번째 그림에서 도형 B의 넓이이다.

그런데 $y=g(x)$의 그래프는 $y=f(x)$의 그래프와 직선 $y=x$에 대하여 대칭이므로 도형 B의 넓이는 아래 세 번째 그림에서 도형 B′의 넓이와 같다.

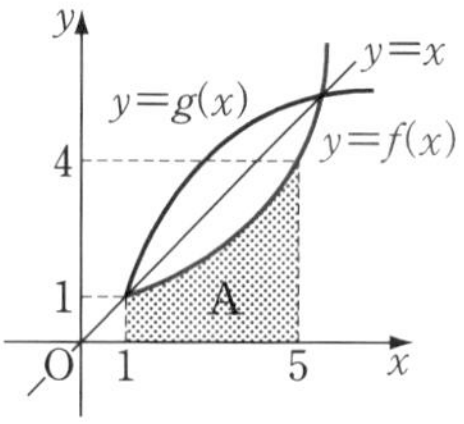

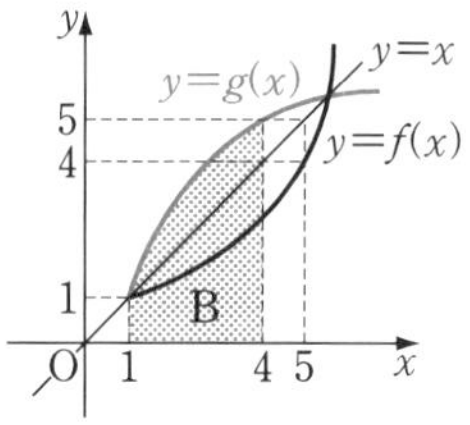

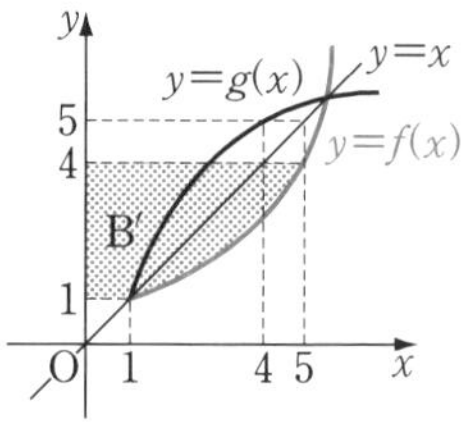

따라서 $\int_1^5 f(x)dx+\int_1^4 g(x)dx$는 오른쪽 그림에서 점 찍은 부분의 넓이이므로

$$\int_1^5 f(x)dx+\int_1^4 g(x)dx=5\times4-1\times1$$
$$=\mathbf{19} \leftarrow \boxed{답}$$

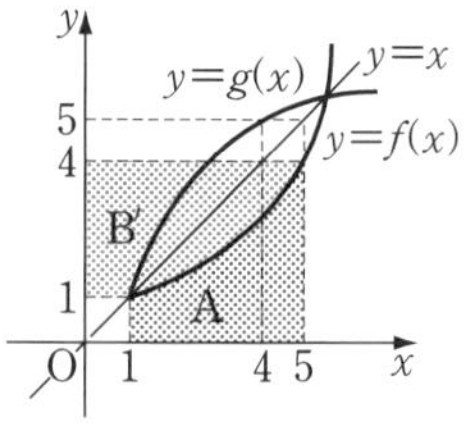

유제 **12**-6. $f(2)=4$, $f(4)=7$인 연속함수 f의 역함수를 g라고 할 때, $\int_2^4 f(x)dx+\int_4^7 g(x)dx$의 값을 구하여라. 답 **20**

유제 **12**-7. 함수 $f(x)=x^3+2$의 역함수를 g라고 할 때, $\int_2^{10} g(t)dt$의 값을 구하여라. 답 **12**

§2. 두 곡선 사이의 넓이

기본정석

두 곡선 사이의 넓이

(1) 구간 $[a,\ b]$에서 $f(x)\ge g(x)$일 때, $y=f(x)$와 $y=g(x)$의 그래프로 둘러싸인 도형의 넓이 S는

$$S=\int_a^b \{f(x)-g(x)\}dx$$

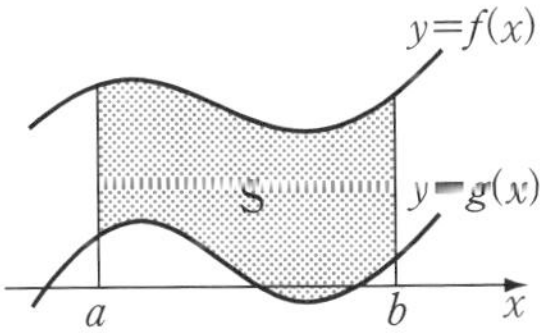

(2) 구간 $[\alpha,\ \beta]$에서 $f(y)\ge g(y)$일 때, $x=f(y)$와 $x=g(y)$의 그래프로 둘러싸인 도형의 넓이 S는

$$S=\int_\alpha^\beta \{f(y)-g(y)\}dy$$

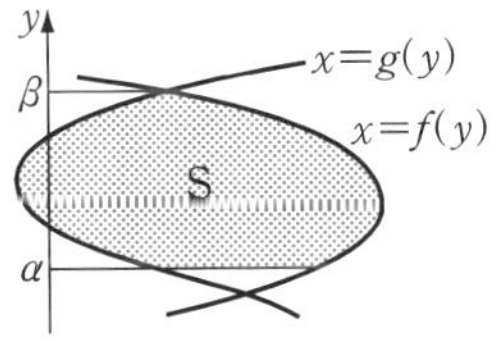

Advice | 두 곡선 사이의 넓이

오른쪽 그림에서 도형 ACDB의 넓이 S는

$$\begin{aligned} S&=(\text{도형 AEFB})-(\text{도형 CEFD})\\ &=\int_a^b f(x)dx-\int_a^b g(x)dx\\ &=\int_a^b \{f(x)-g(x)\}dx \end{aligned}$$

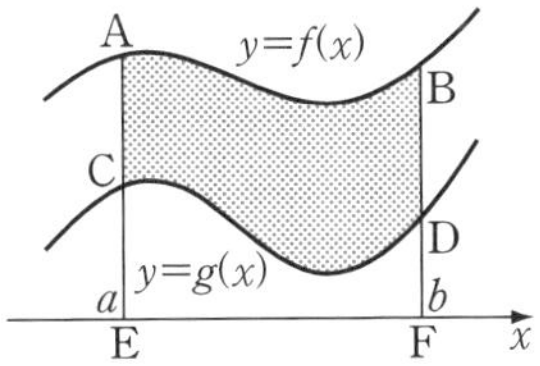

곧, 구간 $[a,\ b]$에서 $f(x)\ge g(x)$일 때, 두 곡선 $y=f(x)$, $y=g(x)$와 두 직선 $x=a$, $x=b$로 둘러싸인 도형의 넓이 S는 위에 있는 그래프의 식 $f(x)$에서 아래에 있는 그래프의 식 $g(x)$를 뺀 $f(x)-g(x)$를 $x=a$에서 $x=b$까지 적분한 값이 된다.

이것은 구간 $[a,\ b]$에서 두 곡선이 모두 x축 아래에 있거나 x축을 사이에 두고 있는 경우에도 성립하며, 일반적으로 $f(x)$, $g(x)$의 대소에 관계없이 다음과 같이 나타낼 수 있다.

$$S=\int_a^b |f(x)-g(x)|dx$$

같은 방법으로 생각하면 위의 **기본정석**의 (2)에서도 $f(y)$, $g(y)$의 대소에 관계없이 다음과 같이 나타낼 수 있다.

$$S=\int_\alpha^\beta |f(y)-g(y)|dy$$

필수 예제 12-5 다음 직선과 곡선 또는 곡선과 곡선으로 둘러싸인 도형의 넓이를 구하여라.

(1) $y=x+1,\ y=x^2-1$ (2) $y=x(x-1)(x-2),\ y=x(x-1)$

정석연구 두 곡선의 교점의 x좌표를 찾은 다음, 곡선의 개형을 그리면 구하고자 하는 넓이를 정적분으로 나타낼 수 있다.

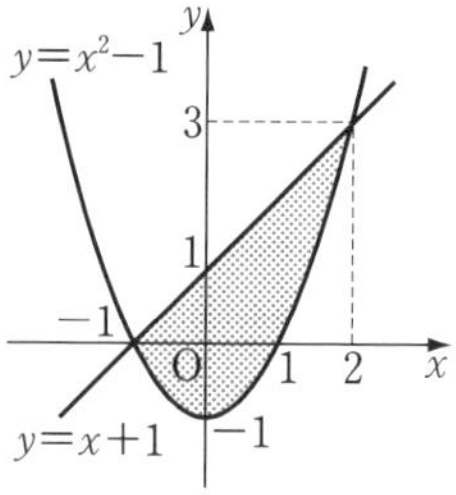

모범답안 (1) 직선과 곡선의 교점의 x좌표는

$x+1=x^2-1$에서 $x=-1,\ 2$

따라서 구하는 넓이를 S라고 하면

$$S=\int_{-1}^{2}\left\{(x+1)-(x^2-1)\right\}dx$$

$$=\int_{-1}^{2}(-x^2+x+2)dx \qquad \cdots\cdots①$$

$$=\left[-\frac{1}{3}x^3+\frac{1}{2}x^2+2x\right]_{-1}^{2}=\mathbf{\frac{9}{2}} \leftarrow \text{답}$$

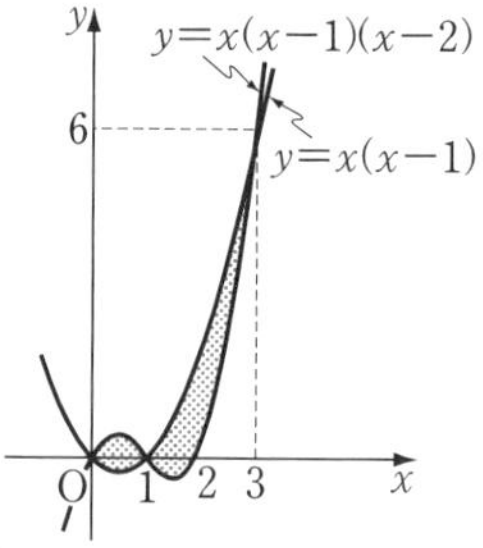

(2) 두 곡선의 교점의 x좌표는

$x(x-1)(x-2)=x(x-1)$에서 $x=0,\ 1,\ 3$

따라서 구하는 넓이를 S라고 하면

$$S=\int_{0}^{1}\left\{x(x-1)(x-2)-x(x-1)\right\}dx+\int_{1}^{3}\left\{x(x-1)-x(x-1)(x-2)\right\}dx$$

$$=\int_{0}^{1}(x^3-4x^2+3x)dx+\int_{1}^{3}(-x^3+4x^2-3x)dx$$

$$=\left[\frac{1}{4}x^4-\frac{4}{3}x^3+\frac{3}{2}x^2\right]_{0}^{1}+\left[-\frac{1}{4}x^4+\frac{4}{3}x^3-\frac{3}{2}x^2\right]_{1}^{3}=\mathbf{\frac{37}{12}} \leftarrow \text{답}$$

Advice | ①에서 피적분함수는 이차함수이고, 위끝과 아래끝에서 피적분함수의 값은 0이다. 이때에는 다음 **정석**을 이용할 수 있다. ⇦ p. 158

정석 $\displaystyle \int_{\alpha}^{\beta}a(x-\alpha)(x-\beta)dx=-\frac{a}{6}(\beta-\alpha)^3$

유제 **12**-8. 다음 직선과 곡선 또는 곡선과 곡선으로 둘러싸인 도형의 넓이를 구하여라.

(1) $y=x+2,\ y=x^2$ (2) $y=x^2-1,\ y=-x^2+2x+3$

(3) $y=(x-1)^3,\ y=x^2-1$ (4) $y=x^3+x^2+2x,\ y=x^2+5x-2$

답 (1) $\mathbf{\frac{9}{2}}$ (2) $\mathbf{9}$ (3) $\mathbf{\frac{37}{12}}$ (4) $\mathbf{\frac{27}{4}}$

필수 예제 12-6 다음 직선과 곡선 또는 곡선과 곡선으로 둘러싸인 도형의 넓이 S를 구하여라.

(1) $y=x-2,\ y^2+2y=x$

(2) $x=(y-2)^2+1,\ (x-1)^2+(y-1)^2=1$ (단, $x\geq1$)

정석연구 x에 관하여 적분하기 복잡하거나 어려울 때는 x를 y의 식으로 나타낸 다음 y에 관하여 적분한다.

모범답안 (1) 직선과 포물선의 교점의 y좌표는

$y^2+2y=y+2$에서 $y=-2,\ 1$

$$\therefore\ S=\int_{-2}^{1}\{(y+2)-(y^2+2y)\}dy$$

$$=\int_{-2}^{1}(-y^2-y+2)dy$$

$$=\left[-\frac{1}{3}y^3-\frac{1}{2}y^2+2y\right]_{-2}^{1}=\mathbf{\frac{9}{2}} \leftarrow \boxed{답}$$

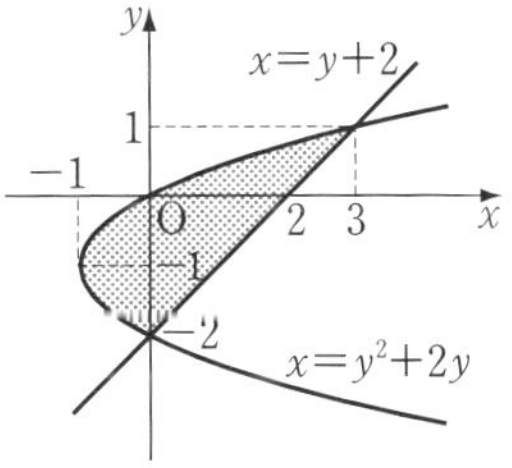

(2) x를 소거하면 $(y-2)^4+(y-1)^2=1$

$\therefore\ (y-1)(y-2)(y^2-5y+8)=0$

$y^2-5y+8>0$이므로 $y=1,\ 2$

따라서 포물선과 반원으로 둘러싸인 도형은 오른쪽 그림의 초록 점 찍은 부분이다.

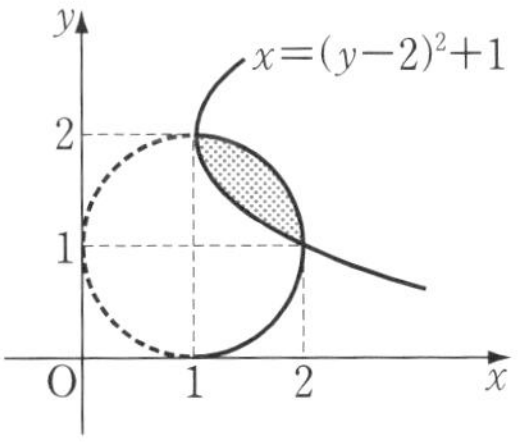

그런데 이 도형을 x축의 방향으로 -1만큼, y축의 방향으로 -1만큼 평행이동하면 오른쪽 아래 그림의 초록 점 찍은 부분이므로 이 도형의 넓이를 구해도 된다.

$\therefore$ S=(부채꼴 OAB)−(붉은 점 찍은 부분)

$$=\frac{1}{4}\times\pi\times1^2-\int_{0}^{1}(y-1)^2dy$$

$$=\frac{\pi}{4}-\left[\frac{1}{3}(y-1)^3\right]_{0}^{1}=\mathbf{\frac{\pi}{4}-\frac{1}{3}} \leftarrow \boxed{답}$$

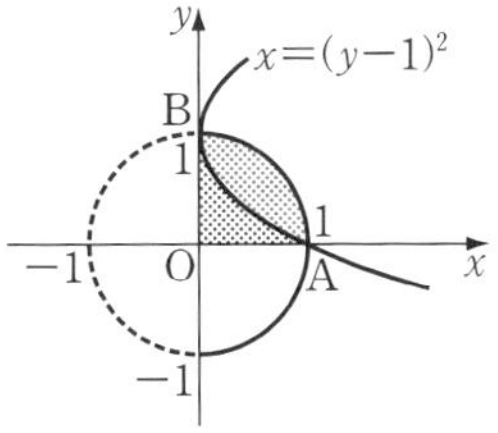

유제 12-9. 다음 곡선과 직선 또는 곡선과 곡선으로 둘러싸인 도형의 넓이를 구하여라.

(1) $y^2=x,\ y=x-2$

(2) $y=\sqrt{x}+2,\ y=2\sqrt{x},\ x=0$

(3) $y=\sqrt{x},\ y=x-2,\ y=0$

(4) $y=x^2,\ y=\sqrt{1-(x-1)^2}$

답 (1) $\mathbf{\frac{9}{2}}$ (2) $\mathbf{\frac{8}{3}}$ (3) $\mathbf{\frac{10}{3}}$ (4) $\mathbf{\frac{\pi}{4}-\frac{1}{3}}$

필수 예제 12-7 다음 두 곡선에 대하여 물음에 답하여라.

$y=x(a-x)$ ……①　　$y=x^2(a-x)$ ……②

(1) 곡선 ①과 x축으로 둘러싸인 도형의 넓이를 곡선 ②가 이등분할 때, 상수 a의 값을 구하여라. 단, $0<a\le 1$이다.

(2) 곡선 ①과 ②로 둘러싸인 두 부분의 넓이가 같을 때, 상수 a의 값을 구하여라. 단, $a>1$이다.

정석연구 두 곡선의 교점의 x좌표는

$x(a-x)=x^2(a-x)$

에서 $x=0,\ 1,\ a$

여기서 $0<a\le 1$, $a>1$의 두 경우로 나누어 그려 보면 오른쪽 그림과 같다.

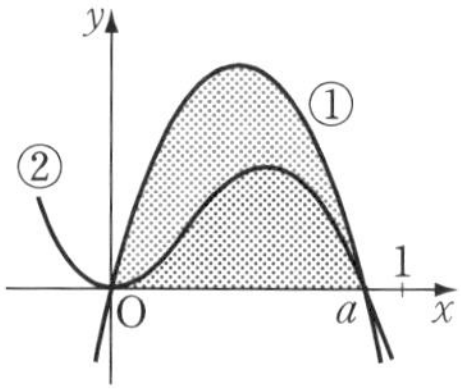

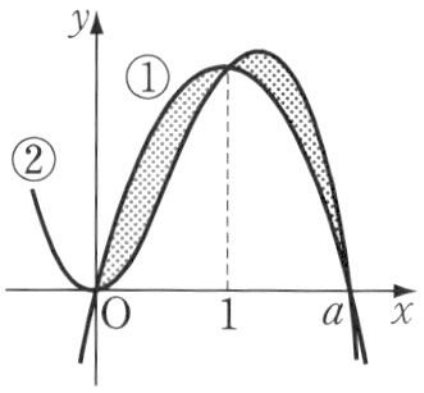

초록 점 찍은 부분과 붉은 점 찍은 부분의 넓이가 같으므로 $y_1=x(a-x)$, $y_2=x^2(a-x)$로 놓고,

(1)에서는 $\int_0^a y_1\,dx=2\int_0^a y_2\,dx$일 조건을 찾으면 된다.

(2)에서는 $\int_0^1 (y_1-y_2)dx=\int_1^a (y_2-y_1)dx$이므로

$$\int_0^1 (y_1-y_2)dx+\int_1^a (y_1-y_2)dx=0 \quad \text{곧, } \int_0^a (\boldsymbol{y_1-y_2})\boldsymbol{dx=0}$$

일 조건을 찾으면 된다.

모범답안 (1) $\int_0^a x(a-x)dx=2\int_0^a x^2(a-x)dx$

$\therefore \left[\frac{1}{2}ax^2-\frac{1}{3}x^3\right]_0^a=2\left[\frac{1}{3}ax^3-\frac{1}{4}x^4\right]_0^a \quad \therefore \frac{a^3}{6}=\frac{a^4}{6}$

$a\ne 0$이므로 $\boldsymbol{a=1}$ ← 답

(2) $\int_0^a \left\{x(a-x)-x^2(a-x)\right\}dx=0 \quad \therefore \frac{a^3}{6}-\frac{a^4}{12}=0$

$a\ne 0$이므로 $\boldsymbol{a=2}$ ← 답

유제 **12**-10. 포물선 $y=x^2-x$와 직선 $y=ax$로 둘러싸인 도형의 넓이를 x축이 이등분할 때, 실수 a의 값을 구하여라. 답 $\boldsymbol{a=\sqrt[3]{2}-1}$

유제 **12**-11. 곡선 $y=x(x-2)^2$과 직선 $y=a^2x$로 둘러싸인 두 부분의 넓이가 같을 때, 양수 a의 값을 구하여라. 답 $\boldsymbol{a=\frac{2}{3}}$

필수 예제 12-8 함수 $f(x)=x^3+3x^2+4x+1$의 역함수를 g라고 할 때, 두 곡선 $y=f(x)$, $y=g(x)$와 직선 $y=-x+1$로 둘러싸인 도형의 넓이를 구하여라.

정석연구 $y=g(x)$를 바로 구할 수 없으므로 $g(x)$를 포함한 정적분을 계산하기는 어렵다. 이런 경우

정석 함수 f와 g가 서로 역함수이면
$\Longrightarrow$ $y=f(x)$와 $y=g(x)$의 그래프는 직선 $y=x$에 대하여 대칭

임을 이용하여 $f(x)$의 정적분만으로 넓이를 구하는 방법을 찾아야 한다.

모범답안 $f(x)=x^3+3x^2+4x+1$에서

$$f'(x)=3x^2+6x+4=3(x+1)^2+1>0$$

이므로 함수 $f(x)$는 증가함수이고 곡선 $y=f(x)$의 개형은 오른쪽 그림과 같다.

또, 곡선 $y=g(x)$는 곡선 $y=f(x)$와 직선 $y=x$에 대하여 대칭이므로 그 개형은 오른쪽 그림의 초록 곡선이다.

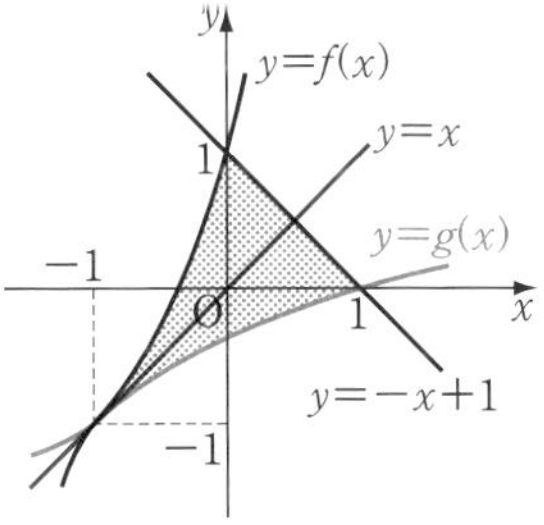

오른쪽 그림에서 두 곡선의 교점의 x좌표는 곡선 $y=f(x)$와 직선 $y=x$의 교점의 x좌표와 같으므로

$$x^3+3x^2+4x+1=x\text{에서}\quad (x+1)^3=0\qquad \therefore\ x=-1\,(\text{삼중근})$$

따라서 구하는 넓이를 S라고 하면

$$S=2\int_{-1}^{0}(x^3+3x^2+4x+1-x)dx+\frac{1}{2}\times1\times1$$

$$=2\left[\frac{1}{4}x^4+x^3+\frac{3}{2}x^2+x\right]_{-1}^{0}+\frac{1}{2}=\mathbf{1} \longleftarrow \text{답}$$

*Note $f(x)$가 증가함수이므로 두 곡선 $y=f(x)$와 $y=g(x)$의 교점은 곡선 $y=f(x)$와 직선 $y=x$의 교점과 같다.

유제 **12**-12. 함수 $f(x)=x^3+x^2+x$의 역함수를 g라고 할 때, 두 곡선 $y=f(x)$, $y=g(x)$로 둘러싸인 도형의 넓이를 구하여라. 답 $\frac{1}{6}$

유제 **12**-13. 함수 $f(x)=x^3-6$의 역함수를 g라고 할 때, 두 곡선 $y=f(x)$, $y=g(x)$와 직선 $y=-x-6$으로 둘러싸인 도형의 넓이를 구하여라.

답 38

필수 예제 12-9 점 P$(-3,\ 6)$을 지나고 곡선 $y=x^3-5x^2+x+9$에 접하는 직선의 접점 중 x좌표가 음수가 아닌 것을 각각 Q, R라고 하자.

이때, 점 Q에서 점 R까지의 곡선 부분과 선분 PQ, PR로 둘러싸인 도형의 넓이를 구하여라.

정석연구 곡선의 개형을 그리고 주어진 조건을 만족시키는 접선과 점 Q, R를 좌표평면 위에 나타내면 오른쪽 그림과 같다.

따라서 △POQ의 넓이와 나머지 점 찍은 부분의 넓이를 따로 구하면 된다.

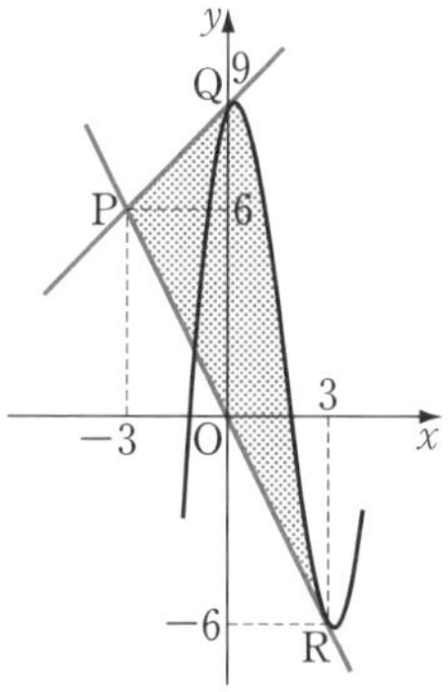

정석 넓이를 구할 때에는

⟹ 곡선의 개형부터 그려 본다.

모범답안 $y=x^3-5x^2+x+9$ ……①

에서 $y'=3x^2-10x+1$

따라서 곡선 ① 위의 점 $(a,\ a^3-5a^2+a+9)$에서의 접선의 방정식은

$$y-(a^3-5a^2+a+9)=(3a^2-10a+1)(x-a) \quad \cdots\cdots ②$$

이 직선이 점 P$(-3,\ 6)$을 지나므로

$$6-(a^3-5a^2+a+9)=(3a^2-10a+1)(-3-a)$$

$$\therefore\ a(a-3)(a+5)=0 \qquad \therefore\ a=0,\ 3,\ -5$$

음수가 아닌 값을 ②에 대입하면 $y=x+9,\ y=-2x$

따라서 구하는 넓이를 S라고 하면 위의 그림에서

$$\mathrm{S}=\frac{1}{2}\times9\times3+\int_0^3\left\{x^3-5x^2+x+9-(-2x)\right\}dx$$

$$=\frac{27}{2}+\left[\frac{1}{4}x^4-\frac{5}{3}x^3+\frac{3}{2}x^2+9x\right]_0^3=\mathbf{\frac{117}{4}} \leftarrow \boxed{답}$$

유제 **12**-14. 곡선 $x^2-4y=0$과 이 곡선 위의 점 P$(4,\ 4)$, Q$(-2,\ 1)$에서의 접선으로 둘러싸인 도형의 넓이를 구하여라. 답 $\mathbf{\frac{9}{2}}$

유제 **12**-15. 원점을 지나는 직선이 곡선 $y=x^3-x+a$와 y좌표가 2인 점에서 접하고 있다.

이 곡선과 접선으로 둘러싸인 도형의 넓이를 구하여라. 답 $\mathbf{\frac{27}{4}}$

유제 **12**-16. 곡선 $y=x^3-x$ 위의 점 O$(0,\ 0)$에서의 접선에 수직이고 점 O를 지나는 직선과 이 곡선으로 둘러싸인 도형의 넓이를 구하여라. 답 **2**

필수 예제 12-10 두 곡선 $y=ax^3$, $y=bx^2+c$가 점 $(2, 8)$에서 접할 때, 다음 물음에 답하여라.

(1) 상수 a, b, c의 값을 구하여라.

(2) 두 곡선으로 둘러싸인 도형의 넓이를 구하여라.

정석연구 두 곡선이 접하므로 교점에서의 두 곡선의 접선이 같다. 앞서 곡선의 접선과 미분 단원(p. 67)에서 공부한

정석 두 곡선 $\boldsymbol{y=f(x)}$, $\boldsymbol{y=g(x)}$가 점 $(\boldsymbol{\alpha}, \boldsymbol{\beta})$에서 접한다

$$\iff \boldsymbol{f(\alpha)=g(\alpha)=\beta,\ f'(\alpha)=g'(\alpha)}$$

를 이용하여 a, b, c의 값을 구한다.

모범답안 (1) $y=ax^3$ ……① $y=bx^2+c$ ……②

두 곡선이 모두 점 $(2, 8)$을 지나므로

$8=8a$, $8=4b+c$

$\therefore$ $a=1$, $4b+c=8$ ……③

또, ①에서 $y'=3ax^2$, ②에서 $y'=2bx$

이고, $x=2$에서의 미분계수가 같으므로

$12a=4b$ ……④

③, ④를 연립하여 풀면

$\boldsymbol{a=1,\ b=3,\ c=-4}$ ← 답

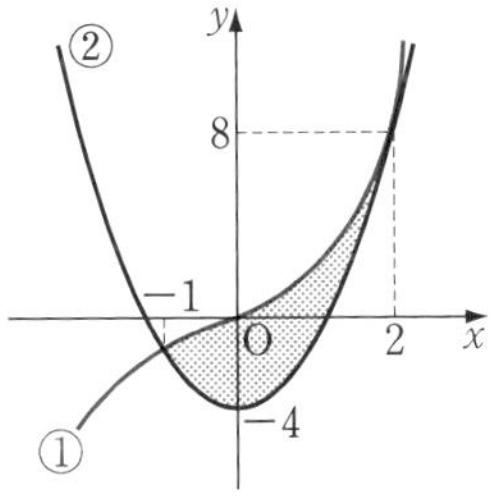

(2) ①은 $y=x^3$, ②는 $y=3x^2-4$

이므로 ①, ②의 교점의 x좌표는 $x^3=3x^2-4$에서

$(x+1)(x-2)^2=0$ $\therefore$ $x=-1, 2$ (중근)

따라서 구하는 넓이를 S라고 하면

$$S=\int_{-1}^{2}\{x^3-(3x^2-4)\}dx=\left[\frac{1}{4}x^4-x^3+4x\right]_{-1}^{2}=\boldsymbol{\frac{27}{4}} \leftarrow \text{답}$$

유제 **12**-17. $f(x)=x^3-(a+1)x^2+ax$, $g(x)=x^2-ax$라고 하자.

두 곡선 $y=f(x)$와 $y=g(x)$가 $x=2$인 점에서 접할 때, 두 곡선으로 둘러싸인 도형의 넓이를 구하여라. 답 $\boldsymbol{\frac{4}{3}}$

유제 **12**-18. $f(x)=4x^3$, $g(x)=ax^2+bx+c$ (단, $a<0$)라고 하자.

두 곡선 $y=f(x)$와 $y=g(x)$가 점 $(1, 4)$에서 접하고, 두 곡선과 y축으로 둘러싸인 도형 중 $x\ge0$인 부분의 넓이가 4일 때, 상수 a, b, c의 값을 구하여라. 답 $\boldsymbol{a=-3,\ b=18,\ c=-11}$

필수 예제 12-11 포물선 $y=-x^2+2x$ 위의 점 P에서 그은 접선과 포물선 $y=x^2$으로 둘러싸인 도형의 넓이가 최소가 되는 점 P의 좌표를 구하여라.

정석연구 $P(a,\ -a^2+2a)$로 놓고, 점 P에서 그은 접선의 방정식을 구하면

$$y-(-a^2+2a)=(-2a+2)(x-a) \quad 곧,\ y=-2(a-1)x+a^2$$

그런데 이 직선과 포물선 $y=x^2$으로 둘러싸인 도형의 넓이를 구할 때, 교점의 좌표를 직접 구하여 해결하려면 계산이 매우 복잡하다.

이런 경우에는 교점의 x좌표를 α, β라 하고, 다음을 활용해 보아라.

$$\textbf{정석}\quad \int_\alpha^\beta a(x-\alpha)(x-\beta)dx=-\frac{a}{6}(\beta-\alpha)^3$$

모범답안 점 P의 좌표를 $(a,\ -a^2+2a)$로 놓으면 점 P에서의 접선의 방정식은

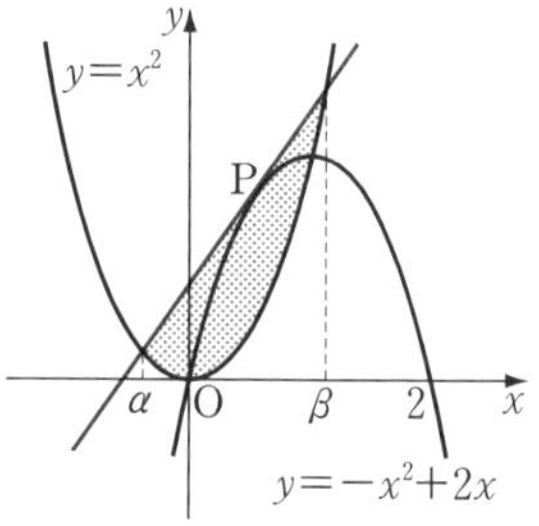

$$y-(-a^2+2a)=(-2a+2)(x-a)$$

$$\therefore\ y=-2(a-1)x+a^2$$

이 직선과 포물선 $y=x^2$의 교점의 x좌표를 α, $\beta(\alpha<\beta)$라고 하면 α, β는 이차방정식

$$x^2=-2(a-1)x+a^2$$

의 두 근이므로 근과 계수의 관계로부터

$$\alpha+\beta=-2(a-1), \quad \alpha\beta=-a^2 \quad \cdots\cdots①$$

접선과 포물선 $y=x^2$으로 둘러싸인 도형의 넓이를 $S(a)$라고 하면

$$S(a)=\int_\alpha^\beta \left\{-2(a-1)x+a^2-x^2\right\}dx=\frac{1}{6}(\beta-\alpha)^3$$

그런데 $\beta-\alpha=\sqrt{(\alpha+\beta)^2-4\alpha\beta}$ 이므로 여기에 ①을 대입하면

$$\beta-\alpha=\sqrt{4(a-1)^2+4a^2}=2\sqrt{2a^2-2a+1}$$

$$\therefore\ S(a)=\frac{4}{3}\left(\sqrt{2a^2-2a+1}\right)^3=\frac{4}{3}\left\{\sqrt{2\left(a-\frac{1}{2}\right)^2+\frac{1}{2}}\right\}^3$$

따라서 $S(a)$는 $a=\frac{1}{2}$일 때 최소이다. 답 $\mathbf{P}\left(\frac{1}{2},\ \frac{3}{4}\right)$

유제 **12**-19. 포물선 $y=x^2-x-2$와 직선 $y=ax$로 둘러싸인 도형의 넓이를 최소가 되게 하는 상수 a의 값을 구하여라. 답 $a=-1$

유제 **12**-20. 점 $(1,\ 1)$을 지나는 직선과 포물선 $y=\frac{1}{2}x^2$으로 둘러싸인 도형의 넓이가 최소일 때, 직선의 기울기를 구하여라. 답 1

Advice ‖ 넓이에 관한 특수 공식

넓이 계산에서 결과만을 알고자 할 때(답을 검토할 때) 활용할 수 있다.

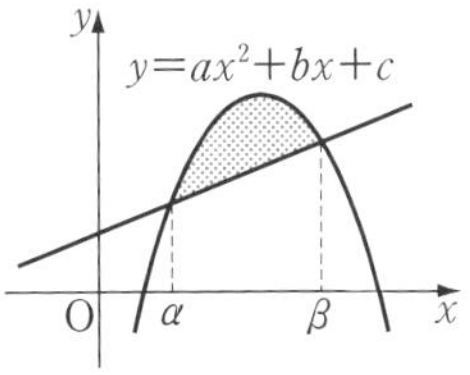

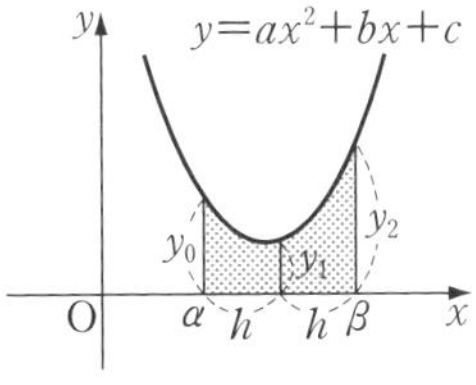

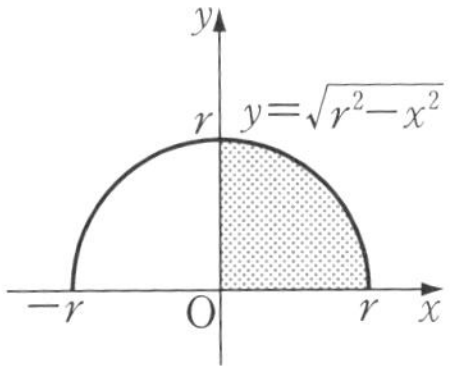

$\mathrm{S}=\dfrac{|a|}{6}(\beta-\alpha)^3$ $\mathrm{S}=\dfrac{h}{3}(y_0+4y_1+y_2)$ $\mathrm{S}=\dfrac{1}{4}\pi r^2$ (사분원)

▶ 포물선과 직선 사이의 넓이 $\Longrightarrow$ $\mathrm{S}=\dfrac{|a|}{6}(\beta-\alpha)^3$

a는 x^2의 계수이고, α, $\beta(\alpha<\beta)$는 교점의 x좌표이다.

이를테면 오른쪽 그림에서 점 찍은 부분의 넓이 S는

$a=1$, $\alpha=-1$, $\beta=2$인 경우이므로

$$\mathrm{S}=\frac{1}{6}(2+1)^3=\mathbf{\frac{9}{2}}$$

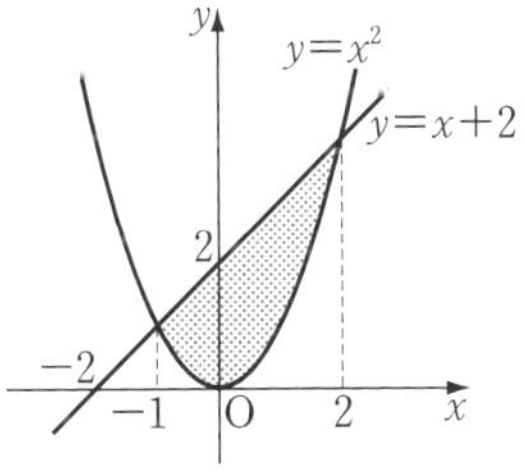

▶ $f(x)=ax^2+bx+c$이면 $\Longrightarrow$ $\displaystyle\int_\alpha^\beta f(x)dx=\frac{h}{3}(y_0+4y_1+y_2)$

이 공식은 포물선과 직선, 포물선과 포물선 사이에 활용한다.

①의 점 찍은 부분의 넓이 S는

$h=2$, $y_0=0$, $y_1=4$, $y_2=0$이므로

$$\mathrm{S}=\frac{2}{3}(0+4\times4+0)=\mathbf{\frac{32}{3}}$$

②의 점 찍은 부분의 넓이 S는

$h=1$, $y_0=0$, $y_1=1$, $y_2=0$이므로

$$\mathrm{S}=\frac{1}{3}(0+4\times1+0)=\mathbf{\frac{4}{3}}$$

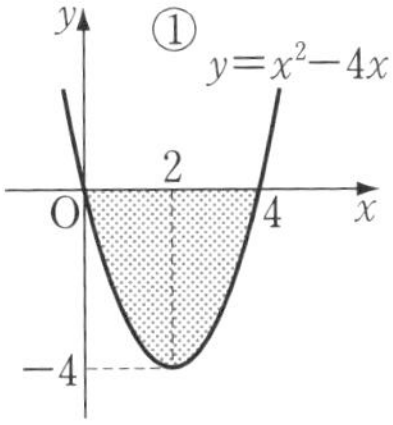

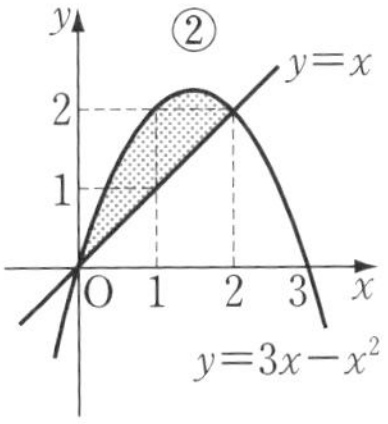

Note* 증명은 p. 197의 연습문제 **12-16을 참조하여라.

▶ $\displaystyle\int_0^r\sqrt{r^2-x^2}\,dx=\frac{1}{4}\pi r^2$ (사분원의 넓이)

$r>0$일 때, 정적분 $\displaystyle\int_0^r\sqrt{r^2-x^2}\,dx$는 원 $x^2+y^2=r^2$의 제1사분면의 넓이를 뜻한다. 따라서 원의 넓이를 이용하여 정적분의 값을 구할 수 있다.

적분을 이용하여 계산하는 것은 미적분에서 공부한다.

연습문제 12

기본 **12-1** 다음 그래프로 둘러싸인 도형의 넓이를 구하여라.

(1) $y=|x^3+3x^2-x-3|$, $y=0$ (2) $y=2x^2|x^2-2x|$, $y=0$

(3) $y=|x^2-1|$, $y=1$ (4) $y=x^2-4\sqrt{(x-1)^2}$, $y=1$

(5) $y=|x(x-1)|$, $y=x+3$ (6) $|y-1|=-x^2+2x+3$

12-2 곡선 $y=\sqrt{a-x}$ (단, $a>0$)와 x축, y축으로 둘러싸인 도형의 넓이가 18일 때, 실수 a의 값을 구하여라.

12-3 $f(x)=x^3-3x+\int_0^2 f(t)dt$를 만족시키는 다항함수 $f(x)$에 대하여 $y=f(x)$의 그래프와 x축으로 둘러싸인 도형의 넓이를 구하여라.

12-4 x^2의 계수가 1인 이차함수 $f(x)$가

$$f(3)=0, \quad \int_0^{2020} f(x)dx=\int_3^{2020} f(x)dx$$

를 만족시킨다. 곡선 $y=f(x)$와 x축으로 둘러싸인 도형의 넓이를 구하여라.

12-5 오른쪽 그림과 같이 이차함수 $f(x)=-\frac{1}{4}(x+1)^2+4$에 대하여 곡선 $y=f(x)$가 x축의 양의 방향과 만나는 점을 A라 하고, 점 A를 지나고 x축에 수직인 직선을 l이라고 하자. 곡선 $y=f(x)$와 y축 및 직선 $y=k$ $\left(\text{단, } 0<k<\frac{15}{4}\right)$로 둘러싸인 도형 중 제1사분면에 있는 부분의 넓이를 S_1, 곡선 $y=f(x)$와 직선 l 및 직선 $y=k$로 둘러싸인 부분의 넓이를 S_2라고 하자. $S_1=S_2$가 성립하도록 상수 k의 값을 정하여라.

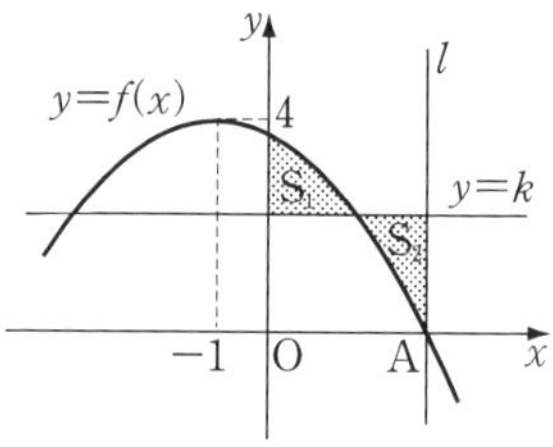

12-6 곡선 $y=4x-x^3$과 x축으로 둘러싸인 도형의 제1사분면에 있는 부분의 넓이를 이등분하고, 원점을 지나는 직선의 방정식을 구하여라.

12-7 양수 r에 대하여 두 곡선 $y=x^2-2$, $y=-x^2+\frac{2}{r^2}$로 둘러싸인 도형의 넓이를 S_r라고 할 때, $\lim_{r\to\infty} S_r$의 값을 구하여라.

12-8 두 곡선 $y=x^n$, $y=x^{n+1}$ (단, n은 자연수)으로 둘러싸인 도형의 넓이를 S_n이라고 할 때, 다음 물음에 답하여라.

(1) $\sum_{n=1}^{10} S_n$의 값을 구하여라.

(2) $S_n<0.01$을 만족시키는 n의 최솟값을 구하여라.

12-9 $y=3(x+1)^2$으로 주어진 포물선 P가 있다. 포물선 P를 x축, y축, 원점에 대하여 각각 대칭이동하여 얻은 세 포물선과 포물선 P로 둘러싸인 도형을 K라고 하자. 포물선 P를 x축의 방향으로 1만큼, y축의 방향으로 a만큼 평행이동한 포물선이 K의 넓이를 이등분할 때, 상수 a의 값을 구하여라.

12-10 함수 $f(x)=x^3-6x^2$에 대하여 곡선 $y=f(x)$가 x축과 만나는 점 중 원점 O가 아닌 점을 A라고 하자. 또, 점 A를 지나고 x축에 수직인 직선 위의 한 점을 B라 하고, y축 위의 한 점을 C라고 하자. □OABC의 넓이가 곡선 $y=f(x)$와 x축으로 둘러싸인 도형의 넓이와 같을 때, 직선 BC가 항상 지나는 점의 좌표를 구하여라. 단, 점 B와 점 C의 y좌표는 음수이다.

12-11 오른쪽 그림과 같이 한 변의 길이가 15인 정사각형이 두 곡선 $y=f(x)$와 $y=g(x)$에 의하여 나누어진 세 부분을 파란색과 노란색으로 칠했다. 파란색과 노란색이 칠해진 부분의 넓이의 비가 2 : 3일 때, $\int_0^{15} f(x)dx$의 값을 구하여라. 단, 함수 g는 f의 역함수이다.

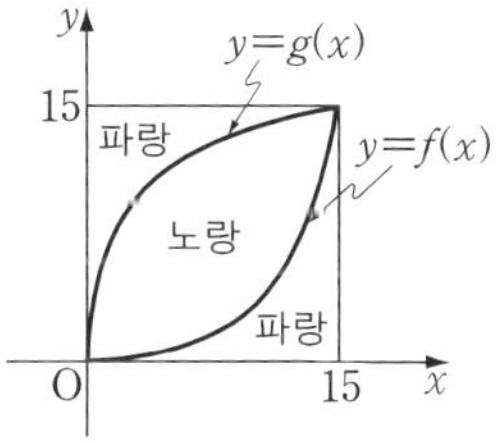

12-12 곡선 $y=-3x(x+1)$의 $x\le0$인 부분과 곡선 $x=-3y(y+1)$의 $y\le0$인 부분으로 둘러싸인 도형의 넓이를 구하여라.

12-13 다항함수 $f(x)$는 $f(0)=0$이고, $0<x<y<1$인 모든 x, y에 대하여 $0<xf(y)<yf(x)$를 만족시킨다. 이때, 다음 세 수의 대소를 비교하여라.

$$A=f'(0),\quad B=f(1),\quad C=2\int_0^1 f(x)dx$$

실력 **12-14** 다음 곡선과 직선으로 둘러싸인 도형의 넓이를 구하여라.

$$y=\big|x|x-2|-3\big|,\quad y=x+1$$

12-15 $|a|\le1$일 때, 구간 $[a, a+1]$에서 곡선 $y=x^3-4x^2+x+6$과 x축 사이의 넓이를 최대가 되게 하는 상수 a의 값을 구하여라.

12-16 오른쪽 그림에서 포물선의 방정식이 $y=ax^2+bx+c$일 때, 점 찍은 부분의 넓이 S는

$$S=\frac{h}{3}(y_0+4y_1+y_2)$$

임을 보여라.

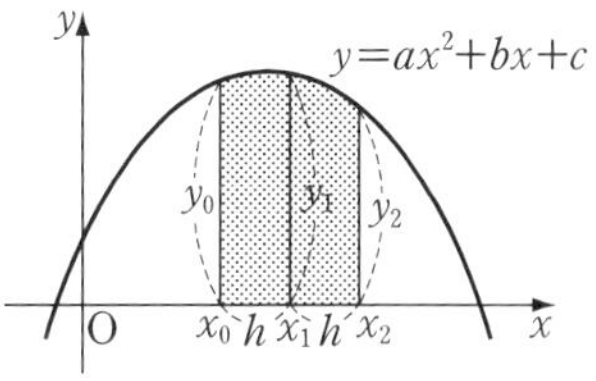

12-17 세 곡선 $y^2-x+1=0$, $y^2-4x+16=0$, $y^2-9x+81=0$의 제1사분면에 있는 부분으로 둘러싸인 도형의 넓이를 구하여라.

12-18 두 곡선 $y=x^2+4x+5$와 $y=x^2-2x+5$에 모두 접하는 직선 l과 이 두 곡선으로 둘러싸인 도형의 넓이를 구하여라.

12-19 곡선 $y=x^2$ 위의 점 $\mathrm{P}(a,\ a^2)$에서의 접선과 곡선 $y=-x^2$ 위의 점 $\mathrm{Q}(a,\ -a^2)$에서의 접선이 점 R에서 수직으로 만날 때, 두 곡선과 선분 PR, QR로 둘러싸인 도형의 넓이를 구하여라. 단, $a>0$이다.

12-20 곡선 $y=x^4+ax^3+bx^2$은 x좌표가 각각 1, -2인 점 P, Q에서 직선 PQ와 접한다. 이 곡선과 직선 PQ로 둘러싸인 도형의 넓이를 구하여라.

12-21 오른쪽 그림과 같이 좌표평면 위의 두 점 $\mathrm{A}(3,\ 0)$, $\mathrm{B}(0,\ 2)$와 원점 O에 대하여 삼각형 OAB의 내부를 곡선 $y=\sqrt{ax}$ (단, $a>0$)가 나누는 두 부분의 넓이를 각각 S_1, S_2라고 하자. $S_1 : S_2=5 : 7$일 때, 상수 a의 값을 구하여라.

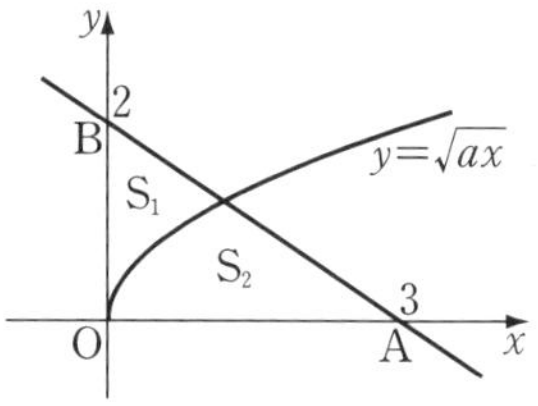

12-22 곡선 $y=x^2(x-1)$과 이 곡선의 직선 $y=x$에 대하여 대칭인 곡선으로 둘러싸인 도형의 넓이를 구하여라.

12-23 $a>0$일 때, 포물선 $y=ax^2$ 위의 점 $\mathrm{P}(1,\ a)$에서의 법선이 y축과 만나는 점을 Q라고 하자. 선분 PQ와 y축 및 포물선 $y=ax^2$으로 둘러싸인 도형의 넓이를 $S(a)$라고 할 때, $S(a)$의 최솟값과 이때 a의 값을 구하여라.

12-24 포물선 $y=3x^2$과 포물선 위의 두 점 $\mathrm{P}(\alpha,\ 3\alpha^2)$, $\mathrm{Q}(\beta,\ 3\beta^2)$을 연결하는 선분 PQ로 둘러싸인 도형의 넓이가 4이다. 단, $\alpha<\beta$이다.

(1) 선분 PQ의 중점 M의 자취의 방정식을 구하여라.

(2) $\displaystyle\lim_{\alpha\to\infty}\frac{\overline{\mathrm{PQ}}}{\alpha}$의 값을 구하여라.

12-25 좌표평면 위의 점 $(1,\ 2)$를 지나고 기울기가 k인 직선이 포물선 $y=x^2$과 만나는 두 점을 각각 P, Q라고 하자. 또, 점 P와 Q에서 각각 포물선에 접하는 두 직선과 포물선으로 둘러싸인 도형의 넓이를 $S(k)$라고 하자. 단, $-3\le k\le 3$이다.

(1) 직선 PQ와 점 P와 Q에서 각각 포물선에 접하는 두 직선으로 둘러싸인 삼각형의 넓이를 k로 나타내어라.

(2) $S(k)$의 최댓값과 최솟값을 구하여라.

13. 속도 · 거리와 적분

§ 1. 속도와 거리

기본정석

속도와 거리

수직선 위를 움직이는 점 P의 시각 t에서의 속도가 $v(t)$일 때,

점 P가 $t=a$일 때부터 $t=b$일 때까지 움지이면

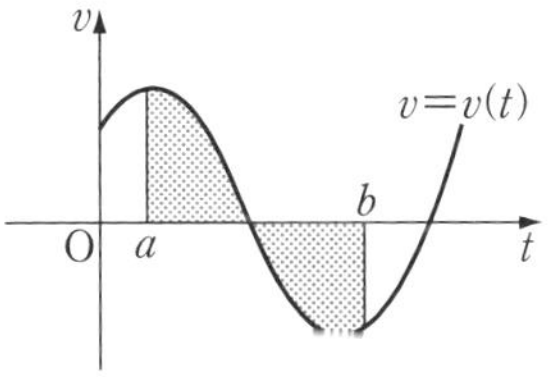

점 **P**의 위치의 변화량 ⟹ $\int_a^b \boldsymbol{v(t)dt}$

점 **P**가 움직인 거리 ⟹ $\int_a^b |\boldsymbol{v(t)}|\boldsymbol{dt}$ ⇦ 점 찍은 부분의 넓이의 합

Advice | 속도와 거리

수직선 위를 움직이는 점 P의 시각 t에서의 위치 x가 $x=f(t)$일 때, 속도 $v(t)$는

$$v(t)=\frac{dx}{dt}=f'(t)$$

이므로

$$\int_{t_0}^{t} v(t)dt=f(t)-f(t_0)$$

이다. 이때, 시각 t_0에서의 점 P의 위치를 x_0이라고 하면 시각 t에서의 점 P의 위치 $f(t)$는

$$f(t)=f(t_0)+\int_{t_0}^{t} v(t)dt=\boldsymbol{x_0+\int_{t_0}^{t} v(t)dt}$$

이다. 따라서 $t=a$일 때부터 $t=b$일 때까지 점 P의 위치의 변화량은

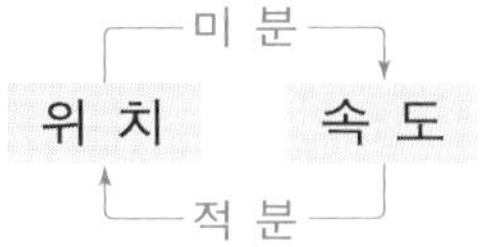

$$f(b)-f(a)=\left\{x_0+\int_{t_0}^{b} v(t)dt\right\} -\left\{x_0+\int_{t_0}^{a} v(t)dt\right\} =\boldsymbol{\int_a^b v(t)dt}$$

이다.

이제 구간 $[a, b]$에서 $v(t)$의 부호가 바뀌는 경우에 대하여 알아보자.

이를테면 원점을 출발하여 수직선 위를 움직이는 점 P의 시각 t초에서의 속도가 $v(t)=6-t$로 주어질 때를 생각해 보자.

(i) $0\le t\le 6$일 때, 곧 처음 6초 동안은 $v(t)\ge 0$이므로 점 P는 양의 방향으로 움직이고, 6초일 때의 점 P의 위치는

$$\int_0^6 v(t)dt=\int_0^6(6-t)dt=18$$

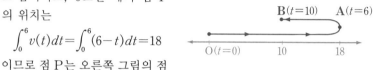

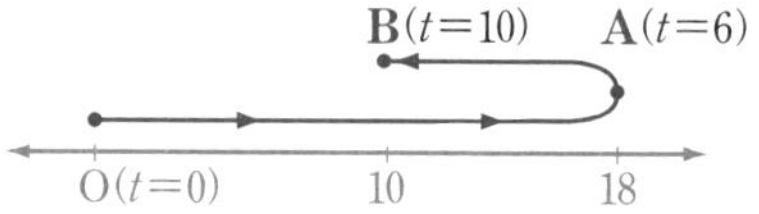

이므로 점 P는 오른쪽 그림의 점 A의 위치에 있게 된다. 또, 점 P가 움직인 거리는 18이다.

(ii) $t\ge 6$일 때, 곧 6초 이후에는 $v(t)\le 0$이므로 점 P는 음의 방향으로 움직이게 된다. 이를테면 10초일 때의 점 P의 위치는

$$\int_0^{10} v(t)dt=\int_0^{10}(6-t)dt=10$$

이므로 점 P는 위의 그림의 점 B의 위치에 있게 된다.

또, 점 P가 움직인 거리는 $18+8(=26)$이다. 움직인 거리를 정적분을 써서 구할 때에는 $v(t)$의 절댓값(곧, 속력)을 생각하면 된다. 따라서

$$\int_0^{10}|v(t)|dt=\int_0^{10}|6-t|dt=\int_0^6(6-t)dt+\int_6^{10}(-6+t)dt=26$$

이다.

보기 1 수직선 위를 움직이는 점 P가 원점을 출발한 지 t초 후의 속도 $v(t)$는 $v(t)=2t-t^2$이라고 한다. 다음 물음에 답하여라.

(1) t초 후의 점 P의 위치를 t로 나타내어라.

(2) 1초 후의 점 P의 위치와 1초 동안 움직인 거리를 구하여라.

(3) 3초 후의 점 P의 위치와 3초 동안 움직인 거리를 구하여라.

연구 (1) $\displaystyle\int_0^t v(t)dt=\int_0^t(2t-t^2)dt=\boldsymbol{t^2-\frac{1}{3}t^3}$ ……①

(2) $\displaystyle(\text{위치})=\int_0^1 v(t)dt=\int_0^1(2t-t^2)dt=\boldsymbol{\frac{2}{3}}$ ⇦ ①에 $t=1$을 대입

$\displaystyle(\text{거리})=\int_0^1|v(t)|dt=\int_0^1|2t-t^2|dt=\int_0^1(2t-t^2)dt=\boldsymbol{\frac{2}{3}}$

(3) $\displaystyle(\text{위치})=\int_0^3 v(t)dt=\int_0^3(2t-t^2)dt=\boldsymbol{0}$ ⇦ ①에 $t=3$을 대입

$\displaystyle(\text{거리})=\int_0^3|v(t)|dt=\int_0^3|2t-t^2|dt$

$\displaystyle=\int_0^2(2t-t^2)dt+\int_2^3(-2t+t^2)dt=\boldsymbol{\frac{8}{3}}$

필수 예제 13-1 지상 20 m의 높이에서 처음 속도 30 m/s로 똑바로 위로 발사한 물체의 t초 후의 속도 $v(t)$ m/s는 $v(t)=30-10t$라고 한다.

(1) 발사 후 5초가 지났을 때, 지면으로부터의 높이를 구하여라.

(2) 최고점에 도달했을 때, 지면으로부터의 높이를 구하여라.

(3) 발사 후 5초 동안 움직인 거리를 구하여라.

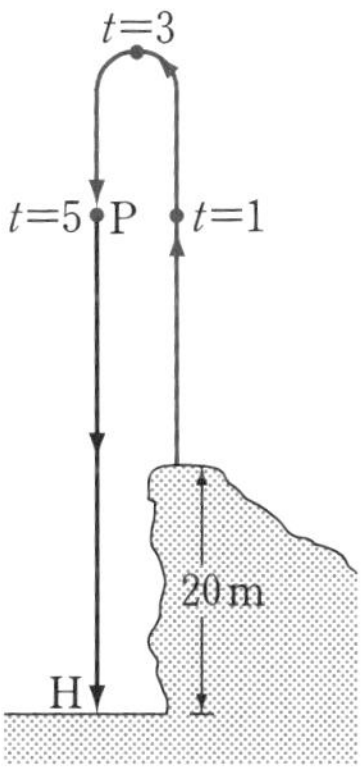

정석연구 $v(t)=30-10t=0$에서 $t=3$이므로

$t<3$에서 위로 이동하고,

$t=3$에서 최고점에 도달하며,

$t>3$에서 아래로 이동한다.

따라서 발사 후 5초가 지났을 때 지면으로부터의 높이는 그림에서 선분 PH의 길이이고, 5초 동안 움직인 거리는 그림의 붉은 선의 길이이다.

정석 위치의 변화량 $\Longrightarrow \displaystyle\int_a^b v(t)dt$

움직인 거리 $\Longrightarrow \displaystyle\int_a^b |v(t)|dt$

를 이용해 보자.

모범답안 (1) 발사한 지 t초 후 지면으로부터의 높이를 $x(t)$m라고 하면

$$x(t)=20+\int_0^t(30-10t)dt=20+\Big[30t-5t^2\Big]_0^t=20+30t-5t^2$$

$$\therefore\ x(5)=20+30\times5-5\times5^2=\mathbf{45\,(m)} \longleftarrow \boxed{\text{답}}$$

(2) 최고점에서 $v(t)=0$이므로 $30-10t=0$에서 $t=3$

$$\therefore\ x(3)=20+30\times3-5\times3^2=\mathbf{65\,(m)} \longleftarrow \boxed{\text{답}}$$

(3) 움직인 거리를 l m라고 하면

$$l=\int_0^5|v(t)|dt=\int_0^5|30-10t|dt$$

$$=\int_0^3(30-10t)dt+\int_3^5(-30+10t)dt$$

$$=\Big[30t-5t^2\Big]_0^3+\Big[-30t+5t^2\Big]_3^5=\mathbf{65\,(m)} \longleftarrow \boxed{\text{답}}$$

유제 **13**-1. 지상 50 m의 높이에서 처음 속도 20 m/s로 똑바로 위로 던진 돌의 t초 후 지면으로부터의 높이를 h m라고 하면 $h=50+20t-5t^2$이라고 한다. 이 돌을 던진 순간부터 5초 동안 움직인 거리를 구하여라.

답 **65 m**

필수 예제 13-2 좌표평면 위의 두 점 A, B가 각각 x축, y축 위에서 직선 운동을 한다. 점 A, B의 처음 위치는 각각 점 $(-3, 0)$, $(0, -4)$이고, 시각 t에서의 속도는 각각 $v_A=2t-2$, $v_B=4$라고 한다.

두 점 A, B가 동시에 출발했을 때, 두 점 사이의 거리가 최소가 되는 시각 t를 구하여라. 또, 이때 두 점 사이의 거리를 구하여라.

정석연구 두 점 A, B는 직선 위를 움직이므로 각 점의 위치는

$$\textbf{정석}\ \text{위치} \Longrightarrow \boldsymbol{x_0+\int_{t_0}^{t} v\,dt}\ (\boldsymbol{x_0}\text{은 } \boldsymbol{t_0}\text{에서의 위치})$$

를 이용하여 구할 수 있다.

따라서 두 점 A, B 사이의 거리를 시각 t의 함수로 나타낼 수 있다.

모범답안 시각 t에서의 점 A의 x좌표는

$$x=-3+\int_0^t v_A\,dt=-3+\int_0^t (2t-2)dt$$

$$=-3+\Big[t^2-2t\Big]_0^t=t^2-2t-3$$

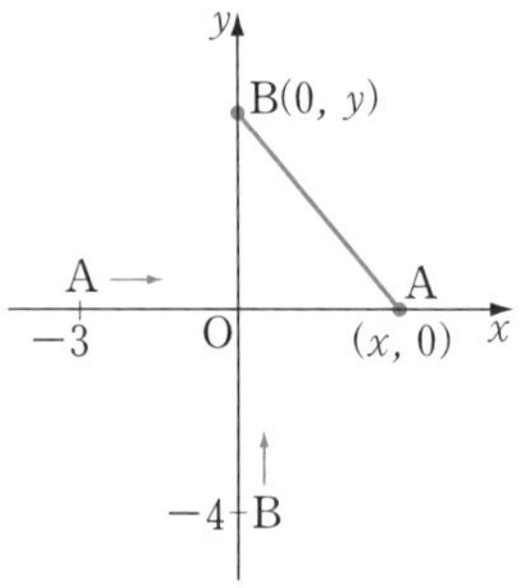

시각 t에서의 점 B의 y좌표는

$$y=-4+\int_0^t v_B\,dt=-4+\int_0^t 4\,dt=4t-4$$

$$\therefore\ \overline{AB}^2=x^2+y^2$$

$$=(t^2-2t-3)^2+(4t-4)^2$$

$f(t)=(t^2-2t-3)^2+16(t-1)^2$으로 놓으면

$$f'(t)=2(t^2-2t-3)(2t-2)+32(t-1)$$

$$=4(t-1)(t^2-2t+5)$$

t	$\cdots$	1	$\cdots$
$f'(t)$	$-$	0	$+$
$f(t)$	↘	16	↗

$t^2-2t+5>0$이므로 증감을 조사하면 $t=1$일 때 최소이고, 최솟값은 $f(1)=16$이다.

이때, $\overline{AB}$는 최소이고 $\overline{AB}=\sqrt{16}=4$

답 $\boldsymbol{t=1}$, 거리 : **4**

유제 13-2. 오른쪽 그림에서 두 직선 l, m은 각각 한 수직선 위를 움직이는 점 P, Q의 속도를 나타내는 그래프이다.

두 점 P, Q가 점 A에서 동시에 출발했을 때, 출발 후 두 점이 다시 만나는 시각 t를 구하여라.

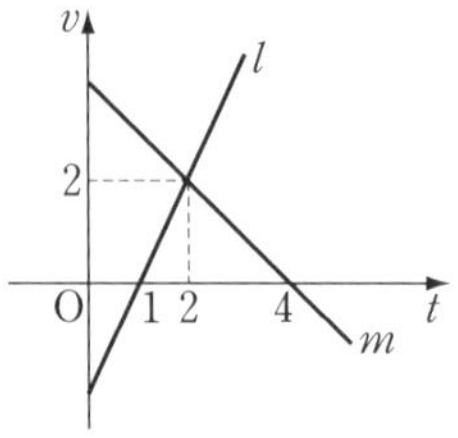

답 $\boldsymbol{t=4}$

필수 예제 13-3 한 수직선 위를 움직이는 두 점 A, B의 시각 t에서의 속도는 각각 $v_A=6t^2-8t+14$, $v_B=3t^2+4t+5$라고 한다.

점 B가 점 A에서 양의 방향으로 3만큼 떨어진 지점에서 점 A와 동시에 출발할 때, 다음 물음에 답하여라.

(1) $0<t\le4$에서 점 A와 B는 몇 회 만나는가?

(2) $0<t\le4$에서 점 A와 B가 가장 멀어질 때의 시각 t를 구하여라. 또, 이때 두 점 사이의 거리를 구하여라.

정석연구 두 점 A, B의 처음 위치가 각각 x_1, x_2이고, 시각 t에서의 속도가 각각 v_A, v_B이면 두 점 A, B의 위치 x_A, x_B는

$$x_A=x_1+\int_0^t v_A\,dt, \qquad x_B=x_2+\int_0^t v_B\,dt$$

이다.

이때, (1)은 $x_A=x_B$인 t의 값의 개수, (2)는 $|x_A-x_B|$가 최대가 되는 t의 값과 최댓값을 구하는 문제이다.

모범답안 점 A의 출발점을 원점으로 할 때, 시각 t에서의 두 점 A, B의 위치를 각각 x_A, x_B라고 하면

$$x_A=\int_0^t(6t^2-8t+14)dt=2t^3-4t^2+14t,$$

$$x_B=3+\int_0^t(3t^2+4t+5)dt=t^3+2t^2+5t+3$$

여기에서 $x_A-x_B=f(t)$라고 하면

$$f(t)=(2t^3-4t^2+14t)-(t^3+2t^2+5t+3)$$
$$=t^3-6t^2+9t-3$$
$$\therefore\ f'(t)=3(t-1)(t-3)$$

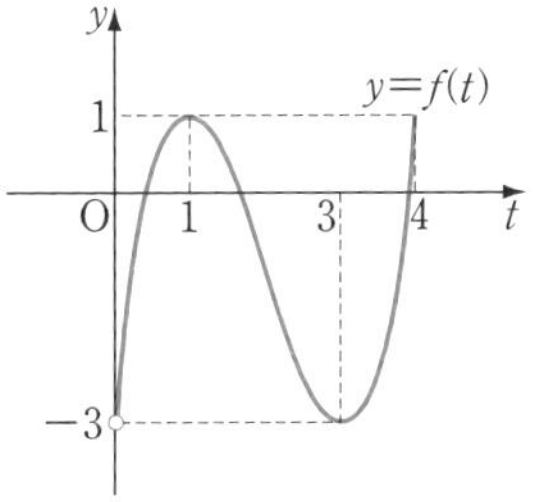

(1) $0<t\le4$에서 증감을 조사하여 $y=f(t)$의 그래프를 그리면 $f(t)=0$의 실근이 3개이므로 점 A, B는 3회 만난다. 답 **3회**

(2) $|f(t)|$가 최대인 경우이므로 $t=3$일 때 최댓값은 3이다. 답 $\boldsymbol{t=3}$, **거리 : 3**

유제 **13**-3. 수직선 위에 점 B가 점 A에서 양의 방향으로 a만큼 떨어져 있고, 시각 t에서의 두 점 A, B의 속도는 각각 $v_A=6t^2-8t$, $v_B=3t^2+t-6$이라고 한다. 두 점 A, B가 동시에 출발할 때, 두 점이 세 번 만나기 위한 실수 a의 값의 범위를 구하여라. 답 $\boldsymbol{2<a<\frac{5}{2}}$

필수 예제 13-4 동시에 원점을 출발하여 수직선 위를 움직이는 두 점 P_1, P_2의 시각 t에서의 속도 v_1, v_2는 각각

$$v_1=-5t^2+4t+40, \qquad v_2=2t^2+14t+8$$

이라고 한다. 이때, 선분 P_1P_2의 중점 Q에 대하여 다음에 답하여라.

(1) 시각 t에서의 점 Q의 속도 $v(t)$를 v_1, v_2로 나타내어라.

(2) 시각 t에서의 점 Q의 위치를 t로 나타내어라.

(3) $t\geq0$에서 수직선의 양의 방향으로 점 Q가 원점에서 가장 멀어질 때의 시각 t를 구하여라.

(4) $t=0$일 때부터 $t=10$일 때까지 점 Q가 움직인 거리를 구하여라.

모범답안 (1) 시각 t에서의 점 P_1, P_2, Q의 위치를 각각 x_1, x_2, x라고 하면

$x=\dfrac{1}{2}(x_1+x_2)$이므로

$$v(t)=\frac{dx}{dt}=\frac{d}{dt}\left\{\frac{1}{2}(x_1+x_2)\right\}=\frac{1}{2}\left(\frac{dx_1}{dt}+\frac{dx_2}{dt}\right)=\boldsymbol{\frac{1}{2}(v_1+v_2)}$$

(2) $v(t)=\dfrac{1}{2}\{(-5t^2+4t+40)+(2t^2+14t+8)\}=-\dfrac{3}{2}t^2+9t+24$

$$\therefore\ x=\int_0^t v(t)dt=\int_0^t\left(-\frac{3}{2}t^2+9t+24\right)dt=\boldsymbol{-\frac{1}{2}t^3+\frac{9}{2}t^2+24t}$$

(3) $\dfrac{dx}{dt}=v(t)=-\dfrac{3}{2}t^2+9t+24=-\dfrac{3}{2}(t+2)(t-8)$

$t\geq0$에서 증감을 조사하면 x가 최대일 때

$\boldsymbol{t=8}$

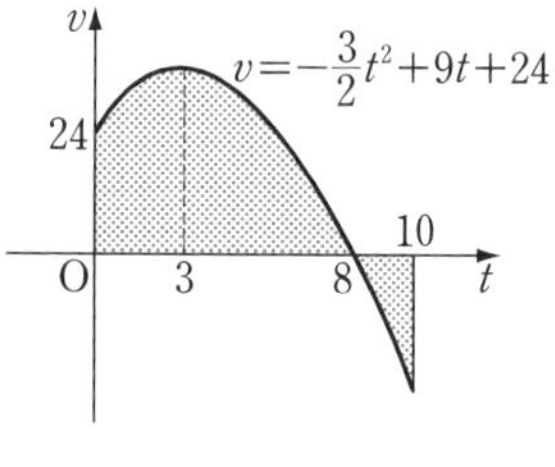

(4) $v(t)=-\dfrac{3}{2}(t+2)(t-8)$이므로 그림에서

$0\leq t\leq8$일 때 $v(t)\geq0$,

$8\leq t\leq10$일 때 $v(t)\leq0$

따라서 점 Q가 움직인 거리는

$$\int_0^{10}|v(t)|dt=\int_0^8\left(-\frac{3}{2}t^2+9t+24\right)dt-\int_8^{10}\left(-\frac{3}{2}t^2+9t+24\right)dt=\mathbf{258}$$

유제 **13**-4. 원점을 출발하여 수직선 위를 움직이는 점 P의 시각 t에서의 속도 $v(t)$는 $v(t)=t^2-6t+8$이라고 한다. $0\leq t\leq5$일 때,

(1) 점 P가 원점에서 가장 멀어질 때, 점 P와 원점 사이의 거리를 구하여라.

(2) 점 P가 움직인 거리를 구하여라.

답 (1) $\boldsymbol{\dfrac{20}{3}}$ (2) $\boldsymbol{\dfrac{28}{3}}$

연습문제 13

기본 **13-1** 다음은 P지점에서 Q지점까지 직선 경로를 따라 이동한 세 자동차 A, B, C의 시각 t에서의 속도 v를 나타낸 그래프이다.

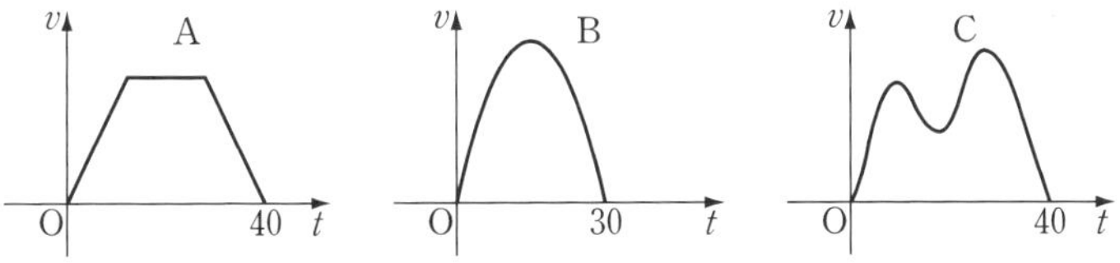

다음 설명이 참인지 거짓인지 말하여라.

(1) A와 C의 평균속도는 같다.

(2) B, C의 가속도가 0인 순간이 적어도 한 번씩 존재한다.

(3) 각각의 그래프와 t축으로 둘러싸인 도형의 넓이는 모두 같다.

13-2 열차가 출발하여 3 km를 달리는 동안은 시각 t분에서의 속도가

$$v(t)=\frac{3}{4}t^2+\frac{1}{2}t\ (\text{km/min})$$

이고, 이후로는 속도가 일정하다.

출발 후 5분 동안 이 열차가 달린 거리를 구하여라.

13-3 A, B 두 역 사이는 직선 궤도이고 거리는 2.4 km이다. 열차가 A역을 출발하여 t초 후의 속도가 $1.2t$ m/s이고, 속도가 24 m/s가 되면 계속 이 속도로 움직인다. 또, B역에 도착하기 전 적당한 지점에서 브레이크를 걸면 그 때부터 t초 후의 속도는 $(24-1.2t)$ m/s가 되어 B역에 정차한다. A역에서 B역까지 가는 데 걸린 시간을 구하여라.

13-4 얼음 위에서 공을 처음 속도 5 m/s로 굴렸는데 50 m 구르고 정지하였다. 공의 속도가 일정한 비율로 감속했다고 할 때, 가속도를 구하여라.

13-5 같은 높이의 지면에서 동시에 출발하여 지면과 수직인 방향으로 올라가는 두 물체 A, B가 있다. 오른쪽 그림은 시각 t에서의 A의 속도 $f(t)$와 B의 속도 $g(t)$를 나타낸 것이다.

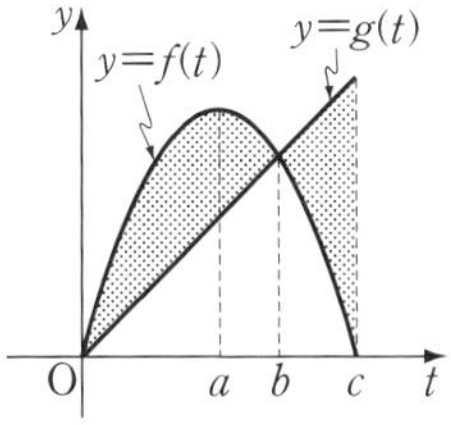

점 찍은 두 부분의 넓이가 같을 때, $0\le t\le c$에서 다음 설명이 참인지 거짓인지 말하여라.

(1) $t=a$일 때, 물체 A는 물체 B보다 높은 위치에 있다.

(2) $t=b$일 때, 물체 A와 물체 B의 높이의 차가 최대이다.

(3) $t=c$일 때, 물체 A와 물체 B는 같은 높이에 있다.

13-6 오른쪽 그림과 같은 원뿔 모양의 빈 용기에 물을 부을 때 물의 깊이가 x이면 수면의 넓이는 $\mathrm{S}(x)=\pi x^2$이고, 물을 붓고 나서 t초 후의 수면의 상승 속도는

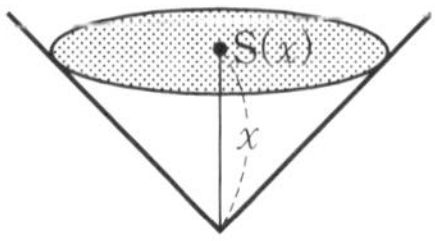

$$v(t)=3t(2-t)\ (\text{단, } 0\le t\le 2)$$

라고 한다. 이 용기에 물의 양이 가장 많을 때, 물의 양을 구하여라.

실력 **13-7** 점 A를 출발하여 수직선 위를 움직이는 점 P의 시각 t에서의 속도 $v(t)$는 $v(t)=3t^2-12$라고 한다. 원점에서 점 P의 운동 방향이 바뀔 때, 점 A의 위치를 구하여라.

13-8 원점을 출발하여 수직선 위를 움직이는 점 P의 시각 t에서의 속도 $v(t)$는 $v(t)=t^4-4t^3+4t^2$ (단, $t\ge 0$)이라고 한다. 점 P의 속도가 감소하기 시작하여 다시 증가하기 시작할 때까지 점 P가 움직인 거리를 구하여라.

13-9 A역을 출발하여 B역을 향해 일직선으로 달리는 전철이 있다. 출발한 지 t분 후의 속도는 $v(t)=40t^2(6-t)$(m/min)이고, 6분 후 B역에 도착하였다. 다음 물음에 답하여라.

(1) A, B 두 역 사이의 거리를 구하여라.

(2) 속도가 최대가 되는 것은 A역에서 몇 m 떨어진 지점인가?

13-10 점 P는 처음 속도 6 m/s로 점 A를 출발하여 가속도 2 m/s²으로 동쪽으로 달리고 있다. 점 P가 출발한 지 2초 후에 점 Q가 점 A를 출발하여 동쪽으로 일정한 속도 k m/s로 점 P를 쫓아간다.

점 Q가 점 P를 따라잡기 위한 실수 k의 최솟값을 구하여라.

13-11 원점을 출발하여 수직선 위를 움직이는 점 P의 시각 $t\,(0\le t\le 5)$에서의 속도가

$$v(t)=\begin{cases} 4t & (0\le t<1) \\ -2t+6 & (1\le t<3) \\ t-3 & (3\le t\le 5) \end{cases}$$

이다. $0<x<3$인 실수 x에 대하여 점 P가 $t=0$일 때부터 $t=x$일 때까지 움직인 거리, $t=x$일 때부터 $t=x+2$일 때까지 움직인 거리, $t=x+2$일 때부터 $t=5$일 때까지 움직인 거리 중에서 최소인 값을 $f(x)$라고 할 때, 다음 물음에 답하여라.

(1) $f(1)$, $f(2)$의 값을 구하여라.

(2) 함수 $f(x)$의 $x=1$에서의 미분가능성을 조사하여라.

연습문제 풀이 및 정답

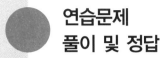

연습문제 풀이 및 정답

1-1. (1) $\displaystyle\lim_{x\to a}\frac{x^4-a^4}{x-a}$

$\displaystyle=\lim_{x\to a}\frac{(x^2+a^2)(x+a)(x-a)}{x-a}=\boldsymbol{4a^3}$

(2) $\displaystyle\lim_{x\to a}\frac{x^n-a^n}{x-a}$

$\displaystyle=\lim_{x\to a}\frac{(x-a)(x^{n-1}+x^{n-2}a+\cdots+a^{n-1})}{x-a}$

$=a^{n-1}+a^{n-1}+\cdots+a^{n-1}=\boldsymbol{na^{n-1}}$

(3) $\displaystyle\lim_{x\to 1}\frac{x^m-1}{x^n-1}$

$\displaystyle=\lim_{x\to 1}\frac{(x-1)(x^{m-1}+x^{m-2}+\cdots+1)}{(x-1)(x^{n-1}+x^{n-2}+\cdots+1)}$

$\displaystyle=\boldsymbol{\frac{m}{n}}$

1-2. (좌변)$\displaystyle=\lim_{x\to 1}\frac{8(x^2+1)(x^2-1)}{(x^2-1)f(x)}$

$\displaystyle=\lim_{x\to 1}\frac{8(x^2+1)}{f(x)}=\frac{16}{f(1)}=1$

$\therefore\ \boldsymbol{f(1)=16}$

1-3. (1) (준 식)$\displaystyle=\lim_{x\to\infty}\frac{\sqrt{x+1}+\sqrt{x}}{\sqrt{x}}$

$\displaystyle=\lim_{x\to\infty}\left(\sqrt{1+\frac{1}{x}}+1\right)=\boldsymbol{2}$

(2) (준 식)$\displaystyle=\lim_{x\to 0}\left(\sqrt{\frac{1+x}{x^2}}-\sqrt{\frac{1-x}{x^2}}\right)$

$\displaystyle=\lim_{x\to 0}\frac{\sqrt{1+x}-\sqrt{1-x}}{|x|}$

$\displaystyle=\lim_{x\to 0}\frac{2x}{|x|\left(\sqrt{1+x}+\sqrt{1-x}\right)}$

$\displaystyle\lim_{x\to 0-}\frac{2x}{|x|\left(\sqrt{1+x}+\sqrt{1-x}\right)}=-1,$

$\displaystyle\lim_{x\to 0+}\frac{2x}{|x|\left(\sqrt{1+x}+\sqrt{1-x}\right)}=1$

이므로 극한값은 존재하지 않는다.

1-4. (1) $x \longrightarrow 0$일 때 $2<3-|x|<3$

$\displaystyle\therefore\ \lim_{x\to 0}\big[3-|x|\big]=\boldsymbol{2}$

(2) $x \longrightarrow 2+$이므로 $2<x<3$일 때만 생각해도 된다.

$\therefore\ [x]=2,\ [x-1]=1$

$\therefore$ (준 식)$\displaystyle=\lim_{x\to 2+}\frac{x^2-4}{x-2}$

$\displaystyle=\lim_{x\to 2+}\frac{(x+2)(x-2)}{x-2}$

$\displaystyle=\lim_{x\to 2+}(x+2)=\boldsymbol{4}$

(3)

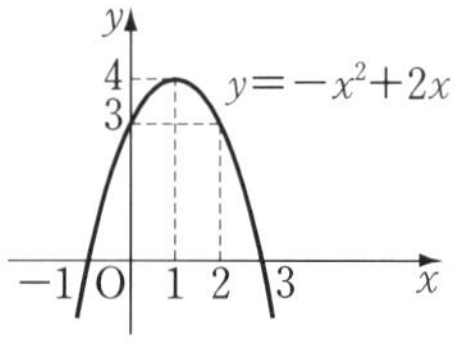

$x \longrightarrow 1$일 때 위의 그림에서

$3<-x^2+2x+3<4$

$\displaystyle\therefore\ \lim_{x\to 1}[-x^2+2x+3]=\boldsymbol{3}$

1-5. (1) (좌변)$\displaystyle=\lim_{x\to\infty}\frac{a}{\sqrt{1+\frac{1}{x^2}}-\frac{1}{x}}=a$

$\therefore\ \boldsymbol{a=2}$

(2) (좌변)$\displaystyle=\lim_{x\to\infty}\log\frac{ax^2+1}{x^2-5}$

$\displaystyle=\lim_{x\to\infty}\log\frac{a+\frac{1}{x^2}}{1-\frac{5}{x^2}}=\log a=1$

$\therefore\ \boldsymbol{a=10}$

***Note** 1° $\displaystyle\lim_{x\to\infty}f(x)=k\,(k>0)$이면

$\displaystyle\lim_{x\to\infty}\log f(x)=\log k$

*Note 2° 로그에서는 다음이 성립한다. ⇦ 수학 I

(i) $\log a=\log_{10} a$

(ii) $\log_a a=1$

(iii) $\log_a \mathrm{A}-\log_a \mathrm{B}=\log_a \dfrac{\mathrm{A}}{\mathrm{B}}$

1-6. $a\le 0$이면 (좌변)$=\infty$이므로 극한값이 1이려면 $a>0$이어야 한다.

이때,

$$(\text{좌변})=\lim_{x\to\infty}\frac{x^2+4x+1-(ax+b)^2}{\sqrt{x^2+4x+1}+(ax+b)}$$

$$=\lim_{x\to\infty}\frac{(1-a^2)x+4-2ab+\dfrac{1-b^2}{x}}{\sqrt{1+\dfrac{4}{x}+\dfrac{1}{x^2}}+a+\dfrac{b}{x}}$$

이 값이 1이려면

$$1-a^2=0,\quad \frac{4-2ab}{1+a}=1$$

$a>0$이므로 $\boldsymbol{a=1,\ b=1}$

1-7. $\dfrac{t-1}{t+2}=1-\dfrac{3}{t+2}$이므로

$t\longrightarrow\infty$일 때 $\dfrac{t-1}{t+2}\longrightarrow 1-$

$\dfrac{3t-4}{t-1}=3-\dfrac{1}{t-1}$이므로

$t\longrightarrow-\infty$일 때 $\dfrac{3t-4}{t-1}\longrightarrow 3+$

$$\therefore\ (\text{준 식})=\lim_{x\to1-}f(x)+\lim_{x\to3+}f(x)$$

$$=2+1=\mathbf{3}$$

1-8. (1) $x+1=t$로 놓으면

$x\longrightarrow-1$일 때 $t\longrightarrow 0$

$$\therefore\ \lim_{x\to-1}\frac{f(x+1)}{x+1}=\lim_{t\to0}\frac{f(t)}{t}=2$$

$$\therefore\ \lim_{x\to0}\frac{x-f(x)}{x+f(x)}=\lim_{x\to0}\frac{1-\dfrac{f(x)}{x}}{1+\dfrac{f(x)}{x}}$$

$$=\frac{1-2}{1+2}=-\frac{\mathbf{1}}{\mathbf{3}}$$

(2) $\displaystyle\lim_{x\to\infty}\frac{f(x)}{x}=a$($a$는 실수)라고 하면

$$\lim_{x\to\infty}\frac{x^2-f(x)}{x^2+f(x)}=\lim_{x\to\infty}\frac{1-\dfrac{1}{x}\times\dfrac{f(x)}{x}}{1+\dfrac{1}{x}\times\dfrac{f(x)}{x}}$$

$$=\frac{1-0\times a}{1+0\times a}=\mathbf{1}$$

1-9.

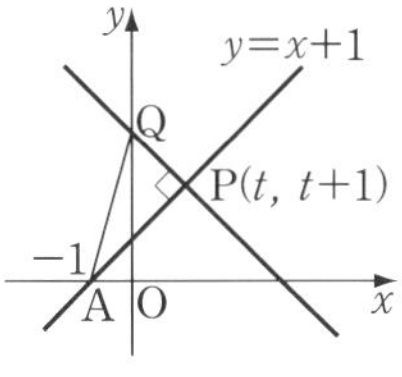

직선 PQ의 방정식은

$$y-(t+1)=-(x-t)$$

$x=0$일 때 $y=2t+1$이므로

$$\mathrm{Q}(0,\ 2t+1)$$

$$\therefore\ \overline{\mathrm{AP}}^2=(t+1)^2+(t+1)^2=2t^2+4t+2,$$

$$\overline{\mathrm{AQ}}^2=1^2+(2t+1)^2=4t^2+4t+2$$

$$\therefore\ \lim_{t\to\infty}\frac{\overline{\mathrm{AQ}}}{\overline{\mathrm{AP}}}=\lim_{t\to\infty}\frac{\sqrt{4t^2+4t+2}}{\sqrt{2t^2+4t+2}}=\sqrt{\mathbf{2}}$$

1-10. 점 $(t,\ t^2+1)$과 x축 사이의 거리는 t^2+1이고, 원의 반지름의 길이는

$$\sqrt{(t-0)^2+(t^2+1-1)^2}=\sqrt{t^2+t^4}$$

이므로

$$d(t)=t^2+1-\sqrt{t^2+t^4}$$

$$\therefore\ \lim_{t\to\infty}d(t)=\lim_{t\to\infty}\left(t^2+1-\sqrt{t^2+t^4}\right)$$

$$=\lim_{t\to\infty}\frac{(t^2+1)^2-(t^2+t^4)}{t^2+1+\sqrt{t^2+t^4}}$$

$$=\lim_{t\to\infty}\frac{t^2+1}{t^2+1+\sqrt{t^2+t^4}}=\frac{\mathbf{1}}{\mathbf{2}}$$

1-11. $a>0,\ \alpha<\beta$이므로

$$\alpha=\frac{-b-\sqrt{b^2-4ac}}{2a},$$

$$\beta=\frac{-b+\sqrt{b^2-4ac}}{2a}$$

$$\therefore\ \lim_{a\to0+}\alpha=\lim_{a\to0+}\frac{-b-\sqrt{b^2-4ac}}{2a}=-\boldsymbol{\infty}$$

$$\lim_{a\to0+}\beta=\lim_{a\to0+}\frac{-b+\sqrt{b^2-4ac}}{2a}$$
$$=\lim_{a\to0+}\frac{2c}{-b-\sqrt{b^2-4ac}}$$
$$=-\frac{2c}{2b}=-\boldsymbol{\frac{c}{b}}$$

1-12. $f(x)-2g(x)=k(x)$로 놓으면 $\lim_{x\to1}k(x)=1$이고

$$g(x)=\frac{1}{2}f(x)-\frac{1}{2}k(x)$$

$$\therefore\ (\text{준 식})=\lim_{x\to1}\frac{-f(x)+2k(x)}{2f(x)+k(x)}$$
$$=\lim_{x\to1}\frac{-1+\dfrac{2k(x)}{f(x)}}{2+\dfrac{k(x)}{f(x)}}=-\boldsymbol{\frac{1}{2}}$$

1-13. $8<x<9$이면 $f(x)=4$이므로

$$x>2f(x)\quad \therefore\ g(x)=f(x)$$
$$\therefore\ \lim_{x\to8+}g(x)=\lim_{x\to8+}f(x)=4$$

또, $7<x<8$이면 $f(x)=4$이므로

$$x<2f(x)\quad \therefore\ g(x)=\frac{1}{f(x)}$$
$$\therefore\ \lim_{x\to8-}g(x)=\lim_{x\to8-}\frac{1}{f(x)}=\frac{1}{4}$$

따라서 $\lim_{x\to8}g(x)$의 값은 존재하지 않는다.

1-14. (1)

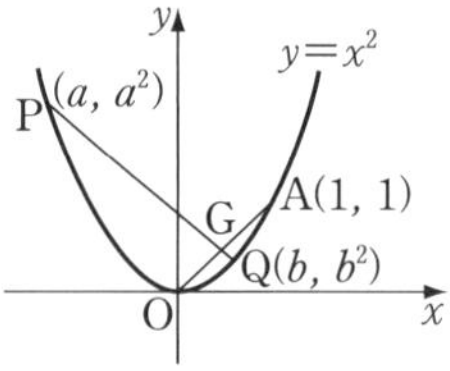

두 점 O, A를 지나는 직선의 방정식은 $y=x$이고, 두 점 P, Q를 지나는 직선의 방정식은

$$y-a^2=\frac{b^2-a^2}{b-a}(x-a)$$

곧, $y=(a+b)x-ab$

두 직선의 교점 G의 좌표는

$$\left(\frac{ab}{a+b-1},\ \frac{ab}{a+b-1}\right)\ \Leftarrow a+b\neq1$$
$$\therefore\ \left(\boldsymbol{\frac{t}{s-1}},\ \boldsymbol{\frac{t}{s-1}}\right)$$

(2) $\overline{\text{PQ}}^2=2$이므로

$$(a-b)^2+(a^2-b^2)^2=2$$
$$\therefore\ (a-b)^2\{1+(a+b)^2\}=2$$
$$\therefore\ (s^2-4t)(1+s^2)=2$$
$$\therefore\ t=\frac{1}{4}\left(s^2-\frac{2}{s^2+1}\right)$$
$$=\frac{(s^2+2)(s^2-1)}{4(s^2+1)}$$

또, $\overline{\text{PQ}}=\sqrt{2}$이므로 점 P가 점 O에 한없이 가까워질 때, 점 Q는 점 A에 한없이 가까워진다.

곧, P ⟶ O일 때 $s\longrightarrow1$이다.

$$\therefore\ \lim_{\text{P}\to\text{O}}\frac{t}{s-1}=\lim_{s\to1}\frac{(s^2+2)(s+1)}{4(s^2+1)}=\frac{3}{4}$$
$$\therefore\ \text{G}\longrightarrow\left(\frac{3}{4},\ \frac{3}{4}\right)$$

답 점 $\left(\boldsymbol{\frac{3}{4}},\ \boldsymbol{\frac{3}{4}}\right)$

1-15. (1) $x\longrightarrow1$일 때 극한값이 존재하고 (분모) ⟶ 0이므로 (분자) ⟶ 0이어야 한다.

$$\therefore\ \lim_{x\to1}(x^3+ax^2+bx+c)$$
$$=1+a+b+c=0$$
$$\therefore\ c=-a-b-1$$

이것을 좌변에 대입하면

$$\lim_{x\to1}\frac{x^3+ax^2+bx-a-b-1}{(x-1)^2}$$
$$=\lim_{x\to1}\frac{(x^3-1)+a(x^2-1)+b(x-1)}{(x-1)^2}$$
$$=\lim_{x\to1}\frac{x^2+x+1+a(x+1)+b}{x-1}$$
$$=4 \qquad \cdots\cdots①$$

또, $x\longrightarrow1$일 때 (분모) ⟶ 0이므로 (분자) ⟶ 0이어야 한다.

$\therefore \lim_{x\to1}\{x^2+x+1+a(x+1)+b\}$
$=2a+b+3=0$

$\therefore\ b=-(2a+3)$

이것을 ①에 대입하면

$$\lim_{x\to1}\frac{x^2+x+1+a(x+1)-(2a+3)}{x-1}$$
$$=\lim_{x\to1}\frac{(x-1)(x+a+2)}{x-1}$$
$$=a+3=4$$

$\therefore\ \boldsymbol{a=1,\ b=-5,\ c=3}$

(2) 같은 방법으로 하면

$\boldsymbol{a=0,\ b=-3,\ c=3}$

**Note* 좌변의 분자가 $(x-1)^2$으로 나누어 떨어진다. 이것을 이용하여 풀 수도 있다.

1-16. $\displaystyle\lim_{x\to0+}\frac{x^3f\left(\frac{1}{x}\right)-1}{x^3+x}=5$에서 $\frac{1}{x}=t$로 놓으면 $x\longrightarrow0+$일 때 $t\longrightarrow\infty$이므로

$$(\text{좌변})=\lim_{t\to\infty}\frac{\frac{1}{t^3}f(t)-1}{\frac{1}{t^3}+\frac{1}{t}}$$
$$=\lim_{t\to\infty}\frac{f(t)-t^3}{t^2+1}=5$$

따라서 $f(x)=x^3+5x^2+ax+b$로 놓을 수 있다.

또, $\displaystyle\lim_{x\to1}\frac{f(x)}{x^2+x-2}=\frac{1}{3}$에서 $x\longrightarrow1$일 때 (분모) $\longrightarrow0$이므로 $f(1)=0$

$\therefore\ f(1)=6+a+b=0$

$\therefore\ b=-a-6$

이때,

$$\lim_{x\to1}\frac{(x-1)(x^2+6x+a+6)}{(x-1)(x+2)}=\frac{1}{3}$$
$$\therefore\ \lim_{x\to1}\frac{x^2+6x+a+6}{x+2}=\frac{13+a}{3}=\frac{1}{3}$$

$\therefore\ a=-12,\ b=6$

$\therefore\ \boldsymbol{f(x)=x^3+5x^2-12x+6}$

1-17. $n=0$일 때 $\displaystyle\lim_{x\to0}\frac{f(x)}{g(x)}=0$이고, $g(0)=0$이므로 $f(0)=0$

따라서 $f(x)=xf_1(x)$, $g(x)=xg_1(x)$로 놓으면

$$\lim_{x\to0}\frac{f(x)}{g(x)}=\lim_{x\to0}\frac{f_1(x)}{g_1(x)}=0$$

에서 $f_1(0)=0$이므로 $f(x)=x^2(x+a)$로 놓을 수 있다.

이때, $g(x)=x(x^2+bx+c)$로 놓으면 $n=1$일 때 $\displaystyle\lim_{x\to1}\frac{f(x)}{g(x)}=0$이므로

$$\lim_{x\to1}\frac{f(x)}{g(x)}=\lim_{x\to1}\frac{x(x+a)}{x^2+bx+c}=0$$

$\therefore\ 1+a=0\qquad\therefore\ a=-1$

또, $n=2,\ 3$일 때

$$\lim_{x\to2}\frac{f(x)}{g(x)}=2,\ \lim_{x\to3}\frac{f(x)}{g(x)}=6$$

이므로

$$\lim_{x\to2}\frac{f(x)}{g(x)}=\lim_{x\to2}\frac{x(x-1)}{x^2+bx+c}$$
$$=\frac{2}{4+2b+c}=2$$

$\therefore\ 4+2b+c=1$ ……①

$$\lim_{x\to3}\frac{f(x)}{g(x)}=\lim_{x\to3}\frac{x(x-1)}{x^2+bx+c}$$
$$=\frac{6}{9+3b+c}=6$$

$\therefore\ 9+3b+c=1$ ……②

①, ②를 연립하여 풀면

$b=-5,\ c=7$

$\therefore\ g(x)=x(x^2-5x+7)$

$\therefore\ g(4)=4\times3=\mathbf{12}$

2-1. (1) $f(x)=[x^2-1]$에서

$0<x<1$일 때 $f(x)=-1$

$1\le x<\sqrt{2}$일 때 $f(x)=0$

$\sqrt{2}\le x<\sqrt{3}$일 때 $f(x)=1$

$\sqrt{3}\le x<2$일 때 $f(x)=2$

따라서 $\boldsymbol{x=1,\ \sqrt{2},\ \sqrt{3}}$에서 불연속

이다.

(2) $f(x)=[x]+[-x]$에서

$0<x<1$일 때 $f(x)=0-1=-1$

$x=1$일 때 $f(x)=1-1=0$

$1<x<2$일 때 $f(x)=1-2=-1$

따라서 $\boldsymbol{x=1}$에서 불연속이다.

2-2. 함수 $f(x)$가 $x=1$에서 연속이므로

$$\lim_{x\to1}f(x)=f(1)$$

$$\therefore \lim_{x\to1}\frac{x^2+ax+b}{x-1}=a+b \quad \cdots①$$

①에서 $x \longrightarrow 1$일 때 극한값이 존재하고 (분모) $\longrightarrow$ 0이므로 (분자) $\longrightarrow$ 0이어야 한다.

$$\therefore \lim_{x\to1}(x^2+ax+b)=0$$

$\therefore 1+a+b=0 \quad \therefore b=-(a+1)$

이것을 ①에 대입하면

$$\lim_{x\to1}\frac{x^2+ax-(a+1)}{x-1}=-1$$

$$\therefore \lim_{x\to1}\frac{(x-1)(x+a+1)}{x-1}=-1$$

$$\therefore 1+a+1=-1$$

$$\therefore \boldsymbol{a=-3} \quad \therefore \boldsymbol{b=2}$$

2-3. $x=2$에서 연속이고

$\lim_{x\to2+}f(x)=\lim_{x\to2+}(x^2+ax+2)=4+2a+2,$

$\lim_{x\to2-}f(x)=\lim_{x\to2-}(x+b)=2+b,$

$f(2)=4+2a+2$

이므로

$4+2a+2=2+b \quad \cdots\cdots①$

$x=0$에서 연속이고

$\lim_{x\to0+}f(x)=\lim_{x\to0+}(x+b)=b,$

$\lim_{x\to0-}f(x)=\lim_{x\to4-}f(x)=\lim_{x\to4-}(x^2+ax+2)$

$=16+4a+2,$

$f(0)=b$

이므로

$16+4a+2=b \quad \cdots\cdots②$

①, ②에서 $\boldsymbol{a=-7,\ b=-10}$

2-4. (i) $f(x)$가 $x=a$에서 연속이면 $f(x)g(x)$는 실수 전체의 집합에서 연속이다.

이때,

$\lim_{x\to a+}f(x)=\lim_{x\to a+}(x^2+2x)=a^2+2a,$

$\lim_{x\to a-}f(x)=\lim_{x\to a-}(4-x)=4-a,$

$f(a)=a^2+2a$

이므로

$a^2+2a=4-a \quad \therefore (a+4)(a-1)=0$

$\therefore a=-4,\ 1$

(ii) $f(x)$가 $x=a$에서 불연속이면 $\lim_{x\to a}g(x)=0$이어야 $f(x)g(x)$가 실수 전체의 집합에서 연속이다.

⇦ 유제 **2**-6

이때,

$\lim_{x\to a}g(x)=\lim_{x\to a}(3x+6)=3a+6$

이므로

$3a+6=0 \quad \therefore a=-2$

(i), (ii)에서 구하는 모든 실수 a의 값의 합은 $-4+1+(-2)=\boldsymbol{-5}$

****Note*** $f(x)$가 $x\neq a$인 모든 실수 x에서 연속이므로 $f(x)g(x)$가 $x=a$에서 연속이면 실수 전체의 집합에서 연속이다.

이때,

$\lim_{x\to a+}f(x)g(x)=\lim_{x\to a+}(x^2+2x)(3x+6)$

$=(a^2+2a)(3a+6),$

$\lim_{x\to a-}f(x)g(x)=\lim_{x\to a-}(4-x)(3x+6)$

$=(4-a)(3a+6),$

$f(a)g(a)=(a^2+2a)(3a+6)$

이므로

$(a^2+2a)(3a+6)=(4-a)(3a+6)$

$\therefore 3(a+2)(a+4)(a-1)=0$

$\therefore a=-2,\ -4,\ 1$

따라서 구하는 모든 실수 a의 값의 합은 $\boldsymbol{-5}$

2-5. 함수 $y=f(x)$의 그래프는 아래 그림과 같다.

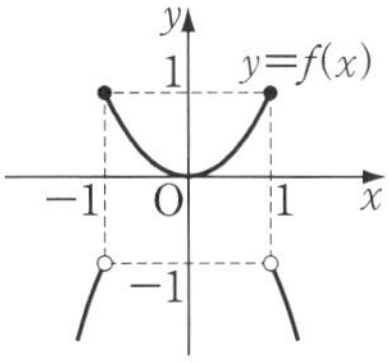

ㄱ. (참) 함수 $f(x)$는 $x=-1,\ 1$에서만 불연속이므로 불연속인 x의 값은 2개이다.

ㄴ. (거짓) 주어진 조건에 의하여

$$\lim_{x\to0+}f(x-1)=\lim_{t\to-1+}f(t)=1,$$
$$\lim_{x\to0-}f(x-1)=\lim_{t\to-1-}f(t)=-1$$

이므로 $\lim_{x\to0}f(x-1)$이 존재하지 않는다. 따라서 $f(x-1)$은 $x=0$에서 불연속이다.

ㄷ. (참) $f(x)$가 $x=-1,\ 1$에서만 불연속이므로 $\{f(x)\}^2$이 $x=-1,\ 1$에서 연속이면 실수 전체의 집합에서 연속이다.

$x=1$에서

$$\lim_{x\to1+}\{f(x)\}^2=\{\lim_{x\to1+}f(x)\}^2=(-1)^2=1,$$
$$\lim_{x\to1-}\{f(x)\}^2=\{\lim_{x\to1-}f(x)\}^2=1^2=1,$$
$$\{f(1)\}^2=1^2=1$$

곧, $\lim_{x\to1}\{f(x)\}^2=\{f(1)\}^2$이므로 $x=1$에서 연속이다.

한편 $y=f(x)$의 그래프가 y축에 대하여 대칭이므로 $y=\{f(x)\}^2$의 그래프도 y축에 대하여 대칭이다. 곧, $x=-1$에서도 연속이다.

따라서 함수 $\{f(x)\}^2$은 실수 전체의 집합에서 연속이다. 답 ㄱ, ㄷ

***Note** ㄴ. $y=f(x-1)$의 그래프는 $y=f(x)$의 그래프를 x축의 방향으로 1만큼 평행이동한 것이므로 함수 $f(x-1)$은 $x=0,\ 2$에서 불연속이다.

ㄷ. $\{f(x)\}^2=x^4$이므로 함수 $\{f(x)\}^2$은 실수 전체의 집합에서 연속이다.

2-6. $g(x)=x^3+ax^2+bx+3$으로 놓자.

$f(x)$는 $x=0,\ 2$에서만 불연속이고, $g(x)$는 실수 전체의 집합에서 연속이므로 $g(f(x))$가 $x=0,\ 2$에서 연속이면 실수 전체의 집합에서 연속이다.

$x=0$에서 연속이려면

$$\lim_{x\to0}g(f(x))=g(f(0))$$

$\lim_{x\to0}f(x)=1,\ f(0)=0$이므로

$$g(1)=g(0)$$
$$\therefore\ 1+a+b+3=3 \qquad \cdots\cdots①$$

$x=2$에서 연속이려면

$$\lim_{x\to2}g(f(x))=g(f(2))$$

그런데

$$\lim_{x\to2+}f(x)=-1,\ \lim_{x\to2-}f(x)=0,\ f(2)=0$$

이므로 $g(-1)=g(0)$

$$\therefore\ -1+a-b+3=3 \qquad \cdots\cdots②$$

①, ②에서 $a=0,\ b=-1$

$$\therefore\ \boldsymbol{g(x)=x^3-x+3}$$

2-7. $h(x)=f(x)-g(x)$로 놓으면 $h(x)$는 구간 $[0,\ 1]$에서 연속이고 $h(0)<0$, $h(1)>0$이므로 사잇값의 정리에 의하여 $h(c)=0$이 되는 c가 구간 $(0,\ 1)$에 존재한다.

따라서 $f(c)=g(c)$가 되는 c가 구간 $(0,\ 1)$에 존재한다.

2-8. ㄱ. $g(x)=f(x)-x$라고 하면

$$g(0)=f(0)-0=1,$$
$$g(2)=f(2)-2=-3$$

이고 $g(x)$가 연속함수이므로 사잇값의 정리에 의하여 $g(x)=0$인 실수 x가 구간 $(0,\ 2)$에 반드시 존재한다.

ㄴ. $g(x)=f(x)+x-1$이라고 하면

$$g(0)=0,\ g(2)=0$$

이므로 구간 $(0, 2)$에서 방정식 $g(x)=0$이 실근을 가지는지 알 수 없다.

ㄷ. $g(x)=xf(x)+1$이라고 하면

$$g(0)=1,\ g(2)=-1$$

이고 $g(x)$가 연속함수이므로 사잇값의 정리에 의하여 $g(x)=0$인 실수 x가 구간 $(0, 2)$에 반드시 존재한다.

답 ㄱ, ㄷ

2-9. $ax^2+2(a-3)x-(a-3)=0$ $\cdots$①

(i) $a=0$일 때, $-6x+3=0$에서 $x=\dfrac{1}{2}$

$$\therefore\ f(0)=1$$

(ii) $a\neq0$일 때, 이차방정식 ①의 판별식을 D라고 하면

$$\mathrm{D}/4=(a-3)^2+a(a-3)$$
$$=(2a-3)(a-3)$$

이므로

$\mathrm{D}/4>0$, 곧 $a<\dfrac{3}{2}$, $a>3(a\neq0)$일 때

$$f(a)=2$$

$\mathrm{D}/4=0$, 곧 $a=\dfrac{3}{2}$, 3일 때

$$f(a)=1$$

$\mathrm{D}/4<0$, 곧 $\dfrac{3}{2}<a<3$일 때

$$f(a)=0$$

(i), (ii)에서 함수 $y=f(a)$의 그래프는 아래 그림과 같다.

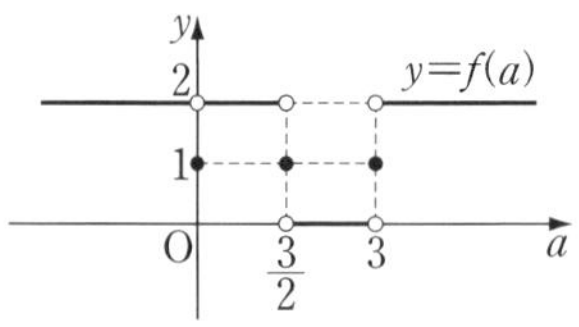

따라서 함수 $f(a)$가 불연속인 a의 값은

$$\mathbf{0,\ \frac{3}{2},\ 3}$$

2-10. $f(x)$가 실수 전체의 집합에서 연속이면 $x=1$, $x=3$에서도 연속이므로 우선

$$\lim_{x\to1}\frac{x^3+ax^2+bx+a}{x^2-4x+3} \quad \cdots\cdots①$$

$$\lim_{x\to3}\frac{x^3+ax^2+bx+a}{x^2-4x+3} \quad \cdots\cdots②$$

가 존재해야 한다.

①의 극한값이 존재하기 위해서는 $x\longrightarrow1$일 때 (분모) $\longrightarrow0$이므로 (분자) $\longrightarrow0$이어야 한다.

$$\therefore\ \lim_{x\to1}(x^3+ax^2+bx+a)=0$$

$$\therefore\ 1+a+b+a=0 \quad \cdots\cdots③$$

②의 극한값이 존재하기 위해서는 $x\longrightarrow3$일 때 (분모) $\longrightarrow0$이므로 (분자) $\longrightarrow0$이어야 한다.

$$\therefore\ \lim_{x\to3}(x^3+ax^2+bx+a)=0$$

$$\therefore\ 27+9a+3b+a=0 \quad \cdots\cdots④$$

③, ④에서 $a=-6$, $b=11$

$$\therefore\ f(x)=\frac{x^3-6x^2+11x-6}{x^2-4x+3}$$
$$(x\neq1,\ x\neq3)$$

이때, $f(x)$가 $x=1$, $x=3$에서 연속이므로

$$f(1)=\lim_{x\to1}f(x)$$
$$=\lim_{x\to1}\frac{x^3-6x^2+11x-6}{x^2-4x+3}$$
$$=\lim_{x\to1}\frac{(x-1)(x-3)(x-2)}{(x-1)(x-3)}=\mathbf{-1},$$

$$f(3)=\lim_{x\to3}f(x)$$
$$=\lim_{x\to3}\frac{(x-1)(x-3)(x-2)}{(x-1)(x-3)}=\mathbf{1}$$

2-11. (i) $f(x)g_1(x)$는 f와 g_1이 모두 연속이므로 연속이다.

(ii) $f(x)g_2(x)$는 f가 연속이고 g_2가 $x=0$에서만 불연속이므로 $x=0$에서의 연속성만 따지면 된다.

$$\lim_{x\to0+}f(x)g_2(x)=0\times3=0,$$

$$\lim_{x\to0-}f(x)g_2(x)=0\times1=0$$

곧, $\lim_{x\to0} f(x)g_2(x)=0$

한편 $f(0)g_2(0)=0\times2=0$이므로 $f(x)g_2(x)$는 연속이다.

(iii) $f(x)g_3(x)$는 f가 연속이고 g_3이 $x=2$에서만 불연속이므로 $x=2$에서의 연속성만 따지면 된다.

$\lim_{x\to2+} f(x)g_3(x)=0\times0=0,$

$\lim_{x\to2-} f(x)g_3(x)=0\times1=0$

곧, $\lim_{x\to2} f(x)g_3(x)=0$

한편 $f(2)g_3(2)=0\times0=0$이므로 $f(x)g_3(x)$는 연속이다.

답 $\boldsymbol{g_1(x),\ g_2(x),\ g_3(x)}$

2-12. (1) 거짓 (반례) $f(x)=\begin{cases} 1 & (x\ge0) \\ -1 & (x<0) \end{cases}$ 이면 $|f(x)|=1$

이때, $|f(x)|$는 $x=0$에서 연속이지만 $f(x)$는 $x=0$에서 불연속이다.

(2) 거짓 (반례) $f(x)=\begin{cases} 1 & (x\ge0) \\ 0 & (x<0) \end{cases}$ 이면

$x\ge0$일 때

$(f\circ f)(x)=f\big(f(x)\big)=f(1)=1$

$x<0$일 때

$(f\circ f)(x)=f\big(f(x)\big)=f(0)=1$

이때, $(f\circ f)(x)$는 $x=0$에서 연속이지만 $f(x)$는 $x=0$에서 불연속이다.

2-13. $f(x)=\dfrac{1}{x-a_1}+\dfrac{1}{x-a_2}+\cdots+\dfrac{1}{x-a_n}$

로 놓으면

$g(x)=(x-a_1)(x-a_2)\cdots(x-a_n)f(x)$

를 만족시키는 $n-1$차 다항식 $g(x)$가 존재한다.

$g(a_1)=(a_1-a_2)(a_1-a_3)\cdots(a_1-a_n)>0$

$g(a_2)=(a_2-a_1)(a_2-a_3)\cdots(a_2-a_n)<0$

$g(a_3)=(a_3-a_1)(a_3-a_2)\cdots(a_3-a_n)>0$

$\cdots$

과 같이

$g(a_1),\ g(a_2),\ g(a_3),\ \cdots,\ g(a_n)$

의 부호는 양과 음이 번갈아 나타난다.

따라서 사잇값의 정리에 의하여 $g(x)=0$은 각 구간

$(a_1,\ a_2),\ (a_2,\ a_3),\ \cdots,\ (a_{n-1},\ a_n)$

에서 적어도 하나의 실근을 가진다.

그런데 $g(x)=0$의 실근은 $n-1$개를 넘을 수 없으므로 실근의 개수는 $n-1$이다. 또, 이 근은 $f(x)$의 분모를 0이 되게 하지 않으므로 $f(x)=0$의 실근의 개수는

$\boldsymbol{n-1}$

* ***Note*** $f(x)$가 n차 다항식일 때, 방정식 $f(x)=0$은 많아야 n개의 근을 가진다.

2-14. $f(x)=\dfrac{1}{n}\sum_{k=1}^{n}|x-x_k|$로 놓으면

$f(0)=\dfrac{1}{n}\sum_{k=1}^{n}x_k,$

$f(1)=\dfrac{1}{n}\sum_{k=1}^{n}(1-x_k)=1-f(0)$

$\therefore\ f(0)+f(1)=1$

따라서

$f(0)>\dfrac{1}{2}$이면 $f(1)<\dfrac{1}{2},$

$f(0)<\dfrac{1}{2}$이면 $f(1)>\dfrac{1}{2}$

$f(x)$는 구간 $[0,\ 1]$에서 연속이므로 사잇값의 정리에 의하여 $f(x)=\dfrac{1}{2}$인 x가 구간 $(0,\ 1)$에 존재한다.

또, $f(0)=f(1)=\dfrac{1}{2}$이면 0과 1은 구간 $[0,\ 1]$에서 $f(x)=\dfrac{1}{2}$인 x의 값이다.

* ***Note*** n개의 수 $a_1,\ a_2,\ a_3,\ \cdots,\ a_n$의 합을 기호 $\sum$(시그마)를 사용하여 다음과 같이 나타낸다.

$a_1+a_2+a_3+\cdots+a_n=\sum_{k=1}^{n}a_k$

⇦ 수학 I

3-1. (1) (준 식)

$$=\lim_{x\to1}\frac{x^3f(1)-f(1)+f(1)-f(x^2)}{x-1}$$

$$=\lim_{x\to1}\left\{\frac{(x^3-1)f(1)}{x-1}-\frac{f(x^2)-f(1)}{x-1}\right\}$$

$$=\lim_{x\to1}\left\{(x^2+x+1)f(1)-\frac{f(x^2)-f(1)}{x^2-1}\times(x+1)\right\}$$

$$=3f(1)-2f'(1)=3\times1-2\times3=\mathbf{-3}$$

(2) $$(\text{준 식})=\lim_{x\to1}\left\{\frac{1}{x+1}\times\frac{xf(x)-1}{x-1}\right\}$$

$$=\lim_{x\to1}\frac{1}{x+1}\left\{\frac{xf(x)-xf(1)+xf(1)-1}{x-1}\right\}$$

$$=\lim_{x\to1}\frac{1}{x+1}\left\{x\times\frac{f(x)-f(1)}{x-1}+\frac{x-1}{x-1}\right\}$$

$$=\frac{1}{2}\{1\times f'(1)+1\}=\frac{1}{2}(3+1)=\mathbf{2}$$

* ***Note*** $g(x)=xf(x)$로 놓으면

$g(1)=f(1)=1$

따라서

$$(\text{준 식})=\lim_{x\to1}\frac{g(x)-g(1)}{x^2-1}$$

$$=\lim_{x\to1}\left\{\frac{g(x)-g(1)}{x-1}\times\frac{1}{x+1}\right\}$$

$$=\frac{1}{2}g'(1)$$

이때, $g'(x)=f(x)+xf'(x)$이므로

$g'(1)=f(1)+f'(1)=1+3=4$

$\therefore$ (준 식)$=\dfrac{1}{2}g'(1)=\mathbf{2}$

3-2. (1) $\dfrac{2}{n}=x$로 놓으면 $n=\dfrac{2}{x}$이고,

$n\longrightarrow\infty$일 때 $x\longrightarrow0+$이므로

$$(\text{준 식})=\lim_{x\to0+}\frac{8}{x^3}\{f(x)-f(0)\}^3$$

$$=8\lim_{x\to0+}\left\{\frac{f(x)-f(0)}{x}\right\}^3$$

$$=8\{f'(0)\}^3=8\times\left(\frac{1}{2}\right)^3=\mathbf{1}$$

(2) $\dfrac{1}{n}=x$로 놓으면 $n=\dfrac{1}{x}$이고,

$n\longrightarrow\infty$일 때 $x\longrightarrow0+$이므로

$$(\text{준 식})=\lim_{x\to0+}\frac{f(1)-2f(1-x)+f(1+3x)}{x}$$

$$=\lim_{x\to0+}\left\{2\times\frac{f(1-x)-f(1)}{-x}+3\times\frac{f(1+3x)-f(1)}{3x}\right\}$$

$$=2f'(1)+3f'(1)=5f'(1)$$

$$=\mathbf{5\sqrt{3}}$$

3-3. (1) (i) $f(0)=0$,

$$\lim_{x\to0}f(x)=\lim_{x\to0}x|x|=0$$

$\therefore$ $f(0)=\lim_{x\to0}f(x)$ $\quad\therefore$ 연속

(ii) $$\lim_{h\to0}\frac{f(0+h)-f(0)}{h}=\lim_{h\to0}\frac{h|h|}{h}=\lim_{h\to0}|h|=0$$

$\therefore$ 미분가능

(2) (i) $f(0)=3$, $\lim_{x\to0}f(x)=3$

$\therefore$ $f(0)=\lim_{x\to0}f(x)$ $\quad\therefore$ 연속

(ii) $$\lim_{h\to0}\frac{f(0+h)-f(0)}{h}$$

$$=\lim_{h\to0}\frac{(h^2-4|h|+3)-3}{h}$$

$$=\lim_{h\to0}\left(h-\frac{4|h|}{h}\right)$$

그런데

$$\lim_{h\to0-}\left(h-\frac{4|h|}{h}\right)=4,$$

$$\lim_{h\to0+}\left(h-\frac{4|h|}{h}\right)=-4$$

이므로 극한값이 존재하지 않는다.

$\therefore$ 미분불가능

3-4. (1) $f(x)$가 기함수이면

$f(-x)=-f(x)$이므로

$$f'(-x)=\lim_{h\to0}\frac{f(-x+h)-f(-x)}{h}$$

$$=\lim_{h\to0}\frac{f(x-h)-f(x)}{-h}=f'(x)$$

따라서 $f'(x)$는 우함수이다.

*Note $f(x)$가 우함수이면

$f(-x)=f(x)$이므로

$$f'(-x)=\lim_{h\to 0}\frac{f(-x+h)-f(-x)}{h}$$
$$=\lim_{h\to 0}\frac{f(x-h)-f(x)}{h}$$
$$=\lim_{h\to 0}\left\{\frac{f(x-h)-f(x)}{-h}\times(-1)\right\}$$
$$=-f'(x)$$

따라서 $f'(x)$는 기함수이다.

(2) (1)에서 $f'(x)$는 우함수이므로

$$f'(-2)=f'(2)=\mathbf{3}$$

(3) $f'(0)=\lim_{h\to 0}\dfrac{f(0+h)-f(0)}{h}$

$$=\lim_{h\to 0}\frac{f(0-h)-f(0)}{h}$$
$$=\lim_{h\to 0}\left\{\frac{f(0-h)-f(0)}{-h}\times(-1)\right\}$$
$$=f'(0)\times(-1)$$

$\therefore 2f'(0)=0 \quad \therefore \boldsymbol{f'(0)=0}$

*Note $f'(x)$가 기함수이므로

$f'(-0)=-f'(0)$에서 $\boldsymbol{f'(0)=0}$

3-5. $|f(b)-f(a)|\le 3(b-a)^2$에서

$$0\le\left|\frac{f(b)-f(a)}{b-a}\right|\le 3|b-a|$$

이때, $\lim_{b\to a}0=\lim_{b\to a}3|b-a|=0$이므로

함수의 극한의 대소 관계에 의하여

$$\lim_{b\to a}\left|\frac{f(b)-f(a)}{b-a}\right|=0$$

곧, $\lim_{b\to a}\dfrac{f(b)-f(a)}{b-a}=0$이므로

$$f'(a)=0$$

a는 임의의 실수이므로 $\boldsymbol{f'(x)=0}$

3-6. $f(x)=x+\dfrac{1}{3}x^3+\dfrac{1}{5}x^5$

$$+\cdots+\frac{1}{2n-1}x^{2n-1}$$

$\therefore f'(x)=1+x^2+x^4+\cdots+x^{2n-2}$

$\therefore f'(2)=1+2^2+2^4+\cdots+2^{2n-2}$

$$=\frac{1\times\{(2^2)^n-1\}}{2^2-1}=\boldsymbol{\frac{1}{3}(2^{2n}-1)}$$

*Note 첫째항이 a, 공비가 $r\,(r\neq 1)$인 등비수열의 첫째항부터 제 n항까지의 합은 다음과 같이 계산한다.

$$a+ar+ar^2+\cdots+ar^{n-1}$$
$$=\frac{a(r^n-1)}{r-1}=\frac{a(1-r^n)}{1-r}$$ ⇦ 수학 I

3-7. $\lim_{x\to 3}\dfrac{f(x)-2}{x-3}=1$에서 $x \longrightarrow 3$일 때

(분모) $\longrightarrow$ 0이므로 (분자) $\longrightarrow$ 0

$$\therefore \lim_{x\to 3}\{f(x)-2\}=0$$

$f(x)$는 다항함수이므로 $f(3)=2$

이때, 조건식은

$\lim_{x\to 3}\dfrac{f(x)-f(3)}{x-3}=1 \quad \therefore f'(3)=1$

같은 방법으로 생각하면

$\lim_{x\to 3}\dfrac{g(x)-1}{x-3}=2$에서

$$g(3)=1,\ g'(3)=2$$

$\therefore y'_{x=3}=f'(3)g(3)+f(3)g'(3)$

$$=1\times1+2\times2=\mathbf{5}$$

3-8. (1) $f(x)$의 최고차항을 $ax^n\,(a\neq 0)$이라고 하면 $2f(x)$의 최고차항은 $2ax^n$이고, $(x-1)f'(x)$의 최고차항은 nax^n이므로 $2a=na$

$a\neq 0$이므로 $\boldsymbol{n=2}$

(2) $f(x)=ax^2+bx+c\,(a\neq 0)$로 놓으면

$f(0)=1$에서 $c=1$

이때, $2f(x)=(x-1)f'(x)$는

$2ax^2+2bx+2=(x-1)(2ax+b)$

$$=2ax^2+(-2a+b)x-b$$

x에 관한 항등식이므로

$2b=-2a+b,\ 2=-b$

$\therefore a=1,\ b=-2$

$\therefore \boldsymbol{f(x)=x^2-2x+1}$

3-9. $f(a)=0,\ f'(a)=0$이므로 $f(x)$는 $(x-a)^2$으로 나누어 떨어진다.

⇦ 필수 예제 3-11 참조

또, $f(b)=0$이므로 $f(x)$는 $x-b$로 나누어 떨어진다. 따라서

$$f(x)=k(x-a)^2(x-b)\ (k\neq0)$$

로 놓으면

$$f'(x)=2k(x-a)(x-b)+k(x-a)^2$$
$$=k(x-a)(3x-2b-a)$$

그런데 $f'(c)=0$이므로

$$0=k(c-a)(3c-2b-a)$$

$k\neq0,\ c\neq a$이므로 $3c-2b-a=0$

$$\therefore\ \boldsymbol{c=\frac{a+2b}{3}}$$

3-10. $f'(1)=\lim_{x\to1}\dfrac{f(x)-f(1)}{x-1}$

그런데 $f(1)=1,\ f(x)\ge x^2$에서 $f(x)-f(1)\ge x^2-1$이므로

$x>1$일 때 $\dfrac{f(x)-f(1)}{x-1}\ge\dfrac{x^2-1}{x-1}=x+1$

$x<1$일 때 $\dfrac{f(x)-f(1)}{x-1}\le\dfrac{x^2-1}{x-1}=x+1$

$$\therefore\ \lim_{x\to1+}\frac{f(x)-f(1)}{x-1}\ge2,$$
$$\lim_{x\to1-}\frac{f(x)-f(1)}{x-1}\le2$$
$$\therefore\ \boldsymbol{f'(1)=2}$$

또, $f(2)=8,\ f(x)\le2x^2$에서 $f(x)-f(2)\le2x^2-8$이므로

$$\lim_{x\to2+}\frac{f(x)-f(2)}{x-2}\le\lim_{x\to2+}\frac{2x^2-8}{x-2}$$
$$=\lim_{x\to2+}2(x+2)=8$$
$$\lim_{x\to2-}\frac{f(x)-f(2)}{x-2}\ge\lim_{x\to2-}\frac{2x^2-8}{x-2}$$
$$=\lim_{x\to2-}2(x+2)=8$$
$$\therefore\ \boldsymbol{f'(2)=8}$$

***Note** $x=1$인 점에서의 곡선 $y=f(x)$와 $y=x^2$의 접선의 기울기는 같고, $x=2$인 점에서의 곡선 $y=f(x)$와 $y=2x^2$의 접선의 기울기는 같다.

3-11. $\lim_{x\to\infty}\dfrac{\{f(x)\}^2-f(x^2)}{x^3f(x)}=4$에서 좌변의 분자와 분모의 차수가 같아야 한다.

따라서 $f(x)$의 최고차항을 ax^n이라고 하면 $a\neq0,\ a\neq1$이므로 분자의 최고차항은 $a^2x^{2n}-ax^{2n}$이고, 분모의 최고차항은 ax^{n+3}이다.

$$\therefore\ 2n=n+3\qquad\therefore\ n=3$$

또, 최고차항의 계수를 비교하여 극한값을 구하면

$$\frac{a^2-a}{a}=4\qquad\therefore\ a=5\ (\because\ a\neq0)$$

따라서 $f(x)=5x^3+bx^2+cx+d$라고 하면 $\lim_{x\to0}\dfrac{f'(x)}{x}=4$에서

$$\lim_{x\to0}\frac{15x^2+2bx+c}{x}=4$$

$x\longrightarrow0$일 때 (분모) $\longrightarrow0$이므로 (분자) $\longrightarrow0$이어야 한다. $\therefore\ c=0$

이때,

$$\lim_{x\to0}\frac{15x^2+2bx}{x}=\lim_{x\to0}(15x+2b)$$
$$=2b=4\qquad\therefore\ b=2$$

곧, $f'(x)=15x^2+4x$이므로

$$f'(1)=15+4=\boldsymbol{19}$$

3-12. $(x^n-2)f'(x)=f(x)$ ……①

$f(x)$의 차수를 m이라고 하면 $f'(x)$의 차수는 $m-1$이므로 ①에서

$$n+(m-1)=m\qquad\therefore\ \boldsymbol{n=1}$$

이때, $f(x)$의 최고차항을 $ax^m\,(a\neq0)$이라고 하면 ①의 좌변의 최고차항은

$$x\times max^{m-1}=max^m$$

①의 우변의 최고차항은 ax^m이므로

$$am=a\qquad\therefore\ a(m-1)=0$$

$a\neq0$이므로 $m=1$이고, 이때 $f(x)=ax+b$로 놓을 수 있다.

따라서 ①은 $(x-2)a=ax+b$

$\therefore\ b=-2a \quad \therefore\ f(x)=a(x-2)$

$f(4)=3$이므로 $2a=3 \quad \therefore\ a=\dfrac{3}{2}$

$\therefore\ \boldsymbol{f(x)=\dfrac{3}{2}(x-2)}$

3-13. (1) $(f\circ g)(x)=f\big(g(x)\big)$

$=4\{g(x)\}^2-12g(x)+5$

이므로 $f\circ g=f$에서

$4\{g(x)\}^2-12g(x)+5=4x^2-12x+5$

$\therefore\ \{g(x)\}^2-3g(x)=x^2-3x \quad \cdots①$

$g(x)$는 다항식이므로 $g(x)$의 차수를 n이라고 하면 ①의 좌변은 $2n$차식이고, 우변은 이차식이므로

$2n=2 \quad \therefore\ n=1$

따라서 $g(x)=ax+b\,(a\neq0)$라고 하면 ①에서

$a^2x^2+a(2b-3)x+b(b-3)=x^2-3x$

x에 관한 항등식이므로

$a^2=1,\ a(2b-3)=-3,\ b(b-3)=0$

$\therefore\ a=1,\ b=0$ 또는 $a=-1,\ b=3$

$\therefore\ \boldsymbol{g(x)=x}$ **또는** $\boldsymbol{g(x)=3-x}$

(2)

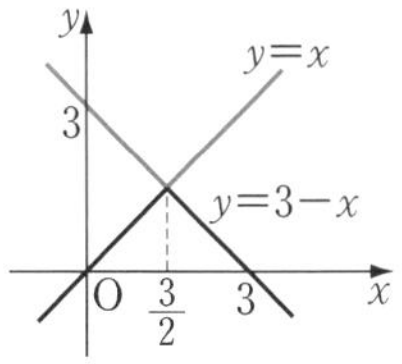

위의 그림에서 $f\circ h=f$를 만족시키는 연속함수 $h(x)$는

$h(x)=\left|x-\dfrac{3}{2}\right|+\dfrac{3}{2}$

도 있으며, 이 함수는 $x=\dfrac{3}{2}$에서 미분가능하지 않다.

따라서 $f\circ h=f$를 만족시키는 연속함수 $h(x)$가 모두 미분가능한 것은 아니다.

***Note** ①에서

$\{g(x)\}^2-3g(x)-x(x-3)=0$

$\therefore\ \{g(x)-x\}\{g(x)+(x-3)\}=0$

$\therefore\ g(x)=x$ 또는 $g(x)=3-x \cdots②$

이때, ②식은

(모든 x에 대하여 $g(x)=x$) 또는

(모든 x에 대하여 $g(x)=3-x$)

를 뜻하지 않는다는 것에 주의하여라.

곧, $g(x)$가 다항함수라는 조건이 없으면 각각의 x에 대하여 $g(x)$가 x 또는 $3-x$의 값을 가지면 되므로

$$g(x)=\begin{cases} x & (x\text{는 유리수}) \\ 3-x & (x\text{는 무리수}) \end{cases}$$

도 $f\circ g=f$를 만족시킨다.

3-14. 함수 $f(x),\ m-f(x),\ n+f(x)$는 미분가능한 함수이므로 $g(x)$가 모든 실수 x에 대하여 미분가능하려면 $x=a$, $x=b$에서 미분가능해야 한다.

$x=a$에서 미분가능하려면

$$\left.\begin{aligned} f(a)&=m-f(a) \\ f'(a)&=-f'(a) \end{aligned}\right\} \quad \cdots\cdots①$$

$x=b$에서 미분가능하려면

$$\left.\begin{aligned} m-f(b)&=n+f(b) \\ -f'(b)&=f'(b) \end{aligned}\right\} \quad \cdots\cdots②$$

①, ②에서 $f'(a)=0,\ f'(b)=0$이고

$f'(x)=3x^2+6x-9=3(x+3)(x-1)$

이므로

$\boldsymbol{a=-3,\ b=1}$ ⇦ $a<b$

또, ①, ②에서

$\boldsymbol{m}=2f(a)=2f(-3)=\boldsymbol{54}$

$\boldsymbol{n}=m-2f(b)=54-2f(1)=\boldsymbol{64}$

3-15.

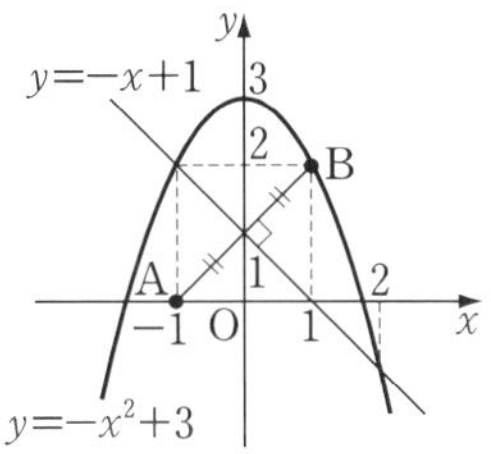

선분 AB의 중점의 좌표는 (0, 1)이고, 직선 AB의 기울기는 1이므로 선분 AB의 수직이등분선의 방정식은

$$y=-x+1 \qquad \cdots\cdots①$$

곡선 $y=-x^2+3$과 직선 ①의 교점의 x좌표는

$$-x^2+3=-x+1$$

에서 $x=-1, 2$

이때, 곡선 $y=-x^2+3$ 위의 점 중에서 직선 ①의 아래쪽에 있는 점들은 점 A에 더 가깝고, 직선 ①의 위쪽에 있는 점들은 점 B에 더 가깝다.

따라서 $x\le-1$, $x\ge2$일 때

$$g(x)=(x+1)^2+(-x^2+3)^2 =x^4-5x^2+2x+10$$

이고, $-1<x<2$일 때

$$g(x)=(x-1)^2+(-x^2+1)^2 =x^4-x^2-2x+2$$

여기에서 $g_1(x)=x^4-5x^2+2x+10$, $g_2(x)=x^4-x^2-2x+2$로 놓으면

$$g_1'(x)=4x^3-10x+2,$$
$$g_2'(x)=4x^3-2x-2$$

이때, $g_1(-1)=g_2(-1)=4$이지만 $g_1'(-1)=8$, $g_2'(-1)=-4$에서 $g_1'(-1)\ne g_2'(-1)$이므로 $g(x)$는 $x=-1$에서 미분가능하지 않다.

또, $g_1(2)=g_2(2)=10$이지만 $g_1'(2)=14$, $g_2'(2)=26$에서 $g_1'(2)\ne g_2'(2)$이므로 $g(x)$는 $x=2$에서 미분가능하지 않다.

따라서 구하는 a의 값의 합은

$$(-1)+2=\mathbf{1}$$

*Note 점 $P(x, -x^2+3)$에 대하여

$$\overline{AP}^2=(x+1)^2+(-x^2+3)^2 =x^4-5x^2+2x+10$$
$$\overline{BP}^2=(x-1)^2+(-x^2+1)^2 =x^4-x^2-2x+2$$

이때, $\overline{AP}^2\le\overline{BP}^2$에서

$$x^4-5x^2+2x+10\le x^4-x^2-2x+2$$
$$\therefore\ x^2-x-2\ge0$$
$$\therefore\ x\le-1,\ x\ge2$$

따라서

$$g(x)=\begin{cases}x^4-5x^2+2x+10 & (x\le-1,\ x\ge2)\\ x^4-x^2-2x+2 & (-1<x<2)\end{cases}$$

3-16. (1) 몫을 $Q(x)$, 나머지를 ax^2+bx+c라고 하면

$$x^{30}=(x-1)^3Q(x)+ax^2+bx+c \qquad \cdots\cdots①$$

이 식에 $x=1$을 대입하면

$$1=a+b+c \qquad \cdots\cdots②$$

①의 양변을 x에 관하여 미분하면

$$30x^{29}=3(x-1)^2Q(x)+(x-1)^3Q'(x)+2ax+b \qquad \cdots\cdots③$$

이 식에 $x=1$을 대입하면

$$30=2a+b \qquad \cdots\cdots④$$

③의 양변을 x에 관하여 미분하면

$$30\times29x^{28} =6(x-1)Q(x) +3(x-1)^2Q'(x)+3(x-1)^2Q'(x) +(x-1)^3Q''(x)+2a \qquad \cdots\cdots*$$

이 식에 $x=1$을 대입하면

$$30\times29=2a \qquad \cdots\cdots⑤$$

②, ④, ⑤를 연립하여 풀면

$$a=435,\ b=-840,\ c=406$$

따라서 구하는 나머지는

$$\mathbf{435x^2-840x+406}$$

*Note $Q'(x)$는 다항함수이므로 미분가능하다. *에서 $Q''(x)$는 $Q'(x)$의 도함수를 뜻한다.

(2) 몫을 $Q(x)$라고 하면

$$x^{100}+ax^{75}+bx^{50}+c =(x+1)(x-1)^2Q(x) \quad \cdots①$$

이 식에 $x=1, -1$을 대입하면

$$1+a+b+c=0 \qquad \cdots\cdots②$$
$$1-a+b+c=0 \qquad \cdots\cdots③$$

①의 양변을 x에 관하여 미분하면

$$100x^{99}+75ax^{74}+50bx^{49}$$
$$=(x-1)^2Q(x)+2(x+1)(x-1)Q(x)$$
$$+(x+1)(x-1)^2Q'(x)$$

이 식에 $x=1$을 대입하면

$$100+75a+50b=0 \quad \cdots\cdots④$$

②, ③, ④를 연립하여 풀면

$$\boldsymbol{a=0,\ b=-2,\ c=1}$$

***Note** $f(x)=x^{100}+ax^{75}+bx^{50}+c$로 놓고

$$f(-1)=f(1)=0,\ f'(1)=0$$

임을 이용할 수도 있다.

3-17. $f(x)$를 x^2-1로 나눈 몫을 $Q(x)$라고 하면

$$f(x)=(x^2-1)Q(x)+2x+1$$
$$\therefore\ f(1)=3,\ f(-1)=-1$$

또, $f'(x)$를 $x-1$, $x+1$로 나눈 나머지가 각각 8, 4이므로

$$f'(1)=8,\ f'(-1)=4$$

따라서 $f(x)$를 $(x^2-1)^2$으로 나눈 몫을 $P(x)$, 나머지를 ax^3+bx^2+cx+d라고 하면

$$f(x)=(x^2-1)^2P(x)$$
$$+ax^3+bx^2+cx+d$$
$$\therefore\ f'(x)=(4x^3-4x)P(x)$$
$$+(x^4-2x^2+1)P'(x)$$
$$+3ax^2+2bx+c$$
$$=4x(x^2-1)P(x)$$
$$+(x^2-1)^2P'(x)$$
$$+3ax^2+2bx+c$$

$f(1)=3$, $f(-1)=-1$, $f'(1)=8$, $f'(-1)=4$이므로

$$a+b+c+d=3,$$
$$-a+b-c+d=-1,$$
$$3a+2b+c=8,$$
$$3a-2b+c=4$$
$$\therefore\ a=2,\ b=1,\ c=0,\ d=0$$

따라서 구하는 나머지는 $\boldsymbol{2x^3+x^2}$

3-18. $\dfrac{d}{dx}x^n=nx^{n-1}$ $\cdots\cdots①$

(i) $n=1$일 때

$$(\text{좌변})=\frac{d}{dx}x=1,$$
$$(\text{우변})=1\times x^{1-1}=1$$

이므로 ①이 성립한다.

(ii) $n=k(k\ge1)$일 때 ①이 성립한다고 가정하면, 곧 $\dfrac{d}{dx}x^k=kx^{k-1}$이라고 하면

$$\frac{d}{dx}x^{k+1}=\frac{d}{dx}(x^k\times x)$$
$$=(x^k)'\times x+x^k\times x'$$
$$=kx^{k-1}\times x+x^k=kx^k+x^k$$
$$=(k+1)x^k$$

따라서 $n=k+1$일 때에도 ①이 성립한다.

(i), (ii)에 의하여 모든 자연수 n에 대하여 ①이 성립한다.

***Note** 다음 두 가지를 보임으로써 명제 $p(n)$이 모든 자연수 n에 대하여 성립함을 증명하는 방법을 수학적 귀납법이라고 한다. ⇦ 수학 I

(i) $n=1$일 때 $p(n)$이 성립한다.

(ii) $n=k(k\ge1)$일 때 $p(n)$이 성립한다고 가정하면 $n=k+1$일 때에도 $p(n)$이 성립한다.

4-1. $y'=x^2-2x$

(1) 접선의 기울기가 3인 접점의 x좌표는 $x^2-2x=3$에서 $\boldsymbol{x=-1,\ 3}$

(2) 접선의 기울기가 $-\tan45°=-1$인 접점의 x좌표는 $x^2-2x=-1$에서

$$\boldsymbol{x=1}$$

(3) 접선의 기울기가 0인 접점의 x좌표는 $x^2-2x=0$에서 $\boldsymbol{x=0,\ 2}$

(4) $y'=x^2-2x=(x-1)^2-1$

이므로 $x=1$일 때 접선의 기울기의 최

솟값은 -1이다.

이때, 접점의 좌표는 $\left(1,\ \frac{13}{3}\right)$이므로 접선의 방정식은

$$y-\frac{13}{3}=-1\times(x-1)$$

$$\therefore\ \boldsymbol{y=-x+\frac{16}{3}}$$

4-2. $f'(5)=\lim_{h\to0}\frac{f(5+h)-f(5)}{h}$

$f(3+x)=f(3-x)$에 $x=2+h$를 대입하면

$$f(5+h)=f(1-h)$$

또, $x=2$를 대입하면 $f(5)=f(1)$

$$\therefore\ f'(5)=\lim_{h\to0}\frac{f(1-h)-f(1)}{h}$$

$$=\lim_{h\to0}\left\{\frac{f(1-h)-f(1)}{-h}\times(-1)\right\}$$

$$=-f'(1)=\boldsymbol{-5}$$

***Note** $f(3+x)=f(3-x)$를 만족시키는 $y=f(x)$의 그래프는 직선 $x=3$에 대하여 대칭이다.

따라서 이 그래프 위의 점 중 직선 $x=3$에 대하여 대칭인 두 점에서의 접선의 기울기는 절댓값이 같고 부호가 서로 다르다.

4-3. $f(x)=x^2$, $g(x)=k-x^2$으로 놓으면

$$f'(x)=2x,\ g'(x)=-2x$$

$x=t$인 점에서 만난다고 하면

$$f(t)=g(t) \quad \therefore\ t^2=k-t^2 \ \cdots①$$

$x=t$인 점에서의 접선이 직교하므로

$$f'(t)g'(t)=-1$$

$$\therefore\ 2t\times(-2t)=-1 \quad \therefore\ t^2=\frac{1}{4}$$

①에 대입하면 $\boldsymbol{k=\frac{1}{2}}$

4-4. a에 관하여 정리하면

$(x^2-2x+1)a+(x^3-x+2-y)=0$

따라서 주어진 곡선은 a의 값에 관계없이 항상 두 방정식

$$x^2-2x+1=0,\ x^3-x+2-y=0$$

의 그래프의 교점을 지난다.

연립하여 풀면 $x=1$, $y=2$이므로 항상 점 $(1,\ 2)$를 지난다.

또, $f(x)=x^3+ax^2-(2a+1)x+a+2$로 놓으면

$$f'(x)=3x^2+2ax-(2a+1)$$

$$\therefore\ f'(1)=3+2a-(2a+1)=2$$

따라서 구하는 접선의 방정식은

$$y-2=2(x-1) \quad \therefore\ \boldsymbol{y=2x}$$

4-5. 조건 ㈎의 양변에 $x=1$을 대입하면

$$2f(1)-g(1)=4 \quad \cdots\cdots①$$

조건 ㈏에서 $x\longrightarrow1$일 때 극한값이 존재하고 (분모) $\longrightarrow0$이므로 (분자) $\longrightarrow0$이어야 한다.

$$\therefore\ \lim_{x\to1}\{f(x)-g(x)\}=0$$

$$\therefore\ f(1)-g(1)=0 \quad \cdots\cdots②$$

①, ②에서 $f(1)=g(1)=4$

한편 조건 ㈎의 양변을 x에 관하여 미분하면

$$4xf(x)+2x^2f'(x)-g'(x)=5$$

$x=1$을 대입하면

$$4f(1)+2f'(1)-g'(1)=5$$

$$\therefore\ 2f'(1)-g'(1)=-11 \quad \cdots\cdots③$$

또, 조건 ㈏에서

$$\lim_{x\to1}\frac{f(x)-g(x)}{x-1}$$

$$=\lim_{x\to1}\frac{f(x)-f(1)-g(x)+g(1)}{x-1} \Leftarrow ②$$

$$=\lim_{x\to1}\left\{\frac{f(x)-f(1)}{x-1}-\frac{g(x)-g(1)}{x-1}\right\}$$

$$=f'(1)-g'(1)=3 \quad \cdots\cdots④$$

③, ④에서 $g'(1)=-17$이므로 곡선 $y=g(x)$ 위의 점 $\left(1,\ g(1)\right)$에서의 접선의 방정식은

$$y-4=-17(x-1)$$

$$\therefore\ y=-17x+21$$

따라서 $h(x)=-17x+21$이므로

$$\boldsymbol{h(-1)=38}$$

4-6. 점 $(a,\ 0)$을 지나는 접선의 접점을 $\mathrm{A}(t,\ 3t^3)$이라 하고, 점 $(0,\ a)$를 지나는 접선의 접점을 $\mathrm{B}(s,\ 3s^3)$이라고 하자.

$y'=9x^2$이고, 두 접선이 평행하므로

$$9t^2=9s^2 \quad \therefore\ (t+s)(t-s)=0$$

$t\neq s$이므로 $\quad s=-t$

$$\therefore\ \mathrm{B}(-t,\ -3t^3)$$

점 A에서의 접선의 방정식은

$$y=9t^2(x-t)+3t^3$$

점 $(a,\ 0)$을 지나므로

$$9t^2a-6t^3=0 \qquad \cdots\cdots ①$$

점 B에서의 접선의 방정식은

$$y=9t^2(x+t)-3t^3$$

점 $(0,\ a)$를 지나므로

$$a=6t^3 \qquad \cdots\cdots ②$$

①, ②에서 a를 소거하고 정리하면

$$6t^3(3t+1)(3t-1)=0$$

$a>0$이므로 ②에서 $\quad t>0$

$$\therefore\ t=\frac{1}{3} \qquad \therefore\ \boldsymbol{a=\frac{2}{9}}$$

4-7. $f(x)=x^4+ax^3-x$에서

$$f'(x)=4x^3+3ax^2-1$$

점 $\big(t,\ f(t)\big)$에서의 접선의 방정식은

$$y-(t^4+at^3-t)=(4t^3+3at^2-1)(x-t)$$

$$\therefore\ y=(4t^3+3at^2-1)x-3t^4-2at^3$$

따라서 점 P의 좌표는

$$\mathrm{P}(0,\ -3t^4-2at^3)$$

이므로

$$g(t)=\left|-3t^4-2at^3\right|=\left|t^3(3t+2a)\right|$$

이때, $a=0$이면 $g(t)=3t^4$이므로 모든 실수에서 미분가능하다.

따라서 $a\neq0$이고, 함수 $g(t)$는 $t=-\frac{2}{3}a$에서만 미분가능하지 않으므로

$$-\frac{2}{3}a=-4 \qquad \therefore\ \boldsymbol{a=6}$$

***Note** $\ a$의 범위에 따라 함수 $y=g(t)$의 그래프는 다음 그림과 같다.

(i) $a>0$일 때

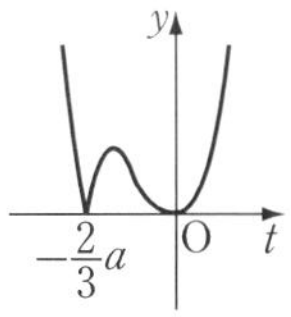

(ii) $a=0$일 때

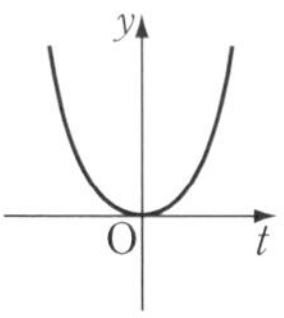

(iii) $a<0$일 때

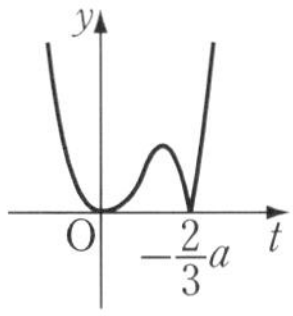

삼차 이상의 다항함수의 그래프를 그리는 방법에 대해서는 5단원에서 자세히 공부한다.

4-8. 함수 $f(x)$는 모든 실수 x에 대하여 구간 $[x,\ x+1]$에서 연속이고 구간 $(x,\ x+1)$에서 미분가능하다.

따라서 평균값 정리에 의하여

$$\frac{f(x+1)-f(x)}{(x+1)-x}=f'(c),\ \ x<c<x+1$$

곧,

$$f(x+1)-f(x)=f'(c),\ \ x<c<x+1$$

인 c가 적어도 하나 존재한다.

그런데 $x\longrightarrow\infty$일 때 $x<c$에서 $c\longrightarrow\infty$이므로

$$\lim_{x\to\infty}\{f(x+1)-f(x)\}=\lim_{c\to\infty}f'(c)=2$$

4-9. $f(x)=m^2x+m^3,\ g(x)=kx^3$으로 놓으면 $\quad g'(x)=3kx^2$

주어진 직선과 곡선의 접점의 x좌표를 α라고 하면

$$f(\alpha)=g(\alpha),\ \ m^2=g'(\alpha)$$

$$\therefore\ m^2\alpha+m^3=k\alpha^3 \qquad \cdots\cdots ①$$

$$m^2=3k\alpha^2 \qquad \cdots\cdots ②$$

①$\times3-$②$\times\alpha$에서

$$2m^2\alpha+3m^3=0$$

$\therefore\ m^2(2a+3m)=0$

$m\neq0$이므로 $a=-\dfrac{3m}{2}$

②에 대입하면

$m^2=3k\times\dfrac{9m^2}{4}$ $\therefore\ \boldsymbol{k=\dfrac{4}{27}}$

***Note** 곡선 $y=kx^3$ 위의 점 $(a,\ ka^3)$에서의 접선의 방정식을 구하여 주어진 직선과 일치할 조건을 생각해도 된다.

4-10. $f(x)=x^2+a$,

$g(x)=-x^2+2bx-b+1$

로 놓으면

$f'(x)=2x,\ g'(x)=-2x+2b$

점 P의 x좌표를 t라고 하면

$f(t)=g(t)$에서

$t^2+a=-t^2+2bt-b+1$ …①

$f'(t)=g'(t)$에서

$2t=-2t+2b$ $\therefore\ b=2t$ …②

또, 점 $P(t,\ t^2+a)$에서 곡선 $y=f(x)$에 접하는 직선의 방정식은

$y-(t^2+a)=2t(x-t)$

원점을 지나므로 $a=t^2$ ……③

②, ③을 ①에 대입하여 정리하면

$t^2-2t+1=0$ $\therefore\ t=1$

$\therefore\ \boldsymbol{a=1,\ b=2}$

4-11. $y'=2x$이므로 포물선 위의 점 $(a,\ a^2)$에서의 접선의 방정식은

$y-a^2=2a(x-a)$

$\therefore\ y=2ax-a^2$

점 $(1,\ -2)$를 지나므로 $-2=2a-a^2$

$\therefore\ a^2-2a-2=0$ ……①

따라서 $A(\alpha,\ \alpha^2)$, $B(\beta,\ \beta^2)\ (\alpha\neq\beta)$으로 놓으면 $\alpha,\ \beta$는 ①의 두 근이다.

한편 두 점 A, B를 지나는 직선의 방정식은

$y-\alpha^2=\dfrac{\beta^2-\alpha^2}{\beta-\alpha}(x-\alpha)$

$\therefore\ y=(\alpha+\beta)x-\alpha\beta$

①에서 $\alpha+\beta=2,\ \alpha\beta=-2$이므로

$\boldsymbol{y=2x+2}$

4-12. $f(x)=-2x^2,\ g(x)=(x-3)^2$으로 놓으면

$f'(x)=-4x,\ g'(x)=2(x-3)$

$P(t,\ -2t^2)$, $Q\big(s,\ (s-3)^2\big)\ (t\neq s)$이라고 하면 점 P, Q에서의 접선이 서로 평행하므로 $f'(t)=g'(s)$

$\therefore\ -4t=2(s-3)$ $\therefore\ s=-2t+3$

$\therefore\ Q(-2t+3,\ 4t^2)$

직선 PQ의 방정식은

$y+2t^2=\dfrac{4t^2-(-2t^2)}{(-2t+3)-t}(x-t)$

$\therefore\ y=\dfrac{2t^2}{-t+1}(x-t)-2t^2$

$\therefore\ (-t+1)y=2t^2(x-t)-2t^2(-t+1)$

t에 관하여 정리하면

$2(x-1)t^2+yt-y=0$

따라서 이 직선은 t의 값에 관계없이 두 직선

$2(x-1)=0,\ y=0$

의 교점을 지난다.

$\therefore\ x=1,\ y=0$ $\therefore\ \boldsymbol{a=1,\ b=0}$

4-13. $y'=2x$이므로 점 P에서 그은 접선에 수직이고 점 P를 지나는 직선의 방정식은

$y=-\dfrac{1}{2a}(x-a)+a^2$

이 식과 $y=x^2$에서 y를 소거하면

$x^2=-\dfrac{1}{2a}(x-a)+a^2$

$\therefore\ 2ax^2+x-2a^3-a=0$

$\therefore\ (x-a)(2ax+2a^2+1)=0$

$\therefore\ x=a,\ -\dfrac{2a^2+1}{2a}$

따라서 $R(a,\ 0)$, $S\Big(-\dfrac{2a^2+1}{2a},\ 0\Big)$이므로

$\overline{RS}=a+\dfrac{2a^2+1}{2a}=2a+\dfrac{1}{2a}$

$a>0$이므로 $\overline{\mathrm{RS}}\ge 2\sqrt{2a\times\dfrac{1}{2a}}=2$

등호는 $2a=\dfrac{1}{2a}$, 곧 $a=\dfrac{1}{2}$일 때 성립하고, 최솟값은 **2**

4-14.

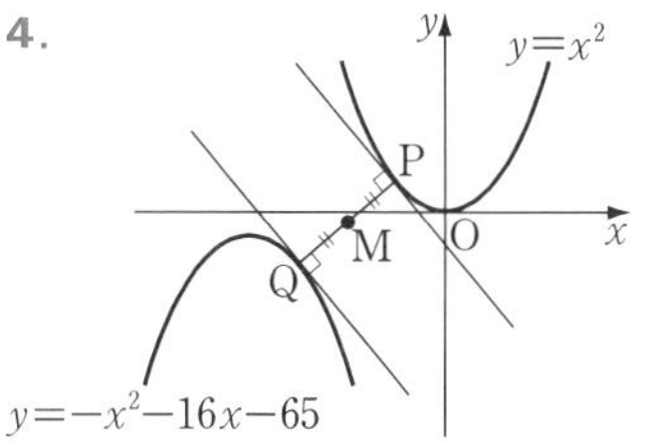

$y=x^2$ ……①

$y=-x^2-16x-65$ ……②

①의 꼭짓점은 점 $(0,\ 0)$이고, ②의 꼭짓점은 점 $(-8,\ -1)$이다.

따라서 두 포물선은 두 꼭짓점을 잇는 선분의 중점 $\mathrm{M}\left(-4,\ -\dfrac{1}{2}\right)$에 대하여 서로 대칭이다.

따라서 직선 PM이 포물선 ① 위의 점 P에서의 법선이고, 직선 PM과 포물선 ②의 교점이 Q일 때 선분 PQ의 길이는 최소이다.

포물선 ① 위의 점 $\mathrm{P}(t,\ t^2)$에서의 법선의 방정식은

$$y-t^2=-\frac{1}{2t}(x-t)$$

점 $\mathrm{M}\left(-4,\ -\dfrac{1}{2}\right)$을 지나므로

$$-\frac{1}{2}-t^2=-\frac{1}{2t}(-4-t)$$

$$\therefore\ (t+1)(t^2-t+2)=0$$

t는 실수이므로 $t=-1$

$$\therefore\ \mathrm{P}(-1,\ 1)$$

$\therefore\ \overline{\mathrm{PQ}}=2\overline{\mathrm{PM}}=2\sqrt{3^2+\left(\dfrac{3}{2}\right)^2}=\mathbf{3\sqrt{5}}$

***Note** 구하는 최솟값은 선분 PM의 길이의 최솟값의 2배이다.

$\mathrm{P}(x,\ x^2)$이라 하고, $\overline{\mathrm{PM}}^2=f(x)$로 놓으면

$$f(x)=(x+4)^2+\left(x^2+\frac{1}{2}\right)^2$$

$$=x^4+2x^2+8x+\frac{65}{4}$$

여기에서 $f(x)$의 최솟값을 구하는 방법은 p. 100에서 공부한다.

4-15. $y=x^3-kx$ ……①

에서 $y'=3x^2-k$

$\mathrm{P}(\alpha,\ \alpha^3-k\alpha)$라고 하면 이 점에서의 접선의 방정식은

$$y-(\alpha^3-k\alpha)=(3\alpha^2-k)(x-\alpha)$$

$$\therefore\ y=(3\alpha^2-k)x-2\alpha^3 \quad \cdots\cdots②$$

①, ②에서 y를 소거하면

$$x^3-3\alpha^2x+2\alpha^3=0$$

$$\therefore\ (x-\alpha)^2(x+2\alpha)=0$$

$$\therefore\ x=\alpha,\ -2\alpha$$

따라서 점 Q의 x좌표는 -2α이고, 점 Q에서의 접선의 기울기는 $12\alpha^2-k$이다.

점 Q에서의 접선이 ②와 직교하므로

$$(3\alpha^2-k)(12\alpha^2-k)=-1$$

$$\therefore\ 36\alpha^4-15k\alpha^2+k^2+1=0$$

이 등식을 만족시키는 실수 α가 존재하면 된다.

$\alpha^2=t$로 놓으면 $t\ge 0$이고

$$36t^2-15kt+k^2+1=0$$

(두 근의 곱)$=\dfrac{k^2+1}{36}>0$이므로 이 방정식이 음이 아닌 해를 가지려면

$$\mathrm{D}=(-15k)^2-4\times36\times(k^2+1)\ge0,$$

$$(\text{두 근의 합})=\frac{15k}{36}>0$$

동시에 만족시키는 k의 값의 범위는

$$\boldsymbol{k\ge\frac{4}{3}}$$

4-16. $y'=2x+2$이므로 포물선 위의 점 $(a,\ a^2+2a+1)$에서의 접선의 방정식은

$$y-(a^2+2a+1)=(2a+2)(x-a)$$

$$\therefore\ a^2-2xa-2x+y-1=0$$

x좌표가 각각 α, β인 두 점에서의 각 접선이 점 P(X, Y)에서 직교한다고 하면 α, β는 a에 관한 이차방정식

$a^2-2\mathrm{X}a-2\mathrm{X}+\mathrm{Y}-1=0$ ……①

의 서로 다른 두 실근이므로

$\mathrm{D}/4=\mathrm{X}^2+2\mathrm{X}-\mathrm{Y}+1>0$ ……②

또, 두 접선이 직교하므로

$(2\alpha+2)(2\beta+2)=-1$

$\therefore\ 4\alpha\beta+4(\alpha+\beta)+5=0$ ……③

α, β는 ①의 두 근이므로

$\alpha+\beta=2\mathrm{X},\ \alpha\beta=-2\mathrm{X}+\mathrm{Y}-1$

③에 대입하여 정리하면 $\mathrm{Y}=-\dfrac{1}{4}$

이 값은 ②를 항상 만족시키므로 구하는 자취는 직선 $\boldsymbol{y=-\dfrac{1}{4}}$

4-17. $y'=3x^2+a$이므로 두 직선 $y=x+4$, $y=x$에 접하는 점의 x좌표를 각각 α, β라고 하면 이 점에서의 접선의 방정식은

$y-(\alpha^3+a\alpha+b)=(3\alpha^2+a)(x-\alpha)$

에서 $y=(3\alpha^2+a)x-2\alpha^3+b$

$y-(\beta^3+a\beta+b)=(3\beta^2+a)(x-\beta)$

에서 $y=(3\beta^2+a)x-2\beta^3+b$

이 두 직선이 각각 두 직선

$y=x+4,\quad y=x$

와 일치할 조건은

$3\alpha^2+a=1$ …① $-2\alpha^3+b=4$ …②

$3\beta^2+a=1$ …③ $-2\beta^3+b=0$ …④

①−③하면 $3(\alpha^2-\beta^2)=0$

$\therefore\ \alpha=\beta,\ -\beta$

$\alpha=\beta$이면 ②, ④에 모순이므로

$\alpha=-\beta$

이것을 ②에 대입하면

$2\beta^3+b=4$ ……⑤

④+⑤하면 $2b=4$ $\therefore$ $\boldsymbol{b=2}$

②에 대입하면 $\alpha=-1$

①에 대입하면 $\boldsymbol{a=-2}$

4-18. $f(x)=\dfrac{1}{4}x^4-k^2x^2+1$에서

$f'(x)=x^3-2k^2x$

곡선 $y=f(x)$와 두 직선 l, m의 접점의 x좌표를 각각 α, β라고 하자.

$\alpha^3-2k^2\alpha=4k^3$에서

$(\alpha-2k)(\alpha^2+2k\alpha+2k^2)=0$

$k>0$이고 α는 실수이므로 $\alpha=2k$

$f(2k)=1$이므로 직선 l의 방정식은

$y-1=4k^3(x-2k)$

$\therefore\ y=4k^3x-8k^4+1$

$\beta^3-2k^2\beta=-4k^3$에서도 같은 방법으로 하면 $\beta=-2k$이고, $f(-2k)=1$이므로 직선 m의 방정식은

$y=-4k^3x-8k^4+1$

한편 $f'(x)=x^3-2k^2x=0$에서

$x=0,\ -\sqrt{2}k,\ \sqrt{2}k$

이고 $f(0)=1$, $f(\pm\sqrt{2}k)=1-k^4$이므로 y축에 수직인 접선의 방정식은

$y=1,\ y=1-k^4$

따라서 네 직선으로 만들어지는 사각형은 아래 그림의 사다리꼴 ABCD이다.

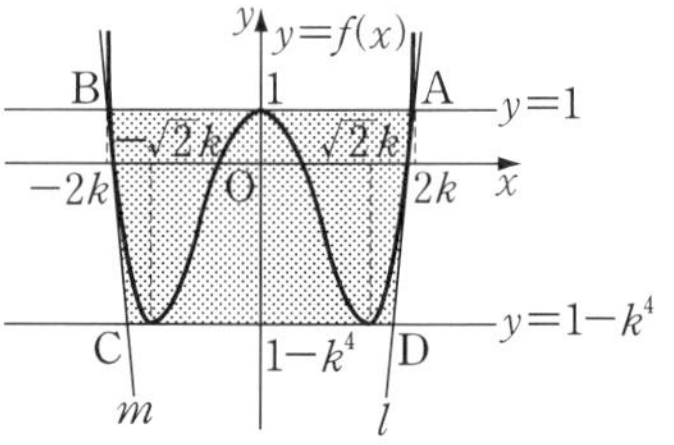

이때, 점 A는 직선 l과 직선 $y=1$의 교점이고, 점 B는 직선 m과 직선 $y=1$의 교점이므로

$\mathrm{A}(2k,\ 1),\ \mathrm{B}(-2k,\ 1)$

한편 점 D의 x좌표는 직선 l과 직선 $y=1-k^4$에서

$4k^3x-8k^4+1=1-k^4$ $\therefore\ x=\dfrac{7}{4}k$

그런데 $f(-x)=f(x)$에서 곡선

$y=f(x)$는 y축에 대하여 대칭이므로 사다리꼴 ABCD의 넓이는

$$\frac{1}{2}\times(\overline{AB}+\overline{CD})\times\{1-(1-k^4)\}$$
$$=\frac{1}{2}\times\left(4k+\frac{7}{2}k\right)\times k^4=\frac{15}{4}k^5$$

이때, $\frac{15}{4}k^5=15\sqrt{2}$ 이므로

$$k^5=4\sqrt{2}=(\sqrt{2})^5$$

k는 실수이므로 $\boldsymbol{k=\sqrt{2}}$

*Note 점 A$(2k,\ 1)$은 곡선 $y=f(x)$와 직선 l의 접점이고, 점 B$(-2k,\ 1)$은 곡선 $y=f(x)$와 직선 m의 접점이다.

4-19. $y'=3x^2-6x$ 이므로 곡선 위의 점 $(t,\ t^3-3t^2+2)$에서의 접선의 방정식은

$$y-(t^3-3t^2+2)=(3t^2-6t)(x-t)$$

점 $(a,\ 2)$를 지나므로

$$2-(t^3-3t^2+2)=(3t^2-6t)(a-t)$$
$$\therefore\ t\{2t^2-3(a+1)t+6a\}=0 \quad \cdots①$$

(1) ①의 실근이 한 개이어야 하므로

$$2t^2-3(a+1)t+6a=0$$

이 $t=0$을 중근으로 가지거나 실근을 가지지 않는다.

그런데 $t=0$을 중근으로 가지지 않으므로

$$D=9(a+1)^2-48a<0$$
$$\therefore\ (3a-1)(a-3)<0 \qquad \therefore\ \boldsymbol{\frac{1}{3}<a<3}$$

(2) ①의 실근이 두 개이어야 하므로

$$2t^2-3(a+1)t+6a=0$$

의 두 근 중 하나가 0이거나 0이 아닌 중근을 가진다.

(i) $t=0$이 근이면 $a=0$

이때, 다른 한 근은 $t=\frac{3}{2}$ 이므로 조건을 만족시킨다.

(ii) 중근을 가지면

$$D=9(a+1)^2-48a=0$$
$$\therefore\ a=\frac{1}{3},\ 3$$

$a=\frac{1}{3}$ 일 때 중근은 $t=1$이고, $a=3$일 때 중근은 $t=3$이므로 조건을 만족시킨다.

(i), (ii)에서 $\boldsymbol{a=0,\ \frac{1}{3},\ 3}$

4-20. $y=x^3-3x^2+1 \quad \cdots\cdots①$

에서 $y'=3x^2-6x$

따라서 ① 위의 점 $(t,\ t^3-3t^2+1)$에서의 접선의 방정식은

$$y-(t^3-3t^2+1)=(3t^2-6t)(x-t) \quad \cdots\cdots②$$

점 $(0,\ a)$를 지나므로

$$a-(t^3-3t^2+1)=-3t^3+6t^2$$
$$\therefore\ a=-2t^3+3t^2+1 \quad \cdots\cdots③$$

한편 ①, ②에서 y를 소거하면

$$x^3-3x^2+1-(t^3-3t^2+1)=(3t^2-6t)(x-t)$$
$$\therefore\ (x-t)^2(x+2t-3)=0$$

이 방정식이 t 이외의 근을 가지지 않으므로

$$t=-2t+3 \qquad \therefore\ t=1$$

③에 대입하면 $\boldsymbol{a=2}$

4-21. $a<b<c$인 모든 $a,\ b,\ c$에 대하여

$$\frac{f(b)-f(a)}{b-a}<\frac{f(c)-f(b)}{c-b}$$

가 성립한다고 하자.

$x_1<x_2$인 $x_1,\ x_2$에 대하여

$$x_1<a<b<c<x_2$$

인 $a,\ b,\ c$를 잡으면 조건에서

$$\frac{f(a)-f(x_1)}{a-x_1}<\frac{f(b)-f(a)}{b-a}$$
$$<\frac{f(c)-f(b)}{c-b}<\frac{f(x_2)-f(c)}{x_2-c}$$

여기서 $a \longrightarrow x_1,\ c \longrightarrow x_2$라고 하면

$$f'(x_1)\le\frac{f(b)-f(x_1)}{b-x_1}$$
$$<\frac{f(x_2)-f(b)}{x_2-b}\le f'(x_2)$$

$\therefore\ f'(x_1)<f'(x_2)$

역으로 $x_1<x_2$인 모든 x_1, x_2에 대하여 $f'(x_1)<f'(x_2)$가 성립한다고 하자.

$a<b<c$라고 하면 평균값 정리에 의하여

$$\frac{f(b)-f(a)}{b-a}=f'(x_1)\ (a<x_1<b),$$
$$\frac{f(c)-f(b)}{c-b}=f'(x_2)\ (b<x_2<c)$$

인 x_1, x_2가 존재한다. 그런데 $x_1<x_2$이므로 $f'(x_1)<f'(x_2)$이다.

$$\therefore\ \frac{f(b)-f(a)}{b-a}<\frac{f(c)-f(b)}{c-b}$$

5-1. $f(x)$가 감소하면

$f'(x)=6x^2-6ax+6(a-1)\le 0$

$\therefore\ x^2-ax+a-1\le 0$

이 부등식의 해가 $1\le x\le 5$이므로

$x^2-ax+a-1\le 0$

$\iff (x-1)(x-5)\le 0$

$\iff x^2-6x+5\le 0$

$\therefore\ \boldsymbol{a=6}$

5-2. $f(x)$가 구간 $[2, \infty)$에서 증가하려면 $x\ge 2$에서

$f'(x)=12x^3-12(a+3)x^2+12(3a+2)x-24a$

$=12(x-1)(x-2)(x-a)\ge 0$

그런데 $x\ge 2$일 때 $(x-1)(x-2)\ge 0$이므로

$2-a\ge 0\quad \therefore\ \boldsymbol{a\le 2}$

5-3. (1) $y=x^2(x-1)$의 그래프를 그린 다음, x축 윗부분은 그대로 두고, x축 아랫부분은 x축 위로 꺾어 올려 그린다.

$x=\frac{2}{3}$일 때 극댓값 $\boldsymbol{\frac{4}{27}}$,

$x=0, 1$일 때 극솟값 $\boldsymbol{0}$

(2) $x\ge 0$일 때 $y=x(x^2-3x+2)$,

$x<0$일 때 $y=-x(x^2-3x+2)$

의 그래프를 그린다.

$x=\frac{3-\sqrt{3}}{3}$일 때 극댓값 $\boldsymbol{\frac{2\sqrt{3}}{9}}$,

$x=\frac{3+\sqrt{3}}{3}$일 때 극솟값 $\boldsymbol{-\frac{2\sqrt{3}}{9}}$,

$x=0$일 때 극솟값 $\boldsymbol{0}$

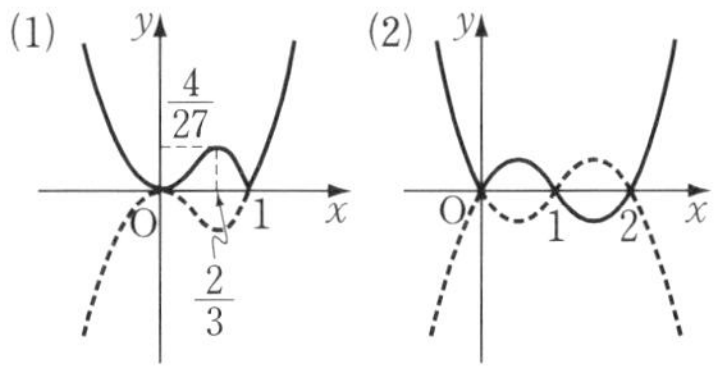

(3) $x\le -1$, $x\ge 1$일 때

$y=x^3-3x^2+3$,

$-1<x<1$일 때

$y=x^3+3x^2-3$

의 그래프를 그리면 아래와 같다.

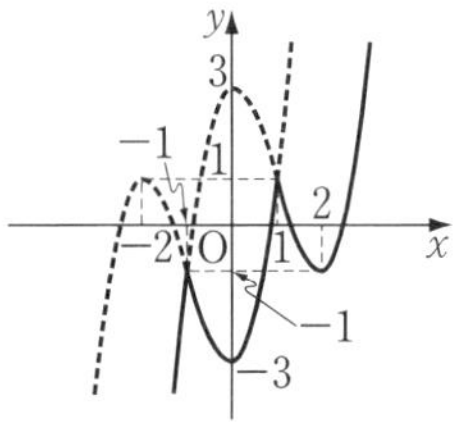

$x=-1$일 때 극댓값 $\boldsymbol{-1}$,

$x=1$일 때 극댓값 $\boldsymbol{1}$,

$x=0$일 때 극솟값 $\boldsymbol{-3}$,

$x=2$일 때 극솟값 $\boldsymbol{-1}$

5-4. (1) (거짓) $f(x)=-x^2$은 $x=0$에서 극댓값을 가지지만, $|f(x)|=x^2$은 $x=0$에서 극솟값을 가진다.

(2) (참) $g(x)=f(|x|)$로 놓자.

$f(x)$가 $x=0$에서 극대이므로 $x=0$을 포함하는 열린구간 (a, b)의 모든 x에 대하여 $f(x)\le f(0)$이다.

이때, $0\le x<b$인 모든 x에 대하여

$g(x)=f(|x|)=f(x)$

$\le f(0)=g(0)$,

$$g(-x)=f(|-x|)=f(x)$$
$$\le f(0)=g(0)$$

이므로 열린구간 $(-b,\ b)$의 모든 x에 대하여 $g(x)\le g(0)$이다.

따라서 $g(x)$는 $x=0$에서 극대이다.

(3) (참) $h(x)=f(x)-x^2|x|$로 놓자.

$f(x)$가 $x=0$에서 극대이므로 $x=0$을 포함하는 열린구간 $(a,\ b)$의 모든 x에 대하여 $f(x)\le f(0)$이다.

이 구간의 모든 x에 대하여 $x^2|x|\ge 0$이므로

$$h(x)=f(x)-x^2|x|\le f(0)=h(0)$$

따라서 $h(x)$는 $x=0$에서 극대이다.

5-5. $f(x)=0 \iff x=a,\ c$

$f'(x)=0 \iff x=b,\ c$

따라서 $f(x)$와 $f'(x)$의 부호는 아래와 같다.

x	$\cdots$	a	$\cdots$	b	$\cdots$	c	$\cdots$
$f(x)$	$-$	0	$+$	$+$	$+$	0	$+$
$f'(x)$	$+$	$+$	$+$	0	$-$	0	$+$

따라서 $f(x)f'(x)>0$의 해는

$$\boldsymbol{a<x<b,\ x>c}$$

*__Note__ $f(a)=0,\ f(c)=0$이고 $x=c$에서 x축에 접하므로

$$f(x)=k(x-a)(x-c)^2\ (k>0)$$

으로 놓을 수 있다.

또, $f'(b)=0,\ f'(c)=0$이므로

$$f'(x)=3k(x-b)(x-c)$$

$f(x)f'(x)>0$에 대입하면

$$3k^2(x-a)(x-b)(x-c)^3>0$$
$$\therefore\ (x-a)(x-b)(x-c)>0$$
$$\therefore\ \boldsymbol{a<x<b,\ x>c}$$

5-6. $g'(x)=f(x)+(x+1)f'(x)$이므로

$$g'(-2)=f(-2)+(-2+1)f'(-2)$$
$$=0-f'(-2)=-f'(-2)>0$$
$$g'(-1)=f(-1)+(-1+1)f'(-1)$$
$$=f(-1)+0\times 0=f(-1)<0$$
$$g'(0)=f(0)+(0+1)f'(0)=0+f'(0)$$
$$=f'(0)>0$$
$$g'(1)=f(1)+(1+1)f'(1)$$
$$=f(1)+2f'(1)>0$$
$$g'(2)=f(2)+(2+1)f'(2)=f(2)+3\times 0$$
$$=f(2)>0$$
$$\therefore\ \mathbf{A\cap B=\{-1\}}$$

5-7.

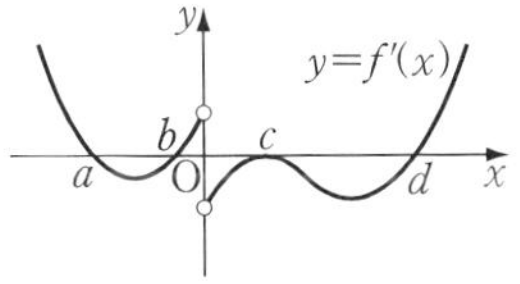

$y=f'(x)$의 그래프의 x절편을 위의 그림과 같이 $a,\ b,\ c,\ d$로 나타낼 때, $f'(x)=0$의 실근은 $a,\ b,\ c,\ d$이다.

따라서 $f(x)$의 증감을 조사하면 아래와 같다.

x	$\cdots$	a	$\cdots$	b	$\cdots$	0
$f'(x)$	$+$	0	$-$	0	$+$	
$f(x)$	↗	극대	↘	극소	↗	극대

x	0	$\cdots$	c	$\cdots$	d	$\cdots$
$f'(x)$		$-$	0	$-$	0	$+$
$f(x)$	극대	↘		↘	극소	↗

$x=k$가 주어진 부등식을 만족시키면 $x=k$의 좌우에서 $f'(x)$의 부호가 바뀌거나 $f'(k)=0$이다. 그런데 $x=a,\ b,\ c,\ d$에서 $f'(x)=0$이고, $x=0$의 좌우에서 $f'(x)$의 부호가 바뀌므로 $m=5$

또, 위의 증감표에서 $f(x)$는 $x=a,\ 0$에서 극대이므로 $n=2$

$$\therefore\ \boldsymbol{m-n=3}$$

5-8. $f(x)=ax^3+bx^2+cx+d\ (a\ne 0)$로 놓으면

$f'(x)=3ax^2+2bx+c$

조선 ㈎에서 $f(1)=-4,\ f'(1)=0$

$\therefore\ a+b+c+d=-4$ ……①

$3a+2b+c=0$ ……②

조건 ㈏에서 $f(0)=0$이고,

$\lim_{x\to 0}\frac{f(x)-f(0)}{x-0}=-3 \quad \therefore\ f'(0)=-3$

$\therefore\ d=0,\ c=-3$

①, ②에 대입하면 $a=5,\ b=-6$

$\therefore\ \boldsymbol{f(x)=5x^3-6x^2-3x}$

5-9. $f'(x)=3ax^2+2bx+a^2-16$

$x=-1$에서 극대, $x=2$에서 극소이므로 $a>0$이고

$f'(-1)=0,\ f'(2)=0$

$\therefore\ 3a-2b+a^2-16=0,$

$12a+4b+a^2-16=0$

연립하여 풀면 $a>0$이므로

$\boldsymbol{a=2,\ b=-3}$

$\therefore\ f(x)=2x^3-3x^2-12x+c$

따라서 극댓값은 $f(-1)=c+7,$

극솟값은 $f(2)=c-20$

문제의 조건에서

$|c-20|=2(c+7)$

$c\ge 20$일 때 $c-20=2(c+7)$

$\therefore\ c=-34$ (부적합)

$c<20$일 때 $-(c-20)=2(c+7)$

$\therefore\ \boldsymbol{c=2}$

5-10. $f(-x)=-f(x)$이므로 $f(x)$는 기함수이다. 따라서

$f(x)=ax^3+bx$ (a, b는 정수, $a\ne 0$)

로 놓을 수 있다.

$f(1)=5$이므로 $a+b=5$ ……①

또, $1<f'(1)<7$이고, $f'(x)=3ax^2+b$이므로

$1<3a+b<7$ ……②

①에서 $b=5-a$이므로 ②에 대입하면

$1<3a+5-a<7 \quad \therefore\ -2<a<1$

a는 0이 아닌 정수이므로 $a=-1$

$\therefore\ b=6$

따라서 $f(x)=-x^3+6x,$

$f'(x)=-3x^2+6$

$f'(x)=0$에서 $x=\pm\sqrt{2}$

증감을 조사하면 $x=\sqrt{2}$에서 극대이고, 극댓값은

$f(\sqrt{2})=-(\sqrt{2})^3+6\times\sqrt{2}=\boldsymbol{4\sqrt{2}}$

5-11. $f(x)$는 x^3의 계수가 1이고 $f(-x)=-f(x)$이므로 $y=f(x)$의 그래프는 다음 두 가지 꼴이 가능하다.

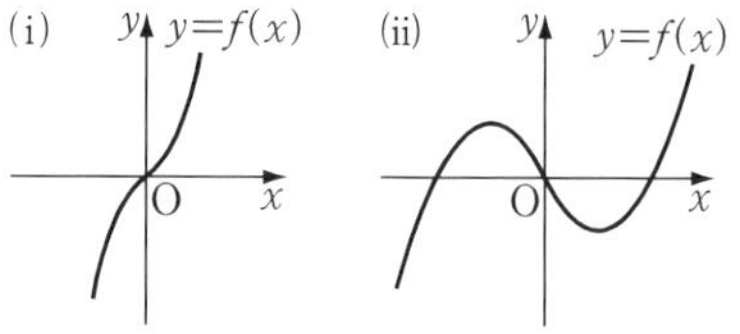

이 중 $|f(x)|=2$가 서로 다른 네 실근을 가질 수 있는 것은 (ii)의 꼴이다.

이때, $y=|f(x)|$의 그래프는 아래와 같고, $f(x)$의 극솟값은 -2, 극댓값은 2이다.

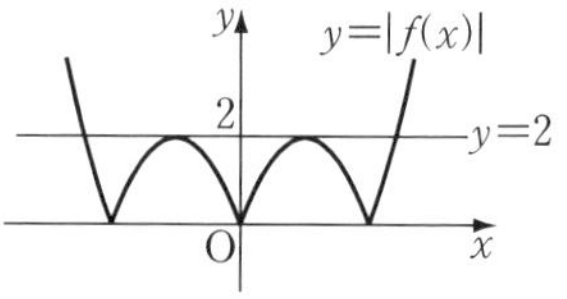

(ii)와 같은 꼴이고, x^3의 계수가 1이므로 $f(x)=x^3-bx\ (b>0)$로 놓을 수 있다.

$f'(x)=3x^2-b=0$에서 $x=\pm\sqrt{\frac{b}{3}}$

$f\left(\sqrt{\frac{b}{3}}\right)=-2$이므로

$\left(\sqrt{\frac{b}{3}}\right)^3-b\times\sqrt{\frac{b}{3}}=-2$

$\therefore\ b\sqrt{b}=3\sqrt{3} \quad \therefore\ b=3$

$\therefore\ f(3)=3^3-3\times 3=\boldsymbol{18}$

5-12. $f'(x)=x^3+ax^2+bx+2$ ……①

한편 문제의 조건에서 $c\neq-2$일 때

$$f'(x)=(x+2)(x-c)^2$$
$$=x^3+(2-2c)x^2+(c^2-4c)x+2c^2 \quad \cdots\cdots②$$

①, ②의 동류항의 계수를 비교하면

$$a=2-2c,\ b=c^2-4c,\ 2=2c^2$$

$\therefore$ $\boldsymbol{a=0,\ b=-3}$ **또는** $\boldsymbol{a=4,\ b=5}$

5-13. (1) (참) $f(x)$가 다항식이고,

$$f(\alpha)=0,\ f'(\alpha)=0$$

이면 $f(x)$는 $(x-\alpha)^2$으로 나누어 떨어진다. ⇦ **필수 예제 3-11**

(2) (참) $f'(\alpha)f'(\beta)=0$에서 $f'(\alpha)=0$이면 $f(x)$는 $(x-\alpha)^2$으로 나누어 떨어진다. 따라서

$f(x)=(x-\alpha)^2p(x)$ $\big(p(x)$는 이차식$\big)$

로 놓을 수 있다. 이때, $p(x)=0$의 한 근이 실근 β이므로 나머지 한 근도 실근이다.

따라서 $f(x)=0$은 허근을 가지지 않는다.

$f'(\beta)=0$일 때에도 같은 이유로 $f(x)=0$은 허근을 가지지 않는다.

(3) (참) $f(x)=(x-\alpha)(x-\beta)p(x)$ $\big(p(x)$는 이차식$\big)$로 놓으면

$$f'(x)=(x-\beta)p(x)+(x-\alpha)p(x)+(x-\alpha)(x-\beta)p'(x)$$

$$\therefore\ f'(\alpha)f'(\beta)=(\alpha-\beta)p(\alpha)\times(\beta-\alpha)p(\beta)=-(\alpha-\beta)^2p(\alpha)p(\beta)$$

$f'(\alpha)f'(\beta)>0$이면 $p(\alpha)p(\beta)<0$

$p(x)$가 이차식이므로 $p(x)=0$은 서로 다른 두 실근을 가지고, 이 근은 α, β가 아니다.

따라서 $f(x)=0$은 서로 다른 네 실근을 가진다.

**Note* $\alpha<\beta$이고 $f(x)$의 최고차항의 계수가 양수인 경우만 생각해도 충분하다.

이때, (2), (3)은 다음과 같이 그래프의 개형을 그려 설명할 수 있다.

(2) $f'(\alpha)=0$이면 $y=f(x)$의 그래프는 $x=\alpha$인 점에서 x축에 접한다.

따라서 $f(\beta)=0$이면 $y=f(x)$의 그래프는 위와 같은 꼴이다. 그러므로 $f(x)=0$은 허근을 가지지 않는다.

$f'(\beta)=0$일 때에도 같은 이유로 $f(x)=0$은 허근을 가지지 않는다.

(3) $f'(\alpha)f'(\beta)>0$이면 $f'(\alpha)$와 $f'(\beta)$의 부호가 같다.

따라서 $y=f(x)$의 그래프는 아래와 같은 꼴이므로 $f(x)=0$은 서로 다른 네 실근을 가진다.

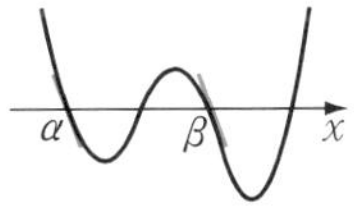

$f'(\alpha)<0,\ f'(\beta)<0$

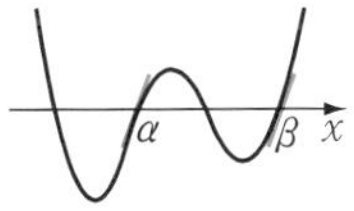

$f'(\alpha)>0,\ f'(\beta)>0$

5-14. $f(\alpha)=f(\beta)$이면 $\alpha=\beta$인 함수 $f(x)$는 일대일함수이다.

따라서 $f(x)$가 증가함수 또는 감소함수이어야 한다.

$f'(x)=3ax^2+2bx+c$에서

$\mathrm{D}/4=b^2-3ac$라고 하자.

(i) $f(x)$가 증가함수일 때 $f'(x)\geq0$이므로

$$a>0,\ \mathrm{D}/4\leq0$$

(ii) $f(x)$가 감소함수일 때 $f'(x)\leq0$이므로

$$a<0,\ \mathrm{D}/4\leq0$$

(i), (ii)에서 $\mathrm{D}/4\leq0$

$\therefore\ \boldsymbol{b^2-3ac\leq0}$

**Note* $f(x)$가 다항함수일 때 다음은 모두 동치이다.

◦ $f(\alpha)=f(\beta)$이면 $\alpha=\beta$이다.
◦ $\alpha\neq\beta$이면 $f(\alpha)\neq f(\beta)$이다.
◦ 함수 f가 일대일함수이다.
◦ 함수 f가 증가함수 또는 감소함수이다.

5-15. (1) $f'(x)=3x^2+4ax-6$에서

$$D/4=4a^2+18>0$$

따라서 함수 $f(x)$는 극댓값과 극솟값을 가진다.

(2) 극점의 좌표를 $(\alpha, f(\alpha))$, $(\beta, f(\beta))$라고 하면 점 P, Q의 x좌표는 각각

$$\frac{2\alpha+\beta}{3}, \quad \frac{\alpha+2\beta}{3}$$

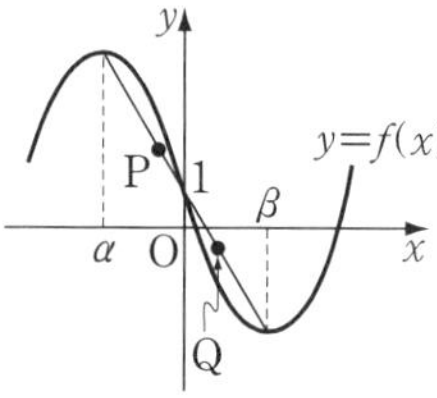

선분 PQ가 y축과 만나려면

$$\frac{2\alpha+\beta}{3}\times\frac{\alpha+2\beta}{3}\le 0$$

$$\therefore\ 2(\alpha+\beta)^2+\alpha\beta\le 0 \quad \cdots\cdots①$$

한편 α, β는

$f'(x)=3x^2+4ax-6=0$의 근이므로

$$\alpha+\beta=-\frac{4}{3}a,\ \ \alpha\beta=-2$$

이 값을 ①에 대입하면

$$\frac{32}{9}a^2-2\le 0 \quad \therefore\ -\frac{3}{4}\le a\le\frac{3}{4}$$

5-16. $f(x)=x(x^2+px+q)$

이 함수의 그래프가 원점이 아닌 점에서 x축에 접하므로

$$x^2+px+q=(x-\alpha)^2\ (\alpha\neq 0)$$

으로 놓을 수 있다.

$$\therefore\ f(x)=x(x-\alpha)^2$$

$$\therefore\ f'(x)=(x-\alpha)^2+2x(x-\alpha)=(x-\alpha)(3x-\alpha)$$

따라서 극값은

$$f(\alpha)=0\ \ 또는\ \ f\left(\frac{\alpha}{3}\right)=\frac{4}{27}\alpha^3$$

극솟값이 -4이므로

$$\frac{4}{27}\alpha^3=-4 \quad \therefore\ \alpha^3=-27$$

α는 실수이므로 $\alpha=-3$

이때, $f'(x)=3(x+3)(x+1)$이고 증감을 조사하면 $x=-1$에서 극소이다.

$$\therefore\ f(x)=x(x+3)^2=x^3+6x^2+9x$$

$$\therefore\ \boldsymbol{p=6,\ q=9}$$

5-17. $x>0$일 때

$$f(x)=x^3+ax^2+bx,$$
$$f'(x)=3x^2+2ax+b$$

$x=1$에서 극값 -1을 가지므로

$$f(1)=1+a+b=-1,$$
$$f'(1)=3+2a+b=0$$

$$\therefore\ \boldsymbol{a=-1,\ b=-1}$$

(i) $x>0$일 때

$f(x)=x(x^2-x-1)$,
$f'(x)=3x^2-2x-1=(3x+1)(x-1)$

(ii) $x<0$일 때

$f(x)=-x(x^2-x-1)$,
$f'(x)=-3x^2+2x+1=-(3x+1)(x-1)$

x	$\cdots$	$-\frac{1}{3}$	$\cdots$	0	$\cdots$	1	$\cdots$
$f'(x)$	$-$	0	$+$		$-$	0	$+$
$f(x)$	↘	극소	↗	극대	↘	극소	↗

따라서 다른 극값은

$x=-\dfrac{1}{3}$일 때 극솟값 $\boldsymbol{-\dfrac{5}{27}}$,

$x=0$일 때 극댓값 **0**

* ***Note*** $x=0$에서 미분가능하지 않지만 극값을 가질 수 있다.

5-18. $f'(x)=3x^2+6ax+3a$

$f'(x)=0$, 곧 $x^2+2ax+a=0$의 근을

α, $\beta(\alpha<\beta)$라고 하면

$$\alpha+\beta=-2a,\ \alpha\beta=a$$

서로 다른 두 실근을 가지므로

$$D/4=a^2-a>0$$

$$\therefore\ a<0,\ a>1 \quad \cdots\cdots①$$

그런데

$$f(\alpha)+f(\beta)=(\alpha^3+\beta^3)+3a(\alpha^2+\beta^2)+3a(\alpha+\beta)+4a$$
$$=(\alpha+\beta)^3-3\alpha\beta(\alpha+\beta)+3a\{(\alpha+\beta)^2-2\alpha\beta\}+3a(\alpha+\beta)+4a$$
$$=4a^3-6a^2+4a$$

이므로 두 극점을 잇는 선분의 중점의 좌표를 $(x,\ y)$라고 하면

$$x=\frac{\alpha+\beta}{2}=-a,$$

$$y=\frac{f(\alpha)+f(\beta)}{2}=2a^3-3a^2+2a$$

a를 소거하면

$$y=-2x^3-3x^2-2x$$

한편 $a=-x$이므로 ①로부터

$$x<-1,\ x>0$$

$$\therefore\ \boldsymbol{y=-2x^3-3x^2-2x}$$
$$\boldsymbol{(x<-1,\ x>0)}$$

***Note** 일반적으로 삼차함수 $y=f(x)$의 그래프의 극대점 A와 극소점 B가 존재할 때, 선분 AB의 중점 P는 $y=f(x)$의 그래프 위에 있고 점 P에 대하여 그래프는 대칭이다.

⇦ 필수 예제 5-9

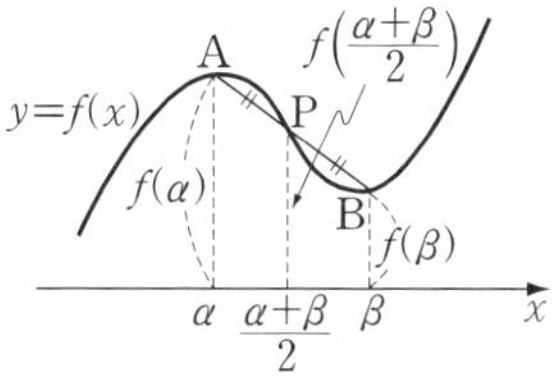

극점 A, B의 x좌표를 각각 α, β라고 하면

$$\frac{f(\alpha)+f(\beta)}{2}=f\left(\frac{\alpha+\beta}{2}\right)$$

이고, 문제의 조건에서 $\alpha+\beta=-2a$이므로

$$f(\alpha)+f(\beta)=2f(-a)$$
$$=4a^3-6a^2+4a$$

5-19. 조건 (가)에서 $f(3t)=0$이고 $f(x)$는 최고차항의 계수가 1인 삼차함수이므로

$$f(x)=(x-3t)(x^2+ax+b)$$

로 놓을 수 있다.

이때, 조건 (나)에 의하여 모든 실수 x에 대하여

$$(x+3)(x-3t)(x^2+ax+b)\geq0$$

이므로 $x^2+ax+b=(x+3)(x-3t)$이어야 한다.

따라서 $f(x)=(x+3)(x-3t)^2$이므로

$$f'(x)=(x-3t)^2+2(x+3)(x-3t)$$
$$=3(x-3t)(x-t+2)$$

$f'(x)=0$에서 $x=3t,\ t-2$

$t>-1$일 때, $t-2<3t$이므로

$$g(t)=f(t-2)=4(t+1)^3$$

$t<-1$일 때, $3t<t-2$이므로

$$g(t)=f(3t)=0$$

$$\therefore\ g(x)=\begin{cases}4(x+1)^3 & (x>-1)\\ 0 & (x<-1)\end{cases}$$

$y=g(x)$의 그래프와 직선 $y=x+4$의 교점의 x좌표는

$x>-1$일 때, $4(x+1)^3=x+4$에서

$$x(4x^2+12x+11)=0$$

$$\therefore\ x=0\ (\because\ x는\ 실수)$$

$x<-1$일 때, $0=x+4$에서 $x=-4$

$$\therefore\ \boldsymbol{x=-4,\ 0}$$

5-20. $f(x)=ax^3+bx^2+cx+d\,(a\neq0)$로 놓으면

$$f'(x)=3ax^2+2bx+c$$

$f(0)=1$이므로 $d=1$

$f'(0)=-3$이므로 $c=-3$

$f'(1)=-3$이므로 $3a+2b+c=-3$

$\therefore b=-\frac{3}{2}a$

$\therefore f(x)=ax^3-\frac{3}{2}ax^2-3x+1,$

$f'(x)=3ax^2-3ax-3$

한편 $f(x)$가 극값을 가지므로 $f'(x)=0$은 서로 다른 두 실근을 가진다.

$\therefore D=9a^2+36a>0$

$\therefore a<-4,\ a>0$ ……①

이때, $f'(x)=0$의 두 실근을 $\alpha,\ \beta$ $(\alpha>\beta)$라고 하면 $x=\alpha,\ x=\beta$에서 극값을 가지므로 조건 (다)에 의하여

$|f(\alpha)-f(\beta)|=\alpha-\beta$

$\therefore \left|a(\alpha^3-\beta^3)-\frac{3}{2}a(\alpha^2-\beta^2)-3(\alpha-\beta)\right|=\alpha-\beta$

$\alpha>\beta$이므로

$(\alpha-\beta)\left|a(\alpha^2+\alpha\beta+\beta^2)-\frac{3}{2}a(\alpha+\beta)-3\right|=\alpha-\beta$

$\therefore \left|a\{(\alpha+\beta)^2-\alpha\beta\}-\frac{3}{2}a(\alpha+\beta)-3\right|=1$

$f'(x)=0$의 근과 계수의 관계로부터

$\alpha+\beta=1,\ \alpha\beta=-\frac{1}{a}$

이므로

$\left|a\left(1+\frac{1}{a}\right)-\frac{3}{2}a-3\right|=1$

$\therefore |a+4|=2$ $\therefore a=-2,\ -6$

①을 만족시켜야 하므로 $a=-6$

$\therefore \boldsymbol{f(x)=-6x^3+9x^2-3x+1}$

5-21. 곡선 $y=f(x)$가 직선 $x=2$에 대하여 대칭이므로 $x=3$에서도 극소이고, $f(1)=f(3)$이다.

따라서 함수 $f(x)-f(1)$은 $x=1,\ 3$에서 극값 0을 가지므로 $(x-1)^2$, $(x-3)^2$으로 나누어 떨어진다.

⇦ 필수 예제 3-11

그런데 이 함수는 최고차항의 계수가 1인 사차함수이므로

$f(x)-f(1)=(x-1)^2(x-3)^2$

또, $f(0)=0$이므로

$0-f(1)=1^2\times3^2$ $\therefore f(1)=-9$

$\therefore f(x)=(x-1)^2(x-3)^2-9$

이때,

$f'(x)=2(x-1)(x-3)^2+2(x-1)^2(x-3)$
$=4(x-1)(x-2)(x-3)$

이므로 $x=2$일 때 극댓값은

$\boldsymbol{f(2)=-8}$

*_**Note**_ x^4의 계수가 1이고, 그래프가 원점을 지나므로

$f(x)=x^4+ax^3+bx^2+cx$

로 놓을 수 있다.

한편 $f(2+x)=f(2-x)$이므로 그래프는 직선 $x=2$에 대하여 대칭이다.

이때, $f(x)$가 $x=1$에서 극소이므로 $x=3$에서도 극소이다. 또, $x=2$에서 극대이다.

곧, $f'(x)=0$의 세 근이 $x=1,\ 2,\ 3$이므로

$f'(x)=4x^3+3ax^2+2bx+c$
$=4(x-1)(x-2)(x-3)$

전개하여 동류항의 계수를 비교하면

$a=-8,\ b=22,\ c=-24$

$\therefore f(x)=x^4-8x^3+22x^2-24x$

5-22. $f'(x)=2x(x-2)^2+2x^2(x-2)$
$=4x(x-1)(x-2)$

따라서 $y=f(x)$의 그래프는 아래와 같다.

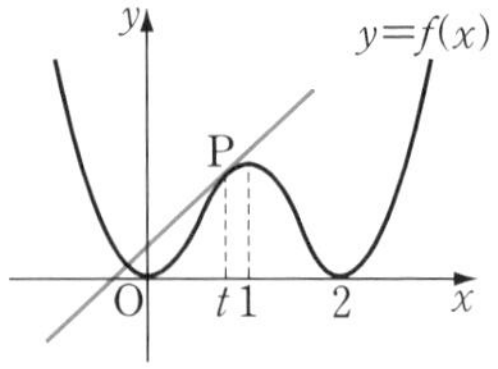

직선 $y=f'(t)(x-t)+f(t)$는 곡선 위

의 점 $\mathrm{P}\big(t,\ f(t)\big)$에서의 접선이므로 접선이 $0\le x\le 2$에서 곡선 $y=f(x)$의 위쪽에 있거나 접해야 한다.

(i) $0\le t\le 1$일 때 : 점 P에서의 접선이 곡선 $y=f(x)$와 원점 또는 원점의 왼쪽에서 만나야 한다.

점 $\big(t,\ f(t)\big)$에서의 접선의 방정식은
$y-t^2(t-2)^2=4t(t-1)(t-2)(x-t)$

원점을 지날 때
$$-t^2(t-2)^2=-4t^2(t-1)(t-2)$$
$t=0$은 조건을 만족시키지 않으므로
$$t=\frac{2}{3}$$
따라서 조건을 만족시키려면
$$\frac{2}{3}\le t\le 1$$

(ii) $1<t\le 2$일 때 : 점 P에서의 접선이 곡선 $y=f(x)$와 점 $(2,\ 0)$ 또는 점 $(2,\ 0)$의 오른쪽에서 만나야 한다.

점 $\big(t,\ f(t)\big)$에서의 접선이 점 $(2,\ 0)$을 지날 때 $t=\frac{4}{3}$이므로 $1<t\le\frac{4}{3}$

(i), (ii)에서 $\left\{ t \,\middle|\, \frac{2}{3}\le t\le\frac{4}{3} \right\}$

***Note** 곡선 $y=f(x)$는 직선 $x=1$에 대하여 대칭임을 이용해도 된다.

5-23. (i) $f'(x)=0$이 하나의 실근만 가질 때

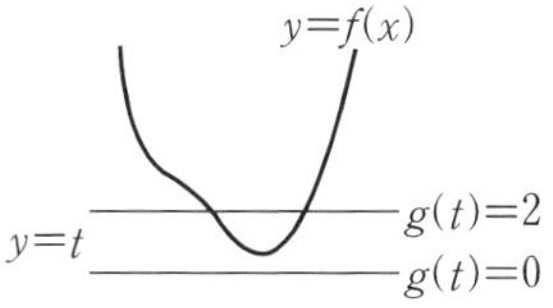

직선 $y=t$가 곡선 $y=f(x)$의 극소점을 지나거나 만나지 않으면 $g(t)=0$이고, 서로 다른 두 점에서 만나면 $g(t)=2$이다.

따라서 직선 $y=t$가 곡선 $y=f(x)$의 극소점을 지날 때만 $g(t)$는 불연속이다.

(ii) $f'(x)=0$이 하나의 실근과 중근을 가질 때

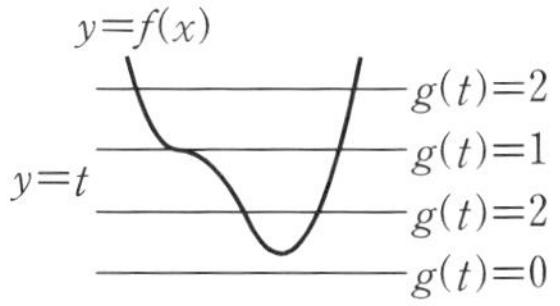

이 경우는 직선 $y=t$가 곡선 $y=f(x)$에 접하고, 또 다른 점에서 만날 때 $g(t)=1$이다. 따라서 $g(t)$는 이때의 t의 값과 직선이 극소점을 지나는 경우의 t의 값에서 불연속이다.

그런데 $g(t)$가 $t=3,\ 19$에서 불연속이므로 3은 $f(x)$의 극솟값이고, $f(0)=3$이므로 $x>0$에서 $f'(x)\ge 0$이다.

따라서 $f'(3)<0$일 수 없다.

(iii) $f'(x)=0$이 서로 다른 세 실근을 가질 때

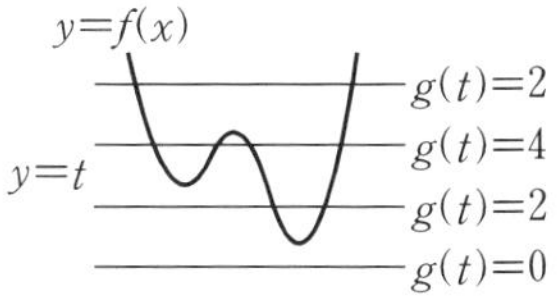

직선 $y=t$가 곡선 $y=f(x)$의 극점을 지날 때 $g(t)$는 불연속이다. 따라서 $g(t)$의 불연속인 점이 2개이려면 $f(x)$의 극솟값이 같아야 한다.

또, $g(t)$가 $t=3,\ 19$에서 불연속이므로 $f(x)$의 극솟값은 3, 극댓값은 19이다. 그런데 $f(0)=3$이므로 $x=0$에서 $f(x)$는 극소이다.

따라서 $x=\alpha(\alpha\ne 0)$에서 $f(x)$가 극소라고 하면 $f(x)-3$은 x^2, $(x-\alpha)^2$으로 나누어 떨어지므로
$$f(x)-3=x^2(x-\alpha)^2$$
$$\therefore\ f(x)=x^2(x-\alpha)^2+3$$
이때, $f'(x)=2x(x-\alpha)(2x-\alpha)$이므

로 $f(x)$는 $x=\frac{a}{2}$에서 극댓값을 가진다. 극댓값이 19이므로

$$19=\left(\frac{a}{2}\right)^2\left(\frac{a}{2}-a\right)^2+3 \quad \therefore a=\pm4$$

$\therefore f(x)=x^2(x-4)^2+3$ 또는

$f(x)=x^2(x+4)^2+3$

$f'(3)<0$인 것을 찾으면

$$\boldsymbol{f(x)=x^2(x-4)^2+3}$$

5-24. $f'(x)=5x^4+3ax^2+b$

$f'(-1)=0,\ f'(1)=0$이므로

$5+3a+b=0$

$\therefore b=-3a-5$ ……①

$\therefore f'(x)=5x^4+3ax^2-3a-5$

$=(x+1)(x-1)(5x^2+3a+5)$

$f(x)$는 $x=\pm1$에서만 극값을 가지므로 $5x^2+3a+5=0$은 허근이나 중근을 가진다.

$\therefore 3a+5\ge0$ ……②

증감을 조사하면 $x=-1$에서 극대이고, $x=1$에서 극소이므로

$f(-1)-f(1)=4$

$\therefore (-1-a-b+1)-(1+a+b+1)=4$

$\therefore a+b=-3$ ……③

①, ③에서 $\boldsymbol{a=-1,\ b=-2}$

$a=-1$은 ②를 만족시킨다.

5-25. $h(x)=f(x)g(x)$에서

$h'(x)=f'(x)g(x)+f(x)g'(x)$

따라서 주어진 그래프를 이용하여 $h'(x)$의 부호와 $h(x)$의 증감을 조사하면 다음과 같다.

x	$\cdots$	p	$\cdots$	q	$\cdots$	r	$\cdots$
$f'(x)g(x)$	$-$	0	$+$	0	$-$	$-$	$-$
$f(x)g'(x)$	$-$	0	$+$	$+$	$+$	0	$-$
$h'(x)$	$-$	0	$+$	$+$		$-$	$-$
$h(x)$	↘	극소	↗	↗		↘	↘

x	$\cdots$	s	$\cdots$	t	$\cdots$	u	$\cdots$
$f'(x)g(x)$	$-$	$-$	$-$	0	$+$	0	$-$
$f(x)g'(x)$	$-$	0	$+$	$+$	$+$	0	$-$
$h'(x)$	$-$	$-$		$+$	$+$	0	$-$
$h(x)$	↘	↘		↗	↗	극대	↘

ㄱ. (참) 위의 표에 따르면 함수 $h(x)$는 $x=p$에서 극소이다.

ㄴ. (거짓) $h'(r)\neq0$이므로 함수 $h(x)$는 $x=r$에서 극값을 가지지 않는다.

ㄷ. (참) 함수 $h'(x)$는 실수 전체의 집합에서 연속이므로 구간 $[s,\ t]$에서도 연속이다. 이때, $h'(s)<0$이고 $h'(t)>0$이므로 $h'(k)=0$인 k가 구간 $(s,\ t)$에 적어도 하나 존재한다.

⇦ 사잇값의 정리

그런데 $x=k$의 좌우에서 $h'(x)$의 부호가 음에서 양으로 바뀌므로 $x=k$에서 극소이다. 곧, 구간 $(s,\ t)$에 극소인 점이 존재한다.

***Note** 마찬가지로 구간 $(q,\ r)$에도 $h'(l)=0$인 l이 적어도 하나 존재한다. 이때, $h'(x)=0$은 사차방정식이고 $h'(p)=0,\ h'(u)=0$이므로 구간 $(s,\ t)$에서 $h'(k)=0$을 만족시키는 실수 k는 오직 하나 존재한다.

답 ㄱ, ㄷ

5-26. $f(x)=x^{n+1}-x^n$

$f'(x)=(n+1)x^n-nx^{n-1}$

$=x^{n-1}\{(n+1)x-n\}$

$f'(x)=0$에서 $x=0,\ \frac{n}{n+1}$

$x=0$에서 극댓값을 가지므로 $x=0$의 좌우에서 $f'(x)$의 부호가 바뀐다.

따라서 $n-1$은 홀수이고, 이때

$x=\frac{n}{n+1}$에서 극소이므로

$\frac{1}{2}<\frac{n}{n+1}<\frac{9}{10}$ $\therefore$ $1<n<9$

n은 짝수이므로 **$n=2, 4, 6, 8$**

6-1. $g(x)=(x-1)^2-1$이므로

$0\le x\le 3$에서 $-1\le g(x)\le 3$

$g(x)=t$로 놓으면 $-1\le t\le 3$이고

$y=f\big(g(x)\big)=f(t)=t^3-3t$

$\therefore$ $f'(t)=3t^2-3=3(t+1)(t-1)$

$-1\le t\le 3$에서 증감을 조사하면

$t=3$일 때 **최댓값 18,**

$t=1$일 때 **최솟값 -2**

6-2. $f'(x)=3x^2-6ax-9a^2$

$=3(x+a)(x-3a)$

$a>0$이므로 $x=3a$에서 극소이다.

$\therefore$ $m=f(3a)=-27a^3+4a$

$\therefore$ $m'=-81a^2+4$

$=-81\left(a+\frac{2}{9}\right)\left(a-\frac{2}{9}\right)$

$0<a\le 2$에서 증감을 조사하면

$a=\frac{2}{9}$일 때 최대, $a=2$일 때 최소이다.

$\therefore$ **최댓값 $\frac{16}{27}$, 최솟값 -208**

6-3. $f'(x)=-8x^3+a$

$f'(1)=-7$이므로 $-8+a=-7$

$\therefore$ **$a=1$**

$\therefore$ $f(x)=-2x^4+x+b$

$\therefore$ $f'(x)=-8x^3+1$

$=-(2x-1)(4x^2+2x+1)$

$f'(x)=0$에서 $x=\frac{1}{2}$ ($\because$ x는 실수)

증감을 조사하면 $f(x)$는 $x=\frac{1}{2}$일 때 최대이므로

$f\left(\frac{1}{2}\right)=\frac{3}{8}+b=1$ $\therefore$ **$b=\frac{5}{8}$**

6-4. $f'(x)=4x^3-6ax^2+2a^2x$

$=2x(2x-a)(x-a)$

$f'(x)=0$에서 $x=0,\ \frac{a}{2},\ a$

$-a\le x\le a$에서 증감을 조사하면 $f(x)$는 $x=0$ 또는 $x=a$일 때 최소이다.

그런데 $f(0)=f(a)=b$이고, 최솟값이 3이므로 **$b=3$**

한편 $f(x)$는 $x=-a$ 또는 $x=\frac{a}{2}$일 때 최대이다. 그런데

$f(-a)=4a^4+3,\ f\left(\frac{a}{2}\right)=\frac{a^4}{16}+3$

이므로 최댓값은 $4a^4+3$

조건에서 $4a^4+3=67$ $\therefore$ $a^4=16$

$a>0$이므로 **$a=2$**

6-5. $f(x)=x^3-18x^2+48x\ (x\ge 1)$ 라고 하면

$f'(x)=3x^2-36x+48$

$f'(x)=0$에서 $x=6\pm 2\sqrt{5}$

x	1	$\cdots$	$6-2\sqrt{5}$	$\cdots$	$6+2\sqrt{5}$	$\cdots$
$f'(x)$		$+$	0	$-$	0	$+$
$f(x)$	31	↗	극대	↘	극소	↗

$6+2\sqrt{5}=10.4\times\times\times$이므로 자연수 n에 대하여 $f(n)$은

$n=1$ 또는 $n=10$ 또는 $n=11$

일 때 최소이다. 그런데

$f(1)=31,\ f(10)=-320,\ f(11)=-319$

이므로 $f(n)$이 최소일 때 **$n=10$**

6-6.

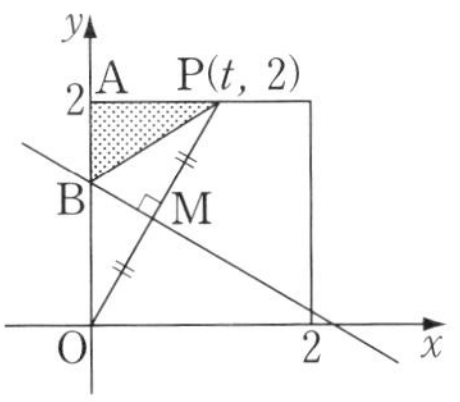

직선 OP의 기울기는 $\frac{2}{t}$이고, 선분 OP의 중점은 $\mathrm{M}\left(\frac{t}{2},\ 1\right)$이므로 선분 OP의 수직이등분선의 방정식은

$y=-\frac{t}{2}\left(x-\frac{t}{2}\right)+1$

이 직선의 y절편은 $\frac{t^2}{4}+1$이므로

$$B\left(0,\ \frac{t^2}{4}+1\right)$$

$$\therefore\ f(t)=\frac{1}{2}\left\{2-\left(\frac{t^2}{4}+1\right)\right\}\times t$$

$$=\frac{1}{2}t-\frac{1}{8}t^3\ (0<t<2)$$

$$\therefore\ f'(t)=\frac{1}{2}-\frac{3}{8}t^2$$

$$=-\frac{3}{8}\left(t+\frac{2}{\sqrt{3}}\right)\left(t-\frac{2}{\sqrt{3}}\right)$$

$0<t<2$에서 증감을 조사하면 $f(t)$는 $t=\frac{2}{\sqrt{3}}$일 때 최대이고, 최댓값은

$$f\left(\frac{2}{\sqrt{3}}\right)=\boldsymbol{\frac{2\sqrt{3}}{9}}$$

6-7. $P\left(x,\ \frac{1}{10}x^2\right)$이라 하고, □PQAR와 □PSBT의 넓이의 합을 $f(x)$라고 하면

$$f(x)=(10-x)\times\frac{1}{10}x^2+x\left(10-\frac{1}{10}x^2\right)$$

$$=-\frac{1}{5}x^3+x^2+10x\ (0<x<10)$$

$$\therefore\ f'(x)=-\frac{3}{5}x^2+2x+10$$

$f'(x)=0$에서 $0<x<10$이므로

$$x=\frac{5+5\sqrt{7}}{3}$$

$0<x<10$에서 증감을 조사하면 $f(x)$는 $\boldsymbol{x=\frac{5+5\sqrt{7}}{3}}$일 때 최대이다.

6-8. (1) 밑면의 반지름의 길이는 $\sqrt{a^2-x^2}$이므로

$$V=\frac{1}{3}\pi\left(\sqrt{a^2-x^2}\right)^2\times x$$

$$=\boldsymbol{\frac{1}{3}\pi x(a^2-x^2)\ (0<x<a)}$$

(2) $$\frac{dV}{dx}=\frac{1}{3}\pi\{a^2-x^2+x\times(-2x)\}$$

$$=-\pi\left(x+\frac{a}{\sqrt{3}}\right)\left(x-\frac{a}{\sqrt{3}}\right)$$

$0<x<a$에서 증감을 조사하면 V는 $x=\frac{a}{\sqrt{3}}=\boldsymbol{\frac{\sqrt{3}}{3}a}$일 때 최대이다.

(3) V가 최대일 때, $x=\frac{\sqrt{3}}{3}a$이므로 원뿔의 밑면의 반지름의 길이는

$$\sqrt{a^2-x^2}=\sqrt{\frac{2}{3}}\,a$$

부채꼴의 중심각의 크기를 θ라고 하면 부채꼴의 호의 길이와 밑면인 원의 둘레의 길이가 같으므로

$$2\pi a\times\frac{\theta}{360°}=2\pi\sqrt{\frac{2}{3}}\,a$$

$$\therefore\ \theta=\boldsymbol{120\sqrt{6}\,°}$$

6-9. $f'(x)=3x^2-3=3(x+1)(x-1)$

증감을 조사하여 $y=f(x)$의 그래프를 그리면 아래와 같다.

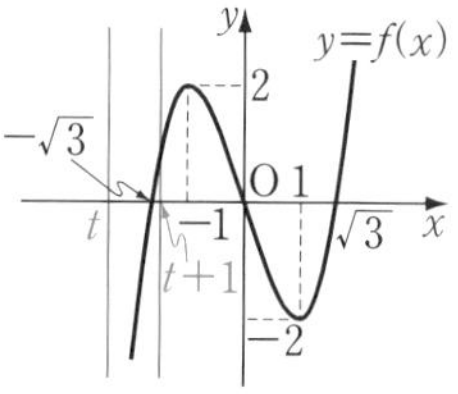

(i) $t<-2$일 때, $t+1<-1$이므로

$$g(t)=f(t+1)=t^3+3t^2-2$$

(ii) $-2\le t\le -1$일 때, $-1\in[t,\ t+1]$이므로 $g(t)=f(-1)=2$

(iii) $-1<t\le 0$일 때

$$g(t)=f(t)=t^3-3t$$

(i), (ii), (iii)에서 $y=g(t)$의 그래프는 아래와 같다.

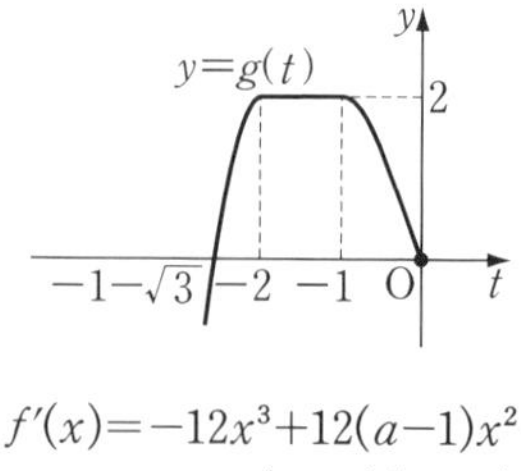

6-10. $f'(x)=-12x^3+12(a-1)x^2+12ax$

$$=-12x(x+1)(x-a)$$

증감을 조사하여 $y=f(x)$의 그래프를 그리면 아래와 같다.

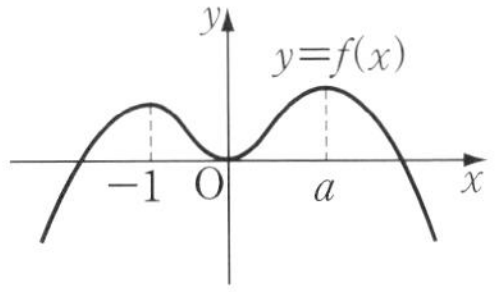

그런데
$f(-1)=2a+1,\ f(a)=a^4+2a^3$
이고
$f(a)-f(-1)=a^4+2a^3-2a-1$
$=(a+1)^3(a-1)$
이므로
$0<a\le1$이면 $f(-1)\ge f(a)$,
$a>1$이면 $f(-1)<f(a)$

(i) $0<a\le1$일 때,

$$g(t)=\begin{cases} f(t) & (t<-1) \\ f(-1) & (t\ge-1) \end{cases}$$

이므로 $g(t)$는 $t\ne-1$인 모든 실수에서 미분가능하다. 또,

$$g'(t)=\begin{cases} f'(t) & (t<-1) \\ 0 & (t>-1) \end{cases},\ f'(-1)=0$$

이므로 $g(t)$는 $t=-1$에서 미분가능하다. 따라서 $g(t)$는 실수 전체의 집합에서 미분가능하다.

(ii) $a>1$일 때,

$f(-1)=f(\alpha)\ (0<\alpha<a)$

인 α가 존재한다. 이때,

$$g(t)=\begin{cases} f(t) & (t<-1) \\ f(-1) & (-1\le t<\alpha) \\ f(t) & (\alpha\le t<a) \\ f(a) & (t\ge a) \end{cases},$$

$$g'(t)=\begin{cases} f'(t) & (t<-1) \\ 0 & (-1<t<\alpha) \\ f'(t) & (\alpha<t<a) \\ 0 & (t>a) \end{cases}$$

그런데 $f'(\alpha)\ne0$이므로 $g(t)$는 $t=\alpha$에서 미분가능하지 않다.

(i), (ii)에서 $0<a\le1$이므로 a의 최댓값은 **1**

***Note** $y=g(t)$의 그래프는 아래 그림의 초록 곡선이다.

$0<a\le1$ $a>1$

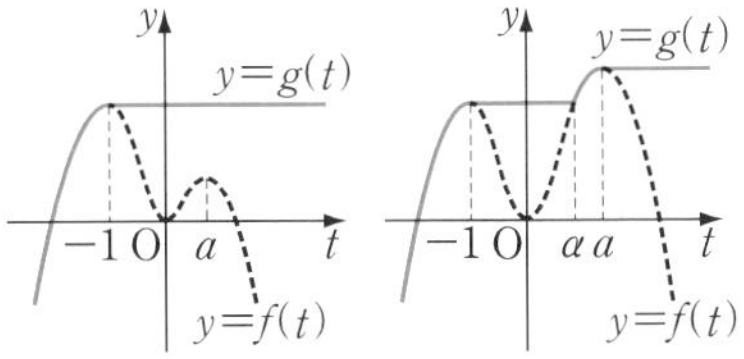

6-11. $x+y=t$로 놓자.

(1)

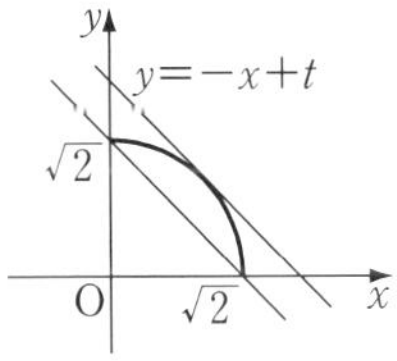

$x^2+y^2=2,\ x\ge0,\ y\ge0$을 만족시키는 점 $(x,\ y)$의 집합은 위의 그림의 사분원이다.

이것과 직선 $x+y=t$가 만날 조건은
$\sqrt{2}\le t\le2$ 곧, $\boldsymbol{\sqrt{2}\le x+y\le2}$

(2) $x^2+y^2=2$에서 $(x+y)^2-2xy=2$
$\therefore\ t^2-2xy=2 \quad \therefore\ xy=\dfrac{t^2-2}{2}$

이때,

$x^3+y^3=(x+y)^3-3xy(x+y)$
$=t^3-3\times\dfrac{t^2-2}{2}\times t$
$=-\dfrac{1}{2}t^3+3t\ (\sqrt{2}\le t\le2)$

$f(t)=-\dfrac{1}{2}t^3+3t$로 놓으면

$f'(t)=-\dfrac{3}{2}t^2+3$
$=-\dfrac{3}{2}(t+\sqrt{2})(t-\sqrt{2})$

$\sqrt{2}\le t\le2$일 때 $f'(t)\le0$이므로
$f(2)\le f(t)\le f(\sqrt{2})$
$\therefore\ \boldsymbol{2\le x^3+y^3\le2\sqrt{2}}$

6-12. 두 점 A(1, 1), B(−2, −8)을 지나는 직선의 방정식은

$$3x-y-2=0$$

이므로 곡선 $y=x^3$ 위의 점 $P(x,\ x^3)$에서 이 직선에 그은 수선의 길이 h는

$$h=\frac{|3x-x^3-2|}{\sqrt{3^2+(-1)^2}}=\frac{|(x-1)^2(x+2)|}{\sqrt{10}}$$

점 P가 점 A에서 점 B까지 움직이므로 $-2\le x\le 1$

$$\therefore\ h=\frac{(x-1)^2(x+2)}{\sqrt{10}}$$

또, $\overline{AB}=\sqrt{(1+2)^2+(1+8)^2}=3\sqrt{10}$

$$\therefore\ S(x)=\frac{1}{2}\times\overline{AB}\times h$$
$$=\frac{3}{2}(x-1)^2(x+2)\ (-2\le x\le 1)$$

$$\therefore\ S'(x)=3(x-1)(x+2)+\frac{3}{2}(x-1)^2$$
$$=\frac{9}{2}(x+1)(x-1)$$

$-2\le x\le 1$에서 증감을 조사하면 $S(x)$는 $x=-1$일 때 최대이고, 최댓값은

$$S(-1)=\mathbf{6}$$

**Note* 점 P에서의 접선이 선분 AB와 평행할 때 $S(x)$가 최대임을 이용하여 풀 수도 있다.

6-13. 꼭짓점 B가 이동한 점을 R라고 해도 된다. 이때, $R(x,\ -x^2+5x)$로 놓을 수 있다.

두 정사각형의 내부의 공통부분이 생기려면 점 R의 y좌표가 양수이어야 하므로 $-x^2+5x>0$ $\quad\therefore\ 0<x<5$

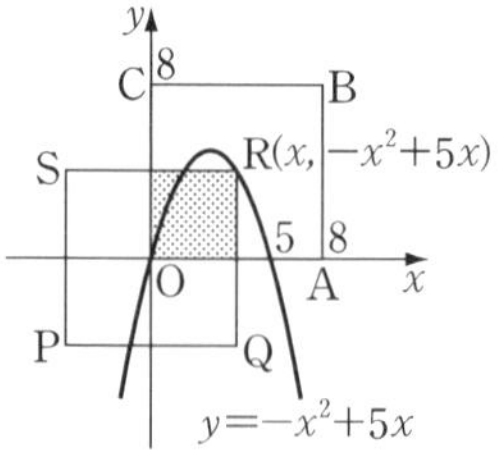

두 정사각형의 내부의 공통부분의 넓이를 $S(x)$라고 하면

$$S(x)=x(-x^2+5x)$$
$$=-x^3+5x^2\ (0<x<5)$$

$$\therefore\ S'(x)=-3x^2+10x=-3x\left(x-\frac{10}{3}\right)$$

$0<x<5$에서 증감을 조사하면 $x=\frac{10}{3}$일 때 최대이고, 최댓값은

$$S\left(\frac{10}{3}\right)=\mathbf{\frac{500}{27}}$$

6-14. (1)

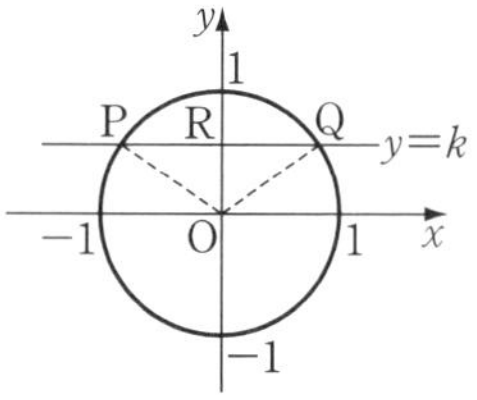

$k>0$이고 두 점에서 만나므로

$$0<k<1$$

$P(-\sqrt{1-k^2},\ k)$, $R(0,\ k)$라 하고, △OPQ의 넓이를 S라고 하면

$$S=\frac{1}{2}\times 2\overline{PR}\times\overline{OR}$$
$$=k\sqrt{1-k^2}\ (0<k<1)$$
$$\therefore\ S^2=k^2(1-k^2)$$

$$\therefore\ \frac{d}{dk}(S^2)=2k(1-k^2)+k^2\times(-2k)$$
$$=-2k(\sqrt{2}k+1)(\sqrt{2}k-1)$$

$0<k<1$에서 증감을 조사하면 $k=\frac{1}{\sqrt{2}}$일 때 S^2이 최대이고, 이때 S도 최대이다. 따라서

$$\mathbf{k=\frac{1}{\sqrt{2}}}\text{ 일 때 최댓값 }\mathbf{\frac{1}{2}}$$

(2) $V=\frac{1}{3}\pi\times\overline{PR}^2\times\overline{OR}$

$$=\frac{\pi}{3}k(1-k^2)\ (0<k<1)$$

$$\therefore\ \frac{d}{dk}V=\frac{\pi}{3}(1-3k^2)$$
$$=-\frac{\pi}{3}(\sqrt{3}k+1)(\sqrt{3}k-1)$$

$0<k<1$에서 증감을 조사하면

$k=\dfrac{1}{\sqrt{3}}$일 때 최댓값 $\dfrac{2\sqrt{3}}{27}\pi$

6-15. 곡선과 직선의 방정식에서

$$x^2(3-x)=mx$$

$$\therefore\ x(x^2-3x+m)=0$$

이때, $x^2-3x+m=0$ ……①

이 서로 다른 두 양의 실근을 가져야 한다.

따라서 $D=9-4m>0$이고, 두 근의 합과 곱이 양수이어야 하므로

$$0<m<\frac{9}{4}$$

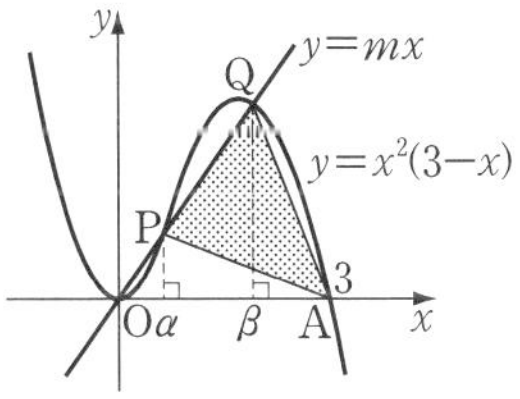

①의 두 근을 α, $\beta(\alpha<\beta)$라고 하면 위의 그림에서

$$P(\alpha,\ m\alpha),\ Q(\beta,\ m\beta)$$

△APQ의 넓이를 $S(m)$이라고 하면

$$S(m)=\frac{1}{2}\times3\times m\beta-\frac{1}{2}\times3\times m\alpha$$

$$=\frac{3}{2}m(\beta-\alpha)$$

근과 계수의 관계로부터 $\alpha+\beta=3$, $\alpha\beta=m$이므로

$$\beta-\alpha=\sqrt{(\alpha+\beta)^2-4\alpha\beta}=\sqrt{9-4m}$$

$$\therefore\ S(m)=\frac{3}{2}\sqrt{-4m^3+9m^2}\ \left(0<m<\frac{9}{4}\right)$$

$f(m)=-4m^3+9m^2$으로 놓으면

$$f'(m)=-12m^2+18m=-6m(2m-3)$$

$0<m<\dfrac{9}{4}$에서 증감을 조사하면

$m=\dfrac{3}{2}$일 때 $f(m)$이 최대이고, 이때 $S(m)$도 최대이다. 따라서

$\boldsymbol{m=\dfrac{3}{2}}$일 때 최댓값 $\boldsymbol{\dfrac{9\sqrt{3}}{4}}$

6-16.

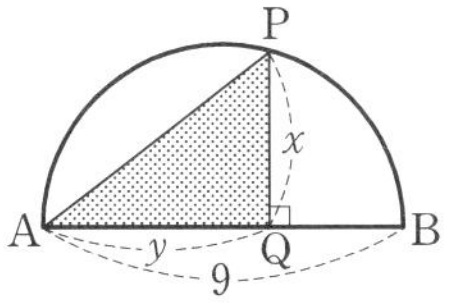

$\overline{PQ}=x$, $\overline{AQ}=y$라고 하면

$$\overline{QB}=9-y,\ 0<y<9$$

$\overline{PQ}^2=\overline{AQ}\times\overline{QB}$이므로 $x^2=y(9-y)$

회전체의 부피를 V라고 하면

$$V=\frac{1}{3}\pi x^2y$$

$$=\frac{1}{3}\pi y^2(9-y)\ (0<y<9)$$

$$\therefore\ \frac{dV}{dy}=\frac{1}{3}\pi(18y-3y^2)=-\pi y(y-6)$$

$0<y<9$에서 증감을 조사하면 V는 $y=6$일 때 최대이고, 최댓값은

$$\frac{1}{3}\pi\times6^2\times(9-6)=\boldsymbol{36\pi}\ (\mathbf{cm^3})$$

6-17. (1) $x+y+z=6$ ……①

$xy+yz+zx=9$ ……②

①의 $y+z=6-x$를 ②에 대입하면

$$yz+x(6-x)=9$$

$$\therefore\ yz=x^2-6x+9$$

곧, $y+z=6-x$, $yz=x^2-6x+9$

따라서 y, z는 이차방정식

$$t^2-(6-x)t+(x^2-6x+9)=0$$

의 두 근이고 y, z는 양수이므로

$D=(6-x)^2-4(x^2-6x+9)\ge0$,

$y+z=6-x>0$,

$yz=x^2-6x+9>0$

$x>0$이므로 $\boldsymbol{0<x<3,\ 3<x\le4}$

(2) 직육면체의 부피를 V라고 하면

$$V=xyz=x(x^2-6x+9)$$

$$(0<x<3,\ 3<x\le4)$$

$$\therefore\ \frac{dV}{dx}=3x^2-12x+9$$

$$=3(x-1)(x-3)$$

$0<x<3$, $3<x\le4$에서 증감을 조사

하면 V는 $x=1$ 또는 $x=4$일 때 최대이고, 최댓값은 **4**

*Note x, y, z는 삼차방정식

$$(t-x)(t-y)(t-z)=0,\ 곧$$
$$t^3-(x+y+z)t^2+(xy+yz+zx)t-xyz=0$$

의 근이다.

그런데 $x>0$, $y>0$, $z>0$이므로

$$t^3-6t^2+9t-V=0$$

이 세 양의 실근을 가질 V의 값의 범위를 구할 수도 있다. ⇦ p. 114

7-1. $f'(x)=6x-3x^2=-3x(x-2)$

따라서 증감을 조사하여 $y=f(x)$의 그래프를 그리면 아래와 같다.

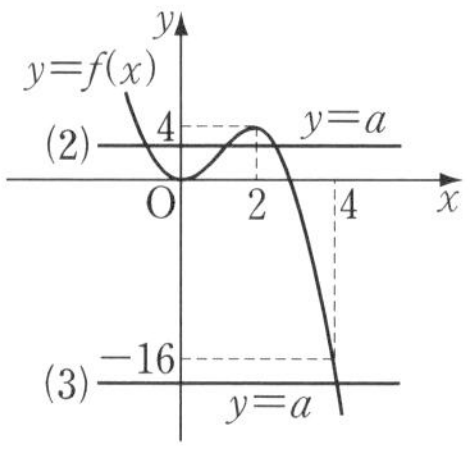

(1) $x=2$일 때 **극댓값 4,**
$x=0$일 때 **극솟값 0**

(2) 곡선 $y=f(x)$와 직선 $y=a$가 서로 다른 세 점에서 만나야 하므로 위의 그림에서 $\boldsymbol{0<a<4}$

(3) 곡선 $y=f(x)$와 직선 $y=a$의 교점의 x좌표가 4보다 커야 하므로 위의 그림에서 $\boldsymbol{a<-16}$

7-2. (1) $f'(x)=0$이 허근을 가지면

모든 x에 대하여 $f'(x)>0$ 또는
모든 x에 대하여 $f'(x)<0$

따라서 $f(x)$는 증가함수 또는 감소함수이다.

이때, $f(x)=0$은 삼중근을 가지지 않으므로 $f(x)=0$은 하나의 실근과 두 허근을 가진다.

역으로 $f(x)=x^3-1$일 때

$$f(x)=(x-1)(x^2+x+1)$$

이므로 $f(x)=0$은 허근을 가지지만 $f'(x)=3x^2$이므로 $f'(x)=0$은 허근을 가지지 않는다.

$\therefore\ p \Longrightarrow q$ $\quad\therefore$ **충분조건**

(2) $p \Longleftrightarrow f(x)$가 극댓값과 극솟값을 가진다

$q \Longleftrightarrow f(x)$가 극댓값과 극솟값을 가지고, 극댓값은 양수, 극솟값은 음수이다

$\therefore\ q \Longrightarrow p$ $\quad\therefore$ **필요조건**

7-3. $f(x)=2x^3-3x^2-12x-10+a$

문제의 조건에서 $f(x)$의 극댓값 또는 극솟값이 0이어야 한다. 이때,

$$f'(x)=6x^2-6x-12=6(x+1)(x-2)$$

증감을 조사하면

극댓값은 $f(-1)=-3+a$,
극솟값은 $f(2)=-30+a$

이므로

$$-3+a=0 \text{ 또는 } -30+a=0$$

$\therefore\ \boldsymbol{a=3,\ 30}$

7-4. $f(x)=x^3-3kx+2$로 놓으면

$$f'(x)=3x^2-3k=3(x^2-k)$$

(i) $k\le 0$일 때 $f'(x)\ge 0$이므로 $f(x)$는 증가함수이다. 따라서 $f(x)=0$은 오직 하나의 실근을 가진다.

(ii) $k>0$일 때

$$f'(x)=3(x+\sqrt{k})(x-\sqrt{k})$$

$f(x)=0$이 오직 하나의 실근을 가지므로

$$f(-\sqrt{k})f(\sqrt{k})=(2k\sqrt{k}+2)(-2k\sqrt{k}+2)=4-4k^3>0$$

$\therefore\ (k-1)(k^2+k+1)<0$

$k>0$이므로 $0<k<1$

(i), (ii)에서 $\boldsymbol{k<1}$

***Note** (i)에서 $k<0$이면 $f'(x)>0$이고, $k=0$이면 $x=0$일 때만 $f'(x)=0$이다.

7-5. $y'=4x^3-12x+2a=0$이 서로 다른 세 실근을 가져야 한다.

$f(x)=4x^3-12x+2a$로 놓으면

$f'(x)=12x^2-12=12(x+1)(x-1)$

증감을 조사하면

극댓값 $f(-1)=2a+8>0$,

극솟값 $f(1)=2a-8<0$

$\therefore\ \boldsymbol{-4<a<4}$

7-6. $f(x)=6x^3-x$, $g(x)=|x-a|$로 놓자. $y=f(x)$와 $y=g(x)$의 그래프가 서로 다른 두 점에서 만나는 경우는 아래 그림과 같다.

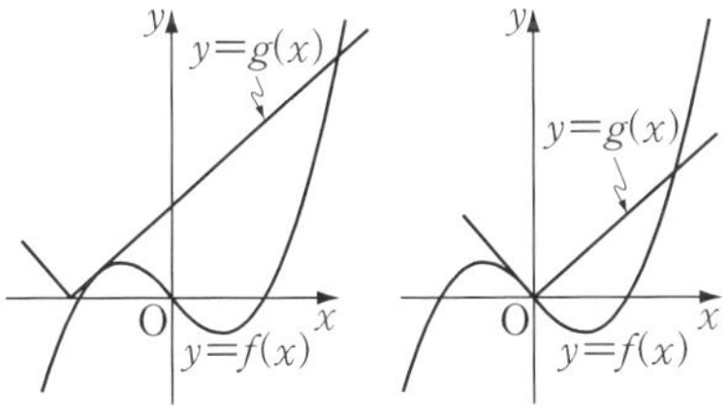

그림 (i) 그림 (ii)

그림 (i)과 같이 직선 $y=x-a$가 곡선 $y=f(x)$에 접할 때,

$f'(x)=1$에서 $18x^2-1=1$

$x<0$이므로 $x=-\dfrac{1}{3}$

이때, 접점의 좌표는 $\left(-\dfrac{1}{3},\ \dfrac{1}{9}\right)$이고, 직선 $y=x-a$가 이 점을 지나므로

$\dfrac{1}{9}=-\dfrac{1}{3}-a\quad \therefore\ a=-\dfrac{4}{9}$

그림 (ii)와 같이 직선 $y=-x+a$가 곡선 $y=f(x)$에 접할 때,

$f'(x)=-1$에서

$18x^2-1=-1\quad \therefore\ x=0$

이때, 접점의 좌표는 $(0,\ 0)$이고, 직선 $y=-x+a$가 이 점을 지나므로

$0=0+a\quad \therefore\ a=0$

따라서 구하는 a의 값은 $\boldsymbol{a=-\dfrac{4}{9},\ 0}$

7-7. 두 함수의 그래프가 만나는 점의 x좌표는 방정식

$x^4-4x+a=-x^2+2x-a$

의 실근이다.

정리하면 $x^4+x^2-6x+2a=0$

이 방정식이 오직 하나의 실근을 가질 때, 두 함수의 그래프가 오직 한 점에서 만난다.

$f(x)=x^4+x^2-6x+2a$로 놓으면

$f'(x)=4x^3+2x-6$

$=2(x-1)(2x^2+2x+3)$

$2x^2+2x+3>0$이므로 증감을 조사하면 $f(x)$는 $x=1$에서 극소이다.

따라서 $f(x)=0$이 하나의 실근을 가지려면 극솟값이 0이어야 하므로

$f(1)=-4+2a=0\quad \therefore\ \boldsymbol{a=2}$

7-8. $f(x)=x^n+x^{n+1}-1$로 놓으면

$f'(x)=nx^{n-1}+(n+1)x^n$

$x>0$일 때 $f'(x)>0$이므로 $f(x)$는 $x>0$에서 증가한다. ……①

또, $f(0)=-1$, $\displaystyle\lim_{x\to\infty}f(x)=\infty$이므로 사잇값의 정리에 의하여 $f(x)=0$은 $x>0$에서 적어도 하나의 실근을 가진다. ……②

①, ②에서 $f(x)=0$, 곧 $x^n+x^{n+1}=1$은 오직 하나의 양의 실근을 가진다.

7-9. (1) $f'(x)=3x^2+1>0$이므로 $f(x)$는 $0<x<1$에서 증가한다.

또, $f(0)=-1<0$, $f(1)=1>0$이므로 사잇값의 정리에 의하여 $f(x)=0$은 구간 $(0,\ 1)$에서 오직 하나의 실근

을 가진다.

같은 방법으로 하면 $g(x)=0$도 구간 $(0,\ 1)$에서 오직 하나의 실근을 가진다.

(2) $f(x)-g(x)=(x^3+x-1)-(x^4+x-1)$
$$=x^3(1-x)$$
따라서 $0<x<1$에서
$$f(x)-g(x)>0 \quad \therefore\ f(x)>g(x)$$
$$\therefore\ f(\beta)>g(\beta)=0=f(\alpha)$$
$$\therefore\ f(\beta)>f(\alpha)$$
$f(x)$는 $0<x<1$에서 증가하므로
$$\boldsymbol{\beta>\alpha}$$

*Note $0<x<1$ 에서 $f(x)$와 $g(x)$는 증가하고 $f(x)>g(x)$ 이므로 $\boldsymbol{\alpha<\beta}$이다.

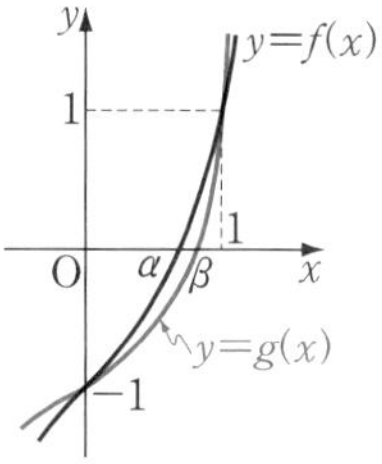

7-10. (i) $n=1$일 때 (좌변)=(우변)

(ii) $n\ge2$일 때
$$f(x)=2^{n-1}(1+x^n)-(1+x)^n$$
으로 놓으면
$$f'(x)=2^{n-1}\times nx^{n-1}-n(1+x)^{n-1}$$
$$=n\{(2x)^{n-1}-(1+x)^{n-1}\}$$
$f'(x)=0$에서 $2x=1+x \quad \therefore\ x=1$

$n\ge2,\ x\ge0$에서 증감을 조사하면 $x=1$에서 극소이며, 최소이고
$$f(1)=2^{n-1}\times2-2^n=0 \quad \therefore\ f(x)\ge0$$
(i), (ii)에서 $(1+x)^n\le2^{n-1}(1+x^n)$

(등호는 $n=1$ 또는 $x=1$일 때 성립)

7-11. (1) $f'(x)=3x^2-2px+p^2-2p$

$f'(x)=0$이 서로 다른 두 실근을 가져야 하므로
$$D/4=p^2-3(p^2-2p)>0$$
$$\therefore\ 0<p<3 \quad \therefore\ \boldsymbol{p=1,\ 2}$$

(2) 우선 $f(x)$가 극값을 가져야 하므로 $p=1,\ 2$이다.

(i) $p=1$일 때
$$f(x)=x^3-x^2-x+q,$$
$$f'(x)=(3x+1)(x-1)$$
극솟값 $f(1)=q-1<0$,

y절편 $f(0)=q>0$

두 부등식을 만족시키는 정수 q는 없다.

(ii) $p=2$일 때
$$f(x)=x^3-2x^2+q,$$
$$f'(x)=x(3x-4)$$
극솟값 $f\left(\dfrac{4}{3}\right)=q-\dfrac{32}{27}<0$,

y절편 $f(0)=q>0$

q는 정수이므로 $q=1$

(i), (ii)에서 $\boldsymbol{p=2,\ q=1}$

7-12. 선분 PQ의 방정식은
$$y=-3x-7\ (-2\le x\le1)$$
따라서 방정식
$$x^3-3x^2-12x-a=-3x-7,\ 곧$$
$$x^3-3x^2-9x+7=a$$
가 $-2\le x\le1$에서 실근을 가질 조건을 구하면 된다.

$f(x)=x^3-3x^2-9x+7$로 놓으면

$f'(x)=3x^2-6x-9=3(x+1)(x-3)$

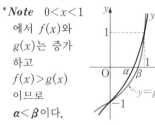

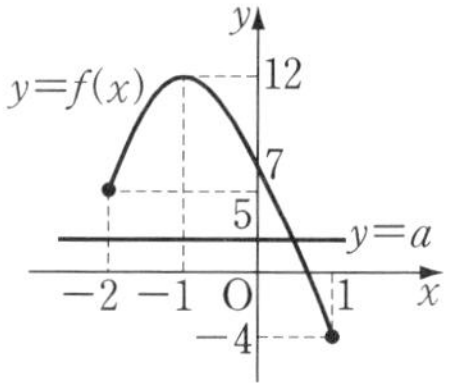

위의 그림에서 $\boldsymbol{-4\le a\le12}$

7-13. 곡선 $y=\dfrac{1}{3}x^3-x$와 직선 $y=k$가 만나는 점의 x좌표가 $\alpha,\ \beta,\ \gamma$이다.

$f(x)=\dfrac{1}{3}x^3-x$로 놓으면
$$f'(x)=x^2-1=(x+1)(x-1)$$

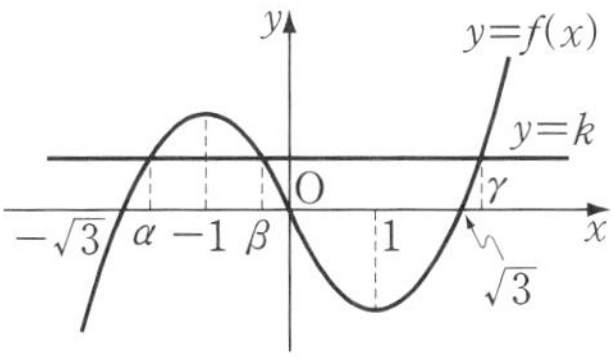

한편 곡선 $y=f(x)$는 원점에 대하여 대칭이므로 $k\geq 0$, $\alpha<\beta<\gamma$라고 해도 일반성을 잃지 않는다.

이때, $\alpha<\beta\leq 0<\gamma$이므로

$$|\alpha|+|\beta|+|\gamma|=-\alpha-\beta+\gamma$$

그런데 삼차방정식의 근과 계수의 관계로부터 $\alpha+\beta+\gamma=0$, 곧 $\alpha+\beta=-\gamma$이므로

$$|\alpha|+|\beta|+|\gamma|=2\gamma$$

$k\geq 0$일 때 $\gamma\geq\sqrt{3}$이므로 최솟값은

$$\boldsymbol{2\sqrt{3}}$$

7-14. 함수 $|f(x)|$가 $x=0$에서 미분가능하지 않으므로 $f(0)=0$

방정식 $f(x)=0$이 구간 $[1, 4]$에서 적어도 하나의 실근을 가지므로 그 실근을 p라고 하면 $1\leq p\leq 4$, $f(p)=0$

한편 $|f(x)|$가 $x=p$에서는 미분가능해야 하므로 함수 $y=f(x)$의 그래프는 $x=p$인 점에서 x축에 접해야 한다.

따라서 $f(x)=x(x-p)^2(1\leq p\leq 4)$으로 놓을 수 있다. 이때,

$$f'(x)=(x-p)^2+2x(x-p)$$
$$=(x-p)(3x-p)$$

이므로 $g(p)=f(1)f'(1)$로 놓으면

$$g(p)=(1-p)^2\times(1-p)(3-p)$$
$$=(p-1)^3(p-3)\ (1\leq p\leq 4)$$
$$\therefore\ g'(p)=3(p-1)^2(p-3)+(p-1)^3$$
$$=2(p-1)^2(2p-5)$$

$1\leq p\leq 4$에서 $g(p)$의 증감을 조사하면

$p=4$일 때 최댓값 **27**

$p=\dfrac{5}{2}$일 때 최솟값 $\boldsymbol{-\dfrac{27}{16}}$

7-15. $f(x)=x^3+2x^2-2$로 놓으면

$$f(\alpha)=0,\ f(-\beta)=0$$

이므로 α, $-\beta$는 방정식 $f(x)=0$의 실근이다. 한편

$$f'(x)=3x^2+4x=x(3x+4)$$

이므로 $f(x)$는 $x=0$, $-\dfrac{4}{3}$에서 극값을 가지고

$$f(0)<0,\ f\left(-\frac{4}{3}\right)<0$$

따라서 방정식 $f(x)=0$은 오직 하나의 실근을 가진다.

$$\therefore\ \alpha=-\beta\quad \therefore\ \boldsymbol{\alpha+\beta=0}$$

7-16. $f(x)=x^3+3x^2+2x$
$\qquad =x(x+1)(x+2)$,

$g(x)=kx^2+2$로 놓자.

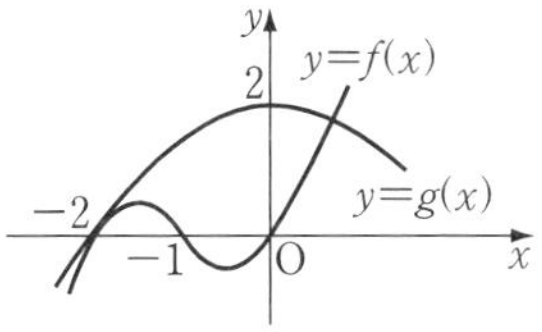

$k\geq 0$이면 $x\leq 0$에서 $f(x)\leq g(x)$이므로 $x\leq 0$에서 $f(x)\leq g(x)$가 되는 k의 최솟값은 음수이면서 위의 그림과 같이 두 곡선 $y=f(x)$, $y=g(x)$가 접할 때의 값이다.

접점의 x좌표를 $\alpha\,(\alpha<0)$라고 하면

$$f'(\alpha)=g'(\alpha),\ f(\alpha)=g(\alpha)$$
$$\therefore\ 3\alpha^2+6\alpha+2=2k\alpha \qquad \cdots\cdots①$$
$$\alpha^3+3\alpha^2+2\alpha=k\alpha^2+2 \qquad \cdots\cdots②$$

①$\times\alpha-$②$\times 2$하면 $\alpha^3-2\alpha+4=0$

$$\therefore\ (\alpha+2)(\alpha^2-2\alpha+2)=0$$

α는 실수이므로 $\alpha=-2$

이 값을 ①에 대입하면 $\boldsymbol{k=-\dfrac{1}{2}}$

7-17. $f(x)=x^3-2-3k(x^2-2)$

로 놓으면

$$f'(x)=3x^2-6kx=3x(x-2k)$$

(i) $k>0$일 때, $x=2k$에서 극소이므로

$$f(2k)=-2(2k^3-3k+1)\ge 0$$

$$\therefore\ 2k^3-3k+1\le 0$$

$$\therefore\ (k-1)\left(k-\frac{-1+\sqrt{3}}{2}\right)\times\left(k+\frac{1+\sqrt{3}}{2}\right)\le 0$$

$k>0$이므로 $\dfrac{\sqrt{3}-1}{2}\le k\le 1$

(ii) $k\le 0$일 때, $x\ge 0$에서 $f'(x)\ge 0$이므로 $f(x)$는 증가한다.

그런데 $f(0)=-2+6k<0$이므로 $x\ge 0$에서 항상 $f(x)\ge 0$이라고 할 수는 없다.

(i), (ii)에서 $\boldsymbol{\dfrac{\sqrt{3}-1}{2}\le k\le 1}$

7-18. 구간 $[-3, 3]$에서

$\big(f(x)$의 최솟값$\big)\ge\big(g(x)$의 최댓값$\big)$

이면 된다.

$$f'(x)=4x^3-12x^2-4x+12$$
$$=4(x+1)(x-1)(x-3)$$

$-3\le x\le 3$에서 $f(x)$의 증감을 조사하면 $x=-1, 3$에서 최소이고, 최솟값은

$$f(-1)=f(3)=-9$$

또, $g(x)=-(x-2)^2+4+a$이므로 최댓값은 $g(2)=4+a$

$\therefore\ -9\ge 4+a \quad \therefore\ \boldsymbol{a\le -13}$

7-19. $f(x)=x^3+ax^2+bx+c$라 하고, $g(x)=f(x)-f'(x)$로 놓으면

$$g(x)=(x^3+ax^2+bx+c)-(3x^2+2ax+b)$$
$$=x^3+(a-3)x^2+(b-2a)x+c-b$$

조건 (가)에서 $g(1)=0$이므로

$$1+a-3+b-2a+c-b=0$$

$$\therefore\ a=c-2$$

이때, $g(1)=0$이고 조건 (나)에서 $x\ge 0$인 모든 실수 x에 대하여 $g(x)\ge 0$이므로 다음 그림과 같이 $g(x)$는 $x=1$에서 극솟값 0을 가진다.

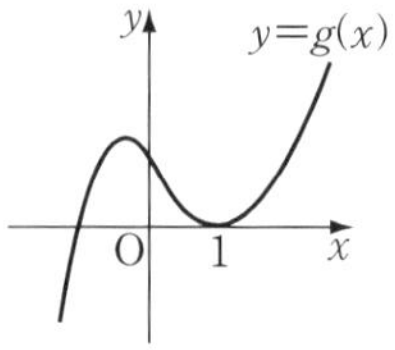

곧, $g'(x)=3x^2+2(a-3)x+b-2a$에서

$$g'(1)=3+2(a-3)+b-2a=0$$

$$\therefore\ b=3$$

또, $g(0)\ge 0$이어야 하므로

$g(0)=c-b=c-3\ge 0 \quad \therefore\ c\ge 3$

$f(x)=x^3+(c-2)x^2+3x+c$이고 $c\ge 3$이므로

$$f(2)=8+4(c-2)+6+c$$
$$=5c+6\ge 5\times 3+6=21$$

따라서 $f(2)$의 최솟값은 **21**

7-20. (1) $g'(x)=2(n+1)x^n-2(n+1)x$
$$=2(n+1)x(x^{n-1}-1)$$

$x>0$에서 증감을 조사하면 $g(x)$는 $x=1$일 때 최소이고, 최솟값은

$$g(1)=0$$

$\therefore\ g(x)\ge 0$ (등호는 $x=1$일 때 성립)

(2) $f'(x)=2nx^{2n-1}-n(n+1)x^n+n(n-1)x^{n-2}$
$$=nx^{n-2}\{2x^{n+1}-(n+1)x^2+n-1\}$$
$$=nx^{n-2}g(x)\ge 0$$

따라서 $f(x)$는 $x>0$에서 증가하고

$$f(0)=-1,\ f(1)=0$$

$\therefore$ **$0<x<1$일 때 $f(x)<0$,**
$x=1$일 때 $f(x)=0$,
$x>1$일 때 $f(x)>0$

7-21. (i) $m=1$일 때 (좌변)=(우변)

(ii) $m\ge 2$일 때

$$f(x)=\frac{x^m+b^m}{2}-\left(\frac{x+b}{2}\right)^m\ (x>0)$$

으로 놓으면

$$f'(x)=\frac{m}{2}x^{m-1}-\frac{m}{2}\left(\frac{x+b}{2}\right)^{m-1}$$
$$=\frac{m}{2}\left\{x^{m-1}-\left(\frac{x+b}{2}\right)^{m-1}\right\}$$

$f'(x)=0$에서 $x=b$

$0<x<b$일 때 $x<\frac{x+b}{2}$이고 $m-1\ge1$이므로

$$x^{m-1}<\left(\frac{x+b}{2}\right)^{m-1} \quad \therefore f'(x)<0$$

$x=b$일 때 $f'(x)=0$

$x>b$일 때 $x>\frac{x+b}{2}$이고 $m-1\ge1$이므로

$$x^{m-1}>\left(\frac{x+b}{2}\right)^{m-1} \quad \therefore f'(x)>0$$

따라서 증감을 조사하면 $x>0$에서 $f(x)$의 최솟값은 $f(b)=0$이다.

$\therefore f(x)\ge0$ (등호는 $x=b$일 때 성립)

$$\therefore \frac{x^m+b^m}{2}\ge\left(\frac{x+b}{2}\right)^m$$

$x>0$인 모든 x에 대하여 성립하므로 $x=a$를 대입하면

$$\frac{a^m+b^m}{2}\ge\left(\frac{a+b}{2}\right)^m$$

(등호는 $a=b$일 때 성립)

(i), (ii)에서 $\frac{a^m+b^m}{2}\ge\left(\frac{a+b}{2}\right)^m$

(등호는 $a=b$ 또는 $m=1$일 때 성립)

8-1. 달리던 자동차가 브레이크를 밟은 지 t초 후의 속도 v(m/s)는

$$v=\frac{dS}{dt}=20-5t$$

$v=0$일 때 자동차가 멈추므로

$20-5t=0 \quad \therefore t=4$

4초 동안 자동차가 움직인 거리 S는

$S=20\times4-2.5\times4^2=40$(m)

따라서 적어도 **40 m** 앞에서 브레이크를 밟아야 한다.

8-2. (1) $x=f(t)$로 놓으면

$$f(t)=t^3-15t^2+48t$$

$\therefore f'(t)=3(t-2)(t-8)$

t	$\cdots$	2	$\cdots$	8	$\cdots$
$f'(t)$	+	0	−	0	+

따라서 움직이는 방향이 바뀌는 것은

$\boldsymbol{t=2,\ 8}$

***Note** 시각 t에서 움직이는 방향이 바뀌면 $f'(t)=0$이고 t의 좌우에서 $f'(t)$의 부호가 바뀐다.

(2) $f'(t)=3(t-5)^2-27$이고

$f'(2)=0,\ f'(9)=21$

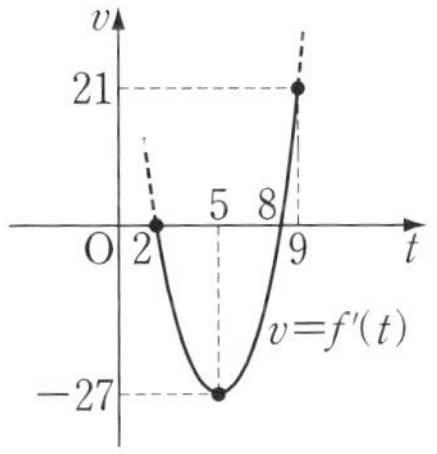

따라서 $f'(t)$의 절댓값(곧, 속력)의 최댓값은 $|f'(5)|=\mathbf{27}$

8-3. 두 점 P, Q가 서로 반대 방향으로 움직이면 속도의 부호가 반대이다. 곧,

$f'(t)g'(t)<0 \quad \therefore (4t-2)(2t-8)<0$

$$\therefore \boldsymbol{\frac{1}{2}<t<4}$$

8-4. 점 P의 속도는

$$f'(t)=4t^3-24t^2+36t$$

점 Q의 속도는 $g'(t)=m$

따라서 방정식 $4t^3-24t^2+36t=m$이 서로 다른 세 양의 실근을 가질 조건을 구하면 된다.

$h(t)=4t^3-24t^2+36t-m$으로 놓으면

$h'(t)=12(t-1)(t-3)$

증감을 조사하면 $t=1$에서 극대, $t=3$에서 극소이므로

$h(1)h(3)=(16-m)(-m)<0,$

$h(0)=-m<0$

$\therefore\ \mathbf{0<m<16}$

8-5.

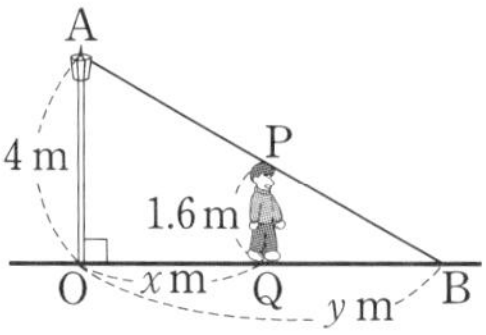

(1) 위의 그림과 같이 가로등의 위 끝을 A, 아래 끝을 O라 하고, t분 후에 점 O로부터 x m 떨어진 지점 Q에 도달했을 때 머리 끝 P의 그림자 B와 O 사이의 거리를 y m라고 하면

$$\frac{\overline{OB}}{\overline{OA}}=\frac{\overline{QB}}{\overline{QP}} \quad \therefore\ \frac{y}{4}=\frac{y-x}{1.6}$$

t분 후에는 $x=60t$이므로

$$y=100t$$

$$\therefore\ \frac{dy}{dt}=\mathbf{100\,(m/min)}$$

(2) t분 후의 그림자의 길이를 l (m)이라고 하면

$$l=y-x=100t-60t=40t$$

$$\therefore\ \frac{dl}{dt}=\mathbf{40\,(m/min)}$$

****Note*** l의 순간변화율을 그림자 끝의 속도로 생각해서는 안 된다.

8-6. 두 점 P, Q가 만나기 위해서는 $t>0$에서 $y=x_1(t)$와 $y=x_2(t)$의 그래프가 만나야 한다.

$x_2'(t)=3t(t-2)$ 이므로 $y=x_2(t)$의 그래프는 오른쪽과 같고, $y=x_1(t)$의 그래프는 원점을 지나고 기울기가 k인 직선이다.

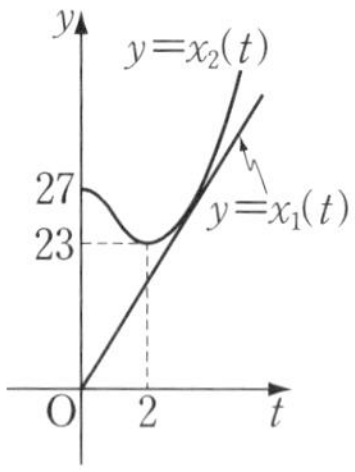

따라서 $y=x_1(t)$의 그래프가 $y=x_2(t)$의 그래프에 접할 때 k의 값은 최소이다.

접점의 좌표를 $(a,\ a^3-3a^2+27)$이라고 하면 접선의 방정식은

$$y-(a^3-3a^2+27)=(3a^2-6a)(t-a)$$

이 직선이 원점을 지나므로

$$-(a^3-3a^2+27)=(3a^2-6a)(-a)$$

$$\therefore\ (a-3)(2a^2+3a+9)=0$$

a는 실수이므로 $a=3$

$a=3$일 때 접선의 기울기는 9이므로 k의 최솟값은 **9**

8-7. (1) 수면이 최초 원기둥 부분에 있을 때로부터 t분 후의 원기둥 부분의 수면의 높이를 h(cm), 원기둥 부분의 물의 부피를 V(cm^3)라고 하면

$$V=\pi\times6^2\times h\ (0\le h\le2)$$

$$\therefore\ \frac{dV}{dt}=36\pi\frac{dh}{dt}$$

문제의 조건에서 $\dfrac{dV}{dt}=5$이므로

$$\frac{dh}{dt}=\mathbf{\frac{5}{36\pi}\,(cm/min)}$$

(2) t분 후의 수면의 높이를 h(cm), 반지름의 길이를 r(cm), 물의 부피를 V(cm^3)라고 하면

$$V=\frac{1}{3}\pi r^2h,\ \ r=\frac{3}{4}h$$

$$\therefore\ V=\frac{3}{16}\pi h^3\ (0<h<8)$$

$$\therefore\ \frac{dV}{dt}=\frac{9}{16}\pi h^2\frac{dh}{dt}$$

문제의 조건에서 $\dfrac{dV}{dt}=5,\ h=4$이므로

$$5=\frac{9}{16}\pi\times4^2\frac{dh}{dt}$$

$$\therefore\ \frac{dh}{dt}=\mathbf{\frac{5}{9\pi}\,(cm/min)}$$

8-8. 원래 수면을 기준으로 하여 t초 동안 원기둥의 바닥이 내려간 길이를 $l(t)$(cm), 수면이 올라간 높이를 $h(t)$(cm)라고 하면 원래 수면의 아래의 원기둥의 부피와 올라간 물의 부피가 같

으므로

$$\left\{(3r)^2-\pi r^2\right\} h(t)=\pi r^2 l(t)$$

$$\therefore\ (9-\pi)h(t)=\pi l(t)$$

$$\therefore\ (9-\pi)h'(t)=\pi l'(t) \quad \cdots ①$$

그런데 $l'(t)=1$이므로

$$h'(t)=\frac{\boldsymbol{\pi}}{\mathbf{9}-\boldsymbol{\pi}}\ (\mathbf{cm/s})$$

*Note 1° 다음과 같이 풀 수도 있다.

밑면의 넓이가 $(3r)^2-\pi r^2$인 기둥 모양의 그릇에 매초 πr^2만큼의 물을 부을 때 수면이 상승하는 속도와 같으므로 수면의 상승 속도는

$$\frac{\pi r^2}{(3r)^2-\pi r^2}=\frac{\boldsymbol{\pi}}{\mathbf{9}-\boldsymbol{\pi}}\ (\mathbf{cm/s})$$

2° 원기둥이 내려가는 속도가 수면에 대하여 1 cm/s로 일정한 경우는 다음과 같이 푼다.

$$h'(t)+l'(t)=1$$

이므로 ①과 연립하여 풀면

$$h'(t)=\frac{\pi}{9},\ \ l'(t)=1-\frac{\pi}{9}$$

9-1. 양변을 x에 관하여 미분하면

$$1-f(x)=3x-x^3$$

$$\therefore\ f(x)=x^3-3x+1$$

$$\therefore\ f'(x)=3(x+1)(x-1)$$

증감을 조사하면

극댓값 $f(-1)=\mathbf{3}$, 극솟값 $f(1)=\mathbf{-1}$

9-2. $f(x)=x+x^2+x^3+\cdots+x^n+C$

에서 $f(0)=1$이므로 $C=1$

$$\therefore\ f(x)=1+x+x^2+x^3+\cdots+x^n$$

$$\therefore\ f(2)=1+2+2^2+2^3+\cdots+2^n$$

$$=\frac{1\times(2^{n+1}-1)}{2-1}=\mathbf{2^{n+1}-1}$$

9-3. $\int x(1-x)^n dx$

$$=\int\left\{1-(1-x)\right\}(1-x)^n dx$$

$$=\int(1-x)^n dx-\int(1-x)^{n+1}dx$$

$$=-\frac{(\mathbf{1}-\boldsymbol{x})^{n+1}}{\boldsymbol{n}+\mathbf{1}}+\frac{(\mathbf{1}-\boldsymbol{x})^{n+2}}{\boldsymbol{n}+\mathbf{2}}+\mathbf{C}$$

9-4. (1) $f'(x)=\lim_{\Delta x\to0}\frac{\Delta y}{\Delta x}$

$$=\lim_{\Delta x\to0}\frac{x\Delta x+k(\Delta x)^2}{\Delta x}$$

$$=\lim_{\Delta x\to0}(x+k\Delta x)=\boldsymbol{x}$$

(2) $f(x)=\int x\,dx=\dfrac{\mathbf{1}}{\mathbf{2}}\boldsymbol{x}^2+\mathbf{C}$

(3) $\Delta y=f(x+\Delta x)-f(x)$

$$=\frac{1}{2}\left\{(x+\Delta x)^2-x^2\right\}$$

$$=x\Delta x+\frac{1}{2}(\Delta x)^2 \qquad \therefore\ \boldsymbol{k}=\frac{\mathbf{1}}{\mathbf{2}}$$

9-5. $f'(x)=3x^2+x-1$이므로

$$f(x)=\int(3x^2+x-1)dx$$

$$=x^3+\frac{1}{2}x^2-x+C_1$$

$f(0)=1$이므로 $C_1=1$

$$\therefore\ f(x)=x^3+\frac{1}{2}x^2-x+1$$

$$\therefore\ \int f(x)dx=\int\left(x^3+\frac{1}{2}x^2-x+1\right)dx$$

$$=\frac{\mathbf{1}}{\mathbf{4}}\boldsymbol{x}^4+\frac{\mathbf{1}}{\mathbf{6}}\boldsymbol{x}^3-\frac{\mathbf{1}}{\mathbf{2}}\boldsymbol{x}^2+\boldsymbol{x}+\mathbf{C}$$

9-6. $f'(x)=3x^2+2x-a$이므로

$$f(x)=\int(3x^2+2x-a)dx$$

$$=x^3+x^2-ax+C$$

$\lim_{x\to1}\dfrac{f(x)}{x-1}=a-5$에서

$\lim_{x\to1}f(x)=f(1)=0$이므로

$$1+1-a+C=0 \qquad \therefore\ C=a-2$$

또,

$$\lim_{x\to1}\frac{f(x)}{x-1}=\lim_{x\to1}\frac{f(x)-f(1)}{x-1}$$

$$=f'(1)=5-a$$

이므로 $5-a=a-5$

$$\therefore\ \boldsymbol{a}=\mathbf{5} \qquad \therefore\ C=3$$

$$\therefore\ \boldsymbol{f}(\boldsymbol{x})=\boldsymbol{x}^3+\boldsymbol{x}^2-\mathbf{5}\boldsymbol{x}+\mathbf{3}$$

9-7. $f(x)$의 부정적분을 $F(x)$라고 하면

$$F(x)=\int(x^2-2x-8)dx$$
$$=\frac{1}{3}x^3-x^2-8x+C,$$
$$F'(x)=f(x)=(x+2)(x-4)$$

증감을 조사하면 $F(x)$는 $x=-2$에서 극대, $x=4$에서 극소이다.

$$\therefore\ F(-2)-F(4)$$
$$=\left(\frac{28}{3}+C\right)-\left(-\frac{80}{3}+C\right)=\mathbf{36}$$

9-8. $f(x)=\int(6x^2-18x+a)dx$

$$=2x^3-9x^2+ax+C$$

$x=1$에서 극값 4를 가지므로

$$f'(1)=0,\ f(1)=4$$
$$\therefore\ 6-18+a=0,\ 2-9+a+C=4$$
$$\therefore\ \boldsymbol{a}=\mathbf{12},\ C=-1$$
$$\therefore\ f(x)=2x^3-9x^2+12x-1$$

이때, $f'(x)=6(x-1)(x-2)$

증감을 조사하면 $f(x)$는 $x=2$에서 다른 극값을 가지고, 그 극값은

$$f(2)=2\times2^3-9\times2^2+12\times2-1=\mathbf{3}$$

9-9. $f'(x)=\begin{cases}2x-2 & (x\geq2)\\ 2 & (x<2)\end{cases}$

이므로

$$f(x)=\begin{cases}x^2-2x+C_1 & (x\geq2)\\ 2x+C_2 & (x<2)\end{cases}$$

$f(0)=0$이므로

$$f(0)=2\times0+C_2=0\qquad\therefore\ C_2=0$$

또, $f(x)$는 $x=2$에서 연속이므로

$$\lim_{x\to2+}f(x)=\lim_{x\to2-}f(x)$$
$$\therefore\ 2^2-2\times2+C_1=2\times2+C_2\qquad\therefore\ C_1=4$$
$$\therefore\ f(x)=\begin{cases}x^2-2x+4 & (x\geq2)\\ 2x & (x<2)\end{cases}$$
$$\therefore\ f(1)f(3)=2\times7=\mathbf{14}$$

9-10. $f(x)=px^2+qx+r\ (p\neq0)$로 놓으면

$$g(x)=\int\{(p+2)x^2+qx+r\}dx$$
$$=\frac{p+2}{3}x^3+\frac{q}{2}x^2+rx+C$$

이때, $f(x)g(x)$가 사차함수이므로 $g(x)$는 이차함수이다.

$$\therefore\ \frac{p+2}{3}=0\qquad\therefore\ p=-2$$
$$\therefore\ g(x)=\frac{q}{2}x^2+rx+C$$

한편

$$f(x)g(x)=-4x^4+10x^3-12x^2+13x-3$$

이므로

$$(-2x^2+qx+r)\left(\frac{q}{2}x^2+rx+C\right)$$
$$=-4x^4+10x^3-12x^2+13x-3$$
$$\therefore\ -qx^4+\left(\frac{q^2}{2}-2r\right)x^3+\left(\frac{3}{2}qr-2C\right)x^2+(qC+r^2)x+rC$$
$$=-4x^4+10x^3-12x^2+13x-3$$

양변의 동류항의 계수를 비교하면

$$-q=-4,\ \frac{q^2}{2}-2r=10,$$
$$\frac{3}{2}qr-2C=-12,$$
$$qC+r^2=13,\ rC=-3$$
$$\therefore\ q=4,\ r=-1,\ C=3$$
$$\therefore\ g(x)=2x^2-x+3\qquad\therefore\ \boldsymbol{g}(\mathbf{2})=\mathbf{9}$$

9-11. $f(x)+g(x)=x^3-x^2$ ……①

$2f'(x)+g'(x)=4x^3$ ……②

①에서

$f'(x)+g'(x)=3x^2-2x$ ……③

②−③하면 $f'(x)=4x^3-3x^2+2x$

$$\therefore\ f(x)=\int(4x^3-3x^2+2x)dx$$
$$=x^4-x^3+x^2+C$$

$f(1)=0$이므로 $1+C=0$ $\therefore\ C=-1$

$$\therefore\ \boldsymbol{f(x)=x^4-x^3+x^2-1}$$

①에 대입하면

$$\boldsymbol{g(x)=-x^4+2x^3-2x^2+1}$$

9-12. $f'(x)+g'(x)=3x^2+2$ ……①

$g(x)-f'(0)x=x^2$ ……②

②에서 $g(x)=x^2+f'(0)x$ ……③

$\therefore g'(x)=2x+f'(0)$

①에 대입하여 정리하면

$f'(x)=3x^2-2x+2-f'(0)$ …④

$x=0$을 대입하면

$f'(0)=2-f'(0)$ $\therefore f'(0)=1$

③에 대입하면 $\boldsymbol{g(x)=x^2+x}$

④에 대입하면 $f'(x)=3x^2-2x+1$

$\therefore f(x)=x^3-x^2+x+C$

$f(0)+f'(0)=0$에서

$C+1=0$ $\therefore C=-1$

$\therefore \boldsymbol{f(x)=x^3-x^2+x-1}$

9-13. 조건식에서 $f'(x)=x^2+x+1$

(1) (준 식)$=f'(a)=\boldsymbol{a^2+a+1}$

(2) (준 식)$=\displaystyle\lim_{h\to0}\left\{\frac{f(a+h+h^2)-f(a)}{h}-\frac{f(a-h)-f(a)}{h}\right\}$

$=\displaystyle\lim_{h\to0}\left\{\frac{f(a+h+h^2)-f(a)}{h+h^2}\times\frac{h+h^2}{h}+\frac{f(a-h)-f(a)}{-h}\right\}$

$=f'(a)\times1+f'(a)=\boldsymbol{2(a^2+a+1)}$

9-14. $F'(x)=f(x)$이므로 준 식의 양변을 x에 관하여 미분하면

$f(x)=f(x)+xf'(x)-6x^2+2x$

$\therefore \{f'(x)-6x+2\}x=0$

모든 x에 대하여 성립하므로

$f'(x)-6x+2=0$ $\therefore f'(x)=6x-2$

$\therefore f(x)=3x^2-2x+C$

$f(0)=1$이므로 $C=1$

$\therefore \boldsymbol{f(x)=3x^2-2x+1}$

9-15. 준 식의 양변을 x에 관하여 미분하면

$f'(x)+xf(x)$

$=x^4-2x^3+3x^2-3x$ …①

$f(x)$를 n차 다항식이라고 하면 $f'(x)$는 $n-1$차식, $xf(x)$는 $n+1$차식이므로

①에서 $n+1=4$ $\therefore n=3$

따라서

$f(x)=ax^3+bx^2+cx+d\ (a\neq0)$

로 놓을 수 있다. 이때,

$f'(x)=3ax^2+2bx+c$

①에 대입하여 정리하면

$ax^4+bx^3+(3a+c)x^2+(2b+d)x+c$

$=x^4-2x^3+3x^2-3x$

양변의 동류항의 계수를 비교하면

$a=1,\ b=-2,\ 3a+c=3,$

$2b+d=-3,\ c=0$

$\therefore d=1$ $\therefore \boldsymbol{f(x)=x^3-2x^2+1}$

9-16. $x^{3n}-1=(x^3-1)(x^{3(n-1)}+x^{3(n-2)}+\cdots+x^3+1)$

이므로

$\dfrac{x^{3n}-1}{x^2+x+1}=(x-1)(x^{3(n-1)}+x^{3(n-2)}+\cdots+x^3+1)$

$=x^{3n-2}+x^{3n-5}+\cdots+x^4+x$

$-(x^{3n-3}+x^{3n-6}+\cdots+x^3+1)$

따라서

$F_n(x)=\dfrac{x^{3n-1}}{3n-1}+\dfrac{x^{3n-4}}{3n-4}+\cdots+\dfrac{x^5}{5}+\dfrac{x^2}{2}$

$-\dfrac{x^{3n-2}}{3n-2}-\dfrac{x^{3n-5}}{3n-5}-\cdots-\dfrac{x^4}{4}-x+C$

$x=1$을 대입하고 $F_n(1)$과 비교하면

$C=0$ $\therefore \boldsymbol{F_n(0)=0}$

9-17. $f'(x)=(x-a)(x-1)$

따라서 $a\neq1$일 때 $f(x)$는 $x=a,\ 1$에서 극값을 가진다.

한편

$f(x)=\dfrac{1}{3}x^3-\dfrac{a+1}{2}x^2+ax+C$

이므로

$|f(a)-f(1)|=\left|-\dfrac{a^3}{6}+\dfrac{a^2}{2}-\dfrac{a}{2}+\dfrac{1}{6}\right|$

$=\dfrac{1}{6}|(a-1)^3|=36$

a는 실수이므로 $|a-1|=6$

$\therefore$ $\boldsymbol{a=-5,\ 7}$

9-18. $f(x)=\begin{cases} -x+C_1 & (x<-1) \\ \dfrac{1}{3}x^3+C_2 & (-1<x<1) \\ -x+C_3 & (x>1) \end{cases}$

에서 $f(0)=0$이므로 $C_2=0$

또, $f(x)$는 $x=-1$에서 연속이므로

$$\lim_{x\to-1-} f(x)=\lim_{x\to-1+} f(x)$$

$\therefore$ $1+C_1=-\dfrac{1}{3}$ $\therefore$ $C_1=-\dfrac{4}{3}$

$f(x)$는 $x=1$에서 연속이므로

$$\lim_{x\to1-} f(x)=\lim_{x\to1+} f(x)$$

$\therefore$ $\dfrac{1}{3}=-1+C_3$ $\therefore$ $C_3=\dfrac{4}{3}$

한편 $|x|<1$일 때 $f'(x)\ge0$, $|x|>1$일 때 $f'(x)<0$이므로 $f(x)$는 $x=-1$에서 극소, $x=1$에서 극대이다.

$\therefore$ **극댓값** $\boldsymbol{f(1)=\dfrac{1}{3}}$,

극솟값 $\boldsymbol{f(-1)=-\dfrac{1}{3}}$

9-19. $f(x)=(x+3)g(x)$ ……①

에서 $f(-3)=0$

$f(x)g(x)=x^3+x^2-5x+C$의 양변에 $x=-3$을 대입하면

$0=-27+9+15+C$ $\therefore$ $C=3$

$\therefore$ $f(x)g(x)=x^3+x^2-5x+3$

①을 대입하면

$$(x+3)\{g(x)\}^2=x^3+x^2-5x+3$$
$$=(x+3)(x-1)^2$$

$g(x)$는 다항함수이므로

$$\{g(x)\}^2=(x-1)^2$$

$\therefore$ $g(x)=x-1$ 또는 $g(x)=-(x-1)$

$g(0)<0$이므로 $\boldsymbol{g(x)=x-1}$

①에 대입하면

$$\boldsymbol{f(x)=(x+3)(x-1)}$$

9-20. (1) $y=0$을 대입하면

$f(x)=f(x)+f(0)+1$

$\therefore$ $\boldsymbol{f(0)=-1}$

(2) $f'(x)=\displaystyle\lim_{h\to0}\frac{f(x+h)-f(x)}{h}$

$=\displaystyle\lim_{h\to0}\frac{f(x)+f(h)+1-f(x)}{h}$

$=\displaystyle\lim_{h\to0}\frac{f(h)+1}{h}$ ⇦ $f(0)=-1$

$=\displaystyle\lim_{h\to0}\frac{f(0+h)-f(0)}{h}$

$=f'(0)=2$

$\therefore$ $f(x)=2x+C$

$f(0)=-1$이므로 $C=-1$

$\therefore$ $\boldsymbol{f(x)=2x-1}$

9-21. (1) $x=0$, $y=0$을 대입하면

$f(0)=f(0)+f(0)$ $\therefore$ $f(0)=0$

따라서 인수정리에 의하여 $f(x)$는 x로 나누어 떨어진다.

(2) $f'(x)=\displaystyle\lim_{h\to0}\frac{f(x+h)-f(x)}{h}$

$=\displaystyle\lim_{h\to0}\frac{f(x)+f(h)+xh-f(x)}{h}$

$=\displaystyle\lim_{h\to0}\frac{f(h)+xh}{h}$

$=\displaystyle\lim_{h\to0}\left\{x+\frac{f(h)}{h}\right\}$

$=\displaystyle\lim_{h\to0}\left\{x+\frac{f(0+h)-f(0)}{h}\right\}$

$f(x)$는 $x=0$에서 미분가능하므로

$f'(x)=x+f'(0)$

따라서 $f'(x)$는 일차함수이다.

(3) $f'(x)=x+f'(0)$에서

$f(x)=\dfrac{1}{2}x^2+f'(0)x+C$

$f(0)=0$이므로 $C=0$

또, $f(1)=1$이므로

$\dfrac{1}{2}+f'(0)=1$ $\therefore$ $f'(0)=\dfrac{1}{2}$

$\therefore$ $\boldsymbol{f(x)=\dfrac{1}{2}x^2+\dfrac{1}{2}x}$

9-22. $f'\big(g(x)\big)=x,\ g'(x)=3x$ 이므로

$$\frac{d}{dx}f\big(g(x)\big)=f'\big(g(x)\big)g'(x) \quad \cdots①$$
$$=x\times 3x=3x^2$$
$$\therefore\ f\big(g(x)\big)=x^3+C$$

또, $f\big(g(0)\big)=1$이므로 $\quad C=1$

$$\therefore\ \boldsymbol{f\big(g(x)\big)=x^3+1}$$

* ***Note*** ①은 합성함수의 미분법(p. 53)을 참조하여라.

10-1. $F(t)=\left[x+\frac{1}{2}x^2+\cdots+\frac{1}{n+1}x^{n+1}\right]_0^t$

$$=t+\frac{t^2}{2}+\cdots+\frac{t^{n+1}}{n+1}$$

$$\therefore\ \int_0^1 F(t)dt=\left[\frac{t^2}{2}+\frac{t^3}{2\times3}+\cdots+\frac{t^{n+2}}{(n+1)(n+2)}\right]_0^1$$
$$=\frac{1}{1\times2}+\frac{1}{2\times3}+\cdots+\frac{1}{(n+1)(n+2)}$$
$$=\left(\frac{1}{1}-\frac{1}{2}\right)+\left(\frac{1}{2}-\frac{1}{3}\right)+\cdots+\left(\frac{1}{n+1}-\frac{1}{n+2}\right)$$
$$=1-\frac{1}{n+2}=\frac{11}{12}$$

$$\therefore\ \frac{1}{n+2}=\frac{1}{12} \qquad \therefore\ \boldsymbol{n=10}$$

10-2. $\int_{-1}^1 f(x)dx=\int_{-1}^1(ax^2+bx+c)dx$

$$=2\int_0^1(ax^2+c)dx$$
$$=2\left[\frac{1}{3}ax^3+cx\right]_0^1$$
$$=\frac{2}{3}a+2c=1 \quad \cdots①$$

$$\int_{-1}^1 xf(x)dx=\int_{-1}^1(ax^3+bx^2+cx)dx$$
$$=2\int_0^1 bx^2dx=2\left[\frac{1}{3}bx^3\right]_0^1$$
$$=\frac{2}{3}b=0 \qquad \cdots\cdots②$$

$$\int_{-1}^1 x^2f(x)dx=\int_{-1}^1(ax^4+bx^3+cx^2)dx$$
$$=2\int_0^1(ax^4+cx^2)dx$$
$$=2\left[\frac{1}{5}ax^5+\frac{1}{3}cx^3\right]_0^1$$
$$=\frac{2}{5}a+\frac{2}{3}c=1 \cdots\cdots③$$

①, ②, ③에서

$$\boldsymbol{a=\frac{15}{4},\ \ b=0,\ \ c=-\frac{3}{4}}$$

10-3. $f(x)=\int_0^1 f(x)dt-\int_0^1 f(t)dt$

$$=f(x)\int_0^1 1\,dt-\int_0^1 f(t)dt$$
$$=f(x)\Big[\,t\,\Big]_0^1-\int_0^1 f(t)dt$$
$$=f(x)-\int_0^1 f(t)dt$$
$$\therefore\ \int_0^1 f(t)dt=0$$

$f(t)=t^3-(a+1)t^2+at$ 이므로

$$\int_0^1\left\{t^3-(a+1)t^2+at\right\}dt=0$$
$$\therefore\ \left[\frac{1}{4}t^4-\frac{1}{3}(a+1)t^3+\frac{1}{2}at^2\right]_0^1=0$$
$$\therefore\ \frac{1}{4}-\frac{1}{3}(a+1)+\frac{1}{2}a=0$$
$$\therefore\ \boldsymbol{a=\frac{1}{2}}$$

10-4. (1)

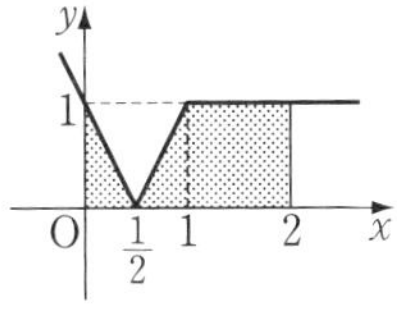

$y=|x-1|-x$의 그래프를 이용하여 $y=\big|\,|x-1|-x\,\big|$의 그래프를 그리면 위의 그림과 같으므로 정적분의 값은 점찍은 부분의 넓이와 같다.

$$\therefore\ (\text{준 식})=\frac{1}{2}\times1\times1+1\times1=\boldsymbol{\frac{3}{2}}$$

(2) $(\text{준 식})=\int_0^2\big|\,x(x^2-1)\,\big|\,dx$

$$=\int_0^1 \{-x(x^2-1)\}dx+\int_1^2 x(x^2-1)dx$$
$$=\left[-\frac{1}{4}x^4+\frac{1}{2}x^2\right]_0^1+\left[\frac{1}{4}x^4-\frac{1}{2}x^2\right]_1^2$$
$$=\frac{1}{4}+\frac{9}{4}=\boldsymbol{\frac{5}{2}}$$

10-5. $f^+(x)=\text{Max}(x,\ 0)=\begin{cases} x & (x\geq 0) \\ 0 & (x<0) \end{cases}$,

$f^-(x)=\text{Max}(-x,\ 0)=\begin{cases} 0 & (x>0) \\ -x & (x\leq 0) \end{cases}$

에서

$$\int_{-1}^2 f^+(x)dx=\int_{-1}^0 f^+(x)dx+\int_0^2 f^+(x)dx$$
$$=0+\int_0^2 x\,dx=\left[\frac{1}{2}x^2\right]_0^2=2,$$
$$\int_{-1}^2 f^-(x)dx=\int_{-1}^0 f^-(x)dx+\int_0^2 f^-(x)dx$$
$$=\int_{-1}^0(-x)dx+0$$
$$=\left[-\frac{1}{2}x^2\right]_{-1}^0=\frac{1}{2}$$

$\therefore$ (준 식)$=2+\frac{1}{2}=\boldsymbol{\frac{5}{2}}$

10-6. 조건에서 $g(x)=(x-a)^3+b$

$g(0)=0$이므로 $-a^3+b=0$

$\therefore\ b=a^3$ ……①

한편

$$\int_a^{3a} g(x)dx=\int_a^{3a}\{(x-a)^3+b\}dx$$
$$=\int_0^{2a}(x^3+b)dx \quad \cdots\cdots *$$

이므로

$$\int_a^{3a} g(x)dx-\int_0^{2a} f(x)dx$$
$$=\int_0^{2a}(x^3+b)dx-\int_0^{2a}x^3dx$$
$$=\int_0^{2a}b\,dx=\Big[bx\Big]_0^{2a}=2ab=32$$

$\therefore\ ab=16$

①을 대입하면 $a^4=16$

$a>0$이므로 $\boldsymbol{a=2}$ $\therefore$ $\boldsymbol{b=8}$

*_**Note**_ 1° $y=f(x-a)$의 그래프는 $y=f(x)$의 그래프를 x축의 방향으로 a만큼 평행이동한 것이므로

$$\int_b^c f(x)dx=\int_{b+a}^{c+a} f(x-a)dx$$

가 성립한다. $*$에서는 이 성질을 이용하였다.

2° p. 140에서 공부한 방법을 이용하여 다음과 같이 계산할 수도 있다.

$$\int_a^{3a}\{(x-a)^3+b\}dx-\int_0^{2a}x^3dx$$
$$=\left[\frac{1}{4}(x-a)^4+bx\right]_a^{3a}-\left[\frac{1}{4}x^4\right]_0^{2a}$$
$$=(4a^4+2ab)-4a^4=2ab$$

10-7. $y=f(x+1)$의 그래프는 $y=f(x)$의 그래프를 x축의 방향으로 -1만큼 평행이동한 것이다.

$$\therefore\ \int_{-5}^5 f(x+1)dx=\int_{-4}^6 f(x)dx$$

$f(x+2)=f(x)$이므로

$$\int_a^b f(x)dx=\int_{a+2}^{b+2} f(x)dx$$

$$\therefore\ \int_{-4}^6 f(x)dx=5\int_{-1}^0 f(x)dx+5\int_0^1 f(x)dx$$
$$=5\int_{-1}^0(x+1)dx+5\int_0^1(-x+1)dx$$
$$=5\left[\frac{1}{2}x^2+x\right]_{-1}^0+5\left[-\frac{1}{2}x^2+x\right]_0^1$$
$$=5\times\frac{1}{2}+5\times\frac{1}{2}=\mathbf{5}$$

*_**Note**_ $y=f(x)$의 그래프는 아래와 같다. 이를 이용해도 된다.

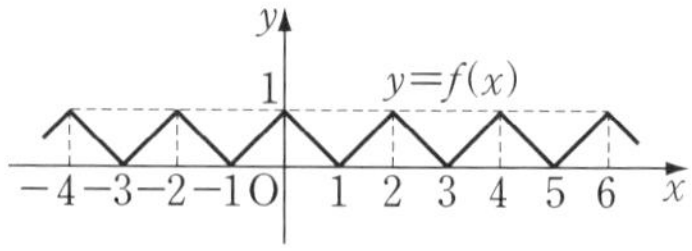

10-8. (준 식)$=2\int_0^1(a^3-9ax^2)dx$

$$=2\Big[a^3x-3ax^3\Big]_0^1=2a^3-6a$$

$f(a)=2a^3-6a$로 놓으면

$f'(a)=6(a-1)(a+1)$

$-2\le a\le 3$에서 증감을 조사하면

$\boldsymbol{a=3}$일 때 최대이고,

$\boldsymbol{a=-2,\ 1}$일 때 최소이다.

10-9. $f(2+x)=f(2-x)$이므로 $y=f(x)$의 그래프는 직선 $x=2$에 대하여 대칭이다.

$$\therefore \int_2^6 f(x)dx=\int_{-2}^2 f(x)dx$$
$$=2k+4 \qquad \cdots\cdots①$$

또, $\int_0^6 f(x)dx=k^2$에서

$$\int_0^2 f(x)dx+\int_2^6 f(x)dx=k^2$$

①을 대입하고 정리하면

$$\int_0^2 f(x)dx=k^2-2k-4$$

$$\therefore \int_0^4 f(x)dx=2\int_0^2 f(x)dx$$
$$=2k^2-4k-8$$
$$=2(k-1)^2-10$$

따라서 $\int_0^4 f(x)dx$의 값이 최소일 때

$\boldsymbol{k=1}$

10-10. $y=f(x)$의 그래프에서

$0\le x\le 1$일 때 $f(x)$는 증가하므로

$f'(x)\ge 0$

$1\le x\le 3$일 때 $f(x)$는 감소하므로

$f'(x)\le 0$

$$\therefore (\text{준 식})=\int_0^1 f'(x)dx+\int_1^3 \{-f'(x)\}dx$$
$$=\Big[f(x)\Big]_0^1-\Big[f(x)\Big]_1^3$$
$$=\{f(1)-f(0)\}-\{f(3)-f(1)\}$$
$$=1-(-3)-(-3-1)=\mathbf{8}$$

* ***Note*** $f'(x)=a(x-1)(x-3)\ (a>0)$ 으로 놓고 풀어도 된다.

10-11. $f'(x)=3x(x-4)$이므로 $f(x)$의 증감을 조사하여 $y=f(x)$의 그래프를 그린 다음, 이로부터 $y=|f(x)|$의 그래프를 그리면 아래와 같다.

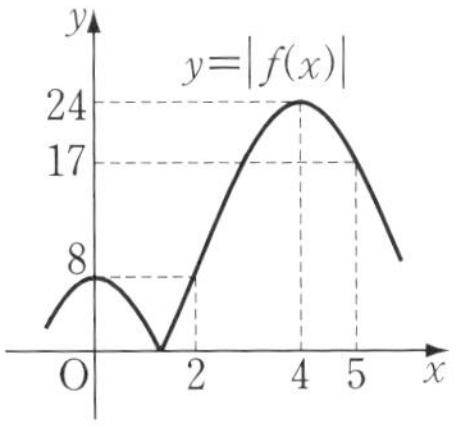

따라서 $0\le r\le 5$에서

$$M(r)=\begin{cases} 8 & (0\le r\le 2) \\ -f(r) & (2\le r\le 4) \\ 24 & (4\le r\le 5) \end{cases}$$

$$\therefore (\text{준 식})=\int_0^2 8\,dr-\int_2^4 (r^3-6r^2+8)dr$$
$$+\int_4^5 24\,dr$$
$$=\Big[8r\Big]_0^2-\Big[\frac{1}{4}r^4-2r^3+8r\Big]_2^4$$
$$+\Big[24r\Big]_4^5$$
$$=16-(-36)+24=\mathbf{76}$$

10-12.
$$\int_0^2 g(t)dt=a \qquad \cdots\cdots①$$
$$\int_0^1 f(t)dt=b \qquad \cdots\cdots②$$

로 놓으면

$$f(x)=x+1+a \qquad \cdots\cdots③$$
$$g(x)=2x-3+b \qquad \cdots\cdots④$$

①, ④에서

$$a=\int_0^2 (2t-3+b)dt=\Big[t^2-3t+bt\Big]_0^2$$
$$=2b-2 \qquad \cdots\cdots⑤$$

②, ③에서

$$b=\int_0^1 (t+1+a)dt=\Big[\frac{1}{2}t^2+t+at\Big]_0^1$$
$$=a+\frac{3}{2} \qquad \cdots\cdots⑥$$

⑤, ⑥을 연립하여 풀면

$$a=-1,\ b=\frac{1}{2}$$

$$\therefore\ f(x)=x,\ g(x)=2x-\frac{5}{2}$$

$$\therefore\ f(2)g(2)=2\times\frac{3}{2}=\mathbf{3}$$

10-13. $f(x)$의 차수를 n이라고 하자.

$n\ge 2$이면 $f\big(f(x)\big)$의 차수는 n^2이고, $\int_0^x f(t)dt$의 차수는 $n+1$이므로 성립하지 않는다.

$n=0$이면 좌변은 상수, 우변은 이차식이 되어 성립하지 않는다.

$n=1$이면, 곧 $f(x)=ax+b\,(a\neq 0)$로 놓으면

$$(\text{좌변})=f(ax+b)=a^2x+ab+b,$$

$$\begin{aligned}(\text{우변})&=\int_0^x(at+b)dt-x^2+3x+3\\&=\left[\frac{1}{2}at^2+bt\right]_0^x-x^2+3x+3\\&=\left(\frac{1}{2}a-1\right)x^2+(b+3)x+3\end{aligned}$$

양변의 동류항의 계수를 비교하면

$$0=\frac{1}{2}a-1,\ a^2=b+3,\ ab+b=3$$

$$\therefore\ a=2,\ b=1$$

$$\therefore\ \boldsymbol{f(x)=2x+1}$$

10-14.

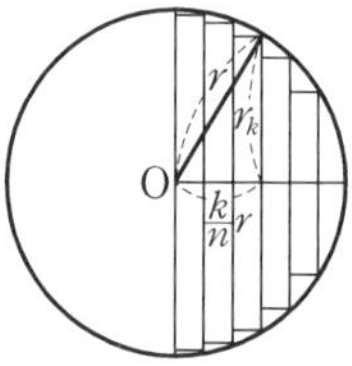

위의 그림과 같이 같은 간격의 평행한 평면으로 반구를 n개의 부분으로 나누고, 각 원기둥의 부피의 합을 V_n이라고 하면

$$\begin{aligned}V_n=&\pi\left\{r^2-\left(\frac{r}{n}\right)^2\right\}\frac{r}{n}\\&+\pi\left\{r^2-\left(\frac{2r}{n}\right)^2\right\}\frac{r}{n}+\cdots\\&+\pi\left\{r^2-\left(\frac{n-1}{n}\times r\right)^2\right\}\frac{r}{n}\end{aligned}$$

$$\begin{aligned}&=\pi r^3\left[\left\{1-\left(\frac{1}{n}\right)^2\right\}\frac{1}{n}\right.\\&\quad+\left\{1-\left(\frac{2}{n}\right)^2\right\}\frac{1}{n}+\cdots\\&\quad\left.+\left\{1-\left(\frac{n-1}{n}\right)^2\right\}\frac{1}{n}\right]\\&=\pi r^3\left\{\frac{n-1}{n}\right.\\&\quad\left.-\frac{1}{n^3}\times\frac{1}{6}(n-1)n(2n-1)\right\}\end{aligned}$$

$$\therefore\ \lim_{n\to\infty}V_n=\pi r^3\left(1-\frac{2}{6}\right)=\frac{2}{3}\pi r^3$$

따라서 구하는 부피는

$$2\times\frac{2}{3}\pi r^3=\boldsymbol{\frac{4}{3}\pi r^3}$$

10-15. $y=xf(x-1)$의 그래프를 x축의 방향으로 -1만큼 평행이동하면

$$y=(x+1)f(x)$$

$$\begin{aligned}\therefore\ \int_1^3 xf(x-1)dx&=\int_0^2(x+1)f(x)dx\\&=\int_0^1(x+1)f(x)dx+\int_1^2(x+1)f(x)dx\\&=\int_0^1(x+1)(2x-1)dx+\int_1^2(x+1)x^2dx\\&=\int_0^1(2x^2+x-1)dx+\int_1^2(x^3+x^2)dx\\&=\left[\frac{2}{3}x^3+\frac{1}{2}x^2-x\right]_0^1+\left[\frac{1}{4}x^4+\frac{1}{3}x^3\right]_1^2\\&=\frac{1}{6}+\frac{73}{12}=\boldsymbol{\frac{25}{4}}\end{aligned}$$

10-16. (1)

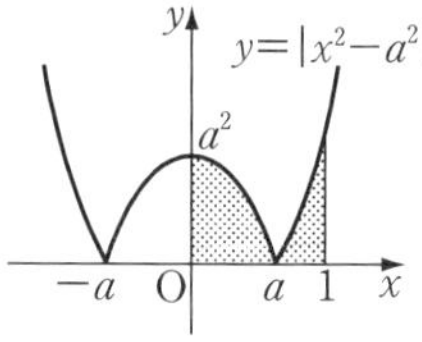

$0<a<1$이므로

$$\begin{aligned}\int_0^1|x^2-a^2|dx&=\int_0^a(-x^2+a^2)dx\\&\quad+\int_a^1(x^2-a^2)dx\\&=\left[-\frac{1}{3}x^3+a^2x\right]_0^a+\left[\frac{1}{3}x^3-a^2x\right]_a^1\end{aligned}$$

$$=\frac{4}{3}a^3-a^2+\frac{1}{3}=\frac{a}{2}$$

$$\therefore\ (2a-1)(4a^2-a-2)=0$$

$0<a<1$이므로 $\boldsymbol{a=\frac{1}{2},\ \frac{1+\sqrt{33}}{8}}$

(2) (i) $a+1\le1$, 곧 $a\le0$일 때

$$(\text{좌변})=\int_{a-1}^{a+1}(-x+1)dx$$
$$=\left[-\frac{1}{2}x^2+x\right]_{a-1}^{a+1}$$
$$=2-2a=1$$
$$\therefore\ a=\frac{1}{2}\ (\text{부적합})$$

(ii) $a-1<1<a+1$, 곧 $0<a<2$일 때

$$(\text{좌변})=\int_{a-1}^{1}(-x+1)dx+\int_{1}^{a+1}(x-1)dx$$
$$=\left[-\frac{1}{2}x^2+x\right]_{a-1}^{1}+\left[\frac{1}{2}x^2-x\right]_{1}^{a+1}$$
$$=a^2-2a+2=1$$
$$\therefore\ a=1\ (\text{적합})$$

(iii) $a-1\ge1$, 곧 $a\ge2$일 때

$$(\text{좌변})=\int_{a-1}^{a+1}(x-1)dx$$
$$=\left[\frac{1}{2}x^2-x\right]_{a-1}^{a+1}$$
$$=2a-2=1$$
$$\therefore\ a=\frac{3}{2}\ (\text{부적합})$$

(i), (ii), (iii)에서 $\boldsymbol{a=1}$

10-17. $f(x)=-x^3+a^2x$에서 $y=f(x)$의 그래프는 원점에 대하여 대칭이므로 $f(x)$는 $x=-b$에서 극솟값을 가진다.

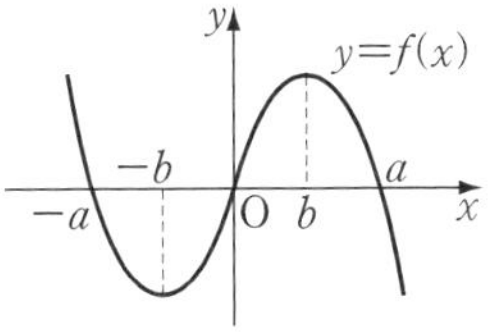

$-b\le x\le0$에서 $f(x)\le0$, $0\le x\le a$에서 $f(x)\ge0$이므로

$$\int_{-b}^{a}|f(x)|dx=\int_{-b}^{0}\{-f(x)\}dx+\int_{0}^{a}f(x)dx\ \cdots①$$

한편 $y=f(x-b)$의 그래프는 $y=f(x)$의 그래프를 x축의 방향으로 b만큼 평행이동한 것이므로

$$\int_{0}^{a}f(x)dx=\int_{b}^{a+b}f(x-b)dx=q$$

$$\therefore\ \int_{-b}^{0}f(x)dx=\int_{-b}^{a}f(x)dx-\int_{0}^{a}f(x)dx=p-q$$

①에 대입하면

$$\int_{-b}^{a}|f(x)|dx=-(p-q)+q=\boldsymbol{-p+2q}$$

10-18. (i) $x\ge1$일 때

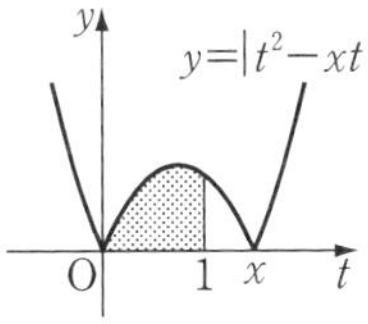

$$f(x)=\int_{0}^{1}(-t^2+xt)dt$$
$$=\left[-\frac{1}{3}t^3+\frac{1}{2}xt^2\right]_{0}^{1}$$
$$=-\frac{1}{3}+\frac{1}{2}x$$

이므로 $x=1$에서 최소이고 $f(1)=\frac{1}{6}$

(ii) $0<x<1$일 때

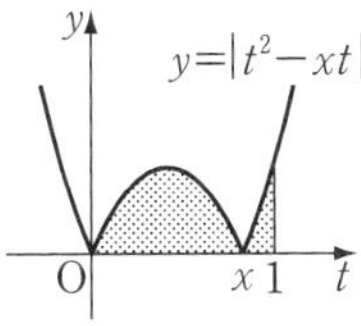

$$f(x)=\int_{0}^{x}(-t^2+xt)dt+\int_{x}^{1}(t^2-xt)dt$$

$$=\left[-\frac{1}{3}t^3+\frac{1}{2}xt^2\right]_0^x+\left[\frac{1}{3}t^3-\frac{1}{2}xt^2\right]_x^1$$

$$=\frac{1}{3}x^3-\frac{1}{2}x+\frac{1}{3}$$

$f'(x)=x^2-\frac{1}{2}$ 이므로 증감을 조사하면 $f(x)$는 $x=\frac{\sqrt{2}}{2}$ 에서 최소이고

$$f\left(\frac{\sqrt{2}}{2}\right)=-\frac{\sqrt{2}}{6}+\frac{1}{3}$$

(iii) $x\le 0$일 때

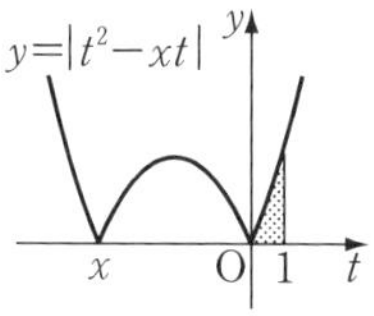

$$f(x)=\int_0^1(t^2-xt)dt$$

$$=\left[\frac{1}{3}t^3-\frac{1}{2}xt^2\right]_0^1$$

$$=\frac{1}{3}-\frac{1}{2}x$$

이므로 $x=0$에서 최소이고 $f(0)=\frac{1}{3}$

(i), (ii), (iii)에서 $f(x)$는 $x=\frac{\sqrt{2}}{2}$ 에서 최소이고, 최솟값은 $\boldsymbol{-\frac{\sqrt{2}}{6}+\frac{1}{3}}$

10-19. $f(x)=ax^3+bx^2+cx+d\,(a\ne0)$로 놓으면

$$f'(x)=3ax^2+2bx+c$$

점 $(1, f(1))$에서의 접선의 방정식은

$$y-(a+b+c+d)=(3a+2b+c)(x-1)$$

점 $(0, -2)$를 지나므로

$$-2-(a+b+c+d)=-(3a+2b+c)$$

$$\therefore\ 2a+b-d=2 \quad\cdots\cdots①$$

조건 (나)에서 $f(-1)=0$이므로

$$-a+b-c+d=0 \quad\cdots\cdots②$$

한편

$$\lim_{x\to-1}\frac{f(x)}{x+1}=\lim_{x\to-1}\frac{f(x)-f(-1)}{x-(-1)}=f'(-1)=2$$

$$\therefore\ 3a-2b+c=2 \quad\cdots\cdots③$$

조건 (다)에서

$$\int_{-1}^1 f(x)dx=\int_{-1}^1(ax^3+bx^2+cx+d)dx$$

$$=2\int_0^1(bx^2+d)dx$$

$$=2\left[\frac{1}{3}bx^3+dx\right]_0^1$$

$$=\frac{2}{3}b+2d=8 \quad\cdots\cdots④$$

①, ②, ③, ④를 연립하여 풀면

$a=1,\ b=3,\ c=5,\ d=3$

$\therefore\ \boldsymbol{f(x)=x^3+3x^2+5x+3}$

10-20. $F(x)=f(x)-g(x)$로 놓으면 $F(x)$는 삼차식이고

$$F(-1)=0,\ F(1)=0,\ F(4)=0$$

이므로

$$F(x)=a(x+1)(x-1)(x-4)\ (a\ne0)$$

로 놓을 수 있다.

이때, $F(0)=4$이므로

$$4a=4 \quad \therefore\ a=1$$

$$\therefore\ F(x)=(x+1)(x-1)(x-4)$$

$\therefore$ (준 식)$=\int_2^3 F(x)dx$

$$=\int_2^3(x+1)(x-1)(x-4)dx$$

$$=\int_2^3(x^3-4x^2-x+4)dx$$

$$=\left[\frac{1}{4}x^4-\frac{4}{3}x^3-\frac{1}{2}x^2+4x\right]_2^3$$

$$=\boldsymbol{-\frac{91}{12}}$$

10-21. $a_n=\int_0^1 f_n(x)dx$라고 하면

$$f_{n+1}(x)=x^3+\frac{1}{2}a_n \quad\cdots\cdots①$$

$$\therefore\ a_{n+1}=\int_0^1\left(x^3+\frac{1}{2}a_n\right)dx$$

$$=\left[\frac{1}{4}x^4+\frac{1}{2}a_nx\right]_0^1$$
$$=\frac{1}{4}+\frac{1}{2}a_n$$
$$\therefore\ a_{n+1}-\frac{1}{2}=\frac{1}{2}\left(a_n-\frac{1}{2}\right)$$

따라서 수열 $\left\{a_n-\frac{1}{2}\right\}$은 첫째항이 $a_1-\frac{1}{2}$, 공비가 $\frac{1}{2}$인 등비수열이므로

$$a_n-\frac{1}{2}=\left(a_1-\frac{1}{2}\right)\times\left(\frac{1}{2}\right)^{n-1}$$

또, $a_1=\int_0^1 2x\,dx=\left[x^2\right]_0^1=1$이므로

$$a_n=\left(\frac{1}{2}\right)^n+\frac{1}{2}$$

①에 대입하면

$$f_{n+1}(x)=x^3+\frac{1}{2}\left\{\left(\frac{1}{2}\right)^n+\frac{1}{2}\right\}$$
$$=x^3+\left(\frac{1}{2}\right)^{n+1}+\frac{1}{4}$$
$$\therefore\ \boldsymbol{f_n(x)=\begin{cases}2x & (n=1)\\ x^3+\left(\frac{1}{2}\right)^n+\frac{1}{4} & (n\ge 2)\end{cases}}$$

10-22. (1) $\int_0^1\{f(t)+g(t)\}dt=a$ …①

$\int_0^1\{f(t)-g(t)\}dt=b$ …②

로 놓으면 조건식은

$f(x)=x+a,$

$g(x)=4x^3-2x+b$

이것을 ①, ②에 대입하면

$$\int_0^1(4t^3-t+a+b)dt=a,$$
$$\int_0^1(-4t^3+3t+a-b)dt=b$$
$$\therefore\ \left[t^4-\frac{1}{2}t^2+at+bt\right]_0^1=a,$$
$$\left[-t^4+\frac{3}{2}t^2+at-bt\right]_0^1=b$$
$$\therefore\ \frac{1}{2}+a+b=a,\ \frac{1}{2}+a-b=b$$
$$\therefore\ a=-\frac{3}{2},\ b=-\frac{1}{2}$$
$$\therefore\ \boldsymbol{f(x)=x-\frac{3}{2},}$$
$$\boldsymbol{g(x)=4x^3-2x-\frac{1}{2}}$$

****Note*** $\int_0^1 f(t)dt=a$ ……③

$\int_0^1 g(t)dt=b$ ……④

로 놓으면 조건식은

$f(x)=x+a+b,$

$g(x)=4x^3-2x+a-b$

이 식을 ③, ④에 대입하여 풀 수도 있다.

(2) $f(x)=x-\int_0^x g(t)dt$ ……①

$g(x)=x-\int_0^1\{f(t)+g'(t)\}dt$ …②

$\int_0^1\{f(t)+g'(t)\}dt=a$ ……③

으로 놓으면 ②에서

$g(x)=x-a$

$\therefore\ g'(x)=1$ ……④

①에서

$$f(x)=x-\int_0^x(t-a)dt$$
$$=x-\left[\frac{1}{2}t^2-at\right]_0^x$$
$$=-\frac{1}{2}x^2+(a+1)x \quad \cdots⑤$$

④, ⑤를 ③에 대입하면

$$\int_0^1\left\{-\frac{1}{2}t^2+(a+1)t+1\right\}dt=a$$
$$\therefore\ \left[-\frac{1}{6}t^3+\frac{1}{2}(a+1)t^2+t\right]_0^1=a$$
$$\therefore\ -\frac{1}{6}+\frac{a+1}{2}+1=a \quad \therefore\ a=\frac{8}{3}$$
$$\therefore\ \boldsymbol{f(x)=-\frac{1}{2}x^2+\frac{11}{3}x,}$$
$$\boldsymbol{g(x)=x-\frac{8}{3}}$$

10-23. $g(x)=mx+n\ (m\ne0),$

$f(x)=ax^2+bx+c\ (a\ne0)$

라고 하자.

$f(0)=1$이므로 $c=1$

이때, 조선식은

$$\int_0^1 (mx+n)(ax^2+bx+1)dx=0$$

$$\therefore\ m\int_0^1 (ax^3+bx^2+x)dx + n\int_0^1 (ax^2+bx+1)dx=0$$

모든 m, n에 대하여 성립하므로

$$\int_0^1 (ax^3+bx^2+x)dx=0,$$

$$\int_0^1 (ax^2+bx+1)dx=0$$

$$\therefore\ \left[\frac{1}{4}ax^4+\frac{1}{3}bx^3+\frac{1}{2}x^2\right]_0^1=0,$$

$$\left[\frac{1}{3}ax^3+\frac{1}{2}bx^2+x\right]_0^1=0$$

$$\therefore\ \frac{a}{4}+\frac{b}{3}+\frac{1}{2}=0,\ \frac{a}{3}+\frac{b}{2}+1=0$$

$$\therefore\ a=6,\ b=-6$$

$$\therefore\ \boldsymbol{f(x)=6x^2-6x+1}$$

10-24. $\int_0^1 \{f(x)-ax-b\}^2dx=\mathrm{I}$

로 놓고 피적분함수를 전개하면

$$\mathrm{I}=\int_0^1 \left[\{f(x)\}^2-2axf(x)-2bf(x)+a^2x^2+2abx+b^2\right]dx$$

$$=\int_0^1 \{f(x)\}^2dx-2a\int_0^1 xf(x)dx-2b\int_0^1 f(x)dx+\int_0^1 (a^2x^2+2abx+b^2)dx$$

그런데

$$\int_0^1 (a^2x^2+2abx+b^2)dx=\left[\frac{1}{3}a^2x^3+abx^2+b^2x\right]_0^1=\frac{1}{3}a^2+ab+b^2$$

이므로

$$\mathrm{I}=\int_0^1 \{f(x)\}^2dx-2a\times3-2b\times2+\frac{1}{3}a^2+ab+b^2$$

$$=\int_0^1 \{f(x)\}^2dx+\frac{1}{3}a^2+(b-6)a+b^2-4b$$

$$=\int_0^1 \{f(x)\}^2dx+\frac{1}{3}\left\{a+\frac{3}{2}(b-6)\right\}^2+\frac{1}{4}(b+10)^2-52$$

여기에서 $\int_0^1 \{f(x)\}^2dx$의 값은 일정하므로

$$\left\{a+\frac{3}{2}(b-6)\right\}^2=0,\ (b+10)^2=0$$

곧, $\boldsymbol{a=24,\ b=-10}$

일 때 I가 최소이다.

10-25.

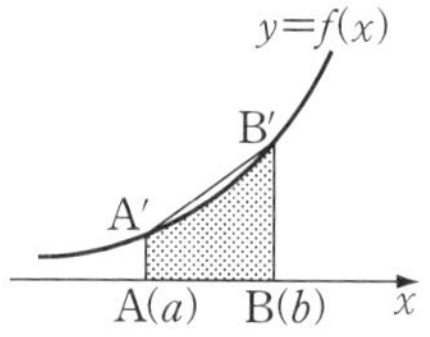

$b>a$일 때, $\int_a^b f(x)dx$는 위의 그림에서 점 찍은 부분의 넓이이다.

또, $\frac{1}{2}(b-a)\{f(a)+f(b)\}$는 사다리꼴 ABB′A′의 넓이이다.

$$\therefore\ \int_a^b f(x)dx<\frac{1}{2}(b-a)\{f(a)+f(b)\}$$

$b<a$일 때도 같은 방법으로 생각하면

$$\boldsymbol{\frac{1}{b-a}\int_a^b f(x)dx<\frac{f(a)+f(b)}{2}}$$

10-26. $a<b$이고 모든 실수 t에 대하여 $\{f(x)-tg(x)\}^2\geq0$이므로

$$\int_a^b \{f(x)-tg(x)\}^2dx\geq0$$

좌변을 전개하여 t에 관하여 정리하면

$$t^2\int_a^b \{g(x)\}^2dx-2t\int_a^b f(x)g(x)dx+\int_a^b \{f(x)\}^2dx\geq0$$

모든 실수 t에 대하여 성립하므로

$g(x)=0$이 아닌 경우

$$\frac{D}{4}=\left\{\int_a^b f(x)g(x)dx\right\}^2$$
$$-\int_a^b\{f(x)\}^2dx\times\int_a^b\{g(x)\}^2dx\le 0$$

곧,

$$\left\{\int_a^b f(x)g(x)dx\right\}^2$$
$$\le\int_a^b\{f(x)\}^2dx\times\int_a^b\{g(x)\}^2dx$$

이고, 이것은 $g(x)=0$인 경우에도 성립한다.

***Note** 연속함수 $f(x)$에 대하여 구간 $[a,\ b]$에서 $f(x)\ge 0$이고 $\int_a^b f(x)dx=0$이면 구간 $[a,\ b]$에서 $f(x)=0$이다.

10-27.

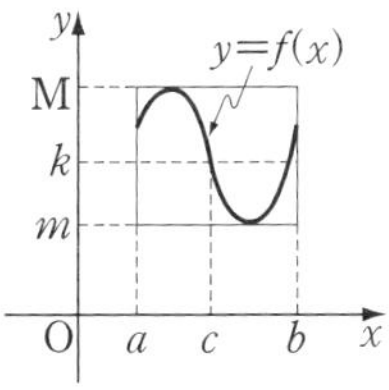

최대·최소 정리에 의하여 $f(x)$는 구간 $[a,\ b]$에서 최댓값과 최솟값을 가진다. 이때, 최댓값을 M, 최솟값을 m이라고 하면 $m\le f(x)\le \mathrm{M}$

$$\therefore\ \int_a^b m\,dx\le\int_a^b f(x)dx\le\int_a^b \mathrm{M}\,dx$$

곧, $m(b-a)\le\int_a^b f(x)dx\le \mathrm{M}(b-a)$

따라서

$$\frac{1}{b-a}\int_a^b f(x)dx=k$$

로 놓으면 $m\le k\le \mathrm{M}$

구간 $[a,\ b]$에서 $f(x)$는 연속이므로 사잇값의 정리에 의하여

$$f(c)=k\ (a\le c\le b)$$

를 만족시키는 c가 적어도 하나 존재한다.

따라서

$$\int_a^b f(x)dx=(b-a)f(c)\ (a\le c\le b)$$

를 만족시키는 c가 적어도 하나 존재한다.

***Note** 이것을 적분의 평균값 정리라고 한다.

11-1. $f'(x)=|(x+2)(x-1)|$

(1) (준 식)$=\lim_{h\to 0}\left\{\frac{f(3+2h)-f(3)}{2h}\times 2\right\}$
$=2f'(3)=2|(3+2)(3-1)|$
$=\mathbf{20}$

(2) (준 식)$=\lim_{h\to 0}\left\{\frac{f(x+h)-f(x)}{h}+\frac{f(x-h)-f(x)}{-h}\right\}$
$=f'(x)+f'(x)=2f'(x)$
$=\mathbf{2|(x+2)(x-1)|}$

11-2. $f'(x)=x(x-1)(x-2)$

증감을 조사하면 $f(x)$는 $x=1$에서 극대, $x=0,\ 2$에서 극소이다.

한편

$$f(x)=\int_0^x(t^3-3t^2+2t)dt$$
$$=\left[\frac{1}{4}t^4-t^3+t^2\right]_0^x$$
$$=\frac{1}{4}x^4-x^3+x^2$$

따라서 $x=1$에서 극댓값 $\mathbf{\frac{1}{4}}$,

$x=0,\ 2$에서 극솟값 $\mathbf{0}$

11-3. $\mathrm{S}(h)=\int_{1-h}^{1+h}(6x^2+1)dx$이므로

$$\int(6x^2+1)dx=\mathrm{F}(x)+\mathrm{C}\quad\cdots\cdots①$$

이라고 하면

$$\lim_{h\to 0+}\frac{\mathrm{S}(h)}{h}=\lim_{h\to 0+}\frac{1}{h}\int_{1-h}^{1+h}(6x^2+1)dx$$
$$=\lim_{h\to 0+}\frac{1}{h}\{\mathrm{F}(1+h)-\mathrm{F}(1-h)\}$$
$$=\lim_{h\to 0+}\left\{\frac{\mathrm{F}(1+h)-\mathrm{F}(1)}{h}+\frac{\mathrm{F}(1-h)-\mathrm{F}(1)}{-h}\right\}$$
$$=\mathrm{F}'(1)+\mathrm{F}'(1)=2\mathrm{F}'(1)$$

한편 ①에서 $F'(x)=6x^2+1$이므로

$$\lim_{h\to 0+}\frac{S(h)}{h}=2F'(1)=2\times 7=\mathbf{14}$$

11-4. $x\neq a$일 때

$$\int_a^x f(t)dt=(x^2-2)|x-a|$$
$$=\begin{cases}(x^2-2)(x-a) & (x>a)\\ (x^2-2)(-x+a) & (x<a)\end{cases}$$

양변을 x에 관하여 미분하면

$$f(x)=\begin{cases}3x^2-2ax-2 & (x>a)\\ -3x^2+2ax+2 & (x<a)\end{cases}$$

$f(x)$가 $x=a$에서 연속이려면

$$\lim_{x\to a+}f(x)=\lim_{x\to a-}f(x)$$

$\therefore\ 3a^2-2a^2-2=-3a^2+2a^2+2$

$\therefore\ a^2=2$

$a>0$이므로 $\boldsymbol{a=\sqrt{2}}$

11-5. $y=\int_0^x f(t)dt$에서 $\dfrac{dy}{dx}=f(x)$

그런데 문제에서 주어진 그래프가

$0\le x\le 1$에서 증가하므로 $y'=f(x)\ge 0$

$1\le x\le 3$에서 감소하므로 $y'=f(x)\le 0$

$x\ge 3$에서 증가하므로 $y'=f(x)\ge 0$

따라서 $x\ge 0$에서 $y=f(x)$의 그래프의 개형은 아래와 같다.

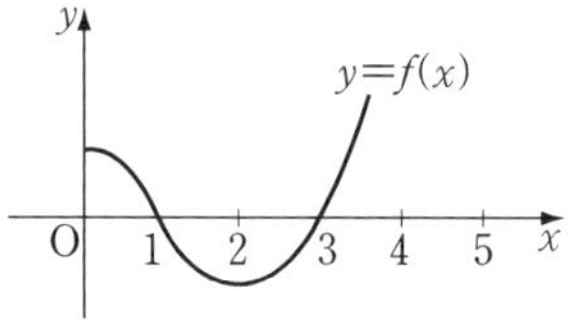

$\therefore\ f(1)=0,\ f(2)<0,\ f(3)=0,\ f(4)>0$

답 ㄴ, ㄷ

11-6. $f(x)=a(x-1)(x-4)$

$=a(x^2-5x+4)\ (a>0)$

로 놓자.

$g(x)=\int_x^{x+1}f(t)dt$의 양변을 x에 관하여 미분하면

$$g'(x)=f(x+1)-f(x)$$
$$=a\{(x+1)^2-5(x+1)+4\}-a(x^2-5x+4)$$
$$=2a(x-2)$$

증감을 조사하면 $g(x)$는 $\boldsymbol{x=2}$에서 극소이고, 이때 최소이다.

*Note

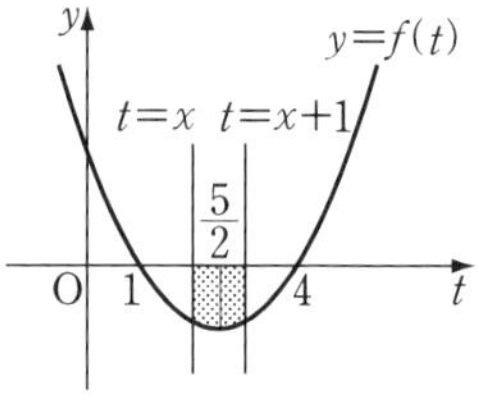

포물선 $y=f(t)$의 축이 직선 $t=\dfrac{5}{2}$이므로 위의 그림에서 $x=2$일 때

$$g(x)=\int_x^{x+1}f(t)dt$$

가 최소임을 알 수 있다.

11-7. $\displaystyle\int_1^x \frac{d}{dt}f(t)dt=\Big[f(t)\Big]_1^x$

$=f(x)-f(1)$

이므로 첫 번째 조건식은

$f(x)=f(x)-f(1)\quad \therefore\ f(1)=0$

$\therefore\ 1+a+b=0 \quad \cdots\cdots①$

같은 방법으로 하면 두 번째 조건식은

$f(y)-f(0)=f(y)$

$\therefore\ f(0)=0\quad \therefore\ \boldsymbol{b=0}$

①에 대입하면 $\boldsymbol{a=-1}$

11-8. $F(x)=\int_0^x f(t)dt$의 양변을 x에 관하여 미분하면

$$F'(x)=f(x)$$

이때, $f(x)$가 최고차항의 계수가 양수인 삼차함수이므로 $F(x)$는 최고차항의 계수가 양수인 사차함수이다.

따라서 $F(x)$가 극댓값을 가지기 위해서는 $F'(x)=0$이 서로 다른 세 실근을 가져야 한다. ⇦ p. 96

곧, 삼차방정식 $f(x)=0$이 서로 다른 세 실근을 가져야 하므로 함수 $f(x)$에서

(극댓값)×(극솟값)<0

이어야 한다. ⇦ p. 111, 113

$f(x)=x^3-3x+a$에서

$f'(x)=3x^2-3=3(x+1)(x-1)$

증감을 조사하면 $f(x)$는 $x=-1$에서 극대, $x=1$에서 극소이므로

$f(-1)f(1)<0$

$\therefore\ (a+2)(a-2)<0 \quad \therefore\ \boldsymbol{-2<a<2}$

11-9. $f'(x)=|x|(1-x)$이므로

$-1\le x\le 1$일 때 $f'(x)\ge 0$,

$x>1$일 때 $f'(x)<0$

증감을 조사하면 $f(x)$는 $x=1$에서 극대이고, 이때 최대이다.

따라서 최댓값은

$$f(1)=\int_{-1}^{1}|t|(1-t)dt$$
$$=\int_{-1}^{0}(t^2-t)dt+\int_{0}^{1}(t-t^2)dt$$
$$=\left[\frac{1}{3}t^3-\frac{1}{2}t^2\right]_{-1}^{0}+\left[\frac{1}{2}t^2-\frac{1}{3}t^3\right]_{0}^{1}$$
$$=\frac{5}{6}+\frac{1}{6}=\mathbf{1}$$

11-10. 준 식은

$f(x+1)-f(x)=12x^2+18x+1 \quad \cdots①$

따라서

$f(x)=ax^3+bx^2+cx+d\ (a\neq 0)$

로 놓고, ①에 대입하여 정리하면

$3ax^2+(3a+2b)x+a+b+c$
$=12x^2+18x+1$

양변의 동류항의 계수를 비교하면

$3a=12,\ 3a+2b=18,\ a+b+c=1$

$\therefore\ a=4,\ b=3,\ c=-6$

$f(x)=4x^3+3x^2-6x+d$에서

$f'(x)=12x^2+6x-6$
$=6(x+1)(2x-1)$

증감을 조사하면 $f(x)$는

$\boldsymbol{x=-1}$에서 극대, $\boldsymbol{x=\frac{1}{2}}$에서 극소

11-11. $f(x)=x^2+\int_0^x tg(t)dt$
$-x\int_0^x g(t)dt \quad \cdots①$

양변을 x에 관하여 미분하면

$$f'(x)=2x+xg(x)-\int_0^x g(t)dt-xg(x)$$

$\therefore\ f'(x)=2x-\int_0^x g(t)dt \quad \cdots②$

그런데 $f(x)$가 $(x-2)^2$으로 나누어 떨어지면 $f(2)=0,\ f'(2)=0$이므로

⇦ 필수 예제 3-11

①에서

$f(2)=4+\int_0^2 tg(t)dt$
$-2\int_0^2 g(t)dt=0 \quad \cdots\cdots③$

②에서 $f'(2)=4-\int_0^2 g(t)dt=0$

$\therefore\ \int_0^2 g(t)dt=4$

③에 대입하면 $\int_0^2 tg(t)dt=\mathbf{4}$

11-12. 함수 $f(x)$가 $x=k\,(k>0)$에서 극솟값을 가진다고 하면

$0\le x\le k$일 때 $f'(x)\le 0$,

$x\ge k$일 때 $f'(x)\ge 0$

또, 조건 (나)에 주어진 식의 양변을 t에 관하여 미분하면

$|f'(t)|=f'(t)$

이므로 $t>1$일 때 $f'(t)\ge 0$이다.

$\therefore\ 0<k\le 1$

따라서

$$\int_0^t|f'(x)|dx=\int_0^k\{-f'(x)\}dx+\int_k^t f'(x)dx$$
$$=-\Big[f(x)\Big]_0^k+\Big[f(x)\Big]_k^t$$
$$=-\{f(k)-f(0)\}+\{f(t)-f(k)\}$$
$$=f(t)+f(0)-2f(k)$$

이때, 조건 (나)에 의하여

$f(t)+f(0)-2f(k)=f(t)+f(0)$

$\therefore\ f(k)=\mathbf{0}$

11-13. 첫 번째 조건식의 양변을 x에 관하여 미분하면

$f'(x)=3x^2-2x+2f'(x)-g(x)$

$\therefore\ f'(x)-g(x)=-3x^2+2x\ \cdots①$

두 번째 조건식의 양변을 x에 관하여 미분하면

$f'(x)=g(x)+xg'(x)$

①에 대입하면

$xg'(x)=x(-3x+2)$

$g'(x)$는 다항함수이므로

$g'(x)=-3x+2$

$\therefore\ g(x)=-\dfrac{3}{2}x^2+2x+C$

$g(0)=1$이므로 $C=1$

$\therefore\ \boldsymbol{g(x)=-\dfrac{3}{2}x^2+2x+1}$

두 번째 조건식에 대입하면

$\boldsymbol{f(x)=-\dfrac{3}{2}x^3+2x^2+x}$

11-14. 양변을 x에 관하여 미분하면

$(4x+5)f(x)=3\int_1^x f(t)dt+3(x+2)f(x)$

$\therefore\ (x-1)f(x)=3\int_1^x f(t)dt$

다시 양변을 x에 관하여 미분하면

$f(x)+(x-1)f'(x)=3f(x)$

$\therefore\ (x-1)f'(x)=2f(x)\quad \cdots\cdots①$

$f(x)$의 최고차항을 $ax^n\ (a\neq0)$이라 하고, 양변의 최고차항을 비교하면

$nax^n=2ax^n$

$a\neq0$이므로 $n=2$

따라서 $f(x)=ax^2+bx+c$로 놓으면

$f'(x)=2ax+b$이므로 ①은

$(x-1)(2ax+b)=2(ax^2+bx+c)$

$\therefore\ 2ax^2+(-2a+b)x-b$
$=2ax^2+2bx+2c$

양변의 동류항의 계수를 비교하면

$-2a+b=2b,\ -b=2c$

한편 조건에서 $f(0)=c=1$

$\therefore\ a=1,\ b=-2$

$\therefore\ \boldsymbol{f(x)=x^2-2x+1}$

11-15. 조건 (가)의 양변을 x에 관하여 미분하면

$g'(x)+f(x)=x^2+x-2\quad \cdots\cdots①$

조건 (나)의 양변을 x에 관하여 미분하면

$f'(x)g(x)+f(x)g'(x)-f'(x)g(x)$
$=x^3-x^2-x+1$

$\therefore\ f(x)g'(x)=(x^2-1)(x-1)\ \cdots②$

①, ②에서

$\begin{cases} f(x)=x^2-1 \\ g'(x)=x-1 \end{cases}$ 또는 $\begin{cases} f(x)=x-1 \\ g'(x)=x^2-1 \end{cases}$

조건 (가)에 $x=0$을 대입하면

$g(0)=1$

조건 (나)에 $x=0$을 대입하면

$f(0)g(0)=-1\quad \therefore\ f(0)=-1$

$\therefore\ \begin{cases} \boldsymbol{f(x)=x^2-1} \\ \boldsymbol{g(x)=\dfrac{1}{2}x^2-x+1} \end{cases}$ 또는 $\begin{cases} \boldsymbol{f(x)=x-1} \\ \boldsymbol{g(x)=\dfrac{1}{3}x^3-x+1} \end{cases}$

11-16. $F(x)=\int_0^x f(t)dt$의 양변을 x에 관하여 미분하면

$F'(x)=f(x)$

또, $F(x)=x^2+ax|x-b|+cx$에서

$x>b$일 때

$F(x)=x^2+a(x^2-bx)+cx$

$\therefore\ f(x)=F'(x)=2x+a(2x-b)+c$

$x<b$일 때

$F(x)=x^2-a(x^2-bx)+cx$

$\therefore f(x)=\mathrm{F}'(x)=2x-a(2x-b)+c$

$f(x)$는 $x=b$에서 연속이므로

$f(b)=\lim_{x\to b+}f(x)=\lim_{x\to b-}f(x)$

$\therefore f(b)=2b+ab+c=2b-ab+c$

$\therefore ab=0 \quad \therefore f(b)=2b+c$ …①

$ab=0$에서 $a=0$ 또는 $b=0$

$a=0$일 때

$\mathrm{F}(x)=x^2+cx,\ f(x)=2x+c$

그런데 $\mathrm{F}(1)=0,\ f(0)=1$에서

$1+c=0,\ c=1$이고, 이 두 식을 동시에 만족시키는 c는 존재하지 않는다.

$\therefore a\neq0 \quad \therefore b=0$

①에서 $f(0)=c$이고 조건에서

$f(0)=1$이므로 $c=1$

$\therefore \mathrm{F}(x)=x^2+ax|x|+x$

$\mathrm{F}(1)=0$에서 $1+a+1=0$

$\therefore a=-2$

$$\therefore \boldsymbol{f(x)=\begin{cases}-2x+1 & (x\geq0)\\ 6x+1 & (x<0)\end{cases}}$$

12-1. 구하는 넓이를 S라고 하자.

(1)

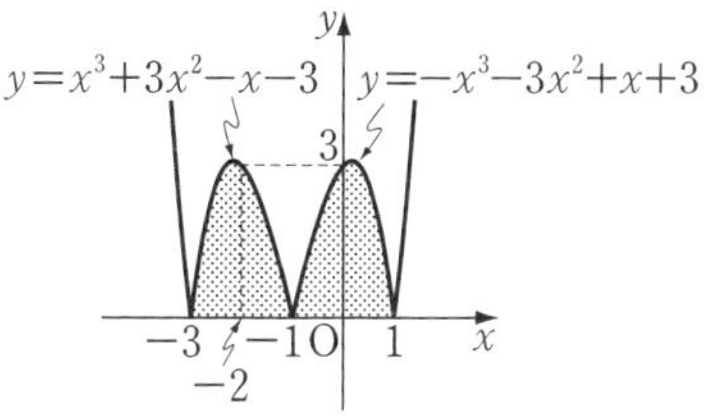

$$\mathrm{S}=\int_{-3}^{-1}(x^3+3x^2-x-3)dx+\int_{-1}^{1}(-x^3-3x^2+x+3)dx=8$$

(2)

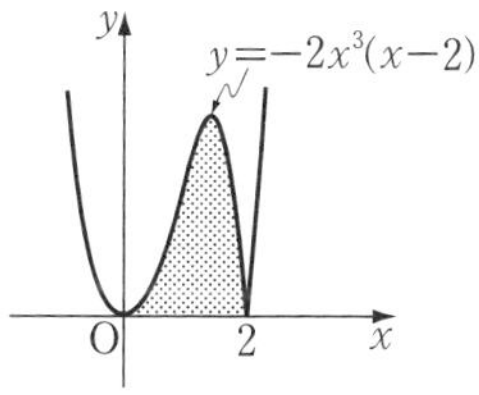

$$\mathrm{S}=\int_0^2\{-2x^3(x-2)\}dx=\boldsymbol{\frac{16}{5}}$$

(3)

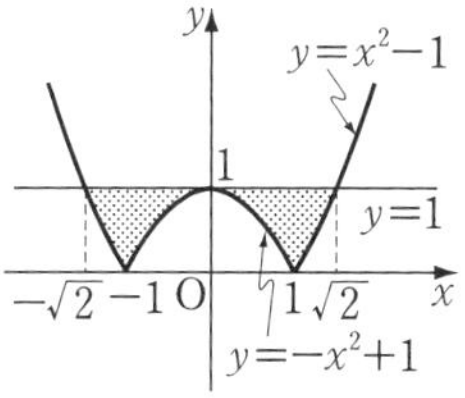

$$\mathrm{S}=2\left[\int_0^1\{1-(-x^2+1)\}dx+\int_1^{\sqrt{2}}\{1-(x^2-1)\}dx\right]=\boldsymbol{\frac{8}{3}(\sqrt{2}-1)}$$

(4)

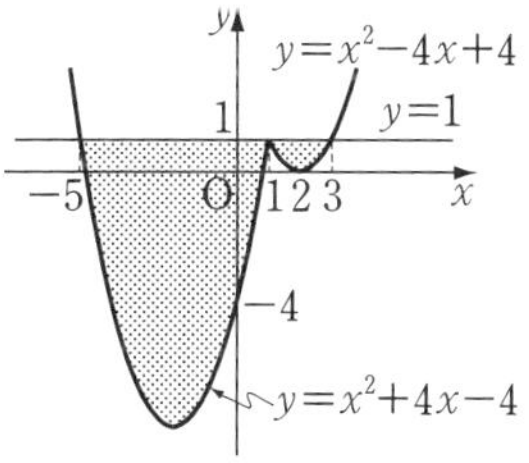

$$\mathrm{S}=\int_{-5}^{1}\{1-(x^2+4x-4)\}dx+\int_1^3\{1-(x^2-4x+4)\}dx=\boldsymbol{\frac{112}{3}}$$

(5)

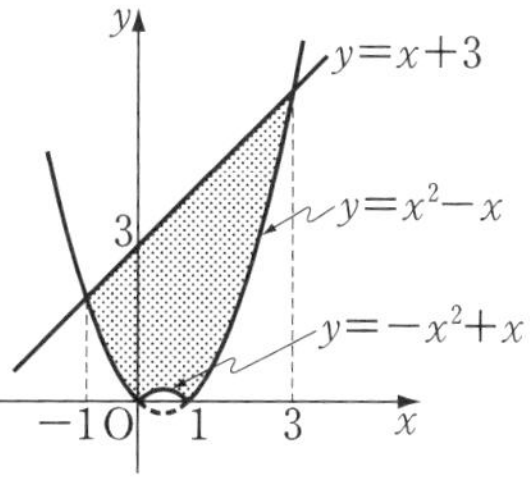

$$\mathrm{S}=\int_{-1}^{3}\{(x+3)-(x^2-x)\}dx-2\int_0^1(-x^2+x)dx=\boldsymbol{\frac{31}{3}}$$

(6)

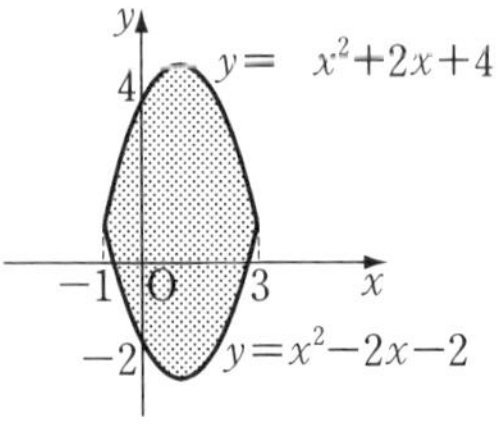

$$S=\int_{-1}^{3}\left\{(-x^2+2x+4)-(x^2-2x-2)\right\}dx$$

$$=\mathbf{\frac{64}{3}}$$

12-2. $y=\sqrt{a-x}$ 에서

$$x=-y^2+a\ (y\geq 0)$$

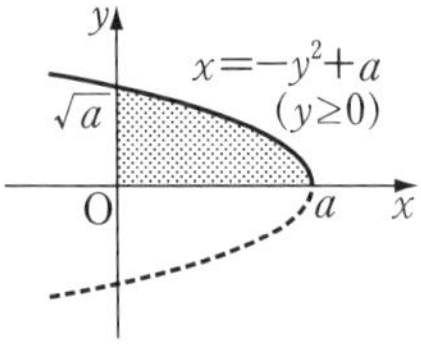

위의 그림에서

$$\int_0^{\sqrt{a}} x\,dy=\int_0^{\sqrt{a}}(-y^2+a)dy$$

$$=\frac{2}{3}a\sqrt{a}=18$$

$\therefore\ a\sqrt{a}=27 \quad \therefore\ a^3=27^2=9^3$

a는 실수이므로 $\boldsymbol{a=9}$

12-3. $\int_0^2 f(t)dt=a$ ......①

로 놓으면 $f(x)=x^3-3x+a$

이것을 ①에 대입하면

$$\int_0^2(t^3-3t+a)dt=a$$

$\therefore\ 2a-2=a \quad \therefore\ a=2$

$\therefore\ f(x)=x^3-3x+2=(x-1)^2(x+2)$

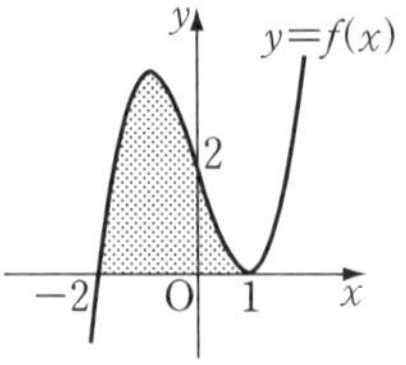

구하는 넓이를 S라고 하면

$$S=\int_{-2}^{1}(x^3-3x+2)dx=\mathbf{\frac{27}{4}}$$

12-4. x^2의 계수가 1이고 $f(3)=0$인 이차함수이므로

$$f(x)=(x-3)(x-a)$$

$$=x^2-(a+3)x+3a$$

로 놓을 수 있다.

$$\int_0^{2020}f(x)dx=\int_3^{2020}f(x)dx \text{ 에서}$$

$$\int_0^3 f(x)dx=0$$

$$\therefore\ \int_0^3\left\{x^2-(a+3)x+3a\right\}dx$$

$$=\frac{9}{2}a-\frac{9}{2}=0$$

$\therefore\ a=1 \quad \therefore\ f(x)=x^2-4x+3$

따라서 구하는 넓이를 S라고 하면

$$S=-\int_1^3(x^2-4x+3)dx=\mathbf{\frac{4}{3}}$$

12-5. $-\frac{1}{4}(x+1)^2+4=0$에서

$$x=3,\ -5$$

따라서 점 A의 좌표는 (3, 0)이다.

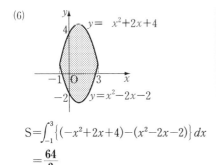

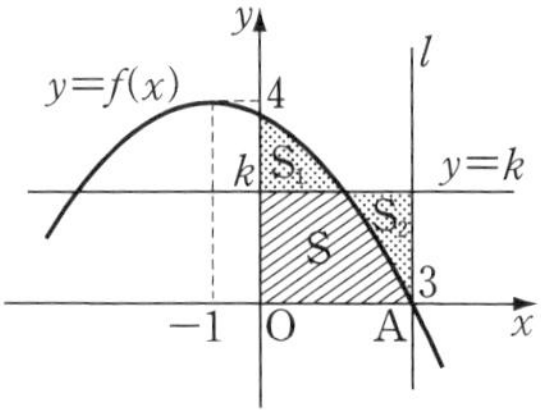

위의 그림에서 빗금 친 부분의 넓이를 S라고 하면 $S_1+S=S_2+S$이므로

$$\int_0^3\left\{-\frac{1}{4}(x+1)^2+4\right\}dx=3k$$

$\therefore\ \frac{27}{4}=3k \quad \therefore\ \boldsymbol{k=\frac{9}{4}}$

***Note** 구간 [0, 3]에서 곡선 $y=f(x)$와 직선 $y=k$로 둘러싸인 두 부분의 넓이가 같으므로 ⇦ p. 190

$$\int_0^3\left\{-\frac{1}{4}(x+1)^2+4-k\right\}dx=0$$

$$\therefore\ \frac{27}{4}-3k=0 \qquad \therefore\ \boldsymbol{k=\frac{9}{4}}$$

12-6. 원점을 지나는 직선의 방정식을 $y=mx$라고 하자.

직선 $y=mx$와 곡선 $y=4x-x^3$의 교점의 x좌표는 $mx=4x-x^3$에서

$$x=0,\ \pm\sqrt{4-m}\ (0<m<4)$$

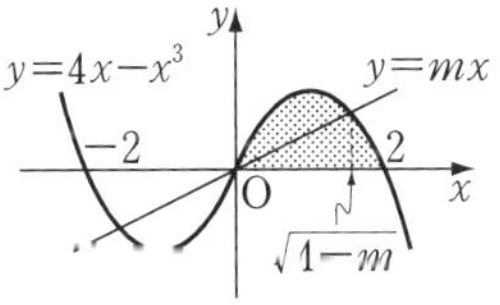

문제의 조건에서

$$\int_0^2(4x-x^3)dx$$

$$=2\int_0^{\sqrt{4-m}}(4x-x^3-mx)dx$$

$$\therefore\ 4=2\times\frac{(4-m)^2}{4}$$

$0<m<4$이므로 $m=4-2\sqrt{2}$

$$\therefore\ \boldsymbol{y=2(2-\sqrt{2})x}$$

12-7. 두 곡선의 교점의 x좌표는

$x^2-2=-x^2+\dfrac{2}{r^2}$에서 $x=\pm\sqrt{1+\dfrac{1}{r^2}}$

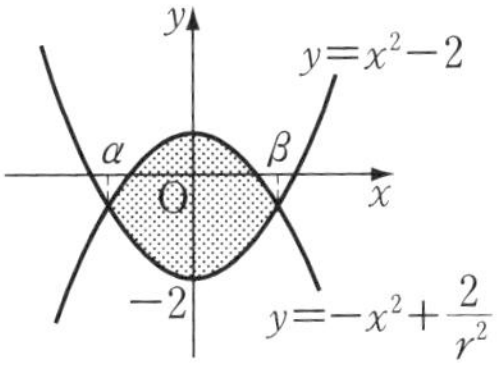

$\alpha=-\sqrt{1+\dfrac{1}{r^2}},\ \beta=\sqrt{1+\dfrac{1}{r^2}}$

이라고 하면

$$S_r=\int_\alpha^\beta\left\{\left(-x^2+\frac{2}{r^2}\right)-(x^2-2)\right\}dx$$

$$=\frac{2}{6}(\beta-\alpha)^3=\frac{1}{3}\left(2\sqrt{1+\frac{1}{r^2}}\right)^3$$

$$\therefore\ \lim_{r\to\infty}S_r=\lim_{r\to\infty}\frac{1}{3}\left(2\sqrt{1+\frac{1}{r^2}}\right)^3$$

$$=\boldsymbol{\frac{8}{3}}$$

Note $r\longrightarrow\infty$일 때 $y=-x^2+\dfrac{2}{r^2}$는 $y=-x^2$에 한없이 가까워지므로 두 곡선 $y=-x^2$, $y=x^2-2$로 둘러싸인 도형의 넓이를 구해도 된다.

12-8. 두 곡선의 교점의 x좌표는

$x^{n+1}=x^n$에서 $x^n(x-1)=0$

$$\therefore\ x=0,\ 1$$

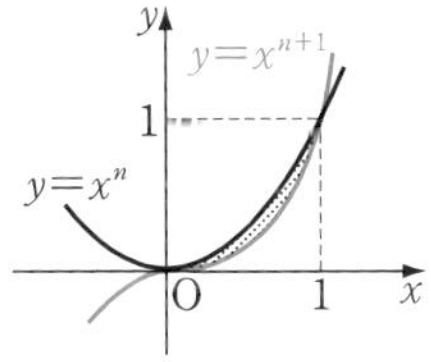

$0\le x\le 1$에서 $x^n\ge x^{n+1}$이므로

$$S_n=\int_0^1(x^n-x^{n+1})dx$$

$$=\frac{1}{n+1}-\frac{1}{n+2}$$

(1) $\displaystyle\sum_{n=1}^{10}S_n=\sum_{n=1}^{10}\left(\frac{1}{n+1}-\frac{1}{n+2}\right)$

$$=\frac{1}{2}-\frac{1}{12}=\boldsymbol{\frac{5}{12}}$$

(2) $S_n=\dfrac{1}{(n+1)(n+2)}<\dfrac{1}{100}$에서

$$(n+1)(n+2)>100$$

n은 자연수이므로 $n\ge9$이고, 최솟값은 **9**

12-9. 포물선 P를 x축의 방향으로 1만큼, y축의 방향으로 a만큼 평행이동한 포물선의 방정식은 $y=3x^2+a$

이 포물선과 포물선 $y=3(x-1)^2$의 교점의 x좌표는

$3x^2+a=3(x-1)^2$에서 $x=\dfrac{3-a}{6}$

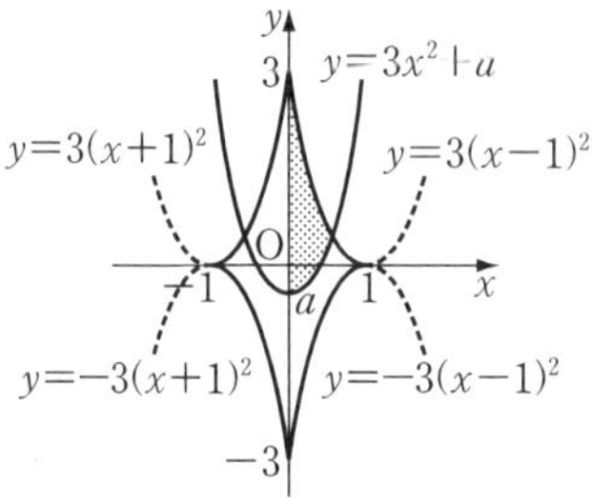

위의 그림에서 점 찍은 부분의 넓이는

$$\int_0^{\frac{3-a}{6}}\left\{3(x-1)^2-(3x^2+a)\right\}dx$$
$$=\int_0^{\frac{3-a}{6}}(-6x+3-a)dx$$
$$=\frac{1}{12}(3-a)^2$$

한편 $\int_0^1 3(x-1)^2dx=1$이므로 문제의 조건에서 $\frac{1}{12}(3-a)^2=1$

$-3<a<3$이므로 $\boldsymbol{a=3-2\sqrt{3}}$

12-10.

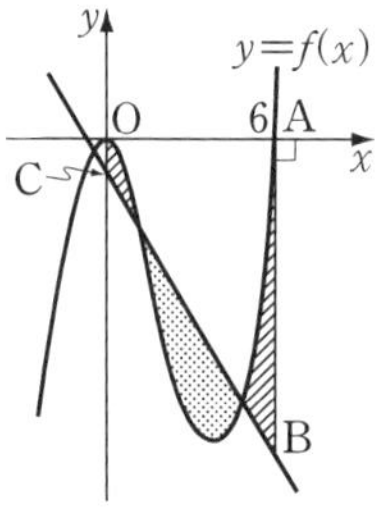

문제의 조건으로부터 위의 그림에서 빗금 친 두 부분의 넓이의 합과 점 찍은 부분의 넓이가 같다.

직선 BC의 방정식을 $y=mx+n$으로 놓으면 점 A(6, 0)이므로

$$\int_0^6\left\{(x^3-6x^2)-(mx+n)\right\}dx=0$$
$$\therefore\ -108-18m-6n=0$$
$$\therefore\ n=-3m-18$$

$y=mx+n$에 대입하고 정리하면

$$m(x-3)-(y+18)=0$$

따라서 m의 값에 관계없이 $x=3$, $y=-18$인 점, 곧 **(3, −18)**을 지난다.

12-11.

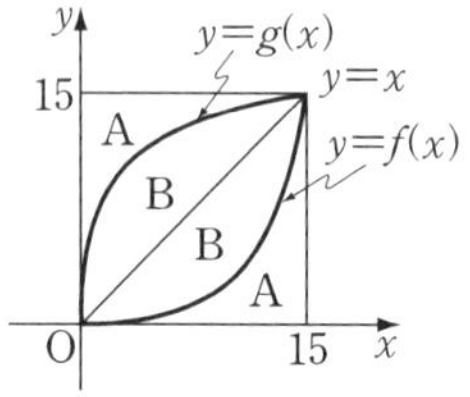

곡선 $y=f(x)$와 곡선 $y=g(x)$는 직선 $y=x$에 대하여 대칭이다.

따라서 곡선 $y=f(x)$, $y=g(x)$와 직선 $y=x$에 의하여 나누어진 부분의 넓이를 위의 그림과 같이 A, B, B, A라고 하면

$$2A : 2B=2 : 3,\ 2A+2B=15^2$$
$$\therefore\ A=45,\ B=\frac{135}{2}$$
$$\therefore\ \int_0^{15}f(x)dx=A=\mathbf{45}$$

12-12. 곡선 $y=-3x(x+1)$과 곡선 $x=-3y(y+1)$은 직선 $y=x$에 대하여 대칭이다.

직선 $y=x$와 곡선 $y=-3x(x+1)$의 교점의 x좌표는

$$x=-3x(x+1)\text{에서}\quad x=0,\ -\frac{4}{3}$$

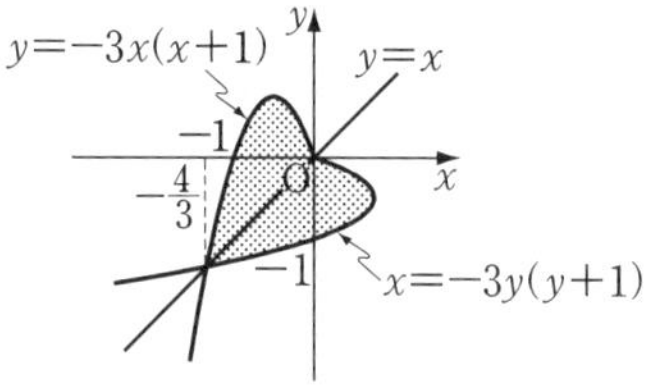

구하는 넓이를 S라고 하면

$$S=2\int_{-\frac{4}{3}}^{0}\left\{-3x(x+1)-x\right\}dx$$
$$=2\int_{-\frac{4}{3}}^{0}\left\{-3x\left(x+\frac{4}{3}\right)\right\}dx$$
$$=2\times\frac{3}{6}\left(0+\frac{4}{3}\right)^3=\mathbf{\frac{64}{27}}$$

12-13. 곡선 $y=f(x)$ 위의 두 점 $\mathrm{P}\big(a,\ f(a)\big)$, $\mathrm{Q}\big(b,\ f(b)\big)$에 대하여 $0<a<b<1$이면 $\dfrac{f(a)}{a}>\dfrac{f(b)}{b}$이다.

그런데 $\dfrac{f(a)}{a}$, $\dfrac{f(b)}{b}$는 각각 원점 O에 대하여 직선 OP, OQ의 기울기이므로 $0<x<1$에서 곡선 $y=f(x)$의 개형은 아래 왼쪽과 같다.

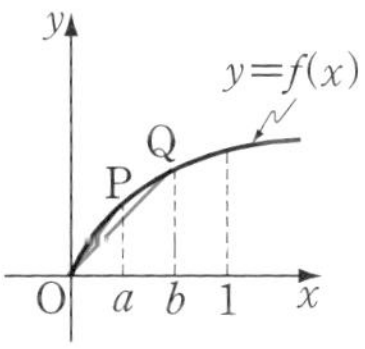

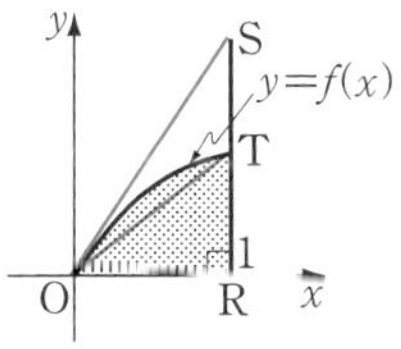

한편 $f'(0)$은 원점 O에서의 접선의 기울기이므로 위의 오른쪽 그림에서 $\dfrac{\mathrm{A}}{2}$는 $\triangle$ORS의 넓이, $\dfrac{\mathrm{B}}{2}$는 $\triangle$ORT의 넓이, $\dfrac{\mathrm{C}}{2}$는 점 찍은 부분의 넓이이다.

$\therefore\ \dfrac{\mathrm{A}}{2}>\dfrac{\mathrm{C}}{2}>\dfrac{\mathrm{B}}{2}\qquad \therefore\ \mathbf{A>C>B}$

12-14. $y=\big|x\,|x-2|-3\big|$에서

$x\ge2$일 때

$y=|x^2-2x-3|=\big|(x+1)(x-3)\big|$

$x<2$일 때

$y=|-x^2+2x-3|=(x-1)^2+2$

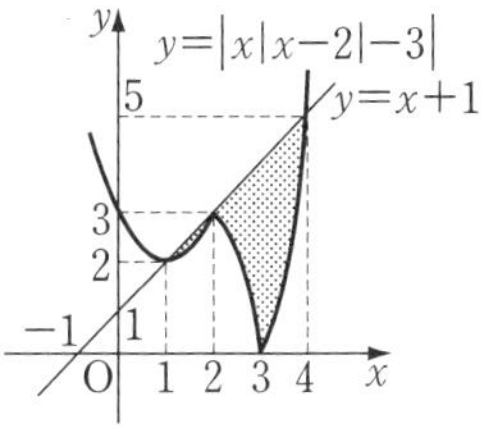

구하는 넓이를 S라고 하면

$$\mathrm{S}=\int_1^2\big\{(x+1)-(x^2-2x+3)\big\}dx$$
$$+\int_2^3\big\{(x+1)-(-x^2+2x+3)\big\}dx$$
$$+\int_3^4\big\{(x+1)-(x^2-2x-3)\big\}dx$$
$$=\mathbf{\frac{25}{6}}$$

12-15. $y=x^3-4x^2+x+6$
$=(x+1)(x-2)(x-3)$

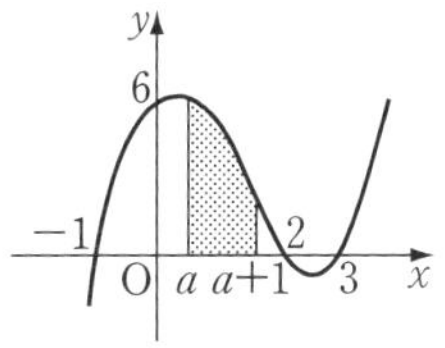

$|a|\le1$, 곧 $-1\le a\le1$에서
$0\le a+1\le2$

따라서 구간 $[a,\ a+1]$은 구간 $[-1,\ 2]$에 포함되면서 움직이고, 이때 $y\ge0$이다.

구간 $[a,\ a+1]$에서 곡선과 x축 사이의 넓이를 $\mathrm{S}(a)$라고 하면

$$\mathrm{S}(a)=\int_a^{a+1}(x^3-4x^2+x+6)dx$$
$$=a^3-\frac{5}{2}a^2-2a+\frac{65}{12}$$
$$\therefore\ \mathrm{S}'(a)=3a^2-5a-2$$
$$=(3a+1)(a-2)$$

증감을 조사하면 $\mathrm{S}(a)$는 $\boldsymbol{a=-\dfrac{1}{3}}$일 때 최대이다.

12-16. 주어진 포물선을 x축의 방향으로 $-x_1$만큼 평행이동한 포물선의 방정식을

$y=\mathrm{A}x^2+\mathrm{B}x+\mathrm{C}$ ……①

이라고 하면

$$\mathrm{S}=\int_{-h}^{h}(\mathrm{A}x^2+\mathrm{B}x+\mathrm{C})dx$$
$$=\frac{h}{3}(2\mathrm{A}h^2+6\mathrm{C})\qquad\cdots\cdots②$$

세 점 $(-h,\ y_0)$, $(0,\ y_1)$, $(h,\ y_2)$의 좌표를 각각 ①에 대입하면

$\mathrm{A}h^2-\mathrm{B}h+\mathrm{C}=y_0,\ \mathrm{C}=y_1,$

$$Ah^2+Bh+C=y_2$$

$\therefore$ $C=y_1$, $2Ah^2=y_0+y_2-2y_1$

이것을 ②에 대입하면

$$S=\frac{h}{3}(y_0+4y_1+y_2)$$

12-17. 조건식에서

$x=y^2+1$, $x=\frac{1}{4}y^2+4$, $x=\frac{1}{9}y^2+9$

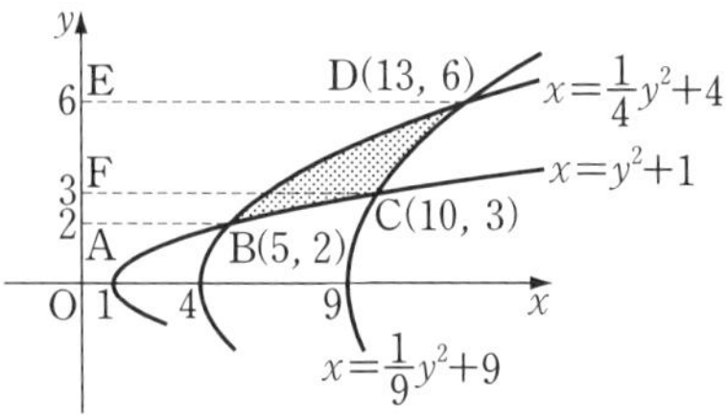

구하는 넓이를 S라고 하면

S=(도형 ABCF)+(도형 CDEF)
−(도형 ABDE)

$$=\int_2^3(y^2+1)dy+\int_3^6\left(\frac{1}{9}y^2+9\right)dy-\int_2^6\left(\frac{1}{4}y^2+4\right)dy$$

$=$**8**

12-18. l : $y=ax+b$ ……①

$y=x^2+4x+5$ ……②

$y=x^2-2x+5$ ……③

①, ②가 접하면 $ax+b=x^2+4x+5$ 에서 판별식을 D_1이라고 할 때,

$D_1=(4-a)^2-4(5-b)=0$ ……④

①, ③이 접하면 $ax+b=x^2-2x+5$ 에서 판별식을 D_2라고 할 때,

$D_2=(2+a)^2-4(5-b)=0$ ……⑤

④, ⑤에서 $a=1$, $b=\frac{11}{4}$

따라서 직선 l의 방정식은

$$y=x+\frac{11}{4}$$

이때, ①과 ②, ①과 ③의 접점의 x좌표는 각각 $x=-\frac{3}{2}$, $\frac{3}{2}$

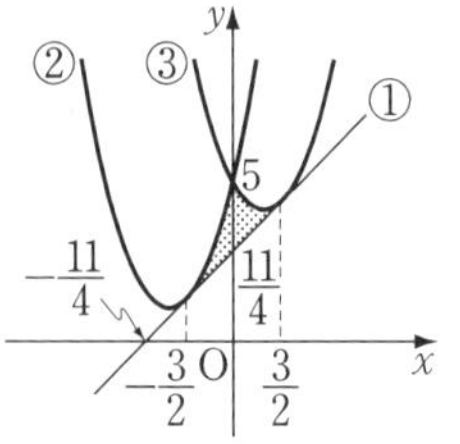

구하는 넓이를 S라고 하면

$$S=\int_{-\frac{3}{2}}^0\left\{(x^2+4x+5)-\left(x+\frac{11}{4}\right)\right\}dx+\int_0^{\frac{3}{2}}\left\{(x^2-2x+5)-\left(x+\frac{11}{4}\right)\right\}dx$$

$=\mathbf{\frac{9}{4}}$

12-19. $y=x^2$에서 $y'=2x$

$y=-x^2$에서 $y'=-2x$

따라서 점 P, Q에서의 접선의 기울기는 각각 $2a$, $-2a$이다.

두 접선이 수직으로 만나므로

$2a\times(-2a)=-1$ $\therefore$ $a=\frac{1}{2}$ ($\because$ $a>0$)

$$\therefore\ P\left(\frac{1}{2},\ \frac{1}{4}\right),\ Q\left(\frac{1}{2},\ -\frac{1}{4}\right)$$

접선의 방정식은 각각

$y-\frac{1}{4}=x-\frac{1}{2}$, $y+\frac{1}{4}=-\left(x-\frac{1}{2}\right)$

$\therefore$ $y=x-\frac{1}{4}$, $y=-x+\frac{1}{4}$

이때, 점 R의 x좌표는

$x-\frac{1}{4}=-x+\frac{1}{4}$에서 $x=\frac{1}{4}$

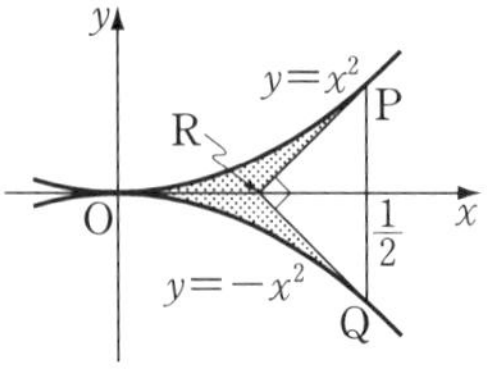

구하는 넓이를 S라고 하면

$$S=2\int_0^{\frac{1}{2}}x^2dx-\triangle PQR$$

$=2\times\frac{1}{24}-\frac{1}{2}\times\frac{1}{2}\times\frac{1}{4}=\mathbf{\frac{1}{48}}$

12-20. 직선 PQ의 방정식을

$y=mx+n$이라고 하면

$$x^4+ax^3+bx^2=mx+n$$

은 중근 $x=-2,\ 1$을 가진다.

$$\therefore\ x^4+ax^3+bx^2-mx-n$$
$$=(x+2)^2(x-1)^2$$
$$=x^4+2x^3-3x^2-4x+4\ge0$$

따라서 구하는 넓이를 S라고 하면

$$S=\int_{-2}^{1}(x^4+2x^3-3x^2-4x+4)dx=\mathbf{\frac{81}{10}}$$

12-21. $\triangle OAB=\frac{1}{2}\times3\times2=3$

이때, $S_1:S_2=5:7$이므로

$$S_2=\triangle OAB\times\frac{7}{12}=3\times\frac{7}{12}=\frac{7}{4}\quad\cdots①$$

직선 AB의 방정식은

$$\frac{x}{3}+\frac{y}{2}=1\qquad\therefore\ x=-\frac{3}{2}y+3$$

따라서 직선 AB와 곡선 $y=\sqrt{ax}$, 곧 $x=\frac{1}{a}y^2(y\ge0)$의 교점의 y좌표를 p $(0<p<2)$라고 하면

$$\frac{1}{a}p^2=-\frac{3}{2}p+3\qquad\cdots\cdots②$$

한편 S_2는 구간 $[0,\ p]$에서 직선 $x=-\frac{3}{2}y+3$과 곡선 $x=\frac{1}{a}y^2$ 사이의 넓이이므로

$$S_2=\int_0^p\left\{\left(-\frac{3}{2}y+3\right)-\frac{1}{a}y^2\right\}dy$$
$$=-\frac{1}{3a}p^3-\frac{3}{4}p^2+3p\qquad⇦②$$
$$=-\frac{1}{3}p\left(-\frac{3}{2}p+3\right)-\frac{3}{4}p^2+3p$$
$$=-\frac{1}{4}p^2+2p\qquad\cdots\cdots③$$

①, ③에서 $-\frac{1}{4}p^2+2p=\frac{7}{4}$

$$\therefore\ (p-1)(p-7)=0$$

$0<p<2$이므로 $p=1$

이것을 ②에 대입하면

$$\frac{1}{a}=\frac{3}{2}\qquad\therefore\ \mathbf{a=\frac{2}{3}}$$

12-22.

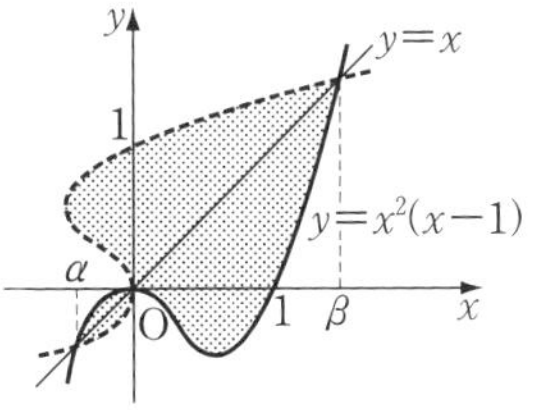

위의 그림에서 곡선과 직선의 교점의 x좌표는 $x^2(x-1)=x$, 곧

$$x(x^2-x-1)=0$$

에서 $x=0$과 $x^2-x-1=0$의 두 근이다.

$x^2-x-1=0$의 두 근을

$$\alpha,\ \beta\ (\alpha<0<\beta)$$

라 하고, 구하는 넓이를 S라고 하면

$$S=2\left\{\int_\alpha^0(x^3-x^2-x)dx+\int_0^\beta(x-x^3+x^2)dx\right\}$$
$$=2\left\{-\frac{1}{4}(\alpha^4+\beta^4)+\frac{1}{3}(\alpha^3+\beta^3)+\frac{1}{2}(\alpha^2+\beta^2)\right\}$$

그런데 $\alpha+\beta=1$, $\alpha\beta=-1$이므로

$$\alpha^2+\beta^2=(\alpha+\beta)^2-2\alpha\beta$$
$$=1-2\times(-1)=3$$
$$\alpha^3+\beta^3=(\alpha+\beta)^3-3\alpha\beta(\alpha+\beta)$$
$$=1-3\times(-1)\times1=4$$
$$\alpha^4+\beta^4=(\alpha^2+\beta^2)^2-2\alpha^2\beta^2$$
$$=3^2-2\times(-1)^2=7$$
$$\therefore\ S=2\left(-\frac{7}{4}+\frac{4}{3}+\frac{3}{2}\right)=\mathbf{\frac{13}{6}}$$

12-23.

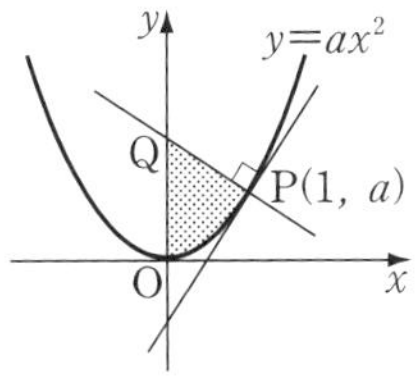

$y'=2ax$이므로 점 $P(1, a)$에서의 접선의 기울기는 $2a$이고, 이 점에서의 법선의 방정식은

$$y-a=-\frac{1}{2a}(x-1)$$

$$\therefore\ y=-\frac{1}{2a}x+\frac{1}{2a}+a$$

$$\therefore\ S(a)=\int_0^1\left\{\left(-\frac{1}{2a}x+\frac{1}{2a}+a\right)-ax^2\right\}dx$$

$$=\frac{2a}{3}+\frac{1}{4a}$$

$a>0$이므로

$$\frac{2a}{3}+\frac{1}{4a}\ge 2\sqrt{\frac{2a}{3}\times\frac{1}{4a}}=\frac{\sqrt{6}}{3}$$

등호는 $\frac{2a}{3}=\frac{1}{4a}$, 곧 $a=\frac{\sqrt{6}}{4}$일 때 성립한다.

따라서 $\boldsymbol{a=\frac{\sqrt{6}}{4}}$**일 때 최솟값** $\boldsymbol{\frac{\sqrt{6}}{3}}$

12-24. (1) 직선 PQ의 방정식은

$$y-3\alpha^2=\frac{3\beta^2-3\alpha^2}{\beta-\alpha}(x-\alpha)$$

$$\therefore\ y=3(\alpha+\beta)x-3\alpha\beta$$

이 직선과 포물선 $y=3x^2$으로 둘러싸인 도형의 넓이가 4이므로

$$\int_\alpha^\beta\left\{3(\alpha+\beta)x-3\alpha\beta-3x^2\right\}dx$$

$$=-3\int_\alpha^\beta(x-\alpha)(x-\beta)dx$$

$$=\frac{1}{2}(\beta-\alpha)^3=4$$

$$\therefore\ (\beta-\alpha)^3=8$$

α, β는 실수이므로

$$\beta-\alpha=2 \qquad \cdots\cdots①$$

선분 PQ의 중점 M의 좌표를 (x, y)라고 하면

$$x=\frac{\alpha+\beta}{2} \qquad \cdots\cdots②$$

$$y=\frac{3(\alpha^2+\beta^2)}{2} \qquad \cdots\cdots③$$

①, ②를 α, β에 관하여 연립하여 풀면 $\alpha=x-1$, $\beta=x+1$

이것을 ③에 대입하여 정리하면

$$\boldsymbol{y=3(x^2+1)}$$

(2) $\overline{PQ}=\sqrt{(\beta-\alpha)^2+(3\beta^2-3\alpha^2)^2}$

$$=\sqrt{(\beta-\alpha)^2\left\{1+9(\beta+\alpha)^2\right\}}$$

①을 대입하면

$$\overline{PQ}=2\sqrt{36\alpha^2+72\alpha+37}$$

$$\therefore\ \lim_{\alpha\to\infty}\frac{\overline{PQ}}{\alpha}=\lim_{\alpha\to\infty}2\sqrt{36+\frac{72}{\alpha}+\frac{37}{\alpha^2}}$$

$$=\boldsymbol{12}$$

12-25.

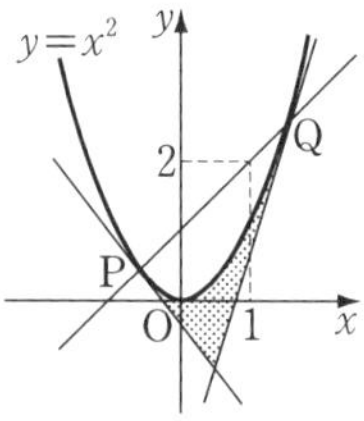

(1) 점 (1, 2)를 지나고 기울기가 k인 직선의 방정식은

$$y=k(x-1)+2$$

따라서 $x^2=k(x-1)+2$, 곧

$$x^2-kx+k-2=0 \qquad \cdots\cdots①$$

의 두 근을 α, $\beta\ (\alpha<\beta)$라고 하면

$$P(\alpha, \alpha^2),\ Q(\beta, \beta^2)$$

한편 $y=x^2$에서 $y'=2x$이므로

점 P에서의 접선의 방정식은

$$y=2\alpha x-\alpha^2 \qquad \cdots\cdots②$$

점 Q에서의 접선의 방정식은

$$y=2\beta x-\beta^2 \qquad \cdots\cdots③$$

두 접선 ②, ③의 교점을 R라고 하면

$$R\left(\frac{\alpha+\beta}{2},\ \alpha\beta\right)$$

한편 선분 PQ의 중점을 M이라고 하면

$$M\left(\frac{\alpha+\beta}{2},\ \frac{\alpha^2+\beta^2}{2}\right)$$

점 M, R의 x좌표가 같으므로 선분 MR를 밑변으로 하는 두 삼각형의 넓

이의 합을 생각하면

$$\triangle PQR=\frac{1}{2}\times\overline{MR}\times(\beta-\alpha)$$
$$=\frac{1}{2}\left(\frac{\alpha^2+\beta^2}{2}-\alpha\beta\right)(\beta-\alpha)$$
$$=\frac{1}{4}(\beta-\alpha)^3$$

①에서 $\alpha+\beta=k$, $\alpha\beta=k-2$이므로

$$\beta-\alpha=\sqrt{(\alpha+\beta)^2-4\alpha\beta}$$
$$=\sqrt{k^2-4(k-2)}$$
$$=\sqrt{k^2-4k+8}$$
$$\therefore\ \triangle PQR=\mathbf{\frac{1}{4}\left(\sqrt{k^2-4k+8}\right)^3}$$

(2) 직선 PQ와 포물선 $y=x^2$으로 둘러싸인 도형의 넓이는

$$\int_\alpha^\beta\left\{k(x-1)+2-x^2\right\}dx$$
$$=-\int_\alpha^\beta(x-\alpha)(x-\beta)dx$$
$$=\frac{1}{6}(\beta-\alpha)^3$$

이므로

$$S(k)=\triangle PQR-\frac{1}{6}(\beta-\alpha)^3$$
$$=\frac{1}{4}(\beta-\alpha)^3-\frac{1}{6}(\beta-\alpha)^3$$
$$=\frac{1}{12}(\beta-\alpha)^3$$
$$=\frac{1}{12}\left(\sqrt{k^2-4k+8}\right)^3$$
$$=\frac{1}{12}\left\{\sqrt{(k-2)^2+4}\right\}^3$$

$-3\le k\le 3$이므로

최댓값 $S(-3)=\mathbf{\frac{29\sqrt{29}}{12}}$,

최솟값 $S(2)=\mathbf{\frac{2}{3}}$

13-1. (1) (참) A, C가 움직인 시간도 같고, 위치의 변화량도 같으므로 평균속도는 같다.

(2) (참) $v'=0$인 점에서 가속도는 0이다. 그런데 B에서는 극값이 1개, C에서는 극값이 3개이므로 가속도가 0인 점이 각각 1개, 3개이다.

(3) (참) $v\ge0$이면 v의 그래프와 t축으로 둘러싸인 도형의 넓이는 각 자동차가 움직인 거리이므로 모두 같다.

13-2. 출발하고 x분 동안 3 km를 달렸다고 하면

$$\int_0^x\left(\frac{3}{4}t^2+\frac{1}{2}t\right)dt=\frac{1}{4}x^3+\frac{1}{4}x^2=3$$
$$\therefore\ (x-2)(x^2+3x+6)=0$$

$x^2+3x+6>0$이므로 $x=2$

따라서 2분 동안 3 km를 달리고, 이후의 속도는

$$v(2)=\frac{3}{4}\times2^2+\frac{1}{2}\times2=4$$

따라서 열차가 달린 거리는 처음 2분 동안은 3 km이고, 나머지 3분 동안은 $4\times3=12$ (km)이므로

$$3+12=\mathbf{15\,(km)}$$

13-3. $1.2t=24$에서 $t=20$(초),
$24-1.2t=0$에서 $t=20$(초)

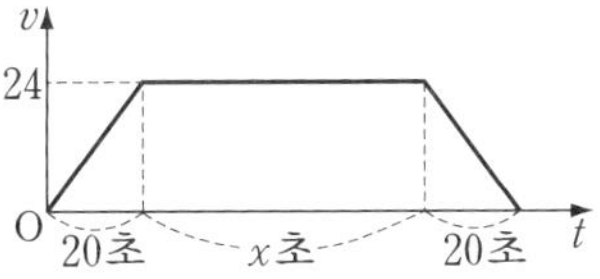

등속으로 달린 시간을 x초라고 하면

$$\int_0^{20}1.2t\,dt+24x+\int_0^{20}(24-1.2t)dt=2400$$
$$\therefore\ 240+24x+240=2400$$
$$\therefore\ x=80$$

따라서 전체 걸린 시간은

$$20+80+20=\mathbf{120}\text{ (초)}$$

13-4. t초 후의 속도를 v m/s, 가속도를 a m/s^{2}이라고 하면 $v=5+at$

정지할 때까지 소요된 시간은

$v=0$에서 $t=-\frac{5}{a}$

따라서 정지할 때까지 공이 굴러간 거리를 x m라고 하면

$$x=\int_0^{-\frac{5}{a}}(5+at)dt=-\frac{25}{2a}$$

한편 조건에서 $x=50$이므로

$$-\frac{25}{2a}=50 \quad \therefore\ a=-\frac{1}{4}\ (\mathbf{m/s^2})$$

13-5. (1) (참) $\int_0^a f(t)dt>\int_0^a g(t)dt$

이므로 A가 B보다 높은 위치에 있다.

(2) (참) 높이의 차는 $\int_0^t\{f(t)-g(t)\}dt$ 이다. 그런데

$0<t<b$일 때 $f(t)-g(t)>0$,

$b<t\le c$일 때 $f(t)-g(t)<0$

이므로 $t=b$일 때 높이의 차가 최대이다.

(3) (참) 점 찍은 두 부분의 넓이가 같으므로

$$\int_0^c f(t)dt=\int_0^c g(t)dt$$

따라서 같은 높이에 있다.

13-6. $v(t)=3t(2-t)$에서 $0<t<2$일 때 $v(t)>0$이고 $t=2$일 때 $v(t)=0$이므로, $t=2$일 때 수면이 상승하는 것을 중지한다.

$t=2$일 때 물의 깊이 x는

$$x=\int_0^2|v(t)|dt=\int_0^2 3t(2-t)dt=4$$

이때의 부피는

$$\frac{1}{3}\times \mathrm{S}(4)\times 4=\frac{1}{3}\times 16\pi\times 4=\frac{64}{3}\pi$$

13-7. 점 P의 운동 방향이 바뀔 때 $v(t)=0$이므로

$3t^2-12=0 \quad \therefore\ t^2=4$

$t>0$이므로 $t=2$ ……①

점 A의 위치를 a라 하고, 시각 t에서의 점 P의 위치를 $x(t)$라고 하면 ①에서 $x(2)=0$이므로

$$x(2)=a+\int_0^2 v(t)dt$$
$$=a+\int_0^2(3t^2-12)dt$$
$$=a-16=0$$
$$\therefore\ a=\mathbf{16}$$

13-8. $v'(t)=4t(t-1)(t-2)$

증감을 조사하면 $v(t)$가 감소하는 구간은 $1\le t\le 2$

이때, $v(t)\ge 0$이므로 점 P가 움직인 거리는

$$\int_1^2 v(t)dt=\int_1^2(t^4-4t^3+4t^2)dt=\frac{8}{15}$$

13-9. (1) 두 역 사이의 거리는

$$\int_0^6|v(t)|dt=\int_0^6|40t^2(6-t)|dt$$
$$=\int_0^6(240t^2-40t^3)dt$$
$$=\mathbf{4320\,(m)}$$

(2) $v'(t)=120t(4-t)$이므로 증감을 조사하면 $v(t)$는 $t=4$일 때 최대이다.

따라서 $t=4$일 때 전철의 위치는

$$\int_0^4 v(t)dt=\int_0^4(240t^2-40t^3)dt$$
$$=\mathbf{2560\,(m)}$$

13-10. 점 P가 출발한 지 t초 후 점 P의 속도를 v_{P}라고 하면

$$v_{\mathrm{P}}=6+\int_0^t 2dt=2t+6$$

점 A를 원점으로 할 때, 점 P가 출발한 지 t초 후 점 P, Q의 위치를 각각 x_{P}, x_{Q}라고 하면

$$x_{\mathrm{P}}=\int_0^t(2t+6)dt=t^2+6t,$$
$$x_{\mathrm{Q}}=k(t-2)\ (k>0,\ t\ge 2)$$

점 Q가 점 P를 따라잡을 때에는

$x_{\mathrm{P}}=x_{\mathrm{Q}}$이므로 $t^2+6t=k(t-2)$

곧, $t^2-(k-6)t+2k=0$

의 실근이 $t>2$에서 존재해야 한다.

$f(t)=t^2-(k-6)t+2k$로 놓으면
$f(2)>0$이므로

$$(\text{축})=\frac{k-6}{2}>2,$$

$$D=(k-6)^2-8k\geq 0$$

$$\therefore\ k\geq 18$$

따라서 k의 최솟값은 **18**

13-11.

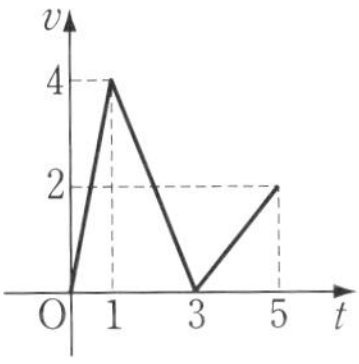

$t=0$일 때부터 $t=x$일 때까지, $t=x$일 때부터 $t=x+2$일 때까지, $t=x+2$일 때부터 $t=5$일 때까지 움직인 거리를 각각 l_1, l_2, l_3이라고 하자.

l_1, l_2, l_3은 주어진 구간에서 $v(t)$의 그래프와 t축으로 둘러싸인 부분의 넓이이다.

(1) $x=1$일 때, $l_1=2$, $l_2=4$, $l_3=2$이므로

$$\boldsymbol{f(1)=2}$$

$x=2$일 때, $l_1=5$, $l_2=\frac{3}{2}$, $l_3=\frac{3}{2}$이므로 $\boldsymbol{f(2)=\frac{3}{2}}$

(2)

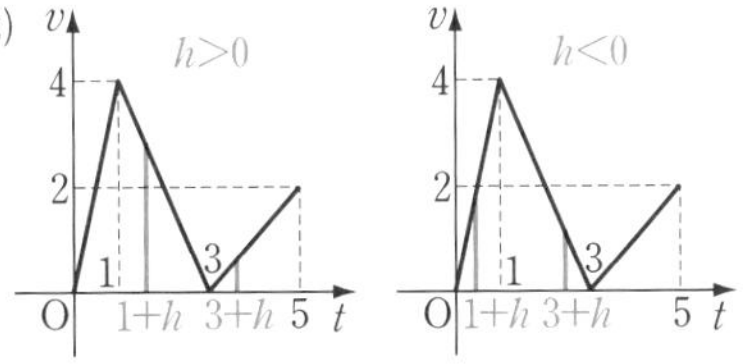

$x=1+h$일 때, h가 충분히 작은 양수이면 위의 왼쪽 그림에서

$l_3<2<l_1<l_2$이고 $l_3=2-\frac{1}{2}h^2$이므로

$$f(1+h)=2-\frac{1}{2}h^2$$

또, h가 충분히 작은 음수이면 위의 오른쪽 그림에서 $l_1<2<l_3<l_2$이고 $l_1=2(1+h)^2$이므로

$$f(1+h)=2(1+h)^2$$

$$\therefore\ \lim_{h\to 0+}\frac{f(1+h)-f(1)}{h}=\lim_{h\to 0+}\frac{2-\frac{1}{2}h^2-2}{h}=0$$

$$\lim_{h\to 0-}\frac{f(1+h)-f(1)}{h}=\lim_{h\to 0-}\frac{2(1+h)^2-2}{h}=4$$

따라서 $f(x)$는 $x=1$에서 미분가능하지 않다.

유제
풀이 및 정답

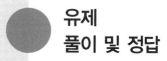

유제 풀이 및 정답

1-1. (1) $f(-x)=f(x)$이므로 함수 $y=f(x)$의 그래프는 y축에 대하여 대칭이다. 따라서 그 그래프는 아래 그림과 같다.

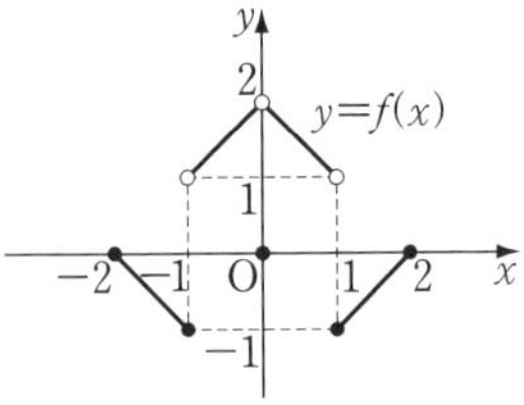

$\therefore \lim_{x\to -1+} f(x)=\mathbf{1}$

(2) 함수 $y=|f(x)|$의 그래프는 $y=f(x)$의 그래프에서 x축 윗부분은 그대로 두고, x축 아랫부분은 x축을 대칭축으로 하여 x축 위로 꺾어 올린 것과 같으므로 아래 그림과 같다.

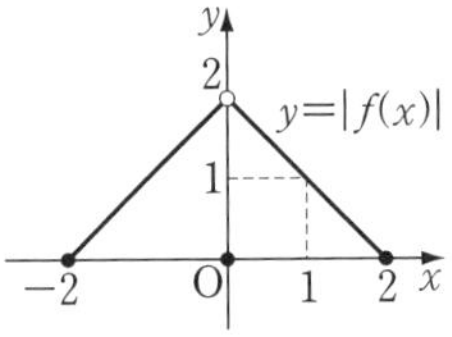

이때, $\lim_{x\to 1-}|f(x)|=\lim_{x\to 1+}|f(x)|=1$

이므로 $\lim_{x\to 1}|f(x)|=\mathbf{1}$

1-2. 주어진 조건 (가), (나)에 의하여 함수 $y=f(x)$의 그래프는 아래 그림과 같다.

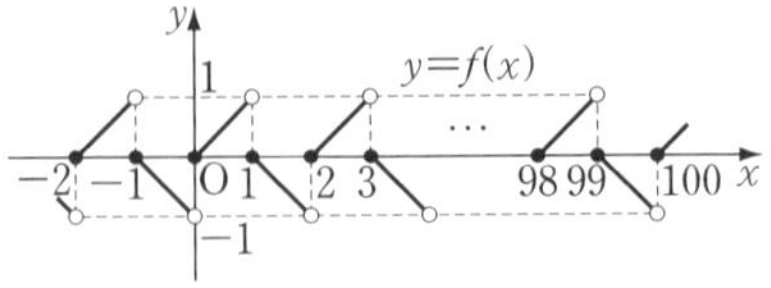

$\therefore \lim_{x\to 99+} f(x)+\lim_{x\to 100-} f(x)=0+(-1)$
$=\mathbf{-1}$

Note 모든 실수 x에 대하여 $f(x+2)=f(x)$이므로

$$\begin{aligned}\lim_{x\to 99+} f(x)+\lim_{x\to 100-} f(x) &=\lim_{x\to 1+} f(x)+\lim_{x\to 2-} f(x)\\ &=\lim_{x\to 1+}(1-x)+\lim_{x\to 2-}(1-x)\\ &=0+(-1)=\mathbf{-1}\end{aligned}$$

1-3. (1) $(\text{준 식})=\lim_{x\to 2}\dfrac{(x-2)(x+2)}{x-2}$
$=\lim_{x\to 2}(x+2)=\mathbf{4}$

(2) $(\text{준 식})=\lim_{x\to 0}\dfrac{x(5x^2-4)}{x(6x-4)}$
$=\lim_{x\to 0}\dfrac{5x^2-4}{6x-4}=\mathbf{1}$

(3) $(\text{준 식})=\lim_{x\to -2}\dfrac{(x+2)(x^2-2x+4)}{x+2}$
$=\lim_{x\to -2}(x^2-2x+4)=\mathbf{12}$

(4) $(\text{준 식})=\lim_{x\to 1}\dfrac{(x-1)^2(x+2)}{(x-1)^2}$
$=\lim_{x\to 1}(x+2)=\mathbf{3}$

(5) $(\text{준 식})=\lim_{x\to -2}\dfrac{(x+2)(x+1)}{(x+2)(x-1)^2}$
$=\lim_{x\to -2}\dfrac{x+1}{(x-1)^2}=-\dfrac{\mathbf{1}}{\mathbf{9}}$

(6) $x \longrightarrow 2$일 때 $x^3-4x+3>0$이므로

$(\text{준 식})=\lim_{x\to 2}\dfrac{(x^3-4x+3)-3}{x-2}$
$=\lim_{x\to 2}\dfrac{x(x-2)(x+2)}{x-2}$
$=\lim_{x\to 2}x(x+2)=\mathbf{8}$

1-4. (1) $(\text{준 식})=\lim_{x\to9}\dfrac{(x-9)(\sqrt{x}+3)}{(\sqrt{x}-3)(\sqrt{x}+3)}$

$=\lim_{x\to9}\dfrac{(x-9)(\sqrt{x}+3)}{x-9}$

$=\lim_{x\to9}(\sqrt{x}+3)=\mathbf{6}$

(2) $(\text{준 식})=\lim_{x\to0}\dfrac{(\sqrt{4+x}-2)(\sqrt{4+x}+2)}{x(\sqrt{4+x}+2)}$

$=\lim_{x\to0}\dfrac{x}{x(\sqrt{4+x}+2)}$

$=\lim_{x\to0}\dfrac{1}{\sqrt{4+x}+2}=\mathbf{\dfrac{1}{4}}$

(3) $\dfrac{\sqrt{1+x}-\sqrt{1+2x^2}}{\sqrt{1+x^2}-\sqrt{1-2x}}$ 의 분모, 분자에

$\sqrt{1+x^2}+\sqrt{1-2x}$ 를 곱하면

$\dfrac{\left(\sqrt{1+x}-\sqrt{1+2x^2}\right)\left(\sqrt{1+x^2}+\sqrt{1-2x}\right)}{x^2+2x}$

다시 분모, 분자에

$\sqrt{1+x}+\sqrt{1+2x^2}$ 을 곱하면

$\dfrac{(x-2x^2)\left(\sqrt{1+x^2}+\sqrt{1-2x}\right)}{(x^2+2x)\left(\sqrt{1+x}+\sqrt{1+2x^2}\right)}$

$=\dfrac{(1-2x)\left(\sqrt{1+x^2}+\sqrt{1-2x}\right)}{(x+2)\left(\sqrt{1+x}+\sqrt{1+2x^2}\right)}$ …①

따라서 $x\longrightarrow0$일 때 ① $\longrightarrow\mathbf{\dfrac{1}{2}}$

(4) $(\text{준 식})=\lim_{x\to1}\dfrac{\sqrt{x}-1}{\left(\sqrt{x}-1\right)\left(x+\sqrt{x}+1\right)}$

$=\lim_{x\to1}\dfrac{1}{x+\sqrt{x}+1}=\mathbf{\dfrac{1}{3}}$

(5) $\dfrac{\sqrt[3]{1+x}-\sqrt[3]{1-x}}{x}$ 에서

$\dfrac{(1+x)-(1-x)}{x\left\{\sqrt[3]{(1+x)^2}+\sqrt[3]{1+x}\,\sqrt[3]{1-x}+\sqrt[3]{(1-x)^2}\right\}}$

$=\dfrac{2}{\sqrt[3]{(1+x)^2}+\sqrt[3]{1-x^2}+\sqrt[3]{(1-x)^2}}$ ……①

따라서 $x\longrightarrow0$일 때 ① $\longrightarrow\mathbf{\dfrac{2}{3}}$

1-5. (1) 분모, 분자를 x^3으로 나누면

$(\text{준 식})=\lim_{x\to\infty}\dfrac{\dfrac{2}{x}}{1+\dfrac{1}{x}+\dfrac{2}{x^3}}=\mathbf{0}$

(2) 분모, 분자를 x^2으로 나누면

$(\text{준 식})=\lim_{x\to\infty}\dfrac{6-\dfrac{3}{x}}{3+\dfrac{2}{x^2}}=\mathbf{2}$

(3) 분모, 분자를 x로 나누면

$(\text{준 식})=\lim_{x\to\infty}\dfrac{1-3x}{2+\dfrac{1}{x}}=\mathbf{-\infty}$

(4) $(\text{준 식})=\lim_{x\to\infty}\dfrac{(x^2+4x-1)-x^2}{\sqrt{x^2+4x-1}+x}$

$=\lim_{x\to\infty}\dfrac{4x-1}{\sqrt{x^2+4x-1}+x}$

$=\lim_{x\to\infty}\dfrac{4-\dfrac{1}{x}}{\sqrt{1+\dfrac{4}{x}-\dfrac{1}{x^2}}+1}=\mathbf{2}$

1-6. (1) 분모, 분자를 x로 나누면

$(\text{준 식})=\lim_{x\to\infty}\dfrac{1}{\sqrt{\dfrac{1}{x^2}+1}-\dfrac{1}{x}}=\mathbf{1}$

(2) 분모, 분자를 x로 나누면

$(\text{준 식})=\lim_{x\to-\infty}\dfrac{1}{-\sqrt{\dfrac{1}{x^2}+1}-\dfrac{1}{x}}=\mathbf{-1}$

(3) 분모, 분자를 x로 나누면

$(\text{준 식})=\lim_{x\to-\infty}\dfrac{2}{-\sqrt{1-\dfrac{1}{x^2}}}=\mathbf{-2}$

(4) $(\text{준 식})=\lim_{x\to-\infty}\dfrac{(x^2-2x)-x^2}{\sqrt{x^2-2x}-x}$

$=\lim_{x\to-\infty}\dfrac{-2x}{\sqrt{x^2-2x}-x}$

$=\lim_{x\to-\infty}\dfrac{-2}{-\sqrt{1-\dfrac{2}{x}}-1}$

$$=\frac{-2}{-1-1}=\mathbf{1}$$

***Note** (2), (3), (4)에서 $-x=t$로 치환하면 $x \longrightarrow -\infty$일 때 $t \longrightarrow \infty$이므로

(2) $(\text{준 식})=\lim_{t\to\infty}\frac{-t}{\sqrt{1+t^2}-1}$

$$=\lim_{t\to\infty}\frac{-1}{\sqrt{\frac{1}{t^2}+1}-\frac{1}{t}}=\mathbf{-1}$$

(3) $(\text{준 식})=\lim_{t\to\infty}\frac{-2t}{\sqrt{t^2-1}}$

$$=\lim_{t\to\infty}\frac{-2}{\sqrt{1-\frac{1}{t^2}}}=\mathbf{-2}$$

(4) $(\text{준 식})=\lim_{t\to\infty}\left(\sqrt{t^2+2t}-t\right)$

$$=\lim_{t\to\infty}\frac{2t}{\sqrt{t^2+2t}+t}$$

$$=\lim_{t\to\infty}\frac{2}{\sqrt{1+\frac{2}{t}}+1}=\mathbf{1}$$

1-7. (1) $(\text{준 식})=\lim_{x\to0}\left(\frac{1}{x}\times\frac{-x}{x+1}\right)$

$$=\lim_{x\to0}\frac{-1}{x+1}=\mathbf{-1}$$

(2) $(\text{준 식})=\lim_{x\to0}\left\{\frac{1}{x}\times\frac{-x}{2(2+x)}\right\}$

$$=\lim_{x\to0}\frac{-1}{2(2+x)}=\mathbf{-\frac{1}{4}}$$

(3) $(\text{준 식})=\lim_{x\to0}\left(\frac{1}{x}\times\frac{1-\sqrt{x+1}}{\sqrt{x+1}}\right)$

$$=\lim_{x\to0}\frac{(1-\sqrt{x+1})(1+\sqrt{x+1})}{x\sqrt{x+1}(1+\sqrt{x+1})}$$

$$=\lim_{x\to0}\frac{-1}{\sqrt{x+1}(1+\sqrt{x+1})}=\mathbf{-\frac{1}{2}}$$

1-8. (1) $\frac{x}{3}-1<\left[\frac{x}{3}\right]\le\frac{x}{3}$이므로

$x>0$일 때

$$\frac{12}{x}\left(\frac{x}{3}-1\right)<\frac{12}{x}\times\left[\frac{x}{3}\right]\le\frac{12}{x}\times\frac{x}{3}$$

여기에서

$$\lim_{x\to\infty}\frac{12}{x}\left(\frac{x}{3}-1\right)=4,\ \lim_{x\to\infty}\left(\frac{12}{x}\times\frac{x}{3}\right)=4$$

$$\therefore\ \lim_{x\to\infty}\left(\frac{12}{x}\times\left[\frac{x}{3}\right]\right)=\mathbf{4}$$

***Note** $[x]=x-h\,(0\le h<1)$를 이용할 수도 있다.

$\left[\frac{x}{3}\right]=\frac{x}{3}-h\,(0\le h<1)$로 놓으면

$$(\text{준 식})=\lim_{x\to\infty}\frac{12}{x}\left(\frac{x}{3}-h\right)$$

$$=\lim_{x\to\infty}\left(4-\frac{12h}{x}\right)=\mathbf{4}$$

(2) $[x]=x-h\,(0\le h<1)$로 놓으면

$$(\text{준 식})=\lim_{x\to\infty}\left(\sqrt{x^2+x-h}-x\right)$$

$$=\lim_{x\to\infty}\frac{(x^2+x-h)-x^2}{\sqrt{x^2+x-h}+x}$$

$$=\lim_{x\to\infty}\frac{1-\frac{h}{x}}{\sqrt{1+\frac{1}{x}-\frac{h}{x^2}}+1}=\mathbf{\frac{1}{2}}$$

1-9. (1) $x \longrightarrow 0+$일 때 $f(x)=t$로 놓으면 $t \longrightarrow 0+$이므로

$$\lim_{x\to0+}f\big(f(x)\big)=\lim_{t\to0+}f(t)=0$$

$x \longrightarrow 0-$일 때 $f(x)=2$(상수함수)이므로

$$\lim_{x\to0-}f\big(f(x)\big)=\lim_{x\to0-}f(2)=f(2)=1$$

따라서 극한값은 존재하지 않는다.

(2) $x \longrightarrow 1+$일 때 $f(x)=t$로 놓으면 $t \longrightarrow 2-$이므로

$$\lim_{x\to1+}f\big(f(x)\big)=\lim_{t\to2-}f(t)=1$$

$x \longrightarrow 1-$일 때 $f(x)=t$로 놓으면 $t \longrightarrow 1-$이므로

$$\lim_{x\to1-}f\big(f(x)\big)=\lim_{t\to1-}f(t)=1$$

$$\therefore\ \lim_{x\to1}f\big(f(x)\big)=\mathbf{1}$$

1-10. (1) $\overline{\text{PA}}=\overline{\text{QB}}=a$로 놓으면

$\mathrm{P}(2-a,\ 0),\ \mathrm{Q}(0,\ 1+a)$

따라서 직선 PQ의 방정식은

$$y=\frac{a+1}{a-2}x+1+a \qquad \cdots\cdots①$$

또, 직선 AB의 방정식은

$$y=-\frac{1}{2}x+1 \qquad \cdots\cdots②$$

①, ②를 연립하여 풀면

$$x=\frac{2}{3}(2-a),\ y=\frac{1}{3}(1+a)$$

$$\therefore\ \mathrm{M}\left(\frac{2}{3}(2-a),\ \frac{1}{3}(1+a)\right)$$

$$\therefore\ \lim_{a\to0+}\frac{2}{3}(2-a)=\frac{4}{3},$$

$$\lim_{a\to0+}\frac{1}{3}(1+a)=\frac{1}{3}$$

$$\therefore\ 점\ \left(\boldsymbol{\frac{4}{3},\ \frac{1}{3}}\right)$$

(2) $\overline{\mathrm{PA}}=a,\ \overline{\mathrm{QB}}=b$로 놓으면

$\mathrm{P}(2-a,\ 0),\ \mathrm{Q}(0,\ 1+b)$

$\triangle\mathrm{OAB}=\triangle\mathrm{OPQ}$이므로

$$\frac{1}{2}\times2\times1=\frac{1}{2}(2-a)(1+b)$$

$$\therefore\ 1+b=\frac{2}{2-a}$$

따라서 직선 PQ의 방정식은

$$\frac{1}{2-a}x+\frac{2-a}{2}y=1 \qquad \cdots\cdots③$$

②, ③을 연립하여 풀면

$$x=\frac{4-2a}{4-a},\ y=\frac{2}{4-a}$$

$$\therefore\ \mathrm{M}\left(\frac{4-2a}{4-a},\ \frac{2}{4-a}\right)$$

$$\therefore\ \lim_{a\to0+}\frac{4-2a}{4-a}=1,\ \lim_{a\to0+}\frac{2}{4-a}=\frac{1}{2}$$

$$\therefore\ 점\ \left(\boldsymbol{1,\ \frac{1}{2}}\right)$$

1-11. (1) $x \longrightarrow 0$일 때 극한값이 존재하고 (분모) $\longrightarrow 0$이므로 (분자) $\longrightarrow 0$이어야 한다.

$$\therefore\ \lim_{x\to0}\left(\sqrt{a+x}-\sqrt{2}\right)=\sqrt{a}-\sqrt{2}=0$$

$$\therefore\ \boldsymbol{a=2}$$

$$\therefore\ \boldsymbol{b}=\lim_{x\to0}\frac{\sqrt{2+x}-\sqrt{2}}{x}$$

$$=\lim_{x\to0}\frac{x}{x\left(\sqrt{2+x}+\sqrt{2}\right)}=\boldsymbol{\frac{\sqrt{2}}{4}}$$

(2) $x \longrightarrow 2$일 때 극한값이 존재하고 (분모) $\longrightarrow 0$이므로 (분자) $\longrightarrow 0$이어야 한다.

$$\therefore\ \lim_{x\to2}(ax^2+bx-10)=4a+2b-10=0$$

$$\therefore\ b=-2a+5 \qquad \cdots\cdots①$$

$$\therefore\ (좌변)=\lim_{x\to2}\frac{ax^2+(-2a+5)x-10}{3x^2-5x-2}$$

$$=\lim_{x\to2}\frac{(x-2)(ax+5)}{(x-2)(3x+1)}$$

$$=\lim_{x\to2}\frac{ax+5}{3x+1}=\frac{2a+5}{7}=3$$

$$\therefore\ \boldsymbol{a=8,\ b=-11} \qquad ⇦ ①$$

(3) $x \longrightarrow 0$일 때 0이 아닌 극한값이 존재하고 (분자) $\longrightarrow 0$이므로 (분모) $\longrightarrow 0$이어야 한다.

$$\therefore\ \lim_{x\to0}\left(\sqrt{x+a}-b\right)=\sqrt{a}-b=0$$

$$\therefore\ b=\sqrt{a} \qquad \cdots\cdots①$$

$$\therefore\ (좌변)=\lim_{x\to0}\frac{x}{\sqrt{x+a}-\sqrt{a}}$$

$$=\lim_{x\to0}\frac{x\left(\sqrt{x+a}+\sqrt{a}\right)}{x}$$

$$=2\sqrt{a}=6$$

$$\therefore\ \boldsymbol{a=9,\ b=3} \qquad ⇦ ①$$

(4) $x \longrightarrow 2$일 때 극한값이 존재하고 (분모) $\longrightarrow 0$이므로 (분자) $\longrightarrow 0$이어야 한다.

$$\therefore\ \lim_{x\to2}(x^2-ax+8)=4-2a+8=0$$

$$\therefore\ \boldsymbol{a=6}$$

$$\therefore\ (좌변)=\lim_{x\to2}\frac{x^2-6x+8}{x^2-(2+b)x+2b}$$

$$=\lim_{x\to2}\frac{(x-2)(x-4)}{(x-2)(x-b)}$$

$$=\lim_{x\to2}\frac{x-4}{x-b}=\frac{-2}{2-b}$$

$\therefore \dfrac{-2}{2-b}=\dfrac{1}{5} \qquad \therefore \boldsymbol{b=12}$

1-12. $x \longrightarrow -1$, $x \longrightarrow 2$일 때 각각 극한값이 존재하고 (분모) $\longrightarrow 0$이므로

$$f(-1)=0,\ f(2)=0$$

따라서

$$f(x)=(x+1)(x-2)(ax+b)\ (a\neq0)$$

로 놓으면

$$\lim_{x\to-1}\frac{f(x)}{x+1}=\lim_{x\to-1}\frac{(x+1)(x-2)(ax+b)}{x+1}$$
$$=\lim_{x\to-1}(x-2)(ax+b)=6$$
$$\therefore -3(-a+b)=6 \qquad \cdots\cdots①$$

같은 방법으로 하면

$$\lim_{x\to2}\frac{f(x)}{x-2}=\lim_{x\to2}\frac{(x+1)(x-2)(ax+b)}{x-2}$$
$$=\lim_{x\to2}(x+1)(ax+b)=-\frac{3}{2}$$
$$\therefore 3(2a+b)=-\frac{3}{2} \qquad \cdots\cdots②$$

①, ②에서 $a=\dfrac{1}{2},\ b=-\dfrac{3}{2}$

$$\therefore f(x)=\frac{1}{2}(x+1)(x-2)(x-3)$$
$$\therefore \lim_{x\to3}\frac{f(x)}{x-3}=\lim_{x\to3}\frac{(x+1)(x-2)(x-3)}{2(x-3)}$$
$$=\lim_{x\to3}\frac{(x+1)(x-2)}{2}=\boldsymbol{2}$$

1-13. $x \longrightarrow 1$, $x \longrightarrow 2$일 때 각각 극한값이 존재하고 (분모) $\longrightarrow 0$이므로

$$f(1)=0,\ f(2)=0$$

따라서

$$f(x)=(x-1)(x-2)(ax+b)\ (a\neq0)$$

로 놓으면

$$\lim_{x\to1}\frac{f(x)}{x^2-3x+2}$$
$$=\lim_{x\to1}\frac{(x-1)(x-2)(ax+b)}{(x-1)(x-2)}$$
$$=\lim_{x\to1}(ax+b)=2$$
$$\therefore a+b=2 \qquad \cdots\cdots①$$

같은 방법으로 하면

$$\lim_{x\to2}\frac{f(x)}{x^2-3x+2}$$
$$=\lim_{x\to2}\frac{(x-1)(x-2)(ax+b)}{(x-1)(x-2)}$$
$$=\lim_{x\to2}(ax+b)=3$$
$$\therefore 2a+b=3 \qquad \cdots\cdots②$$

①, ②에서 $a=1,\ b=1$

$$\therefore f(x)=(x-1)(x-2)(x+1)$$
$$=\boldsymbol{x^3-2x^2-x+2}$$

2-1. $f(0)=0$, 곧 $f(0)$은 정의된다.

그런데

$$\lim_{x\to0+}f(x)=\lim_{x\to0+}\frac{x(1+|x|)}{|x|}$$
$$=\lim_{x\to0+}(1+x)=1,$$
$$\lim_{x\to0-}f(x)=\lim_{x\to0-}\frac{x(1+|x|)}{|x|}$$
$$=\lim_{x\to0-}\{-(1-x)\}=-1$$

이므로 $\lim_{x\to0}f(x)$는 존재하지 않는다.

따라서 $f(x)$는 $x=0$에서 불연속

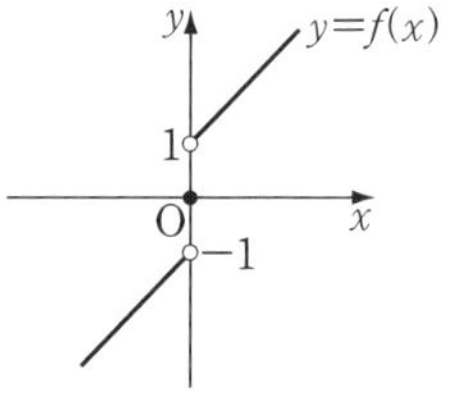

2-2. 함수 $\mathrm{F}(x)$가 $x=0$에서 연속이려면

$$\lim_{x\to0}\mathrm{F}(x)=\mathrm{F}(0)$$
$$\therefore \lim_{x\to0}(1+x^2)f(x)=0$$
$$\therefore \lim_{x\to0}f(x)=0$$

이때, $f(x)$가 $x=0$에서 연속이므로

$$\boldsymbol{f(0)=0}$$

****Note*** $\lim_{x\to0}f(x)$

$$=\lim_{x\to0}\left\{(1+x^2)f(x)\times\frac{1}{1+x^2}\right\}$$

$=\lim_{x\to 0}(1+x^2)f(x)\times\lim_{x\to 0}\frac{1}{1+x^2}$
$=0\times 1=0$

2-3. 함수 $f(x)$가 $x=-1$에서 연속이므로

$\lim_{x\to -1}f(x)=f(-1)$

곧, $\lim_{x\to -1}\frac{2x^2+ax-a}{x+1}=b$ ……①

①에서 $x\longrightarrow -1$일 때 극한값이 존재하고 (분모) $\longrightarrow 0$이므로 (분자) $\longrightarrow 0$이어야 한다.

$\therefore\ \lim_{x\to -1}(2x^2+ax-a)=0$

$\therefore\ 2-a-a=0\quad\therefore\ \boldsymbol{a=1}$

이 값을 ①에 대입하면

$\boldsymbol{b}=\lim_{x\to -1}\frac{2x^2+x-1}{x+1}$
$=\lim_{x\to -1}\frac{(2x-1)(x+1)}{x+1}$
$=\lim_{x\to -1}(2x-1)=\boldsymbol{-3}$

2-4. 함수 $f(x)$가 $x=1$에서 연속이므로

$\lim_{x\to 1}f(x)=f(1)$

곧, $\lim_{x\to 1}\frac{a\sqrt{x+1}-b}{x-1}=\sqrt{2}$ ……①

①에서 $x\longrightarrow 1$일 때 극한값이 존재하고 (분모) $\longrightarrow 0$이므로 (분자) $\longrightarrow 0$이어야 한다.

$\therefore\ \lim_{x\to 1}\left(a\sqrt{x+1}-b\right)=0$

$\therefore\ \sqrt{2}\,a-b=0\quad\therefore\ b=\sqrt{2}\,a$

이 값을 ①에 대입하면

$\lim_{x\to 1}\frac{a\sqrt{x+1}-\sqrt{2}\,a}{x-1}$
$=\lim_{x\to 1}\frac{a\{(x+1)-2\}}{(x-1)\left(\sqrt{x+1}+\sqrt{2}\right)}$
$=\lim_{x\to 1}\frac{a}{\sqrt{x+1}+\sqrt{2}}$
$=\frac{a}{2\sqrt{2}}=\sqrt{2}$

$\therefore\ \boldsymbol{a=4}\quad\therefore\ \boldsymbol{b=4\sqrt{2}}$

2-5. $f(x)$는 실수 전체의 집합에서 연속이고, $g(x)$는 $|x-b|=1$, 곧 $x=b\pm 1$에서만 불연속이므로 $f(x)g(x)$가 $x=b\pm 1$에서 연속이면 실수 전체의 집합에서 연속이다.

$f(x)g(x)$가 $x=b+1$에서 연속이려면

$\lim_{x\to b+1+}f(x)g(x)=f(b+1)\times 2,$
$\lim_{x\to b+1-}f(x)g(x)=f(b+1)\times 1,$
$f(b+1)g(b+1)=f(b+1)\times 1$

에서

$2f(b+1)=f(b+1)$
$\therefore\ f(b+1)=0$

$x=b-1$에서 같은 방법으로 생각하면

$f(b-1)=0$

따라서 $f(x)=x^2-4x+a=0$의 두 근이 $b+1$, $b-1$이므로

$(b+1)+(b-1)=4,\ (b+1)(b-1)=a$

$\therefore\ \boldsymbol{a=3,\ b=2}$

2-6. $f(x)g(x)$가 $x=a$에서 연속이므로

$\lim_{x\to a}f(x)g(x)=f(a)g(a)$

$\therefore\ \lim_{x\to a}\{f(x)g(x)-f(a)g(a)\}=0$

$\therefore\ \lim_{x\to a}\Big[\{f(x)-f(a)\}g(a)+f(x)\{g(x)-g(a)\}\Big]=0$

여기에서

$\lim_{x\to a}\{f(x)-f(a)\}=0,$
$\lim_{x\to a}\{g(x)-g(a)\}\neq 0$

이므로 $\lim_{x\to a}f(x)=0$, 곧 $f(a)=0$이다.

***Note** 이 명제의 역은 성립하지 않는다.

(반례) $f(x)=x^2-1,$

$g(x)=\begin{cases}\dfrac{1}{x^2-1} & (x\neq\pm 1)\\ 2 & (x=\pm 1)\end{cases}$

이면 $f(1)=0$이지만 $f(x)g(x)$는 $x=1$에서 연속이 아니다.

2-7.

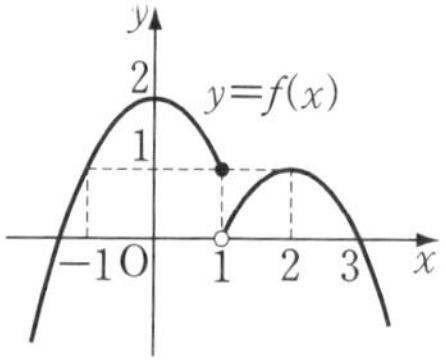

(i) $x=0$에서

$\lim_{x\to0+} g(x)=\lim_{x\to0+} f(f(x))=f(2)=1$,

$\lim_{x\to0-} g(x)=\lim_{x\to0-} f(-x)=f(0)=2$

이므로 $g(x)$는 $x=0$에서 불연속이다.

(ii) $f(x)$는 $x=1$에서 불연속이므로 $x=1$에서 생각하면

$\lim_{x\to1+} g(x)=\lim_{x\to1+} f(f(x))=\lim_{t\to0+} f(t)=2$,

$\lim_{x\to1-} g(x)=\lim_{x\to1-} f(f(x))=\lim_{t\to1+} f(t)=0$

따라서 $g(x)$는 $x=1$에서 불연속이다.

(iii) $x<0$에서 $g(x)=f(-x)$이므로 $g(x)$는 $x=-1$에서 불연속이다.

(iv) $f(x)=1$이면 $x=-1,\ 1,\ 2$이므로 $x=2$에서 생각하면

$\lim_{x\to2} g(x)=\lim_{x\to2} f(f(x))=\lim_{t\to1-} f(t)=1$

이때, $g(2)=f(f(2))=f(1)=1$이므로 $g(x)$는 $x=2$에서 연속이다.

따라서 $g(x)$는 $\boldsymbol{x=-1,\ 0,\ 1}$에서 불연속이다.

2-8. $f(x)=(x+1)(x^2+3x-1)-1$로 놓으면 $f(x)$는 구간 $[-2,\ -1]$, $[-1,\ 1]$에서 각각 연속이고

$f(-2)>0,\ f(-1)<0,\ f(1)>0$

이므로 사잇값의 정리에 의하여 $f(x)=0$은 구간 $(-2,\ -1)$, $(-1,\ 1)$에서 각각 적어도 하나의 실근을 가진다.

2-9. (1) $f(x)=\dfrac{2}{x^3+1}-\dfrac{x}{2}$로 놓으면 $f(x)$는 구간 $[-2,\ -1)$에서 연속이고

$f(-2)>0,\ \lim_{x\to-1-}\left(\dfrac{2}{x^3+1}-\dfrac{x}{2}\right)=-\infty$

이므로 $f(x)=0$은 구간 $(-2,\ -1)$에서 적어도 하나의 실근을 가진다.

****Note*** $f(-2)>0,\ f\left(-\dfrac{3}{2}\right)<0$이므로 $f(x)=0$이 구간 $\left(-2,\ -\dfrac{3}{2}\right)$에서 적어도 하나의 실근을 가짐을 설명해도 된다.

(2) $f(x)=x^2-\sqrt{-x}-1$로 놓으면 $f(x)$는 구간 $[-2,\ -1]$에서 연속이고

$f(-2)>0,\ f(-1)<0$

이므로 사잇값의 정리에 의하여 $f(x)=0$은 구간 $(-2,\ -1)$에서 적어도 하나의 실근을 가진다.

3-1. 주어진 두 점을 지나는 직선의 기울기는 $\dfrac{-1-3}{2-0}=-2$

한편

$f(a+\Delta x)-f(a)$

$=\{(a+\Delta x)^2-4(a+\Delta x)+3\}-(a^2-4a+3)$

$=2a\Delta x-4\Delta x+(\Delta x)^2$

이므로 $x=a$인 점에서의 접선의 기울기는

$f'(a)=\lim_{\Delta x\to0}\dfrac{f(a+\Delta x)-f(a)}{\Delta x}$

$=\lim_{\Delta x\to0}(2a-4+\Delta x)=2a-4$

$\therefore\ 2a-4=-2 \quad \therefore\ \boldsymbol{a=1}$

3-2. $y=f(x)$에서

$\dfrac{\Delta y}{\Delta x}=\dfrac{f(4)-f(1)}{4-1}=\dfrac{63-0}{3}=21$,

$f'(c)=\lim_{\Delta x\to0}\dfrac{f(c+\Delta x)-f(c)}{\Delta x}$

$=\lim_{\Delta x\to0}\dfrac{\{(c+\Delta x)^3-1\}-(c^3-1)}{\Delta x}$

$=\lim_{\Delta x\to0}\{3c^2+3c\Delta x+(\Delta x)^2\}=3c^2$

문제의 조건으로부터 $21=3c^2$

$1<c<4$이므로 $\boldsymbol{c=\sqrt{7}}$

3-3. (1) (준 식)

$$=\lim_{h\to0}\left\{\frac{f(a+h^2)-f(a)}{h^2}\times h\right\}$$

$$=f'(a)\times0=\mathbf{0}$$

(2) (준 식)

$$=\lim_{h\to0}\left\{\frac{f(a-h)-f(a)}{-h}\times(-1)\right\}$$

$$=f'(a)\times(-1)=\boldsymbol{-f'(a)}$$

(3) (준 식)

$$=\lim_{h\to0}\frac{f(a+h)-f(a)+f(a)-f(a-h)}{h}$$

$$=\lim_{h\to0}\left\{\frac{f(a+h)-f(a)}{h}+\frac{f(a-h)-f(a)}{-h}\right\}$$

$$=f'(a)+f'(a)=\boldsymbol{2f'(a)}$$

(4) $$\frac{\{f(a+2h)\}^2-\{f(a-2h)\}^2}{8h}$$

$$=\{f(a+2h)+f(a-2h)\}\times\frac{f(a+2h)-f(a-2h)}{8h}$$

$f(x)$가 $x=a$에서 연속이므로

$$\lim_{h\to0}\{f(a+2h)+f(a-2h)\}=2f(a)$$

또,

$$\lim_{h\to0}\frac{f(a+2h)-f(a-2h)}{8h}$$

$$=\lim_{h\to0}\frac{f(a+2h)-f(a)+f(a)-f(a-2h)}{8h}$$

$$=\lim_{h\to0}\left\{\frac{f(a+2h)-f(a)}{2h\times4}+\frac{f(a-2h)-f(a)}{-2h\times4}\right\}$$

$$=\frac{1}{4}f'(a)+\frac{1}{4}f'(a)=\frac{1}{2}f'(a)$$

$\therefore$ (준 식)$=2f(a)\times\dfrac{1}{2}f'(a)$

$$=\boldsymbol{f(a)f'(a)}$$

3-4. (1) (준 식)

$$=\lim_{x\to a}\frac{af(x)-af(a)+af(a)-xf(a)}{x-a}$$

$$=\lim_{x\to a}\left\{a\times\frac{f(x)-f(a)}{x-a}-f(a)\right\}$$

$$=\boldsymbol{af'(a)-f(a)}$$

(2) (준 식)

$$=\lim_{x\to a}\frac{x^2f(a)-a^2f(a)+a^2f(a)-a^2f(x)}{x-a}$$

$$=\lim_{x\to a}\left\{\frac{x^2-a^2}{x-a}\times f(a)-a^2\times\frac{f(x)-f(a)}{x-a}\right\}$$

$$=\boldsymbol{2af(a)-a^2f'(a)}$$

(3) (준 식)

$$=\lim_{x\to a}\frac{x^3f(a)-a^3f(a)+a^3f(a)-a^3f(x)}{x-a}$$

$$=\lim_{x\to a}\left\{\frac{x^3-a^3}{x-a}\times f(a)-a^3\times\frac{f(x)-f(a)}{x-a}\right\}$$

$$=\boldsymbol{3a^2f(a)-a^3f'(a)}$$

(4) (준 식)

$$=\lim_{x\to a}\frac{x^2f(x)-x^2f(a)+x^2f(a)-a^2f(a)}{x-a}$$

$$=\lim_{x\to a}\left\{x^2\times\frac{f(x)-f(a)}{x-a}+\frac{x^2-a^2}{x-a}\times f(a)\right\}$$

$$=\boldsymbol{a^2f'(a)+2af(a)}$$

3-5. (1) $f(x+y)=f(x)+f(y)$의 양변에 $y=0$을 대입하면

$$f(x+0)=f(x)+f(0)$$

$$\therefore\ \boldsymbol{f(0)=0}$$

(2) $$f'(0)=\lim_{\Delta x\to0}\frac{f(0+\Delta x)-f(0)}{\Delta x}$$

$$=\lim_{\Delta x\to0}\frac{f(\Delta x)}{\Delta x}=c$$

그런데 $f(a+\Delta x)=f(a)+f(\Delta x)$이므로

$$f'(a)=\lim_{\Delta x\to 0}\frac{f(a+\Delta x)-f(a)}{\Delta x}$$
$$=\lim_{\Delta x\to 0}\frac{f(a)+f(\Delta x)-f(a)}{\Delta x}$$
$$=\lim_{\Delta x\to 0}\frac{f(\Delta x)}{\Delta x}=\boldsymbol{c}$$

3-6. 주어진 함수를 $y=f(x)$라고 하면

$$y'=\lim_{\Delta x\to 0}\frac{f(x+\Delta x)-f(x)}{\Delta x}$$

임을 이용한다.

(1) $y'=\lim_{\Delta x\to 0}\frac{1}{\Delta x}\Big[\big\{2(x+\Delta x)^2-4(x+\Delta x)+3\big\}-(2x^2-4x+3)\Big]$

$=\lim_{\Delta x\to 0}(4x+2\Delta x-4)=\mathbf{4x-4}$

(2) $\frac{f(x+\Delta x)-f(x)}{\Delta x}$

$=\frac{1}{\Delta x}\Big[\big\{(x+\Delta x)^3+(x+\Delta x)^2-3(x+\Delta x)+1\big\}-(x^3+x^2-3x+1)\Big]$

이므로

$y'=\lim_{\Delta x\to 0}\big\{3x^2+3x\Delta x+(\Delta x)^2+2x+\Delta x-3\big\}$

$=\mathbf{3x^2+2x-3}$

(3) $y'=\lim_{\Delta x\to 0}\frac{\{3(x+\Delta x)+1\}^2-(3x+1)^2}{\Delta x}$

$=\lim_{\Delta x\to 0}(18x+6+9\Delta x)$

$=\mathbf{18x+6}$

(4) $y'=\lim_{\Delta x\to 0}\frac{\sqrt{x+\Delta x+2}-\sqrt{x+2}}{\Delta x}$

$=\lim_{\Delta x\to 0}\frac{(x+\Delta x+2)-(x+2)}{\Delta x\left(\sqrt{x+\Delta x+2}+\sqrt{x+2}\right)}$

$=\mathbf{\frac{1}{2\sqrt{x+2}}}$

3-7. (1) $y'=\mathbf{3x^2-4x+3}$

(2) $y'=(2x-1)'(3x+2)+(2x-1)(3x+2)'$

$=2(3x+2)+(2x-1)\times 3$

$=\mathbf{12x+1}$

(3) $y'=(x^2+x+1)'(x^2-x+1)+(x^2+x+1)(x^2-x+1)'$

$=(2x+1)(x^2-x+1)+(x^2+x+1)(2x-1)$

$=\mathbf{4x^3+2x}$

(4) $y'=(ax+1)'(bx+1)(cx+1)+(ax+1)(bx+1)'(cx+1)+(ax+1)(bx+1)(cx+1)'$

$=a(bx+1)(cx+1)+(ax+1)b(cx+1)+(ax+1)(bx+1)c$

$=\mathbf{3abcx^2+2(ab+bc+ca)x+a+b+c}$

(5) $y'=4(x^3+2x^2+3)^3(x^3+2x^2+3)'$

$=\mathbf{4x(3x+4)(x^3+2x^2+3)^3}$

(6) $y'=\{(2x-3)^3\}'(x^2+1)^2+(2x-3)^3\{(x^2+1)^2\}'$

$=3(2x-3)^2\times 2\times(x^2+1)^2+(2x-3)^3\times 2(x^2+1)\times 2x$

$=\mathbf{2(2x-3)^2(x^2+1)(7x^2-6x+3)}$

3-8. $f'(x)=3ax^2+2bx+c$이므로

$f'(0)=c=2,$

$f'(1)=3a+2b+c=3,$

$f'(2)=12a+4b+c=10$

$\therefore\ a=1,\ b=-1,\ c=2$

$\therefore\ f'(x)=3x^2-2x+2 \quad \therefore\ \boldsymbol{f'(3)=23}$

3-9. $f(-1)=8$이므로

$1+a-b+a=8 \quad \cdots\cdots①$

$\lim_{x\to 1}\frac{f(x)-f(1)}{x^3-1}$

$=\lim_{x\to 1}\left\{\frac{f(x)-f(1)}{x-1}\times\frac{1}{x^2+x+1}\right\}$

$=f'(1)\times\frac{1}{3}=\frac{11}{3}$

이므로 $f'(1)=11$

한편 $f'(x)=10x^9+2ax+b$이므로

$f'(1)=10+2a+b=11$

$\therefore\ 2a+b=1 \qquad \cdots\cdots②$

①, ②에서 $\boldsymbol{a=2,\ b=-3}$

3-10. $\displaystyle\lim_{h\to0}\frac{f(1+3h)-f(1+h)}{h}$

$\displaystyle=\lim_{h\to0}\frac{f(1+3h)-f(1)+f(1)-f(1+h)}{h}$

$\displaystyle=\lim_{h\to0}\left\{\frac{f(1+3h)-f(1)}{3h}\times3-\frac{f(1+h)-f(1)}{h}\right\}$

$=3f'(1)-f'(1)=2f'(1)$

한편 $f'(x)=7x^6+3x^2$이므로

(준 식)$=2f'(1)=\boldsymbol{20}$

3-11. $f(x)=x^n+x^3+x$로 놓으면 $f(1)=3$이므로

(좌변)$\displaystyle=\lim_{x\to1}\frac{f(x)-f(1)}{x-1}=f'(1)$

그런데 $f'(x)=nx^{n-1}+3x^2+1$이므로

$f'(1)=n+4=10 \qquad \therefore\ \boldsymbol{n=6}$

3-12. $f(x)=ax^2+bx+c\,(a\neq0)$로 놓으면 $f(-1)=1$에서

$a-b+c=1 \qquad \cdots\cdots①$

또, $f(x)$, $f'(x)=2ax+b$를 주어진 식에 대입하면

$(2x+1)(2ax+b)$
$\qquad -4(ax^2+bx+c)+3=0$

$\therefore\ 2(a-b)x+b-4c+3=0$

x에 관한 항등식이므로

$a-b=0,\ b-4c+3=0 \qquad \cdots\cdots②$

①, ②에서 $a=b=c=1$

$\therefore\ \boldsymbol{f(x)=x^2+x+1}$

3-13. 주어진 식을 변형하면

$f'(x)f(x)-2f'(x)-2f(x)$
$\qquad =2x^3-8x^2+8x-4 \quad \cdots①$

$f(x)$의 차수를 n이라고 하면 $f'(x)$의 차수는 $n-1$이다. 따라서 ①의 좌변의 차수는 $n+(n-1)$이고, 우변의 차수는 3이므로

$n+(n-1)=3 \qquad \therefore\ n=2$

$f(x)=ax^2+bx+c\,(a\neq0)$로 놓으면

$f'(x)=2ax+b$

이므로 주어진 식에 대입하면

$(2ax+b)(ax^2+bx+c)$
$\qquad =2(2ax+b)+2(ax^2+bx+c)$
$\qquad\qquad +2x^3-8x^2+8x-4$

$\therefore\ 2a^2x^3+3abx^2+(b^2+2ac)x+bc$
$\qquad =2x^3+(2a-8)x^2+(4a+2b+8)x$
$\qquad\qquad +2b+2c-4$

x에 관한 항등식이므로

$2a^2=2,\ 3ab=2a-8,$
$b^2+2ac=4a+2b+8,$
$bc=2b+2c-4$

$\therefore\ a=1,\ b=-2,\ c=2$

$\therefore\ \boldsymbol{f(x)=x^2-2x+2}$

****Note*** 다음과 같이 구할 수도 있다.

①을 변형하면

$f'(x)f(x)-2f'(x)-2f(x)+4$
$\qquad =2x^3-8x^2+8x$

$\therefore\ \{f'(x)-2\}\{f(x)-2\}$
$\qquad =2x(x-2)(x-2)$

$f(x)$가 이차식이므로 좌변은

(일차식)×(이차식)

의 꼴이다.

따라서 가능한 $f'(x)-2$, $f(x)-2$의 쌍은

$f'(x)-2=2x-4,\ f(x)-2=x^2-2x$

$\therefore\ \boldsymbol{f(x)=x^2-2x+2}$

3-14. $f'(x)=g(x) \qquad \cdots\cdots①$

$\{f(x)+g(x)\}'=x^3+3x^2+4x+5 \ \cdots②$

①, ②에서

$g(x)+g'(x)=x^3+3x^2+4x+5 \quad \cdots③$

$g(x)$의 차수를 n이라고 하면 ③의 좌변의 차수는 n이고, 우변의 차수는 3이므로 $n=3$이다. 따라서

$g(x)=ax^3+bx^2+cx+d\ \ (a\neq0)$

로 놓으면

$$g'(x)=3ax^2+2bx+c$$

이므로 ③에 대입하면

$$ax^3+bx^2+cx+d+3ax^2+2bx+c$$
$$=x^3+3x^2+4x+5$$

$\therefore\ ax^3+(3a+b)x^2+(2b+c)x+c+d$
$$=x^3+3x^2+4x+5$$

x에 관한 항등식이므로

$$a=1,\ 3a+b=3,$$
$$2b+c=4,\ c+d=5$$

$\therefore\ a=1,\ b=0,\ c=4,\ d=1$

$\therefore\ g(x)=x^3+4x+1 \quad \therefore\ \boldsymbol{g(1)=6}$

3-15. $f(x)=ax^3+bx^2+cx+d\,(a\neq0)$ 로 놓으면

$$f'(x)=3ax^2+2bx+c$$

$y=f(x)$의 그래프가 점 A(0, 1), B(1, 0)을 지나므로

$$f(0)=d=1 \quad \cdots\cdots①$$
$$f(1)=a+b+c+d=0 \quad \cdots\cdots②$$

또, $x=0$, 1에서 미분가능하므로

$$f'(0)=c=0 \quad \cdots\cdots③$$
$$f'(1)=3a+2b+c=0 \quad \cdots\cdots④$$

①, ②, ③, ④를 연립하여 풀면

$$a=2,\ b=-3,\ c=0,\ d=1$$

$\therefore\ \boldsymbol{f(x)=2x^3-3x^2+1}$

3-16. 몫을 Q(x), 나머지를 $ax+b$라고 하면

$$x^7-2x+4=(x-1)^2Q(x)+ax+b \quad \cdots\cdots①$$

$x=1$을 대입하면 $3=a+b$ ⋯⋯②

또, ①의 양변을 x에 관하여 미분하면

$$7x^6-2=2(x-1)Q(x)+(x-1)^2Q'(x)+a$$

$x=1$을 대입하면 $5=a$

②에 대입하면 $b=-2$

따라서 구하는 나머지는 $\boldsymbol{5x-2}$

3-17. 몫을 Q(x)라고 하면

$$x^{100}-ax+b=(x-1)^2Q(x) \quad \cdots①$$

$x=1$을 대입하면

$$1-a+b=0 \quad \cdots\cdots②$$

또, ①의 양변을 x에 관하여 미분하면

$$100x^{99}-a=2(x-1)Q(x)+(x-1)^2Q'(x)$$

$x=1$을 대입하면 $100-a=0$

$\therefore\ \boldsymbol{a=100}$

②에 대입하면 $\boldsymbol{b=99}$

*__Note__ **필수 예제 3-11**의 (2)를 이용하여 상수 a, b의 값을 구할 수도 있다.

4-1. $f(x)=x^3+ax^2+b$로 놓자.

주어진 곡선이 점 (1, 2)를 지나므로

$$f(1)=1+a+b=2 \quad \cdots\cdots①$$

$f'(x)=3x^2+2ax$이고, 점 (1, 2)에서의 접선의 기울기가 -3이므로

$$f'(1)=3+2a=-3 \quad \cdots\cdots②$$

①, ②에서 $\boldsymbol{a=-3,\ b=4}$

4-2. $f(x)=ax^3+bx^2+cx+d$로 놓으면

$$f'(x)=3ax^2+2bx+c$$

문제의 조건에서

$$f(0)=1,\ f'(0)=1,$$
$$f(3)=4,\ f'(3)=-2$$

$\therefore\ d=1,\ c=1,\ 27a+9b+3c+d=4,$
$27a+6b+c=-2$

$\therefore\ \boldsymbol{a=-\frac{1}{3},\ b=1,\ c=1,\ d=1}$

4-3. $f(x)=ax+2$, $g(x)=x^3$으로 놓으면

$$f'(x)=a,\ g'(x)=3x^2$$

$x=t$인 점에서 접한다고 하면

$f(t)=g(t)$에서 $at+2=t^3$ ⋯⋯①

$f'(t)=g'(t)$에서 $a=3t^2$ ⋯⋯②

②를 ①에 대입하면

$$3t^3+2=t^3 \quad \therefore\ t^3=-1$$

t는 실수이므로 $t=-1$

②에 대입하면 $\boldsymbol{a=3}$

4-4. $f(x)=x^3+ax+3$, $g(x)=x^2+2$로 놓으면

$$f'(x)=3x^2+a,\ g'(x)=2x$$

$x=t$인 점에서 접한다고 하면

$f(t)=g(t)$에서

$$t^3+at+3=t^2+2 \quad \cdots\cdots ①$$

$f'(t)=g'(t)$에서

$$3t^2+a=2t \quad \cdots\cdots ②$$

①, ②에서 a를 소거하면

$$2t^3-t^2-1=0$$

$$\therefore (t-1)(2t^2+t+1)=0$$

t는 실수이므로 $t=1$

②에 대입하면 $\boldsymbol{a=-1}$

4-5. $f(x)=x^3+ax$, $g(x)=bx^2+c$로 놓으면

$$f'(x)=3x^2+a, \quad g'(x)=2bx$$

두 곡선이 점 $(-1, 0)$을 지나므로

$$f(-1)=-1-a=0 \quad \cdots\cdots ①$$

$$g(-1)=b+c=0 \quad \cdots\cdots ②$$

또, 이 점에서 같은 직선에 접하므로

$$f'(-1)=g'(-1)$$

$$\therefore 3+a=-2b \quad \cdots\cdots ③$$

①, ②, ③을 연립하여 풀면

$$\boldsymbol{a=-1, \ b=-1, \ c=1}$$

4-6. $\mathrm{P}(\alpha, \alpha^4-2\alpha^2-\alpha)$,

$\mathrm{Q}(\beta, \beta^4-2\beta^2-\beta)$ $(\alpha\neq\beta)$

라고 하자.

$y'=4x^3-4x-1$이므로 점 P에서의 접선의 방정식은

$$y-(\alpha^4-2\alpha^2-\alpha)=(4\alpha^3-4\alpha-1)(x-\alpha)$$

곧,

$$y=(4\alpha^3-4\alpha-1)x-3\alpha^4+2\alpha^2 \cdots ①$$

점 Q에서의 접선의 방정식은

$$y=(4\beta^3-4\beta-1)x-3\beta^4+2\beta^2 \cdots ②$$

①, ②가 일치하므로

$$4\alpha^3-4\alpha-1=4\beta^3-4\beta-1 \quad \cdots ③$$

$$-3\alpha^4+2\alpha^2=-3\beta^4+2\beta^2 \quad \cdots ④$$

③에서 $(\alpha-\beta)(\alpha^2+\beta^2+\alpha\beta-1)=0$

$\alpha\neq\beta$이므로

$$\alpha^2+\beta^2+\alpha\beta-1=0 \quad \cdots\cdots ⑤$$

④에서

$$(\alpha-\beta)(\alpha+\beta)(3\alpha^2+3\beta^2-2)=0$$

$\alpha\neq\beta$이므로

$$\alpha+\beta=0 \text{ 또는 } 3\alpha^2+3\beta^2-2=0$$

이때, $3\alpha^2+3\beta^2-2=0$이면 ⑤에서

$\alpha\beta=\dfrac{1}{3}$, 곧 $\alpha=\beta=\pm\dfrac{1}{\sqrt{3}}$이므로 $\alpha\neq\beta$에 모순이다.

$$\therefore \alpha+\beta=0$$

$\beta=-\alpha$를 ⑤에 대입하면 $\alpha^2=1$

이 값을 ①에 대입하면 $\boldsymbol{y=-x-1}$

* ***Note*** ①은

$$y=\{4\alpha(\alpha^2-1)-1\}x-3\alpha^4+2\alpha^2$$

이므로 $\alpha^2=1$을 대입하면 $y=-x-1$이다.

4-7. 곡선 $y=x^3$에서의 접점의 좌표를 (α, α^3)이라고 하면 $y'=3x^2$이므로 접선의 방정식은

$$y-\alpha^3=3\alpha^2(x-\alpha)$$

$$\therefore y=3\alpha^2x-2\alpha^3 \quad \cdots\cdots ①$$

곡선 $y=x^3+4$에서의 접점의 좌표를 (β, β^3+4)라고 하면 $y'=3x^2$이므로 접선의 방정식은

$$y-(\beta^3+4)=3\beta^2(x-\beta)$$

$$\therefore y=3\beta^2x-2\beta^3+4 \quad \cdots\cdots ②$$

①, ②가 일치하므로

$$3\alpha^2=3\beta^2, \quad -2\alpha^3=-2\beta^3+4$$

α, β는 실수이므로 $\alpha=-1$, $\beta=1$

$$\therefore \boldsymbol{y=3x+2}$$

* ***Note*** **필수 예제 4-2**의 경우와 같이 두 곡선이 접한다는 뜻은 아니라는 것에 주의하여라.

4-8. (1) $y'=3x^2-2$이므로 접점의 좌표를 $(\alpha, \alpha^3-2\alpha)$라고 하면 접선의 방정식은

$$y-(\alpha^3-2\alpha)=(3\alpha^2-2)(x-\alpha) \cdots ①$$

이 직선이 점 $(0, 2)$를 지나므로

$$2-(\alpha^3-2\alpha)=(3\alpha^2-2)(-\alpha)$$

$\therefore\ \alpha^3=-1$

α는 실수이므로 $\alpha=-1$

①에 대입하면 $\boldsymbol{y=x+2}$

(2) $y'=3x^2-8x+5$이므로 접점의 좌표를 $(\alpha,\ \alpha^3-4\alpha^2+5\alpha-2)$라고 하면 접선의 방정식은

$y-(\alpha^3-4\alpha^2+5\alpha-2)$

$=(3\alpha^2-8\alpha+5)(x-\alpha)$ …①

이 직선이 점 (2, 8)을 지나므로

$8-(\alpha^3-4\alpha^2+5\alpha-2)$

$=(3\alpha^2-8\alpha+5)(2-\alpha)$

$\therefore\ \alpha(\alpha^2-5\alpha+8)=0$

α는 실수이므로 $\alpha=0$

①에 대입하면 $\boldsymbol{y=5x-2}$

4-9. $y'=2x$이므로 포물선 위의 점 $(\alpha,\ \alpha^2+k)$에서의 접선의 방정식은

$y-(\alpha^2+k)=2\alpha(x-\alpha)$

$\therefore\ y=2\alpha x-\alpha^2+k$ ……①

또, 포물선 위의 다른 점 $(\beta,\ \beta^2+k)$에서의 접선의 방정식은

$y=2\beta x-\beta^2+k$ ……②

①, ②가 직교하므로

$2\alpha\times2\beta=-1 \quad \therefore\ \alpha\beta=-\dfrac{1}{4}$ ……③

①, ②를 연립하여 풀면 $\alpha\neq\beta$이므로

$x=\dfrac{\alpha+\beta}{2},\ y=\alpha\beta+k$

①, ②의 교점이 항상 x축 위에 있으므로 $\alpha\beta+k=0$

③을 대입하면 $k=-\alpha\beta=\boldsymbol{\dfrac{1}{4}}$

4-10. $y'=2x$이므로 점 P의 좌표를 $\mathrm{P}(\alpha,\ \alpha^2)$이라고 하면 이 점에서의 접선의 방정식은

$y-\alpha^2=2\alpha(x-\alpha)$

$y=0$을 대입하면 $x=\dfrac{1}{2}\alpha$

곧, 점 Q의 x좌표는 $\dfrac{1}{2}\alpha$이다.

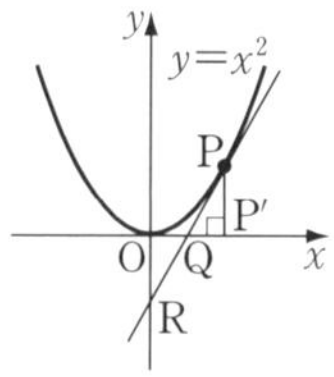

따라서 위의 그림에서 $\overline{\mathrm{P'Q}}=\overline{\mathrm{QO}}$이므로 $\overline{\mathrm{PQ}}=\overline{\mathrm{QR}}$

4-11. $y'=4x^3$이므로 점 (1, 1)에서의 접선의 방정식은

$y-1=4(x-1) \quad \therefore\ y=4x-3$

$y=0$일 때 $x=a_1$이므로

$0=4a_1-3 \quad \therefore\ a_1=\dfrac{3}{4}$

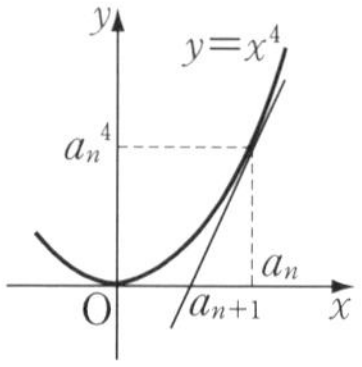

또, 점 $(a_n,\ a_n^4)$에서의 접선의 방정식은

$y-a_n^4=4a_n^3(x-a_n)$

$y=0$일 때 $x=a_{n+1}$이므로

$-a_n^4=4a_n^3(a_{n+1}-a_n)$

$a_n\neq0$이므로 $-a_n=4(a_{n+1}-a_n)$

$\therefore\ a_{n+1}=\dfrac{3}{4}a_n\ (n=1,\ 2,\ 3,\ \cdots)$

따라서 수열 $\{a_n\}$은 첫째항이 $a_1=\dfrac{3}{4}$, 공비가 $\dfrac{3}{4}$인 등비수열이다.

$\therefore\ a_n=\dfrac{3}{4}\times\left(\dfrac{3}{4}\right)^{n-1}=\left(\dfrac{3}{4}\right)^n$

$\therefore\ \boldsymbol{a_{20}=\left(\dfrac{3}{4}\right)^{20}}$

4-12. $f(x)-g(x)$는 구간 $[a,\ b]$에서 연속이고, 구간 $(a,\ b)$에서

$\{f(x)-g(x)\}'=f'(x)-g'(x)=0$

이므로 $f(x)-g(x)$는 구간 $[a,\ b]$에서

상수함수이다.

따라서 구간 $[a, b]$에서

$f(x)-g(x)=C$, 곧 $f(x)=g(x)+C$

를 만족시키는 상수 C가 존재한다.

4-13. 삼차함수 $f(x)$는 모든 실수 x에 대하여 연속이고 미분가능하다.

또, x_1, x_2, x_3은 $f(x)=0$의 근이므로

$$f(x_1)=f(x_2)=f(x_3)=0$$

이다.

따라서 롤의 정리에 의하여

x_1과 x_2, x_2와 x_3

사이에 $f'(x)=0$인 x의 값이 적어도 하나씩 존재한다.

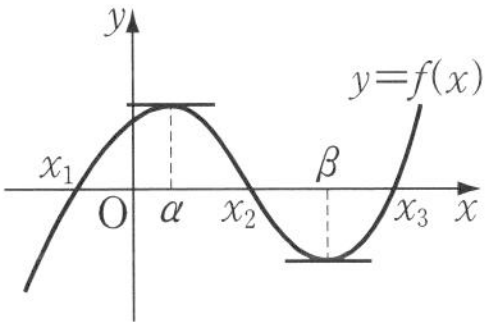

이때, $f'(x)=0$은 이차방정식이므로 근은 두 개보다 많지 않다.

이상에서 $f'(x)=0$은 서로 다른 두 실근(위의 그림에서 α, β)을 가진다.

4-14. $f(x)$는 다항함수이므로 구간 $(-\infty, \infty)$에서 연속이고 미분가능하다.

(1) $f(0)<0$, $f(1)>0$이므로 사잇값의 정리에 의하여 $f(x)=0$은 구간 $(0, 1)$에서 적어도 하나의 실근을 가진다.

또, $f(1)>0$, $f(2)<0$이므로 사잇값의 정리에 의하여 $f(x)=0$은 구간 $(1, 2)$에서 적어도 하나의 실근을 가진다.

따라서 구간 $(0, 2)$에서 $f(x)=0$은 적어도 두 개의 실근을 가진다.

(2) $f(0)=f(2)$이므로 롤의 정리에 의하여 구간 $(0, 2)$에서 $f'(x)=0$은 적어도 하나의 실근을 가진다.

(3) 평균값 정리에 의하여

$$\frac{f(1)-f(0)}{1-0}=f'(c),\ 0<c<1$$

을 만족시키는 c가 적어도 하나 존재한다.

그런데 $f(1)=1$, $f(0)=-1$이므로 $f'(c)=2$이다.

따라서 구간 $(0, 1)$에서 $f'(x)=2$는 적어도 하나의 실근을 가진다.

5-1. $f'(x)=3x^2-2ax+a+6$

모든 실수 x에 대하여 $f'(x)\ge0$이므로

$D/4=a^2-3(a+6)\le0$

$\therefore\ \boldsymbol{-3\le a\le 6}$

5-2. $f'(x)=3ax^2+2bx+c$

모든 실수 x에 대하여 $f'(x)\le0$이므로

$3a<0$, $D/4=b^2-3ac\le0$

$\therefore\ \boldsymbol{a<0,\ b^2-3ac\le0}$

5-3. $f'(x)=3x^2-12x+a$

$=3(x-2)^2+a-12$

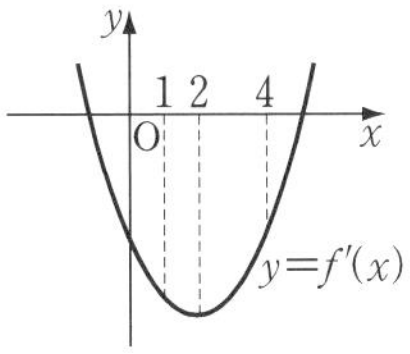

구간 $(1, 4)$에서 $f'(x)\le0$이므로

$f'(4)=a\le0$ $\therefore\ \boldsymbol{a\le0}$

5-4. (1) $f'(x)=3x^2-6x-9$

$=3(x+1)(x-3)$

$f'(x)=0$에서 $x=-1, 3$

x	$-\infty$	$\cdots$	-1	$\cdots$	3	$\cdots$	∞
$f'(x)$		+	0	−	0	+	
$f(x)$	$-\infty$	↗	극대	↘	극소	↗	∞

∴ 극댓값 $\boldsymbol{f(-1)=9}$,

극솟값 $\boldsymbol{f(3)=-23}$

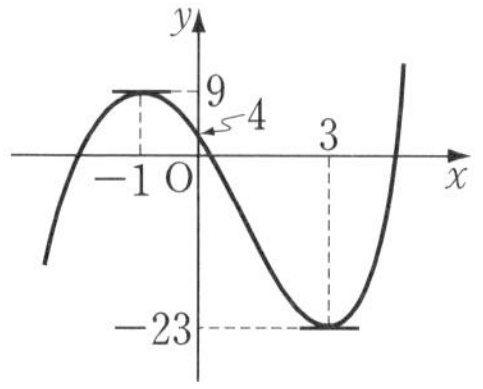

(2) $f'(x)=-6x^2-6x+12$
$=-6(x+2)(x-1)$
$f'(x)=0$에서　$x=-2,\ 1$

x	$-\infty$	$\cdots$	-2	$\cdots$	1	$\cdots$	∞
$f'(x)$		$-$	0	$+$	0	$-$	
$f(x)$	∞	↘	극소	↗	극대	↘	$-\infty$

∴ 극댓값 $\boldsymbol{f(1)=0}$,
극솟값 $\boldsymbol{f(-2)=-27}$

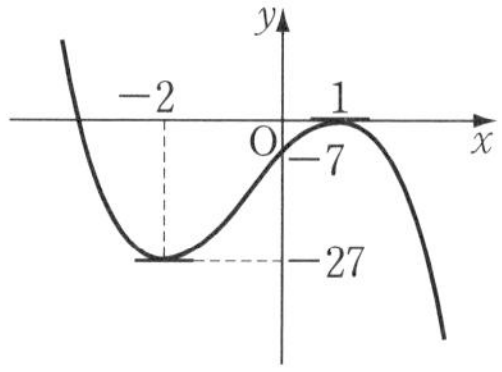

(3) $f'(x)=3x^2-6x+3$
$=3(x-1)^2\ge0$
따라서 $f(x)$는 구간 $(-\infty,\ \infty)$에서 증가하고 극값은 없다.

(4) $f'(x)=-3x^2+6x-4$
$=-3(x-1)^2-1<0$
따라서 $f(x)$는 구간 $(-\infty,\ \infty)$에서 감소하고 극값은 없다.

(3)
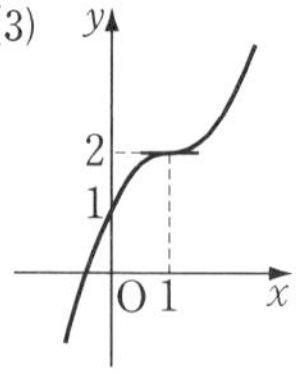

(4)
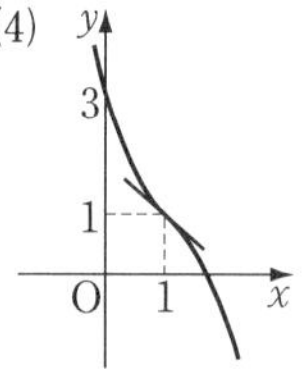

Note (3) 점 $(1,\ 2)$에서의 접선의 기울기는 $f'(1)=0$이다.
(4) 점 $(1,\ 1)$에서의 접선의 기울기는 $f'(1)=-1$이다.
(3), (4)는 비슷한 모양을 하고 있지만 이와 같은 차이점이 있다.

5-5. (1) $f'(x)=12x^3-12x^2-24x$
$=12x(x+1)(x-2)$
$f'(x)=0$에서　$x=-1,\ 0,\ 2$

x	$\cdots$	-1	$\cdots$	0	$\cdots$	2	$\cdots$
$f'(x)$	$-$	0	$+$	0	$-$	0	$+$
$f(x)$	↘	극소	↗	극대	↘	극소	↗

∴ 극댓값 $\boldsymbol{f(0)=0}$,
극솟값 $\boldsymbol{f(-1)=-5,\ f(2)=-32}$

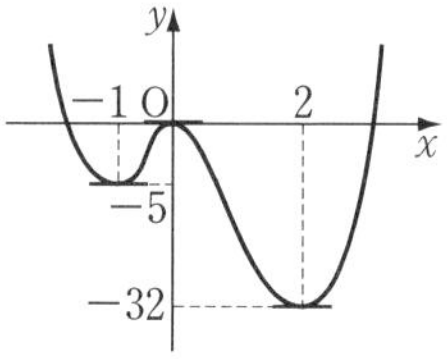

(2) $f'(x)=-4x^3+4x$
$=-4x(x+1)(x-1)$
$f'(x)=0$에서　$x=-1,\ 0,\ 1$

x	$\cdots$	-1	$\cdots$	0	$\cdots$	1	$\cdots$
$f'(x)$	$+$	0	$-$	0	$+$	0	$-$
$f(x)$	↗	극대	↘	극소	↗	극대	↘

∴ 극댓값 $\boldsymbol{f(-1)=1,\ f(1)=1}$,
극솟값 $\boldsymbol{f(0)=0}$

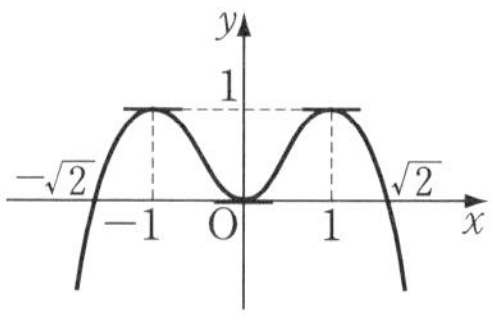

(3) $f'(x)=5x^4-45x^2$
$=5x^2(x+3)(x-3)$
$f'(x)=0$에서　$x=-3,\ 0,\ 3$

x	$\cdots$	-3	$\cdots$	0	$\cdots$	3	$\cdots$
$f'(x)$	$+$	0	$-$	0	$-$	0	$+$
$f(x)$	↗	극대	↘		↘	극소	↗

$\therefore$ 극댓값 $\boldsymbol{f(-3)=165}$,
극솟값 $\boldsymbol{f(3)=-159}$

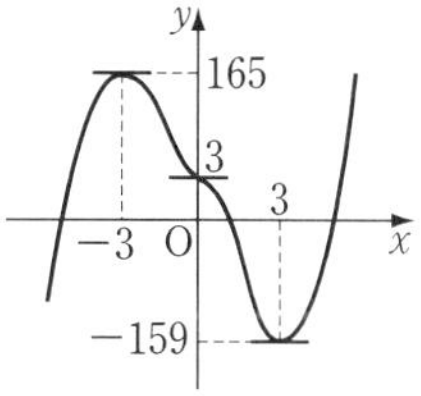

5-6. $f(x)=x^3+ax+b$로 놓으면
$$f'(x)=3x^2+a$$
$x=1$에서 극값 2를 가지므로
$f(1)=1+a+b=2$, $f'(1)=3+a=0$
$$\therefore\ \boldsymbol{a=-3,\ b=4}$$
이 값을 대입하면
$f(x)=x^3-3x+4$, $f'(x)=3x^2-3$
증감을 조사하면 $x=-1$에서 극대이고, 극댓값은
$f(-1)=(-1)^3-3\times(-1)+4=\boldsymbol{6}$

5-7. $f'(x)=3ax^2+12bx+6c$
$x=-1$, 3에서 $f(x)$가 극값을 가지므로
$f'(-1)=3a-12b+6c=0$ $\cdots$①
$f'(3)=27a+36b+6c=0$ $\cdots$②
극댓값과 극솟값의 차가 8이므로
$f(-1)-f(3)=(-a+6b-6c+9)$
$-(27a+54b+18c+9)$
$=-28a-48b-24c$
$=8$ $\cdots\cdots$③
①, ②, ③을 연립하여 풀면
$$\boldsymbol{a=\frac{1}{4},\ b=-\frac{1}{8},\ c=-\frac{3}{8}}$$
****Note*** $a>0$이므로 $x=-1$에서 극대, $x=3$에서 극소이다.

5-8. $f'(x)=3ax^2+2bx+c$
$f(x)$가 $x=-1$에서 극댓값 5를 가지므로
$f(-1)=-a+b-c+d=5$ $\cdots$①
$f'(-1)=3a-2b+c=0$ $\cdots$②
또, $f(x)$가 $x=1$에서 극솟값 1을 가지므로
$f(1)=a+b+c+d=1$ $\cdots\cdots$③
$f'(1)=3a+2b+c=0$ $\cdots\cdots$④
①, ②, ③, ④를 연립하여 풀면
$$\boldsymbol{a=1,\ b=0,\ c=-3,\ d=3}$$

5-9. $f(x)=ax^3+bx^2+cx+d\,(a\neq0)$로 놓으면
$$f'(x)=3ax^2+2bx+c$$
조건 ㈎에 의하여
$f(1)=a+b+c+d=3$ $\cdots\cdots$①
$f'(1)=3a+2b+c=0$ $\cdots\cdots$②
조건 ㈏에 의하여
$f(0)=d=0$ $\cdots\cdots$③
$f'(0)=c=1$ $\cdots\cdots$④
①, ②, ③, ④를 연립하여 풀면
$a=-5$, $b=7$, $c=1$, $d=0$
$$\therefore\ \boldsymbol{f(x)=-5x^3+7x^2+x}$$

5-10. $f(x)=x^3-3ax-16$으로 놓으면
$$f'(x)=3x^2-3a$$
문제의 조건에서 $f(x)$가 극값을 가지므로 $a>0$이고
$$f'(x)=3(x+\sqrt{a})(x-\sqrt{a})$$
곧, $x=-\sqrt{a}$, $\sqrt{a}$에서 극값을 가진다.
(i) $f(-\sqrt{a})=0$일 때
$-a\sqrt{a}+3a\sqrt{a}-16=0$
$\therefore\ a\sqrt{a}=8$ $\quad\therefore\ a=4$
(ii) $f(\sqrt{a})=0$일 때
$a\sqrt{a}-3a\sqrt{a}-16=0$
$\therefore\ a\sqrt{a}=-8$
이것은 $a>0$에 모순이다.
(i), (ii)에서 $\boldsymbol{a=4}$

5-11. $f'(x)=3ax^2-6ax-9a$
$=3a(x+1)(x-3)$

$f'(x)=0$에서 $x=-1, 3$

$a>0$이므로 $f(x)$는 $x=-1$에서 극대, $x=3$에서 극소이다.

$\therefore f(-1)=-a-3a+9a+b=10,$
$f(3)=27a-27a-27a+b=-22$

연립하여 풀면 $\boldsymbol{a=1,\ b=5}$

5-12. $f'(x)=3x^2-2(a+2)x+3a$

(1) $f'(x)=0$이 중근 또는 허근을 가지므로 $D/4=(a+2)^2-3\times3a\le0$

$\therefore (a-1)(a-4)\le0 \quad \therefore \boldsymbol{1\le a\le4}$

(2) $x>0$에서 $f'(x)=0$이 서로 다른 두 실근을 가지려면

$D/4>0$에서 $(a-1)(a-4)>0$

$\therefore a<1,\ a>4$

(축)>0에서 $\dfrac{a+2}{3}>0 \quad \therefore a>-2$

$f'(0)>0$에서 $3a>0 \quad \therefore a>0$

따라서 공통 범위를 구하면

$\boldsymbol{0<a<1,\ a>4}$

5-13. $f'(x)=-3x^2+2ax+3a$

이때, $f'(x)=0$의 해를 $\alpha, \beta(\alpha<\beta)$라 고 하면 $-1<\alpha<0,\ 0<\beta<1$

또, $f(x)$가 $x=\alpha$에서 극소, $x=\beta$에서 극대이므로 $x<\alpha$, $\alpha<x<\beta$, $x>\beta$에서 $f'(x)$의 부호는 각각 $(-)$, $(+)$, $(-)$이다.

따라서 아래 그림과 같이 $y=f'(x)$의 그래프는 위로 볼록하고, x축과 $-1<x<0,\ 0<x<1$에서 만나야 한다.

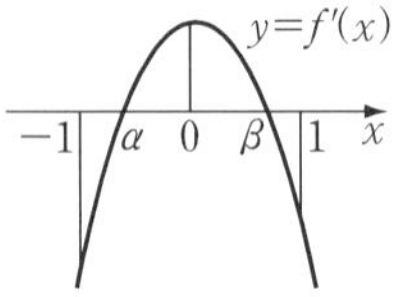

$f'(-1)=-3-2a+3a<0$에서 $a<3$

$f'(0)=3a>0$에서 $a>0$

$f'(1)=-3+2a+3a<0$에서 $a<\dfrac{3}{5}$

따라서 공통 범위를 구하면

$\boldsymbol{0<a<\dfrac{3}{5}}$

5-14. 곡선 $y=x^3-9x^2+24x-7$에 대하여 점 $(3, 11)$을 원점으로 옮기는 평행이동을 하면

$y+11=(x+3)^3-9(x+3)^2+24(x+3)-7$

$\therefore y=x^3-3x$

여기에서 $f(x)=x^3-3x$로 놓으면

$f(-x)=(-x)^3-3(-x)$
$=-(x^3-3x)=-f(x)$

곧, $f(x)$는 기함수이므로 이 곡선은 원점에 대하여 대칭이다.

따라서 곡선 $y=x^3-9x^2+24x-7$은 점 $(3, 11)$에 대하여 대칭이다.

*** *Note*** 다음과 같이 증명해도 된다.

$y=x^3-9x^2+24x-7$에서

$y'=3x^2-18x+24=3(x-2)(x-4)$

이므로 극대점은 $A(2, 13)$, 극소점은 $B(4, 9)$이고, 선분 AB의 중점은 점 $(3, 11)$이다.

그런데 삼차함수의 그래프는 두 극점을 잇는 선분의 중점에 대하여 대칭이므로 곡선 $y=x^3-9x^2+24x-7$은 점 $(3, 11)$에 대하여 대칭이다.

5-15. $f'(x)=4x^3-12(a-1)x^2+4(a^2-1)x$
$=4x\{x^2-3(a-1)x+a^2-1\}$

$f(x)$가 극댓값을 가지기 위해서는 $f'(x)=0$이 서로 다른 세 실근을 가져야 하므로

$g(x)=x^2-3(a-1)x+a^2-1=0$

이 0이 아닌 서로 다른 두 실근을 가지면 된다.

따라서 $g(0)=a^2-1\neq0$이고

$D=9(a-1)^2-4(a^2-1)$

$=(a-1)(5a-13)>0$

$\therefore$ $\boldsymbol{a<-1,\ -1<a<1,\ a>\frac{13}{5}}$

6-1. (1) $t=x^3+3x^2-1$로 놓으면

$$y=t^2+t+5$$

이때, $t'=3x^2+6x=3x(x+2)$

$-3\le x<0$에서 증감을 조사하면

x	-3	$\cdots$	-2	$\cdots$	(0)
t'		$+$	0	$-$	
t	-1	$\nearrow$	3	$\searrow$	(-1)

$$\therefore\ -1\le t\le 3$$

그런데 $y=\left(t+\frac{1}{2}\right)^2+\frac{19}{4}$이므로

$t=3$일 때 최댓값 **17**,

$t=-\frac{1}{2}$일 때 최솟값 $\boldsymbol{\frac{19}{4}}$

(2) $y=x^3-3x$에서

$$y'=3x^2-3=3(x+1)(x-1)$$

$-2\le x\le 3$에서 증감을 조사하여 $y=x^3-3x$의 그래프를 그리면 아래와 같다.

$y=x^3-3x$

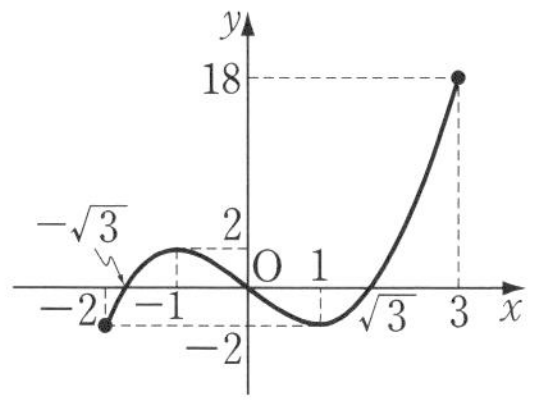

따라서

$$y=|x^3-3x|,\ y=|x^3-3x|-2$$

의 그래프는 각각 다음과 같다.

$y=|x^3-3x|$

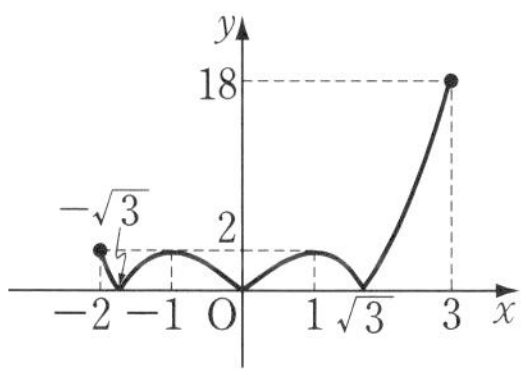

$y=|x^3-3x|-2$

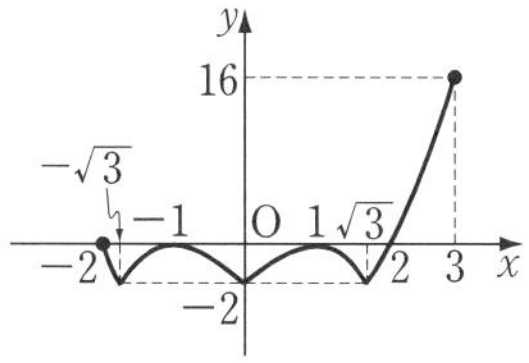

따라서

$x=3$일 때 최댓값 **16**,

$x=\pm\sqrt{3}$, 0일 때 최솟값 $\boldsymbol{-2}$

6-2. $f'(x)=3x^2-6ax=3x(x-2a)$

(i) $2a<0$, 곧 $a<0$일 때 $0\le x\le 1$에서 $f'(x)>0$이므로 $f(x)$는 증가한다.

따라서 최댓값은 $f(1)=1-3a$

(ii) $0\le 2a<1$, 곧 $0\le a<\frac{1}{2}$일 때 최댓값은 $f(0)$ 또는 $f(1)$이다.

그런데 $f(0)\ge f(1)$이려면

$0\ge 1-3a$에서 $a\ge\frac{1}{3}$이므로

$\frac{1}{3}\le a<\frac{1}{2}$이면 최댓값은 $f(0)=0$,

$0\le a<\frac{1}{3}$이면 최댓값은 $f(1)=1-3a$

(iii) $2a\ge 1$, 곧 $a\ge\frac{1}{2}$일 때 $0\le x\le 1$에서 $f'(x)\le 0$이므로 $f(x)$는 감소한다.

따라서 최댓값은 $f(0)=0$

(i), (ii), (iii)에서

$\boldsymbol{a<\frac{1}{3}}$일 때 최댓값 $\boldsymbol{1-3a}$,

$\boldsymbol{a\ge\frac{1}{3}}$일 때 최댓값 **0**

6-3. $f'(x)=3ax^2-12ax=3ax(x-4)$

$a>0$이므로 $-1\le x\le 2$에서 증감을 조사하면 $f(x)$는 $x=0$일 때 최대이다.

최댓값은 3이므로

$$f(0)=b=3 \qquad \cdots\cdots①$$

또, $f(-1)=-7a+b$,

$f(2)=-16a+b$

에서 $f(-1)>f(2)$이므로 $f(x)$는 $x=2$

일 때 최소이다.

최솟값은 -29이므로

$$f(2)=-16a+b=-29 \quad \cdots\cdots②$$

①, ②에서 $\boldsymbol{a=2,\ b=3}$

6-4. $f'(x)=4ax^3-12ax^2=4ax^2(x-3)$

$a>0$이므로 구간 $[1, 4]$에서 증감을 조사하면 $f(x)$는 $x=3$일 때 최소이다.

최솟값은 -6이므로

$$f(3)=b-27a=-6 \quad \cdots\cdots①$$

또, $f(1)=b-3a$, $f(4)=b$에서 $f(1)<f(4)$이므로 $f(x)$는 $x=4$일 때 최대이다.

최댓값은 3이므로

$$f(4)=b=3 \quad \cdots\cdots②$$

①, ②에서 $\boldsymbol{a=\frac{1}{3},\ b=3}$

6-5. $y=x(x-3)^2=0$에서 $x=0, 3$ 이므로 점 A의 x좌표는 3이다.

$\mathrm{H}(x, 0)$이라 하고, $\triangle\mathrm{OPH}$의 넓이를 $\mathrm{S}(x)$라고 하면 $\overline{\mathrm{PH}}=x(x-3)^2$이므로

$$\mathrm{S}(x)=\frac{1}{2}\overline{\mathrm{OH}}\times\overline{\mathrm{PH}}$$

$$=\frac{1}{2}x^2(x-3)^2 \ (0<x<3)$$

$$\therefore \mathrm{S}'(x)=x(x-3)^2+x^2(x-3)$$

$$=x(2x-3)(x-3)$$

$0<x<3$에서 증감을 조사하면 $\mathrm{S}(x)$는 $x=\frac{3}{2}$일 때 최대이고, 최댓값은

$$\mathrm{S}\left(\frac{3}{2}\right)=\frac{1}{2}\times\left(\frac{3}{2}\right)^4=\boldsymbol{\frac{81}{32}}$$

6-6.

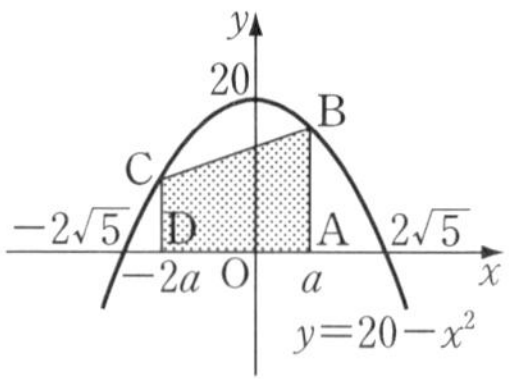

두 점 B, C의 좌표는

$$\mathrm{B}(a,\ 20-a^2),\ \mathrm{C}(-2a,\ 20-4a^2)$$

$\square$ABCD의 넓이를 $\mathrm{S}(a)$라고 하면

$$\mathrm{S}(a)=\frac{1}{2}(\overline{\mathrm{AB}}+\overline{\mathrm{DC}})\times\overline{\mathrm{AD}}$$

$$=\frac{1}{2}\{(20-a^2)+(20-4a^2)\}\times3a$$

$$=\frac{3}{2}a(40-5a^2) \ (0<a<\sqrt{5})$$

$$\therefore \mathrm{S}'(a)=\frac{3}{2}(40-5a^2)+\frac{3}{2}a\times(-10a)$$

$$=-\frac{15}{2}(3a^2-8)$$

$$=-\frac{15}{2}(\sqrt{3}a+2\sqrt{2})(\sqrt{3}a-2\sqrt{2})$$

$0<a<\sqrt{5}$에서 증감을 조사하면 $\mathrm{S}(a)$는 $a=\frac{2\sqrt{2}}{\sqrt{3}}=\boldsymbol{\frac{2\sqrt{6}}{3}}$일 때 최대이다.

6-7. $\mathrm{P}(t,\ t^2)$이라고 하면

$$l^2=(t-6)^2+(t^2-3)^2$$

$$=t^4-5t^2-12t+45$$

여기에서 $f(t)=t^4-5t^2-12t+45$로 놓으면

$$f'(t)=4t^3-10t-12$$

$$=2(t-2)(2t^2+4t+3)$$

그런데

$$2t^2+4t+3=2(t+1)^2+1>0$$

이므로 $f'(t)=0$의 실근은 $t=2$이다.

따라서 증감을 조사하면 $f(t)$는 $t=2$일 때 최소이고, 최솟값은 $f(2)=17$이다.

∴ **최솟값 $\boldsymbol{\sqrt{17}}$, $\boldsymbol{\mathrm{P}(2,\ 4)}$**

*****Note*** l이 최소일 때 $\mathrm{P}(t,\ t^2)$이라고 하면 $t\neq0$이다.

$y=x^2$에서 $y'=2x$이므로 점 P에서의 법선의 방정식은

$$y-t^2=-\frac{1}{2t}(x-t)$$

이 직선이 점 $(6, 3)$을 지나므로

$$3-t^2=-\frac{1}{2t}(6-t)$$

양변에 $2t$를 곱하여 정리하면

$$2t^3-5t-6=0$$

$$\therefore (t-2)(2t^2+4t+3)=0$$

t는 실수이므로 $\quad t=2$

따라서 $\mathbf{P(2,\ 4)}$일 때 l은 최소이고, 최솟값은

$$\sqrt{(6-2)^2+(3-4)^2}=\sqrt{\mathbf{17}}$$

6-8. 정삼각기둥의 밑면은 한 변의 길이가 $(a-2x)$인 정삼각형이고, 높이는 $\dfrac{1}{\sqrt{3}}x$ 이다.

상자의 부피를 V라고 하면

$$\mathrm{V}=\frac{\sqrt{3}}{4}(a-2x)^2\times\frac{1}{\sqrt{3}}x$$
$$=\frac{1}{4}x(2x-a)^2\ \left(0<x<\frac{a}{2}\right)$$
$$\therefore\ \frac{d\mathrm{V}}{dx}=\frac{1}{4}\{(2x-a)^2+x\times2(2x-a)\times2\}$$
$$=\frac{1}{4}(2x-a)(6x-a)$$

$0<x<\dfrac{a}{2}$에서 증감을 조사하면 V는 $\boldsymbol{x=\dfrac{a}{6}}$ **cm**일 때 최대이다.

6-9. 상자의 부피를 V라고 하면

$$\mathrm{V}=x^2y \qquad \cdots\cdots①$$

일정한 겉넓이를 $2a^2$(a는 양의 상수)이라고 하면

$$2x^2+4xy=2a^2$$
$$\therefore\ y=\frac{1}{2x}(a^2-x^2) \qquad \cdots\cdots②$$

이때, $x>0$, $y>0$이므로 $\quad 0<x<a$

②를 ①에 대입하면

$$\mathrm{V}=\frac{1}{2}x(a^2-x^2)\ (0<x<a)$$
$$\therefore\ \frac{d\mathrm{V}}{dx}=\frac{1}{2}(a^2-3x^2)$$
$$=-\frac{1}{2}(\sqrt{3}x+a)(\sqrt{3}x-a)$$

$0<x<a$에서 증감을 조사하면 V는 $x=\dfrac{a}{\sqrt{3}}$일 때 최대이다.

이때, ②에서 $\quad y=\dfrac{a}{\sqrt{3}}$

$$\therefore\ x:y=\frac{a}{\sqrt{3}}:\frac{a}{\sqrt{3}}=\mathbf{1:1}$$

6-10. 원기둥의 밑면의 반지름의 길이를 x, 높이를 y, 부피를 V라고 하면

$x+y=3 \quad \cdots①\qquad \mathrm{V}=\pi x^2y \quad \cdots②$

①에서 $y=3-x$이고, $x>0$, $y>0$이므로 $\quad 0<x<3$

$y=3-x$를 ②에 대입하면

$$\mathrm{V}=\pi x^2(3-x)\ (0<x<3)$$
$$\therefore\ \frac{d\mathrm{V}}{dx}=\pi(6x-3x^2)=-3\pi x(x-2)$$

$0<x<3$에서 증감을 조사하면 V는 $x=2$일 때 최대이고, 이때 $y=1$, 최댓값은 4π이다.

따라서 부피가 최대인 것의 밑면의 반지름의 길이는 $\quad$**2 cm**

6-11. 원뿔의 높이를 h라 하고, 원기둥의 밑면의 반지름의 길이를 x, 높이를 y, 부피를 V라고 하면

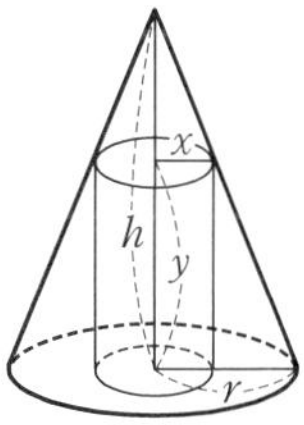

$$\mathrm{V}=\pi x^2y$$

오른쪽 그림에서 닮음비에 의하여

$$\frac{x}{r}=\frac{h-y}{h} \qquad \therefore\ y=\frac{h}{r}(r-x)$$
$$\therefore\ \mathrm{V}=\pi x^2\times\frac{h}{r}(r-x)$$
$$=\frac{\pi h}{r}(rx^2-x^3)\ (0<x<r)$$
$$\therefore\ \frac{d\mathrm{V}}{dx}=\frac{\pi h}{r}(2rx-3x^2)$$
$$=-\frac{\pi h}{r}x(3x-2r)$$

$0<x<r$에서 증감을 조사하면 V는 $x=\dfrac{\mathbf{2}}{\mathbf{3}}\boldsymbol{r}$일 때 최대이다.

6-12. 원뿔의 높이를 x, 밑면의 반지름의 길이를 y, 부피를 V라고 하면 오른쪽 그림에서

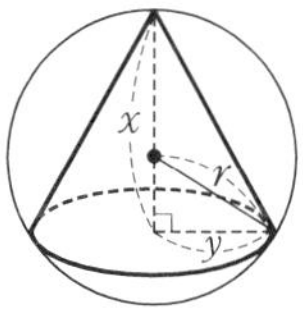

$$V=\frac{1}{3}\pi xy^2 \quad \cdots\cdots ①$$

$$y^2=r^2-(x-r)^2 \quad \cdots\cdots ②$$

②를 ①에 대입하면

$$V=\frac{1}{3}\pi x\{r^2-(x-r)^2\}$$

$$=\frac{1}{3}\pi(2rx^2-x^3)\ (r<x<2r)$$

$$\therefore\ \frac{dV}{dx}=\frac{1}{3}\pi(4rx-3x^2)$$

$$=-\frac{1}{3}\pi x(3x-4r)$$

$r<x<2r$에서 증감을 조사하면 V는 $x=\frac{4}{3}r$일 때 최대이다.

이때, ②에서 $y^2=\frac{8}{9}r^2$

$$\therefore\ y=\frac{2\sqrt{2}}{3}r\ (\because\ y>0)$$

$$\therefore\ y:x=\frac{2\sqrt{2}}{3}r:\frac{4}{3}r=\mathbf{1:\sqrt{2}}$$

7-1. $f(x)=2x^3-3x^2-12x+a$로 놓으면

$f'(x)=6x^2-6x-12=6(x+1)(x-2)$

증감을 조사하면

극댓값 $f(-1)=a+7$,

극솟값 $f(2)=a-20$

(1) 극댓값이 양수, 극솟값이 음수이어야 하므로 $a+7>0$, $a-20<0$

$\therefore\ \mathbf{-7<a<20}$

(2) 극댓값 또는 극솟값이 0이어야 하므로 $a+7=0$ 또는 $a-20=0$

$\therefore\ \mathbf{a=-7,\ 20}$

**Note* $f'(x)=0$이 서로 다른 두 실근을 가지므로 $f(x)=0$이 삼중근을 가지는 경우는 없다.

7-2. $f(x)=x^3-3x^2-9x+a$로 놓으면

$f'(x)=3x^2-6x-9=3(x+1)(x-3)$

증감을 조사하면

극댓값 $f(-1)=5+a$,

극솟값 $f(3)=-27+a$

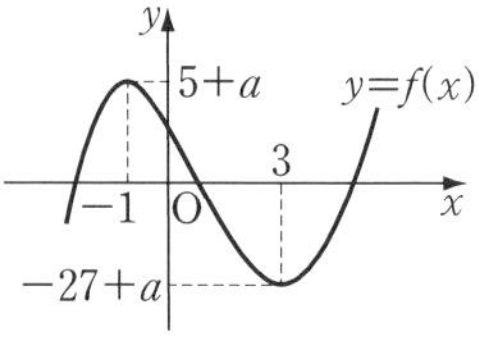

문제의 조건으로부터

(극댓값)>0, (극솟값)<0, (y절편)>0

$\therefore\ 5+a>0$, $-27+a<0$, $a>0$

$\therefore\ \mathbf{0<a<27}$

7-3. $f(x)=2x^3+3x^2-12x+a$로 놓으면

$f'(x)=6x^2+6x-12=6(x+2)(x-1)$

증감을 조사하면

극댓값 $f(-2)=a+20$,

극솟값 $f(1)=a-7$

문제의 조건으로부터 (극댓값)<0

$\therefore\ a+20<0 \quad \therefore\ \mathbf{a<-20}$

7-4. 곡선과 직선의 교점의 x좌표는

$x^3+3x^2-4x-12=5x+a$

곧, $x^3+3x^2-9x-12-a=0 \quad \cdots ①$

의 실근이다.

$f(x)=x^3+3x^2-9x-12-a$로 놓으면

$f'(x)=3x^2+6x-9=3(x+3)(x-1)$

증감을 조사하면

극댓값 $f(-3)=15-a$,

극솟값 $f(1)=-17-a$

(1) ①이 서로 다른 세 실근을 가지면 되므로

$f(-3)=15-a>0$,

$f(1)=-17-a<0$

$\therefore\ \mathbf{-17<a<15}$

(2) ①이 하나의 실근과 두 허근을 가지면 되므로

$f(-3)f(1)=(15-a)(-17-a)>0$

$\therefore\ \mathbf{a<-17,\ a>15}$

(3) ①이 이중근과 다른 하나의 실근을 가지면 되므로

$f(-3)=15-a=0$ 또는

$f(1)=-17-a=0$

$\therefore$ $\boldsymbol{a=15,\ -17}$

7-5. $x^3+3x^2=-a$ $\cdots\cdots$①

에서

$y=x^3+3x^2$ $\cdots$② $y=-a$ $\cdots$③

으로 놓을 때, ①의 실근의 개수는 ②, ③의 그래프의 교점의 개수와 같다.

②에서 $y'=3x^2+6x=3x(x+2)$

이므로 증감을 조사하면 ②의 그래프는 아래 곡선과 같다.

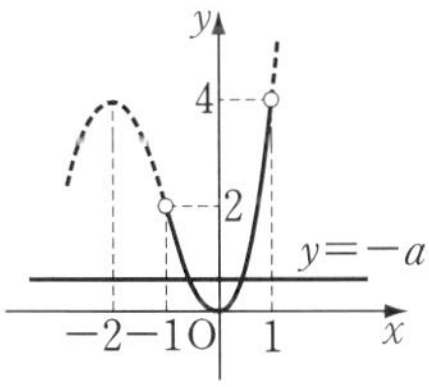

$-1<x<1$에서 ②, ③의 그래프가 적어도 한 점에서 만나야 하므로

$0\le -a<4$ $\therefore$ $\boldsymbol{-4<a\le 0}$

7-6. $3x^4-4x^3-12x^2=-a$ $\cdots\cdots$①

에서

$y=3x^4-4x^3-12x^2$ $\cdots\cdots$②

$y=-a$ $\cdots\cdots$③

으로 놓을 때, ①의 실근의 개수는 ②, ③의 그래프의 교점의 개수와 같다.

②에서 $y'=12x^3-12x^2-24x$

$=12x(x+1)(x-2)$

이므로 증감을 조사하면 ②의 그래프는 아래 곡선과 같다.

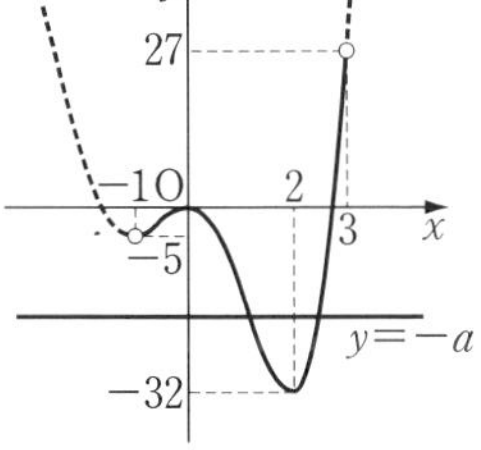

$\therefore$ $\boldsymbol{a\le -27,\ a>32}$**일 때 0,**

$\boldsymbol{-27<a<0,\ a=32}$**일 때 1,**

$\boldsymbol{a=0,\ 5\le a<32}$**일 때 2,**

$\boldsymbol{0<a<5}$**일 때 3**

7-7. $y'=3x^2-3$이므로 곡선 위의 점 $(t,\ t^3-3t)$에서의 접선의 방정식은

$y-(t^3-3t)=(3t^2-3)(x-t)$

이 직선이 점 $(-1,\ a)$를 지나므로

$a-(t^3-3t)=(3t^2-3)(-1-t)$

$\therefore$ $-2t^3-3t^2+3=a$ $\cdots\cdots$①

이 방정식이 오직 하나의 실근을 가질 때, 오직 하나의 접선을 그을 수 있다.

따라서

$y=-2t^3-3t^2+3$ $\cdots\cdots$②

$y=a$ $\cdots\cdots$③

으로 놓을 때, 곡선 ②와 직선 ③이 한 개의 교점만 가져야 한다.

②에서 $y'=-6t^2-6t=-6t(t+1)$

증감을 조사하면 ②의 그래프는 아래와 같다.

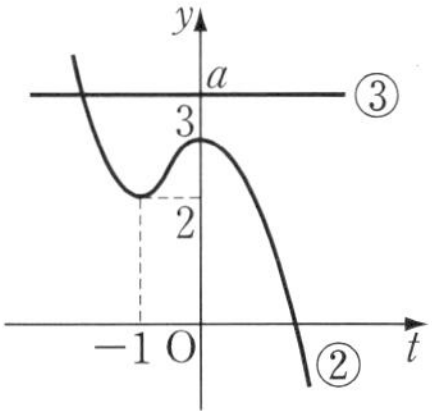

따라서 $\boldsymbol{a<2,\ a>3}$

***Note** 다음과 같이 방정식의 실근의 개수를 조사하여 풀 수도 있다.

①을 정리하면

$2t^3+3t^2+a-3=0$

$f(t)=2t^3+3t^2+a-3$으로 놓으면

$f'(t)=6t^2+6t=6t(t+1)$

따라서

극댓값 $f(-1)=a-2$,

극솟값 $f(0)=a-3$

①이 오직 하나의 실근을 가지려면 극값이 모두 양수이거나 모두 음수이어야 하므로

$(a-2)(a-3)>0$ ∴ $\boldsymbol{a<2,\ a>3}$

7-8. $y'=3x^2+6x$이므로 곡선 위의 점 $(t,\ t^3+3t^2)$에서의 접선의 방정식은

$y-(t^3+3t^2)=(3t^2+6t)(x-t)$

이 직선이 점 $(0,\ a)$를 지나므로

$a-(t^3+3t^2)=(3t^2+6t)(-t)$

∴ $-2t^3-3t^2=a$ ……①

이 방정식이 서로 다른 세 실근을 가질 때, 서로 다른 세 개의 접선을 그을 수 있다. 따라서

$y=-2t^3-3t^2$ …② $y=a$ …③

으로 놓을 때, 곡선 ②와 직선 ③이 세 개의 교점을 가져야 한다.

②에서 $y'=-6t^2-6t=-6t(t+1)$

증감을 조사하면 ②의 그래프는 아래와 같다.

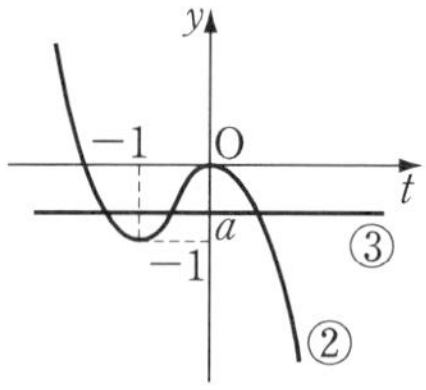

따라서 $\boldsymbol{-1<a<0}$

7-9. $f(x)=(x^4+6x^2+a)-(4x^3+8x)$
$=x^4-4x^3+6x^2-8x+a$

로 놓으면

$f'(x)=4x^3-12x^2+12x-8$
$=4(x-2)(x^2-x+1)$

$x^2-x+1>0$이므로 증감을 조사하면 $f(x)$는 $x=2$일 때 최소이다.

∴ $f(2)=-8+a\ge0$ ∴ $\boldsymbol{a\ge8}$

7-10. $f'(x)=-3x^2+6x=-3x(x-2)$

$x\ge0$에서 증감을 조사하면 $f(x)$는 $x=2$일 때 최대이다. 따라서 $x\ge0$에서 $f(x)<0$이려면

$f(2)=4+a<0$ ∴ $\boldsymbol{a<-4}$

7-11. $f(x)=4x^3-3x^2-6x-a+3$

으로 놓으면

$f'(x)=12x^2-6x-6$
$=6(2x+1)(x-1)$

증감을 조사하면 $x=-\dfrac{1}{2}$에서 극대, $x=1$에서 극소이므로 구간 $(-1,\ 2)$에서 $f(x)>0$이려면

$f(-1)=2-a\ge0,$
$f(1)=-2-a>0$

∴ $\boldsymbol{a<-2}$

7-12. $h(x)=f(x)-g(x)$로 놓으면

$h(x)=2x^3-3(a+1)x^2+6ax-a+3$

∴ $h'(x)=6x^2-6(a+1)x+6a$
$=6(x-1)(x-a)$

증감을 조사하면 $x=1$에서 극대, $x=a$에서 극소이므로 $x\ge0$에서 $h(x)\ge0$이려면

$h(0)=-a+3\ge0,$
$h(a)=(a^2+1)(3-a)\ge0$

∴ $a\le3$

$a>1$이므로 $\boldsymbol{1<a\le3}$

7-13. $f(x)=x^n-1-n(x-1)$로 놓으면

$f'(x)=nx^{n-1}-n=n(x^{n-1}-1)$

$x\ge0$에서 증감을 조사하면 $f(x)$는 $x=1$일 때 최소이고 $f(1)=0$이다.

따라서 $x\ge0$에서 $f(x)\ge0$이다.

∴ $x^n-1\ge n(x-1)$

(등호는 $x=1$일 때 성립)

7-14. $f(x)=\dfrac{x^m-1}{m}-\dfrac{x^n-1}{n}$로 놓으면

$f'(x)=x^{m-1}-x^{n-1}$
$=x^{n-1}(x^{m-n}-1)$

$x>0,\ x\ne1$일 때 증감을 조사하여

$y=f(x)$의 그래프의 개형을 그리면 아래와 같다.

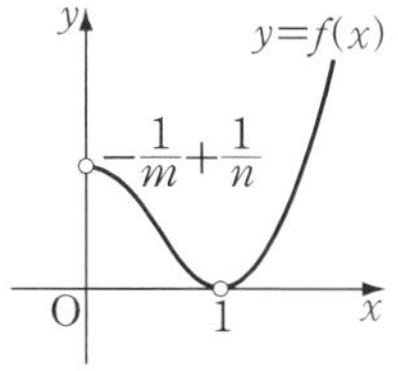

$f(x)>0$이므로 $\frac{x^m-1}{m}>\frac{x^n-1}{n}$

8-1. t초 후의 속도를 $v(t)$(m/s)라고 하면

$$v(t)=\frac{dh}{dt}=15-9.8t$$

(1) $v(0)=\mathbf{15}$ **(m/s)**

(2) 최고 높이에 도달했을 때는 $v(t)=0$ 이므로

$$15-9.8t=0 \quad \therefore\ t=\mathbf{\frac{75}{49}}\ (\text{초})$$

8-2. $f'(t)=v(t)=0$인 t의 값은

$$t=0,\ b,\ d$$

이므로 이 값을 경계로 하여 구간 $[0,\ d]$에서 $f(t)$의 증감을 조사하면 아래와 같다.

t	0	$\cdots$	b	$\cdots$	d
$v(t)$	0	+	0	−	0
$f(t)$		↗	최대	↘	

따라서 $f(t)$는 $\boldsymbol{t=b}$에서 최대이다.

8-3.

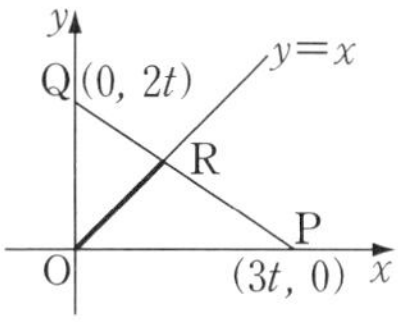

두 점 P, Q가 원점 O를 출발한 지 t초 후에는 P$(3t,\ 0)$, Q$(0,\ 2t)$이므로 직선 PQ의 방정식은

$$\frac{x}{3t}+\frac{y}{2t}=1$$

이것과 $y=x$를 연립하여 풀면

$$x=y=\frac{6}{5}t \quad \therefore\ \mathrm{R}\left(\frac{6}{5}t,\ \frac{6}{5}t\right)$$

선분 OR의 길이를 l이라고 하면

$$l=\sqrt{\left(\frac{6}{5}t\right)^2+\left(\frac{6}{5}t\right)^2}=\frac{6\sqrt{2}}{5}t$$

$$\therefore\ \frac{dl}{dt}=\mathbf{\frac{6\sqrt{2}}{5}}$$

8-4.

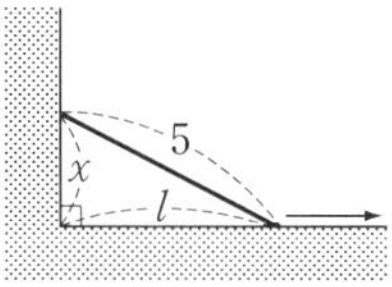

t초 후 벽 밑에서 사다리 위 끝까지의 거리를 x(m), 아래 끝까지의 거리를 l(m)이라고 하면

$$x^2+l^2=5^2 \qquad \cdots\cdots①$$

양변을 t에 관하여 미분하면

$$2x\frac{dx}{dt}+2l\frac{dl}{dt}=0$$

$$\therefore\ \frac{dx}{dt}=-\frac{l}{x}\times\frac{dl}{dt} \qquad \cdots\cdots②$$

문제의 조건에서 $\frac{dl}{dt}=0.12$ (m/s)

또, $l=3$일 때 ①에서 $x=4$

따라서 ②에서

$$\frac{dx}{dt}=-\frac{3}{4}\times0.12=-0.09\ (\text{m/s})$$

이므로 구하는 속력은 **9 cm/s**

8-5.

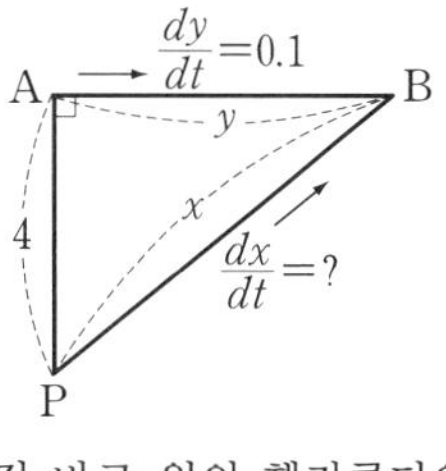

P 지점 바로 위의 헬리콥터의 위치를 A, t초 후 헬리콥터의 위치를 B라 하고, $\overline{\mathrm{PB}}=x$ (km), $\overline{\mathrm{AB}}=y$ (km)라고 하면

$$x^2=y^2+4^2 \qquad \cdots\cdots①$$

양변을 t에 관하여 미분하면

$$2x\frac{dx}{dt}=2y\frac{dy}{dt}$$

$$\therefore\ \frac{dx}{dt}=\frac{y}{x}\times\frac{dy}{dt} \qquad \cdots\cdots②$$

문제의 조건에서 $\frac{dy}{dt}=0.1\,(\text{km/s})$

또, 30초 후에는 $y=0.1\times30=3$이므로 ①에 대입하면 $x=5$

따라서 ②에서

$$\frac{dx}{dt}=\frac{3}{5}\times0.1=0.06\,(\text{km/s})$$

곧, **60 m/s**

8-6. 밑면의 반지름의 길이가 3 cm, 높이가 10 cm일 때를 $t=0$으로 하고, 그 이전은 $t<0$으로 생각한다.

부피를 $\mathrm{V}(t)\,(\text{cm}^3)$라고 하면

$$\mathrm{V}(t)=\pi(3+t)^2(10-t)$$

$$\therefore\ \mathrm{V}'(t)=2\pi(3+t)(10-t)-\pi(3+t)^2$$
$$=\pi(3+t)(17-3t)$$

$$\therefore\ \mathrm{V}'(0)=\mathbf{51\pi\,(cm^3/s)}$$

8-7. t초일 때 수면의 높이를 $h\,(\text{cm})$, 반지름의 길이를 $r\,(\text{cm})$, 넓이를 $\mathrm{S}\,(\text{cm}^2)$, 물의 부피를 $\mathrm{V}\,(\text{cm}^3)$라고 하면

$$\mathrm{S}=\pi r^2\ \cdots① \qquad \mathrm{V}=\frac{1}{3}\pi r^2h\ \cdots②$$

그런데 $\frac{r}{h}=\frac{6}{10}$이므로

$$h=\frac{5}{3}r \qquad \cdots\cdots③$$

②에 대입하면 $\mathrm{V}=\frac{5}{9}\pi r^3\ \cdots\cdots④$

이때, r, S, V는 모두 t의 함수이다.
양변을 t에 관하여 미분하면

$$\frac{d\mathrm{V}}{dt}=\frac{5}{3}\pi r^2\frac{dr}{dt}$$

$\frac{d\mathrm{V}}{dt}=30-10=20$이므로

$$\frac{dr}{dt}=\frac{3}{5\pi r^2}\times\frac{d\mathrm{V}}{dt}=\frac{12}{\pi r^2}$$

①의 양변을 t에 관하여 미분하면

$$\frac{d\mathrm{S}}{dt}=2\pi r\frac{dr}{dt}$$

여기에서 $\frac{dr}{dt}=\frac{12}{\pi r^2}$이고, ③에서 $h=5$일 때 $r=3$이므로

$$\left[\frac{d\mathrm{S}}{dt}\right]_{h=5}=2\pi\times3\times\frac{12}{\pi\times3^2}$$
$$=\mathbf{8\,(cm^2/s)}$$

***Note** ①, ④에서

$$\frac{d\mathrm{S}}{dt}=2\pi r\frac{dr}{dt},\quad \frac{d\mathrm{V}}{dt}=\frac{5}{3}\pi r^2\frac{dr}{dt}$$

변변 나누면 $\frac{d\mathrm{S}}{dt}=\frac{6}{5r}\times\frac{d\mathrm{V}}{dt}$

여기에 $r=3$, $\frac{d\mathrm{V}}{dt}=20$을 대입해도 된다.

8-8. t초일 때 고무풍선의 반지름의 길이를 $r\,(\text{cm})$, 겉넓이를 $\mathrm{S}\,(\text{cm}^2)$, 부피를 $\mathrm{V}\,(\text{cm}^3)$라고 하면

$$\mathrm{S}=4\pi r^2,\quad \mathrm{V}=\frac{4}{3}\pi r^3$$

이때, r, S, V는 모두 t의 함수이다.
양변을 각각 t에 관하여 미분하면

$$\frac{d\mathrm{S}}{dt}=8\pi r\frac{dr}{dt} \qquad \cdots\cdots①$$

$$\frac{d\mathrm{V}}{dt}=4\pi r^2\frac{dr}{dt} \qquad \cdots\cdots②$$

①에서 $\frac{d\mathrm{S}}{dt}=4\pi$, $r=10$일 때

$\frac{dr}{dt}=\frac{1}{20}$이므로 이것을 ②에 대입하면

$$\frac{d\mathrm{V}}{dt}=4\pi\times10^2\times\frac{1}{20}$$
$$=\mathbf{20\pi\,(cm^3/s)}$$

***Note** ②÷①하면 $\frac{d\mathrm{V}}{dt}=\frac{r}{2}\times\frac{d\mathrm{S}}{dt}$

이므로 여기에 $r=10$, $\frac{d\mathrm{S}}{dt}=4\pi$를 대입해도 된다.

9-1. (1) (준 식)$=\int(x^3+3x^2+2x)dx$

$$=\boldsymbol{\frac{1}{4}x^4+x^3+x^2+\mathrm{C}}$$

(2) (준 식)$=\int\frac{(x+2)(x^2-2x+4)}{x+2}dx$

$=\int(x^2-2x+4)dx$

$=\mathbf{\frac{1}{3}x^3-x^2+4x+C}$

(3) (준 식)$=\int\{(x^2+1)^3+(x^2-1)^3\}dx$

$=\int(2x^6+6x^2)dx$

$=\mathbf{\frac{2}{7}x^7+2x^3+C}$

(4) (준 식)$=\int\frac{x^3-1}{x-1}dx$

$=\int\frac{(x-1)(x^2+x+1)}{x-1}dx$

$=\int(x^2+x+1)dx$

$=\mathbf{\frac{1}{3}x^3+\frac{1}{2}x^2+x+C}$

9-2. $f(x)=\int f'(x)dx$

$=\int(3x+4)(2-x)dx$

$=\int(-3x^2+2x+8)dx$

$=-x^3+x^2+8x+C$

$f(-1)=0$이므로 $-6+C=0$

$\therefore C=6$

$\therefore \mathbf{f(x)=-x^3+x^2+8x+6}$

9-3. $f(x)=\int(ax+2)dx$라고 하면

$f(x)=\frac{a}{2}x^2+2x+C$

$f(0)=1$, $f(1)=5$이므로

$C=1$, $\frac{a}{2}+2+C=5 \quad \therefore a=4$

$\therefore f(x)=\mathbf{2x^2+2x+1}$

9-4. 문제의 조건에서

$f'(x)=6x^2+2x-3$

$\therefore f(x)=\int(6x^2+2x-3)dx$

$=2x^3+x^2-3x+C$

곡선 $y=f(x)$가 점 $(0, 1)$을 지나므로

$C=1$

$\therefore \mathbf{y=2x^3+x^2-3x+1}$

9-5. $f(x)$의 부정적분을 $F(x)$라고 하면

$F(x)=\int x^2(x-3)dx=\frac{1}{4}x^4-x^3+C$

또, $F'(x)=f(x)=0$에서 $x=0, 3$이므로 $F(x)$의 증감을 조사하면 $x=3$에서 극소이다.

극솟값이 0이므로

$F(3)=\frac{1}{4}\times3^4-3^3+C=0 \quad \therefore C=\frac{27}{4}$

$\therefore \mathbf{F(x)=\frac{1}{4}x^4-x^3+\frac{27}{4}}$

9-6. $f'(x)$는 이차함수이고 $f'(x)=0$의 해가 $x=-1, 3$이므로

$f'(x)=a(x+1)(x-3)\ (a<0)$

$y=f'(x)$의 그래프가 점 $(0, 6)$을 지나므로 $6=-3a \quad \therefore a=-2$

$\therefore f'(x)=-2(x+1)(x-3)$

$=-2x^2+4x+6$

$\therefore f(x)=\int(-2x^2+4x+6)dx$

$=-\frac{2}{3}x^3+2x^2+6x+C$

이때, $y=f(x)$의 그래프가 원점을 지나므로 $C=0$

$\therefore f(x)=-\frac{2}{3}x^3+2x^2+6x$

증감을 조사하면

극댓값 $f(3)=\mathbf{18}$,

극솟값 $f(-1)=\mathbf{-\frac{10}{3}}$

9-7. $\{f(x)g(x)\}'=3x^2-4x-3$에서

$f(x)g(x)=x^3-2x^2-3x+C$

$x=0$을 대입하면 $f(0)g(0)=C$

$f(0)=-3$, $g(0)=-2$이므로

$C=(-3)\times(-2)=6$

$\therefore f(x)g(x)=x^3-2x^2-3x+6$

$=(x-2)(x^2-3)$

이때, $f(x)$, $g(x)$는 계수가 정수인 다항함수이고 $f(0)=-3$, $g(0)=-2$이므로

$$\boldsymbol{f(x)=x^2-3,\ g(x)=x-2}$$

10-1. (1) (준 식)$=\int_0^1(x-x^2)dx$

$=\left[\frac{1}{2}x^2-\frac{1}{3}x^3\right]_0^1=\boldsymbol{\frac{1}{6}}$

(2) (준 식)$=\int_{-1}^1(x-2x^2+x^3)dx$

$=\left[\frac{1}{2}x^2-\frac{2}{3}x^3+\frac{1}{4}x^4\right]_{-1}^1$

$=\boldsymbol{-\frac{4}{3}}$

(3) (준 식)$=\int_0^1(x^3+1)dx$

$=\left[\frac{1}{4}x^4+x\right]_0^1=\boldsymbol{\frac{5}{4}}$

(4) (준 식)$=\int_{-1}^2(y^3+y^2-y-1)dy$

$=\left[\frac{1}{4}y^4+\frac{1}{3}y^3-\frac{1}{2}y^2-y\right]_{-1}^2$

$=\boldsymbol{\frac{9}{4}}$

10-2. (1) $x^2-2x-2=0$의 두 근이 $1+\sqrt{3}$, $1-\sqrt{3}$이므로

(준 식)$=-\frac{3}{6}\{(1+\sqrt{3})-(1-\sqrt{3})\}^3$

$=\boldsymbol{-12\sqrt{3}}$

(2) (준 식)$=\int_1^2(\sqrt{x}+1)^3dx$

$-\int_1^2(\sqrt{x}-1)^3dx$

$=\int_1^2\left\{(\sqrt{x}+1)^3-(\sqrt{x}-1)^3\right\}dx$

$=\int_1^2(6x+2)dx=\left[3x^2+2x\right]_1^2$

$=\boldsymbol{11}$

10-3. (1) (준 식)$=\int_{-1}^1(x-6x^2+9x^3)dx$

$=\int_{-1}^1(x+9x^3)dx+\int_{-1}^1(-6x^2)dx$

$=0+2\int_0^1(-6x^2)dx$

$=2\left[-2x^3\right]_0^1=\boldsymbol{-4}$

(2) (준 식)$=\int_{-1}^0(x^5+3x^2)dx$

$+\int_0^1(x^5+3x^2)dx$

$=\int_{-1}^1(x^5+3x^2)dx$

$=\int_{-1}^1x^5dx+\int_{-1}^1 3x^2dx$

$=0+2\int_0^1 3x^2dx$

$=2\left[x^3\right]_0^1=\boldsymbol{2}$

10-4. $f(x)=\begin{cases}2 & (x\le1)\\ -2x+4 & (x\ge1)\end{cases}$

(1) $\int_0^2 f(x)dx=\int_0^1 f(x)dx+\int_1^2 f(x)dx$

$=\int_0^1 2\,dx+\int_1^2(-2x+4)dx$

$=\left[2x\right]_0^1+\left[-x^2+4x\right]_1^2$

$=2+1=\boldsymbol{3}$

(2) $\int_0^2 x^2f(x)dx=\int_0^1 x^2f(x)dx$

$+\int_1^2 x^2f(x)dx$

$=\int_0^1 2x^2dx+\int_1^2 x^2(-2x+4)dx$

$=\left[\frac{2}{3}x^3\right]_0^1+\left[-\frac{1}{2}x^4+\frac{4}{3}x^3\right]_1^2$

$=\frac{2}{3}+\frac{11}{6}=\boldsymbol{\frac{5}{2}}$

****Note*** (1) $\int_0^2 f(x)dx$의 값은 구간 $[0,\ 2]$에서 $y=f(x)$의 그래프와 x축 사이의 넓이와 같으므로

$\int_0^2 f(x)dx=\frac{1}{2}\times(1+2)\times2=\boldsymbol{3}$

10-5. (1) (준 식)$=\int_0^1|x-1|dx$

$+\int_1^3|x-1|dx$

$=\int_0^1(-x+1)dx+\int_1^3(x-1)dx$

$=\left[-\frac{1}{2}x^2+x\right]_0^1+\left[\frac{1}{2}x^2-x\right]_1^3$

$=\frac{1}{2}+2=\mathbf{\frac{5}{2}}$

(2) (준 식)$=\int_{-1}^{0}(x+|x|+1)^2dx$

$+\int_{0}^{2}(x+|x|+1)^2dx$

$=\int_{-1}^{0}1\,dx+\int_{0}^{2}(2x+1)^2dx$

$=\Big[x\Big]_{-1}^{0}+\left[\frac{1}{6}(2x+1)^3\right]_0^2$

$=1+\frac{62}{3}=\mathbf{\frac{65}{3}}$

(3) (준 식)$=\int_{0}^{2}|x^2-4|dx$

$+\int_{2}^{3}|x^2-4|dx$

$=\int_{0}^{2}(-x^2+4)dx+\int_{2}^{3}(x^2-4)dx$

$=\left[-\frac{1}{3}x^3+4x\right]_0^2+\left[\frac{1}{3}x^3-4x\right]_2^3$

$=\frac{16}{3}+\frac{7}{3}=\mathbf{\frac{23}{3}}$

10-6. $a\ge1$일 때　　　　$0\le a<1$일 때

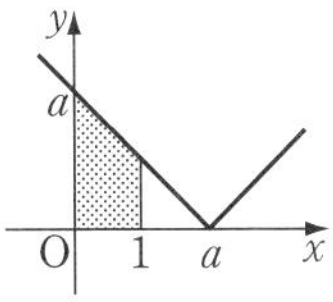

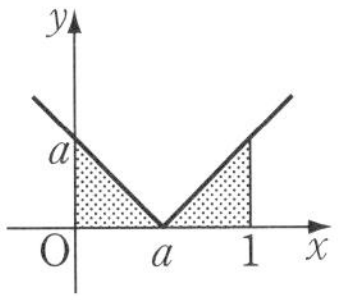

(i) $a\ge1$일 때

$\int_{0}^{1}|x-a|dx=\int_{0}^{1}(-x+a)dx$

$=\left[-\frac{1}{2}x^2+ax\right]_0^1$

$=a-\frac{1}{2}$

(ii) $0\le a<1$일 때

$\int_{0}^{1}|x-a|dx=\int_{0}^{a}(-x+a)dx$

$+\int_{a}^{1}(x-a)dx$

$=\left[-\frac{1}{2}x^2+ax\right]_0^a+\left[\frac{1}{2}x^2-ax\right]_a^1$

$=a^2-a+\frac{1}{2}$

(i), (ii)에서

$a\ge1$일 때 $a-\frac{1}{2}$,

$0\le a<1$일 때 $a^2-a+\frac{1}{2}$

10-7. (준 식)$=\int_{0}^{a}(-x^3+ax^2)dx$

$+\int_{a}^{1}(x^3-ax^2)dx$

$=\left[-\frac{1}{4}x^4+\frac{1}{3}ax^3\right]_0^a+\left[\frac{1}{4}x^4-\frac{1}{3}ax^3\right]_a^1$

$=\frac{1}{12}a^4+\left(\frac{1}{12}a^4-\frac{1}{3}a+\frac{1}{4}\right)$

$=\frac{1}{6}a^4-\frac{1}{3}a+\frac{1}{4}$

$f(a)=\frac{1}{6}a^4-\frac{1}{3}a+\frac{1}{4}$로 놓으면

$f'(a)=\frac{2}{3}a^3-\frac{1}{3}=\frac{1}{3}(2a^3-1)$

$0\le a\le1$에서 증감을 조사하면 $f(a)$는

$a=\frac{1}{\sqrt[3]{2}}$일 때 최소이다.

10-8. (1) $\int_{0}^{2}f(t)dt=p$　　……①

로 놓으면

$f(x)=x^3-3x+p$　　……②

②를 ①에 대입하면

$\int_{0}^{2}(t^3-3t+p)dt=p$

$\therefore\ \left[\frac{1}{4}t^4-\frac{3}{2}t^2+pt\right]_0^2=p$

$\therefore\ 2p-2=p$　$\therefore\ p=2$

②에 대입하면　**$f(x)=x^3-3x+2$**

(2) $\int_{0}^{3}xf'(x)dx=p$　　……①

로 놓으면　$f(x)=4x+p$　　……②

이때, $f'(x)=4$이므로 ①에 대입

하면　$\int_{0}^{3}4x\,dx=p$

$\therefore\ p=\Big[2x^2\Big]_0^3=18$

②에 대입하면　**$f(x)=4x+18$**

10-9. $f(x)=1+x\int_0^1 f(t)dt-\int_0^1 tf(t)dt$
에서
$$\int_0^1 f(t)dt=p \qquad \cdots\cdots①$$
$$\int_0^1 tf(t)dt=q \qquad \cdots\cdots②$$
로 놓으면 $f(x)=1+px-q \quad \cdots\cdots③$

③을 ①에 대입하면
$$\int_0^1 (1+pt-q)dt=p$$
$$\therefore \left[t+\frac{1}{2}pt^2-qt\right]_0^1=p$$
$$\therefore 1+\frac{1}{2}p-q=p \qquad \cdots\cdots④$$
③을 ②에 대입하면
$$\int_0^1 (t+pt^2-qt)dt=q$$
$$\therefore \left[\frac{1}{2}t^2+\frac{1}{3}pt^3-\frac{1}{2}qt^2\right]_0^1=q$$
$$\therefore \frac{1}{2}+\frac{p}{3}-\frac{q}{2}=q \qquad \cdots\cdots⑤$$
④, ⑤에서 $p=\dfrac{12}{13},\ q=\dfrac{7}{13}$

③에 대입하면 $\boldsymbol{f(x)=\dfrac{12}{13}x+\dfrac{6}{13}}$

10-10. (1) $f(x)$의 차수가 n이므로
$$f(x)f'(x)=\int_0^x f(t)dt+12 \quad \cdots①$$
의 양변의 차수를 비교하면
$n+(n-1)=n+1 \quad \therefore \boldsymbol{n=2}$

(2) $f(x)=a_2x^2+a_1x+a_0\,(a_2\neq0)$이므로
$f'(x)=2a_2x+a_1$,
$$\int_0^x f(t)dt=\left[\frac{1}{3}a_2t^3+\frac{1}{2}a_1t^2+a_0t\right]_0^x$$
$$=\frac{a_2}{3}x^3+\frac{a_1}{2}x^2+a_0x$$
①에 대입하면
$$(a_2x^2+a_1x+a_0)(2a_2x+a_1)$$
$$=\frac{a_2}{3}x^3+\frac{a_1}{2}x^2+a_0x+12$$
$$\therefore 2a_2^2x^3+3a_2a_1x^2+(2a_2a_0+a_1^2)x+a_1a_0$$
$$=\frac{a_2}{3}x^3+\frac{a_1}{2}x^2+a_0x+12$$
양변의 동류항의 계수를 비교하면

$2a_2^2=\dfrac{a_2}{3} \quad \cdots② \quad 3a_2a_1=\dfrac{a_1}{2} \quad \cdots③$

$2a_2a_0+a_1^2=a_0 \quad \cdots④ \quad a_1a_0=12 \quad \cdots⑤$

②에서 $a_2\neq0$이므로 $a_2=\dfrac{1}{6}$

④, ⑤에 이 값을 대입하여 풀면
$a_1=2,\ a_0=6$

이것은 ③을 만족시킨다.
$$\therefore \boldsymbol{f(x)=\frac{1}{6}x^2+2x+6}$$

11-1. (1) $\int(x^2+1)dx=F(x)+C \quad \cdots①$

이라고 하면
$$(\text{준 식})=\lim_{t\to1}\frac{F(t)-F(1)}{t-1}=F'(1)$$
한편 ①에서 $F'(x)=x^2+1$
$\therefore$ (준 식)$=F'(1)=\mathbf{2}$

(2) $\int|t-a|dt=F(t)+C \quad \cdots\cdots②$

라고 하면
$$(\text{준 식})=\lim_{x\to0}\frac{F(x)-F(0)}{x-0}=F'(0)$$
한편 ②에서 $F'(t)=|t-a|$
$\therefore$ (준 식)$=F'(0)=|-a|=\boldsymbol{|a|}$

(3) $\int(x^5+2x)dx=F(x)+C \quad \cdots\cdots③$

이라고 하면
$$(\text{준 식})=\lim_{x\to1}\frac{F(x)-F(1)}{x^3-1}$$
$$=\lim_{x\to1}\left\{\frac{F(x)-F(1)}{x-1}\times\frac{1}{x^2+x+1}\right\}$$
$$=\frac{1}{3}F'(1)$$
한편 ③에서 $F'(x)=x^5+2x$
$\therefore$ (준 식)$=\dfrac{1}{3}F'(1)=\dfrac{1}{3}\times3=\mathbf{1}$

(4) $\int|t^2-3|dt=F(t)+C \quad \cdots\cdots④$

라고 하면

$$(\text{준 식})=\lim_{x\to2}\frac{F(x^2)-F(4)}{x-2}$$
$$=\lim_{x\to2}\left\{\frac{F(x^2)-F(4)}{x^2-4}\times(x+2)\right\}$$
$$=4F'(4)$$

한편 ④에서 $F'(t)=|t^2-3|$

$\therefore$ (준 식)$=4F'(4)=4\times13=$**52**

11-2. (1) $\int(x^5+3x^2-1)dx=F(x)+C$

라고 하면

$$(\text{준 식})=\lim_{h\to0}\frac{F(1+2h)-F(1-2h)}{h}$$
$$=\lim_{h\to0}\left\{\frac{F(1+2h)-F(1)}{2h}\times2+\frac{F(1-2h)-F(1)}{-2h}\times2\right\}$$
$$=F'(1)\times2+F'(1)\times2$$
$$=4F'(1)$$

$F'(x)=x^5+3x^2-1$이므로

(준 식)$=4F'(1)=4\times3=$**12**

(2) $\int(x^4+x+1)dx=F(x)+C$

라고 하면

$$(\text{준 식})=\lim_{h\to0}\frac{F(2h)-F(-h)}{h}$$
$$=\lim_{h\to0}\left\{\frac{F(2h)-F(0)}{2h}\times2+\frac{F(-h)-F(0)}{-h}\right\}$$
$$=F'(0)\times2+F'(0)$$
$$=3F'(0)$$

$F'(x)=x^4+x+1$이므로

(준 식)$=3F'(0)=3\times1=$**3**

(3) $\int(x^3+2x)dx=F(x)+C$

라 하고, $\dfrac{1}{t}=h$로 치환하면

$$(\text{준 식})=\lim_{h\to0+}\frac{1}{h}\int_1^{1-3h}(x^3+2x)dx$$
$$=\lim_{h\to0+}\frac{F(1-3h)-F(1)}{h}$$
$$=\lim_{h\to0+}\left\{\frac{F(1-3h)-F(1)}{-3h}\times(-3)\right\}$$
$$=-3F'(1)$$

$F'(x)=x^3+2x$이므로

(준 식)$=-3F'(1)=-3\times3=$**−9**

11-3. (1) 준 식에 $x=2$를 대입하면

$0=4+2a+2 \quad \therefore$ $\boldsymbol{a=-3}$

$\therefore \int_2^x f(t)dt=x^2-3x+2$

양변을 x에 관하여 미분하면

$\boldsymbol{f(x)=2x-3}$

(2) 준 식에서

$x\int_a^x f(t)dt=x^3-2x^2+x$

$\int_a^x f(t)dt$는 다항함수이므로

$\int_a^x f(t)dt=x^2-2x+1 \quad \cdots①$

①에 $x=a$를 대입하면

$0=a^2-2a+1 \quad \therefore$ $\boldsymbol{a=1}$

①의 양변을 x에 관하여 미분하면

$\boldsymbol{f(x)=2x-2}$

(3) 준 식에서

$-\int_a^x f(t)dt=-2x^2+3x-1$

$\therefore \int_a^x f(t)dt=2x^2-3x+1 \quad \cdots②$

②에 $x=a$를 대입하면

$0=2a^2-3a+1 \quad \therefore$ $\boldsymbol{a=\frac{1}{2},\ 1}$

②의 양변을 x에 관하여 미분하면

$\boldsymbol{f(x)=4x-3}$

(4) $3x-2=z$로 놓으면

$x=\dfrac{1}{3}(z+2)$

이므로 준 식은

$\int_a^z f(t)dt=\dfrac{1}{9}(z^2-5z-14) \cdots③$

③에 $z=a$를 대입하면

$0=\dfrac{1}{9}(a^2-5a-14) \quad \therefore$ $\boldsymbol{a=-2,\ 7}$

③의 양변을 z에 관하여 미분하면

$f(z)=\frac{2}{9}z-\frac{5}{9}$ $\therefore$ $\boldsymbol{f(x)=\frac{2}{9}x-\frac{5}{9}}$

**Note* 합성함수의 미분법을 이용하여 준 식의 양변을 x에 관하여 미분하면

$$f(3x-2)\times(3x-2)'=2x-3$$

$$\therefore f(3x-2)=\frac{2}{3}x-1$$

$3x-2=z$로 놓으면 $x=\frac{1}{3}(z+2)$

이므로 $f(z)=\frac{2}{9}z-\frac{5}{9}$

$$\therefore \boldsymbol{f(x)=\frac{2}{9}x-\frac{5}{9}}$$

11-4. (1) 양변을 x에 관하여 미분하면

$f(x)+xf'(x)=6x^3-6x+f(x)$

$\therefore xf'(x)=6x^3-6x$

$f'(x)$는 다항함수이므로

$f'(x)=6x^2-6$

$\therefore f(x)=\int(6x^2-6)dx$

$=2x^3-6x+C$ ……①

한편 준 식에 $x=2$를 대입하면

$2f(2)=24-12+4$ $\therefore f(2)=8$

①에서

$f(2)=16-12+C=8$ $\therefore C=4$

$\therefore \boldsymbol{f(x)=2x^3-6x+4}$

(2) 양변을 x에 관하여 미분하면

$f(x)=f(x)+(x+1)f'(x)-x-1$

$\therefore (x+1)f'(x)=x+1$

$f'(x)$는 다항함수이므로 $f'(x)=1$

$\therefore f(x)=\int 1\,dx=x+C$ …②

한편 준 식에 $x=1$을 대입하면

$0=2f(1)-\frac{1}{2}-1+\frac{1}{2}$ $\therefore f(1)=\frac{1}{2}$

②에서

$f(1)=1+C=\frac{1}{2}$ $\therefore C=-\frac{1}{2}$

$\therefore \boldsymbol{f(x)=x-\frac{1}{2}}$

(3) 양변을 x에 관하여 미분하면

$2f(x)f'(x)=f(x)$

$\therefore f(x)\{2f'(x)-1\}=0$

$f(0)>0$이고 $2f'(x)-1$은 다항함수이므로 $f'(x)=\frac{1}{2}$

$\therefore f(x)=\int\frac{1}{2}dx=\frac{1}{2}x+C$ …③

한편 준 식에 $x=0$을 대입하면

$\{f(0)\}^2=1$

$f(0)>0$이므로 $f(0)=1$

③에서 $f(0)=C=1$

$\therefore \boldsymbol{f(x)=\frac{1}{2}x+1}$

(4) 양변을 x에 관하여 미분하면

$2f(x)f'(x)=\left(4x-\frac{4}{3}\right)f(x)$

$\therefore 2f(x)\left\{f'(x)-2x+\frac{2}{3}\right\}=0$

$f(0)>0$이고 $f'(x)-2x+\frac{2}{3}$는 다항함수이므로

$f'(x)=2x-\frac{2}{3}$

$\therefore f(x)=\int\left(2x-\frac{2}{3}\right)dx$

$=x^2-\frac{2}{3}x+C$ ……④

한편 준 식에 $x=0$을 대입하면

$\{f(0)\}^2=\int_0^1 f(t)dt$

그런데 ④에서 $f(0)=C$이고

$\int_0^1 f(t)dt=\int_0^1\left(t^2-\frac{2}{3}t+C\right)dt$

$=\left[\frac{1}{3}t^3-\frac{1}{3}t^2+Ct\right]_0^1=C$

이므로 $C^2=C$

$f(0)=C$이고 $f(0)>0$이므로 $C=1$

$\therefore \boldsymbol{f(x)=x^2-\frac{2}{3}x+1}$

11-5. $x\int_1^x f(t)dt-\int_1^x tf(t)dt$

$=x^4+ax^2+bx$ ……①

양변을 x에 관하여 미분하면

$$\int_1^x f(t)dt+xf(x)-xf(x)$$
$$=4x^3+2ax+b$$

$\therefore \int_1^x f(t)dt=4x^3+2ax+b$ ……②

다시 x에 관하여 미분하면

$f(x)=12x^2+2a$ ……③

한편 ①, ②에 $x=1$을 대입하면

$0=1+a+b,\ 0=4+2a+b$

연립하여 풀면 $a=-3,\ b=2$

③에 대입하면 $\boldsymbol{f(x)=12x^2-6}$

11-6. (i) $0\le x\le 1$일 때

$$f(x)=\int_0^x |t^2-1|dt=\int_0^x (1-t^2)dt$$
$$=\left[t-\frac{1}{3}t^3\right]_0^x=x-\frac{1}{3}x^3$$

(ii) $x>1$일 때

$$f(x)=\int_0^x |t^2-1|dt$$
$$=\int_0^1 (1-t^2)dt+\int_1^x (t^2-1)dt$$
$$=\left[t-\frac{1}{3}t^3\right]_0^1+\left[\frac{1}{3}t^3-t\right]_1^x$$
$$=\frac{1}{3}x^3-x+\frac{4}{3}$$

(i), (ii)에서

$$\boldsymbol{f(x)=\begin{cases} -\frac{1}{3}x^3+x & (0\le x\le 1) \\ \frac{1}{3}x^3-x+\frac{4}{3} & (x>1)\end{cases}}$$

11-7. (i) $0\le x\le 1$일 때

$$\mathrm{F}(x)=\int_0^x f(t)dt=\int_0^x 1\,dt$$
$$=\left[t\right]_0^x=x$$

(ii) $x>1$일 때

$$\mathrm{F}(x)=\int_0^1 f(t)dt+\int_1^x f(t)dt$$
$$=\int_0^1 1\,dt+\int_1^x (2t-1)dt$$
$$=\left[t\right]_0^1+\left[t^2-t\right]_1^x$$
$$=x^2-x+1$$

(i), (ii)에서

$$\mathrm{F}(x)=\begin{cases} x & (0\le x\le 1) \\ x^2-x+1 & (x>1)\end{cases}$$

따라서 $x\ge 0$에서 $y=\mathrm{F}(x)$의 그래프는 아래 그림의 실선과 같다.

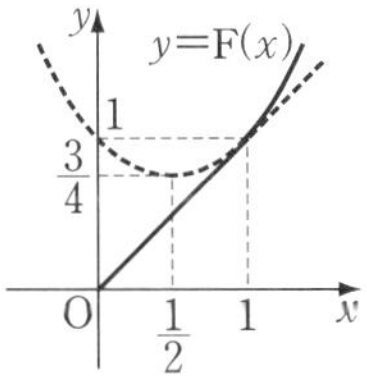

12-1. 구하는 넓이를 S라고 하자.

(1)
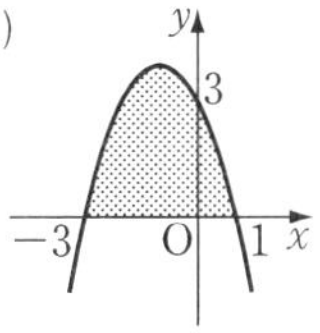

(2)
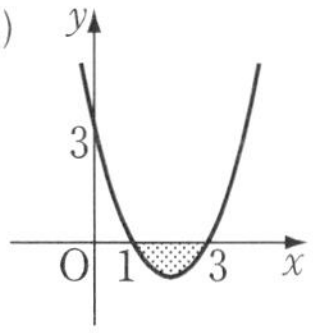

(1) $\mathrm{S}=\int_{-3}^1 (-x^2-2x+3)dx=\boldsymbol{\frac{32}{3}}$

(2) $\mathrm{S}=-\int_1^3 (x^2-4x+3)dx=\boldsymbol{\frac{4}{3}}$

(3)
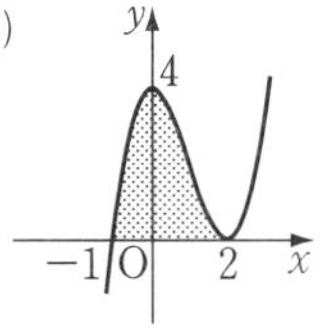

(4)
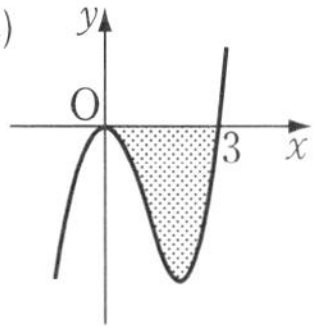

(3) $\mathrm{S}=\int_{-1}^2 (x+1)(x-2)^2dx$

$$=\int_{-1}^2 (x^3-3x^2+4)dx=\boldsymbol{\frac{27}{4}}$$

(4) $\mathrm{S}=-\int_0^3 x^2(x-3)dx$

$$=-\int_0^3 (x^3-3x^2)dx=\boldsymbol{\frac{27}{4}}$$

****Note*** (1), (2)에서는 다음 공식을 이용

할 수도 있다.

$$\int_\alpha^\beta \boldsymbol{a(x-\alpha)(x-\beta)dx=-\frac{a}{6}(\beta-\alpha)^3}$$

12-2.

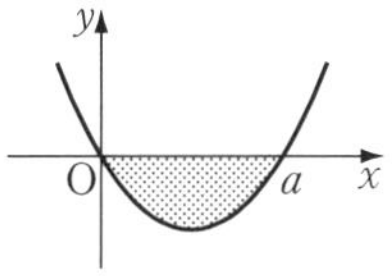

곡선 $y=x(x-a)$와 x축으로 둘러싸인 도형의 넓이는

$$-\int_0^a x(x-a)dx=\int_0^a \{-x(x-a)\}dx$$
$$=\frac{1}{6}(a-0)^3=\frac{1}{6}a^3$$

$\therefore\ \frac{1}{6}a^3=\frac{2}{3}\quad \therefore\ a^3=4$

a는 실수이므로 $\boldsymbol{a=\sqrt[3]{4}}$

12-3.

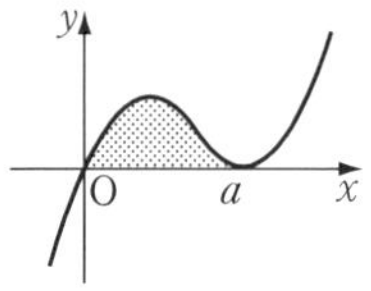

곡선 $y=x(x-a)^2$과 x축으로 둘러싸인 도형의 넓이는

$$\int_0^a x(x-a)^2dx=\int_0^a (x^3-2ax^2+a^2x)dx$$
$$=\frac{1}{12}a^4$$

$\therefore\ \frac{1}{12}a^4=12\quad \therefore\ a^4=12^2$

$a>0$이므로 $\boldsymbol{a=2\sqrt{3}}$

12-4. 구하는 넓이를 S라고 하자.

(1) $-1<x<2$이면 $y=-x^2+x+2$

$x\le-1,\ x\ge2$이면 $y=x^2-x-2$

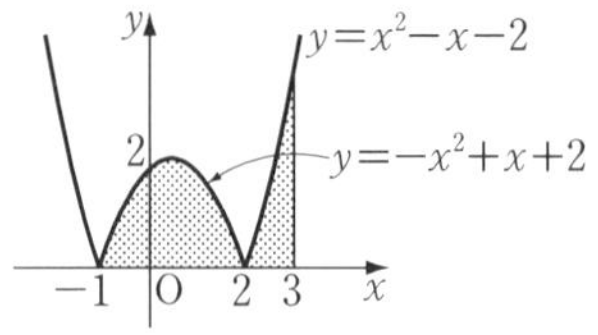

$$\therefore\ S=\int_{-1}^2(-x^2+x+2)dx+\int_2^3(x^2-x-2)dx$$
$$=\boldsymbol{\frac{19}{3}}$$

(2) $x\ge0$이면 $y=x^2-3x+2$

$x<0$이면 $y=x^2+3x+2$

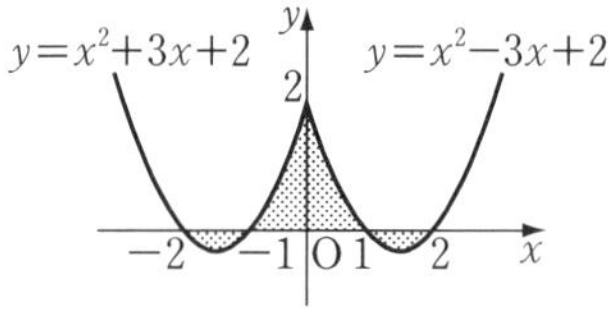

$$\therefore\ S=2\left\{\int_0^1(x^2-3x+2)dx-\int_1^2(x^2-3x+2)dx\right\}$$
$$=\boldsymbol{2}$$

(3) $x\ge0$이면 $y=x(1-x)$

$x<0$이면 $y=-x(1-x)$

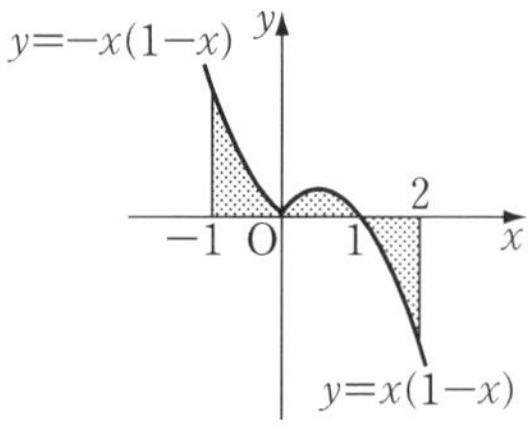

$$\therefore\ S=2\int_{-1}^0(x^2-x)dx+\int_0^1(-x^2+x)dx$$
$$=\boldsymbol{\frac{11}{6}}$$

12-5.

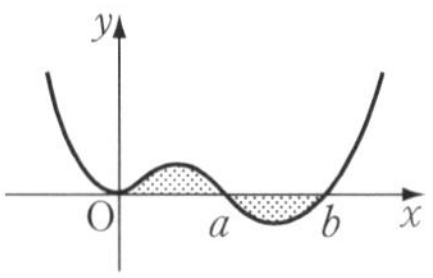

위의 그림에서 점 찍은 두 부분의 넓이가 같으므로

$$\int_0^b x^2(x-a)(x-b)dx=0$$

$\therefore \int_0^b \{x^4-(a+b)x^3+abx^2\}dx=0$

$\therefore \frac{1}{60}b^4(-3b+5a)=0$

$b\neq 0$이므로 $5a=3b$

$\therefore$ **$a:b=3:5$**

12-6.

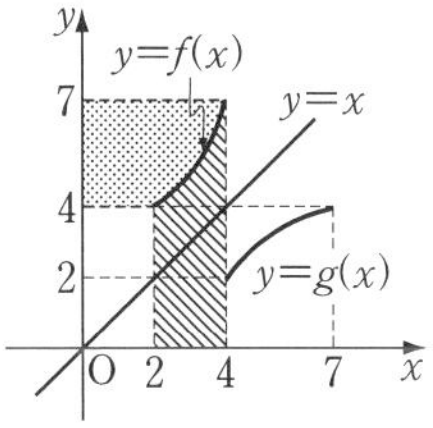

$y=f(x)$와 $y=g(x)$의 그래프는 직선 $y=x$에 대하여 대칭이므로 $\int_4^7 g(x)dx$의 값은 위의 그림에서 점 찍은 부분의 넓이와 같다.

$\therefore \int_2^4 f(x)dx+\int_4^7 g(x)dx$

$=4\times 7-2\times 4=\mathbf{20}$

12-7. $f'(x)=3x^2\geq 0$

이므로 $y=f(x)$의 그래프는 점 (0, 2)를 지나고 증가하는 곡선이다.

또, $y=g(x)$의 그래프는 $y=f(x)$의 그래프와 직선 $y=x$에 대하여 대칭이다.

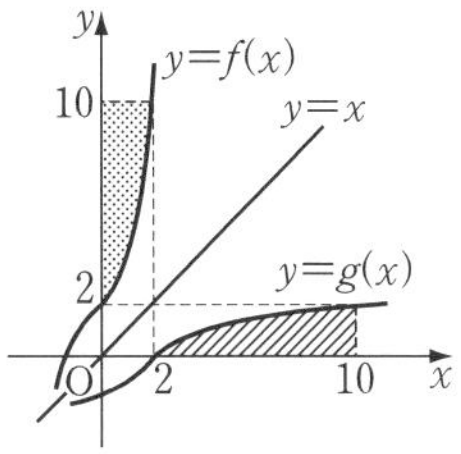

따라서 정적분 $\int_2^{10} g(t)dt$의 값은 위의 그림에서 빗금 친 부분의 넓이이고, 이것은 점 찍은 부분의 넓이와 같으므로

$\int_2^{10} g(t)dt=2\times 10-\int_0^2 f(x)dx$

$=20-\int_0^2 (x^3+2)dx=\mathbf{12}$

12-8. 구하는 넓이를 S라고 하자.

(1)

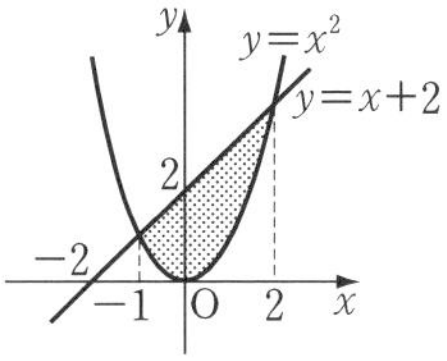

직선과 곡선의 교점의 x좌표는

$x+2=x^2$에서 $x=-1, 2$

$\therefore S=\int_{-1}^2 \{(x+2)-x^2\}dx=\mathbf{\frac{9}{2}}$

(2)

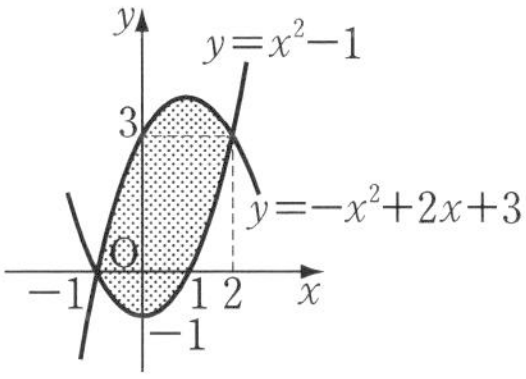

두 곡선의 교점의 x좌표는

$x^2-1=-x^2+2x+3$에서 $x=-1, 2$

$\therefore S=\int_{-1}^2 \{(-x^2+2x+3)-(x^2-1)\}dx$

$=\mathbf{9}$

(3)

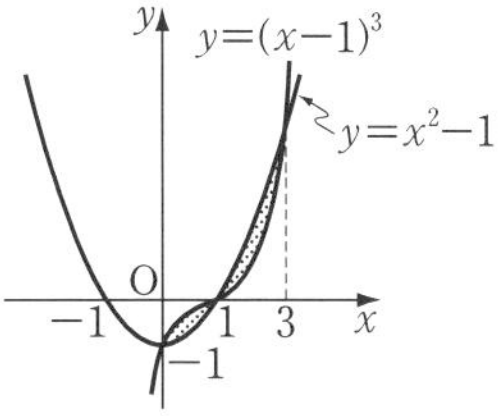

두 곡선의 교점의 x좌표는

$(x-1)^3=x^2-1$에서 $x=0, 1, 3$

$\therefore S=\int_0^1 \{(x-1)^3-(x^2-1)\}dx$

$+\int_1^3 \{(x^2-1)-(x-1)^3\}dx$

$=\mathbf{\frac{37}{12}}$

(4)

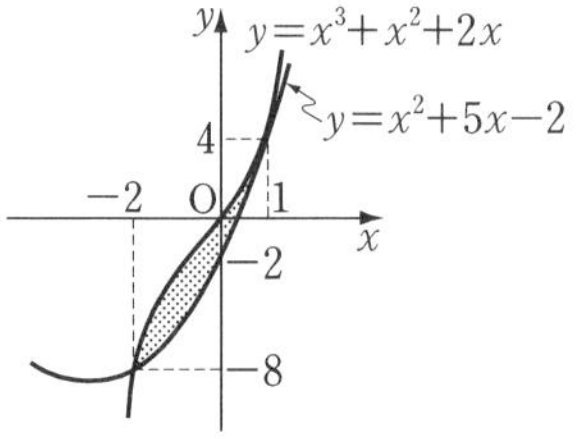

두 곡선의 교점의 x좌표는

$$x^3+x^2+2x=x^2+5x-2$$

에서 $x=-2,\ 1$(중근)

$$\therefore\ S=\int_{-2}^{1}\left\{(x^3+x^2+2x)-(x^2+5x-2)\right\}dx=\frac{27}{4}$$

*$\boldsymbol{Note}$ (1), (2)에서는 다음 공식을 이용할 수도 있다.

$$\int_{\alpha}^{\beta}a(x-\alpha)(x-\beta)dx=-\frac{a}{6}(\beta-\alpha)^3$$

12-9. 구하는 넓이를 S라고 하자.

(1)

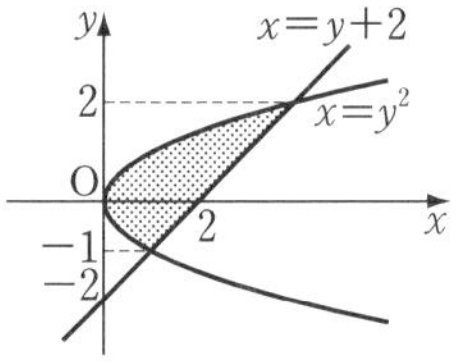

포물선과 직선의 교점의 y좌표는

$y^2=y+2$에서 $y=-1,\ 2$

$$\therefore\ S=\int_{-1}^{2}\left\{(y+2)-y^2\right\}dy=\frac{9}{2}$$

(2)

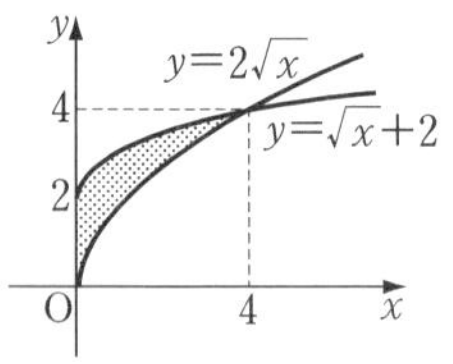

$y=\sqrt{x}+2$에서

$x=(y-2)^2\ (y\ge2)$

$y=2\sqrt{x}$에서 $x=\frac{1}{4}y^2\ (y\ge0)$

두 곡선의 교점의 y좌표는

$(y-2)^2=\frac{1}{4}y^2$에서 $y=4\ (\because\ y\ge2)$

$$\therefore\ S=\int_{0}^{4}\frac{1}{4}y^2dy-\int_{2}^{4}(y-2)^2dy=\frac{8}{3}$$

(3)

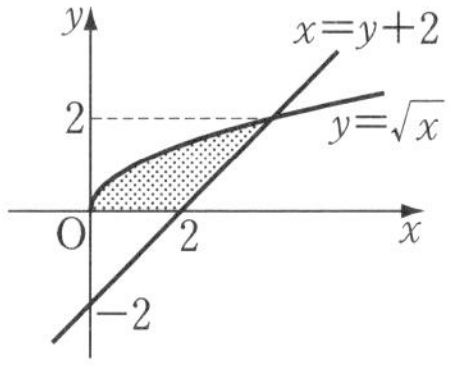

$y=\sqrt{x}$에서 $x=y^2\ (y\ge0)$

곡선과 직선의 교점의 y좌표는

$y^2=y+2$에서 $y=2\ (\because\ y\ge0)$

$$\therefore\ S=\int_{0}^{2}\left\{(y+2)-y^2\right\}dy=\frac{10}{3}$$

(4)

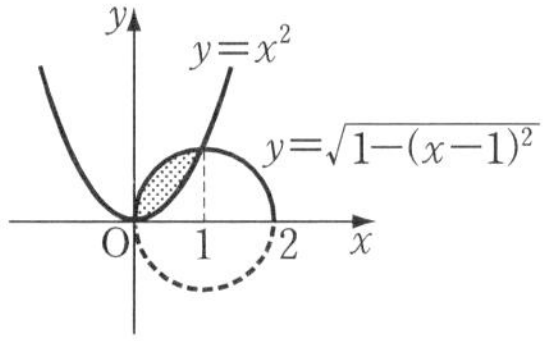

포물선과 반원의 교점의 x좌표는

$x^2=\sqrt{1-(x-1)^2}$에서

$(x-1)^2+(x^2)^2=1\quad \therefore\ x=0,\ 1$

$$\therefore\ S=\frac{\pi}{4}-\int_{0}^{1}x^2dx=\frac{\pi}{4}-\frac{1}{3}$$

12-10. 포물선과 직선의 교점의 x좌표는

$x^2-x=ax$에서 $x=0,\ a+1$

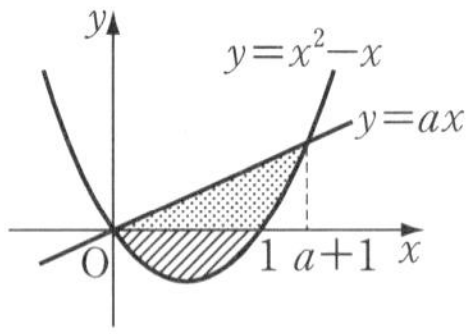

따라서 문제의 조건에서

$$\int_{0}^{a+1}\left\{ax-(x^2-x)\right\}dx=2\left\{-\int_{0}^{1}(x^2-x)dx\right\}$$

$\therefore\ \dfrac{1}{6}(a+1)^3=\dfrac{1}{3}$ $\therefore\ (a+1)^3=2$

a는 실수이므로 $\boldsymbol{a=\sqrt[3]{2}-1}$

***Note** 문제의 조건이 성립하려면 $a>0$ 이어야 한다.

12-11. 곡선과 직선의 교점의 x좌표는

$x(x-2)^2=a^2x$에서 $x=0,\ 2-a,\ 2+a$

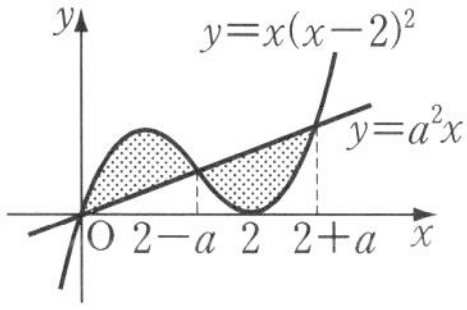

따라서 문제의 조건에서

$$\int_0^{2+a}\left\{x(x-2)^2-a^2x\right\}dx=0$$

$$\therefore\ (2+a)^3\times\frac{2-3a}{12}=0$$

$a>0$이므로 $\boldsymbol{a=\dfrac{2}{3}}$

12-12. $f'(x)=3x^2+2x+1>0$

이므로 $f(x)$는 증가함수이다.

또, 곡선 $y=g(x)$는 곡선 $y=f(x)$와 직선 $y=x$에 대하여 대칭이다.

따라서 두 곡선의 교점의 x좌표는 곡선 $y=f(x)$와 직선 $y=x$의 교점의 x좌표와 같으므로

$x^3+x^2+x=x$에서 $x=-1,\ 0$ (중근)

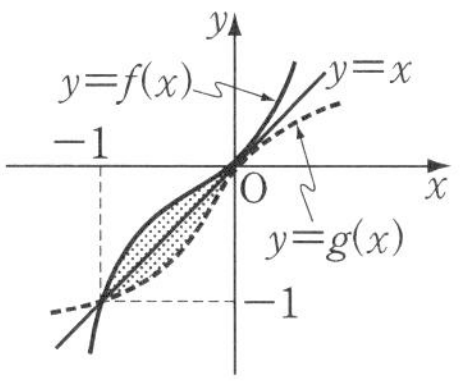

구하는 넓이를 S라고 하면

$$S=2\int_{-1}^{0}\left\{(x^3+x^2+x)-x\right\}dx=\boldsymbol{\frac{1}{6}}$$

12-13. $f'(x)=3x^2\geq 0$

이므로 $f(x)$는 증가함수이다.

또, 곡선 $y=g(x)$는 곡선 $y=f(x)$와 직선 $y=x$에 대하여 대칭이다.

따라서 두 곡선의 교점의 x좌표는 곡선 $y=f(x)$와 직선 $y=x$의 교점의 x좌표와 같으므로

$x^3-6=x$에서 $x=2$

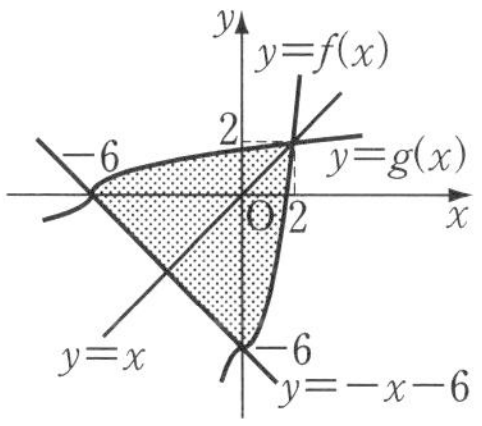

구하는 넓이를 S라고 하면

$$S=2\int_0^2\left\{x-(x^3-6)\right\}dx+\frac{1}{2}\times 6\times 6$$

$$=\boldsymbol{38}$$

12-14. $y=\dfrac{1}{4}x^2$에서 $y'=\dfrac{1}{2}x$

따라서 점 P(4, 4)에서의 접선의 방정식은 $y-4=2(x-4)$ $\therefore\ y=2x-4$

또, 점 Q$(-2,\ 1)$에서의 접선의 방정식은 $y-1=-(x+2)$ $\therefore\ y=-x-1$

이때, 두 접선의 교점의 좌표는

$(1,\ -2)$

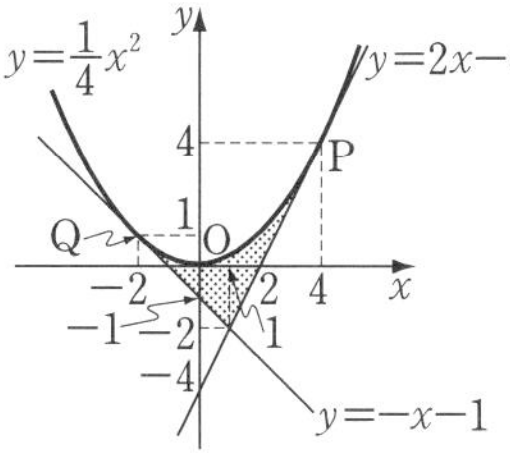

구하는 넓이를 S라고 하면

$$S=\int_{-2}^{1}\left\{\frac{1}{4}x^2-(-x-1)\right\}dx+\int_1^4\left\{\frac{1}{4}x^2-(2x-4)\right\}dx$$

$$=\boldsymbol{\frac{9}{2}}$$

12-15. $y=x^3-x+a$ ……①

$y'=3x^2-1$이므로 곡선 ① 위의 점 $(k, 2)$에서의 접선의 방정식은

$$y-2=(3k^2-1)(x-k)$$

이 직선이 원점을 지나므로

$$-2=-(3k^2-1)k$$

$\therefore (k-1)(3k^2+3k+2)=0 \quad \therefore k=1$

따라서 접선의 방정식은 $y=2x$

①이 점 (1, 2)를 지나므로

$$2=1-1+a \quad \therefore a=2$$

이때, 곡선 $y=x^3-x+2$와 접선 $y=2x$의 교점의 x좌표는

$x^3-x+2=2x$에서 $(x+2)(x-1)^2=0$

$\therefore x=-2, 1$ (중근)

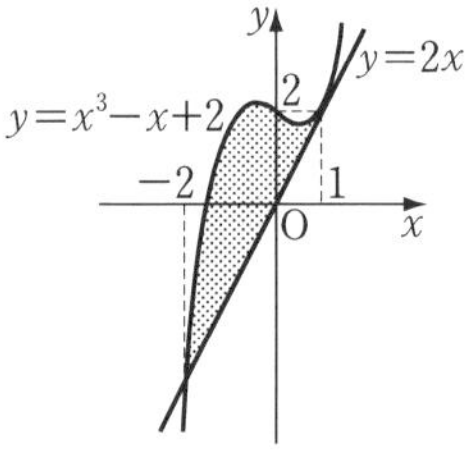

구하는 넓이를 S라고 하면

$$S=\int_{-2}^{1}\{(x^3-x+2)-2x\}dx=\mathbf{\frac{27}{4}}$$

12-16. $y'=3x^2-1$이므로 점 O(0, 0)에서의 접선의 기울기는 -1이다.

따라서 점 O에서의 접선에 수직이고 점 O를 지나는 직선의 방정식은 $y=x$이다.

이 직선과 곡선의 교점의 x좌표는

$x=x^3-x$에서 $x=-\sqrt{2}, 0, \sqrt{2}$

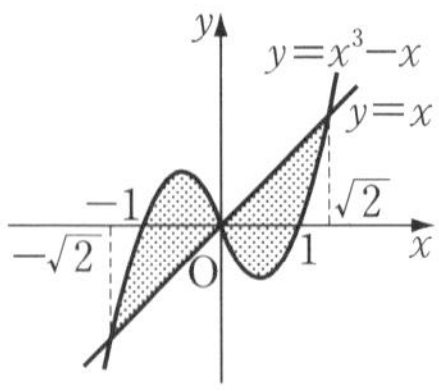

구하는 넓이를 S라고 하면

$$S=2\int_{0}^{\sqrt{2}}\{x-(x^3-x)\}dx=\mathbf{2}$$

12-17. $f'(x)=3x^2-2(a+1)x+a$,

$g'(x)=2x-a$

$f(2)=g(2)=4-2a$이고, $x=2$인 점에서 접하므로 $f'(2)=g'(2)$

$\therefore 12-4(a+1)+a=4-a \quad \therefore a=2$

이때,

$f(x)=x^3-3x^2+2x$, $g(x)=x^2-2x$

이고, 두 곡선의 교점의 x좌표는

$x^3-3x^2+2x=x^2-2x$에서

$x(x-2)^2=0 \quad \therefore x=0, 2$ (중근)

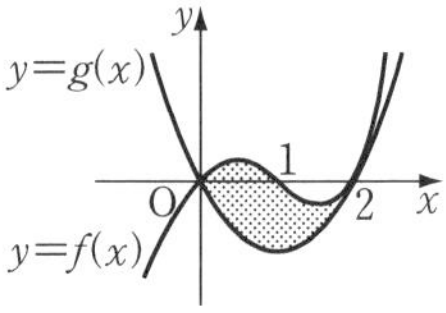

구하는 넓이를 S라고 하면

$$S=\int_{0}^{2}\{(x^3-3x^2+2x)-(x^2-2x)\}dx$$

$$=\mathbf{\frac{4}{3}}$$

12-18. $f'(x)=12x^2$, $g'(x)=2ax+b$

곡선 $y=g(x)$가 점 (1, 4)를 지나므로

$g(1)=a+b+c=4$ ……①

$f'(1)=g'(1)$에서 $12=2a+b$ …②

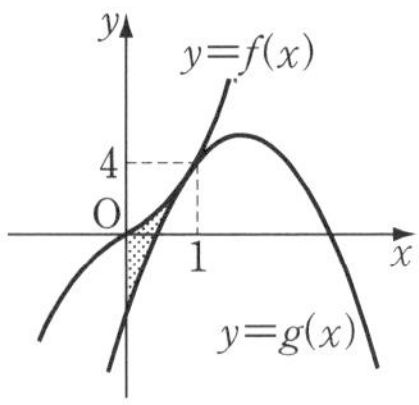

위의 그림에서 점 찍은 부분의 넓이가 4이므로

$$\int_{0}^{1}\{4x^3-(ax^2+bx+c)\}dx=4$$

$\therefore\ 1-\frac{1}{3}a-\frac{1}{2}b-c=4$ ……③

①, ②, ③을 연립하여 풀면

$a=-3,\ b=18,\ c=-11$

12-19.

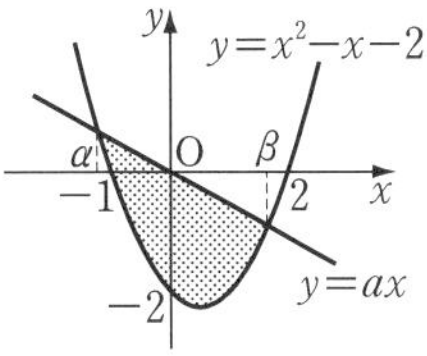

포물선 $y=x^2-x-2$와 직선 $y=ax$의 교점의 x좌표를 $\alpha,\ \beta\,(\alpha<\beta)$라고 하면 $\alpha,\ \beta$는 이차방정식

$$x^2-x-2=ax,\ 곧$$
$$x^2-(a+1)x-2=0$$

의 두 근이다.

따라서 근과 계수의 관계로부터

$$\alpha+\beta=a+1,\ \alpha\beta=-2 \ \cdots\cdots①$$

포물선과 직선으로 둘러싸인 도형의 넓이를 $\mathrm{S}(a)$라고 하면

$$\mathrm{S}(a)=\int_\alpha^\beta\left\{ax-(x^2-x-2)\right\}dx$$
$$=\frac{1}{6}(\beta-\alpha)^3$$

그런데

$$\beta-\alpha=\sqrt{(\alpha+\beta)^2-4\alpha\beta}$$
$$=\sqrt{(a+1)^2-4\times(-2)} \quad ⇦ ①$$
$$=\sqrt{(a+1)^2+8}$$
$$\therefore\ \mathrm{S}(a)=\frac{1}{6}\left\{\sqrt{(a+1)^2+8}\right\}^3$$

따라서 $\mathrm{S}(a)$는 **$a=-1$**일 때 최소이다.

12-20. 점 $(1,\ 1)$을 지나는 직선의 기울기를 m이라고 하면

$$y-1=m(x-1)$$
$$\therefore\ y=mx-m+1$$

이 직선과 포물선 $y=\frac{1}{2}x^2$의 교점의 x좌표를 $\alpha,\ \beta\,(\alpha<\beta)$라고 하면 $\alpha,\ \beta$는 이차방정식

$$\frac{1}{2}x^2=mx-m+1,\ 곧$$
$$x^2-2mx+2m-2=0$$

의 두 근이다.

따라서 근과 계수의 관계로부터

$$\alpha+\beta=2m,\ \alpha\beta=2m-2 \ \cdots\cdots①$$

포물선과 직선으로 둘러싸인 도형의 넓이를 $\mathrm{S}(m)$이라고 하면

$$\mathrm{S}(m)=\int_\alpha^\beta\left\{(mx-m+1)-\frac{1}{2}x^2\right\}dx$$
$$=\frac{1}{12}(\beta-\alpha)^3$$

그런데

$$\beta-\alpha=\sqrt{(\alpha+\beta)^2-4\alpha\beta}$$
$$=\sqrt{(2m)^2-4(2m-2)} \quad ⇦ ①$$
$$=2\sqrt{m^2-2m+2}$$
$$\therefore\ \mathrm{S}(m)=\frac{2}{3}\left(\sqrt{m^2-2m+2}\right)^3$$
$$=\frac{2}{3}\left\{\sqrt{(m-1)^2+1}\right\}^3$$

따라서 $\mathrm{S}(m)$은 **$m=1$**일 때 최소이다.

13-1. t초 후의 속도를 $v(t)$ m/s라고 하면 $v(t)=\frac{dh}{dt}=20-10t$

따라서 5초 동안 움직인 거리를 l m라고 하면

$$l=\int_0^5|v(t)|dt=\int_0^5|20-10t|dt$$
$$=\int_0^2(20-10t)dt+\int_2^5(-20+10t)dt$$
$$=\mathbf{65\,(m)}$$

13-2. 시각 t에서의 점 P, Q의 속도를 각각 $v_\mathrm{P},\ v_\mathrm{Q}$라고 하면

$$v_\mathrm{P}=2t-2,\ v_\mathrm{Q}=-t+4$$

또, 점 A의 위치를 x_0이라 하고, 시각 t에서의 점 P, Q의 위치를 각각 $x_\mathrm{P},\ x_\mathrm{Q}$라고 하면

$$x_\mathrm{P}=x_0+\int_0^t v_\mathrm{P}\,dt=x_0+\int_0^t(2t-2)dt$$
$$=x_0+t^2-2t$$

$$x_Q = x_0 + \int_0^t v_Q\,dt = x_0 + \int_0^t (-t+4)\,dt$$
$$= x_0 - \frac{1}{2}t^2 + 4t$$

점 P, Q가 다시 만날 때는 $x_P = x_Q$이므로

$$x_0 + t^2 - 2t = x_0 - \frac{1}{2}t^2 + 4t$$
$$\therefore\ t(t-4) = 0$$

$t>0$이므로 $\boldsymbol{t=4}$

13-3. 점 A의 출발점을 원점으로 할 때, 시각 t에서의 두 점 A, B의 위치를 각각 x_A, x_B라고 하면

$$x_A = \int_0^t (6t^2-8t)\,dt = 2t^3 - 4t^2$$
$$x_B = a + \int_0^t (3t^2+t-6)\,dt$$
$$= t^3 + \frac{1}{2}t^2 - 6t + a$$

$x_A - x_B = f(t)$라고 하면

$$f(t) = t^3 - \frac{9}{2}t^2 + 6t - a$$

$f(t)=0$이 서로 다른 세 양의 실근을 가질 조건을 찾으면 된다. 이때,

$$f'(t) = 3(t-1)(t-2)$$

이므로 $f(t)$는 $t=1$에서 극대, $t=2$에서 극소이다.

$$\therefore\ f(1)f(2) = \left(\frac{5}{2} - a\right)(2-a) < 0,$$
$$f(0) = -a < 0$$
$$\therefore\ \boldsymbol{2 < a < \frac{5}{2}}$$

13-4. (1) 시각 t에서의 점 P의 위치를 $x(t)$라고 하면

$$x(t) = \int_0^t (t^2-6t+8)\,dt$$
$$= \frac{1}{3}t^3 - 3t^2 + 8t$$
$$\therefore\ x'(t) = (t-2)(t-4)$$

$0 \le t \le 5$에서 증감을 조사하면

$x(t)$의 최댓값은 $t=2, 5$일 때 $\dfrac{20}{3}$,

$x(t)$의 최솟값은 $t=0$일 때 0

따라서 점 P와 원점 사이의 거리의 최댓값은 $\boldsymbol{\dfrac{20}{3}}$

(2) 움직인 거리를 l이라고 하면

$$l = \int_0^5 |v(t)|\,dt$$
$$= \int_0^5 |t^2-6t+8|\,dt$$
$$= \int_0^2 (t^2-6t+8)\,dt + \int_2^4 (-t^2+6t-8)\,dt + \int_4^5 (t^2-6t+8)\,dt$$
$$= \boldsymbol{\frac{28}{3}}$$

찾 아 보 기

실력 수학의 정석

수학 II

1966년 초판 발행
총개정 제12판 발행

지 은 이　홍 성 대 (洪 性 大)

도 운 이　남 진 영
　　　　　박 재 희

발 행 인　홍 상 욱

발 행 소　**성지출판(주)**

06743 서울특별시 서초구 강남대로 202
등록 1997.6.2. 제22-1152호
전화 02-574-6700(영업부), 6400(편집부)
Fax 02-574-1400, 1358

인쇄 : 동화인쇄공사 · 제본 : 광성문화사

ISBN 979-11-5620-034-5 53410

수학의 정석 시리즈

홍성대 지음

개정 교육과정에 따른
수학의 정석 시리즈 안내

기본 수학의 정석 수학(상)
기본 수학의 정석 수학(하)
기본 수학의 정석 수학 I
기본 수학의 정석 수학 II
기본 수학의 정석 미적분
기본 수학의 정석 확률과 통계
기본 수학의 정석 기하

실력 수학의 정석 수학(상)
실력 수학의 정석 수학(하)
실력 수학의 정석 수학 I
실력 수학의 정석 수학 II
실력 수학의 정석 미적분
실력 수학의 정석 확률과 통계
실력 수학의 정석 기하